SERVICES MARKETING

CONCEPTS, STRATEGIES, & CASES

Fifth Edition

K. Douglas Hoffman • John E. G. Bateson

서비스마케팅

이용기 · 김호석 · 설상철 · 이새미 · 이재한 · 이정원 · 정연국 · 한상호 · 황재원 | 옮김

CENGAGE 한 경 사

Andover • Melbourne • Mexico City • Stamford, CT • Toronto • Hong Kong • New Delhi • Seoul • Singapore • Tokyo

***Services Marketing: Concepts, Strategies, & Cases*, 5th Edition**

K. Douglas Hoffman
John E.G. Bateson

Original edition © 2017 South Western, a part of Cengage Learning.
Services Marketing: Concepts, Strategies, & Cases, 5th Edition by K. Douglas Hoffman, John E.G. Bateson
ISBN: 9781285429786

This edition is translated by license from South Western, a part of Cengage Learning, for sale in Korea only.

ISBN-13: 978-89-6844-179-0

Cengage Learning Korea Ltd.
14F YTN Newsquare 76 Sangamsan-ro
Mapo-gu Seoul 03926 Korea
Tel: (82) 2 330 7000
Fax: (82) 2 330 7001

Cengage Learning is a leading provider of customized learning solutions with office locations around the globe, including Singapore, the United Kingdom, Australia, Mexico, Brazil, and Japan.
Locate your local office at: **www.cengage.com**

Cengage Learning products are represented in Canada by Nelson Education, Ltd.

To learn more about Cengage Learning Solutions, visit **www.cengageasia.com**

Printed in Korea
Print Number: 01 Print Year: 2018

| 차례 |

2부 전술적 서비스 마케팅 믹스

| 역자 머리말 |

유형상품이 전부이던 세상에서 무형상품인 서비스가 마케팅과 경영을 지배하는 세상으로 변화하고 있다. 이는 기업이 직면한 치열한 경쟁이 눈에 보이지 않는 곳에서 이루어짐을 의미한다. 그러한 관점에서 본 서는 유형상품의 마케팅을 보완하는 동시에 이를 대체할 수 있는 무형의 마케팅을 이론과 실무의 관점에서 체계적으로 보여주고 있다.

제조업 중심으로 경제 성장을 견인하던 현실 속에서 본서는 서비스업을 통해 경제 성장이 가능함을 보여주며, 비즈니스 기회와 일자리 창출 등 서비스 경제를 구축할 수 있는 상세한 가이드라인을 제공하고 있다. 이를 위해 본서는 글로벌 서비스 시대에 걸맞은 서비스 마케팅의 전개가 어떻게 이루어지는지를 열다섯 개의 장(章)에 걸쳐 보여주고 있으며, 서비스가 기업 비즈니스 성장을 이끌어가는 필수적 요소임을 증명하고 있다. 특히 본 서에서 보여주는 서비스 관련 성공과 실패 사례는 서비스 마케팅의 이론과 실무를 완성하는 데 크게 기여하였다고 생각한다.

마케팅에서 제시된 마케팅 믹스인 4P's(제품, 가격, 유통, 촉진) 이외에 물리적 증거(physical evidence), 사람(personnel)(종업원과 고객), 프로세스(process)가 포함된 7P's가 서비스품질을 형성하고, 고객의 가치 지각에 영향을 미쳐 고객 만족과 고객 충성도와 고객 유지를 높인다. 또한, 그 결과 매출과 수익에 영향을 미친다는 이 논리는 마케팅과 경영이 유형상품과 무형상품으로 구분되어 전개되는 것이 아니며, 총체적으로 이루어져야 한다는 전략적 마케팅 사고를 보여주고 있다.

서비스 지향성(service orientation)은 기업이 고객의 '원하는 바'에 따라 전략적, 능동적으로 대응함으로써 탁월한 고객 가치를 창출하고 경쟁 우위를 차지할 수 있게 한다. 이와 관련하여 본서는 경영자나 기업이 서비스 지향성 문화 조성을 위해 어떠한 노력을 해야 하는가를 알려준다. 또한 본 서에서 제시한 서비스 지향적 사고와 문화의 개념은 서비스 종업원이 고객 만족이라는 공통적 목표를 추구할 수 있도록 하여, 자신이 속한 조직에 대한 애착과 자부심을 통해 서비스 성과를 높이는 역할을 한다.

기업이 서비스 성과를 높이기 위하여 서비스 문화를 제대로 개발하고 운영해왔는가를 평가해야 한다는 본 서의 주장은, 그동안 서비스 마케팅을 강의했던 역자의 생각과도 일치한다. 특히 서비스 감사를 통하여 정기적으로 측정·평가·수정하여 서비스 문화를 구축하고 실행하는 기업이 세계적 수준의 서비스 기업이 될 수 있다는 본 서의 주장은 한국 기업이 지향해야 하는 바이며, 이는 기업의 성공을 적극적으로 조력할 것이라 여긴다.

오랜 시간 서비스 마케팅 강의와 연구를 해온 경험으로 원서의 강점과 내용을 그대로 전하고자

| 역자 머리말 |

하였으나 문화와 언어의 차이로 인한 번역의 한계를 완전히 극복하지 못한 점이 있을 것으로 생각된다. 독자 여러분이 이 점을 지적해준다면 앞으로 본 서가 더욱 발전하여 기업의 마케터뿐만 아니라 서비스 마케팅에 관심이 있는 일반 독자에게도 기여할 수 있으리라 확신한다. 특히 본 서에서 제시된 성공과 실패 사례들은 향후 국내 서비스 기업의 성공과 실패 사례의 개발을 위한 단서가 되어 실무적인 통찰력을 줄 것으로 보인다.

이 책이 나오기까지 오랜 시간 기다려주신 이계남 대표님 이하 한경사 전 직원과 바쁜 업무 중에도 기꺼이 교정 작업에 도움을 준 민예지 님, 이종원 님에게 감사드린다.

2018년 8월 15일
역자 일동

저자 머리말

「Services Marketing: Concepts, Strategies & Cases」의 주 목적은 학생들에게 서비스 마케팅 분야를 소개할 뿐만 아니라 특정 고객 서비스 문제에 관한 자료를 제공하는 것이다. 비즈니스 세계는 이제 기존 비즈니스 지식 이외에 효과적인 서비스 프로세스를 개발하고, 의미 있는 서비스스케이프(servicescapes)를 구성하며, 고객 만족 및 서비스 품질을 측정하고 기존 고객을 성장시키고 유지하는 데 필수적인 서비스 복구 기술을 측정하는 데 필요한 직원 역량을 요구한다.

접근법

이전 판과 동일한 철학적 접근법에 따라 「Services Marketing: Concepts, Strategies & Cases」의 5판은 광범위한 관점에서 서비스 마케팅을 경쟁력 있는 무기로 사용하는 방법을 알아본다. 결과적으로 서비스 마케팅은 서비스 회사의 마케팅 도구로서뿐만 아니라 제품 연속체의 가시적인 측면에서 제품을 판매하는 회사를 위한 경쟁우위의 수단으로도 간주된다. 그 결과, 이 책 전체에서 사용된 비즈니스 사례는 유형 상품을 생산하는 기업뿐만 아니라, 교육 및 보건 서비스, 금융활동, 정부, 정보, 레저 및 숙박업, 전문 및 비즈니스 서비스, 운송 및 공공 시설 등 아홉 가지의 서비스 경제 슈퍼섹터를 대표하는 다양한 회사를 반영한다.

궁극적으로 서비스 부문은 선진국 경제의 세 가지 주요 범주 중 하나이며, 다른 두 가지는 산업 및 농업이다. 전통적으로 전 세계 경제는 농업경제에서 산업경제(예: 제조업, 광업 등)를 거쳐 서비스 경제로 전환하는 경향이 있다. 영국은 현대 사회에서 이러한 변화를 일으킨 최초의 경제국가였다. 미국, 일본, 독일, 프랑스를 비롯한 여러 다른 국가에서도 이러한 전환이 이루어졌으며, 더 많은 국가가 이 대열에 합류할 예정이다.

우리는 흥미로운 시대에 계속 살고 있다! 농업에서 제조업에 이르기까지 서비스 기반 경제로의 변화의 속도는 일반적으로 매우 경쟁이 치열한 국제시장에 의해 가시화되어 왔다. 간단히 말해서, 상품은 서비스보다 국제무역에 적응이 더 잘 되기 때문에 경쟁 활동에 더욱 취약해진다. 다시 말해서, 그들의 경제를 산업화 한 국가들은 농업에서 산업경제로 새롭게 전환하는 다른 국가들의 공격을 받게 된다. 이러한 "신흥" 국가들은 산업계에 매력적인 저생산비용(특히 노동)을 제공한다. 결과적으로, 산업 부문이 한 나라에서 다른 나라로 이동함에 따라, 그러한 산업을 포기한 국가들은 경제의 주류인 서비스 부문의 성장에 더 많이 의존하기 시작한다. 이 모든 과정은 다른 저개발국들이 이러한 싸움에 진입하면서 농업에서 산업 및 서비스 기반 경제로의 전환을 용이하게 하면서 반복된다.

|저자 머리말|

책의 구조

서비스 마케팅: 개념, 전략 및 사례는 크게 세 부분으로 구분된다.

1부: 서비스 마케팅의 개관 1부에서는 서비스 마케팅 정의에 중점을 두고 유형 상품의 마케팅과 서비스 마케팅을 차별화하는 기본 개념과 전략이 자세히 설명된다. 1부의 주요 목적은 이 책의 나머지 부분에 걸쳐 구축될 핵심 지식의 기반을 확립하는 것이다.

1장에서는 서비스 마케팅 분야에 대해 소개가 된다. 1장은 세계경제에서 서비스 부문의 중요성과 서비스 마케팅 교육의 필요성을 설명한다. 2장에서는 서비스 부문에 대한 개요와 아홉 가지 서비스 슈퍼섹터와 서비스 부문에서 발생하는 가장 중요한 변화에 대해 설명이 이루어진다. 또한, 서비스 부문의 윤리에 대해 심도 있게 살펴 본다. 상품과 서비스의 차이로 인해 윤리적인 부정 행위가 조장될 수 있는 독특한 기회가 발생된다. 3장은 재화와 용역 간의 차이, 즉 무형성, 비분리성, 이질성, 소멸성, 그리고 그에 상응하는 관리적 시사점에 더 중점을 둔다. 그리고 이러한 독특한 서비스 특성의 부정적인 결과를 최소화할 수 있는 가능한 해결책도 논의된다.

1장, 2장, 3장에서는 서비스 경험의 기본 사항을 소개하고 서비스 산업과 윤리적 고려 사항에 대한 개요와 서비스 마케팅과 관련된 고유한 문제에 대해 자세히 설명한다. 서비스 마케팅의 중심에는 소비자가 있어야 하므로, 4장에서는 서비스 소비자가 서비스 제공자를 선택하고, 자신이 받은 만족도를 평가하는 것과 관련된 서비스 소비자 행동에 대한 이해를 높이는 데 중점을 둔다. 4장에서는 서비스 기업이 고객의 변화하는 욕구를 반영하여 마케팅 믹스를 조정함에 따라 이 책의 나머지 부분에 스며드는 개념과 프레임워크가 제공된다.

2부: 전술적 서비스 마케팅 믹스 마케팅에 있어서 기본적인 아이디어 중 하나는 마케팅 믹스이다. 마케팅 믹스는 조직이 통제하는 수준들을 나타낸다. 이러한 수준들은 소비자의 서비스 만족 평가뿐만 아니라 선택 과정에 영향을 미치는 데 사용될 수 있다. 전통적 마케팅 믹스는 4P — 제품(product), 경로(place), 가격(price), 그리고 촉진(promotion) — 이다. 상품과 서비스의 기본적 차이로 인하여, 서비스 마케팅 믹스는 프로세스(process), 물리적 환경(physical environment), 그리고 사람(people)의 세 가지 믹스 변수를 추가하여 확장된다.

서비스 마케팅 믹스의 중요성으로 인하여, 1부는 전술적 서비스 마케팅 믹스와 서비스 마케팅 환경에서 경쟁할 때 우선 수정되어야 하는 마케팅 믹스 변수들에 초점을 맞춘다. 구체적으로, 5장은 서

|저자 머리말|

비스 전달 프로세스에 초점을 두며, 6장은 서비스 가격결정, 7장은 서비스 커뮤니케이션 전략, 8장은 서비스 기업의 물리적 증거 관리, 9장과 10장은 서비스 종업원 관리와 서비스 소비자 관리에 관련된 서비스 마케팅의 사람 이슈들을 각각 다룬다.

3부: 성공적인 서비스 전략 평가 및 구현 이 책의 3부는 조직의 다른 부서와 마케팅 역할에 관한 주제로 성공적인 서비스 전략 평가 및 실행에 중점을 둔다. 마케팅은 이러한 각 전략의 핵심에 있으나, 그 실행은 조직의 모든 기능, 즉 운영, 인적 자원과 마케팅이 어떻게 협조하는가에 달려있다. 11장은 소비자 행동의 장을 확대하여 특정 서비스 경험에서 고객을 만족시키는 방법과 만족도를 측정하고 관리하는 방법을 알아본다. 12장은 11장을 기본으로 하여 소비자이 서비스와 서비스 품질의 장기적 콘셉트를 어떻게 평가하는가에 대한 이해를 다룬다. 전형적인 서비스 접점을 구성하는 다양한 관계의 복잡성으로 인하여 서비스 실패는 피할 수 없으나, 비분리성으로 인하여 서비스 접점 동안에 종종 실패 상황을 극복하는 것이 가능하다. 따라서 13장은 불평과 서비스 복구 관리를 성공적으로 할 수 있는 방법에 대하여 다룬다.

많은 서비스 회사 간의 현재 경쟁 상황을 고려하여, 14장은 서비스 회사가 진지하게 고려해야 할 중요한 전략인 고객 충성도 및 유지를 다룬다. 마지막으로, 15장에서는 서비스 조직 내에서 마케팅의 역할을 검토한다. 15장은 산업경영모델과 시장중심모델을 나란히 놓고 후자가 서비스 비즈니스에 얼마나 중요한지 보여준다. 이 마지막 장에서는 세계적 수준의 서비스 문화를 창출하는 핵심 구성요소에 대해서도 설명된다.

5판의 주요 요소

15개 장의 비전: 이번 5판은 대학의 학기 또는 분기 일정에 완전히 맞게 이어지도록 구성되어있다. 또한 서비스 마케팅 콘셉트와 실제에 있어서 최신의 내용을 제공하면서 한 교재 내에서 온라인, 글로벌, 지속가능, 그리고 윤리적 고려 사항 등을 통합하는 통합 서비스 마케팅 교재를 제공한다.

장 시작 부분의 명언(Opening Chapter Quotes): 모든 장은 장의 내용에 직접적으로 관련이 있는, 관리지향적이며 생각을 자극하는 명언으로 시작한다. "귀하의 회사가 고객을 염려한다면 화장실은 항상 알려준다"와 "낮은 가격이라는 달콤함의 기억이 사라진 후에는 낮은 품질이라는 쓴맛이 오래 기억된다"와 같은 명언은 각 장의 실무적 적용의 분위기를 설정해준다.

|저자 머리말|

학습목표: 학습목표는 각 장의 프레임워크를 설정해주고, 교수가 강의를 효과적으로 구성할 수 있도록 해준다. 또한, 에세이 지향 시험을 위해 공부하는 학생들은 수업 노트 구성에 학습목표가 유용하다는 것을 알게 될 것이다.

수정된 장(Revised Chapters): 모든 장은 최신의 서비스 마케팅 개념 및 사례를 제공하기 위해 업데이트되거나 수정되었다. 서비스 마케팅 소개, 종업원 관리, 서비스 고객 관리, 서비스 복구 프로그램 실행, 서비스 슈퍼섹터 및 윤리적 고려 사항 이해, 세계적 수준의 서비스 문화 창출과 관련된 장은 많이 수정되었다.

도입사례(Opening Vignettes): 모든 장은 실제 회사에서의 서비스 이슈를 보여주는 사례로 시작된다. 이러한 실제 상황은 독자를 끌 들이고 해당 장의 주제에 대한 단계를 설정해준다. 이러한 사례는 Burj al Arab Hotel, GetAway2Give, Qatar Airlines, Planet Fitness, Chipotle Mexican Grill, Pay What You Can Restaurants, TripAdvisor, Harrah's, Google, Dinner in the Sky, 그리고 RateMyProfessor.com 같은 다양한 기업뿐 아니라 적절한 고객 서비스 문제에 해당되는 것을 보여준다.

지속가능성 관련 서비스 활동 사례(Sustainability and Services in Action): 이 책은 전체에 걸쳐 지속가능성을 통합하는 최초의 서비스 마케팅 교재인 동시에 전 세계의 다양한 산업 분야에서 실행되고 있는 지속 가능한 서비스 마케팅 관행을 다루고 있다. 서비스 제품의 무형의 성격에도 불구하고 이 서비스를 생산하는 회사는 세계에서 가장 큰 지구의 천연 자원 소비자이다. 이 책의 모든 장에서 지속 가능한 서비스 마케팅 관행을 설명하는 사례를 제공한다. 산업 및 주제에는 그린 호텔, 은행, 항공사, 레스토랑, 대학, Vail Resorts, TerraPass, Starbucks 등이 포함된다.

글로벌 서비스 활동 사례(Global Services in Action): 전 세계적으로 서비스 경제가 성장함에 따라 본문 전체에 걸쳐 국제 서비스 마케팅 관행의 사례를 제공하고 있다. 이것은 세계적 수준의 서비스 조직이 되기 위해 필요한 국제 서비스 마케팅 전략에 대한 미묘한 조정을 보여준다. 글로벌 서비스 활동 사례에는 의료 관광, Katitche Point Great House, 에티켓 팁, 소수민족 가격정책, 다크 다이닝(dark dining), 전 세계에서의 인적 판매 접근법, 세계적 수준의 서비스 문화를 창출하기 위한 국제적인 고려 사항 등 회사 및 콘셉트가 포함된다.

e-서비스 활동 사례(E-Services in Action): e-서비스 활동 사례는 온라인 서비스 마케팅 관행의 역동적인 특성을 강조한다. e-서비스 활동 사례에는 Zappos.com, 호텔 마케팅, Google.com, Facebook, Twitter, LinkedIn과 같은 소셜 미디어 사이트, 온라인 항공사 가격 책정 및 온라인 고객만족에 대한

|저자 머리말|

정보 등 회사 및 주제의 사례가 제공된다.

각 장의 마지막 부분의 복습문제: 모든 장은 학생들이 장의 내용을 더 잘 이해하고 적용하도록 하기 위해 의도적으로 작성된 복습문제로 마무리한다.

용어 표시 및 정리: 모든 장에서 제공되는 주요 용어는 텍스트 내에서 강조 표시되어있다. 학생의 학습목적을 위해 이렇게 표시된 주요 용어는 책의 마지막 부분에 순서대로 정리되어 있다.

사례연구: 5판에는 각 장에서 개발된 개념을 자세히 설명하고 심화 및 확장하는 일련의 사례가 포함되어 있다. 의도적으로 간략하게 요약되어 있지만 다양한 서비스 산업을 대표하는 응용 프로그램을 오랫동안 사용하는 이러한 사례는 학생들에게 서비스 마케팅 개념을 더욱 내재화할 수 있는 기회를 제공할 것이다.

감사의 말씀

우리는 독자들이 이 책을 통해 서비스 마케팅 수업을 즐기기 바란다. 그것은 아마도 독자의 학업 경력에서 실용적인 이수 과정 중 하나가 될 것이다. 교육 자체가 서비스 경험이다. 이 교육 서비스 경험하는 동안 토론 수업 등 세미나에 적극적인 참여를 권장한다. 이 과정에서 제공되는 기회를 활용하고 교육 생산 프로세스의 통합적인 구성 요소가 되길 바란다. 전공에 관계없이 서비스 마케팅 과정은 많을 것을 제공한다.

우리는 독자들이 우리와 공유하고자 하는 의견이나 제안을 진심으로 감사한다. 이 교재가 독자들의 서비스에 대한 민감성을 높일 것이라고 믿으며, 그렇기에 우리는 다음과 같은 약속을 남긴다. 이 책과 서비스 마케팅 과정을 마친 후에는 이전의 방식으로 서비스 경험을 바라볼 수 없을 것이다. 만족스럽지 못한 많은 경험을 겪게 될 것이고 이 새로운 관점은 많은 서비스에 대해 실망을 할 수도 있다. 그러나 이러한 부정적인 서비스의 경험을 통해 긍정적인 서비스의 접점을 즐기며, 다른 사람들이 따라야 할 서비스 표준을 결정할 때 이 책에서 배운 지식과 정보는 차이가 나는 통찰력을 제공할 것이라고 확신한다. 서비스 마케팅 사도로서 그보다 더 큰 보상은 없을 것이다.

1부
서비스 마케팅의 개관

PeopleImages.com/Getty Images

서비스 마케팅은 상품 마케팅과 다르다. 고객에게 제공되는 혜택의 묶음은 서비스 조직에 의해서 신중하게 만들어진 서비스 경험에서 파생된다.

서비스 마케팅의 개관인 1부는 서비스 마케팅을 정의하고, 유형 상품의 마케팅과 다른 서비스 마케팅을 구분 짓게 하는 기본 콘셉트와 전략을 자세하게 토의한다. 또한 서비스 슈퍼섹터를 소개하고, 서비스 마케팅과 관련된 윤리적 이슈를 토의한다. 마지막으로, 상품과 서비스와의 기본적 차이에 다시 초점을 맞추면서 서비스 소비자들이 구매 의사결정을 어떻게 하는가를 토의한다. 1부의 기본 목표는 이 교재의 나머지에 걸쳐 적용될 핵심 지식 기반을 확립하는 것이다.

1 장

서비스 경험의 이해

학습 목표

- 제품과 서비스의 기본적인 차이점을 이해한다.
- 서비스가 유/무형 제품의 경쟁력으로서 어떻게 사용될 수 있는지 이해한다.
- 소비자의 서비스 경험을 만드는 요소에 관해 알아보고, 서비스 경험이 전체 경험을 관리하는 데 미치는 중요성을 평가한다.
- 서비스 마케팅 연구의 중요성을 이끌어왔던 동인을 이해한다.

"전문가적 명성을 얻는다는 것은 보통 사람들이 그만두려고 한 후의 일에 다만 작은 손길을 더하는 것이다."

Orison Swett Marden
Success magazine 창립자

1장은 서비스 마케팅 분야에 대해 소개한다. 이 장에서는 상품과 서비스 사이의 기본적인 차이점을 제시하고, 고객의 전반적인 서비스 경험 관리의 중요성에 대해서 강조한다. 또한, 세계 경제에서 서비스 분야가 차지하는 중요성을 확인하고, 기술 기반의 전자 서비스의 개념을 소개하며, 지속적인 서비스 비즈니스 실행을 개발하기 위한 필요성에 대해서 논의한다.

Lukas Rebec/Shutterstock.com

BURJ AL ARAB 호텔: 세계 유일의 7성 호텔

때때로 그 지역의 문화적 정신을 반영하는 상징물이 만들어지곤 한다. 파리의 에펠탑, 시드니의 오페라 하우스, 모스크바에는 성 바실 성당이 있으며 두바이에는 Burj al Arab 호텔이 있다. 높이가 무려 천 피트에 달하며 아라비아만의 푸른 바다가 내려다 보이는 Burj al Arab 호텔은 세계에서 4번째로 큰 호텔이다. 호텔은 아랍 무역선의 일종인 다우배(dhow)와 비슷한 디자인으로 만들어져 매우 독특하다. 또한 야간에 화려하게 비추는 조명으로 인해, Burj al Arab 호텔은 세계적으로 사진이 잘 나오는 건축 중 하나이다.[1]

고객이 호텔로 들어서는 순간, 그는 호텔의 고급스러움에 눈이 멀지도 모른다. 호텔 로비에서부터 590피트 높이의 아트리움과 복층의 스위트룸이 고객을 환영할 것이다. 호텔의 가장 작은 스위트룸조차 1,800평방피트의 거실을 포함하고 있으며, 가장 큰 스위트룸은 8,400평방피트에 달한다. 이곳을 방문한 손님들은, "방이 너무 커서 문을 여는 것조차 일이 될 수 있지만, 여기서는 여러 개의 TV를 통해 출입문을 여닫을 수 있는 원격 제어 장치를 사용할 수 있다."라고 리뷰한다. 뿐만 아니라 수압이 센 샤워기와 자쿠지(Jacuzzis)는 모든 스위트 룸에서 제공되며, 꽃과 야자수는 훌륭한 종업원들에 의해 매일 서비스된다.

고객의 편의를 위해 층마다 리셉션 데스크를 마련했으며, 개인 맞춤 체크인 서비스는 각각의 게스트 스위트에서 수행된다. 모든 스위트룸은 탁 트인 전망을 제공하며, 24시간 대기하고 있는 종업원 서비스로 깔끔하게 관리된다. 고객이 필요한 경우, 운전자의 스타일에 맞게 목적지까지 인도하는 롤스로이스 자동차를 제공한다. 호텔이 섬에 지어졌다고 가정했을 때, 본토와 연결되는 전용 다리도 있다.

Burj al Arab은 고객에게 놀라운 서비스 경험을 제공한다. 그것은 세계적으로 부유하고 유명한 사람 또는 특별한 순간을 그리는 사람들에게 반드시 필요한 일이다. 호텔의 로얄 스위트룸은 1박당 약 2천 달러에서 1만8천 달러 이상까지 소요된다.

다음 장에서는 이와 같이 놀라운 서비스 경험을 제공하는 방법에 대해서 알려줄 것이다. 곧 알게 되겠지만, 서비스 경험을 효과적이고 효율적으로 관리하는 것은 다소 복잡하지만 그만큼 매력적인 수단이 된다. 서비스 접점을 구성하는 복잡성은 소비자, 종업원, 조직 및 사회 자체에 이익이 되는 탁월한 서비스 경험을 제공할 것이다.

Source: http://www.jumeirah.com.

1-1 서론

서비스는 우리 주변의 어디에나 존재하고 있다. 이국적인 관광지로의 여행, 의사의 진료, 종교 서비스, 은행 서비스, 보험 설계사와의 미팅, 좋아하는 레스토랑에서의 식사 또는 학교 교육에서도 서비스를 접할 수 있다. 많은 국가 중, 특히 산업화된 국가들은, 국내총생산의 상당수가 서비스 분야에 의해 발생된다. 그러나 서비스 분야의 성장은 레저와 호텔 서비스, 교육과 의료 서비스, 금융과 보험 서비스 그리고 전문적인 산업 서비스와 같은 전통적인 서비스 산업 시장에서만 발생되는 것은 아니다. 자동차, 컴퓨터 등을 제조하는 전통적 제품 생산자는 서비스를 통해 기본 수익을 발생할 뿐만 아니라 시장에서 차별성을 획득할 수 있는 운영 측면을 강화할 수 있다. 초기에 이런 기업들은 "유형 상품(boxes)"을 마케팅하여 경쟁하였지만, 지금은 경쟁의 초점을 비교할 수 없는 탁월한 고객 서비스 경쟁으로 전환하였다.

유형 상품의 판매에서 서비스 판매의 경쟁으로 전환되었다는 증거는 매우 많다. 자동차 산업과 같은 전통적 상품 생산 산업은 저금리의 융자(annual percentage rate: APR), 매력적인 임대 계약, 범퍼-투-범퍼 공장 보증, 낮은 유지비 보장, 그리고 소비자를 위한 무료 셔틀버스 등의 서비스를 제공한다. 동시에, 가속 및 차량 스타일링과 같은 차량의 유형적인 측면에 대한 정보는 거의 없다. 마찬가지로 개인용 컴퓨터 산업은 가정 내 수리, 24시간 고객 서비스 및 임대 계약을 촉진하고 있으며, 위성 TV업계는 이제 디지털 서비스, 유료시청 옵션(pay-per-view alternatives) 및 보안 옵션을 통해 어린이들이 특정 프로그램을 보지 못하도록 하는 경쟁우위를 제공한다.

전반적으로, 이 새로운 "글로벌 서비스 시대"는 다음과 같이 정의된다.

- 경제와 노동력의 측정은 서비스 요소에 의해서 좌우된다.
- 더 많은 고객이 전략적 비즈니스 결정에 관여되어 있다.
- 제품은 시장 중심적이 되고 있으며, 시장의 변화하는 욕구에 보다 신속하게 반응한다.
- 기술개발은 서비스 제공에 있어 소비자와 종업원을 도와주는 역할을 한다.
- 종업원들은 VIP 고객의 요구에 맞는 해결책을 개발하기 위한 자율적 권한을 가지고 있다.
- 새로운 서비스 산업의 출현과 제품의 비유형적 특징인 "**필수 서비스**(service imperative)" 여부는 시장 내에서 제품을 구별 짓는 핵심 특징이 된다.

서비스 분야가 더 이상 제조업자의 초라한 동반자가 아니라는 사실은 많은 국가에서 증명되었다. 서비스는 막대한 양의 부를 제공하며, 고용과 수출의 중요한 원천이다. 더군다나, 기업들이 비즈니스를 성장시키기 위하여 "필수 서비스"를 사용한 사례는 셀 수 없이 많다. 이러한 사례들은 이 교재에 있는 "**서비스 활동 사례**(Services in Action)"에서 소개하고 있다. 세계의 경제는 스스로가 점점 변화되어 가고 있기 때문에, 서비스 붐의 현상은 지속될 것 같다.

1-2 서비스란 무엇인가

상품과 서비스는 완벽하게 구분할 수 없다는 점을 인정해야 한다. 즉 순수하게 상품과 서비스의 예를 따로 구분한다는 것은 불가능하지는 않지만 결코 쉽지 않다. 순수 상품은 고객이 서비스 요소가 포함되지 않는 효용을 받는 것을 의미한다. 같은 맥락에서 순수 서비스는 상품 유형의 요소가 빠지는 서비스를 말한다.

실제로 많은 서비스는 레스토랑의 메뉴, 은행 송금 명세서, 보험 회사의 내부 규정과 같이, 적어도 몇 가지 상품의 유형적 요소를 포함한다. 또한 대부분의 상품은 배달 서비스를 제공한다. 예를 들어 식용 소금은 슈퍼마켓에서 배달되며 이 가게는 경쟁 가게의 배달 서비스와 구별되는 혁신적인 방법을 제공하여 상품을 판매한다.

상품과 서비스 양쪽 모두를 다루는 기업들에게 상품과 서비스의 구별은 애매하다. 예를 들어 "상품" 제조업의 대표, GM(General Motors)은 수익의 상당 부분이 금융과 보험 산업에서 발생한다. 그리고 자동차 산업 분야의 가장 큰 기업인 Blue Cross-Blue Shield는 대부분의 소비자가 기대했던 것과는 다르게, 차의 유리, 타이어, 철과 같은 부품은 생산하지 않는다.[2] 일반적으로 GM과 IBM은 제품 생산 기업이라고 인식되지만, 현재 수익의 반 이상

NetPics/Alamy

교육과 같은 서비스는 무형 지배적이지만, 건물 및 열린 공간과 같은 유형은 교육 환경을 차별화하는데 자주 사용된다.

이 서비스에서 발생된다. 제품 생산자에서 서비스 제공자로의 변천 과정은 다양한 산업적 요소와 연관된 각 단계에서 발생될 수 있다. 현재 세계적인 철강 생산자들 또한 서비스 관련 비즈니스의 확장을 고려하고 있다.[3]

이 같은 혼란에도 불구하고, 다음의 정의는 상품과 서비스 사이의 차이를 이해할 수 있는 실마리가 될 수 있다. 일반적으로 **상품**(goods)은 물건, 장치 또는 사물(objects, devices, or things)로 정의될 수 있다. 반면에 **서비스**(services)는 행위, 노력, 성과(deeds, efforts, or performances)로 정의될 수 있다.[4] 우리는 상품과 서비스를 모두 나타내는 **제품**(product)이라는 용어를 교재 전체에 걸쳐 사용할 것이다. 이때 제품은 상품(세탁기, 드라이기), 서비스(금융, 건강), 사람(정치인, 유명인), 장소(관광지), 그리고 아이디어(에너지 보존)를 포함한다. 궁극적으로 상품과 서비스의 기본적 차이는 **무형성**(intangibility) 여부에 있다. 정의에 의하면 무형의 제품은 물질적 특성이 없으며 그 결과, 무형의 제품은 전통적 제품 마케팅 방법에 의해 해결되지 못하는 많은 서비스 마케팅 문제에 직면한다. 이러한 차이점은 3장 '상품과 서비스 사이의 독특한 차이점'에서 조금 더 구체적으로 논의될 것이다.

1-2a 제품의 유형성과 무형성 구조

흥미로운 사실은 〈도표 1-1〉에서 보는 것과 같이 상품과 서비스의 차이가 시장 상품과 서비스의 차이가 제품의 유형성과 무형성 구조에 의해 구분된다는 것이다.[5] **제품의 유형성과 무형성 구조**(scale of market entities)는 제품은 **유형 지배적**(tangible dominant)이고, 서비스는 **무형 지배적**(intangible dominant)이라는 유형성을 근거로 하여 제품의 연속체를 나타낸다.

유형 지배적 제품의 핵심은 서비스 요소를 거의 포함하지 않는 물질적 특성을 나타낸다는 것이다. 예를 들어 차는 수송을 제공하는 유형 지배적 제품이다. 차는 점점 더 유형 지배적 제품이 되기 때문에, 서비스 요소가 거의 포함되지 않는다. 이와는 반대로 무형 지배적 제품은 제품의 물질적 소유를 포함하지 않으며 오직 경험으로만 소유가 가능하다. 비슷한 사례로 항공회사는 수송을 제공하지만, 고객은 비행기 그 자체를 물질적으로 소유하지는 않으며 비행을 경험할 뿐이다. 결과적으로 서비스 요소가 제품의 핵심 혜택을 지배하며, 유형의 요소들은 그 정도가 낮다. 타 산업과 비교해보면 패스트푸드 산업은 제품(예: 음식)과 서비스(예: 서비스 제공자가 주문을 받고, 요리사가 음식을 요리하고, 종업원이 음식을 고객에게 제공한다) 구성 요소를 모두 포함하고 있다. 그러므로 표의 중간에 위치한다.

제품의 유형성과 무형성 구조는 두 가지 중요한 교훈을 보여준다. 첫째, 순수한 상품

<도표 1-1> 제품의 유형성과 무형성 구조

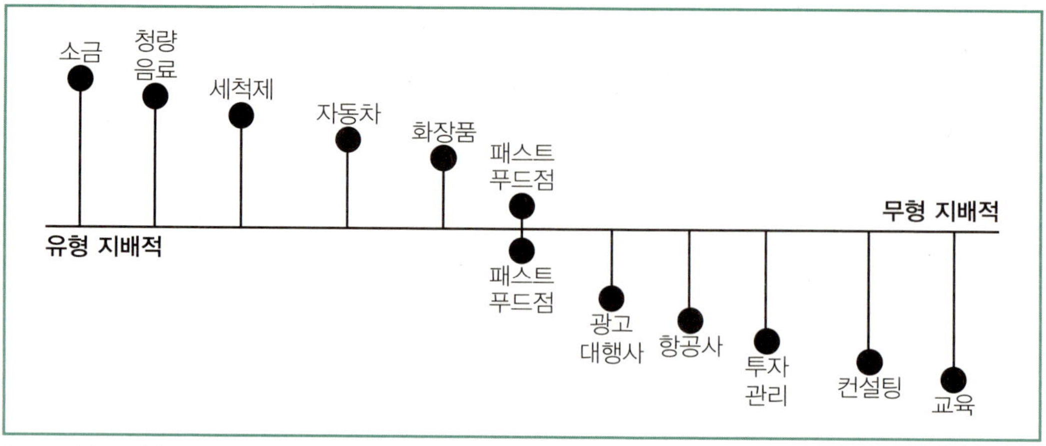

Source: Adapted from G. Lynn Shostak, "Breaking Free From Product Marketing," *The Journal of Marketing* (April 1977), p.77.

또는 순수한 서비스가 없다는 것이다. 궁극적으로 제품은 다양한 수준으로 혼합된 유형과 무형 요소의 묶음이다. 둘째, 무형성 우위 제품의 유형적인 측면과 유형성 우위 제품의 무형적인 측면은 제품 차별화와 새로운 수익 창출의 중요한 근간이 된다. 예를 들어 유형성 우위 제품을 생산하는 기업이 그들의 제품이 제공하는 서비스(무형성) 측면을 무시하거나 소홀히 하는 것은 사업의 필수적인 측면을 간과하는 것이다. 사업을 너무 단편적으로 정의하는 기업들은 **서비스 마케팅 근시안**(service marketing myopia)의 전형적인 사례를 보여줄 수 있다. 예를 들어 전통적인 가족 피자 가게는 자신들의 사업을 피자 사업 안에서만 근시안적으로 파악하여, 피자 생산 그 자체에만 초점을 둘 수 있다. 그러나 사업을 넓은 시각에서 보자면 고객이 원하는 제품을 만들고, 그것을 합리적이고 편리하게 제공해야 한다. 흥미로운 것은 제품에 서비스 측면을 부가하는 것이 상품으로서의 제품을 경험으로 전환시키며, 그렇게 함으로써 제품의 수익을 매우 증가시킬 수 있다는 것이다.

1-2b 상품을 서비스로 변형시키는 경제적 가치

커피콩이 가공되지 않은 원자재로 거래될 때, 그 가격은 파운드당 1달러보다 약간 더 높은 값으로 거래된다.[6] 이후 커피콩이 상점에서 상품으로서 가공되고 팔릴 때, 그 커피의 가격은 컵당 5센트에서 25센트로 뛰게 된다. 동시에 같은 컵의 커피가 식당에서 팔릴 때는 서비스의 측면을 고려하여 컵당 1달러에서 2달러에 판매된다. 그러나 부가가치가 궁극적으로 높아졌을 때, 같은 컵의 커피가 5성급 식당 내의 경험을 담은 채 팔릴 때나 혹은 Starbucks의 독특한 환경에서 팔릴 때, 고객은 컵당 4달러에서 5달러를 지불한다. 이 사례에서 볼 수 있듯이 전체 주문 과정 및 창조와 소비는 "하나의 즐겁고, 심지어 드라마 같은"

〈도표 1-2〉 가치의 진화

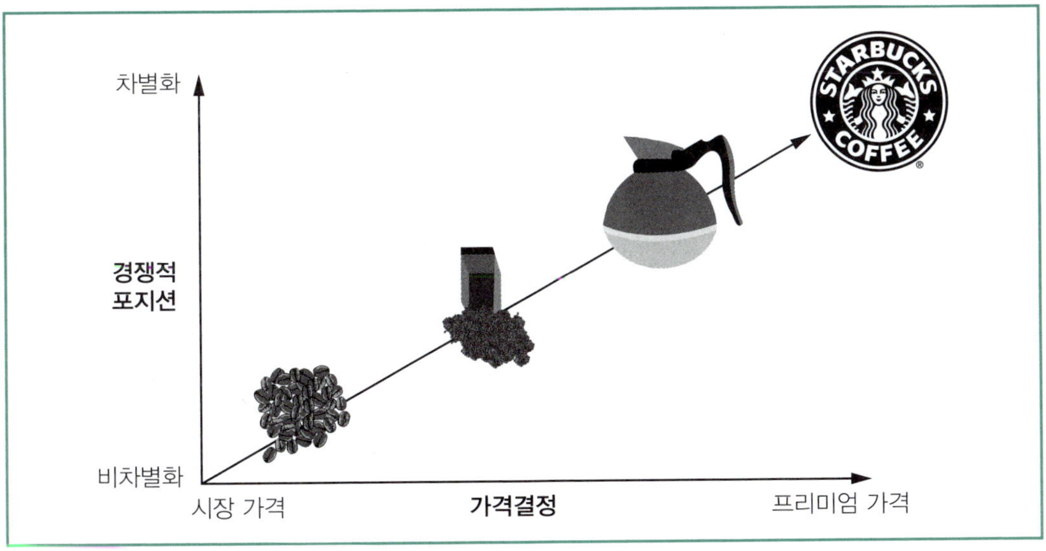

Source: http://www.google.com.

경험이 된다. 이렇게 커피콩의 경제적 가치는 원자재에서 상품으로, 서비스로 더 나아가 경험으로 진보하게 된다. 위의 예에서 커피는 가공되지 않은 원자재일 때 대략 파운드당 1달러의 가격이 매겨졌지만, 최종적으로는 컵당 4달러에서 5달러가 되어 가치가 5,000% 상승하였다.

1-2c 분자 모델

앞서 얘기한 것과 같이, 제품은 유형과 무형의 묶음으로 구성되어 있다. 분자 모델은 상품과 서비스의 기본적인 차이의 이해하는 데 유용한 또 다른 도구이다. 분자 모델은 마케팅 관리자들이 제품이 특정한 유형과 무형의 요소로 구성되어 있다는 것을 발견하고 이해하도록 하는 매우 유용한 도구이다. 특히 **분자 모델**(molecular model)은 회사 운영의 무형과 유형 요소의 관계를 그림으로 나타낼 수 있다.[7] 예를 들어 〈도표 1-3〉은 차 소유(유형성 우위)와 비행 티켓 구매(무형성 우위) 간의 차이에 관한 두 개의 분자 모델을 설명한다. 앞서 논의했듯이 항공 서비스는 고객이 물리적으로 항공기를 소유하지 않는다는 사실에서 차를 소유하는 것과는 다르다. 이와 같은 경우에 항공 서비스 소비자는 수송이라는 핵심 혜택과 관련 유형성(실선으로 표시) 및 비행 관련 무형 혜택(점선으로 표시)을 구매하게 되는 것이다. 반대로 자동차를 구매하는 소비자는 수송이라는 서비스를 만들어 주는 물리적 재산의 소유권에 의해 대부분의 혜택을 받는다.

〈도표 1-3〉은 항공 서비스의 경험과 자동차 소유가 가지는 혜택의 묶음을 간단화하여

〈도표 1-3〉 분자 모델

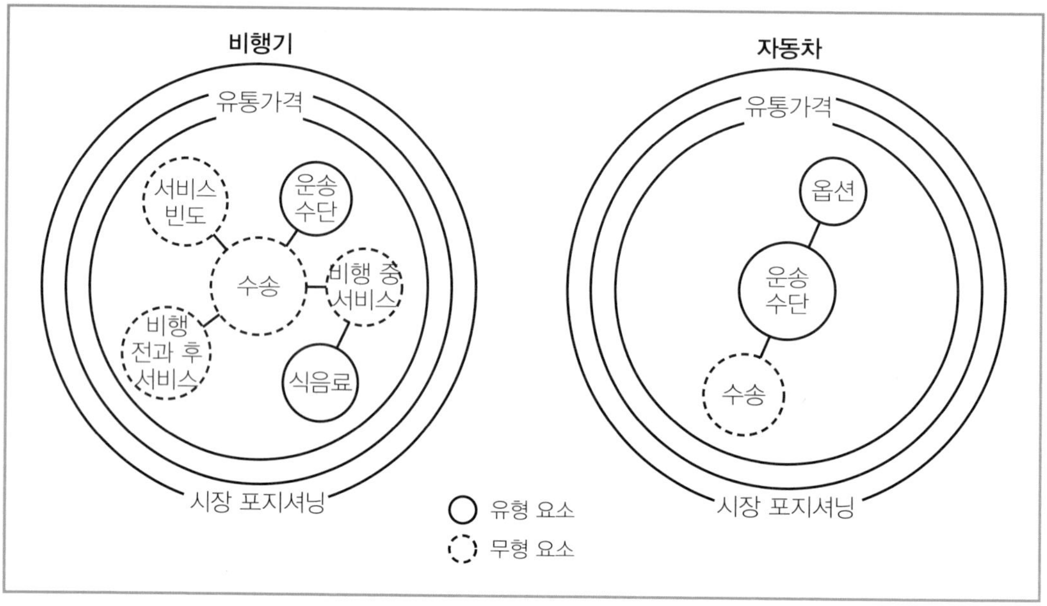

Source: Adapted from G. Lynn Shostack, "Breaking Free from Product Marketing," *The Journal of Marketing* (April 1977), p. 76.

나타낸 것이다. 관리적 관점에서 분자 모델은 고객과 조직 간의 접촉점을 보여줌으로써 효율적으로 관리될 필요가 있는 유·무형의 제품 요소를 확인시켜준다. 예를 들어 성공적인 비행 서비스 경험은 소비자가 선택한 목적지에 안전하게 도착하는 것만으로 결정되지는 않는다. 이 비행 서비스의 분자 모델은 다음의 사항들을 포함하여 간단하게 확장될 수 있다.

- 장기/단기 주차(무형성 요소)
- 셔틀 서비스(무형성 요소)
- 차량 대여 이용 가능 여부(무형성 요소)
- 비행 승무원(유형성 요소)
- 출입구 종업원(유형성 요소)
- 수화물 담당자(유형성 요소)

비슷한 맥락으로 자동차의 분자 모델은 다음을 포함하여 확장될 수 있다.

- 전시장의 판매 종업원(유형성 요소)
- 재무적 준비(무형성 요소)
- 재무 담당자(유형성 요소)
- 유지 및 보수 서비스(무형성 요소)

- 기술진과 서비스 대리인(유형성 요소)

분자 모델을 개발하여 얻을 수 있는 중요한 이점은 다음 두 가지이다. 첫째, 분자 모델은 대부분의 제품을 구성하고 있는 유·무형 요소를 파악할 수 있도록 해준다. 일단 관리자들이 제품을 구성하는 요소에 대한 이해를 확장시킨다면, 고객의 필요를 더 잘 이해하고 필요에 맞춰 효과적으로 서비스할 수 있을 뿐만 아니라, 경쟁자로부터 그들의 제품을 차별화할 수 있다. 분자 모델의 두 번째 이점은 소비자들이 상품과 서비스를 상이하게 평가한다는 것을 효과적으로 보여준다는 것이다. 예를 들어 상품에 대한 소비자 평가는 제품 그 자체의 물리적 관점에 근거하여 이루어진다. 반대로 소비자들은 제공된 경험 관점에 근거하여 서비스를 평가한다. 그 결과 특별한 서비스 경험을 제작·관리하는 마케터는 확실한 경쟁적 우위를 가질 수밖에 없을 것이다.

1-3 서비스 경험의 창출

마케터들은 특별한 서비스 경험을 어떻게 만들어내는가? 마케터들은 제품 혜택의 묶음이 고객에게 어떻게 전달되는가를 통해서 서비스에 대해 이해할 수 있다. 상품과 서비스를 포함한 모든 제품은 고객에게 혜택의 묶음을 제공한다. 사실 혜택의 묶음은 궁극적으로는 기업이 성공할 수 있는 핵심 요소이다. 고객에게 혜택의 묶음을 제공하지 못하는 기업은 존재할 이유가 없다! **혜택 콘셉트**(benefit concept)으로 불리는 혜택의 묶음은 소비자의 마음속에 있는 유·무형 요소가 담겨 있다. 예를 들어 편의점에서 오렌지와 같은 과일을 구매한다고 생각하자. 만일 오렌지가 시장 단위에서 거래된다면, 오렌지는 확실히 유형 지배적 단위로 설명될 수 있다. 소비자는 오렌지를 볼 수 있고, 만질 수 있고, 향을 맡을 수 있고, 맛을 볼 수 있다. 그러므로 (집에서의 아침식사를 위해) 오렌지가 분리되어 소비될 때, 오렌지 소비와 관련된 경험은 그리 많지 않을 것이다. 예를 들어 전형적 오렌지 소비자는 오렌지가 자라는 과수원뿐만 아니라, 오렌지가 판매되기 위한 공정 처리 공장의 내부를 결코 볼 수 없을 것이다. 소비자는 나무에서 과일을 따는 과수원 노동자들 또는 관리자들과 상호작용할 수 없을 뿐만 아니라, 다른 소비자가 오렌지를 이미 구입해버렸다면 최종 소비할 수 없었을 것이다. 결과적으로 오렌지의 유형적 특성으로 인하여 소비자가 오렌지로부터 받는 혜택의 묶음은 대부분 오렌지 그 자체에 담겨 있다.

상품과 달리 서비스는 무형 지배적이며, 쉽게 파악될 수 있는 물리적 요소가 부족하다. 그렇기 때문에 서비스에 대한 고객 평가는 소비자를 위해 만들어진 경험을 통해 서비스가 혜택의 묶음을 전달함에 따라 훨씬 더 복잡할 수밖에 없다. 오렌지의 예와는 반대로, 대학생들은 "지식"이 생산되는 "공장"에 물리적으로 존재하며 도움을 줄 수 있는 다양한 담당자들(예: 강사, 교직원, 어드바이저)과 상호작용한다. 게다가, 학생들은 다른 학생들과 생활하면서 학생들의 경험에 영향을 미치는 곳에서 지식을 소비하게 된다. 또한 실내 조명, 온도와 같은 강의실 환경이 학생들의 교육적 경험에 영향을 미칠 것이다. 그러므로 교육 경험 및 교육의 연속적 질을 평가하는 혜택의 묶음은 학생들을 위해 창조된 경험에 근거해 이루어질 것이다.

1-4 서벅션 모델

서비스는 경험적 특성이 중요하기 때문에 마케팅 관리자들은 고객들의 전반적인 서비스 경험에 영향을 미치는 주요 요인을 이해하여야 한다. 〈도표 1-4〉의 서벅션 모델은 고객의 서비스 경험에 직접적으로 영향을 미치는 네 가지 요소를 제시한다.

1. 서비스스케이프
2. 접촉 담당자/서비스 제공자
3. 다른 고객들
4. 비가시적 조직과 시스템

1-4a 서비스스케이프

서비스스케이프(servicescape)는 서비스 환경을 조성하기 위한 물리적 증거의 사용을 말한다. 서비스의 무형적인 특성으로 인해 소비자들은 종종 객관적으로 서비스의 품질을 평가하는 것을 어려워한다. 때문에 소비자는 그들의 평가를 도울 수 있는 물리적 증거에 의존하게 된다. 이런 이유로 서비스스케이프는 온도나 음악과 같은 주변 조건(ambient conditions), 가구 및 사업 관련 장비와 같은 사물(inanimate objects), 기호나 상징, 그리고 가족

〈도표 1-4〉 서벅션 모델

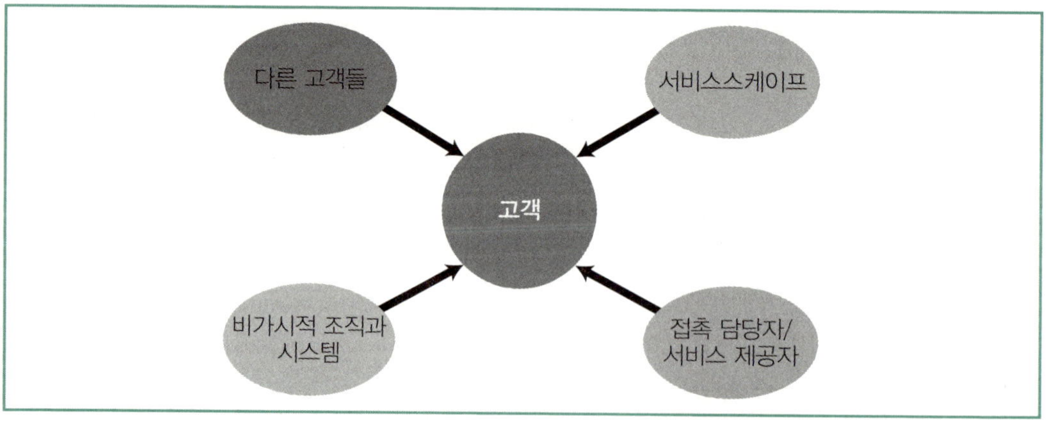

Source: Adapted from E. Langeard, J. Bateson, C. Lovelock, and P. Eiglier, *Marketing of Services: New Insights from Consumers and Managers*, Report No 81-104 (Cambridge, MA: Marketing Sciences Institute, 1981).

사진 및 개인 수집품과 같은 다른 물리적 증거(other physical evidence)를 포함한다. 이런 물리적 증거는 서비스 회사의 유형에 따라 다양하게 사용된다. 시애틀의 Swedish Hospital의 소통하는 벽, 멕시코 휴양지 Moon Palace Resorts의 화려한 수영장, 그리고 스웨덴의 ICEHOTEL의 거대한 얼음 블록과 같이 물리적 증거를 필요로 하는 서비스 회사들은 시설물과 서비스의 유형적 요소들을 광범위하게 사용한다. 이와는 대조적으로 FedEx의 택배, Nordic Bank의 ATM(automated teller machines), Air Asia의 셀프 서비스 키오스크 같은 서비스 회사들은 전반적으로 물리적 증거를 거의 사용하지 않는다. 사용의 편차와는 상관없이, 모든 서비스 회사는 서비스스케이프 관리의 중요성을 인지할 필요가 있다. 서비스스케이프 관리는 다음의 역할을 수행하기 때문이다.

- 서비스의 패키지: P. F. Chang's China Bistro의 외관 건축 양식과 내부 인테리어 등은 많은 레스토랑에서 인기 있는 디자인 패키지로서 사용된다.
- 서비스 제공의 용이성: Disney World의 안내판과 같은 정보를 포함한 구조물은 고객들이 테마파크의 다양한 놀이기구를 즐길 수 있도록 도와준다.
- 고객과 종업원의 교류: Ritz-Carlton Hotel 종업원들이 착용한 유니폼은 고객이 호텔 스태프를 쉽게 구별하도록 해주며, 종업원들 간의 친밀감을 부여한다.
- 경쟁기업과의 차별화: 두바이의 실내 스키 리조트인 Ski Dubai의 외관과 인테리어는 경쟁자들과 차별화될 수 있도록 해준다.

고객의 경험을 창조하는 데 있어서 서비스 환경의 중요성은 8장에서 중요하게 다루어진다.

1-4b 접촉 담당자/서비스 제공자

소비자 경험의 또 다른 중요한 측면으로 소비자와 직접 소통하는 접촉 담당자와 서비스 제공자가있다. **접촉 담당자**(contact personnel)는 핵심 서비스 제공자들과는 다르게, 소비자와 간단하게 상호 관계를 맺는 종업원으로서 주차요원, 접수원, 호스트 등이 포함된다. 이에 반해 **서비스 제공자**(service providers)는 웨이터와 치과의사, 성형외과의사 또는 대학교수와 같은 핵심 서비스의 주요 공급자다.

상품의 소비와는 다르게 서비스의 소비는 서비스가 생산되는 장소(치과병원, 레스토랑, 미용실) 또는 소비자의 주거지역 또는 일터(잔디 정리, 집 페인트칠, 경비 서비스)에서 제공된다. 서비스 제공 장소와는 상관없이, 소비자와 접촉 담당자/서비스 제공자 사이의 상호 관계는 아주 흔한 일이다. 따라서 서비스 공급자는 서비스 경험에 중요한 영향력을 가지게 된다. 예를 들어 우리는 소비자들이 가장 불만스러워 하는 서비스 공급자의 종류에 대해 질문하였다. 이에 대한 답변을 다음과 같이 7개의 불만 유형으로 정리할 수 있었다.

글로벌 서비스 활동 사례

Ski Dubai

두바이에서 즐길 수 있는 활동이 무엇인지를 상상해보라. 아마도 여러분은 세계적으로 유명한 해변에서 일광욕을 즐기고, 사파리 체험을 하거나, 유명한 모래 언덕 주위를 여행하는 것을 생각할 것이다. 그러나 여러분이 상상한 것들 중 스키를 타는 것(눈 위에서가 아닌)은 아마도 없을 것이다. 놀랍게도, 인위적으로 만든 실내 스키 리조트인 'Ski Dubai'는 사막에서 스키 서비스를 제공하고 있다.[28]

방문객은 Ski Dubai의 실제 눈으로 덮인 슬로프에서 일년 내내 스키와 스노우보드를 타고, 심지어 터보건(toboggan)(앞쪽이 위로 구부러진, 좁고 길게 생긴 썰매)도 탈 수 있다. Ski Dubai 리조트는 난이도별로 5개 스키 코스와 스턴트맨이 연습할 수 있는 Freestyle Zone을 포함하고 있으며, 눈으로 덮인 2만2천5백 평방미터의 스키장 넓이를 자랑하고 있다. 또한 리조트는 다양한 테마 레스토랑, 전용 소매점, 전문가 스노우 스쿨 그리고 4인용 리프트 의자를 보유하고 있다.

고객들은 자켓, 바지, 스키와 스키 부츠 또는 스노우보드와 스노우보드 부츠, 스키 폴대, 양말 그리고 어린용 헬멧 등이 포함된 슬로프 이용권(Slope Passes)을 구매할 수 있다. 2시간 이용권의 가격은 175달러, 일일 이용권의 가격은 240달러인데, 어린이, 단체 또는 기업 행사를 위한 이용권은 할인을 받을 수 있다. 스키 전문강사의 단체/개인 레슨 비용, 테마 레스토랑의 식사 또는 기타 구매는 별도의 비용이 부가될 수 있으며, 방문객은 40분당 40달러를 내고 얼음 펭귄을 관람할 수 있다.

Ski Dubai는 이 지역에서 오락시설을 갖춘 유일한 리조트로서 고객에게 독특한 경험을 제공한다. 바로 이것이 잊지 못하는 순간을 경험하게 해줌으로써 독특한 서비스를 제공할 수 있는 예이다. 고객들은 중동지역 어디에서도 고난도의 슬로프를 경험할 수 없고, 눈사람을 만들 수 없으며, 스노우보드를 배울 수 없다. Ski Dubai는 이러한 서비스를 제공하는 최초의 리조트이며, 중동 지역에서 겨울 스포츠 활동을 즐길 수 있는 유일한 지역이다.

Source: Ski Dubai, https://www.theplaymania.com.

- 무관심형(apathy): 소비자에게 관심을 보이지 않는 서비스 제공자
- 거절형(brush-off): 소비자를 무시하는 등 소비자를 쫓아내려는 서비스 제공자
- 냉담형(coldness): 소비자가 원하는 것을 거의 신경 쓰지 않는 무관심한 서비스 제공자
- 생색형(condescension): "당신은 손님입니다. 그러므로 우리가 시키는 대로 하세요." 식의 접근 방법을 보이는 서비스 제공자
- 기계형(bobotism): 소비자를 시스템의 단순한 투입물로서 간주하여 기계적으로 처리하는 서비스 제공자
- 규범준수형(rulebook): 융통성 없는 옛날 사고방식의 규칙만을 고수하는 서비스 제공자
- 떠넘기기형(runaround): 소비자를 다른 제공자에게 넘기고 그 제공자는 또 다른 제공자에게 떠넘기는 서비스 제공자[8]

서비스 제공자는 소비자와 상호 관계를 맺고, 내부 조직에 이를 다시 보고하는 중간자

로서의 기능을 한다. 전략적으로 서비스 제공자는 제품 차별화의 중요한 원천이다. 따라서 서비스 조직이 서비스 제공 및 전달을 차별화한다면, 매우 도전적인 일일 것이다. 예를 들어 대부분의 항공사는 유사한 혜택의 묶음을 제공하고 같은 유형의 항공기로 같은 목적지를 향해 비행한다. 그러므로 타 항공사에 비해 경쟁적 우위를 달성할 수 있는 부분은 바로 서비스 수준 – 어떤 방식으로 수행되었느냐 – 으로부터 발생된다. 다시 말해 항공사가 다른 항공사와 차별화될 수 있는 요인은 서비스 제공자의 균형과 태도이다. Singapore 항공사는은 승무원의 품위와 아름다움으로 명성이 자자하며, Southwest 항공사는 랩퍼 승무원인 David Holmes로 인해 유명해졌다.[9] Ritz Carlton, Disney Enterprise, 그리고 고객에게 "제 기쁨이에요."라고 인사하는 종업원이 있는 Chickfi-A와 같은 기업들은 경쟁사 대비 차별화된 장점을 가지고 있다.[10] 서비스 제공자와 기타 다른 접촉 담당자의 중요성을 고려하여, 9장은 서비스 기업의 담당자들에게 직접적으로 영향을 미치는 인적자원 이슈들을 다룰 것이다.

1-4c 다른 고객들

궁극적으로 서비스 사업에서의 성공은 기업이 고객을 어떻게 효율적으로 관리하는가에 달려 있다. 레스토랑, 호텔, 스포츠 시설과 같은 다양한 서비스 조직은 많은 고객에게 동시에 서비스한다. 따라서 고객 간의 정보 공유가 다른 고객들의 개인적인 서비스 경험에 영향을 미칠 수 있다. 선행 연구들은 **다른 고객들**(other customers)의 존재가 고객의 서비스 경험을 강화시킬 수도 있고, 감소시킬 수도 있다는 것을 보여주고 있다.[11] 예를 들어 여러분의 동급생들이 여러분의 전반적인 교육 경험에 다양한 방법으로서 얼마나 긍정적/부정적 영향을 미쳤는가? 이와 같은 다른 고객들의 영향은 적극적이거나 수동적으로 작용할 수 있다. 다른 고객들이 서비스 경험을 적극적으로 감소시키는 예는 레스토랑 및 클럽에서의 무례한 고객들, 교회 예배 동안에 우는 아이들, 영화 감상 시간에 얘기하거나 문자를 보내는 관람객들을 들 수 있다.[12] 수동적 예는 약속시간에 늦어 다음 약속을 지연시키는 고객, 영화관에서 다른 고객의 앞에 앉아 있는 키 큰 고객, 또는 단체 고객들 중 늦어서 모든 사람을 기다리게 하는 고객이 있다.

비록 서비스 경험을 강화/감소시키는 다양한 고객들의 행동을 예측하는 것이 어렵지만, 서비스 조직은 고객들 간 평화적으로 공존할 수 있도록 고객들의 행동을 관리한다. 예를 들어 기업은 먼저 도착한 고객에게 서비스를 우선으로 제공하고,

Peter Treanor/Alamy

서비스 경험은 종종 다른 사람의 전반적 경험의 결과에 큰 영향을 미치는 공유 경험(shared experience)으로 설명된다.

젊은 고객과 노인 고객들 간의 발생할 수 있는 갈등을 감소하기 위해 특정 연령대 시장을 타깃으로 삼으며, 유아 고객과 성인 고객의 식사 시설을 분리 제공하여 고객의 대기 시간을 관리할 수 있다. 다른 고객들이 서비스 경험에 어떻게 영향을 미치며, 다른 고객들을 관리하는가에 대한 자세한 설명은 10장에서 다루어진다.

1-4d 비가시적 조직과 시스템

서벅션 모델에서는 고객 경험의 주요한 세 가지 요소를 (1) 서비스스케이프, (2) 접촉 담당자/서비스 제공자, (3) 다른 고객들이라고 제시하고 있다. 이 세 가지 요소는 고객이 명확하게 인식할 수 있다. 또한, 세 가지 요소를 통해 고객이 받는 서비스 혜택은 서비스 경험에서 나타나는 상호 과정으로부터 파생된다.

서벅션 모델을 구성하는 세 가지 요소는 따로 분리되어 존재할 수는 없으며, 조직과 조직의 시스템을 함께 묶는 비가시적 구성 요소에 의해 뒷받침되어야 한다. 예를 들어 UPS는 많은 회사가 다음과 같은 비가시적 요인들 — 매초 50억 비트의 정보를 계산할 수 있는 12개의 중앙컴퓨터를 포함하여 9만 개의 PC, 배달기사의 배달 기록을 위한 8만 개의 소형 컴퓨터, 국내 소비자의 프라이빗 셀룰러 네트워크, 물건 출고 및 배송 조회를 위해 설계된 세계에서 가장 큰 BD-2 데이터베이스로 성공할 수 있었다.[13]

궁극적으로 서비스 기업의 **비가시적 조직과 시스템**(invisible organization and systems)은 조직의 기본이 되는 규칙, 규제, 그리고 서비스 과정을 의미한다. 비록 규칙, 규제 및 서비스 과정은 소비자에게 직접 보이지는 않더라도, 소비자의 전반적인 서비스 경험에 매우 중대한 영향을 미칠 수 있다. 이와 같이 보이지 않는 조직과 시스템은, 고객 정보의 관리, 근무 종업원의 수, 그리고 메뉴 아이템의 대체에서부터 노인 할인을 위한 신분증 체크 여부까지 이르는 무수한 조직 정책 수립 요인들을 결정한다. 주로 결과(outcomes)에 의해 평가되는 상품(예: 차 열쇠를 돌렸을 때 자동차가 시동이 걸리는가)과는 달리 서비스는 프로세스와 결과에 의해 평가된다(예: 시카고로 가는 비행은 즐거운 경험이었는가, 정시에 목적지에 도착했고 서비스는 좋았으며 종업원들은 협조적이었는가). 보이지 않는 조직과 시스템들은 지속적인 서비스 경험을 제공하는 데 있어서, 서비스 기업의 프로세스를 움직이게 하고 서비스 기업을 도와주는 단서(glue)로 작용된다. 서비스 경험의 창조에서 프로세스의 중요성을 고려해볼 때, 5장에서는 서비스 프로세스에 적용되는 이슈들이 주요하게 다루어질 것이다.

서벅션 모델의 네 가지 요소는 소비자를 위한 경험을 만들어내기 위해 결합되며, 경험은 소비자가 받는 혜택의 묶음을 만들어낸다. 소비자를 위해 경험을 만들어내는 것은 이제 더 이상 새로운 아이디어가 아니다. Disney와 같은 엔터테인먼트 기업은 수년 동안 이런 작업을 해오고 있다. 특히 싱가포르의 Marina Bay Sands Hotel과 Casino, 라스베이거

Lestertair/Shutterstock.com

비록 고객이 레스토랑 주방에서 무슨 일이 일어나는지 볼 수 없을지라도, "비가시적 조직과 시스템"은 고객의 식사 경험에 궁극적으로 영향을 미친다는 것이다.

스의 Bellagio Fountains, 그리고 플로리다 샌대스틴(Sandestin)에 위치한 Village of Baytowne Wharf와 호텔 경영 분야의 기업들은 새로운 아이디어를 찾고 소비자가 직접 '경험'할 수 있는 제품을 출시하였다. 많은 다른 서비스 기업이 직면하는 문제 또한, 소비자의 기억에 남는 경험이 될만한 서비스를 어떻게 제공할 수 있는가이다.

마지막으로, 서벅션 모델의 가장 중요한 시사점은 소비자 또한 서비스 과정을 구성하는 데 필수 부분이라는 것을 보여준다. 소비자의 참여는 능동적이거나 수동적일 수 있지만, 그것이 항상 서비스 전달 프로세스에 포함되어 있지는 않다. 그러나 소비자의 참여는 서비스 마케팅 업무의 특징에 중요한 영향을 끼치며, 특히 제조업과 같은 분야에서 직면하지 않는 많은 어려움을 발생시키기도 한다.

1-5 왜 서비스를 공부하는가

지금까지 우리는 소비자들이 서비스를 상품과 어떻게 다르게 인식하며, 서비스 마케터들이 서비스 제품의 경험적 관점을 고려하여 어떻게 효과적으로 관리해야 하는가에 대하여 논의해왔다. 서비스 마케팅이 왜 중요한지에 대해서는 많은 이유가 있다. 서비스 마케팅을 공부해야 하는 추가적인 이유는 다음과 같다. (1) 국내총생산(gross domestic products: GDP)에 기여하는 글로벌 서비스 경제의 성장, (2) 세계적인 서비스 노동력의 성장, (3) 많은 서비스 산업을 바꾼 e-서비스의 출현, (4) 지속 가능한 서비스 마케팅 비즈니스의 개발 중요성.

1-5a 글로벌 서비스 경제의 성장

서비스 부문은 선진 경제의 세 가지 주요 범주 중 하나이다. 나머지 다른 2개는 산업(industry)과 농업(agricultural) 부문이다. 전통적으로 세계 경제는 농업 경제(agricultural economy)에서 산업 경제(industry economy)(제조업, 광업 등)로, 또 서비스 경제(service economy)로 변하는 경향을 보여왔다. 영국은 현대 세계에서 이와 같은 변화를 만든 첫 번째 경제 국가이다. 이어 미국, 일본, 독일, 프랑스를 포함한 몇몇의 다른 국가들도 서비스 경제로의 변화를 이루어냈고, 더욱더 많은 국가가 빠른 속도로 변화할 것으로 예측된다. 예를 들어 서비스 부문은 2012년 중국 경제의 43%를 차지하였으며, 2015년에는 47%로 증가될 것으로 전망

되었다.[14]

우리는 흥미로운 시대에 살고 있다. 경쟁적인 국제 시장에 의해 농업 시대로부터 제조업, 서비스업 시대로의 변화는 빠른 속도로 진행되었다. 단순하게 설명하자면, 상품은 서비스보다 국제 무역에서 더 많이 거래되기 때문에 좀더 경쟁적인 성격을 띌 수밖에 없다. 예컨대, 먼저 산업화된 국가들은 새롭게 농업에서 산업 경제로 바뀌고 있는 국가들에 의해 결국 공격을 받게 되는 것이다. '새롭게 도전하는' 국가들은 더 낮은 생산 비용을 제공하여 기존 산업을 취약하게 만든다(특히 노동 비용). 결국 산업 부문이 기존 나라에서 새 나라로 옮겨가면서, 산업 부문을 포기한 국가들은 서비스 부문을 성장시키는 데 집중하기 시작한다. 이러한 과정은 저개발국가들이 경쟁에 진입함에 따라 계속 반복되며, 결과적으로 국가 경제가 농업에서 산업으로, 다시 서비스 중심으로 전환되는 것을 촉진시켜 궁극적으로 세계 경제를 성장시키는 것이다.

시간이 지날수록 회사, 기관, 그리고 개인은 시간을 확보를 위해 비용을 지불하고, 목적을 달성하기 위해 시간을 사용하기보다는 서비스를 구입하기를 원하기 때문에 서비스 분야는 점점 더 성장하였다. 특히 엔터테인먼트와 같은 부문에서 가처분소득이 높아짐에 따라 개인 서비스의 사용이 급증하고 있다. 이와 같은 서비스 경제의 성장은 전체 거래되는 서비스의 양적 증가뿐만 아니라 제공되는 서비스의 다양성도 증가시켰다. 〈도표 1-5〉는 미국의 서비스 상위 영역의 분류와 전체 GDP에서 서비스가 차지하는 비율을 보여주고 있다.

세계 GDP상에서의 서비스 산업의 경이적인 성장은 매우 명확하다(도표 1-6 참조). 모든 선진 경제국은 대규모의 서비스 경제 시장을 가지고 있으며, 일본, 프랑스, 영국 또한 미국만큼 발달한 서비스 경제 시장을 가지고 있다. 심지어 홍콩과 바하마는 국가 GDP의 90%를 차지하는 서비스 경제를 가진 선두 국가이다.

〈도표 1-5〉 산업별 국민총생산 구성 비율

산업 부문	공헌비율(%)
농업, 임업, 어업, 그리고 목축	1.4
정보	4.6
광업	2.6
유틸리티	1.6
건축	3.7
제조	12.1
도매	6.0
소매	5.8

산업 부문	공헌비율(%)
운송/창고	2.9
금융, 보험, 부동산, 임대와 리스	20.2
전문/비즈니스 서비스	11.8
교육, 건강, 사회지원 서비스	8.2
예술, 엔터테인먼트, 레크레이션, 숙박, 음식 서비스	3.7
기타 서비스	2.2
정부	13.2

Source: http://www.bea.gov.

<도표 1-6> 전 세계 GDP: 서비스 부문의 구성 비율

국가	%
1. 홍콩	93.0
2. 바하마	90.8
3. 쿠라사우섬(Curacao)	83.8
4. 바베이도스	83.0
5. 미국	79.4
6. 프랑스	79.4
7. 영국	78.9
8. 웨스트 뱅크(West Bank)	77.9
9. 덴마크	76.8
10. 벨기에	76.6
11. 레바논	75.4
12. 포루투갈	75.2
13. 쿠바	73.9
14. 이탈리아	73.5
15. 일본	73.2
16. 스위스	72.5
17. 케이맨섬(Cayman Island)	72.3
18. 핀란드	71.9
19. 캐나다	69.9
20. 뉴질랜드	69.5

Source: https://www.cia.gov

1-5b 세계 서비스 노동력의 성장

농업에서 제조업 그리고 서비스업으로의 전 세계적인 고용의 성장과 변화는 분명하다(도표 1-7 참조). 서비스 산업은 규모만 성장했을 뿐만 아니라 농업이나 광업과 같은 전통 산업이 해체되면서 생겨난 실업자들을 모두 흡수했다. 미국 노동청 통계 부서는 2002~2012년에 새로 생긴 직업 중 서비스업이 96% 이상의 비율을 차지할 것이라 예측했

<도표 1-7> Worldwide Gross Domestic Product: Composition by Service Labor Force

국가	%
1. 안도라	94.9
2. 홍콩	93.4
3. 바하마	86.0
4. 쿠라사우섬	81.8
5. 영국	80.4
6. 이스라엘	80.3
7. 싱가포르	80.1
8. 케이맨섬	79.0 (동률)
9. 미국	79.0 (동률)
10. 노르웨이	77.6
11. 덴마크	75.4
12. 프랑스	75.2
13. 캐나다	73.9
14. 호주	73.5
15. 바베이도스	73.2
16. 뉴질랜드	72.5
17. 독일	72.3
18. 스위스	71.9
19. 벨기에	69.9
20. 핀란드	69.5

Source: https://www.cia.gov.

다.[15] 더군다나 2012~2022년에 총고용이 10.8%(15.6백만 명) 증가하는데, 이 중 대부분이 서비스 부문에서 발생될 것으로 예측되었다. 그리고 이러한 동일한 패턴은 전 세계에서 대부분 반복될 것이다.

1900년에, 미국은 전체 노동인구의 30%가 서비스 분야에 고용되었는데, 2013년에는 전체 노동인구의 거의 80%가 서비스 분야에 종사하였다. 동시에 농업 분야의 노동인구 비율은 42%에서 1.2%로 감소되었다.[16] 1948년에 미국 내의 생산업 종사자는 2,090만 명이었으며, 서비스 분야 종사자는 2,720만 명이었다. 그러나 1990년대 중반 생산업 종사자는 1,990만 명(20년 동안 증가하지 않음)인 반면, 서비스 분야 종사자는 8,110만 명으로 늘었는데, 이 수치는 30년 전 전체 노동인구보다 많은 숫자다.[17]

심지어 이 수치는 경제 성장에 기여한 서비스 분야의 비율을 정확하게 반영하지 못하고 있다. 상품 회사에서 직접 급여를 받는 서비스 고용자들이 산업 고용자로서 계산되기 때문이다. 예를 들면, 세계적으로 큰 서비스 조직 중 하나인 IBM은 서비스 부문 기업이 아닌 상품 판매 기업으로 간주된다. 그 이유는 정부가 IBM의 핵심 사업을 전자기기와 컴퓨터로 간주하기 때문이다. 반대로 IBM은 자신을 비즈니스 솔루션 산업에서 주요한 서비스 제공자로 본다. 따라서 제대로 된 수치는 공식적인 서비스 부문 종사자 — 독립적인 회계 회사나 건축 회사 같은 — 와 같은 회사 내의 상품 부문 종사자를 결합함으로써 최종적으로 얻을 수 있다.[18]

이러한 변화의 결과 중 한 가지는 노동력의 형태가 변하는 것이다. 예를 들어 지난 30년 동안 미국에서 새롭게 생겨난 직업들은 고학력의 전문직, 기술직, 행정직 그리고 판매직의 화이트 컬러 직종이었다. 경제 분석 전문가들은 시장에서 서비스가 상품을 대체하고 있으며, 그 결과 "인적자원(human capital)"이 투자의 근원으로서 "물적 자원(physical capital)"을 대체하고 있다고 분석하고 있다. 이러한 정서는 다음과 같은 문장에서도 알 수 있다. "이제 미국인들은 상품은 혼자 부를 구성할 수 있는 반면, 서비스는 비생산적이고 일시적이라는 개념에서 벗어날 필요가 있다. 동시에 국가의 부는 사람들의 기술, 재주와 지식에 좌우된다는 Adam Smith의 이해에 따라 행동해야 한다."[19]

서비스 부문의 GDP 기여와 세계 서비스 노동력 시장의 성장이라는 관점에서 서비스 부문은 매우 중요하며, 본 교재는 각 장마다 **글로벌 서비스 활동 사례**를 통해 서비스 마케팅 비즈니스의 실행을 강조한다.

1-5c e-서비스의 출현

간단히 말해서, 기술은 문제를 풀고 업무를 수행하기 위해 과학을 적용한 것을 의미한다. 기술의 발전, 특히 인터넷의 발달은 서비스 마케팅 전략에 근본적인 변화를 가져왔다.

거의 25년 전부터(약 1996년부터) 인터넷이 사용되기 시작했으며, 수천 개의 비즈니스, 고객, 고용주 및 파트너들은 온라인으로 소통하고, e-비즈니스(e-business)를 수행하였다. 시간이 지남에 따라 더 많은 고객(기업 및 가정)은 컴퓨터를 연결하여 규모의 대중을 형성하였다. 반복적인 사용을 통해 고객들의 인터넷에 대한 신뢰가 증가되었고, 인터넷은 서비스와 상품 생산자들에게 매출 증가와 경제 성장을 위한 중요한 수단이 되었다. 결국 e-비즈니스는 시장의 권력을 판매자에서 구매자로 이동시켰다. 구매자들은 다양한 선택지와 많은 정보를 갖게 되어 요구 사항이 증가하였으며, 이전 보다 상품과의 상호 연관성이 커질 수 있었다. 이에 따라 점점 증가하는 시장 욕구를 만족시키기 위해 서비스 마케터들은 고객 접근성을 높이고, 요구에 빠르게 반응하며, 혁신적인 변화를 이루어낸다.

온라인 비즈니스의 성장은 실로 놀라웠으며, 그 수치는 우리를 놀라게 할 것이다. 예를 들어 북미에 살고 있는 사람들은 전 세계 인터넷 사용자의 단지 10.2%를 구성하고 있다. 2014년에 세계 인구의 43.3%인 3억 명 이상이 인터넷에 접속하였다(도표 1-8 참조). 반대로, 2000년에는 전 세계 인구의 5.2%인 3억6천1백만 명이 인터넷에 접속하였다. 북미에서는 인구의 87.7%인 3억1천3십만 명이 인터넷 사용자이다.[20] 미국의 온라인 판매는 2016년에 327억 달러에 이를 것으로 전망된다. 동시에 연간 온라인당 연간 매출액은 1,738달러에 달할 것으로 예측된다. 분명한 것은 소비자들은 오프라인 구매보다 더 편안한 온라인 구매를 선호한다는 것이다. 2001년에 30개의 소매점 카테고리 중 3개만이 전체 판매액의 20% 이상이 온라인에서 이루어졌다고 응답했다. 그러나 2011년에는 그 숫자는 8개로 증가하였으며, 2016년에는 30개 카테고리 중 14개로 증가할 것으로 전망된다.[21]

e-서비스란 무엇인가 Hewlett-Packard에 따르면, **e-서비스**(e-service)는 "통신망을 통해 업무를 완성하거나, 문제를 해결하고, 거래를 실행하는 전자 서비스를 말한다. e-서비스는 개인, 비즈니스 그리고 다른 e-서비스 이용자들에 의해서 사용될 수 있고 다양한 정

〈도표 1-8〉 전 세계 지역별 인터넷 사용자 (2014년 2/4분기)

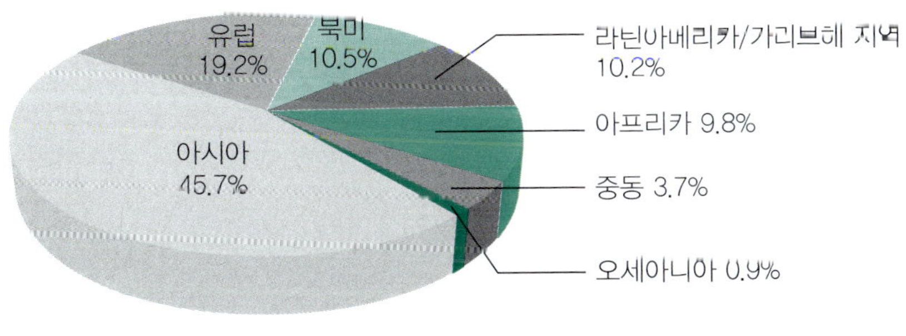

Source: Internet World Stats - www.internetworldstats.com, 3,035,749,340 Internet users for June 30, 2014, Copyright 2014, Miniwatts Marketing Group.

보 기기를 통해 접근할 수 있는 것"을 의미한다. 오늘날 e-서비스는 ATM, UPS 추적시스템, Schwab's 주식 거래 서비스, Travelocity의 온라인 구매, 식료품점의 셀프 체크아웃 등의 다양한 거래가 추가되고 있다. 현재 대부분의 e-서비스는 **셀프 서비스 기술**(self-service technologies)로 흔히 알려져 있다.

셀프 서비스 기술(SSTs)의 지지자들은 "최고의 서비스는 셀프 서비스다!"라고 자주 정의를 내리곤 한다. 결국 회사는 "고객을 돕는 것이 우리를 돕는다."라는 철학 아래 운영해야 하는 것이다. 본디 SSTs는 고객과 서비스 제공자 사이의 상호작용을 자동화하여, 편의성과 효율성을 증진하기 위해 고안되었다.[22] SSTs가 성공적으로 개발되고 실행될 때, 소비자들은 셀프 서비스 기술을 더 애용하게 된다.[23] 항공사의 경우를 생각해보면, 소비자는 손쉽게 항공권의 가격을 비교하고, 항공권을 예약하며, 좌석을 선택하고, 탑승권을 미리 인쇄하여 체크인 절차를 건너뛸 수 있다. 과거의 전통적인 종업원 지원 서비스와 비교해보면, 소비자들은 이전보다 더 자주 편리하고 빠르게 셀프 서비스 기술을 이용한다. 이와 같은 셀프 서비스 산업은 자동 대여점, 은행, 보험 회사, 호텔, 영화 대여점, 영화관들과 그 밖의 다양한 소매 운영사업체 등을 포함한다.

SSTs는 운영 시에는 놀라운 성과를 창출하지만, 프로세스에서 무언가가 잘못되거나 또는 소비자들이 SSTs 메뉴를 잘 다루지 못할 때, 소비자 불만족의 주된 원인이 될 수 있다. 자동응답시스템이 무응답하거나 소비자가 원하는 옵션을 제공하지 못하는 경우 이런 문제가 발생될 수 있다. 예를 들어 병원의 자동응답 시스템은 다양한 옵션을 제공하지만, 놀랍게도 응급 상황에 관한 선택은 뒷번호인 9번이라는 것을 알 수 있다. 몇 가지 사례에서처럼, 소비자들은 오히려 SSTs를 기업이 고객과 멀어지려는 전략으로 간주한다. 따라서 서비스 기업이 SSTs를 이용할 때에는 소비자들의 전반적인 경험을 더 조심스럽게 고려해야 한다. 셀프 서비스가 성공적으로 실행되기 위해서는 고객에게 이점(편리성, 고객화의 기회, 비용 절감, 시간 절약 등)을 제공해야 한다. 셀프 서비스 기술은 순수하게 기업의 운영비를 줄이는 것을 목적으로 해야 한다.

e-서비스는 소비자의 온라인 경험의 변화에 있어서 중요한 역할을 하는데, 여기서 온라인 경험의 변화란 기능적인 경험을 좀 더 개인적인 경험으로 바꾸는 과정을 말한다. 간단히 말하면, e-서비스는 온라인 기업의 운영비를 절감해주면서도 동시에 고객에게 다양한 서비스를 제공하여 네트워크를 인격화시킨다. 예컨대 전자 주문 확인, 배송조회 서비스, 전자 지갑, 협동브라우징(co-browsing) 원격 상담 서비스, 실시간 문자 고객 상담, 반품 서비스, 그리고 협업 필터링(collaborative filtering), 즉 빅데이터를 이용한 관심 상품 추천 서비스 등이 있다.[24] 서비스 공급에서의 기술의 중요성을 고려하여, 본 교재에서는 각 장마다 서비스 분야에서의 e-서비스의 중요한 역할에 대해 **e-서비스 활동 사례**에서 설명하고 있다.

e-서비스 활동 사례

레스토랑이 소셜미디어의 흐름을 타다

Pew Research에 따르면, 인터넷 사용자의 69%가 작업을 하면서 놀기 위해서 소셜 미디어 도구에 접속한다고 한다. 레스토랑은 마케팅과 고객 서비스 전략에 소셜 미디어와 같은 대중적인 플랫폼을 포함시켜 경쟁적 우위를 가질 수 있다.

Starbucks는 특가품을 알리고 신제품을 홍보하기 위해서 Facebook의 타임라인 포맷을 사용한다. Facebook 팬들 또한, 고객 서비스에 대한 피드백을 업데이트하고 연관된 "친구"를 연결하기 위해 Facebook을 사용한다.

Pizza Hut과 Taco Bell은 소비자가 구매 시 주로 참고하고, 1천2백만 명이 사용하는 소셜 네트워크 게시판인 Pinterest에 음식 사진, 쿠폰, 위치 등을 공유하여 고객의 호기심을 자극하고 있다.

Kona Grill은 소비자의 즉각적인 욕구를 친밀하게 대응하면서 Foursquare Swarm Party를 판매한다. Kona Grill은 스마트폰의 위치 기반 네트워크인 Foursquare를 사용하여 소비자가 지역의 레스토랑에게 "체크인"을 하게 하며, 지역 레스토랑들은 즉시 사용할 수 있는 무료 쿠폰과 할인 쿠폰을 제공한다.

Morton's Steakhouse는 고객 만족도를 측정하고, 문제를 해결하고, 충성 고객을 유지하기 위해 'Twitter'를 사용한다. 이 레스토랑은 단골손님과 십만 명의 팔로워를 가진 블로거가 스테이크를 주문하면, 어떤 공항이든 배달해주는 새로운 콘셉트를 내걸었다. Morton's는 실제로 이와 같은 고객 주문에 모두 대응하여 소위 '대박'을 터뜨렸다.

Source: Ruggless, Ron, "7 Social Media Tools for Restaurants," **http://nrn.com**. Brenner, Joanna, "Pew Internet: Social Networking," **http://pewinternet.org**.

1-5d 지속 가능한 녹색 서비스 제공: 서비스에 지속가능성 제공

최근 몇년 동안 지속가능성의 개념에 대해서는 많은 연구가 진행되어 왔다. 사업 종사자들은 지속 가능하고 "친환경적" 상품을 생산하는 것에 관심을 집중하였다. 그러나 최근까지 이러한 지속가능성 연구는 제품 생산에만 초점을 맞추었을 뿐 서비스 분야에서의 집중되지는 않았다.

사람들은 "지속가능성"이라는 말을 들을 때 여러 가지 것을 생각하는 경향이 있다. 대부분의 사람은 지속가능성을 "친환경적"이고 환경을 보호하는 것으로 연결한다. 그러나 가장 넓은 의미에서, **지속가능성**(sustainability)은 단순히 지속 가능한 능력을 의미한다. 구체적으로 지속가능성은 경제, 환경, 사회적 관점에서 미래 세대의 욕구에 대응할 수 있는 능력을 저해하지 않고 현재 세대의 만족을 충족할 수 있는 능력으로 정의된다.[25] 그러므로 지속가능성은 사회적 책임의 개념과 밀접한 관련이 있다.

왜 서비스 제공자는 지속 가능한 서비스를 운영해야 하는가? 지속가능성 프로그램의 초기 투자는 비용이나 자원의 관점에서 매우 높을 수 있다. 만약 지속 가능한 운영의 초기 투자비용이 너무 높다고 해서 실행하지 않는다면, 회사는 장기적인 이익을 보지 못할 수도 있다. 그렇게 한다면 친환경을 추구하는 것이 그만큼 가치 있는 일이 아니라는 믿음이 생길 수 있다. 이러한 견해는 2000년대 초반의 세계 경제위기 이후 때까지 주로 언급되었다. 그러나 장기적으로는, 지속가능성에 투자하는 것은 회사에게 있어 다양한 방면에서 이득이 될 수 있다.

기업이 상품을 생산하거나 서비스를 제공하는 것과는 관계없이, 기업은 지속가능성을 결정할 때 반드시 재무적인 측면의 이윤에 대해 입증할 수 있어야 한다. 기업은 투자금의 회수를 고려하지 않고 미래의 지속가능성에 투자할 수 없기 때문이다. 그러므로 사회적 선(善)이 사업적 기회와 함께 추구되는 것만이 기업의 지속가능성이 실현되는 최고의 사례라고 할 수 있다.[26] 이것을 "스위트 스팟(Sweet Spot)"이라고 한다. 기업의 임원들은 주주들에게 선의와 기회가 함께 충족되는 사례를 보여주고 나아가 전략에 대한 지지를 얻을 수 있다. 인도 Unilever의 Project Shakti의 예를 살펴보자. 이 프로젝트는 어떤 기업도 진출하지 않았던 인도의 시골 지역에, 위생 제품을 팔기 위해 수천 명의 여성을 훈련시키기는 프로젝트였다. 이 프로젝트는 가난한 사람들에게 사업을 교육시키고, 나아가 그들을 가난에서 벗어나도록 훈련하는 것이기에 지속 가능한 성격을 띠었다. 뿐만 아니라 이 프로젝트는 아무도 진출하지 않은 시장을 새롭게 창출하는 기회를 만들어냈다. 지속 가능한 사업은 해당 지역의 발전뿐만 아니라 기업이 시장에서의 경쟁적 이점을 얻을 수 있도록 하였다. 기업은 지속 가능한 서비스 운영을 통해 생태 효율성, 환경적 비용 선도, 규정 준수 이상의 리더십 그리고 친환경 브랜딩의 네 가지 목표를 이룰 수 있다.[27]

- 생태효율성(eco-efficiency)은 일석이조의 개념을 기본으로 한다. 시스템에서 쓸모 없고 비효율적인 부분을 줄이려고 하는 기업은 재무적 측면과 환경적 측면에서 긍정적인 결과를 얻을 수 있다.
- 환경적 비용 선도(environmental cost leadership)는 기업의 비용 경쟁력을 높이고 동시에 기업이 더 친환경적이 될 수 있는 혁신의 발전을 포함한다.
- 규정 준수 이상의 리더십(beyond compliance leadership)은 기업이 단순히 자신의 지속가능성을 증가하는 것뿐만 아니라 대중으로부터 이를 인정받기 위해 노력하는 것이다. 이런 기업들은 종종 LEEDS(Leadership in Energy and Environmental Design) 건축 인증과 같은 환경 인증에 비용을 투자한다. 이러한 경우 해당 산업의 시장 선도자(초기 시장 진입자)는 매우 큰 이점을 갖게 된다. 주도권을 가진 시장 선도자는 혁신적으로 인식되며, 그 외의 동종 기업들은 시장 선도자를 따라갈 수밖에 없다.
- 친환경 브랜딩 전략(cco-branding strategies)은 제품의 환경적인 속성(예: 유기농, 채식, 공정무역 등)에 집중하여 마케팅을 차별화하는 것을 말한다. 이를 성공적으로 실행하기 위해서는 (1) 소비자가 환경적인 차별화에 비용을 지불할 의도가 있어야 하며, (2) 상품의 환경적인 성능에 대한 정보가 믿을 만할 뿐만 아니라, (3) 다른 경쟁자가 차

지속가능성 관련 서비스 활동 사례

"친환경"의 기원과 성장

많은 사람이 '환경' 운동은 최근의 지속가능성과 관련된 트렌드라고 생각한다. 그러나 이 운동의 기원은 대략적으로 산업혁명 이후인 17~19세기부터 시작되었다. 이 시기는 대부분의 산업 국가에서 전례 없는 기술적, 산업적 그리고 과학적 진보로 인해 인구 폭발을 야기했던 시기이다. 산업 성장과 함께 생산품의 수요 증가는 자연 자원의 남용, 폐기물의 증가, 그리고 열악한 근무 조건이라는 결과를 낳았다.

이 녹색 운동은 소비자들이 점점 글로벌 소비의 환경적 영향에 대해 인식하기 시작하던 시기인 1950년대와 1960년대에 재점화되었다. 1953년 미국 사업의 복합 대기업, 비영리 단체들, 정부 관계기관 그리고 염려하는 소비자들로 구성된 KAB(Keep America Beautiful: 아름다운 미국 유지하기) 캠페인이 그 증거이다. 이 캠페인은 현재까지 운영되고 있으며 지금은 미국에서 가장 큰 환경 조직으로, 쓰레기 버리기 방지, 쓰레기의 단계별 처리(폐기물 감소, 재사용 그리고 재활용), 지역사회 미화 활동을 수행한다. KAB의 가장 유명한 상징은 "울고 있는 인디언(Crying Indian)" 광고이다. 이 광고는 1970년대에 알려졌으며, 미국 원주민들이 한때는 손을 타지 않은 그들의 토착지가 오염된 미국 사회를 관찰하는 모습을 묘사했다(https://www.youtube.com/results?search_query=CRYING+INDIAN).

1970년대에 기업들은 더 엄격해진 환경 정책에 방어적으로 반응했다. 봇물처럼 만들어진 새 법안들은 1970년에 지구의 날(Earth Day)을 만들도록 하였고, 1972년에 스톡홀름에서 첫 번째 UN 환경회의를 개최하도록 기여했다. 이 운동은 1980년대의 정부 주도에서 1990년대에 산업과 소비자가 통제하는 것으로 바뀌었다. 9월 11일 테러 이후, 사회의 관심이 국가의 안보로 옮겨짐에 따라 환경 운동이 잠깐 중단되기도 했으나, 대중은 다시 지속가능성 그 자체를 주장하기 시작했다. 이 책에서 제공하는 "지속가능성 관련 서비스 활동 사례"에서는 서비스 산업과 그러한 서비스 산업들이 지속 가능한 비즈니스로 변환된 것에 대한 구체적으로 설명하고 있다.

별화를 쉽게 모방할 수 없어야 한다는 세 가지 기본 전제 조건이 필요하다.

환경적인 관점과 사업 기회의 관점에서 지속 가능한 서비스 운영의 중요성을 고려하여, 본 교재는 각 장마다 서비스 분야에서의 지속 가능한 사업 운영에 대한 자료를 제공하고 있다(**지속가능성 관련 서비스 활동 사례** 참조).

요약

서비스는 우리 삶의 모든 측면에 스며들어 있다. 따라서 서비스 마케팅 지식은 이전보다 중요해졌다. 서비스를 정의할 때, 상품과 서비스의 차이는 종종 분명하지 않을 때가 많다. 일반적으로 상품은 물체, 기기 또는 물건으로 정의되지만 서비스는 행동, 노력, 또는 성과로 정의된다. 간혹 제품은 순수 서비스나 순수 상품으로 분류되기도 한다. 시장 단위의 규모와 분자 모델은 제품이 각기 그들의 유형성과 비유형성 특징에 따라 얼마나 다양할 수 있는지에 대해 설명해준다.

소비자가 서비스를 구매할 때, 그들은 경험을 함께 구매한다. 서벅션 모델의 네 가지 구성 요소

(서비스 환경, 종업원과의 접촉 담당자/서비스 제공자, 다른 고객, 보이지 않는 조직과 시스템)는 소비자를 위한 경험을 만든다. 이후 만들어진 서비스 경험은 혜택의 묶음을 소비자에게 전달한다. 상품 제조와는 대조적으로, 서벅션 모델은 서비스 소비자들이 서비스 생산 과정에 영향을 끼치는 필수적인 부분이라는 점을 입증한다.

서비스 마케팅을 공부하는 것이 왜 중요한지에 대한 이유는 다음과 같다. (1) 소비자는 서비스를 상품과 다르게 평가하기 때문에 서비스 마케터는 서비스 상품의 경험적인 측면을 효과적으로 관리해야 한다. (2) 서비스는 상품과 서비스 기업들의 경쟁적 우위를 위해서 효과적으로 쓰일 수 있다. (3) GDP 기여의 관점에서 글로벌 서비스 경제의 성장은 눈에 띄게 증가해왔다. (4) 따라서 글로벌 서비스 인력 또한 꾸준히 증가해왔다. (5) e-서비스 기술의 출현은 많은 서비스 산업을 변화시켰다. (6) 지속 가능한 서비스 마케팅 실행을 위한 지식이 필요하다.

복습문제

1. 상품, 서비스, 제품을 정의하시오.
2. 서비스 필수(service imperative)로 얻은 교훈은 무엇인가?
3. 왜 상품과 서비스 간의 차이를 구분하는 것이 어려운가? 시장 단위의 규모와 분자 모형을 이용하여 설명하시오.
4. 서벅션 모델을 활용하여 강의실에서의 경험을 설명하시오.
5. 4번 문제에서 논의된 서벅션 모델을 이용하여 지역 레스토랑에서의 경험을 설명하시오.
6. 서벅션 모델의 조직과 시스템 차원이 다른 세 가지 차원과 어떻게 다른가? 조직과 시스템 차원의 목적은 무엇인가?
7. 전 세계 GDP 정보를 제공하는 표에서 상위 10대 서비스 경제를 구성하는 국가를 볼 수 있다. 이러한 나라들은 때로 크게 다르지만 대규모 서비스 경제를 창출하고 있다. 이를 설명하시오.
8. 서비스 기술을 효과적으로 전달하는 단계를 토의하시오.
9. 온라인 경험을 인격화하는 것을 돕는 온라인 서비스를 기술하시오.
10. 효과적인 비즈니스 포지셔닝 전략으로서 지속 가능성을 이용하기 위한 네 가지 접근 방법을 토의하시오.

사례 1. The Twins' First Service Encounter

우리의 하루는 오전 5시 20분에 시작되었다. 허리케인 Felix가 오후 늦게까지 캐롤라이나 해안을 강타할 것으로 예상되어, 전날 마을의 다른 사람들처럼 폭풍우에 대비해 짐을 꾸리는 데 많은 시간을 보냈다. 그러나 다른 사람들과는 달리 우리는 한 가지 걱정거리가 더 있었다. 아내가 쌍둥이를 임신한 지 6개월이 되었기 때문에, 태풍을 피하기 위해 계속해서 차로 움직여야 한다는 것은 좋은 대안이 아니었던 것이다. 우리는 태풍을 피해 집을 떠날지 말지에 대해 결정해야 하는 상황에서, 먼저 오전 9시에 주치의와의 진료 예약을 위해 전화를 걸기로 하였다.

오전 5시 20분, 아내의 두려운 목소리가 나를 깨웠다. 아내의 양수가 터졌고, 11월 16일에 태어나기로 예정되었던 쌍둥이들이 13주 일찍 태어날 것 같았다. 첫 아이였던 탓에, 반드시 병원에 가야만 했다. 그러나 우리는 특별한 상황에서 최상의 운송수단에 관해 확신할 수 없었다. 일전에 의사는 우리에게 쌍둥이 임신이 매우 위험하다는 것을 알려주었고, 따라서 모든 예방 조치를 취해야 했다. 우리는 신속하게 병원에 전화하여 조언을 구했다. 병원 측에서는 아내가 샤워를 하고, 다리털을 깎고, 몇 가지 필수품을 챙겨서 병원에 입원하는 것이 적절하다고 제안했다. 늦어서는 안된다는 강박감 때문에 샤워를 하라는 조언을 무시한 채, 물건만 재빨리 챙긴 후 즉시 병원에 갔다.

응급실

병원에 도착하자마자 우리는 비상구로 갔고, 나는 빨리 휠체어를 찾기 위해 차에서 나왔다. 나는 다른 고객과 잠시 대화를 했던 경비원과 마주쳤다. 경비원은 현재의 위치에 주차하면 안 된다고 알려주었다. 경비원에게 휠체어가 필요하다고 얘기하고, 아내를 응급실 안으로 옮긴 후, 차를 이동시켰다. 경비원은 손가락으로 휠체어가 있는 곳을 알려주었다. 나는 보이는 첫 번째 휠체어를 움켜 잡고 아내를 돕기 위해 미닫이 문으로 되돌아갔다. 이때, 경비원은 내가 어린이용 휠체어를 가지고 왔다고 알려주었다. 나는 안으로 다시 들어가, 더 큰 휠체어를 갖고 나왔다. 차로 돌아가 아내를 휠체어에 태우고 응급실 안쪽으로 향했다. 경비원은 다른 대화를 계속하면서 아내를 응급실에 배치하여 차량을 옮길 수 있도록 해주었다. 나는 아내에게 작별인사를 하고 차를 옮기려고 갔다. 돌아왔을 때, 경비원은 아내를 3층에 있는 분만 병동으로 데려갔다고 알려주었다.

아내가 초진 간호사와 만난 시간은 짧았지만 그녀는 상냥했다. 초진 간호사는 수간호사에게 아내를 출산 병동으로 옮기라고 명령했다. 3층으로 이동하는 동안 수간호사는 아내에게 출산에 대해 흥분했는지 여부를 물었고, 아내는 임신 6개월밖에 안 돼서 무섭다고 답했다. 그러자 그 수간호사가 "그렇게 일찍 출산하면 아기가 살아남을 리 없다."라고 대답했다.

분만병동

3층 엘리베이터에서 나오자마자, 간호사실로 가서 아내가 입원한 병실 위치가 어딘지를 물었다. 나는 아내의 병실로 안내해준 몇 명의 웃는 간호사들과 인사를 나누었다. 병실로 가는 동안, 아내의 방에서 방금 나온 다른 간호사를 만났다. 이 간호사는 나에게 수간호사의 얘기를 언급하며, 그녀가 말한 것이 부적절 할뿐만 아니라 부정확하다는 것을 계속 확신시켜 주었다. 그녀는 또한 아내가 현재 심리적으로 매우 불안하여, 그녀의 평온을 유지하기 위해 나의 도움이 필요하다고 했다. 이 간호사는 2년 전에 우리와 마찬가지로 조산아를 출산했었다고 한다.

이 과정이 모두 오전 6시부터 6시 30분 사이에 일어난 일이다. 당직 레지던트가 병실로 와서 자신을 Baker 박사라고 소개했는데, 아내는 나를 보며 당황하고 어리둥절한 표정을 지었다. 아내가 다녔던 진료소는 5명의 의료진으로 구성되어 있는데, Baker 박사는 이 중 한 명이었다. 그러나 실제 Baker 박사는 오늘 우리 앞에 서 있는 Baker 박사보다 30~40세가 더 많았다. 레지던트는 긴장하여, 자신이 Baker 박사의 어시스트라고 하지 않았던 것이다. 자신의 실수로 깨닫고 당황한 그는, 자신을 다시 소개하고 Baker 박사가 통화 중이라는 연락을 받았으며, 그가 Baker 박사와 연락을 유지하면서 아내의 상태를 알리고 있다고 알려주었다.

그 레지던트는 방을 나갔다가, 바로 아기의 위치를 파악하기 위해 초음파 카트를 갖고 나타났다. 추측하건대, 이번에 그는 전공의급 레지던트를 동반하였다. 그 다음 30분 동안, 나는 전공의급 레지던트가 초음파 장비를 사용하는 법을 배우려고 하는 것을 보았다. 그는 계속해서 "제 생각으로는 …"으로 시작하는 문장으로 검사 결과를 우리에게 알려주었다. 이 기간 동안 아내는 아기의 상태와 Baker 박사의 위치에 대한 걱정하기 시작했다. 레지던트들에게 전해 듣기로는 Baker 박사가 이르기를, 산모가 심리적으로 불안정한 것이 아기의 상태에 도움이 되지 않는다는 말을 했다고 한다. 우리는 안정을 찾으려 노력했지만 약 30분이 지난 후, 나는 두 명의 레지던트들에게 침착함을 유지하라는 충고에도 불구하고 그럴 수 없다고 알려주었다. 전공의급 레지던트는 다시 초음파 검사를 실시하였다.

Baker 박사는 오전 7시에서 7시 30분 사이에 병원에 도착했다. 그는 태풍에 대비하는 데 시간을 쏟느라 일찍 병원에 도착하지 못했고, 이에 대해 사과했다. 같은 시간 동안, 간호사와 Baker 박사의 근무 시간이 변경되었다. 새로운 간호사가 병실에 들어 왔고, Johnson 박사가 Baker 박사로부터 업무 인계를 받았다. 오전 8시쯤 Baker 박사는 Johnson 박사와 협의한 후, 만일의 경우를 대비해서 아기를 데려 오기 전에 아내가 7~10일 동안 병원에서 지내야 한다고 알려주었다. 그리고 아이가 매일 더 나아질 거라고 설명해주었다. 그러나 폐는 특별히 신경을 써야 한다고 하였다.

분만 병동에 입원하자마자, 아내는 바로 수축 체크를 위해 심전도 검사를 받게 되었다. 다행히 아기의 크기가 작기 때문에 수축이 심하지 않았다. 그러나 명확한 것은, 수축 사이의 간격이 확실히 짧아졌다는 것이다. 처음 부모가 되었을 때, 우리는 우리가 병원에 있었고 의료 서비스 제공자에 의해 둘러싸여 있다고 생각했기 때문에, 우리는 이것이 크게 중요하다고 생각하지 않았다.

오전 8시에서 8시 30분 사이에 다른 두 명의 간호사가 작성할 서류를 많이 갖고 왔다. 우리는 쌍둥이를 낳았으므로, 모든 서류가 2배로 필요하였다. 이름, 주소, 전화 번호, 사회보장번호 및 보험정보와 같은 기본사항을 적어야만 했다. 병원이 우리에게 몇 주 전에 보낸 것과 같은 내용이었다. 간호사가 우리에게 질문을 하고, 우리가 제공하는 정보에 따라 양식을 작성하였다.

오전 8시 30분쯤, Baker 박사는 아기의 위치로 인해 제왕절개로 아기를 출산해야 한다고 알려주었다. 나는 예정일이 갑작스레 1주일에서 10일로 바뀐 것에 대해 궁금해하면서, 언제쯤 출산을 하게 될 것이냐고 물었다. 그는 "다음 몇 시간 안에"라고 답하며, 만약 몇 시간 이내로 아기가 태어나지 않는다면 Johnson 박사가 아기를 받아야 한다고 했다.

아내가 수술실에서 수술을 준비하고 있을 때, 나는 수술실 밖에 있는 복도에 서 있었다. 나는 다른 한 의사가 한쪽 발을 절뚝거리며 목발을 하고 걸어가는 모습을 보았다. 그는 아내의 병실 밖에서 진료차트를 검사하기 시작했다. 그는 Arthur 박사(그는 타이어를 바꾸려다가 발이 부러졌다고 한다)로 자신을 소개했다. Arthur 박사는 신생아 전공학자였으나, 그 당시에는 별 필요가 없었다. 마침내 아내가 담당의사를 갖게 되었고, 아직 태어나기 전의 아기도 담당의사가 생겼던 것이다. Arthur 박사는 아내와 함께 이야기하라고 했다. 그는 우리와 같은 경우의 아기가 90% 생존하고, 생존자의 90%가 평범하게 성장한다고 알려주었다. 그는 우리에게 궁금한 것을 물어보게 하고, 조용하고 효율적으로 정보를 전달하였다. 그는 아기가 병원의 신생아 집중 치료실에서 몇 달을 보낼 것이며, 모든 것이 잘 된다면 분만일(1995년 11월 16일)로부터 2주 이내에 집에 갈 수 있다고 설명했다.

오전 9시 쯤부터 지옥 같은 순간에서 빠져나오기 시작했다. 아내의 배는 예상했던 것보다 더 빠른 속도로 팽창했다. 수축은 실제로 더 자주 발생했다. 일부 수간호사와 간호사들이 내 아내의 침대를 움켜 잡고 복도를 따라 분만실로 곧바로 데려갔다. 나는 양손을 씻고, 장갑을 착용하라는 얘기를 들었다. 그들이 곧 돌아 올 것이고, 가능하면 나를 데려 갈 것이라고 말했다. 매우 길게 느껴지는 10분에서 12분 동안, 나는 Hurricane Felix를 보면서 혼자 빈 병실에 앉아 있었다. 볼륨이 음소거로 되어 있었기 때문에, 유일하게 들리는 것은 다른 병실 산모의 비명 소리였다. 갑자기 간호사가 문 앞에 머리를 내밀고 나에게 분만실에 공간이 준비되었다고 말했다.

분만실

분만실에 들어갔을 때, 나는 수술에 참여하는 사람들의 숫자에 압도당했다. 나를 포함하여 12명이었다. 나는 아내 머리맡에 있는 의자에 앉았다. 아내는 수술 중 깨어 있고 싶어 했다. 아내는 Johnson 박사를 돕는 남자가 전공의급 레지던트인지 물었다. 나는 전공의급 레지던트가 손에 수술용 메스를 들고, 수술가운과 마스크를 착용하는 모습을 보았다. 나는 거짓말로 아내에게 전공의급 레지던트가 아니라고 말했다.

갑자기 우리는 태어날 아이의 이름을 짓지 않았다는 것을 깨달았다. 그러나 지난 몇 개월 토론에도 불구하고 결정 짓지 못한 것을 단 30초 만에 결정했다. 우리의 첫 아이의 이름은 Emma Lewis(Emmy)로 오전 9시 15분에 태어났다. Emmy의 몸무게는 2파운드였으며 키는 14.5인치이었다. 두 번째 아이의 이름은 Madeline Stuart(Maddy)로 오전 9시 16분에 태어났으며, 몸무게는 2파운드 2온스, 키는 14.5인치였다. 두 아이 모두 태어날 때 매우 활발하게 움직였다. 희미한 울음소리가 아내와 나를 안심시켜 주었다.

태어난 아기들은 Arthur 박사와 그의 스태프들에게 즉시 전달되었고, 그들은 분만실에 검사실을 설치하였다. 각 아이는 각자의 의료진에 의해서 검사를 받았고, 내가 아이들의 검사를 지켜보는 동안에 Arthur 박사가 아내를 격려하였다. 신생아 스태프들은 매우 기뻐하며, 경쟁적으로 어떤 아이가 더 나은 생체기능을 가지고 있는지를 측정하고 비교하였다. Arthur 박사는 NICU에서 아이들을 더 자세히 조사할 것을 제안했다. 그는 또한 아이들이 각 인큐베이터에서 분만실을 떠나기 전에 아내가 아이들을 잘 보았는지 확인했다. 아내와 나는 작별인사를 했으며, 약 20~30분 후에 회복실에서 아이들을 다시 볼 수 있었다.

회복실

회복실과 분만실은 병원 3층 산부인과 병동에 있었고, NICU는 부인과 검사실로 4층에 있다. 3층의 스태프는 주로 엄마와 아기를 돌본다. NICU 외부의 4층 스태프는 부인과 문제가 있는 여성을 대상으로 검사한다.

아내와 아기의 의사로부터 "지금까지 아주 좋다는" 신호를 받은 후, 나는 회복실에서 아내와 다시 만날 수 있었다. 간호사가 풀 타임으로 방에 배정된 것을 제외하고는 기본병실이었다. 분만병동의 병원 자원봉사자 중 한 명이 각 아기의 사진을 찍어서 아내의 병원 침대에 꽂아주었다. 3층 산부인과 병동의 3층 간호사들은 아내에게 4층에 있는 방을 원할 것인지 물었고, 회복이 되면, 아기와 더 가까워질 수 있다고 하였다. 아내는 이에 동의하고, 4일을 4층에 있는 병실에서 보냈다.

허리케인 Felix는 바다에 머무르면서 해안선을 올라가 완전히 우리를 비껴 갔다.

4층

4층에 있는 아내의 개인 병실은 작고, 거무스름했고, 더러웠다. 정서적으로도, 4층 스태프들은 우리의 상황에 대처할 준비가 되어 있지 않았다. 사실 한 간호사가 아내와 상황을 상의 한 후, 3시간 후 유명 대학의 의료 센터로 아이들을 이송 할 것인지를 물었다.

4층에서 아내에 대한 간호 서비스의 품질은 불균형적이었다. 간호사 중 일부는 좋았고, 일부는 부주의했다. 환자의 전화 버튼에 반응하는데 시간이 걸렸고, 약물 및 기타 예약된 또는 약속된 치료(예: 유축기(breast pump) 제공)가 적시에 제공되지 않았을 때, 간호사들은 다른 근무시간의 간호사를 비난하였다. 많은 사람에게는 사소한 것처럼 보일지 모르지만, 유축기는 아내가 아기를 돌보는 데 가장 크게 기여한 것이며 그녀가 통제 할 수 있는 유일한 방법이었다. 그 밖의 모든 것은 그녀가 관여할 수 없는 것이었다. 아내는 가능한 한 빨리 펌프질을 시작하라는 지시를 받았다. 그러나 산후 병동에서 떨어진 위치 때문에 유축기를 얻는 것이 어려웠으며,

그 사실이 아내를 실망하게 하였다.

아내는 병원의 환자 담당자로부터 방문(courtesy call)을 받고, 우려를 표했다. 그 직후 인원이 변경되고, 치료의 질이 향상되었으며, 셋째 날 오후에 훨씬 더 넓은 방으로 옮길 수 있었다.

신생아 집중 치료실

신생아 집중 치료실(Neonatal Intensive Care Unit: NICU)("nick-u"로 발음)는 4층의 분리된 지역에 위치하고 있다. NICU의 주요 목적은 특별치료가 필요한 미숙아 및 만삭아기를 돌보는 것이다. 우리가 머무는 동안 매일 돌보는 아기의 수는 전형적으로 평균 12명이었다.

Emmy와 Maddy는 NICU에서 거의 7주를 지냈다. 스태프들은 아기의 몸을 덮는 모든 튜브와 튜브의 목적을 설명하기 위해 모든 노력을 기울였다. 나는 언제든지 질문할 수 있었고 질문해야 하며, 스태프들이 엄청난 양의 정보를 가지고 있다고 반복해서 들었다. 따라서 똑같은 질문을 여러 번 하는 것도 허용되었다. 종업원들은 밝은 네온 컬러의 신호를 만들어 스테이션 위에서 녹화하여 아기를 환영하였다. 누구나 쉽게 접근 할 수 있도록, 아이들은 아직 인큐베이터에 배치되지 않고 큰 테두리가 있는 인/아웃 바구니와 같은 곳에 누워 있었다. 우리는 아이들이 나중에 튜브를 제거하고 인큐베이터 — 이것을 "큰 소녀 침대"라고 부르곤 했다 — 로 옮길 때까지 아이들을 지켜보며 몇 주 동안 기뻐했다.

처음 3일 동안 나는 아이의 겉싸개(baby quilts)를 찾기 위해 NICU로 갔다. 바다의 퀼터(Quilters by the Sea)라는 지역단체가 겉싸개를 만들어 NICU에 입원 한 유아들을 위해 정기적으로 제공하고 있었다. 나는 아직도 설명할 수 없는 몇 가지 이유 때문에, 병원 밖의 내가 모르는 사람들이 아이들을 돌보고 있다는 사실을 들었지만, 스태프가 만든 표지판과 겉싸개는 기계와 튜브를 사람으로 대체할 수 있었다. 덕분에 나는 더 이상 2명의 조산아가 아닌, Emmy와 Maddy를 볼 수 있었다.

NICU에 아이들이 머무는 동안, 치료는 매우 특별했다. 종업원들은 기술적 측면에서도 능력이 뛰어났을 뿐만 아니라 부모를 다루는 데도 아주 능숙하였다. 일부 담당자는 우리가 집에 가져 갈 아이들의 수많은 사진, 생일 때 사용할 아이들의 사진이 담긴 생일축하카드, 인큐베이터에서의 아기 스티커들 그리고 아이들의 몸무게가 3파운드가 되었을 때의 스태프들의 격려 메시지 등을 모두 챙겨주었다. 우리는 집에 도착해서 아이들의 머리에 분홍색 활이 있는 것도 발견했다. 심지어 간호사들은 아이들이 신었던 풋캐스트(foot cast)에 Emmy와 Maddy의 이름을 서명해주었다.

모든 요구 사항에 따라 아이들을 돌보는 데 부모가 참여했다. 나는 내 인생에서 기저귀를 갈아본 적이 없었다(심지어 35살이 될 때까지). 나는 농담으로, 기저귀를 갈거나 수유 및 목욕 등의 일에서 나의 뛰어난 능력을 보여줄 때까지 아이들이 NICU를 떠나지 않을 것이라고 말했다. 여성 스태프가 이르길, 내가 이러한 임무를 수행할 수 없다면 나의 남성성 또한 위태로울 수 있다고 했다. 개인적으로도 모든 여성 스태프가 아기를 낳았을 때, 자신의 남편 또한 훈련할 수 있다면 좋겠다고 생각한다. 나도 이제는 아기 양육 활동의 전문가가 되었다.

아이가 성장하면서 이보다 더 나은 날이 있었다. 우리는 아기의 체중 증가를 기뻐하고, 무너진 폐, 수혈, 호흡기, 무호흡 및 느린 맥박이 있는 발작으로 인한 사건 및 사소한 수술들을 견뎌냈다. 7주 동안 많은 스태프와 3명의 신생아 학자들이 우리의 친구가 되었다. 우리는 서로가 어디에 사는지, 또 남편, 아내, 남자 친구, 아이들, 주요 관심사와 스케줄에 대해 잘 알게 되었다.

성장실

7주가 지나고 나서, 우리는 NICU에서 성장실(Grower Room)로 옮겨졌다. 성장실은 NICU에서 부모와 아기를 집으로 보내는 준비 과정을 제공한다.

성장실로 옮겨지는 아기들은 더 이상 NICU가 제공하는 집중치료를 필요로 하지 않지만, 하루 종일 관찰이 필요하다. 성장실은 이름처럼 수유와 기저귀 교환, 약물 투여와 같은 영아의 성장 및 발달에 필수적인 중요한 통계, 기본적인 활동을 기록하기 위한 장소이다. 성장실은 한 번에 최대 네 명의 유아를 수용한다.

성장실은 병원의 소아병동으로 지정된 2층의 뒤쪽 구석에 있는 환자실에 위치해있다. 일반적으로 성장실에는 한 명의 소아과 간호사가 근무하고 진료 중에는 신생아의사가 방문한다. 성장실로 이동한다는 것은 부모가 다른 의료 제공자들과 관계를 다시 구축해야 한다는 것을 의미한다.

우리가 NICU에서 경험했던 "육아" 문화와 비교할 때, 성장실은 큰 실망이었다. 우리가 만난 첫 번째 간호사는 성장실을 "구멍(The Hole)"이라고 말했고, 조만간 그들 모두가 "그 구멍"에서 근무해야 한다고 말했다. 우리는 그러한 이름에 대한 이유를 물었고, 간호사는 방이 구석에 있기 때문에 다른 종업원들은 "성장실 간호사"가 쉬는 것을 거의 허용하지 않으며, 일이 끊이지 않아 성장실 간호사는 방을 마음대로 나갈 수 없다. 또한 간호사 중 일부는 "그런 작은 어린 아기를 돌보는 일을 편안하게 느끼지 않는다"고 설명했다. 우리는 이런 태도로 인해 인큐베이터 안의 조산아용 기저귀나 양가죽 깔개(sheepskin rugs)와 같은 특별 필요 용품이 부족하다는 것을 깨달았다.

또한 NICU와 성장실 사이에는 마찰이 존재한다는 것을 알게 되었다. 성장실은 NICU에 공급품을 요청하는 것을 매우 주저했으며, 성장실의 병실 점유율을 알리는 것 또한 지연시켰다. 왜냐하면 성장실 간호사가 다른 업무를 해야 했고, 새로운 환자를 입원하면 추가 의무를 수행해야 했기 때문이다. "성공적인 지연"은 이러한 활동을 교대가 되는 다음 간호사에게 넘기도록 한다. 그러나 NICU의 간호사 중 한 명이 이런 사실을 미리 우리에게 알려주었기 때문에 마찰이 발생될 수밖에 없었다. 그 간호사는 "그들이 지연시키는 일 등을 못하게 하세요. 그들이 제대로 일을 하지 않는다고 생각한다면, 당신이 원하는 것을 직접 요청하세요."라고 알려주었다.

성장실에서 우리 아기들과 다른 이들을 위한 보급품을 필요로 할 때, 나는 (한 번 이상) NICU에서 보급품을 요청했다. 수렵 채집 같은 시도가 여러 번 성공했지만, 나는 이 일을 할 때 양쪽이 서로 약간씩 꺼린다는 것을 느꼈다. 나는 성장실 간호사가 어떤 호의를 베풀려고 하지도 않고, NICU 종업원은 성장실에 보급품을 재고시키는 것이 자신의 일이 아니라고 느낀 것에 대하여 의구심이 생겼다. 심지어 나는 NICU와 성장실이 다른 예산으로 운영되는 것이 아닐까 하는 생각도 들었다. 성장실의 재고는 NICU의 예산 목표 중 하나가 아니다. 그러나 나의 아기들은 보급품이 필요했고, 나는 재고가 어느 부서의 것인지에 대하여 신경 쓰지 않았다.

우울했던 며칠이 지난 후, 우리는 성장실 담당자와 새로운 관계를 맺었고 아기들을 보살피는 데 전념하게 되었다. NICU에서 7주를 보낸 후, 우리는 성장실 스태프 중 일부보다 우리가 아기들의 개인적 욕구가 무엇인지에 대하여 더 익숙하게 된 것을 느꼈다. 아기들에 대한 우리의 관심 수준을 인지한 대부분의 스태프는 오히려 우리의 방문을 기다렸고, 그것은 그들의 업무가 줄어든다는 것을 의미하기도 하였다. 지금 우리는 처방이 제대로 되었는가를 체크하고, 성장실 담당자와의 관계를 위해 많은 질문을 해야 한다는 것을 알게 되었다. 돌이켜보면, 우리와 성장실 스태프는 각자 훈련을 받은 것이었다. 성장실의 일정이 끝나갈 무렵에, 우리는 일부 좋은 사람들을 만났지만 경험의 질은 우리가 NICU에서 경험했던 것에 비하여 매우 낮았다는 것을 느꼈다.

네스팅룸

아기들이 성장실에서의 생활을 마친 후, 우리의 마지막 밤은 "네스팅룸(nesting room)"에서 보냈다. 내 친구들은 우리가 둥지를 만들기 위해 잔가지, 풀,

진흙을 찾아야 한다고 농담을 했다. 네스팅룸은 성장실과 마찬가지로 병원의 2층에 있었다. 이곳은 부모와 아기가 집으로 귀가하기 전, 하루나 이틀 밤을 보내는 곳이다. 네스팅 기간 동안 부모는 모든 약, 수유 및 유아의 전반적 치료에 대해 전적인 책임이 있다. 이 기간 동안 부모가 육아에 대해 막판에 궁금한 점을 물어보고, 병원 진료에서 집으로의 유아 보육으로 원활히 전환하게 해준다.

네스팅룸은 하나의 싱글 침대와 접이식 라운지 의자로 구성된 작은 병실이었다. 지금 아기들은 인큐베이터에서 플라스틱 상자로 옮겨져 우리와 함께 방으로 들어왔다. 아기들은 심장 및 호흡 수를 측정한 모니터를 부착한 채로 있었다. 공간은 제한되어 있었지만 우리 넷은 9주 만에 처음으로 가족끼리만 있게 되었다.

네스팅룸에서 있던 22시간 동안, 신생아 학자, 아기의 활력 징후를 체크하기 위한 간호사, 안과의사, 모든 조숙아에게 배정된 사회복지사, 병원보험 담당자, 우리가 퇴원하는 데 모든 것을 책임지고 있는 뛰어난 간호사 등이 자주 방문했다. 그리고 병원에 입원한 후 9주가 지나, 우리는 4파운드 아기 둘을 데리고 집으로 돌아갔다.

토의문제

1. 시장의 유형성과 무형성의 구조에 근거하여, 헬스케어가 유형 지배적인지, 무형 지배적인지를 설명하시오.
2. 서벅션 모델을 이용하여 병원에서의 서비스 접점에 영향을 미친 요인들을 분류하시오.
3. 사례 병원의 분자 모델을 개발하시오.
4. 환자의 후속 서비스 경험이 보다 원활하게 진행될 수 있도록 취해야 할 시정 조치에 대해 토의하시오.

Source: Originally printed as: K. Douglas Hoffman, “Rude Awakening,” *Journal of Health Care Marketing*, 16, 2 (Summer 1996), pp. 14–22.

각주

1. http://www.youtube.com/watch?v=RLeB8FtP5rk
2. http://www.gm.com/, accessed 7 February 2013.
3. Organization for Economic Co-Operation and Development (OECD) (2000), *The Service Economy, STI: Business and Industry Policy Forum Series*, p. 10.
4. http://www.businessdictionary.com/definition/services.html, accessed 7 February 2013.
5. The scale of market entities was first introduced by G. Lyn Shostack, “Breaking Free from Product Marketing,” *Journal of Marketing* 41 (April 1977), pp. 73–80.
6. http://hbr.org/product/the-experience-economyupdated-edition/an/10254-PBK-ENG, accessed 7 February 2013.
7. The molecular model was first introduced by G. Lyn Shostack, “Breaking Free from Product Marketing,” *Journal of Marketing* 41 (April 1977), pp. 73–80.
8. Ron Zemke and Kristen Anderson, “Customers from Hell,” *Training* (February 1990) pp. 25–31.
9. http://www.youtube.com/watch?v=3eNFdwn07g, accessed 21 January, 2015.
10. http://www.youtube.com/watch?v=xYCh41 nzcc, accessed 21, January 2015
11. For more information, see Zhang, Jingyun, Sharon E. Beatty, and David Mothersbaugh, “A CIT Investigation of Other Customers’ Influence in Services,” *Journal of Services Marketing*, 24, 5, (2010), pp. 389–399.
12. http://www.youtube.com/watch?v=JVz-fO7kxcQ, accessed 21 January 2015.
13. Jim Kelley, “From Lip Service to Real Service: Reversing America’s Downward Service Spiral,” *Vital Speeches of the Day*, 64, 10, (1998), pp. 301–304; and http://www.helium.com/items/876599-why-ups-is-better-than-fedex, accessed 7 February 2013.
14. Dexter Roberts, “Bad News Piles Up for China’s Economy,” *Bloomberg Business Week*, June 4, 2012 (www.bloomberg.com).
15. See Employment Projections: 2012-2022 Summary, www.bls.gov/news.release/ecopronro.htm, accessed 19 January 2015.

16. Ibid.

17. *Statistical Abstract of the United States*, 1993.

18. Eli Ginzberg and George J. Vojta, "The Service Sector of the U.S. Economy," *Scientific American*, 244, 3, (March 1981), pp. 31–39.

19. Ibid.

20. http://www.internetworldstats.com/stats.htm, accessed 20 January 2015

21. http://mashable.com/2012/02/27/ecommerce-327-billion-2016-study/, accessed 20 January 2015.

22. https://wpcarey.asu.edu/research/services-leadership/Implementing-ssts, accessed 20 January 2015.

23. http://journals.ama.org/doi/abs/10.1509/jmkg.64.3.50.18024, accessed 20 January 2015.

24. Rafi A. Mohammed, Robert J. Fisher, Bernard J. Jaworski, and Aileen Cahill, *Internet Marketing: Building Advantage in a Networked Economy* (Boston: McGraw-Hill Irwin, 2002); Ron Zemke and Tom Connellan, *E-Service: 24 Ways to Keep Your Customers—When the Competition Is Just a Click Away* (New York: AMACOM, 2000).

25. Lisa Cooling, "On the Front Line of Social Responsibility and Sustainability." *Inside Supply Management*, 20, 1, (2009), p. 22, accessed 27 September 2009.

26. Adrienne Fox, "Corporate Social Responsibility Pays Off: By Being Good Corporate Citizens, Companies Can Woo Top Talent, Engage Employees and Raise Productivity," *HR Magazine* (August 2007), no page, accessed 3 November 2009; http://findarticles.com/p/articles/mim3495/is 8 52/ai n20525141/?tag=content;col1, accessed 1 February 2010.

27. Orsato, Renato J. "Competitive Environmental Strategies: When Does It Pay to Be Green?" *California Management Review*, 48, 2, (2006), pp. 127–143.

28. Snow Ski Park in Mall of Emirates Dubai, https://www.youtube.com/watch?v=gxGQuEhjqa0, accessed 20 January 2015.

2 장

서비스 경제: 슈퍼섹터와 윤리적 고려 사항

학습 목표

- 서비스 경제를 구성하는 9개의 슈퍼섹터를 이해한다.
- 서비스 경제 성장의 추세와 주요 사항을 확인한다.
- 서비스 섹터 내에서 소비자들이 특별히 비윤리적 관행에 취약한 이유에 대해 이해한다.
- 비즈니스 섹터에서 종종 발생되는 윤리적 문제 유형을 평가한다
- 비윤리적 관행의 결과를 토의한다.
- 윤리적 행동을 활성화하기 위한 전략을 설명한다.

"사람이 순수함이 없다면
아무것도 갖고 있지 않는 것이다.
우리는 그것을 살 수 없다.
사람은 세상의 모든 돈을 가질 수 있지만
도덕적이고 윤리적이지 않다면
그는 아무것도 가지지 않는 것과 같다."

Henry Kravi

Patrick Orton/Getty Images

2장은 두 가지 중요 목적을 가지고 있다. 첫째, 서비스 섹터를 구성하는 다양한 서비스 산업에 대해 설명한다. 이를 위해서 9개의 서비스 섹터에 대한 설명과 해당 분야의 직업에 대해 제시할 것이다.

서비스의 비유형적 성격으로 인하여 소비자들은 비윤리적인 서비스 제공자들에 의한 비즈니스 관행 문제에 취약하다. 따라서 2장의 두 번째 목적은 서비스 마케팅에서 매우 중요한 윤리적 이슈에 대해 알아볼 것이다. 서비스 고객뿐 아니라 서비스 마케팅 관리자들도 서비스 경험에 중대한 영향을 미칠 수 있는 다양한 윤리적 이슈에 직면할 수 있다.

GETAWAY2GIVE

Getaway2Give(G2G)는 10년마다 1억 달러를 기부하기로 한 야심찬 계획을 갖고 있는 세계 유일의 박애주의 휴가 클럽이다. G2G는 미국에서의 깨어 있는 자본주의(conscious capitalism) 운동에 참여할 뿐만 아니라 회원들이 전 세계의 고급 숙소와 리조트에서의 휴가를 즐기면서 기부를 하도록 도와준다.[1]

G2G의 회비는 매년 5천 달러 또는 5년 동안 1만5천 달러이며, 회원은 특정한 5성급 호텔에서 회원가로 호텔에 묵을 수 있는 특별 자격을 가질 수 있다. G2G의 회원들은 또한 휴가 계획 관리, 지역 컨시어지(local concierges) 보안, 리조트 오리엔테이션, 편의점 배달, 하우스 키핑, 그리고 24시간 응급 대

응과 같은 개인적인 서비스를 받을 수 있다.

리조트는 대부분 해변, 스키, 도시 전망과 같은 관광을 즐길 수 있는 앙귈라(Anguilla), 아스펜(Aspen), 뉴욕시, 토스카나(Tuscany) 같은 매력적인 지역에 위치해 있을 뿐만 아니라 국제 도시에 있는 세련된 리조트와 개인이 소유한 저택 등이 포함된다. 이 중에서도 특히 Special yacht getaways와 남아프리카의 사파리는 회원들이 한 단계 더 자유롭고 독특한 휴가를 즐길 수 있도록 해준다.

G2G가 단순 휴가 클럽 이상으로 발전할 수 있었던 핵심 아이디어는 바로 풍요로운 미국인들이 자신의 운 좋은 라이프스타일에 감사함을 느끼고 보답하고자 하는 "잘 살고 보답하기(doing good by doing well)"이다. 이를 구성하는 구체적인 가치로는, 인텔리전트 공감(Intelligent Compassion), 라이프 충족(Life Fulfillment), 일관된 품질(Consistent Quality), 그리고 비교할 수 없는 가치(Incomparable Value) 등이다.

회원이 받게 될 기부의 혜택은 두 가지이다. 첫째, G2G의 신입 회원이 되면 회원들은 회비의 반을 돌려 받는다. 그런 다음 회원들은 렌탈할 때마다 렌탈비의 일부를 적립할 수 있다. 해당 비즈니스 모델은 회원이 특히 불경기에 매우 저렴하게 이용할 수 있다는 것이 장점이다. G2G는 이런 프로세스가 잘 유지될 수 있도록 기술과 마케팅 자원을 제공한다.

회원에게 제공되는 재무적 인센티브의 장점은 일주일에 5,000~10,000달러 정도 되는 고가의 리조트를 할인가로 이용할 수 있다는 것이다. 일반적인 유통망을 통해서 개인이 소유한 고급 저택과 부동산을 이용하는 것이 쉽지 않기 때문이다.

G2G가 타 클럽에 비교하여 차별화될 수 있었던 또 다른 방법은, 회원들이 휴가 동안에 자신의 재능과 시간을 기부하는 특별 활동인 "자율관광주의(voluntourism)"이다. 이러한 활동은 시카고에서 휴가를 즐기며 식당에서 일하거나, 앙귈라에서 테니스를 치면서 장애아를 돌보는 것을 포함한다. G2G는 현재 치료 중인 미해군병사들을 위해 휴가지에서 치료 바구니 프로젝트(a care basket project)를 실행하고 있다. 휴가 중인 회원은 간식 바구니에 감사의 편지를 넣고, G2G는 회원들을 대신해 바구니를 발송해주는 것이다. 작은 행동이지만 타인에게 즐거움이 전달될 수 있을 뿐만 아니라, 기부하는 회원들과 회사의 열정을 지원해줄 수 있을 것이다.

Source: www.g2gcollection.com.

2-1 서론

1장에서 서비스는 행위(deeds), 노력(efforts), 그리고 성과(performance)로 정의되었다. 분명한 것은 이러한 정의가 산업 전반에 걸쳐 매우 다양한 직업을 정확하게 설명해준다는 것이다. 이번 장의 전반부에서는 서비스 경제를 집합적으로 구성하는 특정한 슈퍼섹터들이 소개될 것이다. 서비스 마케팅에서 직업을 구하고자 하는 학생들을 위하여 이번 장의 전반부에서 슈퍼섹터의 성장 예상, 급여 수준, 필수 학력 조건에 대한 정보를 포함하여 9개의 서비스 슈퍼섹터에 대해 전반적으로 설명할 것이다. 9개의 서비스 슈퍼섹터는 서비스 섹터 내에서의 각기 다르게 활동하지만, 동시에 서로 연관되어 있다.

이번 장에서는 슈퍼섹터와 더불어 사회적 책임과 서비스 마케팅 윤리에 관련된 개념을 소개하고 토의할 것이다. 일반적으로 사회적 책임은 사회복지 발전을 위해서 의도된 마케팅 철학, 정책, 절차와 행동의 집합체이다.[2] 지난 10년 동안 마케팅 교육자와 실무가들은 윤리를 비즈니스 커리큘럼에 통합시키는 것을 다시 중요하게 생각하기 시작했다. 본래 비즈니스 윤리(business ethics)는 단일 코스로서 비즈니스 스쿨에서 가르쳐왔으나, 최근 비즈니스 스쿨에서는 비즈니스 윤리가 커리큘럼 전반에 걸쳐 포함되어야 하며, 각 주제에 관련된 윤리적 이슈들이 더 광범위하고 자세하게 토의되어야 한다고 주장하고 있다.

서비스 조직에서의 비윤리적 관행이 존재하기 때문에 서비스 마케팅 과목을 배우는 학생들은 특히 윤리적 의사결정을 둘러싸고 있는 이슈에 민감해야 한다. 비록 대부분의 서비스 제공자가 윤리적으로 자신의 의무를 다하고 있지만, Enron, WorldCom, 그리고 엔터테인먼트와 스포츠 분야에서와 같이 비윤리적인 서비스 제공자들이 존재하고 있기 때문이다.

2-2 서비스 경제란 무엇인가

서비스 마케팅에 관심 있는 학생들이 가장 궁금해 할 부분은 '과연 서비스 경제란 무엇이며, 다양한 서비스 섹터 내에서 어떤 직업을 가질 수 있을 것인가?'일 것이다. **서비스 경제**(service economy)는 다음과 같은 9개 경제의 소프트 부분으로 구성된다.

- 교육과 의료 서비스
- 금융 활동
- 정부
- 정보
- 여가 및 숙박 서비스
- 전문적 비즈니스 서비스
- 수송과 공공설비
- 도매와 소매 거래
- 기타 서비스

미국의 노동 통계 사무국(www.bls.gov)은 서비스 마케팅 분야의 직업 가이드라인뿐만 아니라 9개 분야의 슈퍼섹터에 대해 전반적 자료를 제공한다. 직업 가이드는 전반적 산업 설명과 함께 구체적으로 작업 환경, 현재와 미래의 고용 추세, 직업 종류, 임금에 대한 정보를 알려준다. 〈도표 2-1〉과 〈도표 2-2〉는 9개의 서비스 섹터의 구성 관점에서 9개의 서비스 슈퍼섹터의 전반적 설명과 과거, 현재, 미래의 고용 추세의 정보를 제공한다.[3] 다음으로 미국 내의 서비스 슈퍼섹터에 대해 간단한 설명이 이어질 것이다. (다른 나라의 서비스 분야는 각 나라의 관행을 근거로 하여 다르게 분류될 것이다.)

<도표 2-1> 미국의 서비스 경제 (2006~2016년의 고용 성장 예측)

서비스 섹터	관련 활동	고용 예측*
도매와 소매:		
도매상	비즈니스 판매	+7%
소매상	자동차 딜러	+11%
	의상, 액세서리 등 일반 상점	+7%
	잡화점	+1%
수송과 공공시설	항공 운송	+7%
	트럭 운송과 창고	+15%
	공공시설	−6%
정보	방송	+9%
	인터넷 서비스와 데이터 처리	+14%
	영화와 비디오 산업	+11%
	출판	−7%
	소프트웨어 출판	+32%
	텔레커뮤니케이션즈	+5%
금융 활동	은행	+4%
	보험	+7%
	보안, 상품과 기타 투자	+46%
전문적 비즈니스 서비스	광고와 홍보 서비스	+14%
	컴퓨터 시스템 설계와 관련 서비스	+38%
	고용 서비스	+19%
	경영, 과학, 기술 컨설팅 서비스	+78%
	과학적 조사와 연구개발 서비스	+9%
교육과 의료 서비스	탁아 서비스	+34%
	교육 서비스	+11%
	헬스케어 서비스	+22%
	상조 서비스	+59%
레저 및 숙박 서비스	예술, 엔터테인먼트, 레저	+31%
	음식 서비스와 드링크 장소	+11%
	호텔과 기타 숙박시설	+14%
정부	후원단체, 기부금, 시민단체	+13%
	조직	−4.6%
	연방정부, 주와 지방 정부	+8%
기타 서비스	수리, 개인건강, 데이트, 애완용 서비스와 주차	+1.3%

* 해당 수치는 2016년에 예측된 성장률이나. 만약 비즈니스 산업(대다수 분야가 감소)의 수치를 통합한다면, 전반적 성장 예측률은 11%가 될 것이다.

Source: www.bls.gov.

〈도표 2-2〉 미국의 서비스 섹터 고용의 과거, 현재와 미래

서비스 산업	고용률(1996)	고용률(2006)	고용률(2016 예측)
교육과 의료 서비스	10.1	11.8	13.5
금융 활동	5.2	5.6	5.8
정부	14.5	14.6	14.1
정보	2.2	2.0	2.0
여가와 숙박 서비스	8.0	8.7	9.0
전문적 비즈니스 서비스	10.0	11.7	13.0
수송과 공공설비	3.4	3.4	3.3
도매와 소매 거래	14.6	14.1	13.4
기타 서비스	4.0	4.1	4.3
계	72.0	76.0	78.4

Source: www.bls.gov.

2-2a 교육과 의료 서비스

교육과 의료 서비스 분야는 (1) 교육 서비스 분야와 (2) 보건과 사회 지원 서비스 분야의 두 부분으로 구성된다.

교육 서비스 교육 서비스 분야는 초중고 등의 기본적인 교육, 단과대, 종합대, 그리고 훈련센터 등을 포함한다. 교육은 50개 주에서 최소한 16세까지 의무로 받아야 하기 때문에, 미국인 4명 중 1명은 현재의 교육기관에 등록되어 있다. 따라서 교육서비스 분야는 공사립 기관을 포함하여 1,330만 개의 직업을 구성하고 있으며, 이는 서비스 고용 산업에서 두 번째로 큰 수치이다. 이와 같은 교육 서비스 직업의 절반은 최소한 4년제 대학 학위를 필요로 하는 티칭(교육) 직업들이다. 또한, 많은 고등 교육과 행정직에서는 석사와 박사 학위까지 필요로 한다. 머지 않아 퇴직자가 점점 증가될 것으로 예측됨에 따라, 교육 서비스 분야의 직업적 전망은 매우 밝다. 〈도표 2-3〉에서는 이 분야에서의 "세계 상위 10개 대학"을 제시하고 있다.

〈도표 2-3〉 세계 10대 대학

1. Harvard University (미국)
2. Massachusetts Institute of Technology (미국)
3. University of California-Berkley (미국)
4. Stanford University (미국)
5. University of Oxford (영국)
6. University of Cambridge (영국)
7. California Institute of Technology(Caltech) (미국)
8. University of California – Los Angeles (미국)
9. University of Chicago (미국)
10. Columbia University (미국)

Source: http://www.usnews.com.

보건과 사회 지원 서비스 보건 서비스와 사회 지원 서비스 분야는 병원, 간호 설비, 의료

사무실, 가정의 서비스와 같은 의료 활동들로 구성되어 있다. 이 중 사회 지원 서비스는 개인/가족 서비스, 직업 재활 서비스, 공동체의 식량과 주거, 구급, 구호 서비스를 포함한다. 또한, 보건 서비스는 1천4백만 개의 직업을 제공하고 있으며, 현재 사적 서비스 분야에서 가장 큰 비율을 차지하고 있다. 뿐만 아니라 빠르게 성장하는 직업 상위 20개 중 7개가 보건 서비스 분야에 있다. 전반적으로, 교육과 보건 서비스에서의 고용은 2006~2016년에 걸쳐 3백만 개 이상이 증가하는 등 가장 높은 성장률이 예측된다. 보건 서비스 분야에는 58만 개 기관이 있으며, 이 중 77%는 의사, 치과의사 및 기타 보건 관련자들이 근무하는 기관이다. 놀랍게도 종합병원은 모든 보건 서비스 기관의 1%를 차지하지만, 고용 비율은 무려 전체의 35%를 차지한다. 보건 서비스 종사자들의 대부분은 최소한 4년제 학위 자격이 필요하며, 외과의사와 마취전문의 같은 보건 서비스 종사자들은 더 높은 교육 자격이 필요하다. 흥미로운 것은 의료 관광 산업을 국가 산업으로서 추진하는 나라는 50개국 이상으로 확인되고 있다. 의료 관광을 선도하는 국가들은 〈도표 2-4〉에 제시되어 있다.

〈도표 2-4〉 세계 10대 의료 관광 병원

1. Prince Court Medical Center (말레이시아)
2. Asklepios Klinik Barmbek (독일 함부르크)
3. Fortis Hospital, Bangalore (인도)
4. Anadolu Medical Center (터키 이스탄불)
5. Wooridul Spine Hospital (대한민국 서울)
6. Shouldice Hospital (캐나다 온타리오 쏜힐)
7. Gleneagles Hospital (싱가포르)
8. Clemenceau Medical Center (레바논 베이루트)
9. Bumrungrad International (태국 방콕)
10. Mediclinic Morningside (남아프리카)

Source: http://www.usnews.com.

사회적 지원의 관점에서 보자면 가정 보건의, 개인/가정 도우미(personal and home care aides), 그리고 개인/사회 서비스 지원이 미국에서 가장 빠르게 성장하는 직업이다. 이 분야에서의 직업 기회는 이직과 고용 성장으로 인하여 더 늘어날 것으로 예측된다. 많은 파트타임 종사자와 저임금 종사자로 인해 이러한 서비스 분야의 하위 분야에서의 평균 수익은 낮은 편이다.

2-2b 금융 활동

금융 활동 분야는 유가증권, 상품권 및 기타 투자뿐만 아니라 은행과 보험 하위 분야로 구성된다.

은행 은행은 돈과 귀중품을 보호하고, 내출, 신용, 그리고 대금지불 서비스 등을 제공하는 기관으로 구성된다. 은행의 고용률은 2006년 대비 2017년에 4% 증가될 것으로 예측된다. 은행 분야에서의 주요 고용 추세는 (1) 은행 서비스에서 3명 중 2명은 사무원 및 행정원으로 구성되어 있고, (2) 이직률 상승 및 직업군 다양화로 인해 은행원 및 은행 분야의 사무/행정원은 증가될 것으로 예측된다. 또한 (3) 관리직은 전형적으로 경험이 많고, 기술을 보유하고 있으며, 전문 종사자로 충원된다. 〈도표 2-5〉는 낮은 수수료, 높은 이자율 및

〈도표 2-5〉 미국 내 상위 10개 은행

1. U.S. Bank
2. TD Bank
3. Huntington Bank
4. First Citizens
5. M&T Bank
6. Zions
7. Ally
8. Ally and Barclays
9. Capital One
10. U.S. Bank and Citibank

Source: Rankings based on low fees, high interest rates, and extras http://money.cnn.com.

고객에게 많은 수익을 제공하는 미국 내 상위 10개의 은행을 보여준다.

보험 보험 분야는 화재, 교통 사고, 절도, 치료, 태풍 피해, 장애, 그리고 사망 같은 다양한 사고로부터 고객의 손실을 보호하는 회사들로 구성되어 있다. 보험 상품이 가지는 심각한 이미지를 없애기 위해 광고주들은 다크 유머(dark humor)를 사용하여 소비자의 눈길을 끌고 있다. 대표적으로 Geico사의 도마뱀붙이(gecko), Aflac의 오리, 올스테이트(Allstate)의 Mayhem[4]는 보험 상품 판매 증가에 큰 도움을 준 캐릭터이다. 보험 산업에서의 고용률은 2006~2016년 동안 7% 증가될 것으로 예측된다. 보험 산업에서의 주요 고용 특징을 살펴보면 (1) 사무직과 행정직 담당자는 전형적으로 고등학교 학력자인 반면에 판매, 관리직, 그리고 전문직에서의 직업들은 2년제 대학 수준 이상의 학력자로 구성되며, (2) 의료와 건강 보험은 보험 산업 내에서 가장 빠르게 성장하는 두 개 분야이다. 그리고 (3) 미래의 고용률은 기업 다운사이징, 자동화 기술, 그리고 메일, 전화, 그리고 인터넷의 사용 증가로 인하여 감소할 것으로 예상된다.

유가증권, 상품권 및 기타 투자 서비스 유가증권, 상품권 및 기타 투자 서비스는 금융상품의 보험, 구매와 판매를 관리한다. 이 분야에서의 고용은 2006~2016년 동안 불규칙하게 증가하여 약 46% 상승할 것으로 예상된다. 이러한 급격한 증가의 원인은 재무 서비스의 수요가 증가할 뿐 아니라 글로벌 시장의 투자 및 유가증권의 욕구가 성장할 것으로 예측되기 때문이다. 이 분야의 종사자는 대부분 4년제 학위 또는 부전공 학위를 소유한 사람들이다. 더군다나 이 분야에서 성공한 사람들의 사례로 인해 이 분야에 많은 사람이 유입되면서 경쟁이 치열해지고 있다.

2-2c 정부

서비스 경제에서 정부 부문은 지지자·기금조성재단·시민단체와, 연방정부, 그리고 주정부·지역정부의 세 가지로 구성되어 있다.

지지자, 기금조성재단, 시민단체(비영리 부문 섹터) 이 분야는 전형적으로 비영리적 성격을 띠는 조직들로 구성되어 있다. 이러한 조직들은 박물관 및 리틀야구리그(Little League baseball)에서부터 노숙자 쉼터, 교향악단에 이르기까지 미국 내 모든 사람의 삶에 영향을 미치고 있다. 이 밖의 다른 비영리 조직들은 세계적인 이슈 해결에 초점을 두고 있기

Stephen Finn/ShutterStock.com

놀랍게도, 미국 연방정부 공무원 10명 중 9명은 워싱턴 D.C. 외곽에서 근무를 한다.

도 하다. 이 분야의 고용률은 2006~2016년 사이 13% 증가될 것으로 예상된다. 2006년에 약 1천2백만 명이 비영리 부문에 고용되어 있으며, 고용 성장, 이직, 저임금 등으로 인해 비영리 부문 내의 직업 수가 증가될 것으로 보인다.

연방정부 연방정부는 1천8백만 명의 종업원을 보유한 미국의 가장 큰 단체이기도 하다. 놀랍게도 연방정부에서 근무하는 10명 중 9명은 워싱턴D.C. 외의 지역에서 근무한다. 연방정부의 주요 기능은 방위, 참전용사, 국토안보, 재정, 공정, 농업, 인테리어, 건강과 휴먼 서비스, 수송, 상무, 외교, 노동, 에너지, 주택과 도시 개발, 그리고 교육 같은 공공 서비스를 생산하고, 제공하는 것이다. 연방정부의 고용률은 2006~2016년 동안에 4.6% 감소되었다. 이 중 국토안보 서비스 부문만이 증가하였다. 급변하는 경제 상황 속에서 잠재적 노동자들은 안정적인 성격을 띠는 연방정부의 직업을 종종 찾는다.

주정부와 지역정부 주와 지역 정부는 공공시설, 법, 교육, 건강, 수송과 공공 안전 등과 같은 서비스를 제공한다. 지역정부는 주정부의 2배 이상으로 고용을 하며, 전문직과 서비스 직업이 모든 직업의 절반 이상을 차지한다. 지역정부 수준에서, 대부분의 직업은 소방관과 경찰관들이다. 민간 부문과 비교하여 주와 지방 정부에서 근무하는 가장 큰 혜택은 종사자에게 제공되는 혜택이다. 이 분야에서의 고용은 2006~2016년 사이에 8% 증가될 것으로 예측된다.

2-2d 정보

정보 분야는 정보와 문화 상품의 생산과 유통, 이러한 상품들의 유통을 위한 수단 제공이나 전송, 그리고 데이터 프로세스로 이루어져 있다. 이 정보 분야에는 출판산업(전통적인 출판과 인터넷 출판 모두), 영화와 음향 레코딩, 방송, 텔레커뮤니케이션, 인터넷 서비스 제공자와 웹 서치 포탈, 데이터 프로세싱, 그리고 정보 서비스 산업에 종사하는 이들이 모두 포함된다. 정보 분야의 범위는 광범위하지만, 실제 비율은 전체 고용의 2.6%에 지나지 않을 뿐만 아니라 전체 설비의 1.9%를 차지한다. 그러나 정보 서비스 부문의 소프트웨어 출판은 가장 빠르게 성장하는 분야로서 2006~2016년 동안 32%가 성장할 것으로 예측된다.

2-2e 여가와 숙박 서비스

여가와 숙박 서비스 분야는 예술·엔터테인먼트·레크레이션 분야, 음식과 음료 시설, 호텔과 기타 숙박 시설 등으로 구분된다.

예술, 엔터테인먼트와 레크레이션 예술, 엔터테인먼트와 레크레이션 분야는 (1) 대중의 시청을 위한 목적으로 라이브 공연, 이벤트, 또는 전시회를 개최하고 촉진하며, (2) 역사적, 문화적, 또는 교육적 흥미를 주는 매체를 보존 및 전시하는 시설과, (3) 즐거움, 취미 및 레저를 제공하는 설비를 운영하는 것을 모두 포함한다. 영화나 비디오를 빌려 보는 것을 제외한 모든 여가 활동은 이 분야의 일부분이다. 이 분야의 종사자 중 40% 이상이 고등 교육 이상의 정규 교육을 받지 못했다. 비록 평균 수입이 낮고, 파트타임이나 계절성 업무가 많지만, 최근 소비자의 소득 및 여가 시간이 증가하고 건강에 대한 관심이 높아지면서 이 분야의 고용률은 31% 증가될 것으로 예상된다.

iStockphoto.com/Quavondo

식사 및 음료를 제공하는 서비스직은 젊은 구직자들이 가장 선호하는 직업이다. 해당 서비스직에 근무하는 종사자들 5명 중 1명은 16~19세이다.

〈도표 2-6〉 세계 10대 글로벌 패스트푸드 체인

1. McDonald's
2. KFC
3. Subway
4. Wendy's
5. Starbucks
6. Burger King
7. Domino's Pizza
8. Dunkin Donuts
9. Dairy Queen
10. Papa John's

Source: http://www.forbes.com.

음식과 음료 시설 음식과 음료 시설은 패스트푸드 프랜차이즈에서 고급 레스토랑까지 포함되며, 카페테리아, 요리사, 바, 음식 서비스 종업원 등이 이 분야에 종사하고 있다. 젊은 구직자 대부분이 처음으로 선택하는 직업이 음식과 음료 시설에서의 서비스업이다. 이 분야의 종사자 5명 중 1명 이상이 16세에서 19세 사이이며, 이 수치는 다른 산업의 5배 이상이다.

또한 5명 중 2명의 종업원이 파트타임으로 일하는데, 이는 다른 산업의 2배이다. 이 분야의 많은 근로자가 이직을 하지만, 또 다른 새로운 일자리가 창출되기 때문에 2006~2016년 사이에 고용이 11% 증가할 것으로 예상되었다. 이 분야에서 일하는 5명 중 거의 3명이 요리사, 웨이터, 웨이트리스이다. 세계 상위 10개의 패스트푸드 체인이 〈도표 2-6〉에 소개되어 있다.

호텔 및 기타 숙박 호텔 및 기타 숙박 시설 호텔 및 기타 숙박 호텔 및 기타 숙박 시설은 모든 레저 및 호텔업 고용의 3분의 2를 차지하고, 친구 및 가족을 방문하는 고객, 비즈니스를 하는 고객

및 호텔이 최종 목적지인 휴가고객에게 제공되는 시설을 포함한다. 예를 들어 리조트 호텔과 카지노 호텔은 이제 인기 있는 휴가 목적지이다. 음식 서비스와 마찬가지로, 호텔은 계절 및/또는 시간제 근로자로 고용되는 많은 최초 근로자(first-time workers)를 고용한다. 일반적으로 산업계의 예상 성장률을 기준으로 하면, 일자리는 14% 증가될 것으로 예상된다. TripAdvisor 회원이 평가한 세계 상위 10개 호텔이 **글로벌 서비스 활동 사례**에서 제시된다.

2-2f 전문적 비즈니스 서비스

전문적 비즈니스 서비스는 아래와 같은 분야를 포함한다.

- 전문적, 과학적, 기술적 컨설팅 서비스
- 컴퓨터 시스템 설계와 관련 서비스
- 광고와 홍보 서비스
- 고용 서비스
- 과학 연구와 개발 서비스

컨설팅은 전문직 및 비즈니스 서비스 분야에서 가장 빠르게 성장하고 있으며, 높은 임금을 받을 수 있는 분야 중 하나로, 2006~2016년 동안 무려 78%의 성장률이 예상된다. 이 분야의 근로자의 21%는 자영업자이고, 약 74%는 학사 이상의 학위를 소지하고 있다. 이 중 컴퓨터 시스템과 디자인 분야는 무려 38% 증가할 것으로 보이며, 이 수치는 상위 20개의 고속 성장 산업 중 하나이다. 또한, 2006~2016년 사이에 거의 50만 개의 일자리가 추가될 것으로 예상된다.

업종이 지니고 있는 매력으로 인해 구직자들은 일반적인 다른 직업보다 광고 및 홍보 서비스를 더 선호한다. 이 분야의 일자리 중 20%는 뉴욕과 캘리포니아에 위치하고 있으며, 이들은 산업 노동자의 25%를 고용하고 있다. 고용 성장 예측치는 14%이나, 구직자는 계정 손실, 예산 삭감 또는 대행사 합병으로 인해 이 분야의 해고가 자주 발생한다는 것을 알고 있어야 한다.

고용 서비스는 임시 근로자를 기업과 매칭하여 많은 근로자가 일할 수 있도록 해준다. 반대로 고용 서비스는 기업이 적합한 종업원을 찾고 고객에게 인적 서비스를 제공할 수 있도록 도와준다. 고용 부문의 성장은 다소 둔화되었지만, 2006~2016년에도 여전히 19% 정도 성장할 것으로 예상된다.

마지막으로, 과학 연구 및 개발 서비스는 미래의 기술을 개발하여 업무 수행 방식과 삶의 방식을 변화시킬 수 있다. 이 분야의 과학적 성격을 감안할 때, 이 분야의 전체 직업 중 58%는 전문적인 직업이며 또한 모든 부문에서 높은 임금을 받는 분야 중 하나이다. 박사 학위를 취득한 과학자 및 엔지니어에게 가장 적합한 분야이며, 예상 고용 성장률은 9%이다.

글로벌 서비스 활동 사례

TripAdvisor의 Traveler's Choice Awards: 과연 수상자는 누구일까?

지난 11년 동안 TripAdvisor는 회원들에게 인기 있는 여행지를 뽑는 Traveler's Choice Awards를 선택해달라고 요청했다. 세계 여행자들은 고급 호텔의 위치와 설명을 확인하고, 그들의 여행 목적지를 버킷리스트 목록에 추가할 수 있다!

1. **Four Seasons Resort Hualalai at Historic Ka'upulehu (하와이)** "호텔은 검은 용암류와 반얀 나무 사이의 해안가에 아름답게 자리 잡고 있어 아름다움 그 이상입니다. 호텔이 너무 아름다운 나머지 설명할 방법이 없네요. 주변 지역을 관광하러 나갈 필요도 없습니다."
2. **Cape Grace (남아프리카 케이프타운Cape Town Central)** "남편이 이 곳을 너무 좋아해 여기에서 살기를 원합니다. 방문할 때마다 호화롭고 거대한 주택에 초대받은 손님처럼 느껴져요."
3. **Onyria Marinha Edition Hotel & Thalasso (포르투갈 카스카이스Cascais)** "만약 당신이 여기 머무는 동안 행복을 찾을 수 없다면, 웹사이트를 그만 봐도 될 것 같습니다. 당신이 찾을 수 있는 더 나은 곳은 없습니다. 이곳 종업원들은 당신의 기대치 이상으로 행동할 것입니다. 숙박 시설은 어떤 시설에도 뒤지지 않습니다."
4. **Rudding Park Hotel (영국 해러거트Harrogate)** "방은 훌륭했고 음식과 와인은 일등급입니다. 나는 얼굴에 그렇게 많은 미소를 띤 호텔 종업원들을 본 적이 없습니다."
5. **The Upper House (홍콩)** "객실은 매우 환상적이며, 창문에서 빅토리아 항구의 천장부터 바닥까지 내려다 볼 수 있습니다! 위치는 편리하며 서비스는 다른 호텔을 부끄럽게 만들 만큼 매우 훌륭합니다."
6. **Four Seasons Resort Mauritius at Anahita, Beau Champ (모리셔스Mauritius)** "리조트에서 제공하는 모든 것이 매우 호화스러웠습니다. 우리 빌라에는 야외 샤워 시설, 아름다운 전용 정원, 일광욕 라운지 및 자체 플런지 풀(plunge pool)이 포함되어 있습니다. 모든 것이 헌신적이고 전문적이었습니다."
7. **The Samaya Bali (인도네시아 세미냑Seminyak)** "건물에 발을 들여 놓은 순간부터 우리는 완전한 행복을 누렸습니다. 부족하거나 필요한 것 없이 모든 것이 완벽했습니다. 객실은 넓고 안락하고 화려하며, 종업원들은 헌신적이었고, 레스토랑의 음식은 입맛에 맞았으며, 매일 오후에 제공되는 차는 감성적이었습니다."
8. **Baros Maldives (몰디브 노스말레아톨North Male Atoll)** "당신은 이 곳을 보자마자 놀라움에 숨이 막힐 것 입니다. 더 이상 할말이 없습니다. 우리는 지금 신혼 여행의 세 번째 코스인 태국에 있으나, 계속 생각나는 것은 첫 번째 코스였던 Baros입니다."
9. **Four Seasons Hotel Istanbul at Sultanahmet (터키 이스탄불)** "오래된 도시의 번화가 중심에 위치하고 있지만, 시끄럽지 않습니다. 이스탄불에서 볼 수 있는 중요한 역사적 기념물 가운데 가장 아름다운 안식처입니다."
10. **Aria Hotel (체코)** "매번 방문할 때마다 호텔은 우리를 실망시키지 않았기 때문에 우리는 계속 이 호텔에 찾아갑니다. 객실은 넓고 아름답게 장식되어 있으며 린넨도 훌륭합니다. 종업원들은 최고의 서비스를 제공합니다."

Source: **http://www.nydailynews.com.**

2-2g 수송과 공공설비

이름에서 암시하듯이, 수송과 창고와 유틸리티 분야는 (1) 항공 수송, (2) 트럭 운송과 창고, (3) 유틸리티의 세 분야로 이루어져 있다.

항공 수송 아마도 경제 분야에서 항공 운송보다 더 많은 격변을 경험한 분야는 없을 것이다. 2001년에서 2004년 사이에 미국 항공여행은 경기침체, 테러 및 SARS와 H1N1과 같은 전염병과 같은 부정적인 영향을 경험했다. 그러나 이렇게 평탄치 않은 분야임에도 불구하고, 항공 여행은 대중적인 교통수단 중 하나이다. 이 하위 분야에서의 긍정적인 직업 전망은 지역 및 저비용 공급자와 연계된다. 대부분 지상 작업이며, 조종사 및 승무원에게는 학사 학위 이상이 요구된다. 경력이 많은 조종사는 미국에서 높은 임금을 받는 근로자들 중 하나이다. 이 분야의 2006~2016년의 예상 고용 성장률은 7%였다. <도표 2-7>은 SKYTRAX가 제시한 세계 상위 10대 항공사를 보여준다. 미국의 항공사들을 좋아하지 않는 사람을 위해, 미국을 포함한 전 세계의 항공사를 대상으로 제시되고 있다.

<도표 2-7> 세계 10대 항공사

1. Qatar Airways
2. Singapore Airlines
3. Cathay Pacific Airlines
4. Turkish Airlines
5. Emirates
6. Etihad Airways
7. ANA All Nippon Airways
8. Garauda Indonesia
9. EVA Air
10. Qantas Airways

Source: http://www.worldairlinesawards.com.

트럭 운송과 창고 트럭 운송 및 창고는 전문적인 화물 운송, 창고 및 보관과 같이 제조업체와 소비자의 연결을 제공하는 다양한 활동으로 구성된다. 이 분야의 45%는 트럭 운전사와 운전사/판매원이 차지하고 있으며, 트럭 운전사와 디젤 기계 부문의 종사자가 직업을 구하기가 가장 쉽다. 이 분야의 예상 고용성장률은 15%이나, 고용은 경제 상황에 따라 극적으로 변할 수 있다.

유틸리티 서비스 경제의 유틸리티 하위 부문은 전기, 천연가스, 스팀, 물 및 하수 처리와 같은 서비스 제공 시설로 구성된다. 이러한 서비스의 다양성을 감안할 때, 한 분야의 전문 지식이 다른 분야로 쉽게 이전되지 않을 것이다. 고용 예측에 따르면, 현 실직 근로자의 거의 절반이 향후 10년 내에 은퇴할 것이고, 이로 인해 기존의 6%의 고용 성장 예측보다 더 많은 일자리가 창출될 것이다. 유틸리티 노동자의 임금은 일반적인 다른 산업에 비해 많으며, 대학 또는 기술 학위를 소지한 종업원들이 좋은 일자리를 갖게 된다.

2-2h 도매와 소매 거래

도매와 소매 거래 분야는 자동차 딜러, 의류·액세서리·잡화점, 그리고 식료품 잡화점

등을 포함하는 도매 무역과 소매 무역 분야로 구성된다.

도매 무역 도매 무역은 (일반적으로 변형이 없는) 상품 도매 시설을 포함하며, 다른 사업체에 상품 판매와 관련된 서비스를 제공한다. 대부분의 도매업자는 70%가 사무실 및 행정 지원, 영업 또는 교통 및 자재 이동 직종에서 일하는 20명 미만의 종업원을 고용하는 소규모 업체이다. 고등 교육까지만 수료해도 도매 하위 부문의 대부분의 직업 자격이 충분하다.

소매 무역 도매 무역과 비교하여 소매업 부문은 소매 상품(일반적으로 변형이 없는)을 포함하고, 최종 소비자에게 상품 판매와 관련된 서비스를 제공한다. 종업원을 대상으로 설문 조사를 진행한 미국에서 일하고 싶은 상위 10개 소매업체가 〈도표 2-8〉에 표시되어 있으며, 소셜 미디어를 사용하는 소매업체 상위 10개를 **e-서비스 활동 사례**에서 소개하고 있다. 자동차 판매 부문의 고용은 11% 성장할 것으로 예상되나, 이 수치는 경제 상황에 따라 크게 변동된다. 다른 산업과 비교하여 주급이 높으며, 정규 훈련을 받은 자동차 서비스 기술자에게는 다양한 직업 기회가 주어질 수 있다.

〈도표 2-8〉 일하고 싶은 10대 소매업체

1. Costco Wholesale
2. Nordstrom Rack
3. J. Crew
4. Sephora
5. Ikea
6. The Container Store
7. R.E.I.
8. Nordstrom
9. Gap
10. H&M

Source: http://www.forbes.com.

의류, 액세서리, 그리고 잡화점 이 분야의 고용은 의류, 액세서리 및 잡화점 부문에서 이루어진다. 취업의 84%는 영업 및 행정 지원 업무이다. 대부분의 직무에 정규 교육이 필요하지 않으므로, 처음으로 직업을 갖는 종업원들이 많다. 고용 전망은 7%에 불과하지만 매년 많은 수의 종업원이 타 산업으로 이직하기 때문에 많은 일자리가 창출될 수 있다.

식료품 Fortune지는 미국 최고의 일하기 좋은 직장으로 Wegmans, Publix 및 Whole Foods와 같은 주요 식료품 체인 기업을 수년 간 연속 선정하였다.[5] 이와 같은 사실을 보더라도 식료품 분야는 매우 흥미로운 곳이다. 식료품점 분야의 3분의 1은 16~24세의 젊은 사람들이다. 대부분이 시간제 근로자이며, 절반이 계산원과 재고 종업원으로 구성된다. 2006~2016년의 고용 증가율은 1%로 예측되었지만, 업계의 규모가 크고 종업원 이직률이 높기 때문에 여전히 많은 일자리가 제공된다. 〈도표 2-9〉는 미국 식료품점에서 구입한 상위 10개 품목을 보여주고 있다. 해당 품목을 감안한다면 소비자가

〈도표 2-9〉 미국 내 식료품점 판매 상위 품목

1. 빵
2. 포장육
3. 땅콩버터와 젤리
4. 달걀
5. 세탁용 세제
6. 우유
7. 스낵류
8. 냉동식품
9. 시리얼
10. 소다수

Source: http://money.howstuffworks.com.

e-서비스 활동 사례

10대 소셜미디어 소매업자

기업은 고객 경험을 향상시키는 새로운 방법을 끊임없이 개발하고 있다. 소셜 네트워킹 사이트(social networking sites)는 이전까지 사용하였던 방법과는 전혀 다르게 고객과 소통하고 있다. 이렇게 소셜 미디어 도구를 전략적으로 사용하는 소매업체는 다음의 표에 제시되어 있다.

순위	Facebook (likes)	Twitter (followers)	Google+ (followers)	Pinterest (followers)	Youtube (subscribers)	Klout Score
1	Walmart	iTunes	GameStop	Nordstrom	iTunes	Amazon.com
2	iTunes	Whole Foods	Williams–Sonoma	Lowe's	Victoria's Secret	eBay
3	Target	Victoria's Secret	Neiman Marcus	Michaels	Coach	AT&T
4	Victoria Secret	Dell	EBay	Whole Foods	Lowe's	Target
5	Amazon.com	Verizon	Amazon.com	Victoria's Secret	GameStop	Walmart
6	Macy's	Urban Quilters	Dell	Bed Bath & Beyond	The Home Depot	Best Buy
7	Kohl's	Target	Verizon	Urban Quilters	Abercrombie & Fitch	Neiman Marcus
8	American Eagle Outfitters	Amazon.com	Guess	Williams–Sonoma	Dell	Sears
9	Abercrombie & Fitch	Abercrombie & Fitch	Macy's	Neiman Marcus	Foot Locker	Dell
10	Best Buy	ToysRUs	Radio Shack	Target	Verizon	Lowe's
	Facebook 1 billion active users	Twitter 140 million active users	Googleh 135 million active users	Pinterest 100 million unique visitors per month	Youtube 800 million unique visitors per month	Klout Incorporates more than 400 signals from seven different social networks

Source: http://www.retailcustomerexperience.com.

몇 킬로의 살을 빼기 위해 헬스클럽에 몰려드는 현상은 그렇게 놀랄 일이 아닌 것 같다!

2-2i 기타 서비스

"기타 서비스" 슈퍼섹터는 앞선 슈퍼섹터에 속하지 않는 모든 서비스를 포괄한다. 기타 서비스 부문에는 장비 및 기계 수리, 종교 활동의 홍보 또는 관리, 드라이 클리닝 및 세탁 서비스, 개인 간병, 사망 보호, 애완 동물 관리, 사진 현상, 임시 주차 서비스 및 데이트 서비스와 같은 다양한 활동을 포함된다. 기타 서비스 슈퍼섹터는 전체 고용 중 약 3.3%, 전체 기관 중 12.6%를 차지한다. 고용률은 2010~2020년에 1.3% 증가될 것으로 전망된다.[6]

2-2j 서비스 부문: 결론

교훈 이제까지 9개의 서비스 슈퍼섹터는 서비스 경제 내 활동의 다양성을 보여준다. 그러나 이 교재의 주요 주제 중 하나는 서비스 부문이 은행, 운송, 비즈니스 서비스, 건강 관리 및 식품 서비스 회사와 같이 개별적으로 연구되어서는 안 된다는 것이다. 이따금 기업은 동종업계의 경쟁자만을 조사하여 진정한 혁신적인 아이디어를 개발할 기회를 놓치고 있다. 다양한 서비스 부문은 공통된 서비스 문제를 나누어 지식을 공유하고 이익을 얻을 수 있다. 그러나 불행하게도 대부분의 서비스 회사는 **서비스 근시안**(service myopia)으로 고통받고 있으며, 서비스 문제 개선을 위해 회사 및 산업 내부에만 관심을 보인다. 예를 들어 은행은 다른 은행을, 보험 회사는 다른 보험 회사에만 관심을 보이는 이러한 근시안적인 접근 방식은 독특한 서비스 혁신의 진행을 지연시킨다.

서비스의 혁신을 위해 병원은 병원 부문이 아닌, 레스토랑과 호텔에서 아이디어를 빌릴 수 있다. 비슷한 예로서, 은행원 및 항공사 종업원과 같이 겉으로는 다른 모습을 보이는 많은 서비스 작업을 살펴보면, 실제로 비슷한 업무를 수행하고 있으며 동일한 고객 서비스 관련 문제를 경험하는 것을 알 수 있다. 따라서 은행 업무의 최전선에서 배운 교훈을 항공 업계의 최전선에 적용하여 해결할 수 있는 것이다.

물질 우월주의 경제 도약으로 인해 서비스 부문 경제도 함께 성장하고 있지만 모두가 기뻐하고 있는 것은 아니다.[7] **물질 우월주의**(materialismo snobbery)는 제조업만이 진정한 부를 창출할 수 있고, 경제의 다른 모든 분야는 제조업에 기생하고 있거나 그리 중요하지 않다는 태도를 반영한다. 물질주의적인 사람들은 제조업이 없다면 서비스도 거의 존재하지 않을 것을 것이며, 그 결과 더 많은 사람이 일을 줄이고 낮은 임금을 받아, 미국의 전체적인 생활 수준을 감소시킬 수 있다고 믿는다. 궁극적으로 물질 우월주의는 서비스 경제로의 지속적인 이동이 미국인의 삶의 방식을 위태롭게 할 것이라는 믿음을 지지한다.

160년 전 미국 경제의 중심이 농업에서 제조업으로 이동하면서 비슷한 우려가 제기되었다. 산업화된 지 50년이 지난 1850년에는 인구의 65%가 농업과 관련이 있는 직종에 근무했다. 이 기간 동안 많은 전문가는 농장을 떠나 공장에서 일하는 노동자들에 대해 큰 우려를 표명했다. 인구의 대다수가 농장을 떠난다면, 사람들은 무엇을 먹을 것인가? 오늘날에는 미국 노동력의 1%만이 농업에 종사하고 있다.[8] 이 작지만 강력한 노동력은 오히려 과잉 식량을 제공하기 때문에, 연방정부는 농산물 시장의 균형을 유지하기 위해 가격 지원과 보조금을 제공한다. 농업에서 제조업으로의 전환은 우려할 필요가 없었던 것이다. 사실 이러한 변화는 오히려 경제 성장을 이끌었다. 이와 마찬가지로 기술 발전과 새로운 경영 관행의 등장으로 인해 우리는 1900년대 중반처럼 많은 사람이 더 필요하지 않다. 제조업은 서비스보다 우월하지 않으며 이 두 가지는 상호 의존적이다. 실제로 모든 제조업 근로자의 절반이 서비스 형태의 직업을 수행한다.[9]

부의 양극화 서비스 경제에 대한 또 다른 비판은 서비스 노동자들 사이의 불균형적인 부의 재분배이다. 미국 인구의 80%가 지난 20년간 실질 소득의 감소를 경험해왔다. 이와는 대조적으로 상위 소득 계층의 5%는 소득이 50% 증가됐으며, 상위 소득 계층의 1%는 소득이 두 배로 증가했다.[10] 전문가들의 의견이 다르긴 하지만, 제조업 경제로부터 서비스 경제로 변화하는 과정에서 일부 서비스업이 지불한 저임금이 **부의 양극화**(dichotomization of wealth) — 부익부 빈익빈 — 현상으로 이어질 것이라고 주장하는 사람들도 있다.[11] 30세 미만의 사람들에게, 서비스직의 임금은 제조업의 임금보다 25% 가량 낮다. 일부 전문가들은 제조업 고용 인력이 계속 감소됨에 따라 서비스 업무에 투입 가능한 노동력 공급이 증가하여 서비스 임금을 더욱 낮출 것이라고 믿고 있다.

그러나 서비스에 있는 모든 사람이 보수를 적게 받는 것은 아니다. 예를 들면 금융과 도매 거래의 임금은 제조업 임금과 거의 비슷하다. 게다가 점점 더 많은 수의 서비스 종사자들이 고도로 숙련된 산업 분야에 종사하고 있다. 실제로 현재 미국 노동력의 절반 이상이 지식의 생산, 저장, 검색 또는 확산 분야에 고용되어 있다. 더군다나 빠르게 성장하는 서비스 분야 고용 기회는 금융, 보험, 부동산 및 비즈니스 서비스 직종에 있으며, 이 분야는 전문 인력이 필요하다.[12] 전반적으로 서비스 임금은 제조업 임금을 따라 잡고 있는 것 같으며, 오히려 제조업보다 훨씬 많은 돈을 버는 서비스 직종이 분명히 존재한다.[13]

서비스 부문의 임금 문제는 정말로 중요한 문제이며, 전통적인 산업 경영 관행의 지속을 설명한다. "대부분의 서비스 기업은 고임금의 두뇌 집단과 저임금의 비서 종업원 — 시간당 500달러의 변호사와 시간당 10달러의 비서 — 으로 구성된다."[14] 이것은 중요한 사항이다. 모든 서비스 조직에서 매우 중요하며 고객의 첫 인상을 좌우하는 고객 정보의 핵심 소스는 비서, 안내원, 호스트/호스티스, 교사, 간호사이며, 이들은 조직 내에서 가장 인정받지 못하고 최저 임금을 받는 사람들이다. 이 사실은 말도 안 된다. 왜 저임금과 불평등한 대우를 받는 종업원이 자신의 회사의 뛰어남을 자랑해야 하는가? 성공적인 서비스 회사는 일선 종업원의 중요성을 인식하고 적절하게 대우한다.

2-3 서비스 마케터를 위한 윤리적 고려 사항

이 장의 후반에서는 서비스 마케팅 윤리에 대해 중요하게 다룬다. 전반부에서 설명하였듯이, 서비스 경제는 다양한 서비스 사업으로 구성되어 있다. 대부분의 서비스 제공자는 윤리적인 방식으로 고객에게 의무를 다하지만, 예외적인 곳도 있다. 서비스 분야에서는 윤리성을 검사하고 논의할 가치가 있는 독특한 상황이 발생한다. 다음 장에서는 서비스 분야와 관련된 다양한 윤리 주제를 제시할 것이다. 구체적으로 주제는 아래와 같다.

- 서비스 마케팅의 소비자 취약성
- 윤리적인 갈등을 야기하는 문제
- 윤리적 의사결정에 영향을 미치는 요소
- 윤리적 부정 행위의 영향
- 윤리적 행동을 통제하기 위한 전략

이 장에서는 옳고 그른 생각을 "설교"하려고 하지는 않는다. 그러한 결정은 각자의 재량에 달려 있다. 안타깝게도 우리는 끊임없이 배워야 하기 때문에 저녁 뉴스나 인기 토크쇼와 같은 것들로부터 의사결정/또는 행동 적합성/및 대중적 수용을 익히게 된다. 이 장의 주된 목적은 자신의 행동(개인 또는 조직)의 옳고 그름에 대한 **윤리적 경계**(ethical vigilance)를 제시하고, 종종 간과되는 중요한 주제에 대해 생각해보기 위한 기초를 제공하는 것이다.

2-4 윤리란

일반적으로 **윤리**(ethics)는 (1) 선과 악, 도덕적 의무와 의무를 다루는 철학의 한 부분, 개인이나 집단을 지배하는 도덕적 행위의 원칙과 (2) 개인이나 집단을 다스리는 도덕적 행동 원칙으로 정의된다.[15] **기업 윤리**(business ethics)는 비즈니스 세계에서 행동을 유도하는 도덕적 행동 원칙과 기준으로 구성된다.[16] **트리플 보텀 라인**(triple bottom line)으로 알려진 이 접근법은 회사가 경영 활동을 수행하면서 회사의 경제적 번영(경제성)을 고려하는 것뿐만 아니라, 환경 문제 및 발전에 대한 목표 및 목표(환경성), 사회 정의 및 평등 운동(사회성) 등도 함께 고려하는 것이다. **지속가능성 관련 서비스 활동 사례**에 소개된 Vail Resorts는 경제, 환경, 사회의 3개 부문을 성공적으로 달성한 회사의 사례이다.

지난 수십년 간, 기업 윤리에 대한 대중의 인식은 절대 긍정적이지 않았다.[17] Business Week/Harris의 여론 조사에 따르면, 응답자의 46%는 사업가들의 윤리적 기준이 단지 평균적인 수준이라고 응답하였다. 또한, 90%의 응답자들은 화이트 칼라 범죄가 상당히 흔하게 일어난다고 응답하였다. 또 다른 설문 조사에서는 대부분의 미국인이 정기적으로 부도덕한 행위를 저지른다고 응답하였다. 또한 응답자의 76%는 일상적인 사업 윤리의 결여로

지속가능성 관련 서비스 활동 사례

Vail Resorts: 코드를 이해하고, 책임을 진다

많은 서비스 활동과 마찬가지로, 콜로라도주 슬로프에서의 겨울 스키를 즐기는 것은 스키어들이 스키 경험을 향상시키거나 서로에게 해를 끼칠 수 있는 공유 경험이다. 베일(Vail), 비버크릭(Beaver Creek), 키스톤(Keystone), 브레켄리지(Breckenridge) 및 헤븐리(Heavenly) 스키 리조트의 소유주이사 운영자인 Vail Resorts는 스키어들에게 일어날 수 있는 잠재적 위협을 인식하였다. 그 결과, Vail Resorts는 손님에 대한 리조트의 책임을 인식하고 적극적으로 스키어의 안전을 장려하고 있다.[18]

책임 수칙은 Vail Resorts 내부와 리조트 주변에서 잘 찾아볼 수 있다. 숙박시설, 지도 안내판, 심지어 스키 리프트의 지원 게시판에 잘 보이게 게시된 수칙은 다음과 같다.

- 사람이나 물체는 항상 통제 아래 있어야 하며, 언제든지 중지하거나 방지할 수 있어야 합니다.
- 귀하의 앞에 있는 사람들이 먼저 전진할 권리가 있으므로, 그들을 피해서 가시길 바랍니다.
- 트레일을 막거나 혹은 위에서 보이지 않는 곳에서 함부로 멈추지 마십시오.
- 트레일로 내려오거나 길이 합쳐질 때마다, 언덕 위에 다른 사람들이 있는지 보고 양보해야 합니다.
- 장비가 풀리지 않도록 항상 장치를 잠가놓아야 합니다.
- 게시된 모든 표시와 경고를 준수하고, 폐쇄된 트레일에서 멀리 떨어져 벗어나십시오.
- 리프트를 사용하기 전에 안전하게 싣고 타고 내릴 수 있는 기본 지식 및 능력이 있어야 합니다.

Vail Resorts는 스키어의 안전을 지키면서 폐기물 감소, 재활용, 화학 관리 및 교육 프로그램을 통해 주변 환경을 보호하여 사회적 책임에 대한 헌신을 보여주고 있다. 키스톤 리조트의 환경 정책은 환경에 대한 Vail Resorts의 관심을 잘 보여준다.

> 키스톤 리조트는 아름다운 록키산맥과 화이트리버 국립산림(White River National Forest)의 토지 관리를 맡고 있습니다. 우리는 재생 가능 에너지, 자원 절약, 재활용, 야생 생물 서식지 보존 및 환경 교육을 장려합니다. 환경적 책임을 함께하여 우리를 도와주십시오.
>
> - 가지고 온 것은 다시 가지고 나갑니다
> - 카풀과 대중운송수단을 이용합니다
> - 감소, 재사용, 그리고 재활용합시다
> - 산을 공유하고, 공지된 폐쇄지역을 준수하세요.
> - 환경적 의무를 다른 사람과 공유합시다.

Source: http://www.vail.com and http://www.keystoneresort.com.

인해 미국 내의 도덕적 기준이 몰락한다고 응답하였다. 아마도 더 큰 충격을 주는 것은 기업가들에 대한 조사 결과일 것이다. 설문 조사에 응한 임원 중 66%는 비즈니스 거래 중에 기업가가 때때로 비윤리적으로 행동한다고 응답하였으며, 15%는 비즈니스 부문에서 윤리적인 부정행위가 자주 발생한다고 응답하였다.

2-5 서비스 마케팅에서의 윤리적 부정 행위 발생

서비스 부문의 윤리적 부정 행위의 발생은 주로 서비스 제공에 내재된 무형성, 이질성 및 비분리성에 기인한다. 3장에서 자세하게 설명할 예정이지만, 무형성은 제공되는 서비스의 품질을 평가하는 소비자의 판단을 복잡하게 만들며, 이질성은 표준화와 품질 관리의 어려움을 반영하고, 비분리성은 서비스 전달 프로세스에 관련된 인간 요소를 반영한다. 세 가지 차원 모두 서비스 행위에서의 소비자의 취약성을 높이고 서비스 제공자의 윤리적 행위에 의존하게 만든다.

구체적으로 서비스 부문의 윤리적 부정 행위에 대한 소비자의 취약성은 다음과 같은 여러 원인에 기인한다.

- 서비스는 소수의 탐색 속성에 의해 특정된다.
- 서비스는 종종 전문적/기술적인 성격을 띤다.
- 일부 서비스는 실행과 평가 사이에 시간차가 크다.
- 많은 서비스가 품질 보증 없이 판매된다.
- 서비스는 종종 외부 종업원에 의해서 판매된다.
- 서비스 실행에서의 변동성은 대체로 수용된다.
- 성과 보상 시스템은 태도가 아닌 결과를 기반으로 하는 경우가 많다.
- 고객들은 생산 과정에서 활동적인 참여자이다.

2-5a 소수의 탐색 속성

모든 제품은 탐색, 경험 및 신뢰 속성으로 설명될 수 있다. 후자의 두 가지 속성은 4 장에서 더 자세히 논의될 것이므로, 서비스 마케팅 윤리와 관련하여 탐색 속성을 이 장에서 소개하도록 하겠다. **탐색 속성**(search attributes)은 소비자의 구매 이전에 확인될 수 있으며, 촉각, 후각, 시각, 그리고 미각과 같은 하위 속성을 포함한다. 탐색 속성이 포함된 제품은 객관적으로 평가될 수 있으며, 경쟁 제품과 비교하기가 훨씬 쉽다. 예를 들어 자동차에는 많은 탐색 속성이 포함되어 있으며, 속성별로 경쟁제품과의 비교가 가능하다.

그러나 서비스는 무형적 성격 때문에 탐색 속성이 거의 없다. 따라서 소비자는 서비스를 구매할 때 정보에 입각한 현명한 결정을 내리는 데 도움이 되는 사전 구매 정보가 거의 없다. 서비스 소비자는 종종 서비스 공급자가 제공한 정보에 근거하여 구매 결정을 내려야 한다. 따라서 비윤리적인 서비스 제공업체는 고객에게 제공되는 정보를 쉽게 왜곡하여 활용할 수 있다.

2-5b 기술적/전문적 서비스

많은 서비스가 쉽게 이해되거나 평가되지 않기 때문에 소비자들은 쉽게 현혹될 수 있다. 특히 전문 서비스 제공자의 성과를 평가하는 것은 매우 어렵다. 여러분이 소비자로서,

의사, 변호사, 브로커, 종교 지도자가 역량이 있다는 것을 어떻게 알 수 있는가? 종종 이들에 대한 우리의 평가는 그들의 외모, 사무실 가구, 사무실의 위치, 그리고 그들이 사람을 잘 대하는가에 의해 좌우된다. 즉 고객은 이해할 수 있는 정보가 부재한 상황에서는 핵심 서비스 자체가 아닌 서비스를 둘러싸고 있는 주변의 정보를 의지하여 평가하는 것이다.

2-5c 성과와 평가 사이의 시간의 경과

보험이나 재무계획과 같은 서비스의 최종 평가는 먼 미래에 한번에 이루어질 수 있다. 예를 들어 은퇴 계획의 성공이나 실패는 서비스 거래가 이루어진 시점으로부터 30년 이후까지 확인되지 않을 수도 있다. 그러므로 서비스 제공자들은 단기간 안에는 그들의 행동에 대해 책임을 지지 않을 수도 있다. 이는 비윤리적인 서비스 제공자들이 소비자의 장기 혜택을 대가로 자신의 단기 이익을 극대화시키는 시나리오로 발전될 수도 있다.

2-5d 보장과 보증 없이 판매된 서비스

상품의 판매와 달리 서비스 거래는 일반적으로 중요한 보증 없이 수행된다. 따라서 소비자가 무능력한 제공자 때문에 어려움을 겪는다면, 이에 대한 배상을 받을 수 있는 방법이 적거나, 거의 없다. 예를 들어 만약 머리가 이상하게 이발되었다면 어떻게 보상받을 것인가? 새 모자가 그 실수를 덮는 데 도움이 될 수 있을 것인가?

2-5e 외근 종업원의 서비스

많은 서비스 제공자는 회사 외부에서 서비스를 제공하여 회사의 경계를 확장한다. 페인트공, 잔디 전문가, 진료 보조원, 카페트 청소부 등이 전형적인 예이다. 회사의 사무실과 **외근 종업원**(boundary-spanning personnel)들 사이와의 물리적 거리 때문에, 이 특정한 서비스 제공자들은 때때로 직접적인 감독을 받지 않으며, 조직 목표에 부합하지 않는 태도로 행동할 수도 있다. 따라서 상위 경영진이 제재하지 않은 상태에서 비윤리적 행위가 일어날 가능성이 높아진다. 예를 들어 Comcast 종업원이 고객의 소파에서 자고 있는 비디오가 Youtube에 올라왔다고 가정하자. 고객의 소파에서 자는 것이 비윤리적이라기보다는 종업원 나름대로의 안타까운 사정이 있을 수도 있지만, Comcast 종업원으로서 취할 행동이 아니며, 만약 관리자가 동행했다면 발생하지 않았을 것이다.

iStockphoto.com/JackF

회사의 직접 통제를 벗어난 서비스 제공자들은 비윤리적 행위에 참여할 기회가 더 많다.

2-5f 성과 변동성의 수용

서비스 섹터 안에서 생기는 또 하나의 비윤리적 행위의 기회는 서비스 제공의 이질성에서 생긴다. 서비스의 이질성으로 인하여 모든 거래에서 서비스의 표준화와 품질 관리가 지속되기 어렵다. 많은 서비스가 고객 맞춤화되어 있고, 서비스 제공자의 다양한 기술을 필요로 하며, 소비자들은 때때로 같은 기업 안의 서로 다른 서비스 제공자에게 노출되어 있다. 결국 비양심적인 서비스 제공자들은 제공 가능한 서비스의 영역을 속여 활용할 수 있다.[19]

2-5g 결과 기반 보상 시스템

조직의 보상 시스템은 종종 종업원의 행동에 영향을 주며, 종업원들은 회사로부터 많은 보상을 받기 위한 가장 짧은 길을 빠르게 찾아낸다. 따라서 본래 의도와는 다르게 조직의 보상 시스템이 종업원들의 비윤리적 행위를 조장할 수도 있다. 예를 들어 종업원들에게 직접적인 커미션과 할당량을 부여하는 것은 매출과 밀접하게 연관된 활동들을 보강하지만, 가게 보수, 물품 정리 등과 같은 비영업활동을 저해하며, 고객 질문 응대와 같은 것들에 시간을 과도하게 할애하게 한다.

2-5h 고객의 생산 참여

표면적으로는 소비자가 서비스 인카운터에 더욱 많이 참여할수록 서비스 제공자가 비윤리적으로 행동할 기회가 줄어든다고 생각할 수도 있다. 그러나 오히려 소비자는 서비스 제공자가 사용하는 강압적 전략들에 의해서 위험에 빠질 수 있다. 서비스 전달 과정에서 소비자가 참여한다면, 서비스 제공자는 소비자의 두려움이나 죄책감을 이용하여 소비자가 본래는 구매하지 않았을 상품을 사도록 만든다. 한 자동차 정비공이 "나 같으면 내 가족이 이런 브레이크가 달린 차에 타도록 하지 않을 것이다."라고 말하는 것은 서비스 제공자가 소비자에게 영향을 주는 전형적인 예이다. 더욱이 소비자가 생산 과정에 참여하기 때문에 소비자는 불만족스러운 서비스 거래에 대한 자신의 책임을 느낀다. 소비자들은 스스로가 충분하고 명확하게 설명하지 못했다고 느끼며, 서비스 제공자와의 대립을 피하기 위해 그 책임의 대부분을 뒤집어쓸 것이다. 사실 서비스 제공자와의 대립을 회피하는 것은 고객들이 서비스 제공자에게 불평을 하지 않는 주요 이유 중의 하나이다. 나아가서는 서비스 제공자들이 자신의 행동에 대해 책임지지 않고 비윤리적 행위를 할 기회를 제공한다.

2-6 윤리적 갈등을 만드는 이슈

서비스 제공자들이 직면하게 되는 윤리적 문제의 유형들은 언제나 서비스 부문만의 고

〈도표 2-10〉 기업이 직면하게 되는 윤리적 문제

• 정직함 • 이해의 갈등 • 마케팅, 광고 문제 • 환경 문제 • 나이, 인종, 성별에 따른 차별 • 제품 신뢰도와 안전성 • 윤리강령과 자기관리 • 고객관계 • 뇌물 • 이해 관계자에 대한 권리와 책임 • 내부고발 • 리베이트(Kickbacks) • 내부거래 • 반트러스트 문제 • 다국적기업 문제 • 외국정부와의 관계 • 자본주의의 윤리적 기초 • 작업장 건강과 안전 • 공급자, 하청업자와의 관계 • 회사의 독점 정보 사용	• 장부와 기록의 정확성 • 종업원 기록의 프라이버시 • 정치적 활동 • 기업자산의 오용 • 기업 지배구조 • 논쟁이 되는 문제들 • 윤리적 이론 • 협상 윤리 • 지역사회와의 관계 • 공장 폐쇄와 해고 • 종업원 징계 • 다른 사람의 독점 정보 사용 • 미국 정부 대표와의 관계 • 경쟁자와의 관계 • 종업원 혜택 • 인수합병 • 마약·알콜 오용 • 마약·알콜 검사 • 정보수십 • 차입금을 통한 매점

유 문제는 아니다. 이는 다양한 비즈니스에 포함된 복합 상품 및 고객 서비스에 의해 설명된다. 〈도표 2-10〉은 비즈니스 상황에서 마주치게 되는 다양한 유형의 윤리적 이슈의 예시를 보여준다. 이 조사를 통해 각 기업들은 기업에 영향을 미치는 윤리적 이슈가 무엇인지를 구체적으로 확인할 수 있다. 비즈니스 상황에서 매니저 및 종업원들이 직면하는 전형적인 윤리적 이슈는 다음과 같다.[20]

- 이해의 갈등
- 조직관계
- 정직성
- 공정성
- 커뮤니케이션

2-6a 이해의 갈등

종종 서비스 제공자들이 서비스를 제공할 때 고객들과 가까운 거리에 있다. 따라서 서비스 제공자는 제공자/고객의 관계가 발달하고, 친밀감이 형성되면 **이해의 갈등**(conflict of interest)을 경험할 수 있다. 이러한 상황에서 서비스 제공자는 조직, 고객, 그리고/또는 서비스 제공자의 개인적 이해 사이에서 갈등을 느낄 수 있는 것이다. 예를 들어 보험사 종업원은 자신의 친구들과 가족에게 더 싸게 가입할 수 있는 방법을 설명해줄 수 있다. 이 상황에서 고객(더 낮은 보험료)과 종업원(매출을 통한)은 혜택을 받지만, 조직은 손해를 볼 수 있다(적정한 프리미엄을 얻지 못함).

2-6b 조직관계

서비스 공급자들은 다양한 역할 파트너, 즉 고객, 공급자, 동료, 부하, 상사, 그리고 기타의 사람들과 직장에서의 **조직관계**(organizational relationships)를 형성한다. 이 관계를 통해 얻어진 정보는 매우 민감한 것이 대부분이다. 예를 들어 많은 사람은 은행원이 자신의 계좌 내용을 확인하는 것과 의사가 자신의 건강 문제에 대해 다른 사람에게 말하는 것을 꺼려할 것이다. 정보의 민감한 성격 때문에 윤리적인 서비스 제공자들은 고객관계에서 그들의 전문적인 책임과 의무에 알맞게 비밀을 유지하는 것이 요구된다. 반대로 비윤리적인 서비스 제공자는 고객관계에서 얻은 정보를 자신의 이해를 위해 사용할 수도 있다. 월스트리트의 최고 중개인인 Ivan Boesky는 증권거래위원회(Securities and Exchange Commission)에 의해 내부 거래로 기소되었다. Boesky는 회사의 소유권 취득에 대한 발표가 이루어지기 전에 이에 관한 정보를 활용하여 수백만 달러의 이익을 벌었다. Boesky는 회사 내부 정보를 안 후에 주식을 대규모로 사들였고, 이후에 막대한 차익을 남기고 팔았다. Boesky는 내부 거래자의 이름을 밝히지 않고 유죄를 인정하였고, 1억 달러의 벌금을 지불하기로 동의하였다. 그는 감옥에도 3년간 수감되었다. 이와 같이 "아는 것이 힘"이라는 옛날 속담은 때때로 비윤리적인 행위를 하는 자들에 의해서 신봉된다.

2-6c 정직

정직은 진실(truthfulness), 순수(integrity), 그리고 신뢰(trustworthiness)의 동반자이다. 고객 서비스에서 정직하지 못하다는 것은 무엇을 이행하기로 약속했지만 이행할 의사가 없거나, 책임을 다하지 않고서는 서비스를 완료했다고 주장하는 것을 의미한다. 또한 고객의 기대를 높이기 위해 서비스업체들이 도입하는 전략에도 정직의 문제가 존재한다. 예를 들어 오늘날 일반적인 레스토랑에서 행하는 관례 중 하나는, 고객의 대기 시간을 실제보다 길게 말하는 것이다. 만약 고객들이 예상한 시간 전에 착석하였다면, 그들은 더 나은 서비스를 받고 있다고 여길 것이다. 당신은 이것이 윤리적이라고 생각하는가? 또 다른 정직의 문제로는 (1) 고객의 집이나 직장에서 서비스를 이행할 때 고객의 개인 재산을 존중하는 것, (2) 정해진 시간에 약속한 서비스를 실행하는 것, (3) 이행한 서비스에 대해 정확한 대금을 청구하는 것, (4) 비록 매출이 감소하더라도 고객에게 정확한 정보를 전달하는 것 등이 있다.

2-6d 공정성

공정성은 공평하게 대우하고 정당하며 편견이 없는 것을 뜻한다. 고객들은 정당하게 대우받아야 하며 편파적인 거래는 지양되어야 한다. 뿐만 아니라 서비스 차별 문제도 거론될 필요가 있다. 남성이 여성에 비해서 더 나은 서비스를 받는가? 또는 그 반대인가? 옷을 잘 입은 사람들이 청바지를 입은 고객에 비해서 더 나은 서비스를 받는가? 고객의 인종이나 외양이 제공되는 서비스의 수준에 영향을 주는가?

2-6e 커뮤니케이션

윤리 문제는 서비스 제공자와 고객 사이의 커뮤니케이션에서도 일어날 수 있다. 커뮤니케이션은 미디어 광고에서부터 품질보증 정보 그리고 개인적 의사소통에까지 그 범위가 넓다. 의사소통에서 나타나는 비윤리적 행위의 예로는, 자사의 서비스 상품에 대한 허위 광고, 경쟁 상품에 대한 허위 주장, 지킬 수 없는 약속과 같은 것 등이 있다.

2-7 비윤리적 행위의 영향

서비스 조직은 다음과 같은 몇 가지 이유로 인하여 종업원이 윤리적으로 행동할 수 있도록 강조해야 한다. 첫째, 사회적 책임의 관점에서 서비스 조직은 사회의 이익을 최고로 하도록 행동해야 한다. 둘째, 지속적으로 윤리적 문제에 노출된 종업원은 종종 직업 관련 긴장, 좌절, 불안, 비효율적인 성과(매출 감소 및 이윤 감소), 이직 의사 및 낮은 직업 만족으로 고통을 겪는다.[21]

윤리적 부정 행위는 개인적으로 영향을 줄 뿐만 아니라 조직 전체가 고통을 받을 수 있다. 윤리적 부정 행위는 고객 불만(판매 손실), 조직에 대한 비우호적 구전, 그리고 전체 산업에 대한 부정적 이미지 구축으로 이어질 수 있다.

2-8 윤리적 의사결정 통제

비윤리적 의사결정의 부작용은 서비스업체가 그 종업원들의 윤리적 태도를 다양한 방법으로 통제하려고 할 수 있다는 것이다. 윤리적 태도를 통제하고 관리하기 위한 방안은 다음과 같다.[22]

- 종업원 사회화
- 품행의 기준
- 교정적 통제
- 리더십 훈련

- 서비스/제품 지식
- 종업원 업무 수행 감시
- 장기적 고객관계 구축

2-8a 종업원 사회화

종업원 사회화(employee socialization)는 개인이 조직의 가치, 표본 그리고 조직에서 요구하는 행동 패턴을 수용하고 인정하는 과정을 의미한다. 사기, 뇌물, 거짓말과 같은 윤리적 문제들은 조직 가치와 규범에 의해서 정의될 수 있다. 이러한 가치와 규범은 새로운 문제를 규명하거나 과거의 교훈을 되새기기 위해 종업원 오리엔테이션이나 이후의 공식 회의에서 전달될 수 있다.

또한 서비스업체들은 이러한 조직 가치와 규범을 기업 소식지나 광고와 같은 매체를 통해 전달할 수 있다. 예를 들어 Delta 항공사는 유용하고 친절하며 즐겁게 고객들을 돕는 자사 종업원들을 묘사하는 광고로 찬사를 받은 적이 있다. 이 광고는 고객에게 자사의 이미지를 어필하는 것뿐만 아니라 기업 안에서의 Delta 종업원의 역할을 정의하고, 기업이 종업원들에게 기대하고 그에 따라 보상하는 태도의 유형을 설명하는 데 도움을 준다.[23]

2-8b 품행의 기준

사회화의 일환으로서 행동의 공식적 기준은 **윤리 강령**(code of ethics)을 통해서 서비스 종업원들에게 제시될 수 있다. 설문 조사에 의하면 종업원들은 그들이 적절한 태도를 정의하고 역할 갈등과 역할 모호성을 줄이는 데 도움을 주는 윤리적 규범을 교육받기를 원한다.[24] 비록 윤리적 규범을 개발하는 것이 반드시 그에 따른 종업원의 윤리적 태도를 보장하지는 않지만, 이는 윤리적 의사결정을 통제하는 과정의 중요한 초기 단계이다.

2-8c 교정적 통제

기업에서 종업원들에게 제공하는 윤리적 규범이 효과적으로 수행되기 위해서는 정해진 조건들이 집행되어야 한다. 윤리적 규범은 **교정적 통제**(corrective control), 보상과 처벌의 적절한 사용에 의해서 실현될 수 있다. 비윤리적 행위에도 불구하고 이득을 얻은 (혹은 처벌받지 않은) 서비스 제공자들은 계속해서 그 행위를 할 것이다. 연구 결과에 따르면, 흥미롭게도 윤리적 규범이 존재하는 기업의 종업원들은 윤리 규범을 위반한 자들이 처벌받아야 한다고 믿는 것으로 나타났다.

2-8d 리더십 훈련

윤리적 의사결정은 차별적으로 이루어져서는 안되기 때문에, 서비스업체들은 임원들에게 리더의 태도의 중요성과 종업원들에게 미치는 영향에 대해서 교육한다. 리더는 윤리적 품행 기준의 모범이 되어야 한다. 그들은 윤리적 의사결정에 직면한 종업원들이 때때로 상사의 태도를 모방한다는 것을 이해해야 한다. 특히 충성심을 나타내기 위해 상사를 따르는 어린 종업원들에게서 이런 행동이 두드러진다.

2-8e 서비스/제품 지식

서비스업체들은 지속적으로 종업원들이 제공할 수 있/없는 서비스의 세부 사항에 대해 이해할 수 있도록 훈련해야 한다. 서비스의 복잡한 성질과 계속 변화하는 사업 환경 때문에, 서비스업체는 그들의 종업원들이 다양한 종류의 새로운 서비스/상품 개발에 대해서 완전히 이해하고 있지 못한다는 것을 알아야 한다. 소수의 서비스업체만이 종업원 교육에 대한 사회적 책임에 관해 이해한다. 예를 들어 보험 산업에서 보험판매원들은 자신이 판매하는 상품에 대한 업데이트를 위해서 지속적인 교육을 받아야 한다.[25]

2-8f 종업원 업무 수행 감시

윤리적 의사결정을 통제할 수 있는 또 하나의 수단은 종업원의 윤리적 성과를 측정하는 것이다. 이 방법은 종업원의 행동을 조직의 윤리 기준과 비교하는 과정을 수반한다. 서비스업체들은 종업원 행동을 관찰하거나 또는 윤리적 행동에 관한 설문지를 사용해 이러한 성과에 대해 모니터링할 수 있다. 모니터링에서 얻어진 결과는 문제가 되는 상황에서 취할 적절한 조치에 대한 모호함을 해소하기 위해 해당 종업원과 논의되어야 한다.

2-8g 장기적 고객관계 구축의 강조

서비스 제공자들은 자신과 고객의 장기적, 호혜적 관계를 구축하기 위해 상호 호혜적인 관계를 유지해야 한다. 윤리적 마케팅의 실행은 이러한 신뢰 기반 관계가 형성되는 기초를 제공한다. 많은 비윤리적 의사결정이 눈 앞에 보이는 이익만을 강조한다. 예를 들어 서비스 제공자는 빠른 판매를 위해서 소비자를 현혹할 수 있다. 하지만 종업원들을 적절하게 사회화하는 서비스업체들은 장기적인 고객관계 구축의 중요성을 강조해야 한다. 종업원들이 장기적 고객관계를 유지한다면, 서비스업체들은 비윤리적 의사결정의 빈도를 최소화할 수 있을 것이다.

요약

이 장의 목표는 다음의 두 가지이다. 첫째, 서비스 경제를 구성하는 슈퍼섹터 부문에 대한 개괄적 설명이 제시되었다. 일반적으로 서비스 경제는 아홉 개 산업 서비스 부분으로 구성된 경제의 소프트 부분(soft part)을 포함한다. 교육과 의료 서비스, 금융 활동, 정부, 정보, 여가와 숙박 서비스, 전문적 비즈니스 서비스, 수송과 공공설비, 도매와 소매 거래, 그리고 기타 서비스. 서비스 부분은 경제를 발전시키는 세가지 주요 분야 중 하나이다. 다른 두 가지는 생산과 농업이다. 전통적으로 세계 경제는 농업 경제에서 산업 경제로, 또다시 서비스 경제로 스스로 전환하는 경향이 있다.

아홉 가지 서비스 슈퍼섹터는 서비스 경제 안에서 다양한 활동을 보여준다. 각각의 서비스 산업은 일반적으로 서비스 제공 문제를 공유하기 때문에 서로 지식을 공유하는 혜택을 누릴 것이다. 그러나 서비스 섹터의 지속적인 성장과 우위에도 불구하고 일부는 서비스 경제를 비판하고 있다. 물질우월주의적인 사람들은 제조업이 없으면 서비스도 거의 존재하지 않을 것이라고 믿는다. 또한 많은 제조직과 서비스직 간의 급여 차이가 부의 양극화로 이어질 것이라고 믿는 사람들도 있다.

이 장의 두 번째 목적은 서비스 섹터의 윤리성에 대해 설명하는 것이다. 서비스 소비자들은 다양한 이유에 의해 특히 비윤리적 행위에 취약하다. 예를 들어 서비스는 소수의 탐색 속성을 가지고 있으며, 따라서 실제 구매가 이루어지기 전에 평가하는 것이 어렵다. 또한 서비스는 기술적이거나 전문적이어서, 일반 소비자가 평가하기 힘들다. 뿐만 아니라 대부분의 서비스가 품질 보장이나 보증서 없이 판매되고, 때때로 회사의 통제를 받지 않는 외근 종업원에 의해서 제공되기도 한다. 이에 더해 서비스 종업원들을 보상하는 보상 제도는 윤리적 행동보다는 결과만 중시한다. 이 밖의 소비자의 취약성에 기인하는 기타 요인들은 서비스 실행과 고객의 평가 사이에 존재하는 시간 격차(예: 재무계획, 생명보험), 서비스 실행에서의 고유한 변동성, 그리고 서비스 제공자에게 효과적으로 설명하지 못한 자신의 책임을 기꺼이 받아들이는 소비자의 자세 등이 있다.

일반적인 윤리 문제들은 이해의 대립, 조직적 관계의 비밀, 정직, 공정, 그리고 기업의 의사소통 노력의 성실을 포함한다. 지속적으로 윤리적 문제에 당면한 종업원들은 종종 직업 관련 긴장, 좌절, 불안, 비효율적인 성과, 이직 의도 및 낮은 직업 만족으로 고통을 겪는다. 윤리적 부정 행위는 개인뿐만 아니라 조직 전체가 고통을 받도록 할 가능성이 크다. 윤리적 부적절함은 고객 불만족, 부정적인 구전 효과 그리고 산업 전체의 부정적인 이미지로 이어질 수 있다.

마지막으로 조직은 종업원의 윤리적 행동을 통제하기 위해 종업원 사회화, 윤리 강령 개발 및 시행, 리더십 교육, 서비스/상품 지식 교육, 종업원 성과 모니터링 및 장기간의 고객관계에 대한 종업원 교육 등 다양한 전략을 사용하고 있다.

복습문제

1. 아홉 가지 서비스 슈퍼섹터의 순위를 정하고, 예상 성장률에 대하여 설명하시오. 성장률이 가장 높을 것이라고 믿는 슈퍼섹터는 무엇인가?
2. 서비스 분야에서 최소한의 성장이 어떻게 가능한지, 또 그로 인해 직업의 기회가 증가하는 것이 가능한지 설명하시오.
3. http://www.bls.gov/iag/tgs/iag70.htm를 방문해서 호텔 산업의 현재 및 미래의 고용률, 직업 기회 및 임금에 대해 논의하시오.
4. 농업 경제에서 산업 경제로의 변화와 산업 경제

에서 서비스 경제로의 변화 과정을 비교하시오.

5. 윤리와 사회적 책임의 차이점에 대해 논의하시오.
6. 기업인들의 윤리적인 행동에 대한 대중의 느낌은 어떠한가?
7. 집중화 기업과 분권형 기업 중 어떤 회사의 유형이 종업원들의 윤리적 행동을 통제하는 데 많은 어려움이 있는가를 설명하시오.
8. 보상제도가 윤리적 행동에 어떻게 영향을 미치는지 설명하시오.
9. "윤리강령"과 "교정적 통제"사이의 관계에 대해 설명하시오.
10. 서비스 마케팅 윤리에 적용하여 "탐색 속성"의 관련성을 설명하시오.

사례 2. Jim Bakker와 PTL의 사례

Jim Bakker는 1977년 기독교 중심의 신디케이션 네트워크인 PTL을 창안했다. 그 이전에 Bakker는 Pat Robertson이 소유한 Christian Broadcast Network(CBN)에서 7년을 보냈다. Bakker는 신학 교육을 잘 받지 못했다. 그는 불과 3학기를 마치고 North Central Bible College에서 자퇴했다. 그러나 그는 TV에서 자연스러워서 종자-신앙(seed-faith)과 번영 신학(prosperity theology)을 설교했다. 이러한 신학철학은 1940년대와 1980년대의 Oral Roberts에서 유래되었으며, 많은 복음 전도자에 의해 널리 받아들여졌다.

종자-신앙 철학은 신자들이 섬기고 하나님께 드린다면 물질적인 필요가 풍성한 하나님께 보답받을 것이라고 가르쳤다. "건강과 부의 신학"으로 알려진 번영신학은 하나님께서 자신의 재정적인 것을 포함하여 모든 사람이 치유되기를 바라셨다고 주장한다. 번영신학을 실천하는 사람들은 신자들이 특정한 결과나 목적을 위해 기도할 것을 권고했다. 실세로, Bakker는 그의 지지자가 야영자를 위해 기도하면, 색을 지정해야 한다고 권고했다. 그렇지 않으면 그들은 하나님께 쇼핑을 하라고 하였다.

Bakker는 열심히 노력하고, 저축하며, 책임감 있는 계획을 설교하지 않았다. 대신, 그는 성령께서 그 금융 추종자들의 기적과 그 추종자들의 행동을 기꺼이 바라신다는 믿음에 동의했다. Bakker는 하나님의 사랑에 대해서만 설교를 했으며, 죄의 주제를 무시했다. 이 종교 철학은 Bakker의 집회가 급속히 성장함에 따라 중산층 미국인의 넓은 단면을 호소했다. Bakker의 지지자 중 20%만이 자신의 오순절 신앙의 모임에서 나왔으며, 나머지는 다른 오순절 교단, 다른 개신교 교단, 로마 카톨릭 교회에서 나왔다. 그들의 기여와 지지로 인해 PTL은 전국에서 가장 부유하고 대중적인 미디어 성직단체 중 하나가 되었다. 결과적으로, 1984년까지 PTL은 1천2백 개의 가정용 케이블 시스템을 1천3백 개 제공했으며, 매출 6천6백만 달러와 자산 8천6백만 달러에 이르게 되었다. PTL에는 또한 급여를 받는 사람이 9백여 명에 이르게 되었고, 엄청난 운영경비 및 부채도 갖게 되었다.

Bakker는 특정 프로젝트, 복음주의 대학, 이탈리아 또는 브라질의 PTL 쇼 또는 Heritage USA라고 표시된 "기독교 디즈니랜드(Christian Disneyland)"에 대한 재정 지원을 위해 TV 시청자와 함께 종종 기도했다. 그러나 이 프로젝트를 위한 돈이 시청자들부디 쏟아져 들어 왔을 때, Bakker는 그 기부금을 성령의 감동을 받은 방식으로 사용했다. 이러한 재무관리 스타일 덕분에 PTL의 부채가 늘어났다.

따라서 1983년에 Bakker는 천 달러 이상의 기부로 평생 동반자(lifetime partnerships) 관계를 파는 아이디어를 구상했다. 평생 동반자 관계는 기부자에게 남은 평생 동안 Heritage USA에서 무료 숙박 3일 및 레크리에이션 — 이전에 이 패키지는 3천 달러였음 — 을 사용하도록 하였다. 평생 파트너십으로부터 받은 기금은 Heritage USA에서의 공사 완료에 사용될 예정이었다. 불행히도, Bakker는 Heritage USA에서 수용 할 수 있는 것보다 많은 기부자에게 평생 파트너십을 판매했다. 또한, 판매 된 평생 파트너십의 수가 늘어남에 따라 일반 PTL 기금에 대한 기여도가 감소했다. PTL을 계속 유지하려면 평생 파트너십의 자금을 일상 운영 비용으로 전환해야 했다. 결과적으로, Heritage USA의 숙박 시설 건설은 완료되지 못했다.

Bakker의 추종자들은 그들의 기여가 전달되는 경로를 알고 있었다. Charlotte Observer는 정기적으로 PTL과 헤리티지 USA 건설 비용의 초과 지출과 Bakker의 구매(3개의 휴양주택, 금 도금 욕실 비품, 에어컨이 설치된 개 집, 방대한 양의 의류 및 보석)을 정기적으로 보도했다. 실제로, Bakker는 언론의 적개심을 보여주기 위해 TV 헤드라인을 장식하였다. 그의 추종자들은 결코 흔들리지 않았다. 그들은 Bakker의 물질주의적 라이프스타일과 금융 기적의 약속을 지지하고 심지어 승인했다. 결국 Bakker는 자신이 전한 말, 즉 과도한 기준과 관용의 원칙 및 책임성으로부터의 자유의 원칙을 지닌 종교에 불과했다. TV 전도사로서, 그는 자신이 기뻐하는 것을 자유롭게 설교 할 수 있었고, 사람들은 자유롭게 청취 할 수 있었다. 아무도 Bakker의 지지자들로부터 금전적 기부를 강요하지 않았다. 그들은 기꺼이 기금을 보내었고, Bakker는 기금 오남용에 대한 책임을 지지 않았다.

나아가 정부는 Bakker의 행동을 알고 있었다. Bakker와 그의 PTL 운영은 연방 통신위원회, 법무부 및 국세청(Internal Revenue Service)에 의해 1979년부터 특별 케이스로 광범위하게 조사되었다. 정부기관은 수백만 달러의 위법 행위에 대한 상당한 증거가 있었지만, Bakker의 행동을 저지하기 위한 아무런 노력이 이루어지지 않았고, 어떤 기관도 Bakker를 기소하지 않았다.

Bakker는 자신이 1980년대의 문화를 개인화했기 때문에, 자신의 행동에 실제로 고무되었다. 수석 비서인 Jessica Hahn[26]과의 관계에 관한 보복을 두려워한 Bakker가 PTL을 사임할 때까지 정부당국이나 대중의 항의로 그를 막을 수 없었다. Bakker의 행동은 Bakker와 그의 추종자들이 매일 지지한 종교철학을 전형적으로 보여주는 평범한 광경에서 일어났기 때문에 은밀한 사람이라고 할 수 없었다.

1987년, PTL 운영에 명백한 위법 행위가 있음을 알게 된 지 거의 10년 후, 연방정부는 Bakker가 자신의 지지자들을 학대했다고 주장하면서 Jim Bakker에게 24건의 사기와 음모로 기소하였다. Bakker는 45년간 연방 교도소에서 투옥되는 형을 선고받았으며, 벌금 50만 달러를 지불했다. 1992년 Bakker의 형량은 8년으로 줄어들었고, 50만 달러의 벌금은 무효화되었다. 같은 해 Bakker의 아내인 Tammy Fae Bakker(방송에서 길게 늘어진 마스카라 울음으로 유명함)는 Jim과 이혼했다. 1993년 Bakker는 소규모 보안 교도소로 이송된 후 1994년에 가석방되었다.

토의문제

1. 종교단체의 고유한 어떤 서비스 속성이 소비자의 취약성에 기여하는가?
2. 어떤 유형의 도덕 철학이 Bakker의 행동을 위한 기본이 되었다고 주장될 수 있는가?
3. 관련된 윤리적 문제는 무엇인가?
4. 도덕적 철학 외의 어떤 요인들이 Jim Bakker의 윤리적 행동에 영향을 미쳤는가?
5. Bakker의 행동 결과는 무엇이었는가?
6. 다른 종교 지도자들에 의한 미래 남용을 통제하는 데 도움을 줄 수 있는 전략은 무엇인가?

각주

1. https://www.youtube.com/watch?v=cYIDqCIBElc, accessed 25 January 2015.

2. K. Douglas Hoffman et al., *Marketing Principles & Best Practices*, 3rd ed. (Mason, OH: Thomson Southwestern, 2006), p. 68.

3. Materials for this section were obtained from http://www.bls.gov/ooh/, accessed 25 January 2015.

4. http://www.youtube.comb/watch?v=vtPS9OS0o0, accessed 25 January 2015.

5. http://archive.fortune.com/magazines/fortune/bestcompanies/full_list/, accessed 25 January 2015.

6. http://www.bls.gov/opub/mlr/2012/01/art4full.pdf, accessed 25 February 2015.

7. Michael E. Raynor, "After Materialismo...," Across the Board (July-August 1992), pp. 38–41; http://www.newgeography.com/content/002128-whywe-can%E2%80%99t-shun-manufacturingservice-sector, accessed 25 January 2015.

8. https://www.cia.gov/library/publications/the-worldfactbook/index.html, accessed 25 January 2015.

9. http://en.wikipedia.org/wiki/Tertiary_sector_of_the economy, accessed 25 January 2015; http://www.msee-ip.eu/publications/articles/manufacturing-service-innovation-ecosystem, accessed 25 January 2015.

10. http://blog.ml-implode.com/2012/04/u-s-standardof-living-has-fallen-more-than-50/, accessed 25 January 2015; http://www.nytimes.com/2012/03/26/opinion/the-rich-get-even-richer.html? r=0, accessed 25 January 2015.

11. http://www.esa.doc.gov/sites/default/files/reports/documents/1thebenefitsofmanufacturingjobsfinal5912.pdf, accessed 25 January 2015.

12. http://www.bls.gov/ooh/, accessed 25 January 2015.

13. http://www.esa.doc.gov/sites/default/files/reports/documents/1thebenefitsofmanufacturingjobsfinal5912.pdf, accessed 25 January 2015.

14. Raynor, "After Materialismo...," p. 41.

15. http://www.merriam-webster.com/dictionary/ethics, accessed 25 January 2015.

16. O. C. Ferrell, John Fraedrich, and Linda Ferrell, *Business Ethics* (Boston: Houghton Mifflin, 2009).

17. http://www.youtube.com/watch?v=ZO4YUsAHuLk, accessed 25 January 2015.

18. Gene R. Laczniak and Patrick E. Murphy, *Ethical Marketing Decisions* (Needham Heights, MA: Allyn and Bacon, 1993), p. 3; Gene R. Laczniak and Patrick E. Murphy, *Marketing Ethics: Cases and Readings* (New York: Prentice Hall, 2006).

19. Ferrell et al., *Business Ethics*.

20. Orville C Walker, Gilbert A. Churchill, and Neil M. Ford, "Where DoWe Go from Here: Selected Conceptual and Empirical Issues Concerning the Motivation and Performance of the Industrial Sales Force," in *Critical Issues in Sales Management: Stateof-the-Art and Future Research Needs*, ed. G. Albaum and G. A. Churchill (Eugene, OR: University of Oregon, 1979).

21. Ferrell and Fraedrich, *Business Ethics*, pp. 137–150.

22. http://www.youtube.com/watch?v=Jy0Yf1CAsuQ, accessed 25 January 2015.

23. http://books.google.com/books?id=-4bkRbmd5Q8C&printsec=frontcover&dq=Codesþofþethics&hl=en&sa=X&ei=uloeUZiYFeeBiwLwrYGIDw&ved=0CEcQ6AEwAw, accessed 25 January 2015.

24. http://www.insuranceworkforce.com/designations.html, accessed 25 January 2015.

25. https://www.youtube.com/watch?v=VeA5ae2hkEo, accessed 19 February 2015.

26. Safety at Vail: http://www.vail.com/mountain/mountain-safety.aspx#/YellowJackets, accessed 25 January 2015.

3장
상품과 서비스의 차이

학습 목표

- 상품과 서비스를 구별하는 네 가지 독특한 서비스 특성에 대해 토론한다.
- 무형적 특성 때문에 발생하는 마케팅 문제와 이에 대한 해결책을 이해한다.
- 비분리적 특성 때문에 발생하는 마케팅 문제와 이에 대한 해결책을 이해한다.
- 이질적 특성 때문에 발생하는 마케팅 문제와 이에 대한 해결책을 설명한다.
- 소멸적 특성 때문에 발생하는 마케팅 문제와 이에 대한 해결책을 설명한다.
- 마케팅의 네 가지 특성에 따른 영향을 파악하고, 마케팅과 서비스 조직 내의 다른 기능과의 관계를 생각해본다.

"서비스를 단지
'형태가 없는 상품과 같다.' 라고
정의하는 것은 잘못되었다.
이 논리에 따르면
사과는 단지 사과다움이 없는 오렌지와
같다고 말하는 것이다."

G. Lynn Shostack

서비스가 가진 무형적 특성을 제외하면, 최근까지 서비스와 상품은 동일한 방법으로 마케팅이 가능하다고 인식되어 왔다. 그러나 서비스 마케팅 관리자는 서비스의 무형적 특성 외에도 다른 특성으로 인한 문제를 경험하기 시작했다. 3장에서는 상품과 서비스 간의 근본적인 차이점과 이러한 차이로 인해 발생하는 마케팅 문제점, 이에 대한 해결 방법에 대해 설명할 것이다.

Capricorn Studio/Shutterstock.com

Qatar Airways — 세계 최고의 항공사

Qatar Airways는 오랫동안 세계적인 항공사 중 하나로 인정받아 왔으며 항공 업계 최고의 상을 수상했다. 이 상은 승객 인터뷰와 설문 조사를 기반으로 일등석, 비즈니스 및 이코노미 클래스를 포함한 모든 객실 유형의 고객 경험을 평가하여 수여된다. 1,880만 명이 넘는 승객 인터뷰 결과 Qatar Airways는 체크인 및 탑승 수속, 객실 청결도, 좌석 편안함, 공연 엔터테인먼트, 음식, 음료, 종업원 서비스 등 38가지 주요 서비스 성과 지표에서 높은 만족도를 보였다. Qatar Airways의 서비스를 살펴보면, 고객이 만족할 만한 많은 이유가 있다. 1등석은 6.5피트의 레그룸(legroom)(다리를 뻗을 수 있는 공간), 이불 및 접이식 침대에 내장된 엔터테인먼트 시스템과 마사지 기능을 제공한다. 비즈니스석 승객은 마사지 기능을 갖춘 좌석에서 173도 정도의 각도로 의자를 기울이고, 무료 와인과 샴페인을 마실 수 있다. 신형 보잉 787 항공기는 1-2-1 구성으로 설계되어 터치 스크린이 있는 좌석이 있으며 TV를 시청하는 모든 승객에게 통로를 제공한다. Qatar Airways는 도하(Doha)에 본사를 두고 있으며, 1등석 및 비즈니스석 승객에게 프리미엄 터미널 및 라운지를 제공한다. 9천만 달러가 투자된 Qatar Airways는 신속한 체크인 시설, 면세점, 회의실, 보육 시설, 어린이 놀이 공간, 스파 서비스, 사우나 및 자쿠지, 레스토랑 등의 시설을 갖추고 있다.

최근 창사 20주년을 맞이하여, Qatar Airways는 "맞춤형 최고의 서비스"에서 "세계 최고의 5성급 항공사"로 당사의 세계 일류 순위를 반영하여 마케팅 슬로건을 변경하였다. 총 6개의 일류 항공사 중 하나인 Qatar Airways는 서비스 제공에 있어 최소 800개의 품질 기준을 충족하거나 능가하며, 항공사를 대상으로 한 평가에서 최고품질 등급을 획득했다. 고객의 피드백을 기반으로 한 Best Airline 상과 달리, Skytrax의 전문 심사원이 2~3개월마다 항공사의 평점을 검토하고 조정하여 경쟁자들과의 성과 평가에서 별 등급을 획득할 수 있었다. 이 평가는 세계 정상급 성능 표준을 실시간으로 나타내고 있으며 국제적으로 인정받는 단일화된 스타 등급 시스템이다.

Sources: http://www.worldairlineawards.com and www.qatarairways.com.

3-1 서론

예전에는 서비스 마케팅 분야의 지식을 축적하고 마케팅의 합법적인 하위영역으로서 서비스 마케팅을 진행하는 작업이 매우 느렸다. 실제로 1970년까지 서비스 마케팅은 학문으로 간주되지도 않았다. 그 후 1982년에 미국에서 서비스 마케팅에 대한 첫 번째 국제 회의가 개최되기까지 12년이라는 시간이 더 걸렸다.[1] 그때까지만 해도 많은 사람은 서비스 마케팅이 상품 마케팅과 크게 다르지 않았다고 생각했다. 그러나 시장은 여전히 세분화될 필요가 있었고, 표적시장을 찾아야 했으며, 목표로 삼은 시장의 요구에 부합하는 마케팅 방안을 개발해야 했다. 따라서 상품과 서비스의 차이점을 밝히고 그에 따른 마케팅 방법 및 효과에 대해 많은 논의가 있어 왔다. 상품과 서비스의 차이는 주로 무형성, 불가분성, 이질성 및 소멸성과 같은 서비스의 네 가지 고유한 특성에 기인한다.[2]

서비스는 객체(objects)가 아닌 성과이기 때문에 무형적 성격을 띤다고 한다. 상품(goods)과 같은 방식으로 만지거나 눈으로 볼 수 없기 때문이다. 오히려 서비스는 경험이 주가 되며, 서비스에 대한 소비자의 판단은 객관적이기보다 주관적인 경향이 있다. 다음으로 생산과 소비의 불가분성이란 상품은 먼저 생산되고 판매된 다음 소비되는 반면, 서비스는 먼저 판매된 다음 동시에 생산되고 소비된다는 사실을 의미한다. 예를 들어 Qatar Airways의 승객은 항공권을 구입한 후, 비행기 탑승을 하면서 제공되는 항공사의 기내 서비스를 소비한다.

이질성은 어떤 서비스 거래에서 다음 서비스 거래로 이어질 때 나타날 수 있는 서비스 성과(또는 성능)의 변동 가능성을 나타낸다. 서비스는 사람들에 의해 생산되므로, 변동 가변성은 생산 과정에 내재되어 있을 수밖에 없다. 서비스는 종종 상품과 같이 판매되기 때문에 변동성이 있다고 해서 반드시 제거될 수 없다. 마지막으로, 소멸 가능성은 서비스가 저장될 수 없으며, 사용되지 않는 서비스 용량도 저장될 수 없으며, 서비스 자체는 재고로 쌓이지 않는다는 것을 의미한다.[3] 서비스의 소멸 가능성은 공급과 수요의 균형을 맞추는 것을 매우 어렵게 만든다.

이 장에서는 서비스 마케팅과 제품 마케팅을 차별화하는 네 가지 고유한 특성에 대해 중점적으로 살펴본다. 1장에서 시장의 유형성과 무형성의 구조(scale of market entities)에 의해 기술된 바와 같이, 서비스는 유형 지배적에서 무형 지배적에 이르기까지 연속적으로 여러 곳에 포함되기 때문에, 서비스의 네 가지 특성이 서비스 하위섹터의 마케팅에 미치는 영향의 정도와 그 결과는 다르다.

오늘날 서비스 마케팅 분야는 학술 연구 및 전 세계에서 교육되는 서비스 마케팅 과정을 통해서 발전하고 있다. 한때 상품 마케팅보다 열등하다고 여겨지던 서비스 마케팅은 세계의 저명한 학자들에 의해 마케팅을 지배하는 요인으로 간주되고 있다. 이와 같은 **서비스 지배적 논리**(service-dominant logic)를 받아들이는 마케터는 자신의 주된 역할이 서비스를 제공하는 것이라고 믿는다. 따라서 상품은 단순히 고객에게 서비스를 제공하는 수단일 뿐이라고 생각한다.[4] 예를 들어 BMW의 자동차는 운송 수단을 제공하고, Apple 아이팟은 엔터테인먼트를 제공하며, 24시간 피트니스 클럽의 러닝머신은 운동 수단을 제공한다. 분명히 마케팅 분야에서의 서비스 마케팅의 지위는 초기 단계에 비해 상당히 높아졌으며, 당연히 그럴 수밖에 없다.

3-2 무형성: 모든 차이점의 시작

상품과 비교하여 서비스가 가지고 있는 네 가지 특징 중 하나인 무형성은 다른 세 가지 특성과는 달리 서비스의 근본 원리가 된다. 이것이 무형성을 모든 차이점의 어머니(시작, 모태)로 부르는 이유이다. 1장에서 논의한 것처럼, 서비스는 성과(performance), 행동, 노력으로서 정의되며, 반면에 상품은 물체, 장치, 도구, 그리고 객관성으로 정의된다. 서비스는 **무형성**(intangibility) 때문에 상품과 같은 방식으로 볼 수 없고 만질 수 없으며 맛을 느낄 수도 없다. 예를 들면, 영화 티켓을 구입하는 것과 UGG 부츠 한 켤레를 구입하는 것의 차이점을 들 수 있다. UGG 부츠는 만질 수 있는 상품이기 때문에, 구입하기 전에 이를 객관적으로 평가할 수 있다. 소비자는 신발을 고르고 신발의 재질, 구체적인 스타일과 색깔을 알 수 있으며, 부츠를 신어보고 착화감을 느낄 수도 있다. 구매 후에는 집으로 신발을 가져가 신발의 주인이 될 수 있으며, 형태 있는 물체의 물질적인 소유주가 된다.

이와 비교하여 영화관에서 즐기는 영화 서비스의 구매를 고려해보자. 소비자는 자신의 경험이 부여된 영화 티켓을 예매한다. 영화의 경험은 구체적인 형태가 없기 때문에 주관적으로 평가될 수밖에 없다. 예를 들어 서비스의 소비자는 앞서 경험해보았던 다른 사람이 평가한 서비스 정보에 의존한다. 다른 사람이 제공해주는 정보는 그 사람들의 기대, 인식, 의견을 기본으로 하기 때문에 경험의 가치가 다를 수밖에 없다. 예를 들면, 호러 영화 「마마(Mama)」에 대해 5명의 관객에게 질문을 한다고 해보자. 그들은 "매우 좋았어요."부터 "너무 싫었어요."까지 매우 다른 목소리를 낼 것이다. 영화가 끝나고 난 후 관객들은 자신의 경험을 기억으로 가지고 집으로 돌아와 티켓의 실질적인 소유권을 가진다.

3-2a 무형성에 의해 발생되는 마케팅 문제

서비스는 무형성으로 인하여 형태가 있는 상품을 마케팅할 때와는 달리, 특수한 마케팅 문제에 직면한다. 구체적으로 이러한 도전 과제들은 (1) 서비스 재고 부족, (2) 특허 보호 부족, (3) 목표시장에 서비스 속성의 표시 및 전달과 관련된 어려움, (4) 서비스 가격 책정과 관련된 특수한 문제들로 이루어져 있다. 다음은 이러한 문제를 해결하고 그 영향을 최소화할 수 있는 해결책을 제시한다. 무형성과 관련된 이슈는 〈도표 3-1〉에 요약 설명하고 있다.

서비스 보관의 부족 무형적 특성 때문에 서비스는 보관될 수 없다. 그렇기 때문에 서비스 수요가 많은 기간에도 공급은 완충재(buffers)로 저장될 수 없다. 예를 들어 보자. 의사들은 훗날 사용하기 위해 진료 서비스를 미리 만들거나 저장할 수 없다. 오후 시간에 준비된 영화 좌석은 저녁 시간의 상영을 위해 보관될 수 없다. 그리고 자동차 클럽은 자동차가 몰리는 위험한 시간대에 지원할 긴급출동 서비스를 미리 보관해둘 수 없다. 고객은 모두 원하는 서비스를 받기 위하여 기다려야 하고, 서비스 제공자들은 생산할 수 있는 양에 따라 판매할 수 있는 양이 제한되어 있다. 결과적으로 재고를 쌓아둘 수 없다는 것은 서비스의 지속적인 공급 및 수요 문제로 이어진다. 실제로 이것은 의료 관광의 성장을 주도하는

〈도표 3-1〉 무형성: 마케팅 문제와 해결책

특징	마케팅 과제	해결책
무형성	서비스는 보관(재고화)되지 않는다.	서비스를 형태화하는 단서를 활용한다
	서비스는 특허 보호가 취약하고 쉽게 복제된다.	개별적인 정보 소스를 마케팅에 활용한다.
	서비스는 전시하거나 설명하기가 힘들다.	강렬한 조직 이미지를 만든다.
	서비스는 가격 책정이 어렵다.	활동 기준 원가 산정 방법(activity-based costing approach)을 활용한다.

글로벌 서비스 활동 사례

의료 관광의 증가

의료 관광은 미국 내에서 연간 천억 달러가 넘는 시장을 창출하며 최근 빠르게 성장하고 있다. 해외의 많은 국가에서 의료비 절감, 대체 요법, 짧은 대기 시간 및 특정 전문 분야에서의 전문성 증대와 같은 장점을 제공한다. 의료 관광은 여전히 위험하다고 간주되고 있지만, 의료 관광으로 인기 있는 국가들은 놀라운 혜택을 제공하고 있다. 이들 국가에서는 교육을 잘 받고 영어에 능숙한 종업원이 의료 관광객들에게 서비스를 제공한다.

- 브라질: 미국에 뒤이어 세계에서 두 번째로 큰 성형외과 시장. 저렴한 비용으로 고품질의 서비스를 제공하며 시설이 잘 갖추어진 공인된 병원들이 있다.
- 코스타리카: 짧은 여행 시간(미국에서 7~10시간 소요)으로 저렴하고 수준 높은 의료 서비스 제공. 성형 수술과 치과 수술은 일반적으로 미국 비용의 절반 이하로 받을 수 있다.
- 인도: 국립정책분석센터(National Policy Analysis Center)에 따르면, 모든 해외 국가 중에서도 특히 인도는 JCI 인증 병원, 최첨단 기술 및 잘 훈련된 의사들이 있어 고품질의 건강 서비스를 제공한다고 한다. 또한 인도는 외국 의료 서비스 공급 국가들 중 최저 비용으로 헬스케어 서비스를 제공한다. 그러나 인구 과잉, 빈곤, 환경 및 종교적 문제, 출장 비용으로 인해 인도 의료 관광은 금지될 수도 있다.
- 말레이시아: 매우 저렴한 비용으로 다양한 의료 수술(의료, 미용 및 치과)을 받을 수 있다. 심장우회수술 비용은 미국에서 2만 달러이지만 말레이시아에서는 7천 달러에 불과하다. 또한 여행객들은 말레이시아의 안정된 정치 및 경제 환경, 유리한 환율과 시민의식을 높이 평가한다.
- 파나마: 미국에 비해 40~70%의 수술 비용이 들며, 미국에서 훈련받은 의사에게 진료가 가능하다. 또한 파나마는 미국과 매우 비슷하여 달러화가 공식 통화이다.

Source: **http://www.nuwireinvestor.com.**

주요 요인 중 하나이기도 하다. 일부 국가의 환자는 적시에 의료 서비스(예: 특정 유형의 수술)를 받을 수 없으므로 필요에 따라 의료 서비스가 제공되는 다른 국가로 이동하기도 하며, 경우에 따라 비용을 절감할 수도 있다(**글로벌 서비스 활동 사례** 참조). 이런 서비스 보관의 부족으로 인해 마케팅 담당자는 서비스의 소멸 가능성에 직면하게 된다.

서비스의 특허 보호 결핍 서비스의 무형적 성격 때문에 서비스는 특허를 낼 수 없다. 이것은 서비스에는 특허를 받을 물리적 제품이 없으며, 인적 노동과 노력은 보호되지 않는다는 것을 의미한다. 기업은 가끔 자사의 서비스가 특허를 받았다고 광고한다. 그러나 현실적으로 구체적인 형태가 있는 기계가 포함되어 있는 과정은 특허가 보호되지만, 과정 그 자체는 보호를 받지 못한다. 그러므로 특허 보호의 결핍으로 인해 기존 혹은 새롭게 등장한 서비스가 쉽게 복제될 수 있다. 이 때문에 장기적으로는 경쟁업체와의 차별화된 서비스 우위가 유지되기 어렵다.

서비스는 전시되기도 힘들고 의사소통하기도 어렵다 서비스 마케터가 직면하는 또 다른 특별한 문제는 7장에서 자세하게 다룰 서비스 프로모션이다. 이에 대한 핵심 문제는 '고객이 볼 수 없는 서비스를 어떻게 인지하도록 할 것인가?'이다. Geico, Aflac, State Farm 같은 보험 회사가 직면하는 문제를 확인해보자. 보험은 많은 사람에게 복잡한 상품이다. 고객은 보험을 볼 수도 없고 구매하기 전 미리 샘플링 할 수도 없으며, 우리 중의 대다수는 그 내용을 이해하지도 못한다. 보험은 어마어마한 비용이 들뿐만 아니라 이를 구매함으로써 얻는 이익은 먼 훗날까지도 알 수가 없다. 만약 우리가 보험을 사용하지 않는다면, 우리는 스스로를 행운아라고 여길 것이다. 왜 사람들은 사용하지 않아야 자신이 행운아라고 여기는 보험 제도에 1년 동안 수천 달러를 써야 하는 것일까? 간단히 말하자면 보험은 형태가 없어서 소비자에게 보험의 장점을 설명하는 일이 어렵기 때문에 문제가 된다.

서비스는 가격 책정이 어렵다 일반적으로 유형의 상품 가격은 원가 가산 가격 책정을 기반으로 하여 결정된다. 이것은 상품을 판매하는 회사가 생산 비용을 계산하고 그 금액에 미리 지정된 이익을 추가한다는 것을 의미한다. 서비스의 무형적 특징으로 인하여 서비스는 생산 비용이 정확하게 매겨지지 않기 때문에 가격 책정이 어렵다. 궁극적으로 서비스를 생산하는 데 매겨지는 주요한 생산 비용은 노동 비용이다.

당신이 마케팅 원칙의 분야에 있어서 매우 유능하다고 예를 들어보자. 당신의 전문성을 고려하여 마케팅 과제를 해결하고자 하는 학생들은 당신을 교사로서 고용하고 싶어 할 것이다. 당신은 시간당 얼마를 받아야 할까? 당신의 원가에는 무엇이 포함되어 있을까?

다른 서비스 마케팅 수업의 피드백을 근거로 하여, 학생들은 웃으며 가격 바가지에 참여하고 동료 학생들에게 시간당 달러를 청구할 것이다. 그러나 실제 상황이라면 학생들은 시간당 가치를 환산하는 것이 얼마나 어려운지 알게 될 것이다. 가격 산정에는 과외 교사가 다른 곳에서 일했을 때 얼마를 벌 수 있는지 기회 비용 등과 같은 구체적 사항을 고려해야 한다. 일반적으로 합의된 비용은 다른 과외 교사가 부과한 수수료와 비슷한 가격으로 가격을 결정해야 한다는 것이다. 이러한 산정 방식의 문제점은 이것이 본래 제기되었던 '어떻게 이러한 경쟁력에 근거한 비용이 어떻게 계산되었는가?'의 질문을 해결해주는 것이 아니라는 것이다. 이 가격은 어떤 근거로 결정된 것인가?

3-2b 무형성에 의해 발생되는 문제의 해결책

몇 년 동안 마케터들은 서비스의 무형적 특징에 의해 발생되는 마케팅 문제들을 최소화하고 상쇄하기 위해 많은 전략을 써왔나. 이러한 전략들은 (1) 서비스를 유형화하는 데 도움이 되는 유형적 단서들을 사용하고, (2) 구선 커뮤니케이션을 활용하기 위해 개별적 정보 소스를 확인하거나, (3) 서비스 구매와 관련하여 많은 위험을 줄이기 위해 강렬한 조직 이미지를 생성하는 것 등을 포함한다. 비록 마케터들이 무형성에 의해 야기된 문제들을 완전히 없앨 수 없지만, 이러한 전략들은 많은 문제를 최소화하는 혁신적 해결책을 제공한다.

유형의 단서 활용 서비스가 유형적 속성이 없다는 점을 고려할 때, 서비스는 상품과 다르게 평가된다. 물리적 제품이 없는 경우에 많은 소비자는 서비스 평가를 하는 데 도움이 되는 서비스를 둘러싼 **물리적 증거**(physical evidence) 또는 유형적 단서를 찾는다. **유형의 단서**(tangible clues)는 변호사 사무실에 있는 가구의 질, 은행 종업원들의 외모, 그리고 리노베이션된 경영대학의 건물 디자인 등과 같은 증거를 말한다.

유형의 단서는 서비스를 광고할 때도 종종 사용된다. 예를 들면, 보험 회사의 주요 과제는 소비자에게 광고를 하면서 다른 회사와의 차별점을 30초 이내에 알려야 한다는 것이다. 많은 서비스 회사가 수용하는 전략 중 하나는 광고에서 유형의 단서를 사용하는 것이다. Prudential은 '바위(The Rock)'를 사용하여 "바위같이 굳건한 보호(rock-solid protection)"를 약속한다. Allstate는 '도와주는 손(helping hands)' 또는 'Mayhem'이라는 캐릭터를 보여주고, "당신은 Allstate와 좋은 관계에 있다(You're in good hands with Allstate)"고 약속한다. 그리고 Merrill Lynch는 '불소', Nationwide는 '넓은 담요로 보호'를 약속하고, Kemper는 '기사(calvary)', Travelers Insurance는 '우산', Geico는 '도마뱀붙이(gecko)', Aflac은 '오리', 그리고 Transamerica는 사무실 빌딩을 '피라미드의 파워'로서 형상화하여 촉진한다. 모든 보험 회사가 오랜 시간을 들여 터득한 교훈은, 그들이 판매하는 서비스가 추상적이어서 일반 소비자가 이해하기 어렵다는 것이다. 이 과제에 대한 해답으로서, 서비스를 광고할 때 대중이 쉽게 이해할 수 있고 서비스의 혜택과 직접적으로 관련된 유형의 단서를 제공하는 것이었다. 예를 들어 State Farm의 신조인 "좋은 이웃처럼, State Farm이 여러분의 곁에 있습니다."는 각 고객에게 특정 상담원을 할당하는 회사의 서비스를 설명하여 State Farm과 다른 온라인 경쟁자를 효과적으로 구별하도록 해준다.[5]

Kevin Foy/Alamy

보험 회사나 투자 회사와 같은 서비스 조직들은 회사 마스코트와 같은 유형적 상징을 이용하여 현재 및 잠재 고객에게 서비스를 '유형화'하여 제공한다.

개별적 정보 소스의 활용 서비스를 평가하는 소비자들은 객관적 수단이 부족하기 때문에 종종 친구와 가족 그리고 다른 의견을 가진 다양한 사람의 주관적인 평가에 의존한다. 예를 들어 새로운 마을로 이사를 오게 되면, 소비자는 동료나 이웃에게 물어 가족 주치의를 찾을 것이다. 그러므로 서비스를 구매할 때 소비자에게 정보의 개인적 원천은 비인적 원천인 대중매체(예: TV, 라디오, 인터넷)보다 더 중요하다.

개인적 정보 원천(personal sources of information)은 친구, 가족 및 다른 의견 선도자들로서 소비자들이 서비스에 대한 정보를 수집하기 위해서 사용하는 구전 커뮤니케이션(바이럴 마케팅)을 말한다. 구전 광고 활성화를 위한 전략 중 하나는, 기존 소비자가 자신의 친구들에게 회사 상품을 스스로 알리도록 하기 위해서 기존 소비자들에게 인센티브를 제공하는 것이다. 아파트 단지는 무료로 월 임대료를 제공하는 인센티브를 사용하여 기존 임차인들이 그들의 친구가 빈 아파트를 임대하도록 만든다. 서비스 회사는 때때로 대중매체와 함께 개인적 커뮤니케이션을 동시에 사용한다. 구전 광고를 동시에 진행하는 고객 인터뷰 광고는 매우 효과적이다. 예를 들어 병원은 중요한 수술 이후 완전히 회복되어 정상적인 생활을 하고 행복한 삶을 사는 예전 환자들을 광고에 등장시킨다. 또한, 보험 회사들은 허리케인, 화재, 그리고 지진으로 인하여 피해를 입은 사람들이 가장 필요할 때 보험의 도움을 받아 감사하다는 내용의 광고를 사용한다. 최근에는 호텔이 Twitter와 같은 웹 기반 사회적 네트워크들을 사용하여 고객들에게 서비스를 개인화시키고 있다(**e-서비스 활동 사례** 참조).

강렬한 조직 이미지 만들기 서비스의 무형성 효과를 최소화하기 위해서 사용하는 다른 전략은 강렬한 조직 이미지를 구축하는 것이다. 서비스의 무형성과 객관적인 정보의 부족으로 인하여 서비스 구매와 관련된 지각된 위험의 양은 일반적으로 유형적인 상품보다 더 크다. 이와 같이 높은 위험을 상쇄하기 위해서 서비스 기업들은 강력한 조직 이미지를 개발하는 데 상당한 노력과 시간 및 비용을 지출한다. 잘 알려지고 존경받는 기업 이

e-서비스 활동 사례

참여 유도 콘텐츠로 손님 끌어 들이기

호텔 마케팅은 예약, 고객 충성도 및 브랜드 인지도로 인한 누적된 혜택에 중점을 두어야 한다. 이런 점에서 소셜 마케팅은 직접적으로 고객에게 판매하기보다는 고객 참여를 적극적으로 활용함으로써 간접적인 이익을 창출한다.

호텔 마케팅을 위한 최고의 소셜 미디어 선택에는 훌륭한 블로그 기사, 의미 있는 Facebook 게시물, Youtube이 고품질 스트리밍 비디오, 눈길을 사로 잡는 사진과 독특한 이미지, Twitter의 신랄한 트윗과 같은 독창적이고 매력적인 콘텐츠가 포함된다. 콘텐츠는 잠재 고객이 게시물에 "좋아요"하고, 의견을 달고, 공유하고, 다시 공유하도록 하는 데 핵심 목표를 두고 항상 실질적 가치를 제공해야 한다.

소셜 미디어 전문가는 고객의 마음을 사로 잡고, 고객이 위험을 잊어 버리도록 하기 위해 지속적인 고객 유도가 필요하다고 말한다. 이와 같이 호텔에 권장되는 소셜 콘텐츠 유형 및 혼합 비율은 전문가 사진 12.5%, 아마추어 사진 12.5%, 동영상 25%, 소셜 미디어 메시지 25%, 블로그 기사 25%이다. 각 카테고리 내의 구체적 선택사항은 캠페인의 목표에 따라 달라질 수 있다. 물론 호텔 예약이 진정한 우선 순위이지만, 호텔의 전문성을 부여주는 것과 같은 다른 목표들도 상품의 판매를 유도하는 경로가 될 수 있다. 예를 들어 호텔에서 캐스팅(casting) 또는 트롤(trolling) 기술의 향상 방법에 대한 콘텐츠를 공유한다면, 열정적인 낚시꾼들이 이 호텔을 가장 먼저 선택할 수 있을 것이다.

Source: "Social Media for Hotels: What's the Problem?" *Hotel Marketing*, April 5, 2012, **http://hotelmarketing.com**.

미지는 잠재 고객의 지각된 위험을 낮추며, 어떤 경우에는 서비스를 선택할 때, 개인적 정보의 소스에 대한 의존을 낮추어 주기 때문이다. 한 예로 캘리포니아의 신도시로 이사하는 소비자는 개인적으로 알아보지 않고도 기업의 강렬한 이미지를 기반으로 하여 Chase Bank를 스스로 찾아낼 수 있다. Chase Bank는 이미지 개발 및 후속 브랜드 인지를 통해 소비자가 잘 알지 못하는 소규모 지역은행과 차별화된 우위를 개발했다.[6]

조직 이미지는 일반적으로 시장에서 기업의 포지셔닝 전략의 결과이다. 전형적인 포지셔닝 전략은 가격, 혁신, 서비스, 종업원, 편리성과 같은 측면에서의 리더십을 포함한다. 과거 몇 년 동안에 지속가능성은 해당 기업이 경쟁업체와 차별화할 수 있는 새로운 전략이 되어왔다. 예를 들어 Chipotle Mexican Grill은 지속 가능한 비즈니스를 강조하여 다른 퀵서비스 음식점들(quick service restaurants)과 차별화하여 비디오를 통해 구전이 되도록 하였다. 비록 실제로는 일부 사람만이 Chipotle이 더 좋은 서비스를 제공한다고 느끼고 있지만 말이다(**지속가능성 관련 서비스 활동 사례** 참조).[7]

활동 기준 원가 활용 원재료 소비, 감가 상각 및 노동을 파악하는 전통적 원가 회계 관행은 서비스 관리자가 서비스의 원가 구조를 이해하는 데는 거의 도움이 되지 않는다. 대

지속가능성 관련 서비스 활동 사례

Chipotle Mexican Grill: 정직한 음식?

1993년 콜로라도주 덴버에 설립된 인기 있는 패스트 캐주얼 레스토랑인 Chipotle Mexican Grill은 "정직한 음식(Food with Integrity)"을 바탕으로, "동물, 환경 및 농부에 대한 존경심을 바탕으로 만들어진 최고의 재료를" 고객에게 제공하는 것을 강조하는 것으로 그 이름을 지었다. 신선하고 자연적이며 호르몬이 없고 유기농 재료만 음식에 사용된다. 개방된 부엌에는 냉동실과 전자 레인지 및 통조림 따개가 없다.

현재 연간 매출이 27억 달러 이상 되는 상장 기업인 Chipotle은 브랜드를 알리기 위한 녹색 마케팅 전략에 투자하고 있다. 동물의 윤리적인 대우, 지속 가능한 농업 및 지역 농산물 구매 노력으로 이 회사는 음식의 맛과 양뿐만 아니라 훌륭한 문화로 고객의 충성도를 획득하고자 한다.

최근에는 2012 그래미 어워드에서 텔레비전으로 방영된 다큐멘터리 단편영화에 소개되기도 했다. 영화에서는 운영 방식을 바꾸고 지속 가능한 방식으로 운영하기로 결정한 Chipotle의 공장 농장에 대해 자세히 설명하고 있다. 이 영화에서는 수십 년 동안 고지방/저영양으로 부정적으로 인식되었던 패스트푸드 업계의 이미지를 Chipotle가 새롭게 바꿔 준 것에 대해 찬사하였다.

그러나 이와 같은 녹색 마케팅 추진 또한 비판을 받았다. 수년 동안 Chipotle은 토마토 피커와 다른 근로자의 권리를 위해 더 나은 노동 임금을 지원하는 것을 거부하여 논란의 대상이 되어왔다. 뿐만 아니라 Chipotle에서 사용하는 재료의 개별 성분은 신선하고 건강하지만, 완제품 부리토 1개는 McDonald's에서 두 개의 빅맥을 먹는 것과 같은 1,300칼로리를 포함하는 것으로 밝혀졌다. 그리고 부리토 내의 지방, 콜레스테롤, 탄수화물 및 나트륨 함량은 일일 권장량을 초과한다. 우리는 이것을 통해 Chipotle이 그동안 먼 길을 개척해왔으나, 여전히 아직 갈 길이 멀다는 것을 알 수 있다.

Source: http://ecosalon.com.

신에 최종 제품에 투입된 자원에 초점을 맞춘 **활동 기준 원가 산정**(activity-based costing: ABC) 방법이 사용된다.[8] 전통적으로 대부분의 서비스 회사의 간접비는 고객의 요구 사항을 완료하기 위해 청구된 직접 인건비의 양에 따라 각 프로젝트에 할당되었다. 그러나 이런 방법은 수년 간 프로젝트 관리자를 좌절시켰다.

활동 기준 원가 산정 방법은 조직을 일련의 활동으로 분류하여 자재, 노동 및 기술을 투입하여 결과물을 산출하는 작업으로 구분함으로써 활동 원가에 중점을 둔다. 이러한 작업은 간접비의 "사용자"로 간주되며, 비용의 동인으로 인식된다. 과업당 비용(cost-per-task)의 수치를 얻기 위해서 사용된 회사의 과거 기록들이 다음 프로젝트 완료에 필요한 활동을 기준으로 각 프로젝트에 할당된다. 또한, 전반적인 간접비를 비용 동인에 의한 일련의 활동으로 나누어 비용 절감과 수익성 향상에 집중할 수 있다.

3-3 비분리성: 서비스 관계자의 상호연계

서비스 경험에서 흥미로운 특징 중 하나는 비분리성 개념이다. **비분리성**(inseparability)은 서비스 제공자와, 서비스를 받는 고객 그리고 서비스 경험을 공유하는 다른 고객 사이의 상호연계성을 말한다. 독립된 공장의 생산 과정을 지켜 볼 수 없는 상품과는 달리, 서비스는 서비스 제공자들과 고객이 지속적으로 접촉하며 고객의 실제 존재를 염두에 두고 서비스 운영을 구축해야 한다. 이러한 상호작용을 소비자와 서비스 제공자 사이의 **중요 사건**(critical incident)이라고 하며, 고객 만족과 유지의 관점에서 이익과 손실의 기회가 발생한다.

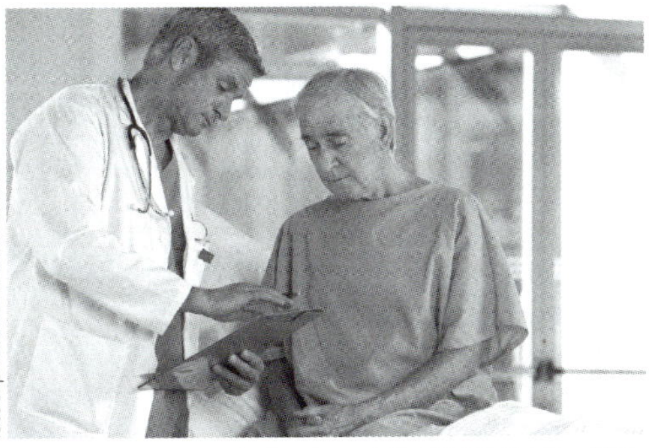
iStockphoto.com/Claudiobaba

실제 고객을 거의 볼 수 없는 상품 제조업체와는 달리, 서비스 제공업체는 종종 고객과 물리적으로 가까운 곳에서 서비스를 제공한다. 이 때문에 서비스는 비분리적 특징을 가진다.

3-3a 비분리성에 의해 발생되는 마케팅 문제

서비스의 비분리성은 마케팅 실무자를 많은 독특한 문제에 직면하게 한다. 첫째, 종종 서비스의 실행은 서비스 제공자의 물리적 존재를 필요로 한다. 결과적으로 서비스 제공업체는 대인관계 기술과 같은 일련의 기술을 필요로 하는 반면, 제조업자는 실제로 고객과 상호작용하지 않아도 된다. 둘째, 서비스 전달 과정에서의 고객 참여는 수많은 과제를 유발할 수 있다. 고객들은 종종 전달될 서비스 유형, 전달 시간 그리고 수요 주기에도 영향을 미친다. 그 결과 고객 참여는 서비스 운영의 전반적 효율성을 저하시킬 수 있다. 셋째, 서비스는 많은 고객 사이에서 경험이 공유될 수 있다. 만약 기존 고객이 다른 사람들의 서비스 경험에

〈도표 3-2〉 비분리성: 마케팅 과제와 해결책

특징	마케팅 과제	해결책
비분리성	서비스 제공자와 서비스의 물리적 연관	전략적 선발과 고객 접촉 훈련
	생산 공정 안에 소비자들의 참여	효과적인 고객 관리
	생산 공정 안에 "다른 소비자들"의 참여	지역적 다각화 개발
	서비스 대량 생산의 과제	

부정적으로 영향을 미친다면 문제가 발생한다. 마지막으로, 비분리성은 서비스를 대량 생산할 때 많은 문제점을 안겨준다. 단일 서비스 제공자는 한정된 양의 서비스만을 생산할 수 있다. 그러나 많은 고객은 특정 기업의 특정 서비스를 사용하기 위해 한 기업으로 한꺼번에 몰릴 수도 있다. 비분리성에 관련된 문제와 잠재적 해결 방안은 〈도표 3-2〉에 제시되었다.

서비스 제공자는 물리적으로 서비스와 연관되어 있다 서비스 제공자들은 서비스를 생산하고 전달하기 위해서 실제로 존재해야 한다. 예를 들어 치과 서비스는 치과의사, 위생사를 필요로 하며, 수술은 집도의, 그리고 카펫 청소와 같은 홈 서비스는 청소 도우미가 있어야 한다.

서비스의 무형성 때문에 서비스 제공자는 고객이 서비스 경험에 대한 평가를 할 때, 고려되는 유형의 단서 중의 하나가 된다. 유형의 단서로서 서비스 제공자들은 말투, 옷, 위생상태, 그리고 의사소통 능력 등에 의해서 평가된다. 많은 회사는 고객을 응대하는 종업원들의 모습이 기업의 전반적 평가에 영향을 끼친다고 평가해왔다. 예를 들어 유니폼을 입거나 종업원의 복장을 회사의 드레스 코드에 맞추거나 하는 것은 서비스 제공자의 전문성을 반영하는 데 필수적이다. 이러한 이유 때문에 레스토랑과 같은 서비스 기업들은 똑똑하고 호감 가는 종업원들을 웨이터, 호스트, 바텐더로 지정하고, 그렇지 않은 종업원들은 고객이 볼 수 없는 주방이나 룸서비스 부서로 배치한다.

서비스 발생을 더욱 복잡하게 만드는 고객과의 대면 상호작용(face-to-face interactions)은 종업원 만족이 중요하다는 것을 알려준다. 의심할 여지 없이, 종업원 만족과 고객 만족은 직접적으로 연계되어 있다. 고객이 눈치챌 수 있을 만큼 회사에 대해 불만을 품고 있는 종업원들은 기업의 성과를 낮출 수밖에 없다. 따라서 서비스 기업 내에서의 종업원 만족은 매우 중요하다. 종업원들이 열악한 대우를 받는 회사에서는 고객도 결코 우선되지 않는다. 종업원은 기업의 내부 고객으로 간주되고 대우받아야 된다. 이러한 문제에 대한 내용은 9장에서 더 자세히 다루어진다.

생산 프로세스 안에 고객이 참여한다 비분리성의 두 번째 특징은 생산 프로세스 안에 고객이 참여한다는 것이다. 생산 프로세스 안의 고객의 참여는 (1) 치과, 미용실, 수술 등과 같은 유형적인 서비스 내에서 고객이 계속해서 참여하거나, (2) 드라이 클리닝, 자동차 수리와 같이 시작과 끝에만 고객들이 참여하는 경우도 있고, (3) 사이버 대학 수업 참여와 같이 고객이 비물리적으로 참여하는 등 다양하게 이루어진다. 각각의 시나리오는 다양한 수준의 고객 접촉을 반영하여 고객 계층에 따라 서비스 제공 시스템이 다르게 디자인되어야 한다.

그렇다면 고객 참여가 왜 문제가 되는 것일까? 만약 고객 접촉이 증가하면 운영의 효율성은 감소하게 된다. 더 구체적으로 고객은 원하는 서비스 유형, 서비스 시간 및 수요 주기에 직접적으로 영향을 미친다. 따라서 효율적인 운영 절차와 고객 욕구의 균형을 시도하는 것은 매우 중요하게 다루어져야 한다.

수요 주기와 관련하여 만약 고객들이 주로 아침, 점심, 저녁 시간대에 레스토랑에서 식사를 하지 않고 하루 종일 음식에 대한 수요를 갖도록 한다면 더욱 효율적일 수 있다. McDonald's의 시니어 종업원은 "만약 고객이 동시에 오지 않는다면 그들은 더 훌륭한 서비스를 받을 수 있을 것"이라고 말한다. 고객이 필요한 서비스를 개별적으로 지정하는 것도 더 복잡한 고려 사항을 만든다. 특히 이것은 대기하는 응급실 환자들을 대응하는 의료 종사자들을 힘들게 만든다. 모든 환자는 서로 다른 욕구를 가지고 있으며, 어떤 환자는 다른 환자보다 더욱 긴급하기도 하고 또 언제 다음 환자가 들어올지 아무도 알지 못한다. 분명한 것은, 이런 상황은 기다리는 환자나 "덜 긴급한" 환자 모두에게 실망을 줄 수 있다는 것이다. 마지막으로, 모든 고객이 똑같은 욕구를 가지고 있다고 할지라도 어떤 고객은 다른 고객보다 더 많은 관심을 바라며 더 많은 질문을 하는데, 그것은 서비스 시간의 길이에 영향을 미친다. 이런 이유 때문에 고정된 스케줄은 지연이 일어나기 쉽다. 우리는 이 자료를 통해 왜 의사의 진료가 정해진 약속시간에 시작되지 않는지를 알 수 있다.[9] 코미디언 Jerry Seinfeld는 전통적으로 의사 사무실이 뒷쪽에 있는 이유를 재미있고 유쾌한 비디오로 설명했다.[10]

서비스 제공자와 고객의 상호작용을 통해 고객은 종종 서비스 생산 프로세스에 참여한다. 때때로 고객은 서비스 접점에서 서비스를 완료하는 데 중요한 역할을 한다. 예를 들어 환자는 의사에게 아픈 증상을 올바르게 표현해야 증상에 맞는 약 처방을 받을 수 있다. 뿐만 아니라 환자는 사전에 설명된 약을 정확한 방법으로 복용해야 한다. 즉 고객(환자)은 서비스 생산 프로세스에 중요한 역할을 하고, 생산 프로세스의 결과에 직접적으로 영향을 미친다. 복용 방법을 따르지 않은 환자는 서비스 실패를 경험하게 될 것이다.

소비자의 서비스 프로세스 참여와 직접 관련된 마지막 문제는, 서비스 장소에 출현하는 소비자이다. 레스토랑, 병원, 박물관 및 대학 등과 같은 서비스 장소는 소비자의 방문을 염두에 두고 지어야 한다. 따라서 서비스 장소는 서비스를 제공하는 곳뿐만 아니라, 서비스 품질에 대한 고객 지각의 형성에 중요한 유형의 단서가 된다. 8장에서는 이와 같은 서비스 장소의 디자인과 관리에 대해 다루어진다.

생산 프로세스에 다른 고객이 참여한다 비분리성의 세 번째 특성은 바로 서비스 접점 동안에 **다른 고객들**(other customers)이 참여한다는 것이다. 생산과 소비가 동시에 이루어짐에 따라 몇몇의 고객들은 비슷한 서비스 경험을 공유할 수 있다. 이때 "공유 경험(shared experience)"은 부정적일 수도 긍정적일 수도 있다. 만약 다른 고객들이 부정적인 관점에서 생산 프로세스에 참여하게 되면 서비스를 판매하는 것이 다소 어려워진다. 레스토랑 내에서 흡연자가 비흡연자의 공간까지 침해하거나 조용히 저녁을 먹고 싶은 성인 커플과 아이 동반 가족이 같은 공간에서 식사를 하는 것, 술에 취한 고객이 다른 고객에게 폐를 끼치는 것, 커플의 말다툼이 통로로 새어 나오는 것 등은 이런 부정적 사건의 사례를 보여주는 것이다. 따라서 서비스 관리자는 하나의 서비스 환경에서 서로 상이한 다양한 욕구를 효과적으로 관리해야 한다. 기내에서 핸드폰의 사용을 허용하는 것도 또 하나의 예가 될 수 있다. 어떤 승객들은 이와 같은 추가 서비스에 대해 굉장히 긍정적인 반응을 보이지만, 다른 승객들은 이 서비스가 소음 공해를 유발할 수 있다고 생각하고 굉장히 불쾌해 할 것이다.[11]

다른 고객들의 영향이 언제나 부정적인 것만은 아니다. 긍정적인 면에서 살펴보면, 극장 안에서 웃거나 무서워서 소리를 지르는 청중의 리액션은 영화를 실감나게 만들어준다. 비슷한 경우로, 붐비는 호프집에서 퀴즈 대회를 개최했을 때, 고객들은 팀을 구성해 경쟁하여 사회적 상호작용의 기회를 서로 촉진시킬 수 있다. 사회적 존재인 인간은 다른 사람과 함께 있을 때, 그 장소를 비즈니스의 장소로 생각하고 더욱 편하게 느끼는 경향이 있다. 실제로 주변에 다른 고객이 없을 경우, 고객의 서비스 경험이 덜 만족스러울 수 있다는 것이다. 만약 레스토랑에서 식사할 기회가 주어진다면 당신은 주차장이 비어있는 곳을 선택하겠는가, 도로 끝까지 차가 가득 찬 레스토랑을 선택하겠는가?

서비스 대량 생산의 과제 서비스의 비분리성에 의해서 생기는 마지막 과제는 어떻게 서비스를 대량 생산할 것 인가이다. 대량 생산과 관련된 문제는 두 가지 측면으로 구분된다. 첫째, 생산되는 서비스는 직접적으로 서비스 제공자와 연결되기 때문에, 개별 서비스 제공자는 한정된 서비스만 제공할 수 있다. 따라서 '많은 서비스 수요의 욕구에 대응하기 위해, 어떻게 서비스 제품을 충분히 생산할 수 있는가?'가 문제가 될 수 있다. 두 번째 문제는 어떤 고객은 서비스 생산 과정에 직접 참여해야 된다는 점이다. 특정 서비스에 관심이 있는 고객은 서비스 제공 장소로 이동해야만 한다. 만약 스포츠 광팬이 사막에서 눈 스키를 체험하고자 하는 경우, 1장에서 설명한 것처럼, 그는 Ski Dubai의 경이로움을 체험하기 위해서 중동으로 직접 여행을 해야 한다.

3-3b 비분리성 문제의 해결책

서비스 무형성을 해결한 것과 같이, 마케팅 전문가들은 비분리성에 의해 초래되는 문제를 상쇄 혹은 최소화하기 위해 많은 전략을 개발해왔다. 이 전략은 (1) 적절한 종업원을 적재적소에 배치하기 위한 전략적 선발과 고객 대응 훈련, (2) 동일한 서비스 경험을 공유하는 모든 소비자에 대해 긍정적인 서비스 접점을 촉진할 수 있는 소비자 경영 전략의 구현, (3) 비분리성에 의해 초래되는 대량 생산의 문제점을 상쇄하기 위한 복수 판매 지역의 사용의 세 가지로 구성되어 있다.

전략적 선발과 고객 접촉 훈련 고객 접촉 담당자는 단순 상품이 아니라 살아있는 인간이기 때문에, 서비스 과정에 있어 통제되지 않는 분산된 행동을 보여준다. 게다가 담당자들의 행동 및 감정은 고객에게 보이기 때문에 서비스 경험에 영향을 끼칠 수 있다. 우울하거나 행복해보이지 않는 종업원은 고객과 동료 종업원 모두에게 영향을 미칠 수 있다. 반대로 밝고 열정이 가득한 종업원은 마주치는 모든 사람에게 기분 좋은 서비스를 제공한다.[12]

훌륭한 커뮤니케이션 능력과 대인관계 능력은 고객과의 상호작용에서 빈도와 깊이를 결정하고, 서비스 종업원을 선발하는 중요한 요인이다. 또한 서비스 종업원을 훈련시킬 수 있도록 그 일에 종사했던 훈련 담당자도 필요할 것이다. UPS의 예를 통해 훈련의 필요성에 대해 살펴보자. UPS는 220개 국가에 있는 610만 명의 고객에게, 하루에 1천5백만 개 이상의 수화물을 발송한다. 따라서 종업원을 고용하고 훈련하고 보상하는 일련의 활동이 고객의 서비스와 직결되어 있다. UPS는 종업원이 기업에 대한 신뢰와 서로 간의 팀워크를 형성하고, 애사심을 배양하게끔 하는 것이 회사의 미션이라고 믿는다. 따라서 UPS는 일 년에 수백만 달러가 넘는 훈련 비용을 투자하고, 풀타임 운전자에게 한 해 7만4천 달러 이상을 지불하며, 종업원들로부터 서비스 개선을 위한 제안을 받는다.[13]

신입 종업원들은 종종 이런 훈련을 거의 받지 못한 채로 고객을 마주하게 된다. 이로 인해 고객의 불만 중 '충분히 준비되지 않은 종업원의 행동과 언어'에 대한 불만이 대부분이라는 사실은 놀라운 일이 아니다. 심지어 종업원이 훈련을 받았더라도, 훈련의 내용은 종종 핵심을 벗어날 수 있다. 서비스 품질에 대한 비평가들은 비즈니스 관련 기술을 개발할 때, 일정한 형식의 '로봇식' 반응에 초점을 두지만, 다양한 유형의 고객을 다루는 것을 중요하게 생각하고 있지는 않다. 서비스 전문가들은 종업원들이 신뢰성, 책임감, 공감능력, 확신 등과 같이 '소프트' 관리 기술과 서비스를 둘러싼 유형의 요소를 관리하는 훈련을 받아야 한다고 강조한다.

효과적인 고객 관리 비분리성에 의해 초래되는 문제는 효과적인 고객 관리를 통해 최소화될 수 있다. 즉 **고객 관리**(consumer management)의 목적은 고객들 간 영향을 미칠 수 있는 부정적 측면을 최소화하고 긍정적 측면을 최대화하는 것이다. 비흡연자와 흡연자를 분리하는 것은 다른 고객에게 주는 부정적 영향을 최소화시킬 수 있다. 환자가 도착하기 전에 환자의 보험 서류나 사무적 절차에 대한 양식과 정보를 환자에게 미리 보내는 것은 서비스 대기 시간을 관리하는 데 도움이 된다. 레스토랑 예약 시스템은 고객이 과도하게 이용하는 것을 방지해 수요를 적정하게 조절할 수 있다. 배송 서비스 제공은 서비스가 고객이 원하는 장소에서도 이용 가능하게 함으로써 기업 운영 효율을 증대시키고 서비스의 제공 속도를 향상시킬 수 있다.

다른 고객의 긍정적 영향을 최대화하는 것도 가능하다. 수업 참여를 장려한다면 모든 사람은 수업을 더 즐겁게 느낄 것이다. 만약 고객들이 서로 이야기하면서 대기한다면, 혼자 대기하는 것보다 훨씬 즐거운 시간이 될 수 있다. 서비스 고객 관리는 10장 '전략으로서의 사람: 서비스 고객 관리'에서 자세하게 다룬다.

복수의 판매 지역 개발 서비스 회사는 복수의 지역에서 서비스를 동시에 제공함으로써 중앙 집중식 대량 생산과 관련하여 비분리성의 영향을 상쇄할 수 있다. 대표적인 예로는 H&R BLOCK 회계 서비스, Hyatt 법률 서비스, Marriot 호텔, 그리고 무수한 은행과 보험 회사들이 있다. **복수 판매 지역**(multisite locations)은 기본적으로 두 가지 목표를 갖고 있다. 첫째, 소비자는 생산 과정에 참여하므로 복수 판매 지역은 소비자들이 서비스를 구매하기 위해 이동하는 거리를 줄여준다. 둘째, 지역마다 각각의 서비스 제공자들은 그들의 지역시장에 맞게 서비스를 공급할 수 있다. 결국 복수 판매 지역은 **현지 공장**(factories in the field)과 같은 역할을 한다. 복수의 지역에서 판매가 되지 않았다면, 법률서비스를 받으려는 고객은 변호사들이 모여 있는 특정한 곳으로 가야 할 것이다. 현실적으로 불가능한 일이다.

그렇지만 복수 판매 지역을 운영하는 것은 좋은 점만 있는 것이 아니다. 각각의 판매시장은 각기 다른 성격과 기술을 보유한 서비스 제공자에 의해 운영된다. 예를 들어 H&R BLOCK의 세금 대리인은 설립자인 Henry Block과는 다른 성격과 능력을 가지고 있다.[14] 이러한 차이는 표준화된 상품을 제공하여 일관된 기업 이미지를 유지하기 위해 노력하는 서비스 기업에게는 문제가 될 수 있다. 서비스는 지역별로, 제공자별로 다르게 제공되기 때문에 다음 장의 주제인 이질성이라는 독특한 특징을 갖는다.

3-4 이질성: 서비스 제공의 가변성

상품과 서비스에 있어 가장 큰 차이점은 서비스의 **이질성**(heterogeneity)이다. 서비스는 실시간으로 발생하고, 종종 소비자는 물리적으로 서비스가 제공되는 장소에 함께 있기 때문에, 서비스 프로세스에 문제가 생겨 사전에 품질 통제 측정을 실행하는 것은 너무 늦다. 만약 호텔에서 숙박 기간 동안 문제가 발생하면 고객의 숙박 경험에 반드시 영향을 미칠 것이다. 관리자는 고객에게 일단 호텔에서 나가 문제가 해결된 이후에 호텔에 재방문하여 처음부터 다시 시작할 것을 요구할 수 없다. 더군다나 고객(또는 본래 고객과 함께 서비스 경험을 공유하는 다른 고객들) 또한 품질 문제의 요인이 될 수 있다. 최근에 "술에 취한 여성(rum-soaked women)이 조종실에 난입하여 육지에 강제 착륙을 시도하다."의 기사를 살펴보면, 서비스 문제가 항상 서비스 제공자로 인해 발생하지는 않는다는 것을 충분히 알 수 있다.[15]

서비스의 이질성으로 인해, 진행 중인 서비스는 100% 완벽한 품질로 운영이 불가능하다. 제조업 운영 또한 비슷한 문제가 발생하지만, 제조업자는 이후 같은 단계에서 실수를 하지 않기 위해 문제점을 확인하고 시간을 들여 해결한다. 반대로, 서비스 운영의 오류는 한 번에 발생한다. 손님의 무릎에 음식 그릇을 떨어뜨린 웨이터는 그 일을 미리 예측할 수도 고칠 수도 없는 서비스 실패를 만든다.

이질성이 당면한 또 다른 문제는, 기업 간 혹은 기업 내의 종업원들, 동종 직무 담당자와 상호작용을 할 때도 일관성이 유지되지 않는다는 것이다. 예를 들어 몇몇 McDonald's 프랜차이즈에서는 유쾌하며 밝은 종업원들이 있지만, 다른 McDonald's 프랜차이즈는 그렇지 않을 수 있다.

3-4a 이질성에 의해 초래되는 마케팅 과제

이질성에 의해 초래되는 주요한 문제는 서비스의 표준화와 품질 통제를 달성하기 어렵다는 것이다. 왜 그럴까? 앞에서 논의되었듯이, 우리는 서비스 제공자가 서비스를 제공하기 위해서 존재해야만 한다는 사실을 알고 있다. 금융기관과 같은 기업들은 다수의 일선 서비스 제공자들을 고용하고 있다. 각 종업원은 상이한 개성을 갖고 있으며, 각각의 방식으로 고객들과 상호작용한다. 게다가 각 종업원들은 다양한 요인 및 기분에 따라 하루하루 다르게 행동한다. 예를 들어 식당에서 일하는 많은 종업원은 고객과의 상호작용의 질이 테이블마다 다르다는 것을 인정한다. 호텔 데스크 종업원, 항공예약담당자, 그리고 B2B 서비스 종업원도 비슷한 대답을 할 것이다.

이질성에 의해 초래되는 마케팅 문제들은 특히 심각하다. 회사는 세계 최고의 서비스를 만들어낼 수 있지만, 만약 일하는 종업원의 기분이 좋지 않다면, 고객에게 반대로 영향

<도표 3-3> 이질성: 마케팅 과제와 해결책

특징	마케팅 과제	해결책
이질성	서비스 표준화와 품질의 통제가 어렵다.	고객화 전략의 추구
		표준화 전략의 추구

을 미칠 수 있다. 결과적으로, 기업은 고객에게 제대로 서비스할 기회를 전혀 갖지 못하게 될 수 있다. McDonald's의 예로 돌아가보자. 프랜차이즈 가맹점은 "입증된 제품"을 팔 권리를 갖기 위해 본사에 100만 달러를 지불한다. 그러나 각 프랜차이즈 가맹점의 성공의 비결은 고객과 상호작용하고 계산대를 담당하는 16세의 아이들이다. 본사에 100만 달러를 지불하고서는, 사업의 명운을 카운터의 "아이"에 맡겨야 하는 가맹점의 사장이, 밤에 잠을 잘 자는 모습을 상상할 수 있는가?

3-4b 이질성에 의해 초래되는 과제의 해결책

이질성에 의해 초래되는 두 가지 문제는 서로 완전히 반대의 성격으로 해결될 수 있다. 첫째로, 고객화 서비스를 제공함으로써 서비스의 이질적인 특성을 이용한다. 이 경우 소비자의 개인적 욕구에 맞추어 서비스가 제공되어야 한다. 두 번째는 모든 소비자가 반드시 같은 형태와 수준의 서비스를 받을 수 있는 표준화된 서비스 시스템을 개발하는 것이다. 이러한 반대되는 전략 각각은 서로 다른 장점과 단점이 있다.

고객화 전략의 추구 이질성에 의한 초래되는 문제의 해결책은 각 서비스 접점과 서비스 고객화의 고유한 변화를 활용하는 것이다. **고객화**(customization)는 각 고객의 개인적 욕구를 충족하는 서비스를 개발하는 것이다. 상품의 생산자는 일반적으로 고객과 분리된 환경에서 상품을 제조한다. 따라서 대량 생산 제품은 고객의 개인적 욕구를 충족시키지 못한다. 그러나 서비스는 고객과 서비스 제공자 모두가 과정에 포함되기 때문에, 고객의 특별한 지시에 근거하여 서비스를 고객화하기 쉽다.

또한 고객화 서비스와 관련된 트레이드오프(trade-off)가 있다는 것을 주의해야 한다. 한편 만약 모든 것이 고객의 지시 사항에 의해 정확하게 제공된다면, 고객의 특정한 욕구가 충족되는 순간 고객의 서비스는 끝난다. 그러나 서비스는 생산되는 데 오랜 시간이 걸리며, 많은 비용이 든다. 따라서 고객화 전략을 추구하는 것은 서비스 제공자가 잠재적으로 높은 수익을 낼 수 있는 높은 소매 가격을 청구할 수 있도록 도와준다. 고객화 전략을 추구하는 제공자는 대량 생산이나 초과 생산 전략을 통해 수익을 얻는 전략과는 달리, 개별 고객당 수익 마진에 초점을 맞춘다.

반면, 고객화 서비스의 단점은 다음의 세 가지가 있다. 첫째, 고객은 고객화된 서비스로 인해 높은 가격을 지불해야 하는 것을 마음에 들어 하지 않을 수 있다. 두 번째, 서비스 배달 속도가 문제가 될 수 있다. 고객화 서비스는 제작 및 배달에 추가 시간이 필요한데, 고객은 기다리고 싶지 않을 수 있다. 마지막으로, 고객은 고객화 서비스와 관련하여 불확실성을 바라지 않는다. 고객화 서비스는 각각 다를 수밖에 없기 때문에, 고객은 마지막 제품이 배달되기 전까지 그 서비스에 대해 확신할 수 없다. 이와 같은 이유에도 불구하고, 왜 고객들은 표준화된 서비스보다 고객화 서비스를 선택하는가? 언뜻 보면 대부분은 고객화 서비스를 선택하는 것처럼 보이나, 정답은 "상황에 따라 다르다."이다. 만약 가격, 배달 속도, 성과의 일관성에서 문제가 발생한다면, 고객은 아마 표준화 서비스를 더 좋아할 것이다.

표준화 전략의 추구 서비스 표준화는 이질성에 의해 초래되는 문제를 해결하는 두 번째 방법이다. **표준화**(standardization)의 목표는 한 거래에서 다음 거래까지 일관된 서비스 제품을 생산하는 것이다. 서비스 회사는 서비스 제공자들을 철저하게 훈련시켜 서비스를 표준화할 수 있다. 훈련은 분명 성과의 극적인 변화를 감소시킬 수 있다. 그러나 만약 전 세계적으로 동일한 훈련을 함께해도, 종업원들은 결국 한 거래에서 다음 거래까지 계속해서 변화할 것이다. 이를 해결할 수 있는 유일한 방법은 인간의 노동을 기계로 대체하는 것이다.

금융기관의 현금인출기(automatic teller machine: ATM), 자동 세차 서비스, 그리고 항공 티켓 예약, 호텔 예약, 디지털 음악 파일과 같은 웹 기반 서비스는 소비자의 편리 지향적 욕구에 대응하는 표준화 서비스의 주요 사례이다. 은행 서비스를 위해 ATM을 사용할 때, 형식적인 일련의 자동 응답에 대답하고 소비자의 요청에 따라 서비스가 제공된다. 이 시스템의 유형은 주문과 서비스 과정 동안 품질 변화와 고객 접촉의 수를 최소화한다.

표준화 서비스의 장점은 낮은 소비자 가격과 성과의 일관성, 신속한 서비스 배달 등을 들 수 있다. 그러나 몇몇 소비자 그룹은 회사가 개인 고객의 욕구에 관심이 없고 고객으로부터 스스로 거리를 두려고 하기 때문에 표준화 서비스가 발생된 것이라고 믿는다. 특히 기업이 자동 전화 서비스와 같은 기계로 인간 노동을 점점 더 대체함에 따라 고객과의 거리감이 문제가 된다. "당신의 전화는 우리에게 매우 소중합니다."라는 자동 응답기 메시지를 믿는 사람이 있을까? 많은 사례에서 볼 수 있듯이 고객들은 자동 전화 메시지의 불충분한 메뉴 선택과 음성 인식 소프트웨어 사용이 강요될 때 해당 서비스에 대해 점점 더 실망하게 된다.[16] 물론 표준화와 고객화가 서로 배타적인 것만은 아니며, 이거 아니면 저거라는 흑백논리를 제시하지는 않는다. 특히 여행과 관광회사 같은 회사는 표준화된 핵심 상품을 기본으로 제공하고, 마지막 선택에서 준고객화하는 옵션을 고객들에게 제공한다. 예를 들어 Travelocity에서 항공권을 예약할 때, 고객은 자신의 필요에 맞게 목적지, 여행 날짜, 여행 시간, 장소 선택 및 호텔, 렌트카, 숙박시설을 예약한다.

3-5 소멸성: 공급과 수요 조절

서비스가 상품과 구별될 수 있는 네 번째 특징은 바로 소멸성이다. **소멸성**(perishability)은 서비스가 저장되지 않고 미사용된 서비스를 남겨둘 수 없으며, 재고로 보관하는 것이 불가능한 특성이다. 나중에 판매하고 저장할 수 있는 상품과 다르게, 서비스는 판매 당시에 존재하지 않는다면 제공될 수 없다. 예를 들어 저녁 내내 비어 있었던 Marriott 호텔 객실은 저장하거나 나중에 팔 수 없다. 또한 판매되지 않은 Singapore 항공사의 비행기 좌석은 보관이 불가능하고, 비행기 좌석이 부족한 휴가 시즌에 추가하여 판매하는 것이 불가능하다. 그리고 치과의사, 변호사, 헤어디자이너와 같은 서비스 제공자들은 비어 있는 고객 예약 명단에서 잃은 시간을 되찾을 수 없다.

마케팅 서비스에서 재고가 불가능하다는 점은 엄청난 어려움을 초래한다. 유형의 상품과 관련해, 재고를 저장할 수 있다는 것은 상품의 생산과 소비가 시공간에서 구분될 수 있음을 의미한다. 다시 말해 아시아의 한 인근에서 생성된 상품은 전 세계에서 판매될 수 있다는 것이다. 동일한 맥락에서 상품은 1월에 생산하여 6월까지 유통 경로로 방출되지 않을 수 있다. 반대로 대부분 서비스는 생산 시점에서 소비된다. 예를 들면, 교육은 생산될 때 바로 소비되며, 정신의학 서비스, 종교 서비스 및 다른 주요한 서비스 상품도 마찬가지이다.

재고의 존재는 또한 상품을 생산하는 조직에서의 품질 통제를 촉진한다. 통계 샘플링은 창고 재고에서 불특정 아이템을 선택하여 테스트 하는 등으로 사용될 수 있다. 이와 같은 프로세스에서 최종시장 진출 전 상품의 품질 이상을 최소화시킨다. 다시 말해, 서비스는 상품과 달리 고객에게 제공하기 전에 품질 관리 목적을 위한 통계적 샘플링을 수행할 수 없다. 품질 통제 시스템은 경영자에게 수치로 표시되는 계량적 목표를 제공한다. 그러므로 P&G(Procter & Gamble)가 동일한 Tide 세탁 세제의 패키지를 무수히 많이 생산하는 것이 가능하다. 반대로 호텔의 객실을 예약할 때, 당신은 편안한 야간 수면에 영향을 줄 수 있는 다양한 요인에 직면할 수 있다. 에어컨, 수도 시설, 시끄러운 이웃 등의 요소가 호텔에서의 고객 경험이 된다.

끝으로, 상품을 생산하는 기업에서 재고 조사는 마케팅과 생산 부서를 분리하는 기능을 수행한다. 많은 회사에서 유형적인 상품은 부서 간 이전 가격(transfer price)으로 판매된다. 회사의 두 부서는 품질과 수량에 대한 계약을 체결하고 있으며, 한번 이 계약이 처리되면 각각의 부서는 상대적으로 다른 부서와 독립적으로 일하는 것이 가능해진다. 그러나 서비스 기업에서 서비스 상품은 재고 보유가 불가능하기 때문에 마케팅 부서와 운영 부서는 끊임 없이 상호작용을 해야 한다.[17]

3-5a 소멸성에 의해 초래되는 마케팅 과제

재고 없이 수요와 공급을 조절하는 것은 대부분 서비스 기업의 주요한 과제이다. 사실 서비스에 대한 소비자 수요를 예측할 수 없기 때문에, 공급과 수요가 완벽하게 일치하는 일은 매우 어렵다. 예를 들어 식료품 가게의 매니저가 계산원들의 스케줄 표를 만든다고 가정해보자. 만약 가게의 수요가 증가할 시간을 예상할 수 있더라도, 예측된 수요는 15분 간격 내에서 폭넓게 변동될 수 있다. 놀이동산이나 스키 리조트, 병원 응급 병실의 수요를

〈도표 3-4〉 소멸성: 마케팅 과제와 해결책

특징	마케팅 과제	해결책(수요)	해결책(공급)
소멸성	가능한 공급을 초과하는 수요	수요를 완화하기 위해 창의적인 가격 전략을 활용	서비스 공급을 증가시키기 위해 파트타임 종업원을 활용
	수요가 최적의 공급 상태를 초과	예약 시스템을 활용	다른 서비스 제공자와 수용력 공유
	최적의 공급 수준보다 낮은 수요	수요를 무료 서비스로 옮김	확장에 대한 사전 준비
		비수기 기간의 효과적인 사용	제3자의 활용
			소비자 참여도 증진

예측해보라. 수요는 "짐작으로 추정"할 수는 있지만 좀처럼 정확하지는 않다. 즉 특정 시간의 서비스에 대한 소비자 수요는 명확히 예측할 수 없는 것이다. 재고 없이 서비스를 제공해야 하는 서비스 제공자는 수요와 공급의 계획이 필요하다. 반대로 상품 제조업자는 재고관리를 통해 수요 공급 계획을 더 쉽게 세울 수 있다. 소멸성에 대한 문제는 〈도표 3-4〉에서 설명된다.

공급을 초과하는 수요 만약 소비자의 수요가 회사의 공급 능력을 초과한다면, 소비자를 오랫동안 기다리게 해서 불만을 초래할 수 있으며, 많은 경우에는 고객을 불행하게 한다. 기다리는 시간이 소비자들의 예상보다 길어질 경우, 기업은 소비자를 잃을 수도 있다. 아이러니하게도 만약 소비자의 수요가 꾸준히 초과되는 경우, 소비자들은 호기심에 회사를 후원할 수도 있고 "우리가 드디어 쇼를 보게 되었어!!"라고 그들의 특별한 경험을 자랑할 수도 있다.

수요가 최적의 공급 능력을 초과 만약 수요가 공급을 초과하는 상황보다 더 나쁜 상황은 수요가 최적의 공급 능력을 초과하는 것이다. 고객 서비스 요청을 수용함으로써(예: 번잡한 레스토랑에 예약을 하는 것) 회사는 서비스를 요청한 고객의 수와는 상관없이, 항상 제공하였던 서비스의 수준을 제공하겠다는 약속을 임무적으로 한다. 예를 들어 항공사는 실제 판매되는 티켓 수와는 상관없이 똑같은 수의 승무원을 채용, 배치하는 것처럼 보인다. 그러나 수요가 적정 수준을 초과하게 되면 제공되는 서비스는 평균적으로 나빠지게 된다. 그 결과, 서비스의 품질이 소비자들의 기대에 미치지 못하게 되고 소비자의 불만족과 부정적인 후기가 발생하게 된다.

수요가 적정 공급 수준을 초과하게 될 때, 회사는 추가 사업의 유혹에 빠져들게 된다. 그러나 많은 경우에, 수요가 초과된다면 회사의 인력 및 운영은 효과적으로 관리되지 못한다. 예를 들어 조경사가 단시간 내에 많은 고소득 소비자에게 높은 수준의 서비스를 제공한다고 가정하자. 조경사에 대한 소문이 다른 잠재 고객에게 전파됨에 따라, 해당 조경사의 수요가 극적으로 증가하게 된다. 조경사는 새로운 장비와 인력을 갖추어 신규 고객에게 서비스를 제공하게 되지만, 자신의 사업에서 제공되는 서비스 품질에 대한 통제력을 잃어 가게 된다. 원래 신규 인력은 기존 서비스와 동일한 수준으로 제공될 수 없기 때문이다. 시간이 지나면서 조경사들은 그들의 오랜 단골고객뿐만 아니라 새로운 잠재 고객까지 잃어버리게 될 수도 있다. 이러한 사례는 서비스의 특징인 소멸성, 비분리성, 그리고 이질성이 서비스 제공자에게 힘든 도전 과제가 될 수 있다는 것을 보여주는 것이다.

최적의 공급 수준보다 낮은 수요 전술한 것처럼, 특정 시간에 필요한 상점의 계산원 인력을 정확하게 제공하는 것은 대부분의 매장 관리자에게 어려운 과제이다. 한 가지 해결책이 될 수 있는 것은 각각의 모든 라인에 상근 종업원을 고용, 배치하는 것인데 그러나 이 전략은 회사 내 자원 배치에 있어서 효과적이지 않은 결과를 낳을 수도 있다. 최적의 수용력보다 실제 수요가 낮은 때에는 자원들은 사용되지 않고(예: 계산원이 할 일 없이 돌아다니는 경우) 운영비용은 불필요하게 소모된다.

수요와 공급이 최적의 수준에 도달할 때 가장 좋은 시나리오는 수요와 공급이 일치하는 것이다. 이 시나리오는 고객이 긴 대기선에서 기다릴 필요도 없고, 모든 종업원이 최적의 능력을 발휘할 수 있는 상황이다. 그러나 서비스는 저장되지 않기 때문에, 초과 수요를 수용하는 완충장치가 없다. 게다가 서비스 제공자는 기계가 아니기 때문에 무제한적으로 공급할 수는 없다. 따라서 서비스 수요와 공급은 거의 균형을 이루지 않는다. 고객은 장시간의 대기를 경험하게 되며, 때로는 서비스를 제공할 사람이 없는 경우가 있다.

3-5b 소멸성에 의해 초래되는 과제의 해결책

수요와 공급의 균형은 우연히 이루어지기 때문에 서비스 회사들은 수요와 공급의 균형을 최대한 조정하기 위한 전략을 개발해왔다. 다음에 제시된 전략은 서비스의 소멸성과 관련하여 어려움을 극복하기 위한 전략이다.[18] 첫 번째 전략은 회사의 수요의 관리에 관한 것이다. 이어 공급 관리에 중점을 둔 두 번째 전략이 제시된다.

수요 전략: 수요를 완화시키기 위해 창의적인 가격 전략을 활용하는 것 서비스 기업들은 종종 수요 변동을 완화하기 위해 **창의적 가격결정**(creative pricing) 전략을 사용한다. 영화관이나 레스토랑에서 조조 관람이나 마티네 등의 할인 가격 전략이 그 사례이다. 자녀가 있는 가정은 가격에 민감하기 때문에 가격 절약에 근거한 가격 전략을 구성할 수 있다. 이와 동시에 서비스 회사들은 고객이 붐비지 않는 시간대에 기꺼이 할인된 가격을 제공하여 고객을 유치하는 전략을 효율적으로 운영한다. 가격 전략을 통해 수요를 다른 시

Richard Levine/Alamy

지역 지사와 같은 복수의 판매점을 개설하면, 서비스 제공업체는 소멸성에 의한 대량 생산 문제를 극복할 수 있다.

간대로 옮겼기 때문에, 기업은 이전에 (1) 제한된 공급으로 인해 사라진 수요를 옮겨 (2) 평소와 달리 더 많은 고객에게 더 나은 서비스를 제공할 수 있다.

창의적 가격결정은 노인, 어린이, 부모(가족) 또는 대학생과 같은 특정한 그룹 사이에도 사용되고 있다. 이러한 가격책정 전략은 변동하는 수요를 완화시켜주는 도움을 줄 뿐만 아니라 동시에 동일한 소비 성향을 공유하는 표적시장을 분리하는 데도 도움을 준다. 예를 들면, 레스토랑은 가족 스페셜 메뉴를 가족이 자주 붐비는 시간대에 제공하고, 마찬가지로 노인들이 자주 오는 시간대에는 노인을 위한 스페셜 메뉴를 제공함으로써 고객을 구분할 수 있는 것이다.

수요 전략: 예약 시스템 활용 수요의 변동성을 줄이는 데 자주 사용되는 또 하나의 전략은 소비자가 어떤 특정한 시간대에 미리 회사의 서비스를 예약하는 시스템이다. **예약 시스템**(reservation system)을 사용하는 전형적인 서비스 회사들은 레스토랑, 호텔, 항공사, 차량 대여점, 미용실, 골프클럽(티업 시간), 그리고 데이 스파(day spas) 등이 있다. 예약은 소비자들이 서비스를 받지 못한다는 위험을 줄여주고 서비스를 기다리느라 많은 시간을 허비하는 것을 줄여준다. 예약 시스템은 또한 서비스 회사로 하여금 발생할 수요의 양에 대하여 미리 준비할 수 있게 해준다. 결과적으로 소비자와 회사 모두 개선된 서비스를 통해 이익을 얻게 된다.

이러한 예약 시스템의 장점에도 불구하고 단점 또한 존재한다. 첫 번째로 누군가는 반드시 예약 시스템 운영에서 발생하는 추가 경비에 대해 지속적으로 관리해야 한다. 다음으로 소비자는 종종 정확한 예약 시간에 오지 않으며, 혹은 아예 예약 시간에 나타나지 않는 경우도 있다. 결과적으로 예약 시스템 운영으로 인해 미사용 서비스가 발생하게 되고 또한 수입을 잃게 된다. 이와 같은 사례는 일부 골퍼(특히 젊고 싱글인)가 골프장 티업 시간을 예약했음에도 불구하고 골프장에 나타나지 않는 경우이다. 골퍼들의 번호가 특정 일자에 경기하기로 결정된 골프 코스에 따라 티 타임이 선택된다. 이 경우, 결코 나타나지 않을 포섬(foursome) 경기를 위한 티 타임을 유지하면서 다른 두 개의 골프 코스에서 티샷을 한다. 골프클럽은 최소 50달러의 카드피가 포함된 18홀 라운드 피를 받았지만, 포섬을 위한 예약이 되지 않아 최소 200달러의 손실을 보게 된다.

예약 시스템의 다른 단점으로는 소비자에게 특정한 시간을 보장함으로써 기대를 과하게 높인다는 점이다. 이러한 보장은 정확히 지켜지지 않는다. 예를 들면, 아침 일찍 예약을 한 소비자가 늦게 나타나면, 그 이후 예약은 자연스럽게 지연되는 연쇄 작용을 일으키게 된다. 이와 유사하게 고객이 예약한 테이블 크기가 예약 고객 인원이 맞지 않을 경우 등 여러 가지 요인으로 인하여 레스토랑 좌석 회전율은 결정하기가 힘들다. 또한, 의사는 환자의 요구에 따라 동일한 시간에 최대 4명의 환자를 예약하는 경우도 있다. 예약 시스템에도 불구하고, 오히려 고객은 "선착순" 시스템에 비해 당초 기대했던 것이 지켜지지 않음으로써 더욱 불쾌해질 수 있다.

수요 전략: 수요를 무료 서비스로 전환 서비스 회사는 또한 소멸성으로 인해 발생하는 도전을 핵심 서비스 제공에 직접 관련된 무료 서비스를 개발하여 완화할 수 있다. 레스토랑에서의 바/라운지는 고객을 대기시키면서 고객이 점포를 둘러볼 수 있는 공간을 제공할 뿐 아니라, 추가 수익을 벌어들이는 전형적인 **무료 서비스**(complimentary services)의 예라고 할 수 있다. 유사하게 골프클럽은 무료 서비스의 형태로서 퍼팅 그린을 고객에게 무료로 제공한다. 가격이 무료지만, 고객의 시간을 차지하므로 대기 시간이 최소화된다. 이러한 무료 서비스들은 고객을 더욱 만족시켜 주는 목적을 가지고 있다. 골프클럽의 무료 드라이빙 레인지, 영화관의 아케이드, 병원의 읽을거리 제공, 병원응급실의 TV 제공 등 소비자의 요구를 충족하기 위해 여러 무료 서비스가 사용되고 있다.

수요 전략: 비수기 기간의 효과적인 사용 비수기 수요 창출로 인해 소멸성 문제를 해결할 수 있다. **비수기 수요 개발**(nonpeak demand development)은 (1) 성수기 기간에 앞서 미리 서비스의 한가한 시간을 이용할 수 있고, (2) 상이한 수요 패턴을 보이는 시장에 판매할 수 있게 해준다. 비수기 수요 창출은 두 가지 방법으로 진행된다.

첫째, 종업원들은 비수기를 이용하여 성수기 때 바쁜 동료 종업원들을 도와줄 수 있는(예: 그릇 세척 종업원들이 테이블 세팅 종업원을 도와주는 것) 교차 훈련을 받을 수 있다. 비록 서비스가 저장될 수는 없지만, 서비스와 연관된 유형재(레스토랑에서의 샐러드와 같은)는 서비스 시작 전에 미리 만들고 준비할 수 있다.

둘째, 비수기 수요는 또한 기존의 시장보다 더욱 복잡한 소비 패턴을 가지고 있는 상이한 시장을 유인함으로써 추가적인 수익을 발생시킬 수 있다. 예를 들면, 골프클럽은 가정주부, 노인, 교대 근무자(예: 공장 노동자, 간호사, 학생과 교사)에게 티켓을 판매하여 비수기 수요를 채울 수 있다. 이러한 세분 시장들은 오전 8시에서 오후 5시까지 근무하는 전통적 골퍼들과 다르게 오후 늦게, 이른 아침, 또는 주말에 골프클럽을 이용하는 수요 패턴을 보인다.

공급 전략: 파트타임 종업원을 활용하라 소멸성은 소비자의 수요를 관리하는 것 외에도 필요할 때 추가 공급을 하는 전략을 사용하여 축소시킬 수 있다. 공급 전략 중 하나는

피크타임 때 파트타임 종업원을 활용하는 것이다. 소매상들은 연휴 기간에 원활한 서비스의 공급을 위하여 오래전부터 파트타임 종업원을 고용하여 왔다.

상근 종업원과 달리, 파트타임 종업원의 장점은 상대적으로 낮은 임금과 적재적소에 바로 채용할 수 있는 유연한 노동력을 들 수 있다. 반대로 파트타임 종업원의 단점은 업무 능력, 동기부여, 조직 헌신도 등이 낮아 소비자에게 회사에 대해 좋지 않은 이미지를 주는 것이다. 이러한 특성들은 결과적으로 소비자들을 실망하게 만든다. 그러나 회사가 상근직을 기본으로 하여 파트타임을 고용할 때 이러한 문제가 자주 발생되지만, 성수기 때만 파트타임 종업원들을 채용하는 회사는 그렇지 않다.

공급 전략: 수용력 공유 서비스의 공급을 증가시킬 수 있는 또 다른 방법은 다른 서비스 제공자와 협업하여 수용력을 공유하는 것이다. **수용력 공유**(capacity sharing)란 전체적으로 서비스 공급을 증가하기를 희망하는 서비스 제공자 간의 협업을 조성하여 서비스의 공급을 증가시키는 전략이다. 예를 들어 많은 전문 의료 서비스 제공자들은 값비싼 의료 진단 장비의 비용과 저장소 등을 공유하여 그들의 노력을 결합하고 있다. 비용을 공유한다면 각 서비스 회사는 자체적으로 구매할 수 없는 엄청나게 비싼 장비를 사용하여 서비스를 제공할 수 있다. 게다가 비용 공유를 통하여 절감된 투자금은 서비스 공급을 확장할 수 있는 장비, 공급 그리고 추가 인력 등에 자유롭게 투자할 수 있다. 애플리케이션을 공유하는 수술 센터와 다른 의료 집단들은 수용력을 공유하는 전형적인 예이다.

공급 전략: 확장을 위한 사전 준비 비록 **확장 준비**(expansion preparation) 전략이 소멸성으로 인한 공급 문제를 빠르게 해결해주지는 않지만, 장기적으로는 수천만 달러의 비용 절감과 함께 수요 압력에 대응할 수 있다. 사전에 미리 확장을 준비하는 것은 유형 장비 건설에 대해 장기적인 목표를 설정하고 지향하도록 한다.

예를 들면, 한 지역 항공 터미널은 미래의 확장에 기반을 두고 건설되었다. 이 항공 터미널은 미래 시설 확장을 방해하지 않도록 독립된 어떤 시설도 인접하지 않은 곳에 설립되었다. 모든 배관과 전기선은 건물 양쪽의 끝까지 확장된 채로 캡션이 달려 있어 시설을 추가할 때 쉽게 연결될 것이다. 터미널에 이르는 도로조차도 새로운 터미널 추가를 위해 곡선으로 구성되었다.

공급 전략: 제3자의 활용 서비스 기업은 또한 **제3자**(third parties)의 활용을 통하여 서비스의 공급을 확장할 수 있다. 서비스 소식은 종종 고객에게 서비스하기 위하여 외부의 서비스 기업을 활용하여 비용, 인력 등을 절감한다. 예를 들어 여행사는 항공사의 자체 대리인과 동일한 정보를 고객에게 제공할 수 있다. 이 제3자 계약을 통해 항공사는 항공편 예약을 담당하는 종업원 수를 줄이고 기존 종업원의 노력을 다른 서비스에 투입할 수 있다.

항공사는 제3자를 통해 비용을 절감하고, 이 비용을 사용하여 여행사 및 온라인 여행 사이트에 수수료를 지불한다.

주목할 것은 비록 제3자를 활용하여 서비스 공급이 증가되기는 하지만, 이러한 계약은 오히려 경쟁상품이 소비자에게 노출될 수 있다는 사실이다. 결과적으로 고객이 다른 것을 선택하는 상쇄효과가 발생될 수 있다. 여행사와 같은 제3자들은 소비자에게 수많은 공급자들을 제시한다. British 항공사를 예약하려던 소비자는 아마 가격이 더 저렴하고 운항이 더 빈번한 Lufthansa를 선택하게 될 수 있다. 이러한 유형의 경쟁 정보는 고객이 항공편 예약을 위해 British 항공사를 직접 호출한 경우에는 사용할 수 없을 것이다.

공급 전략: 고객 참여의 증가 서비스 공급을 증가시키는 또 하나의 방법은, 고객이 서비스의 한 부분으로 활동하도록 하는 것이다. 예를 들면, 많은 퀵서비스 레스토랑은 고객에게 컵을 제공하여 주문한 음료를 스스로 보충하도록 하는 **고객 참여**(customer participation)를 실시한다. 다른 레스토랑에서 고객은 '샐러드 바'에서 자신의 샐러드를 만들고, '픽싱 바(fixings bar)'에서 자신의 샌드위치를 만들고, '푸드 바(food bar)'에서 식판을 준비하고, '디저트 바'에서 자신의 초콜릿 선데를 만든다.

의심할 여지없이 고객들은 매일매일 스스로 서비스 행동을 하고 있다. 고객들은 스스로 주유를 하고, ATM 기계에서 금융 거래를 하며, 지역 마트에 가서 자신의 식료품을 담는다. 사실 웹사이트의 큰 장점 중 하나는 소비자로 하여금 스스로 행동할 수 있게 도와주는 것이며, 또는 고객이 서비스 담당자들로부터 도움을 필요로 할 때, 최소한의 준비를 할 수 있도록 해주는 것이다. 비록 셀프 서비스는 종업원이 다른 서비스를 제공할 수 있도록 시간을 부여하나, 수많은 장점과 단점 또한 있다. 고객이 스스로 서비스에 참여하려는 이유는 일반적으로 편리, 가격, 그리고 특별성 때문이다. 예를 들면, ATM은 고객이 24시간 은행 업무를 볼 수 있는 편리성을 제공하고, 지역 식료품점(bagging groceries)은 빠른 장보기가 가능하며, Dell에서는 고객이 개인 사양에 맞게 개인용 컴퓨터 주문을 구성할 수 있다.

반대로 고객 참여는 통제의 손실 등의 단점 또한 많다. 만약 소비자가 점점 더 서비스의 생산에 관하여 중요한 역할을 하게 된다면, 서비스 회사들은 제공되는 서비스의 품질에 대해 관리 능력을 상실하게 될 것이다. 예를 들면, 환자에게 스스로 약을 투여하도록 지시한 의사의 행동은 치료의 결과에 대해 통제권을 포기한 것이다. 고객 참여가 운영 체제를 비효율적으로 만들고, 이로 인해 회사는 서비스의 품질 관리에 어려움을 겪을 수도 있다. 셀프 서비스 환경에서의 고객 혼란은 서비스 품질뿐만 아니라 다른 고객의 서비스에도 영향을 미칠 수 있다. 예를 들면, ATM을 처음 사용하는 고객 뒤에 줄 서있는 고객은 새로운 고객의 학습 곡선의 효과를 경험할 수 있다.

품질 관리의 손실은 운영 비용에 대한 통제의 상실을 동반할 수 있다. 특히 식품 산업에서의 셀프 서비스는 시스템 남용의 결과로 인해 발생하는 쓰레기와 큰 연관이 있다. 고객들은 평소에 주문하거나 먹는 양보다 많은 양을 주문하고, 돈을 내지 않고 같이 온 친구들과 음식을 공유하기도 한다. 또한 고객이 식료품점을 떠나기 전에 실수로 혹은 의도적으로 모든 품목을 스캔하지 않고는, 셀프 서비스 체크아웃을 사용한다면 오히려 운영 비용이 증가될 수 있다.[19] 고객 참여의 증가는 서비스 기업이 고객과 물리적으로 거리를 두기 위한 것으로 해석될 수 있다. 이로 인해 회사의 이미지는 고객을 돌보지 않고, 응답하지 않고, 관심을 두지 않는다고 여겨짐으로써 완전한 서비스를 제공하는 경쟁자들에게 소비자를 뺏기게 된다. 소비자들이 다른 대안을 선택하는 상쇄효과가 나타나는 것은 당연한 결과일 것이다. 고객 참여는 서비스 제공자가 고객에게 부가적 서비스를 제공하고, 고객에게 편리성 증대, 고객화 기회, 그리고 비용 감소 등의 혜택을 제공한다. 그러나 또한 이 전략은 보호받고 관리받길 원하는 소비자의 기분을 상하게 만들 수도 있다.

3-6 마케팅, 운영, 인적자원은 함께 작동해야 한다

이 장에서는 서비스 마케팅과 상품 마케팅을 구분하는 중요 요소들을 다루고, 서비스 담당자가 직면하는 문제를 제시하였다. 서비스의 무형성, 비분리성, 이질성, 소멸성 등의 특징 때문에 서비스 지향적인 조직 내에서의 마케팅은 순수 상품 조직과 매우 상이한 형태를 보인다. 이 네 가지 서비스 특징 때문에, 이 장에서는 1장에서 다룬 서벅션(Servuction) 모델과 어떻게 다른지를 보여주고 있다. 조직 내의 눈에 보이는 것과 보이지 않는 부분, 직접적 대면과 물리적 환경, 조직과 소비자, 소비자 자신들 간 등은 모두 복잡한 일련의 관계로 연관되어 있다.

분명한 것은 서비스 기업의 주요 임무는 목표고객의 욕구와 필요를 충족시켜야 한다는 것이다. 그러나 그 임무를 달성하는 데 있어서의 주요 목적은, 서비스를 제공하는 종업원의 욕구와 필요를 충족시키는 것이다. 마케팅 종업원은 전통적인 상품생산회사에서의 관행과는 다르게 서비스 조직의 다른 부서 종업원들과 훨씬 더 긴밀한 관계를 유지해야 한다. 운영 부서가 제품 생산을 전적으로 책임지고, 인사 부서가 전적으로 종업원에 대한 책임을 지고, 마케팅 부서가 고객과 관련된 문제를 담당하는 철학은 서비스 회사에는 적용되지 않는다. 서비스 기업은 이러한 핵심 기능 영역 간의 상호 관계를 이해하고 고객을 위해 원활한 서비스 경험을 창출하고 제공하기 위해 함께 노력해야 한다.

요약

상품 마케팅과 서비스 마케팅의 주요 차이점은 무형성, 비분리성, 이질성, 소멸성 등의 네 가지 특성으로 구분된다. 이 장에서는 이 네 가지 특성으로 인한 마케팅 측면에서의 도전 과제를 논의하고 각 특성이 서비스 회사에 미치는 영향을 최소화할 수 있는 방안을 제시했다.

서비스는 그 무형성으로 인해서 물리적 실체가 없으며, 상품처럼 만지거나 평가될 수 없다. 무형성과 연관된 마케팅의 도전 과제는 소비자에 대한 서비스 커뮤니케이션, 가격결정, 특허 보호, 그리고 미래를 위한 서비스 축적 등이 있다. 무형성으로 인한 도전 과제를 해결하는 전략에는 유형의 단서 사용, 유기적인 이미지 개발, 소비자가 서비스 제공자를 선택할 때 접근하는 정보의 개인적 자료의 개발, 그리고 활동 기반의 원가 산정 절차 사용 등이 있다.

비분리성은 서비스 제공자와 그 고객 간의 상호 연관성을 반영하고 있다. 상품 생산자와는 달리,서비스 제공자는 서비스 생산 프로세스에 직접적으로 참여하는 고객과의 대면 대응을 한다. 비분리성을 최소화하기 위한 전략에는 고객 접촉 담당자에 대한 선택적 심사와 철저한 훈련, 서비스 경험 내내 고객을 관리하는 전략의 실행, 그리고 중앙집중식 양산에 관련된 어려움을 극복하기 위한 복수의 판매시설 활용 등이 있다.

상품과 서비스를 구분하는 세 번째 특성인 이질성은 서비스 전달 과정에 내재된 가변성에 관련되어 있다. 이질성과 관련한 주된 마케팅 문제점은 서비스 기업이 서비스의 표준화와 품질 통제를 달성하기 어렵다는 점이다. 이에 대해 서비스 기업은 전형적으로 두 가지 다른 방향으로 반응하게 된다. 몇몇 회사는 집중 훈련 또는 인간의 노동력을 기계로 대체함으로써 성과를 표준화한다. 이와는 대조적으로 다른 회사들은 고객 개개인의 욕구를 만족시켜주는 고객화된 서비스들을 제공하여 가변성의 이점을 얻는다. 소비자의 특성화와 표준화에 대한 고객선호는 가격, 배달 속도, 그리고 성과의 일관성에 의해 달라지기 때문에, 둘 중 어느 하나가 더 뛰어나다고 말할 수 없다.

서비스의 네 번째 특성인 소멸성은 서비스 제공자가 서비스 재고를 보유할 수 없는 것을 말한다. 간단히 말하면, 특정 시간에 소모되지 않은 서비스는 살아남기가 불가능하다. 더욱이 서비스는 저장될 수 없기 때문에 우연히 수요와 공급이 맞아 떨어질 확률은 아주 희박하다. 이 문제점을 상쇄하기 위한 수많은 전략이 개발되었다. 어떤 전략은 수요를 관리하지만 다른 전략은 공급을 관리하기도 한다. 수요 관리 전략은 창의적인 가격책정 전략, 예약 시스템, 무료 서비스를 통한 요구의 단계화, 비성수기의 수요 개발 등을 포함하고 있다. 공급 관리 전략은 파트타임 종업원의 이용, 능력 공유, 제3자의 활용, 생산 과정에서의 소비자 참여도 증가와 미래의 확장, 증가에 따른 반응과 반응 시간을 줄이기 위한 사전 준비를 포함하고 있다.

무형성, 비분리성, 이질성, 소멸성에 의해 제시된 도전 과제들 때문에 서비스 조직에서의 마케팅은 순수한 상품조직과 다르게 중요한 역할을 수행하고 있다.

생산 부서가 제품생산을 전적으로 책임지고, 인사 부서가 전적으로 종업원에 대한 책임을 지고, 마케팅 부서가 고객과 관련된 문제를 담당하는 철학은 서비스 회사 내에서 적용되지 않는다. 이 장에서 제시된 네 가지 특성들은 서비스의 마케팅과 상품의 마케팅을 구별 짓는다. 그리고 기업의 유형 및 무형의 요소, 고객 접촉 담당자, 물리적 환경 그리고 조직과 소비자들은 서로 복잡한 상호 관계의 연관성을 지닌다는 것에 대해 알 수 있었다. 결과적으로 서비스 기업의 마케팅은 전통적으로 상품 제조 기업에서보다 다른 부서와 더 밀접한 관계를 유지해야 한다.

복습문제

1. 무형의 독특한 서비스 특성인 무형성, 비분리성, 이질성 및 소멸성이 서비스 마케팅 수업에서의 교육 경험에 어떻게 적용되는지 간략하게 설명하시오.
2. 서비스 가격 책정이 상품 가격 책정과 비교하여 특히 어려운 이유에 대해 토론하시오.
3. 보험 업계가 무형의 영향을 최소화하기 위해 사용한 전략은 무엇인가? 무형성의 효과를 최소화하기 위해 적극적으로 노력한 회사 중 일부 회사는 다른 회사보다 더 나은 업무 성과를 달성하였는가? 이에 대하여 설명하시오.
4. 고객이 생산 프로세스에 참여함에 따른 장단점에 대해 토론하시오.
5. 서비스의 집중화 대량 생산이 어려운 이유를 토론하시오.
6. 다른 고객이라는 용어의 의미는 무엇이며, 상품보다는 서비스에서 다른 고객들의 영향이 큰 이유는 무엇인가?
7. 서비스 제공 프로세스 전반에 걸쳐 표준화 및 품질 관리를 유지하기 어려운 이유는 무엇인가?
8. 맞춤 서비스와 표준화된 서비스 중 고객에게 더 좋은 것은 무엇인가? 그 이유를 설명하시오.
9. 재고를 유지할 수 없는 서비스 기업과 관련된 제한점은 무엇인가?
10. 이 장에서는 서비스의 소멸성으로 인해 야기되는 어려움을 상쇄하기 위한 공급과 수요 전략들이 제시되었다.
    (1) 공급 전략과 비교하여 수요 전략의 주요 목표에 대해 논의하시오.
    (2) "증가하는 소비자 참여"는 이 두 전략 중 어디에 속하는가?
    (3) "증가하는 소비자 참여"가 서비스의 소멸성에 의한 잠재적 문제를 어떻게 해결하는가?

사례 3. Kayak: 온라인 여행 서비스의 혁명을 선도

전통적인 항공권 예약은 세 가지 방법 중 하나를 거쳐 이루어진다. 첫 번째는 고객이 항공사에 직접 전화하여 고객 서비스 담당자에게 말하는 것이다. 두 번째 옵션은 전화로 여행사에 말하거나 여행사 사무실을 방문하는 것이다. 세 번째 옵션은 발권 대리인으로부터 항공권을 구매하기 위해 현지 공항을 이용하는 것이다. 이 세 가지 옵션은 모두 현재 존재하고 있지만, 많은 고객은 Expedia, Orbitz 및 Travelocity와 같은 웹 기반 서비스에서 항공권을 구매한다. 또한 united.com, singaporeair.com 및 lufthansa.com과 같은 항공사의 자체 웹사이트에서 항공권을 구매하는 것도 인기가 있다.

웹사이트를 통해 판매 티켓을 제공하고 구매하는 것은 많은 이점이 있다. 회사의 입장에서 보면, 웹사이트는 대중에게 티켓을 더 많이 제공할 뿐만 아니라, 회사의 홍보 메시지를 전달하는 추가 배포판을 제공한다. 웹사이트의 셀프 서비스 특성을 감안할 때, 고객 서비스 담당자의 도움 없이 추가적으로 티켓 판매가 이루어지므로 회사의 전반적인 인건비가 낮아진다. 정보를 알아보기 위해 웹사이트를 사용하지만, 여전히 "실제" 고객 서비스 담당자와 거래를 선호하는 고객의 경우, 웹사이트는 구매의 효율성을 촉진시킬 수 있다. 웹사이트에서 잠재적인 옵션을 검토하고, 가족 또는 비즈니스 관계자와 협의한 후, 고객은 빠르고 구체적으로 티켓을 구입할 수 있다.

고객은 웹 기반 서비스를 사용하여 항공권을 구매할 때 여러 가지 이점을 누릴 수 있다. 첫째, 웹 기반 서비스는 일반적으로 쉽게 이용할 수 있다. 통화 중 신호가 없으며, 보류 중이거나 선회 중 대기 중이 아니다. 둘째, Expedia, Orbitz 및

Travelocity와 같은 웹 기반 서비스는 모두 동일한 대상에 대한 가격, 일정 및 지연 횟수와 관련하여 여러 경쟁 옵션을 제시한다.

2004년에 Expedia, Travelocity 및 Orbitz의 공동 창업자는 Kayak이라는 새로운 회사를 창립하였다. 원래 여행을 위한 metamediary 검색 사이트로 만들어진 Kayak.com은 다른 여행 웹사이트의 검색 결과를 집계하여 항공사의 항공편, 호텔 객실 및 렌트카를 소비자가 쉽게 찾을 수 있도록 한다. 또한 고객은 해당 웹사이트를 통해 비행할 항공기 유형에 대한 정보를 쉽게 얻을 수 있고, 좌석 위치를 선택하고, 원할 경우 상용 고객 마일리지를 사용할 수 있다. 회사의 주요 매출은 다른 회사의 리드를 창출하는 데 있다.

Kayak은 제3자 서비스 파트너와의 협상을 통해 소비자가 Kayak 웹사이트를 통해 Travelocity, Air Canada, Expedia, Getaroom, Hertz/Advantage 및 Avis/Budget와 직접 예약 할 수있게 하였다. Kayak의 이점은 더 이상 고객이 웹사이트를 떠나지 않아도 되므로 거래가 완전히 완료 될 가능성을 크게 높인다는 것이다. 더 나아가 Kayak은 제3자 서비스 제공업체의 예약 시스템을 사용하지만 실제 서비스 (예:항공편)를 제공하거나 고객 서비스를 관리 할 필요가 없다. Travelocity, Air Canada 및 기타 제3자 서비스 파트너가 얻는 분명한 이점은 웹사이트 트래픽이 증가하고 수익이 증가한다는 것이다.

Kayak의 CMO(chief marketing officer)인 Robert Birgesms "우리는 고객 경험에 초점을 맞추고 더 나은 선택과 더 단순한 예약 경험을 제공하려고 노력하고 있다."라고 말한다. 이 회사는 스마트폰과 태블릿을 사용하여 온라인으로 예약하는 소비자인 모바일 앱 사용자에 초점을 맞추고 있다. 2012년 3/4분기에 Kayak의 모바일 조회 건수는 전년도에 비해 63% 증가했다. 2012년 11월 15일 Kayak은 처음으로 10억 건의 모바일 문의에 도달했으며, 모바일 앱이 2천만 번 다운로드 되었다.

2012년 11월, Priceline은 Kayak을 18억 달러에 구입했는데, 이 가격은 1년 전 손실로 운영되던 회사의 가격보다 훨씬 높은 가격이었다. 금융 전문가들은 Priceline이 Kayak을 핵심 비즈니스에 대한 새로운 위협이자 고객 직접 예약 시스템의 떠오르는 스타로 보았다고 추측한다.

토의문제

1. 온라인 여행은 서비스의 독특한 특성인 소멸성과 어떤 관련이 있는가?
2. 항공권 판매 시 제3자 활용의 장단점에 대해 토론하시오.
3. 서비스가 웹에 배치되면 일반적으로 서비스 특성인 불가분성과 관련된 문제점이 변화되는가? 이를 설명하시오.
4. 서비스가 웹에 배치되면 일반적으로 서비스 특성인 이질성과 관련된 문제점이 변화되는가? 이를 설명하시오.
5. Southwest Airlines와 같은 항공사가 Expedia, Orbitz, Travelocity 및 Kayak과 같은 온라인 여행 검색 엔진에 참여하지 않는 이유는 무엇인가?

Sources: Empson, Rick. Follow the Money: Why Priceline Bought Kayak. http://www.TechCrunch.com. November 22, 2012. http://techcrunch.com; www.kayak.com; www.travelocity.com; www.expedia.com; and www.orbitz.com.

각주

1. Leonard L. Berry and A. Parasuraman, "Building a New Academic Field—The Case of Services Marketing," *Journal of Retailing*, 69, (Spring 1993), pp. 1, 13.

2. The framework for this chapter was adapted from Figures 2 and 3 in Valerie A. Zeithaml, A. Parasuraman, and Leonard L. Berry, "Problems and Strategies in Services Marketing," *Journal of*

Marketing, 49, (Spring 1985), pp. 33–46. For a more in-depth discussion of each of the problems and strategies associated with services marketing, consult Figures 2 and 3 in this article for the appropriate list of references.

3. Adapted from John E. G. Bateson, *Managing Services Marketing*, 3rd ed. (Fort Worth, TX.: The Dryden Press, 1995), p. 9.

4. David Ballyntyne and Richard J. Varey, "The Service-Dominant Logic and the Future of Marketing," *Journal of the Academy of Marketing Science*, 36, 1, (March 2008), pp. 11–14.

5. http://www.youtube.com/watch?v=b6Ijyg42ssg, accessed 4 February 2015.

6. https://www.youtube.com/watch?v=NEo36V2RDPg, accessed 5 February, 2015.

7. http://www.youtube.com/watch?v=aMfSGt6rHos, accessed 5, February 2015.

8. http://en.wikipedia.org/wiki/Activity-based_costing, accessed 5 February, 2015.

9. http://www.cnn.com/2012/08/07/health/youndoctor-wait, accessed 5 February, 2015.

10. http://www.youtube.com/watch?v=njcUMcALEwk, accessed 5 February 2015.

11. http://www.foxnews.com/opinion/2013/12/03/yes-to-phones-on-flights-no-to-yakking-on-themat-30000-feet/ accessed 5 February, 2015.

12. http://smallbusiness.chron.com/attractive-peopleadvantage-workplace-15421.html, accessed 5 February, 2015.

13. http://online.wsj.com/article/SB10001424052702303912104575164573823418844.html, accessed 5 February, 2015.

14. https://www.youtube.com/watch?v=_ZKIMQR7TOU, accessed 5 February, 2015.

15. http://abcnews.go.com/blogs/lifestyle/2013/01/drunk-women-force-landing-of-british-airwaysflight/, accessed 5 February 2015.

16. https://www.youtube.com/watch?v=YTfe4N5VtCc, accessed 5 February, 2015.

17. http://www.strategy-business.com/sbkw2/sbkwarticle/sbkw040616?pg=all, accessed 5 February, 2015.

18. The original framework and materials for this section were adapted from W. Earl Sasser, "Match Supply and Demand in Service Industries," *Harvard Business Review* (November/December 1976), pp. 133–140.

19. http://usatoday30.usatoday.com/money/industries/retail/story/2012-04-06/self-scanningcheckout/54117384/1, accessed 5 February, 2015.

4장

서비스 소비자 행동

학습 목표

- 소비자가 정보를 처리하여 결정을 내리는 방식인 소비자 의사결정 프로세스 모델에 대해 이해한다.
- 소비자 의사결정 프로세스 모델을 구성하는 여섯 가지 단계에 대해 토의한다.
- 소비자 의사결정 프로세스 모델의 사전 구매, 소비 및 구매 후 단계별 특수 고려 사항을 이해한다.
- 소비자 만족과 관련하여 소비자의 사후 구매 평가를 설명하는 세 가지 이론을 이해한다.

"단 한 명의 사장이 있다면,
그것은 바로 고객이다.
그는 간단히
다른 곳에서 돈을 소비하여
회사의 모든 사람을
자리에서 내려오게 할 수 있다."

Sam Walton
Walmart 창업자

이 장에서는 서비스 구매와 관련된 소비자 의사결정 프로세스 문제에 대해 논의한다.

Bernard Weil/Getty Images

PLANET FITNESS: 미국인의 휴식처

딱 붙는 티셔츠를 입은 보디 빌더들에 둘러싸여 한숨을 내쉬고 있는 자신의 모습이 두렵지 않은가? 그렇다면 평범하고 아름다운 사람들과 함께 하는 '친근한 체육관(gymtimated)'은 어떤가? Planet Fitness는 바로 여러분을 위한 체육관이다! Planet Fitness는 보통 사람을 위한 체육관이라는 이미지를 효과적으로 포지셔닝하고 있는 미국의 프랜차이즈 피트니스 센터다. 체육관은 적극적으로 '심판자유구역(Judgement Free Zone)'과 '근육바보(몸 자랑하러 다니는 보디빌더를 지칭하는 용어) 출입금지(No Lunks)' 정책을 지원한다. Planet Fitness는 피트니스 내에서 누군가가 짜증을 내거나 역기를 떨어뜨리거나 철커덕 소리를 내면 울리는 '근육바보 알람(Lunk Alarms)'을 설치했다.

Planet Fitness는 '근육바보 출입금지'를 정규 정책으로 채택하고 있다. 500파운드를 들면서 큰 소리로 짜증을 내던 뉴욕주 교정 담당자인 Albert Argibay가 그 사례이다. 매니저는 Argibay에게 자사의 '불평 금지(no grunting)' 규칙을 위반했기 때문에 피트니스를 그만둘 것을 요청했다. 이에 대해 Argibay는 매니저에게 이의를 제기하며 떠나기를 거부했고, 경찰관들이 그를 둘러 쌌다. Argibay는 Planet Fitness를 대상으로 명예훼손 소송을 제기했으며, 이 사건은 법정 밖에서 해결되었다. 이 밖에도 화려한 의상, 청바지, 역기를 꽝 내려놓는 행동 등은 Planet Fitness에서 금지되고 있다.

Planet Fitness 웹사이트에 따르면, 이 회사는 "미국에서 가장 혁신적인 피트니스 브랜드로서 터무니없이 저렴한 가격, 근육바보 알람, 휴식 시간, 건강한 몸과 더불어 다른 피트니스처럼 하드 코어한 운동이 아니라 몸을 풀고 재미있게 즐길 수 있는 심판자유구역 운영 철학 등"을 내세우고 있다.

이 피트니스의 또 다른 독특한 특징은 매달 첫 번째 월요일에 피자를 무료로 제공한다는 것이다. 무료 피자가 제공되는 매월 첫 번째 월요일은 체육관이 가장 인기 있는 날이다. 매월 두 번째 화요일엔 아침 식사를 제공하는 '무료 브런치 화요일(Free Bagel and Coffee Tuesday)'이 운영된다. 음식을 무료로 제공하는 피트니스를 본 적이 있는가!

Planet Fitness의 멤버십 가입비는 월 10~15달러 정도로 낮은 편이다. 다른 피트니스와 달리 Planet Fitness는 영업사원을 고용하지 않으며, 보육시설이나 기타 피트니스 시설에서 흔히 볼 수 있는 주스바 같은 편의시설이 없다. 이 피트니스는 추가적인 편의시설 및 인력 사용이 가격을 상승시킨다고 믿으며, "피트니스 멤버십을 자동차 구입 방식처럼 만들자. 우리가 제공하는 것은 깨끗하고 세련된 런닝머신 및 기타 근력 강화 시설뿐이다."라고 말한다.

Planet Fitness는 기본에 중점을 둔 성공 공식을 발견하였다. 이 회사는 현재 600개 이상의 지점을 운영하고 있으며, 미국 전역에 수천 개의 지점을 추가 개점할 예정이다. Planet Fitness는 최근 이미지를 그대로 유지하면서 인디애나주의 코코모(Kokomo)에서 피트니스를 운영하기 위해 Walmart와 15년 임대계약을 체결하였다. 또한 2012년 NBC 히트 리얼리티쇼 「The Biggest Loser」의 전국 스폰서가 되었다. 회사는 Walmart 및 The Biggest Loser와의 제휴를 통해 일반인을 위한 피트니스 이미지를 구축하였다. 이와 같은 놀라운 성장의 결과, Planet Fitness는 최근 5년 동안 순매출 성장률 기준 개인기업 리스트인 Inc. 500에 추가되기도 하였다.

Sources: http://www.bizjournals.com; http://en.wikipedia.org; http://www.nytimes.com; http://www.youtube.com.

4-1 서론

소비자 지향성(consumer orientation)은 마케팅의 심장이라 할 수 있다.[1] 마케터는 소비자를 이해하고, 그들을 중심으로 조직을 구축해야 한다. Amazon.com의 Jeff Bezos는 "우리는 호스트의 입장에서 고객을 초대받은 손님으로 간주한다. 고객 경험과 관련한 모든 중요한 측면을 조금씩 더 개선하는 것이 우리의 일이다."라고 했다.[2] 소비자를 이해하고 경험을 늘리는 것은 아직도 소비자 중심적이기보단 운영 중심적인 서비스에서 특히 중요하다. 한 예로 360여 개의 회사를 보유한 Virgin 그룹의 Richard Branson은 다음과 같이 말했다. "우리는 사업을 시작할 때 회계사를 찾지 않는다. 특히 그—운영 지배적인 회계사—들이 소비자를 농락하고 있다고 생각될 때 더더욱 그렇다."[3] 오늘날의 경쟁 환경을 감안할 때, 소비자에게 제공되는 대체 서비스 중에서 소비자가 선택하는 방법과 소비자가 받은 서비스를 평가하는 방법을 이해하는 것은 그 어느 때보다 중요하다.

소비자는 구매, 소비 및 구매 후 구매 평가의 세 가지 기본 단계별 모델을 사용하여 의사결정을 내린다. 이 장에서 단계별 다양한 모델을 다루겠지만, 이들은 완전하지 않다는 것을 이해하여야 한다. 마케터들에 대한 소비자의 마음은 여전히 굳게 닫혀 있다. 마치 비행기의 블랙박스처럼 단단하다. 우리는 블랙박스에 입력된 정보를 관찰할 수 있고 그로 인한 결과도 알 수 있으나, 실제 투입물(정보)이 어떻게 처리되어 결과가 나오는지는 알 수 없다.[4]

그렇다면 왜 단계별 모델을 중요하게 생각해야 하는가? 마케팅 관리자는 마케팅 결정을 내릴 때마다 소비자 행동 방식을 다루는 모델을 기본으로 결정한다. 종종 이러한 모델은 다른 사람들과 공유된 것이 아니라 마케팅 관리자의 자체 경험을 나타낸다. 다만 가격 변경, 신제품 출시, 광고 시 소비자가 어떻게 대응할 것인지에 대한 가정 또한 존재한다. 이 장에서는 서비스 구매와 관련된 소비자 의사결정 프로세스를 알아볼 것이다. 서비스 특성으로 인해 소비자가 서비스와 상품에 대한 결정을 내리는 방식에는 차이가 있다. 이 장은 두 개의 절로서 구성되며 첫 번째 절은 소비자 의사결정 프로세스에 대한 전반적인 개요로, 프로세스 결정 및 마케팅 결정에 대한 응용 프로그램의 요약을 제공한다. 이 장의 두 번째 절은 소비자 의사결정 프로세스와 관련된 구체적인 고려 사항을 다룬다.

4-2 소비자 의사결정 프로세스: 개요

서비스를 효과적으로 마케팅하기 위해서는 마케팅 관리자는 소비자가 각 소비 과정에서 행동하는 다음과 과정을 이해하여야 한다. (1) 대안 중 구매 전 선택, (2) 소비과정에서의 소비자 반응, (3) 만족의 구매 후 평가(도표 4-1 참조). 비록 우리는 소비자가 구매 과정에서 무슨 생각을 하였는지 알 수 없지만, **소비자 의사결정 프로세스**(consumer decision process)는 소비자의 행동에 관한 마케팅 연구와 사고 조직화에 도움이 된다. 이 장에서는 자극, 문제 인식, 정보 탐색 및 대안 평가의 단계 등의 소비자 의사결정 프로세스 모델의 구매 전 단계에 초점을 맞추어 설명할 것이다.

4-2a 구매 전 과정: 자극

구매 전 과정이란 소비자가 서비스를 획득하기 전의 모든 결정 과정을 말한다. 이 과

〈도표 4-1〉 소비자의 의사결정 프로세스 모델

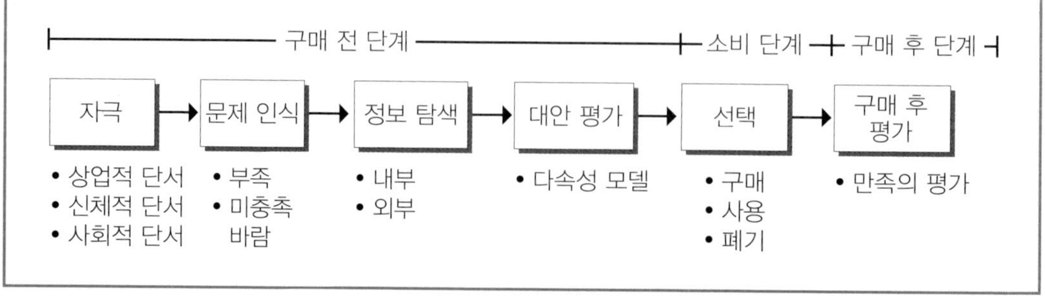

정은 소비자가 구매의 **자극**(stimulus)을 받을 때 시작된다.[5] 예를 들어 학생들에게 대학 학위 취득의 동기에 대해서 질문하면 학생들은 "좋은 직업을 위하여", "진지하게 살기 위해서", "집에서 벗어나기 위해서", "부모님을 기쁘게 해드리기 위해서", "좋은 친구를 만들기 위해서", 그리고 "재미를 얻기 위해서" 등의 답을 할 것이다. 이러한 자극은 상업적 자극, 사회적 자극, 그리고 신체적 자극 등이 있다.

상업적 단서(commercial cue)는 노력의 결과와 관련이 있다. 예를 들어 소비자가 한 대학의 광고를 보고는 학위를 얻기 위해 현재의 상황을 고려하고, 대학 등록의 가능성을 평가할 것이다.[6] 이와 유사하게 **사회적 단서**(social cue)는 소비자의 주위 동료나 중요한 사람으로부터 발생한다. 예를 들어 친구가 가을에 대학 진학을 위해 떠나는 것을 보거나, 직장에서 대학 학위를 취득한 동료가 승진하는 것을 본다면 자극이 더욱 커질 것이다. 마지막으로 자극은 갈증, 배고픔, 또는 다양한 생리적 단서인 **신체적 단서**(physical cue)의 결과가 될 수 있다. 가설에 따르면, 결혼 생활에 적합한 파트너를 찾고, 가정을 만드는 생물학적 필요로 인해 대학에 등록할 수도 있고, 나이가 들어감에 따라 대학 학위 취득에 대해 더 진지하게 생각할 수도 있다. 이런 자극을 받으면 소비자는 상품 범주(이 경우 대학 교육)에 대해 생각하고 현재 상황을 평가하기 시작한다. 서비스 기업의 마케팅 관리자는 고객에게 필요한 사항을 고려하고 고객 의사결정 프로세스의 두 번째 단계인 문제 인식에 따라 고객을 자극하기 위해 상업적, 사회적 및 신체적 단서를 효과적으로 사용할 수 있어야 한다.

4-2b 구매 전 과정: 문제 인식

문제 인식(problem awareness)은 소비자가 정상적인 상태로 돌아가기 위해서 무언가를 할 필요를 느낄 때 발생한다. 소비자 의사결정 과정의 문제 인식 단계에서, 소비자는 상품에 대한 욕구 또는 필요가 진짜 존재하는지를 확인한다. 궁극적으로 욕구(needs)는 현재의 불만족스러운 상태를 개선할 수 있도록 유도한다. 반대로 필요(wants)는 불만족스러운 상태를 개선하는 데 절대적으로 필요한 것보다 더 많은 만족을 얻고자 하는 바람(desires)이다. 따라서 문제 인식은 부족(욕구)이나 충족되지 않은 욕구(필요)에 근거할 수 있다. 예를 들면, 소비자가 대학 입학에 관한 상업적 광고를 보고 그 시점에 대학에 재학하고 있지 않다면 "부족함"을 느낄 것이다. 반대로 소비자가 현재 대학을 다니고 있고 특정 기관을 가치 있게 생각하지 않지만, 다른 대학에서 학위를 취득하고 싶다면, 충족되지 않은 욕망이 존재한다. 마지막으로, 소비자가 현재 **부족**(shortage)하거나 **미충족 바람**(unfulfilled desire)을 인식하지 못한다면 의사결정 프로세스가 일어나지 않는다. 그러나 욕구를 인식하고 이를 해결하기 위해 노력한다면 소비자 결정 프로세스의 세 번째 단계, 즉 소비자 의사결정의 정보 검색 단계로 진행된다. 소비자의 욕구와 필요를 이해하는 관리자는 이를 발생시킨 동기도 이해할 수 있다. "매일 똑같은 박봉에 지치지 않니?" 또는 "부모님 그늘 아래서 누구도 만나지 않고 인생을 보낼래?"와 같은 커뮤니케이션 메시지를 통해 잠재 고객의 마음에 존재하는 개념을 확인하고 행동 결정 동기를 부여한다.

4-2c 구매 전 과정: 정보 탐색

문제 인식은 소비자로 하여금 해결책을 강구하게 하고, 이런 과정은 구매 가능성을 더욱 높인다. 소비자는 구매 전 과정에서 대안을 구하기 위해 정보 탐색의 과정을 거친다. **정보 탐색**(information search) 과정이란 문자 그대로 소비자가 가능한 구매 대안에 관하여 정보를 모으는 과정을 말한다. 소비자는 모든 구매 대안을 전부 탐색할 수는 없다. 그 대신에 자신의 과거 경험, 편리함, 지식 등에 의하여 선택된 몇 가지 제한된 옵션만을 갖게 된다. 학자들은 이러한 제한된 옵션을 **인지 세트**(awareness set)라고 칭한다. 대안의 목록은 실제 의사를 결정하는 시점에서 더 좁혀진다. 소비자가 의사결정 시점에 실제로 기억하는 대안을 **환기 세트**(evoked set)라고 부른다. 환기 세트 중 소비자의 기준에 부합하지 않아(예: 더 비싸서, 너무 멀어서 등) 제거되고 남은 대안들이 있는데, 이 대안들을 **고려 세트**(consideration set)라고 한다.

대학 선택의 예로 다시 돌아가보자. 소비자는 대학을 선택하는 과정에서 자신의 내부 탐색 과정을 거치게 된다. 이 **내부 탐색**(internal search)은 선택 가능한 대학에 대해 소비자 자신의 기억에 의존하는 것이다. 여기서는 해당 대학의 근접성, 대학에서 과거에 치른 스포츠 행사, 가족 중의 한 사람으로부터의 경험 등을 근간으로 판단하게 된다. 이와 같이 내부 탐색은 정보를 취득하는 데 있어서 수동적인 행동이다. 내부 탐색 이후에 친구와 함께 캠퍼스를 방문한 후 친구와의 대화, 또는 연례 대학 비교 보고서로부터 얻은 새로운 정보와 같은 **외부 탐색**(external search)이 이어질 것이다. 소비자들은 내·외부 정보 탐색 과정을 바탕으로 문제를 해결할 방법을 모색한 이후, 인지 세트 및 환기 세트와 최종 대안을 고려하는 탐색 과정을 통해서 검색 범위를 좁혀 나간다.

소비자 정보 검색 프로세스를 조사하는 관리자는 전략적인 프로모션을 어디서 진행해야 할지를 매우 잘 알고 있다. 적재 적소에서 프로모션을 진행하며 쉽게 접근할 수 있는 정보를 제공한다면 서비스 구매가 성사될 확률이 크게 높아진다. 한 사례로 학생들에게 대학 진학을 위한 정보의 출처에 관해 질문을 했을 때, 고등학교 카운셀러, 인터넷, 친구, 가족, 대학 방문 및 DM 브로셔라고 응답했다. 흥미롭게도 대중매체 광고는 거의 언급되지 않았다.

4-2d 구매 전 과정: 대안 평가

내·외부적으로 관련 정보가 수집된 후, 소비자는 욕구 또는 필요를 충족하기 위해서 여러 가지 대안을 고려하는 단계에 도달하게 된다. 가능한 대안들은 소비자 의사결정 과정의 **대안 평가**(evaluation of alternatives) 단계에서 고려된다. 이 단계는 본인의 느낌에 의존해서 직관을 사용하는 대안을 평가하는 **비체계적 평가**(nonsystematic evaluation)와 다속성 선택 모델(multi-attribute choice model)과 같은 **체계적 평가**(systematic evaluation) 기법으로 나뉜다.

마케팅 이론가들은 제품 평가 프로세스를 시뮬레이션하기 위해서 다속성 모델을 광범위하게 사용해왔다.[7] 이 모델에 의하면, 소비자는 서비스를 평가할 때 다수의 요인과 기준을 적용한다. 예를 들어 소비자는 대학의 위치, 수업료, 입학 요건, 학문적 명성, 특정 학위 프로그램, 그리고 스포츠 프로그램 등을 통해 대학을 비교한다. 소비자들은 각 개별 속성에 대한 서비스 점수를 합하여 서비스에 대한 통합 선호를 계산한다.

소비 결정 과정 내의 대안 평가 단계에서 소비자는 〈도표 4-2〉와 유사한 매트릭스를 만들어 경쟁 대안을 계산할 것이다. 〈도표 4-2〉는 학사 학위를 제공하는 다양한 대학을 제시한다. 〈도표 4-2〉의 상단에는 두 가지 변수가 포함되어 있다. 첫 번째는 평가될 대안의 고려 세트이다. 전술한 바와 같이, 고려 세트는 다양한 이유로 인하여 모든 선택 가능한 대학의 목록보다 적을 것이며, 이에 US, ASU, BYU, UNM의 4개 대학만을 포함하고 있다. 두 번째 변수는 표의 수직축인 중요도(importance weight)이다. 중요도는 소비자가 다양한 속성에 대해서 점수를 매긴 결과이다. 〈도표 4-2〉에서 소비자는 대학의 위치와 수업료를 가장 중요하게 생각하며, 다음으로 학교 명성과 학위 프로그램을 그 다음으로 중요하게 여긴다. 소비자는 각자의 예상에 따라 각 속성 별 대안을 평가하여 표를 완성한다. 예를 들어 어떤 소비자는 ASU를 평가할 때, 위치 부문에서는 최고 점수를 주었으나, 학업 및 학업 평판, 입학 요건 및 학위 프로그램 그리고 스포츠 프로그램에 대해서는 낮은 점수를 부여하였다.

〈도표 4-2〉 대학 평가를 위한 다속성 모델

	대학 고려 세트				
속성	UA	ASU	BYU	UYM	중요도
위치	10*(10) **	8(10)	8(10)	7(10)	10
수업료	0(10)	7(10)	7(10)	8(10)	10
입학 요건	8(8)	8(8)	8(8)	8(8)	8
학문적 명성	9(9)	10(9)	8(9)	8(9)	9
학위 프로그램	8(9)	9(9)	9(9)	8(9)	9
스포츠 프로그램	7(8)	10(8)	10(8)	8(8)	8
합계	463	465	447	422	

*점수: 1점(매우 낮음) ~ 10점(매우 높음).

**( )의 숫자는 각 기준에 대한 중요도.

〈도표 4-2〉는 소비자가 의사결정을 하기 위한 다양한 대안을 보여주고 있다. **선형 보상적 접근법**(linear compensatory approach)은 소비자가 각 속성에 따라서 브랜드를 평가하여 점수를 부여하고, 중요도 점수를 곱하고 합산하여 브랜드에 대한 총 점수를 생성하는 것이다. US의 점수는 '10×10(위치)+9×10(등록금)+8×8(입학 요건)'이다. 이 공식을 적용하면 최고 점수를 받은 대학은 ASU가 된다.

다른 다속성 접근법의 예로서 **사전 편찬식 접근법**(lexicographic approach)이 있다. 이 접근법은 투입된 노력을 최소화하려는 '게으른 의사결정자'가 취하는 접근법이다. 이러한 의사결정자들은 가장 중요한 속성을 기준으로 의사결정을 시도하려고 한다. 〈도표 4-2〉에서는 대학 위치가 가장 중요하므로 ASU, BYU, NYU가 제거된다. 이와 같이 상이한 의사결정 규칙에 의해서 다른 결과가 나온다. 즉 사전 편찬식 접근법에서는 AU, 그리고 선형 보상적 모델에서는 AUS가 도출되는 것이다.

다속성 모델은 대중성으로 인하여 소비자의 서비스 의사결정 프로세스를 설명하는 데 주로 사용되고 있다. 이 모델의 장점은 단순성과 명확성에 있으며 서비스 경험과 관련된 광범위한 문제를 다루고 서비스 관리자가 쉽게 이해할 수 있다. 소비자 다속성 모델의 분석은 최소 다섯 가지의 중요한 정보를 제공한다.

1. 고려 세트에 포함된 대안의 목록
2. 소비자가 구매 의사결정 시 고려하는 속성 목록
3. 각 속성에 관련된 속성 중요도
4. 특정 대안과 관련하여 점수로 반영된 성과 신념
5. 경쟁 대안과 관련하여 점수로 반영된 성과 신념

이 모델을 사용할 때 관리 작업은 비교적 간단하다. 예를 들어 대학을 광고할 때, 소비자의 마음에 약하게 지각된 것으로 보이는 특정 속성을 강조할 수 있다. 과거에 학문적 평판이 좋지 않은 대학은 졸업생들의 업적을 강조하는 광고를 통하여 소비자 지각을 변화시킬 수 있다.

4-2e 소비 단계: 선택

지금까지 우리는 자극, 문제 인식, 정보 탐색 및 대안 평가 단계를 설명하는 소비자 결정 프로세스의 사전 구매 과정에 대해 논의했다. 구매 전 과정은 여러 대안 중 하나를 구매하기 위한 최종 결정이다. 이 소비 과정 동안 소비자는 특정한 점포 선택을 하거나, 카탈로그, 인터넷 또는 다양한 우편 주문 등으로부터 구매하는 비점포 선택을 한다. 이 의사결정은 구매할 제품 성과에 대한 기대를 바탕으로 이루어진다. 소비자는 제품을 사용하고 남은 고형 폐기물을 처분하기 때문에 구매, 사용 및 폐기 활동은 함께 **소비 프로세스**

(consumption process)로 분류된다.[8]

소비 선택 시에 소비자의 선택을 이해하는 것은 관리 입장에서 매우 중요하다. 예를 들어 은행 서비스는 전통적으로 도심지에 있는 은행에서만 가능했다. 이에 소비자는 수년 동안 상점 내에 위치하는 지점 은행 및 ATM, 식료품점을 통해 편리하게 은행 서비스를 받는 것에 익숙해져 왔다. 그러나 오늘날 많은 은행 고객이 온라인 뱅킹 서비스 및 직불/신용카드에만 의존하기 때문에 실제 은행 위치는 중요하지 않게 되었다. 오히려 온라인 서비스를 제공하면, 현장에서 여러 개의 지점을 세우는 데 필요한 비용과 욕구를 크게 줄일 수 있다. 물론 온라인 대안을 제공하는 것은 온라인으로 제공될 수 있는 서비스에만 적합할 것이다. 예를 들어 물리적 제품(예: 음식, 침실) 제공이 서비스 제공의 일부인 레스토랑 및 호텔에서는 온라인 서비스를 실행하기가 어렵다.

마찬가지로 한때 고등 교육은 물리적 교육 기관에 의해서만 제공되고 소비되는 것으로 생각되었다. 그러나 오늘날 점점 더 많은 학생이 교육의 유일한 원천으로 여겨지던 오프라인 과정을 보완하는 방법으로 온라인 강좌를 채택하고 있다. 따라서 마케팅 관리자는 소비자 행동의 변화를 모니터링하고 이에 따라 전달 시스템을 조정해야 한다.

4-2f 구매 후 과정: 구매 후 평가

일단 구매가 이루어지고 소비가 되면, 구매 후 평가가 이루어진다. 이 과정에서 소비자들은 과연 자신의 구매 의사결정이 정확하게 이루어졌는가에 대한 의심을 하게 되는데, 이를 **인지 부조화**(cognitive dissonance)라고 한다. 마케터들은 종종 소비자에게 다시 확신을 주어 인지 부조화를 최소화하려고 노력한다. 인지 부조화를 최소화하는 방법은 판매 후 고객 접촉을 통해서 제품 포장 안에 감사 편지를 넣어 소비자의 구매가 적절하였다는 것을 강조하고 제품의 보증과 보장을 확신시키는 방법이 있다. 또한, 광고를 통해서 구매 의사결정이 제대로 이루어졌다고 강조하는 방법도 있다. 예를 들어 US News & World Report의 연례 대학 평가서를 인용한 광고는 학생들의 등록 결정에 영향을 줄 것이다.

간단히 말해서 구매 후 평가는 모두 고객 만족에 관한 것이며, 고객 만족은 마케팅 프로세스의 핵심 결과이다. 궁극적으로 고객 만족은 소비자의 지각이 기대를 충족하거나 초과할 때 달성된다. 고객 만족은 그 자체로 끝나지만, 일반적으로 고객 충성도 상승과 고객 유지로 이어져 매출 및 수익성을 높이는 긍정적 구전을 유발한다.

구매 후 단계의 평가 과정에서는 다속성 모델이 다시 사용될 수 있다. 이 과정에서 대학 선택은 지각 점수와 기대 점수라는 두 개의 열로 대체된다. 각 속성에 대한 지각 점수는 학생이 대학 등록 후에 평가한 점수로서, 개인적인 경험을 바탕으로 소비자가 실제로 믿는 것을 반영한다. 각 속성에 대한 기대 점수는 선택한 대학에 다니기 전에 소비자의 기대치를 반영한 〈도표 4-2〉에서 얻은 것이다. 만족 점수는 각 속성의 중요도에 의해 가중치

〈도표 4-3〉 대학 선택: ASU에 대한 구매 후 평가

속성	지각 점수[1]	기대 점수[2]	만족 점수[3]	고객 평가	중요도
위치	8(10)	8(10)	0	만족	10
수업료	5(10)	7(10)	–20	불만족	10
입학 요건	8(8)	8(8)	0	만족	8
학문적 명성	8(9)	10(9)	–18	불만족	9
학위 프로그램	10(9)	9(9)	+9	감동	9
스포츠 프로그램	10(8)	10(8)	0	만족	8
합계	436	465	–29	불만족	

[1] 학생들의 실제 경험에 근거한 지각 점수
[2] 〈도표 4-2〉의 다속성 모델에서 획득된 AUS에 대한 기대 점수
[3] 만족 점수 = 지각 점수 – 기대 점수

가 적용된 기대와 지각 간의 비교에 대한 전체적인 점수를 합산하여 도출된다. 이것은 〈도표 4-3〉에서 제시되어 있다.

이 사례에서 고객은 〈도표 4-2〉에 나와 있는 다속성 선택 행렬을 사용하여 ASU를 선택하고 이는 선형보상 접근법을 바탕으로 선택한 결과이다. 따라서 각 속성의 기대 수준은 해당 매트릭스에서 가져올 수 있다. 실제 선택 이후에 수업료가 인상되었고, 학교는 학문적 명성이 올라가지 못했다면, 소비자는 이러한 속성에 대한 평가를 하향 조정하게 된다. 기대보다 큰 지각은 긍정적 만족을 나타내며, 고객은 감동하게 된다. 만약 고객의 기대와 지각이 동일하다면 만족 점수가 0이 되고 고객이 만족하게 된다. 그러나 기대보다 낮은 지각은 만족 점수가 마이너스가 되며, 고객은 ASU 선택에 대해 불만족하게 된다.

- 지각 = 기대 ⇒ 만족 ☺
- 지각 < 기대 ⇒ 불만족 ☹
- 지각 > 기대 ⇒ 감동 ☺!!!

4-3 서비스에 포함되는 특별 고려 사항

소비자 결정 과정 모델은 상품과 서비스에 모두 적용할 수 있지만, 서비스는 특별히 고려해야 할 요소들이 있다. 이러한 고려 사항은 무형성, 비분리성, 이질성, 소멸성 등 서비스 특성에 기인한다. 몇 가지 특별한 사항을 고려한다면 서비스 구매와 관련된 소비자 행동을 좀 더 깊이 이해하는 데 도움이 될 것이다.

4-3a 구매 전 과정에서의 고려 사항: 지각된 위험

일반 상품과 달리, 서비스 구매자들은 구매 전 과정에서 보다 높은 위험을 지각하는 경향이있다. 서비스 구매 전의 인지된 위험에 대한 연구는 1960년에 처음으로 시작되었다.[9] 연구의 핵심은 소비자가 서비스 구매를 하기 전에는 확실성을 예측할 수 없으며, 어떤 경우에는 즐거움을 느낄 수 없다는 것이다. 지각된 위험은 두 가지의 차원으로 나타난다.

- 결과: 소비 결정 후에 나타나는 중요성과 위험의 정도
- 불확실성: 서비스 구매 후의 결과에 대한 불확실성

수술은 서비스 구매에 있어서의 결과와 불확실성이 얼마나 중요한 역할을 하는가를 보여주는 좋은 예이다. 불확실성과 관련하여, 한 번도 수술을 받은 적이 없는 어떤 사람은 수술 시 무엇이 일어날지 알 수 없다. 더군다나 의사가 아무리 과거에 해당 수술을 성공적으로 집도한 경험이 있을지라도, 환자는 과거의 결과와 같은 성공적인 수술을 100% 기대할 수 없을 것이다. 환자가 수술 전에 자세한 수술 과정이나 수술 후 부작용에 대한 지식을 습득하지 못한다면 불확실성이 증가할 것이다. 잘못된 수술 결정은 생명을 담보로 하고 있기 때문이다.

위험의 종류 소비자 지각 위험에 대한 연구가 발전됨에 따라 구매 결정에 있어서 공통적인 위험이 발견되었다. 연구 결과에 따르면 위험의 종류는 재무적, 성과, 심리적, 사회적, 심리적 위험의 다섯 가지로 구분된다.[10] **재무적 위험**(financial risk)은 서비스 구매가 잘못 되었을 경우에 소비자가 입는 재무적인 손실을 의미한다. **성과 위험**(performance risk)은 구매한 서비스가 목표에 미치지 못하는 성과를 내지 못했을 때 나타난다. **신체적 위험**(physical risk)은 서비스가 잘못되어 소비자에게 신체적 부상을 입혔을 경우를 말한다. 보험 회사나 헬스케어 제공자 등과 같은 마케터들은 이와 같은 신체적 위험을 이용하여 광고를 한다.[11] **사회적 위험**(social risk)은 특정한 구매와 관련하여 개인적으로 사회적 지위가 손실될 가능성을 말하는데, 예를 들면 서비스 구매 후에 친구들로부터, "누가 이런 것을 돈 주고 사냐?"는 비아냥을 듣게 되는 경우이다. 마지막으로, **심리적 위험**(psychological risk)은 서비스 구매자의 자존심을 상하게 하는 경우에 발생된다.[12] 예를 들어 사람은 자신의 이미지

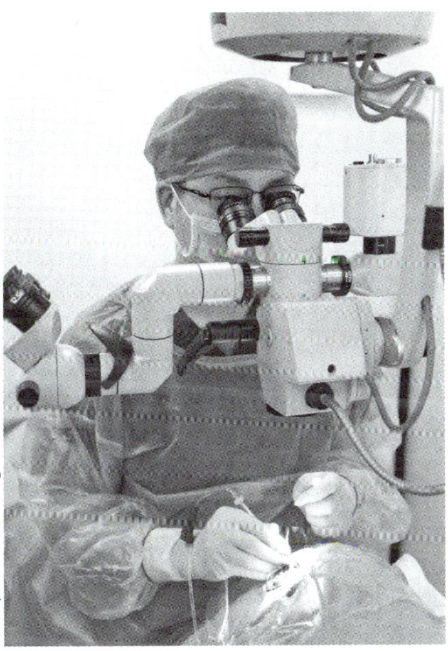

iStockphoto.com/oonger

수술은 재무적, 성과, 신체적, 사회적 및 심리적 위험 등 고객에게 많은 위험을 제기한다.

와 맞지 않기 때문에 발레나 뮤지컬을 자주 이용하지 않을 수 있다.

위험과 표준화 지각된 위험의 수준이 높을수록 서비스 상품의 표준화는 점점 어려워진다. 우리는 3장에서 서비스의 이질성에 관하여 다루었다. 서비스란 상당히 높은 복잡성을 내포하고 있기 때문에 우리가 해당 서비스를 동일하게 반복하거나, 시간대별로, 개인별로 서비스 경험을 복제하여 제공하는 것은 불가능하다.[13] 그에 따른 결과로 고객 또한 서비스 품질을 예측하는 것이 매우 어렵다. 이웃 사람이 어떤 카센터에서 좋은 서비스를 받았다고 해서 나도 똑같은 정도의 만족스러운 서비스를 받을 수는 없다. 그러므로 지각된 위험은 상품보다는 서비스의 구매에서 더 높게 나타난다.

공동생산자 위험 서비스 생산 과정에 소비자가 관여(involvement)하는 것은 지각된 위험을 높이는 다른 요인이다. 공동생산자 위험(co-producer risk)은 비분리성과 직결되어 있다. 치과 서비스는 생산 과정에서의 소비자 관여를 보여주는 좋은 예이다. 만일 실수가 발생한다면 환자는 즉각적으로 고통을 받게 된다. 실수가 일어나지 않더라도 환자는 여전히 생산 과정의 결과를 직접 처리해야 한다. Youtube 내에서 1억1천만 건이 넘는 조회 수를 기록한 "David After the Dentist"는 공동생산자의 위험에 대한 전형적인 예를 보여준다.[14]

위험과 정보 서비스 구매 과정의 위험도가 높은 까닭은 소비자가 해당 서비스를 구매하기 전에 필요한 정보가 부족하기 때문이다. 상품과 서비스는 다음의 세 가지 유형의 속성을 가지고 있다.[15]

- **탐색 속성**(search attributes): 구매 전에 평가될 수 있는 요인
- **경험 속성**(experience attributes): 생산 과정 동안 및 구매 이후에 평가될 수 있는 제품 속성
- **신뢰 속성**(credence attributes): 제품이나 서비스의 수령 후에도 즉시 평가될 수 없는 속성

탐색 속성은 일반적으로 구매 전에 평가될 수 있는 유형성으로 구성된다. 예를 들면 자동차를 구매할 때, 구매자는 새로운 자동차를 보거나 직접 앉아서 모든 도구를 조작해 볼 수 있으며 시운전도 할 수 있다. 그러나 모든 서비스가 다 그런 것은 아니다. 서비스의 무형적 특징으로 인하여 고객이 서비스를 구매하기 전에 이를 객관적으로 평가하는 것은 매우 어렵다. 그러므로 서비스는 탐색 속성을 거의 갖고 있지 않다.

서비스가 가지고 있는 속성(예: 비행 승무원의 친절, 호텔 리셉션의 서비스, 헤어스타일리스트의 숙련도)은 서비스를 소비하는 동안과 그 후에만 평가할 수 있는데, 이러한 속성은 경험 속성이다. 또한 서비스가 완료된 후에도 평가할 수 없는 속성이 다수 있는데 이를 신뢰 속성이라고 한다. 예를 들어 심리학자나 세무사가 정말로 좋은 사람인지 어떻게 알

수 있는가? 이와 같이 고객은 정보에 입각하여 서비스를 평가할 수 있는 전문적 또는 기술적 지식이 부족한 경우가 많다. 무형성(탐색 속성 제한), 비분리성(신뢰 속성 증가), 이질성(서비스 담당자가 제공하는 품질의 변형) 특징으로 인해, 서비스는 개인적 경험 및 신뢰에 의해 구매될 뿐만 아니라 그 결과로 고객이 사용할 수 있는 구매 전 정보의 양을 감소시키고 지각된 위험을 증가시킨다.

위험과 상표 충성도 위험을 감수하는 것을 원치 않는 소비자는 가능하면 언제든지 서비스 구매 과정에서 위험을 줄이기 위해 노력할 것이 분명하다. 따라서 이에 따른 마케팅 전략은 상표(brand)에 대한 충성도를 높이는 것이다.[16] 상표 충성도(brand loyalty)는 과거의 만족스러운 경험을 토대로 이루어진다. 만일 소비자가 서비스에 대하여 과거에 만족하였다면, 이 소비자는 새로운 서비스 또는 서비스 제공자를 택하는 위험을 감수하려고 하지 않을 것이다. 예를 들면, Merrill Lynch에 만족한 고객은 자신의 충성도를 다른 금융 서비스 제공자에게 바칠 이유가 없을 것이다.

고위험이 수반된 구매에서 만족한 경험이 있는 경우, 고객은 서비스 제공자를 바꿀 가능성이 낮을 것이다. 결과적으로 동일한 서비스 제공자와 장기적인 관계를 맺는다면 해당 서비스 구매에 수반되는 위험을 줄일 수 있다. 바로 이 점이 고객이 특정한 내과의사, 치과의사, 미용사 등과 장기적으로 관계를 맺는 이유이다.

또한 상표 충성도는 선택 대안이 별로 없는 서비스 구매에서 더 높을 수 있으며, 선택 대안이 거의 없는 전문적 서비스일수록 뚜렷하게 나타난다. 마지막으로 서비스 구매에 있어서의 상표 충성도는 서비스 공급자를 변경할 때 발생하는 **전환 비용**(switching costs)으로 인하여 더 높을 수 있는데 서비스 제품 종류에 따라 다양한 전환 비용이 발생될 수 있다. 예를 들어 통조림을 변경하는 데 필요한 전환 비용과 은행을 변경하는 데 필요한 전환 비용을 비교해보면 다음과 같다.

- 탐색 비용: 새로운 대안을 탐색하는 데 필요한 시간 비용
- 거래 비용: 새로운 치과를 방문했을 시 다시 찍어야 하는 엑스레이 비용과 같이 최초 방문자에게 발생되는 금전적 비용
- 학습 비용: 새로운 버전의 소프트웨어처럼, 새로운 시스템을 학습하는 데 필요한 시간과 비용
- 우수(충성) 고객 할인: 무사고 자동차 보험료율처럼, 장기적으로 동일한 서비스를 유지함으로써 받게 되는 할인. 보험 회사를 변경한다면 포기해야 되는 비용
- 고객 습관(customer habit): 이미 확립된 행동 패턴을 변경하는 데 따르는 비용
- 감정 비용: 서비스 공급자와의 오랜 관계를 유지해오며 쌓아온 느낌. 감정 비용은 서비스 공급자와 오랜 기간 동안 관계를 맺을수록 커짐

- 인지 비용: 서비스 제공자의 변경을 고민할 때 소요되는 시간 비용

4-3b 구매 전 고려 사항: 개인적 정보 원천의 중요성

또한 구매 전 특별하게 고려할 사항이 있다면 바로 개인적 정보 원천의 중요성이다. 연구에 따르면 커뮤니케이션 과정에서의 구전 및 오피니언 리더로부터 획득된 정보는 대중 광고와 같은 기업 주도의 마케팅 정보보다 더 중요하다고 한다. 특히 구매가 큰 위험을 수반할 시, 친구의 추천은 더 중요한 역할을 한다. 예를 들어 새로운 미용실을 방문하는 것은 서비스 결과가 매우 가시적이기 때문에 스트레스로 작용할 수 있지만, 만약 신뢰하는 사람이 추천한 미용실을 방문한다면 스트레스가 감소될 수 있다. 이 경우 소비자는 결과에 대해 더 확신할 수 있다.

마찬가지로 오피니언 리더는 서비스 구매에 중요한 역할을 한다. 커뮤니티 내의 오피니언 리더는 조언을 구할 수 있는 사람이다. 지각된 위험 프레임워크 내에서, 오피니언 리더는 사회적 위험을 감소시킬 수 있는 주요한 원천이다. 처음으로 대학을 방문하는 예비 학생은 미래에 대해 불확실한 느낌을 가질 수 있다. 그러나 만약 대학을 추천한 사람이 친구이고 그러한 문제에 대해 훌륭한 판단을 내리는 명망 있는 사람으로 널리 알려져 있다면, 미래에 대해 안심할 수 있다. 이렇게 오피니언 리더의 판단은 부분적으로 소비자 자신을 대신할 수 있다.

개인적 정보 원천은 지각된 위험을 줄일 뿐만 아니라 여러 가지 다른 역할을 한다. 서비스의 무형성 때문에, 대중 매체는 개인적 정보 원천만큼 서비스 품질을 전달하는 데 효과적이지 않다. 예를 들어 TV 광고에 등장하는 변호사의 서비스는 편안할까? 과연 30초짜리 짧은 TV 광고에 변호사가 나와 법률 전문지식을 적절하게 설명할 수 있을까? 개인적 정보 원천은 객관적인 서비스 평가 기준이 점점 감소하고, 시장에 출시되는 서비스 제품의 복잡성이 증가함에 따라 더욱 중요해지고 있다.

소비자가 개인적 정보 원천에 크게 의존하는 또 다른 이유는, 비개인적인 정보 원천을 이용하는 것이 간단하지 않기 때문이다. 특정 서비스 분야에서 대중 광고 사용이 제한되어 있거나, 혹은 대중 광고에 대해 부정적인 태도를 보이는 소비자들은 대중 매체를 사용하지 않는다. 또한 많은 서비스 제공업체는 효과적으로 광고하기 위한 자원이나 지식이 부족한 경우가 많다. 치과의사가 상품 마케팅 또는 커뮤니케이션에 대해 대학에서 충분히 공부할 수 있었을까? 대부분은 표적시장, 포지셔닝 전략 또는 마케팅 믹스가 실제로 무엇을 수반하는지 전혀 알지 못한다. 전문적인 의료 훈련 및 지위 외에도, 전문 서비스 제공자들은 사업을 운영하고 생계 유지를 위한 효과적인 마케팅을 할 수 있어야 한다. 그러나 대부분의 전문 서비스 제공자가 마케팅에 대한 지식이 부족하거나 이를 어려워하고 있다.

4-3c 구매 전 과정 고려 사항: 제한적인 고려 대안

상품과 비교하여 서비스 마케터가 고려해야 할 다른 차이점은, 서비스 소비자가 서비스 구매 전 과정에서 고려할 대안이 매우 제한적이라는 것이다. 이러한 상황은 다양한 이유로 인하여 발생된다. 첫째, 서비스 공급자들이 한 가지의 브랜드만 공급하는 경우이다. 일례로 Geico Insurance는 오직 보험 브랜드 Geico만을 제공한다. 이는 마치 치과의사가 오직 치과 치료 서비스만을 제공하는 것과 마찬가지이다. 그러나 믹서기를 구입하려는 소비자는 일반적으로 다른 소매 점포에서 다른 여러 브랜드를 비교할 수 있다.

두 번째 이유는 고려 세트의 수가 동일한 서비스를 제공하는 시설의 수보다 적다는 것이다. 서비스는 동일한 서비스를 제공하는 매장이 적다. 예를 들어 한 지역 내에서 심리치료사, 치과의사, 의사의 숫자는 제한적일 수밖에 없지만, 반대로 상품은 비슷한 종류의 상품이 다양한 곳에서 제공될 수 있다. 이와 같은 차이는 근본적으로 상품 믹스의 다양성에 관련되어 있다. 상품 소매상들은 한꺼번에 많은 상품을 판매할 수 있기 때문에 수익이 여러 다른 원천에서 발생된다. 예를 들어 만일 어떤 식료품점에서 특정 상품이 팔리지 않는다고 해도 다른 판매할 수 있는 상품들이 거의 3만 개 정도 존재한다. 다양한 상품 믹스로 인해 동일한 상품이 여러 판매점에서 판매 가능하게 된 것이다. 반대로 서비스 회사는 대부분 하나의 서비스 브랜드만을 판매하고 생존해야 한다.

세 번째 이유는 서비스 구매 고객이 서비스 구매 전 상대적으로 적은 서비스 대안을 고려한다는 것이다. 서비스 소비자는 기타 다양한 서비스 대안을 인식하지 못하거나, 경쟁 서비스 제공자로부터 정보를 얻는 등의 시간 소모적인 선택을 하지 않는다. 이와 반대로 상품 소비자는 종종 매장의 선반에 있는 것을 보고 가격뿐만 아니라 재료, 제조 품질, 느낌 및 크기와 같은 여러 가지 요소를 비교할 수 있다.

4-3d 구매 전 고려 사항: 유용한 대체 수단으로서의 셀프 서비스

마지막으로 상품과 서비스의 중요한 차이는 구매 전 선택 단계의 자가 제공(self-provision)이다. 거의 모든 소비자가 냉장고 제작 대신 냉장고를 구입하는 선택을 하지만, 종종 잔디 관리, 데크 공사, 하우스 키핑, 페인팅 등 다양한 기타 서비스는 스스로 수행하기도 한다. 결과적으로 많은 서비스 제공자는 고객의 자가 서비스(self-provision) 또한 중요 경쟁자로 간주해야 한다. 〈도표 4-4〉는 소비자 의사결정 과정의 구매 전 과정에 관련된 특별한 고려 사항을 보여준다.

4-3e 소비 단계 고려 사항

상품의 소비는 생산, 획득, 사용, 폐기의 네 가지 단계로 구분된다. 상품의 경우 생산-

〈도표 4-4〉 소비자 의사결정 과정: 구매 전 과정에 관련된 특별한 고려 사항

소비자 의사결정 과정 단계	서비스 구매 경향
구매 전 과정 고려 사항	1. 지각된 위험은 서비스 구매의 경우에 더 높다. 2. 서비스 고객은 브랜드 충성도가 더 높다. 3. 서비스 고객은 개인적 정보 원천에 더 의존한다. 4. 서비스 고객은 고려할 대안의 수가 적다. 5. 서비스 고객은 경쟁 대안으로서 자가서비스를 종종 수행한다.

사용–폐기의 순으로 나타나며, 각 단계의 경계가 뚜렷하다. 예를 들어 Tide 세탁 세제는 공장에서 생산되고, 고객이 슈퍼마켓에서 Tide 세제 한 박스를 구매하여, 집에 있는 세탁기에서 사용하고, 다 사용하고 난 이후에는 빈 박스를 폐기한다.

그러나 이러한 시나리오는 서비스 소비 과정에는 적용되지 않는다. 첫째, 서비스는 소비 과정에서 소유권의 전이가 어렵다는 점 때문이다. 서비스의 구매와 사용 간에는 일반 상품처럼 뚜렷한 경계나 분명한 과정의 차이가 존재하지 않는다. 고객과 서비스 제공자 간의 연장된 상호작용으로 인하여 구매와 사용, 그리고 폐기의 과정이 단일화되는 경향이 있어 그 과정이 마치 한 과정으로 간주되는 것이다.[17] 또한 서비스의 무형성과 경험적 특성으로 인하여 폐기라는 개념은 서비스에 적용될 수 없다.

명백하게, 서비스 구매 과정은 상품의 소비 단계보다 훨씬 더 복잡하다. 1장에서 논의된 것처럼, 서비스 고객이 구매한 혜택은 서벅션 모델의 네 가지 차원을 통해서 전달된 경험으로 구성된다. 자동차와 같이 소비자가 소유하고 있는 제품에 서비스가 제공되는 경우에도, 일련의 서비스 생산/소비 프로세스는 고객과 서비스 제공자 간의 일련의 개인적인 상호작용(대면, 이메일 또는 전화)을 포함한다.[18]

서비스 고객과 회사의 시설 및 종업원 간에는 상호작용이 발생할 수밖에 없으며, 이러한 상호작용을 통해 서비스 경험이 획득된다.[19] 상호작용의 가장 중요한 결과는 사용 후 특정 시점에서만 평가가 발생한다는 개념의 모순이다.[20] 상품과 서비스의 평가 방법의 차이는 다음으로 설명될 수 있다. 본질적으로 상품의 사용은 마케팅 담당자의 직접적인 영향으로부터 자유롭다. 예를 들어 오늘 아침에 먹은 시리얼의 제조업체와 당신과는 아무런 상호작용이 없었다. 따라서 상품 소비자는 상품을 언제, 어디서, 어떻게 사용할지 스스로 선택할 수 있다. 반면 서비스는 생산되고 동시에 소비되기 때문에 서비스 기업은 고객의 소비활동에서 적극적인 역할을 한다.

만약 기업이나 소비자가 없다면 서비스는 생산되거나 사용될 수 없다. 서비스가 전달되는 좀 더 넓은 개념의 프로세스 때문에, 많은 사람은 선택 후 평가가 단지 서비스 사용 후만이 아닌 서비스 사용 중과 사용 후에 발생한다고 믿는다. 즉 소비자는 구매 단계 동안

<도표 4-5> 소비자 의사결정 과정: 소비 단계에 관련된 특별한 고려 사항

소비자 의사결정 과정 단계	상품과 서비스
소비 단계 고려 사항	1. 상품의 경우, 생산, 획득, 사용, 폐기 단계는 분리되어 뚜렷하게 구분되는 활동이다. 2. 서비스의 경우, 생산, 획득, 사용 단계가 동시에 발생하는 하나의 과정이다. 3. 서비스의 경우, 폐기 단계는 서비스의 무형성으로 인하여 존재하지 않는다. 4. 서비스의 경우, 평가는 소비 동안과 소비 이후에 발생한다. 5. 상품의 경우, 평가는 소비 후 발생한다.

혹은 구매 이후에 서비스를 평가하는 것이다.

마케터의 관점에서 볼 때, 이는 평가에 직접 영향을 미칠 수 있다. 따라서 레스토랑 관리자는 레스토랑의 테이블에 앉아 있는 고객에게 "오늘 저녁 식사는 어떠신가요"라고 질문하고, 소비 단계에서 서비스 실패 문제를 파악함으로써 상품 제조업체가 할 수 없는 방식으로 소비자 평가를 변경할 수 있다. 따라서 관리자는 서비스 동안과 소비 후에 소비자 평가가 발생한다는 것을 인식하여야 한다. 이러한 통찰력은 소비자의 전반적인 서비스 경험을 개발하고 효과적으로 관리하는 데 중요하다. 소비자 의사결정 과정의 소비 단계와 관련된 특별한 고려 사항은 <도표 4-5>에서 보는 바와 같다.

4-3f 구매 후 고려 사항

서비스의 구매 후 평가도 또한 상당히 복잡하다. 평가 단계는 소비자가 어떤 서비스 업체로부터 서비스를 구매하기를 결정하는 그 순간부터 시작하여, 소비하고, 구매 후 과정을 통해서 지속된다. 고객의 평가는 수도 없이 많은 사회적, 심리적, 상황적 변수의 피할 수 없는 상호작용에 의하여 영향을 받는다. 서비스 만족도는 단지 서벅션 시스템(servuction system)의 네 가지 요인 — 고객 접촉 담당자, 서비스케이프(servicescape), 다른 고객, 내부적 조직 시스템 — 뿐만 아니라, 서비스 생산/소비 과정에서의 네 가지 요인을 동시화(synchronization)하는 것에도 영향을 받는다. 결과적으로 관리자는 고객 만족/불만족 평가가 어떻게 형성되는가에 대해 통찰할 수 있도록 선택 후 고려 사항을 잘 이해해야 한다. 이와 같이 고객이 구매 결정을 평가하는 과정을 설명하는 다양한 모델이 있다.

구매 후 모델: 기대 불일치 모델 고객 만족은 소비와 구매 후 과정에서 어떻게 발생되는가? 많은 접근법이 연구되었지만, 가장 단순하고도 강력한 이론은 바로 **기대 불일치 모델**(expectancy disconfirmation model)이다. 이 모델의 개념은 아주 명료하다. 소비자는 서비스를 기대와 지각의 차이로 평가한다. 만일 지각된 서비스가 기대보다 비슷하거나 더 크면 소비자는 만족한다. 따라서 소비자의 만족은 궁극적으로 소비자의 기대와 지각을 효율적으로

관리하여 발생할 수 있다.

$$고객 만족 = 지각 \geq 기대$$

기대와 지각을 비교하는 과정은 소비자의 마음속에서 행해진다는 것을 명심해야 한다. 문제는 이때 비교되는 서비스가 실제 제공된 것이 아닌, 소비자에 의해 지각된 서비스라는 점이다. 어떤 고층 호텔에서의 사례를 확인해보자. 그 호텔은 고객들로부터 불만이 엄청나게 제기되고 있었다. 엘리베이터를 타려는 많은 고객이 로비에서 오래 기다려야 했기 때문이었다. 이를 해결하기 위해 엘리베이터의 속도를 갑자기 증가시킬 수는 없었고 고객들을 시간대별로 태우는 것도 소용 없었다. 그러나 호텔 관리자가 엘리베이터 쪽에 거울을 설치하자, 고객 불평은 즉시 감소되었다. 고객이 기다리는 동안 거울을 보면서 대기시간을 분산했기 때문이다. 즉 손님들은 거울을 통해서 스스로와 다른 사람들을 지켜 볼 수 있었고, 이를 통해 엘리베이터의 속도가 증가시키지 않아도 고객들의 대기 시간은 수용 가능한 것으로 인지되었던 것이다.

뿐만 아니라 제공되는 서비스의 품질을 바꾸지 않고 고객의 기대를 조절하여 만족을 만들 수 있다. 예를 들어 Motel 6는 서비스의 품질을 낮추면서도 효율적으로 광고하여 고객의 기대치를 낮추고 만족도를 높였다. 이 모텔은 "단돈 49.99달러의 가격으로 깨끗한 숙소를 제공합니다. 다른 곳보다 조금 작지만, 다른 곳보다 더 큰 추억을 선물합니다. 따뜻한 불을 켜놓고 기다리겠습니다."라는 광고 문구를 이용하여 큰 홍보 효과를 거뒀다.[21] 실제로 많은 사람은 비싼 호텔에서 수영장, 헬스클럽, 레스토랑 같은 부대 서비스를 이용하지 않는다는 점에서, 기본 숙박 시설만 제공하는 Motel 6와 같은 중저가 호텔은 틈새시장에서 성공할 수 있다. 광고를 통해 많은 사람이 모텔에 관한 정보를 미리 알 수 있었고, 이후 낮은 비용과 서비스에 만족했던 것이다. 이와 같은 성공 덕분에 Motel 6는 2012년에 50주년 기념식을 실시하였다.[22]

구매 후 모델: 지각된 통제 관점 구매 이후의 고객 만족 평가를 설명하는 다른 접근법으로서, **지각된 통제 관점**(perceived-control perspective)이 있다. 오랜 시간 동안 통제 개념은 심리학자의 주요 연구 대상이었다. 심리학자들은 더 이상 원초적인 생리 욕구의 만족에 대해 걱정할 필요가 없는 현대 사회에서, 사람이 스스로를 발견하는 상황에 대한 통제의 욕구가 인간의 행동을 유도하는 주요한 힘이라고 주장한다.[23]

이 관점의 기본 전제는 서비스 경험 동안 소비자가 지각한 상황에 대한 통제 수준이 높을수록 서비스에 대한 만족도가 높아진다는 것이다. 서비스 제공자의 업무에 대한 통제 경험과 직무 만족 사이에서도 비슷한 정(+)의 관계가 전제된다.

서비스 기업이 소비자와 종업원 통제 권한을 강화하기 위한 전략을 고려할 때, 자체적

e-서비스 활동 사례

소셜 미디어와 레스토랑 리뷰

Urbanspoon, Zagat 또는 Yelp에 게재된 불친절한 웨이터와 질 낮은 스테이크에 대한 포스팅을 신경쓰지 말길 바란다. 소비자 행동 및 POS 정보를 전문으로 하는 시장 조사 회사인 NPD Group의 조사에 의하면, 이런 행동은 오히려 시간 낭비일 뿐이라고 한다. 조사에 따르면, 최근 온라인 소비자 중 8%가 인터넷 마케팅 캠페인(모든 광고 및 소셜 미디어를 결합)을 참고하여 레스토랑을 선택한다는 사실을 발견했다. 그중 14%만이 Facebook 및 Yelp와 같은 소셜 미디어 및 블로그 사이트에 대한 리뷰의 영향을 받는 것으로 나타났다.

그러나 레스토랑, 식당 메뉴 및 특별상품 및 쿠폰에 대한 일반 정보를 전달한 온라인 마케팅은 훨씬 많은 영향을 끼쳐 고객의 수를 27%에서 33%로 증가시켰다. 새로운 레스토랑과 저가 식당은 온라인 캠페인으로 고객을 두 배로 늘리는 놀라운 성과를 올렸다.

Source: Tice, Carol, "What Puts Diners in Restaurant Seats? Hint: Not Social-Media Reviews," July 12, 2012, http://www.forbes.com.

으로 서비스 경험을 유지 및 관리하는 것이 중요하다. 만약 소비자가 지나치게 통제 권한을 부여받으면, 소비자는 자신의 이익을 위해 회사에 불이익을 주는 범위까지 가치 방정식을 만들게 된다(예: 식료품점의 셀프 서비스 체크아웃이 고객에게 통제 권한을 부여하지만, 이 기술은 도난율이 높아지고 결국에는 기업 이익 마진의 감소로 이어진다). 다른 한편으로 서비스 종업원이 완전한 통제 권한을 가지게 된다면(예: 항공기 내 좌석을 지정할 수 있는 승무원), 소비자는 불만이 커지고 다른 서비스 제공자를 찾을 수 있다. 비록 두 시나리오 중 어느 것도 발생하지 않는다 하더라도 고객 관리를 강화한다면 운영 효율성이 저하되는 경우도 많다.

소비자가 현금을 내고 서비스의 통제 권한을 교환하는 것이라고 생각한다면 통제 관점을 더욱 잘 이해할 수 있을 것이다. 궁극적으로 통제의 개념은 두 가지 유형의 통제 — 행동 및 인지 — 로 구성된다. 행동 통제(behavioral control)는 실제로 진행되는 일을 제어할 수 있는 능력이다. 또한 연구에 따르면, 인지 통제(cognitive control)도 중요하다. 따라서 소비자가 자신이 통제 권한이 있다고 지각하거나 적어도 그들에게 일어나고 있는 일이 예측 가능할 때, 그 효과는 행동 통제에 의한 효과와 동일할 수 있다. 즉 실제가 아닌 통제에 대한 지각이 가장 중요하다.

경영 측면에서 이 개념은 여러 가지 흥미로운 아이디어를 제시한다. 첫 번째는 서비스 경험 동안 소비자가 통제할 수 있다는 인식을 높이기 위해 소비자에게 제공되는 정보의 가치에 대한 것이다. 제공된 정보는 소비자의 예측 가능성을 촉진하고, 예측 가능성은 인지 통제를 제공한다. 이것은 전문적인 서비스 회사에서 특히 중요하다. 전문적인 서비스 회사는 단순히 '좋은 성과'를 내는 것만이 고객을 행복하게 만든다고 생각하지만, 실제로는 특수한 상황 아래 고객이 오랜 시간 동안 회사로부터 연락이나 정보를 받지 못한다면 고객 만족도가 높지 않을 수 있다. 이는 지연된 항공편에 대해 승객에게 아무런 정보나 지연 상황을 알려주지 않은 항공사의 경우에도 마찬가지로 적용된다. 두 경우 모두 고객이 스스로 통제력을 상실했다고 느끼며, 그 결과 고객 불만족으로 이어진다.

더욱이 통제 관점에 따라 기업이 고객에게 영향을 미칠 운영 방식을 변경해야 하는 경우, 고객에게 사전에 이를 알리는 것이 중요하다(예: 공항 수속 시 티켓 대행자가 하는 경우와 전자 키오스크를 사용해야 하는 경우). 만일 고객이 변경 사항에 대한 정보를 알지 못한다면 고객은 종종 상황이 스스로 통제력이 없다고 지각하게 된다. 결과적으로, 고객은 서비스에 대해 불만을 갖게 되어 궁극적으로 서비스 공급자를 변경한다.

iStockphoto.com/dlewis33

고객과 효과적으로 소통할 수 있는 스크립트인 'Please Take A Number'는 고객과 기업 간의 스크립트 일치를 용이하게 한다.

통제 관점은 예측 가능성과 선택 사이의 절충안에 대한 흥미로운 이슈를 제기한다. 운영 측면에서 볼 때, 지각된 통제 관점에서 가장 중요한 전략적 문제 중 하나는 고객에게 제공할 선택의 양(고객화)이다. 선택(고객화된 서비스에 의해 제공)과 예측 가능성(표준화 서비스에 의해서 제공)은 통제 인지에 기여할 수 있기 때문에 고객과 서비스 기업 모두에게 더 강력한 통제 원천을 결정하는 것이 중요하다.

구매 후 모델: 스크립트(각본) 관점 – 이 세상은 무대이고 모든 사람이 주연이다 서비스 구매 후 과정의 소비자 평가를 설명하는 세 번째 모델이 **스크립트 관점**(script perspective)이다. 해당 스크립트 개념에는 심리학과 사회학의 이론이 사용되었다. 스크립트 관점은 주로 사회 및 문화적 변수에 의해 결정되는 규칙이 다양한 서비스 경험을 포함하여 매일 반복되는 사건의 상호작용을 촉진하기 위해 존재한다고 주장한다.[24] 이러한 규칙은 상호작용에서 참여자의 기대를 형성한다. 더 나아가 만족스러운 결과를 위해 규칙을 참여자에게 알려야 한다. 예를 들면, 좋은 레스토랑(find dinning restaurant)의 고객은 웨이터가 일관되게 서비스를 세팅해줄 것으로 기대한다. 마찬가지로 웨이터도 고객에 대해 동일한 기대를 갖고 있을 것이다. 만일 한 참여자가 그 규칙으로부터 벗어난다면, 다른 공동 참여자는 불편할 것이다. 그러므로 만족한 고객에겐 불만족스러운 서비스 제공자가 없으며, 만족한 서비스 제공자에겐 불만족 고객이 없다. 결과적으로 스크립트 이론의 핵심 내용은 고객과 종업원이 수행하는 실제 스크립트가 기대된 스크립트와 일치하는지 여부에 관계없이, 서비스 인카운터에서 고객은 스크립트를 따르고 고객 만족도는 **스크립트 일치**(script congruence)의 함수 결과라는 것이다.

스크립트 이론의 실무적 시사점은 다음과 같다. (1) 서비스 종사자와 고객의 욕구를 충족시키고 수용 가능한 서비스 인카운터에서의 스크립트를 설계하도록 해준다. (2) 이러한 스크립트를 고객과 종업원에게 알려주어 그들의 상호작용에서의 패턴뿐만 아니라 역할에 대한 실제적 기대와 지각을 갖도록 해준다. 만약 스크립트를 효과적으로 전달하지 못하면 고객과 공급자 모두가 어색하고 실망할 수 있다. 예를 들어 여러 문화권에서는 훌륭한 서비스를 제공하는 공급자에게 팁을 주는 것이 관습이지만, 다른 문화권에서는 모욕으로 간주

글로벌 서비스 활동 사례

세계의 팁 문화

훌륭한 서비스를 제공한 서비스 제공자에게 팁을 주는 것은 미국의 관습이며, 팁을 주지 않는다면 무례하다고 간주될 수도 있다. 팁을 받는 종업원(tipped employees)으로 분류되는 웨이터, 바텐더 및 스파 종업원과 같은 서비스 노동자는 팁이 수입을 크게 보완하기 때문에 고용주로부터 더 낮은 임금(종종 법정 최저 임금보다 적음)을 받는다. 미국 이외의 지역에서 팁을 주는 관습은 매우 다양하며, 때로는 특이한 방식으로 행해진다.

- 이집트: 투어 가이드는 손님을 교육하고 보호하는 훈련된 이집트 학자이다. 투어 가이드의 팁은 하루에 20달러 정도이다.
- 이란: 정부로부터 승인 받은 여행 가이드가 손님을 에스코트하므로 서비스 요금이 포함된다. 특히 호텔 종업원 같은 경우에는 미국 스포츠팀의 모자 및 기타 특별한 품목과 같은 개인적인 선물을 팁으로 받길 원한다.
- 이스라엘: 이스라엘의 운전 기사는 "세계에서 가장 불평이 많은 사람"으로 알려져 있다. 이에 대해 전문가들은 운전 기사에 대한 기대를 낮추고 요금의 10~15%를 팁으로 줄 것을 권고한다.
- 요르단: 대부분의 베두인 족은 관광객을 통제하며, 팁을 선불로 지불한 경우에도 더 많은 팁을 요구한다. 이는 단호하고 정중하게 거부하는 것이 좋다.
- 사우디아라비아: 레스토랑에서는 음식값의 10~15%를 팁으로 지불하면 좋고, 종업원들이 남은 음식을 집으로 가져가기 때문에 남은 음식을 포장하는 것은 되도록이면 요구하지 않아야 한다.
- 예멘: 수도를 떠나면 AK-47을 소지하고 있는 경비원의 호위가 필요하다. 부족 지도자 중 한 사람의 집을 방문하는 경우, 지녀에게 작은 선물을 가져다 주거나 주인에게 돈을 주고(절대 여자에게 주어서는 안 됨), 아이들을 위해서라고 말하라.
- 모로코: 10%의 팁이 일반적이며, 감사 인사와 함께 악수하는 손에 현금을 넣어 조심스럽게 제공해야 한다.
- 코스타리카: 봉사료는 자체가 이미 팁을 포함하고 있지만 조금 더 주는 것은 "즐거운 놀라움"이다. 코스타리카 가이드는 거의 팁을 요구하거나 기대하지 않는다.
- 멕시코: 미국과 마찬가지로 팁이 서비스 담당자의 소득에 영향을 주므로, 팁을 주어야 한다. 그러나 장인(craftsman)이 시연을 한다면, 팁보다는 작품 중 무언가를 사는 것이 낫다.
- 중국: 호텔에서 청구서에 서비스 요금을 추가할 수 있다. 짐을 옮겨주는 포터와 마사지사에게 주는 약간의 팁을 제외한다면 팁을 주지 않아도 된다.
- 인도: 사람들은 적극적으로 팁이나 '박시시(Baksheesh)'를 요구한다. 호텔 종업원이 당신의 상황을 확인하기 위해 문을 두드릴 것이므로 소액의 지폐를 많이 휴대하는 게 좋다.

Source: **http://www.cntraveler.com.**

될 수 있다. 팁에 대한 적절한 스크립트가 없으면 전 세계를 여행하는 고객은 "팁을 줄 것이냐 말 것이냐"라는 질문에 어려움을 겪을 수 있다(**글로벌 서비스 활동 사례** 참조).

결론적으로, 기대 불일치 모델, 지각된 통제 관점 및 스크립트 관점은 마케팅 전략을 구성할 때 소비자 행동에 대한 논리적 추론을 가능하게 한다. 이 세 가지 모델은 서로 배타적이지 않고 상호 보완적인 것으로 간주되어야 한다. 예를 들어 세 모델 모두 소비자 기대와 지각이 상이하지만 서로 보완적이기도 하다. 우리는 소비자 의사결정 처리에 대해 계속해서 배우면서 이러한 다양한 관점의 조합을 통해 관리 통찰력을 보다 효과적으로 개발할 수 있다. 소비자 의사결정의 구매 후 과정 동안에 형성된 소비자 만족 평가에 관련된 모델의 요약은 〈도표 4-6〉과 같다.

〈도표 4-6〉 소비자 의사결정 과정: 구매 후 단계에 관련된 특별한 고려 사항

구매 후 소비자 만족 모델	설명
기대 불일치 이론	1. 고객 만족은 고객 지각이 고객 기대와 일치하거나 초과할 때 이루어진다.
지각된 행동통제	2. 서비스 인카운터(접점)에서 고객의 통제 수준이 높을수록, 고객 만족 수준이 높아진다.
스크립트 이론	3. 고객 만족은 고객과 종업원에 의해서 수행된 실제 스크립트가 기대된 스크립트와 일치될 때의 결과이다

요약

이 장에서는 서비스 소비자와 관련하여 소비자 결정 과정상의 이슈를 논의하였다. 소비자 결정 과정 모델은 크게 구매 전 과정, 소비 과정, 그리고 구매 후 과정의 세 가지로 이루어진다. 구매 전 과정은 소비자가 실제 서비스를 구매하기 전의 행동으로 구성되며, 여기에는 자극 수용, 문제 인식, 정보 탐색, 그리고 구매 대안에 관한 평가 등의 요소들이 포함된다. 구매 전 과정의 결과는 소비 과정에서의 선택이라 할 수 있다. 소비 과정에서는 구매 행동, 사용, 그리고 폐기 등의 과정이 포함된다. 구매 후 과정은 소비자 본인이 구매 후의 만족도에 대한 평가를 하는 과정을 의미한다.

소비자 의사결정 프로세스 모델이 상품과 서비스에 공통적으로 적용될 수 있지만, 서비스 구매의 각 과정에서는 특별한 고려 요소들이 있다. 구매 전 과정에서 서비스 소비자들은 (1) 구매와 관련하여 높은 위험을 지각하며, (2) 브랜드에 대한 충성도가 높게 나타나고, (3) 개인적 정보 원천에 더 의존하며, (4) 고려할 수 있는 대안이 적으며, (5) 종종 셀프 서비스를 대안으로 선호한다.

서비스의 소비 과정은 생산, 구매, 사용이 일련의 한 과정처럼 여겨져 일반 상품의 소비 과정과는 다르게 상당히 복잡하다. 게다가 확장된 서비스 전달의 과정으로 인하여 많은 사람의 서비스의 구매 후 평가는 서비스 사용 후에만 아니라, 서비스 동안과 후에도 발생한다. 마케터의 입장에서 볼 때, 이런 관점은 서비스가 제공되는 동안에 고객의 서비스 평가에 직접적으로 영향을 줄 수 있는 기회가 생긴다는 것을 의미한다. 고객과 회사의 상호작용으로 인하여 서비스 제공자들은 서비스 전달 과

정 상의 문제점을 파악할 수 있고 상품 제조업체와는 달리, 서비스의 변경을 시행할 수 있다.

이와 비슷하게 서비스의 구매 후 평가 과정 역시 복잡하다. 평가 과정은 고객이 서비스 기업을 선택하거나 소비와 소비 후 단계의 전 단계에 걸쳐서 이루어진다. 평가는 사회적, 심리적, 상황적 변수들의 상호작용을 통해서 영향받는다. 서비스 만족도는 제공되는 서비스의 기술적인 품질과 서벅션 시스템의 네 가지 요소(고객 접촉 종업원, 서비스스케이프, 다른 고객, 그리고 내부조직 시스템)에 의해 결정이 될 뿐만 아니라, 서비스의 생산/소비 과정에서 이 모든 요소를 어떻게 동시화하느냐에 따라서도 결정이 된다.

소비자의 구매 후 평가 과정을 이해하는 데 도움을 주는 모델은 기대 불일치 모델, 지각된 통제 관점과 스크립트 이론이다. 요약하면 기대 불일치 모델은 만족이 고객 기대를 충족하거나 초과하는 것으로 정의한다. 지각된 통제 관점은 서비스 경험 동안에 소비자가 상황에 대하여 통제 권한을 많이 가질 수록, 서비스에 대한 만족이 높아진다고 전제한다. 마지막으로 스크립트 이론은 서비스 접점에서 고객과 종업원이 스크립트를 수행하고, 고객과 종업원에 의해서 수행된 실제 스크립트가 기대된 스크립트와 얼마나 일치하는가에 따라 만족을 나타내는 스크립트 일치의 함수라고 제안한다. 이러한 모델은 고객의 평가가 어떻게 이루어지는가를 이해하는 데 도움을 주며, 고객 만족을 제공하기 위한 서비스 마케터의 궁극적인 목표달성하기 위해 어느 곳에 노력을 집중할 것인가에 대해 도움을 준다.

복습문제

1. 〈도표 4-1〉에 기술된 소비자 의사결정 프로세스 모델과 같은 소비자 행동 모델의 목적을 논의하시오.
2. 서비스 소비자가 상품 구입과 비교하여 구매와 관련된 위험을 더 높게 지각하는 이유가 무엇인가?
3. 위험의 종류를 논의하시오.
4. 탐색 속성, 경험 속성, 신뢰 속성의 용어를 정의하고 논의하시오. 어떠한 속성이 서비스에 가장 정확하게 적용 가능한지를 설명하시오.
5. 다속성 모델에서 선형 보상 접근법과 사선 편찬식 접근법의 차이점은 무엇인가?
6. 상품 소비자와 서비스 소비자 중 누가 더 브랜드에 충성하는가? 이에 대해 설명하시오.
7. 서비스 소비자들에게 있어 개인적 정보 원천이 더 중요한 이유가 무엇인가를 논의하시오.
8. 소비 단계 동안에 생산, 획득, 사용, 폐기로 구성되어 있는 일련의 과정이 주는 관리적 시사점이 무엇인가를 논의하시오. 이러한 일련의 과정이 상품과 서비스의 경우에 어떻게 다른가? 이러한 차이와 관련한 관리적 시사점은 무엇인가?
9. 스크립트가 무엇이며, 고객 만족 평가 형성 방법과 관련하여 어떻게 관련이 있는가?
10. 소비 후 단계에 관련하여 행동통제와 인지적 통제에 대한 구체적인 예를 이용하여 지각된 통제의 관련성을 설명하시오.

사례 4. Frontier와 United 항공사: 덴버에서의 치열한 경쟁

Frontier 항공사는 고객과 경쟁 상황을 잘 이해하고 있다. Frontier는 콜로라도주의 덴버를 오가며 출장하는 비즈니스 여행객을 위해 United 항공사와 효과적으로 경쟁할 수 없다고 인정한다. United는 매우 크고, 훨씬 더 많은 비행기를 보유하고 있으며, 하루 종일 매우 많은 목적지로 여러 번 비행한다. 그렇다면 Frontier의 주요 고객은 누구인가? Frontier의 주요 고객은 방학을 위한 비행기 티켓을 구입하거나, 친구 및 가족을 방문하는 가격에 민감한 비업무용 여행자(nonbusiness travelers)이다. 누가 이러한 유형의 여행 티켓을 구매하는가? 한마디로, 여성이다. 이 같은 여성들은 종종 비행기 티켓 구매 결정에 발언권을 가질 수 있는 아이들을 데리고 다닌다. 어린이의 영향력을 결코 과소 평가하지 말아야 한다. 미국에서 4~12세 어린이가 연간 약 7천억 달러의 지출에 영향을 미치는 것으로 추정된다.

Frontier는 소비자 의사결정 프로세스에 대한 이해를 바탕으로 "편안한 서비스 클래스(one comfortable class of service)"라고 부르는 것에 초점을 둔다. 우선, 대부분 Frontier의 제트기는 경쟁사보다 평균적으로 10년 더 신형인 것보다 훨씬 신형이다. 결과적으로, 항공기 내부는 승객의 안전 인식에 긍정적 영향을 미치는 우수한 상태에 있다. 둘째, Frontier는 다른 항공사와 비교하여 1인치에서 2인치 더 많은 레그룸(legroom)을 제공하여, 그리 좋게 들리지 않을지 모르지만, 특히 어린이와 함께 여행할 때, 진정으로 차이를 만든다. 셋째, Frontier의 기내 엔터테인먼트 시스템은 24개의 채널을 통해 각 시트 백에 DIRECTV를 라이브로 제공하여 어린이들을 좌석에 묶어놓는 데 있어 생명의 은인과 같다. 마지막으로, Frontier의 에미 상을 수상한 광고 캠페인으로 Grizwald the Bear, Jack the Rabbit, Larry the Lynx와 같은 독특한 동물 60개 이미지가 Frontier 항공기의 꼬리를 장식하여 매우 가족 친화적으로 디자인되어 있다.

사실, 항공사는 터미널 제트웨이(jetways)를 보면서 어머니와 아이들이 Frontier의 이름을 가진 동물 중 하나가 오늘 비행기의 꼬리 부분에 자랑스럽게 표시된다는 사실을 알리는 비디오를 제공한다. Frontier가 동물 마스코트를 사용한 성공의 증거는 고객이 새로운 동물 마스코트의 이름에 투표 할 수 있는 5주간의 광고 캠페인에서 알 수 있다. 이 회사의 웹사이트는 온라인으로 캐스트 된 100 만 건 이상의 투표를 수집하여 전년 대비 50%의 트래픽 증가를 가져왔다.

Frontier는 이코노미(Economy), 클래식(Classic), 클래식 플러스(Classic Plus) 등 세 가지 종류의 코치 좌석을 제공하여 고객을 더욱 만족시키고 있다. 고객이 약간의 할인 혜택을 기꺼이 원할 경우, 이코노미 좌석은 승객에게 더 저렴한 가격으로 제공된다. 예를 들어 체크인에서 이코노미 좌석에 앉는 승객은 첫 번째 체크인 수하물은 20달러, 두 번째 수하물은 30달러가 부과되며, DIRECTV는 구매가 가능하다. 대조적으로, 클래식 좌석을 구매하는 고객에게는 고급좌석이 배치되며, 첫 번째 및 두 번째 체크인 가방은 무료, DIRECTV 무료, 125%의 EarlyReturns 마일리지, Winter Park 또는 Copper Mountain 스키 리조트에서 사용할 수 있는 2인 1매의 리프트 티켓이 제공된다. 마지막으로, Classic Plus 구매고객에는 전액 환불 가능한 항공권, 고급좌석 지정, 스트레치 좌석(가능한 경우), 우선 탑승, 첫 번째 및 두 번째 체크인 가방은 무료, 무료 DIRECTV, 무료 간식 및 음료, 150%의 EarlyReturns 마일리지, Winter Park 또는 Copper Mountain 스키 리조트에서 사용할 수 있는 2인 1매의 리프트 티켓이 제공된다. 궁극적으로, 3가지 좌석 클래스는 항공사의 표준화된 서비스 제품을 고객에게 제공하는 것과는 달리 고객이 가격 및 서비스 옵션에 대한 자신의 결정을 고객화할 수 있게 해준다.

이러한 노력으로 Frontier 항공사는 Business Traveler 잡지 독자들에 의해서 "가장 저렴한 비용 항공사"와 Travel & Leisure 잡지 독자가 선정한 5대 국내 항공사 중 하나로 선정되었다. Frontier는 자사의 고객에 대한 이해와 자사의 서비스 제품을 표적시장의 욕구에 적응한 것을 고려할 때, 항공사는 마케팅 슬로건인 "완전히 다른 동물"에 잘 부합하고 있는 것이다.

United 항공사는 덴버 시장에서 Frontier 항공사의 주요 경쟁자로서 200개 이상의 국내 및 해외 목적지로 운항하며, 하루 3,300회 이상 운항한다. 항공사의 허브가 시카고, 덴버, 로스앤젤레스, 샌프란시스코에 전략적으로 위치하고 있지만 United의 4만7천 명의 종업원은 미국의 모든 주와 전 세계 여러 국가에 거주한다. United.com에 따르면, "회사의 제품 포트폴리오는 적합한 고객에게 적절한 가격으로 적절한 서비스를 제공한다."

United 항공사는 덴버를 오가며, 출퇴근하는 비즈니스 여행 시장을 장악하고 있다. United의 주요 강점은 제공되는 목적지의 수, 매일 매일의 단일 목적지까지 여러 항공편이 운항된다는 것; 일등급, 비즈니스 클래스 및 코치 좌석 클래스를 제공하는 다양한 유형의 항공기; 탑승 인원, 조종사, 승무원 및 수화물 취급인을 포함한 헌신적이고 전문적인 종업원 등을 들 수 있다.

United는 비즈니스 여행객의 가격 민감도가 낮기 때문에 이익을 얻고 있다. 출장은 일반적으로 승객이 아닌 승객의 고용주가 지불한다. 결과적으로 가격이 항공사 선택에 있어 가장 중요한 기준은 아니며, 운항 일정과 시기 적절성이 보다 중요한 의사결정 기준이 된다.

United가 비즈니스 여행자 시장에서 성공했음에도 불구하고, 항공사가 원하는 만큼 비업무용 시장에서 성공하지 못했다. 비업무용 여행자가 항공권을 구매하는 방법을 결정하기 위해 여러 포커스 그룹과 함께 앉아서 다음 표와 같은 다중 속성 매트릭스가 개발되었다.

관리자는 의사결정 매트릭스를 검토하면서 다음 질문에 답하려고 했다. 비업무용 여행자와 관련된 United의 향후 마케팅 노력에 대한 정확한 경로를 결정하는 데 도움을 주기 위해 외부 컨설턴트로 고용되었다고 가정하고 다음 질문에 대한 답하시오.

비업무용 여행자들의 항공사 고려 세트

의사결정 기준	UNITED 항공사	FRONTIER 항공사	SOUTHWEST 항공사	AMERICAN 항공사	가중치
가격	8	9	9	8	9
운항 일정	9	7	7	9	8
목적지	10	10	10	10	10
수화물 요금	8	8	10	8	8
레그룸	8	9	9	8	7
기내 엔터테인먼트 옵션	7	9	8	7	8
시기적절성	7	9	9	8	8

토의문제

1. United 항공사에서 수집하고, 이전 다속성 매트릭스에 제시된 데이터에 따라서, United 항공사의 향후 경영 의사결정에 유용한 다섯 가지 정보를 설명하시오.
2. United 항공사에서 수집하고, 다속성 매트릭스에 제시된 데이터에 따르면 비업무 여행자가 선호하는 항공사는 어디인가?
3. 비업무용 여행자가 선호하는 항공사와 비교하여 United가 개선해야 할 속성은 무엇인가? 가장 즉각적으로 주의를 기울여야 할 속성은 무엇인가?
4. United 항공사를 이용한 승객들은 각각의 의사결정 기준에 관한 자신의 경험에 대한 자신의

지각을 기록하도록 요청받았다. 그 결과는 다음의 표에 표시되어 있다(기대점수는 앞의 다속성 매트릭스의 점수와 동일). 이러한 정보를 참조하여 만족 갭(gap)의 크기와 방향, 고객이 불만족스럽고, 만족스러웠는지, 또는 감동을 받았는지를 판단하시오.

의사결정 기준	UNITED 항공사 지각	UNITED 항공사 기대
가격	8	8
항공 스케줄	8	9
목적지	10	10
수화물 요금	7	8
레그룸	7	8
기내 엔터테인먼트옵션	8	7
시기적절성	9	7

5. United의 고객 기대치가 실제 지각과 일치하지 않는다면, 소비자가 향후 구매 결정 시 다속성 매트릭스에서 정확한 순위를 매기도록 하기 위해서 United는 무엇을 할 수 있는가?
6. 적극적으로 비업무용 고객을 추구하는 United의 장단점에 대해 토론하시오.

Sources: http://usatoday30.usatoday.com; http://ir.united.com.

각주

1. John E. G. Bateson, *Managing Services Marketing Text and Readings*, 2nd ed. (Fort Worth, TX: The Dryden Press, 1992), p. 93.
2. http://www.strategicbusinessteam.com/famoussmall-business-quotes/famous-jeff-bezos-quoteson-business-leadership-and-strategy/, accessed 9 February 2015.
3. http://www.woopidoo.com/business_quotes/business-quotes.htm, accessed 9 February, 2015.
4. http://www.youtube.com/watch?v=0BxckAMaTDc, accessed 9 February 2015.
5. http://www.marketing91.com/steps-in-consumerdecision-making/, accessed 9 February, 2015.
6. https://www.youtube.com/watch?v=pKLF2bajNI, accessed 9 February 2015.
7. http://marketography.com/tag/multiattribute model/, accessed 9 February 2015.
8. http://en.wikipedia.org/wiki/Buyer_decision_processes, accessed 9 February 2015.
9. D. Guseman, "Risk Perception and Risk Reduction in Consumer Services," in *Marketing of Services*, ed. J. Donnelly and William R. George (Chicago: American Marketing Association, 1981), pp. 200–204; and R. A. Bauer, "Consumer Behavior as Risk Taking," in *Dynamic Marketing for a Changing World*, ed. R S. Hancock (Chicago: American Marketing Association, 1960), pp. 389–398.
10. Originally adapted from L. Kaplan, G. J. Szybilo, and J. Jacoby, "Components of Perceived Risk in Product Purchase; A Cross-Validation," *Journal of Applied Psychology*, 59, (1974), pp. 287–291.
11. http://www.youtube.com/watch?v=fOWnvUgZsVg, accessed 9 February 2015.
12. Cardona, Mercedes. "Self-Checkout Machines Cause 'Stage Fright' in Shoppers," http://www.dailyfinance.com/2009/10/30/self-checkoutmachines-cause-stage-fright-in-shoppers/, accessed 9 February 2015.
13. Guseman, "Risk Perception," pp. 200–204.
14. http://www.youtube.com/watch?v=txqiwrbYGrs, accessed 9 February 2015.
15. Adapted from Bateson, *Managing Services*

Marketing.

16. Zeithaml, Valerie A., "How Consumer Evaluation Processes Differ Between Goods and Services," in Donnelly and George, *Marketing of Services*, pp. 191–199.

17. Bernard Booms and Jody Nyquist, "Analyzing the Customer/Firm Communication Component of the Services Marketing Mix," in Donnelly and George, *Marketing of Services*, p. 172; and Raymond Fisk, "Toward a Consumption/Evaluation Process Model for Services," in Donnelly and George, *Marketing of Services*, p. 191.

18. Christopher H. Lovelock, "Classifying Services to Gain Strategic Marketing Insights," *Journal of Marketing*, 47, (Summer 1983), pp. 9–20.

19. Alan Andrasen, "Consumer Research in the Service Sector," in *Emerging Perspectives on Services Marketing*, ed. L. Berry, G L. Shostack, and G. Upah (Chicago: American Marketing Association, 1982), pp. 63–64.

20. Fisk, p. 191. 21. http://www.motel6.com/about/, accessed 9 February 2015.

22. http://www.youtube.com/watch?v¼rgTI8Wns-BEo, accessed 9 February 2015

23. http://medicine.jrank.org/pages/381/Control-Perceived.html, accessed 9 February 2015.

24. http://teorije-ucenja.zesoi.fer.hr/doku.php?id=learning_theories:script_theory, accessed 8 February 2015.

2부

전술적 서비스 마케팅 믹스

©PeopleImages.com/Getty Images

1부에서는 상품과 서비스 간의 기본적인 차이점에 대해 알아보았다. 2부에서는 서비스 경험 관리와 관련된 주제를 다룰 예정이다. 상품의 생산과는 달리, 서비스 생산 시에는 소비자의 개입으로 인해 관리상의 어려운 문제가 발생한다. 2부에서는 마케팅 믹스 및 서벅션 모델의 구성 요소에 영향을 미치는 전략적 문제에 대해 알아보고자 한다. 궁극적으로 서비스 마케팅 믹스는 전통적인 4P에 프로세스(process), 물리적 환경(physical environment)(서비스스케이프) 및 사람(people)(종업원 및 고객)이 포함되어 7P로 구성된다.

5장
서비스 전달 과정

학습 목표

- 서비스 운영 경쟁력의 4단계를 비교한다.
- 서비스 전달 시스템을 개발하여 운영과 마케팅 간의 관계를 평가한다.
- 효율적인 운영의 형태를 설명한다.
- 운영 효율성 모델을 서비스 조직에 적용하는 문제를 검토하고, 문제 해결을 위한 전략을 추천한다.
- 서비스 전달 운영의 설계와 관련하여 서비스 청사진을 설명한다.
- 새로운 서비스 개발과 관련하여 복잡성과 분기의 역할에 대해 논의한다.

"집을 짓고 난 이후에야, 시작하기 전에 정말로 알아야 할 것이 있었다는 것을 갑자기 깨닫게 된다."

Friedrich Nietzsche

이 장에서는 서비스 마케팅의 운영 개념을 익히고 서비스 운영 과정에서 운영과 마케팅 기능의 균형을 맞추는 전략적 중요성에 대하여 설명할 것이다.

Bloomberg/Getty Images

CHIPOTLE MEXICAN GRILL: 신속함과 신선함이 새로운 유행이다

Steve Ells는 미국요리연구소(Culinary Institute of America)의 숙련된 요리사이자 졸업생이다. 그러나 그가 개발한 Chipotle Mexican Grill은 특정한 조리법에서 태어난 것이 아니다. 최근 유행하고 있는 "패스트 캐주얼(fast casual)" 다이닝 문화는, 25년 전 그가 현지 부리토(burrito) 공동체의 식사를 참고하여 탄생시켰다. 그는 종업원들이 음식을 즉석에서 만들며 손님에게 제공하는 것을 지켜보면서, 그동안 패스트푸드 레스토랑이 음식의 품질이나 맛을 외면해왔던 것이 잘못되었음을 깨달았다.

오늘날 패스트 캐주얼 레스토랑은 비싸고 재료가 풍부한 음식과 서비스를 제공하는것이 일반적이다. 냉동 햄버거와 감자 튀김과 같이 조리가 쉬운 음식을 중심으로 한 패스트푸드 산업과 달리, Chipotle는 신선한 식품만을 판매하며(냉동실이 없음) 살사(salsas), 고기 및 채소만을 사용한 제한된 메뉴로 맞춤 제공하며 모든 음식을 직접 만든다. Chipotle는 개방된 공간에서 음식을 조리하며 재료를 전면에 표시하기 때문에, 고객은 자신이 좋아하는 재료를 선택하고, 조리 과정에 참여할 수 있다.

그렇지만 서비스를 제공하는 속도는 여전히 중요하다. Chipotle는 고객에게 친절하고 활기차고 의욕적인 종업원에게 높은 월급을 주고, 성과가 낮은 종업원을 해고하기 때문에 운영 효율성이 높다. 또한 Chipotle는 고객 서비스를 지속적으로 개선하고 있으며 대기 시간을 줄이기 위해 최선을 다하고 있다. 토틸라(tortilla) 조리 시간을 단 몇 초 줄이기 위해 "부리토 히터"에 2천만 달러를 투자하기도 했다.

Chipotle의 배송 시스템은 조리 과정과 비슷하다. 종업원들은 고객이 도착하기 전에 재료를 준비하고 라인을 설정하여 처리량을 관리한다. 또한 종업원들이 항상 고객에게 서비스할 수 있는 최적의 위치에 있는지 확인하기 위해 "에이스 종업원을 장소에 배치"한다. 관리자 등이 통로에 있는 종업원을 보충하여 고객을 신속히 이동시키고 병목 현상을 최소화하며 서비스 요구 사항을 해결한다.

Chipotle의 서비스 프로세스는 성장세가 뚜렷하다. Chipotle의 점포는 1,600개 이상으로 늘어나 이와 같은 고객 서비스 프로세스를 경쟁업체가 다수 모방하였으며, 매년 40억 달러 이상의 매출을 올리고 있다.

Sources: http://www.fastcompany.com; http://www.businessinsider.com.

5-1 서론

Chipotle의 사례와 같이, 고객은 스스로가 대부분의 서비스 생산 과정의 통합된 요소라는 것을 알게 되었다. 생산 과정에서 고객은 능동적으로(예: 건강을 위해 헬스클럽에서 운동) 혹은 수동적으로(예: 연극을 관람하는 고객) 참여할 수 있다. 서비스 과정에 참여하는 고객의 존재를 감안하여, 서비스 장소(예: 헬스클럽, 극장, 레스토랑)의 프로세스가 변경되면 소비자 스크립트도 변경되어야 한다. 이 점을 더 잘 이해하려면 은행의 ATM을 사용하는 것과 은행 창구에서 수표를 현금으로 바꾸는 것을 생각하면 된다. 이는 동일한 목표를 가진 두 개의 다른 프로세스가 고객에게 각각의 스크립트를 따르도록 요구하는 것이다. 마지막이자, 아마도 가장 중요한 것은 고객의 전반적인 서비스 경험에서 프로세스 전략의 중요성을 인식해야 한다는 것이다. 서비스에 대한 소비자의 평가가 서비스 경험 동안과 그 후에 종종 발생하기 때문에, 고객 만족 결과는 프로세스를 근거로 발생된다.

5장에서는 운영의 효율성(예: 속도, 원가 절감)의 추구와 마케팅 효과성(예: 고객 만족, 수익성 증가) 간에 트레이드오프(trade-off)가 있다는 것을 강조한다. 서비스 운영 효과성을 위한 다수의 전통적인 방법은 고객 또는 종업원에게 영향을 미치지 않고는 달성할 수 없다. 또한 서비스 운영 효율성을 향상시키기는 변화는 최종 서비스 제품의 품질을 떨어뜨리기 쉽다. 5장은 마케팅이 서비스 운영의 효율성 향상에 도움을 줄 수 있는 긍정적인 부분을 제시한다.

5-2 운영상의 경쟁 단계

성공적인 서비스 프로세스가 제공되지 않는, 낮은 수준의 서비스는 고객을 실망시킬 수 있다. 예를 들어 호텔이 훌륭한 위치와 최상의 객실을 보유하였으나, 체크인 및 체크아웃 시간이 오래 걸리고, 레스토랑의 음식이 준비되지 않으며, 하우스 키핑 서비스가 좋지 않다면 결국 기존 고객 및 잠재 고객 모두를 잃게 된다.

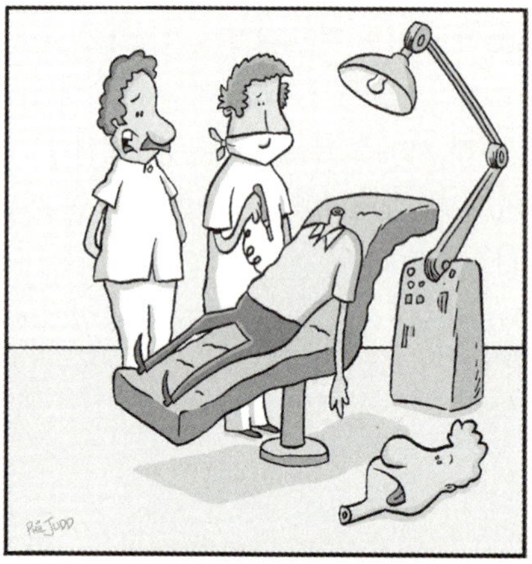

"Still getting the hang of laser surgery?"

"아직도 레이저 수술이 필요한가요?"

고객에게 서비스를 제공하기 전 준비되어 있는 서비스 프로세스를 유지하는 것은 중요하다.

서비스 프로세스를 구축하여 운영상의 효율성을 찾는 서비스 기업은 넓은 범위의 운영 옵션 중에서 선택할 수 있다. 서비스 기업은 서비스 프로세스 운영을 어쩔 수 없이 수행해야 하는 필요악이라고 생각할 수도 있고, 경쟁적 전략의 중요한 요소로 사용할 수 있다. 서비스 기업이 직면하는 "운영의 경쟁력"은 4단계로 설명할 수 있다.[1]

1단계: 수동적 단계(available for service)

2단계: 경쟁자와의 균등 단계(journeyman)

3단계: 차별적 능력 단계(distinctive competencies achieved)

4단계: 세계적 수준의 서비스 단계(world-class service delivery)

5-2a 1단계: 수동적 단계

수동적 단계 수준의 경쟁에서 기업의 운영은 "필요악"으로 여겨진다. 이 단계에서의 운영은 조직의 요구에 단순히 대응하는 것이며, 명시된 대로만 서비스를 제공한다. 운영 부서는 그들의 임무에 따라 우선적으로 실수가 없도록 노력한다. 비용 절감을 위해 후방 지원 업무는 최소화된다. 일선 담당자의 훈련을 위한 투자가 최소화되고, 기술 투자 역시 최소화된다. 경영은 서비스 제공 장소 밖에서 기술을 설계하고, 가능할 때마다 일선 담당자에게 최저 임금을 지불한다.

수동적 단계의 단순한 예는 지역 콘서트 티켓을 웹사이트를 통해 판매하는 개인 사업자를 들 수 있다. 고객은 주문을 하고, 기업은 고객의 요구대로 제공한다. 이 경우 운영은 고객의 요청에 대응하는 것이며, 운영의 궁극적인 목적은 고객에게 콘서트 티켓을 정확히 보내주고, 운영의 복잡성을 최소화하는 것이다.

5-2b 2단계: 경쟁자와의 균등 단계

운영 경쟁력의 두 번째 단계로의 발전 동기는 경쟁자의 출현이다. 서비스 기업이 기본적 운영으로만 작동하는 것이 충분치 않다는 것을 알았기 때문이다. 회사는 이제 서비스 과정에서의 향상을 꾀하기 위해 고객으로부터 상대적인 비용과 지각된 서비스의 품질에 대하여 피드백을 구해야 한다. 이 시점에서 운영 부서는 더욱 더 기업 외부를 조사하고, 효율성 향상을 위해 경쟁사를 벤치마킹하는 것에 관심을 갖게 된다.

이 단계는 비용 절감을 위한 기술 기반 시스템을 도입하는 것이 특징이다. 예를 들어 식료품점에 셀프 체크아웃 시스템을 도입하면 인건비를 줄일 수 있다. 이 단계에서 운영 경쟁력을 향상하려면 근로자를 통제하고 나아가 프로세스를 관리해야 한다. 따라서 종업원에게는 따라야 할 규칙이 주어지며, 경영진은 종업원이 표준화된 절차를 준수하는지 확인해야 한다. 이는 Olive Garden이나 Outback Steakhouse와 같은 캐주얼 다이닝 레스토랑의 종업원 핸드북이 고객과 상호작용을 하기 위해 종업원이 갖추어야 할 외모와 시간에 따라서 어떠한 단계를 거쳐야 하는가를 설명하는 것과 같다. 이와 같이 종업원의 규칙 준수 동기는 종업원의 성과를 평가하고, 근무 일정을 정하고, 임금 수준을 결정하는 관리자에 의해 강화된다.

5-2c 3단계: 차별적 능력 단계

운영 경쟁력 세 번째 단계에 진입하면 운영은 고객을 중점에 둔 인사 관리 기능 및 시스템에 의해 지속적으로 탁월한 성과를 거두게 된다. 이제까지 운영은 자체적으로 인사 관리 기능과 고객 중심을 지지하는 시스템에 의해서 지속적으로 강화되었다. 이 단계에서 서비스 기업은 핵심 서비스를 습득하고, 운영 변화의 복잡성을 이해한다. 또한 기술은 더 이상 단순 비용 효율성의 원천으로 여겨지지 않고, 고객에 대한 서비스 효과성을 강화시키는 수단으로 여겨진다. 즉 2단계에서 3단계로의 변화는 효율성과 효과성 사이의 균형을 맞추는 철학적 변화를 포함한다

철학적 변화와 더불어, 두 번째로 큰 변화는 노동력과 일선 관리의 본질에서 생겨난다. 3단계에서 일선 담당자는 대체 가능한 절차를 선택할 수 있고, 고객의 요구와 관계없이 동일된 방법으로 모든 고객을 의무적으로 대하지 않아도 된다. 이 단계에서는 일선 관리자가 고객의 소리를 듣도록 하고, 일선 종업원이 코치와 조력자가 된다.

5-2d 4단계: 세계적 수준의 서비스 전달

운영 경쟁력의 네 번째 단계는 세계적 수준의 서비스 전달이다. 이 단계의 성과를 뒷받침하기 위해, 운영은 지속적으로 탁월해야 할 뿐만 아니라 서비스 조직은 신속한 학습

인터넷 소매점인 Amazon.com은 세계적 수준의 배달 시스템을 보여주는 프로세스를 채택함으로써 경쟁자들과 차별화를 꾀하고 있다.

자가 되어야 하고, 고객의 끊임없는 욕구와 경쟁 서비스에 수용적이어야 한다. 이 단계에서 기술은 경쟁자가 할 수 없는 것을 수행하는 이른 바 '틀을 깨는' 방법으로 간주된다. 예를 들어 Amazon은 고객 구매를 추적하고 다른 구매자들의 구매 패턴에 근거하여 책을 추천한다. 게다가 계산과 선적 정보는 고객의 동의하에 저장되어 한 번에 구매할 수 있다.

세계적 수준의 서비스를 제공하기 위해서는 종업원 스스로가 단지 규격화된 프로세스를 따르는 로봇이 아닌 혁신의 원천이 되어야 한다. 이것을 달성하기 위해 일선의 관리자는 코칭만이 아닌 멘토링을 시행해야 한다. 멘토로서 일선 관리자들은 종업원들이 서비스 기업의 발전에 반드시 필요한 기술을 개발할 수 있도록 개인적 발전을 위해 책임을 져야 한다.

글로벌 서비스 활동 사례

DHL GlobalMail: 쉽게 만들어진 국제적 포스트

오래 전부터 효율적이고 신속한 우편 발송은 국제 무역이 이루어야 할 큰 목표 중 하나였다. 그러나 오늘날에는 고유한 맞춤형 전달 프로세스가 개발되어 온라인으로 몇 개의 버튼을 클릭함으로써 쇼핑과 배송이 간단해졌다. DHL GlobalMail은 고객의 출입문에서 시작하여 지정된 목적지에서 끝나는 배송 프로세스를 설계했다. 이를 통해 간단한 온라인 주문이나 전화 통화로 220여 국가에 신속하게 물건을 보낼 수 있다.

DHL은 최상의 품질을 제공하고 고객과의 지속적인 관계를 형성할 수 있는 파트너십으로 서비스를 홍보한다. 우선 DHL은 서신, 잡지, 패키지 및 비즈니스에서 직접 우편 발송할 기타 품목을 검색한다. 그런 다음 우편으로 발송할 품목은 즉시 전자 분류 및 추적 프로세스를 사용하여 적절한 유통 분류 시설로 보낸다. 우편물이 최종 목적지에 가장 가까운 40개 이상의 유통센터 중 하나에 도착하면, 현지 운송업체에 인계되고 일반우편으로 배달된다. 이 전체 프로세스는 회사 웹사이트의 GlobalMail 페이지에 명확하게 설명되어 있다. 이 페이지에는 고객의 이해를 도울 수 있도록 특별히 제작된 자세한 비디오가 있다.

DHL은 고유한 프로세스를 사용하여 자신의 고객 및 비즈니스를 수행하는 국가와 긍정적 관계를 효과적으로 형성할 뿐만 아니라 고객 서비스를 위한 탁월한 표준을 운영하고 있다. 전 세계의 패키지를 식별하는 데 사용되는 추적 시스템은 온라인 소비자가 쉽게 이용할 수 있으며, 고객은 언제든지 자신의 배송 상황을 확인할 수 있다. 또한 분류센터에서 우편 주소를 확인한 후 주소가 정확하지 않은 경우, 레이블이 변경되고 변경 사항에 대해 전자메일로 고객에게 전송한다.

세계화가 진행되고 많은 무역장벽이 없어지면서, 기업들은 DHL이 매우 유익한 고급 프로세스를 사용하고 있다는 것을 발견하게 될 것이다. 기업이 뛰어난 고객 서비스 표준을 운영할 때, 매우 성공적인 글로벌 기업으로 거듭나는 것은 당연하다.

Source: DHL GlobalMail, **http://us.dhlglobalmail.com**.

이제까지 운영상의 경쟁력 단계를 수동적 단계부터 세계적 수준의 서비스 단계까지 살펴보았는데, 서비스에서의 운영 관리 문제는 운영과 마케팅 담당자 간의 공동노력으로 해결된다는 사실을 알 수 있었다. 앞에서 설명했듯이, 운영 효율성은 고객의 관점에서 시스템의 효과성과 균형을 유지하여야 한다. 〈도표 5-1〉은 저접촉 고객(low-customer-contact)과 고접촉 고객(low-customer-contact) 서비스를 위한 운영의 효율성과 효과성 사이의 주요한 트레이드오프(trade-off)를 보여준다.

단순 운영의 관점에서 볼 때, 종종 고객을 제약 조건으로 인식하곤 한다. "고객이 한꺼번에 몰리지 않는다면, 우리는 더 나은 서비스를 제공할 수 있습니다!"와 같은 부정적인 견해는 황금 같은 기회를 무시하는 것이다. 서비스 고객의 존재는 서비스 운영을 방해하지 않고 오히려 도움을 줄 수 있다. 이러한 긍정적인 관점을 위해 전통적인 운영 담당자는 고

〈도표 5-1〉 고접촉 고객과 저접촉 고객 시스템의 주요 설계 트레이드오프

결정사항	고접촉 시스템	저접촉 시스템
시설위치	운영은 고객 가까이 위치해야 한다.	운영은 공급, 수송, 또는 노동 근처에 위치해야 한다.
시설 레이아웃	시설은 고객의 신체적, 심리적 욕구와 기대를 수용해야 한다.	시설은 생산을 강화해야 한다.
제품 설계	물리적 제품뿐만 아니라 환경도 서비스의 성격을 정의한다.	고객이 서비스 환경에 있지 않으므로 더 적은 속성으로 상품이 정의될 수 있다.
프로세스 설계	생산 공정의 단계는 고객에게 직접적인 영향을 미친다.	고객은 프로세싱 단계의 대부분에 개입하지 않는다.
일정	생산 일정에 고객이 반영되어 있어야 한다.	고객은 주로 완성 일자에 관심이 있다.
생산계획	주문은 미리 저장될 수 없기 때문에 생산 흐름을 조정하면, 비즈니스가 손실된다.	추후납품(backlogging) 및 생산 평활화(production smoothing)가 모두 가능하다.
작업자 기술	직접 노동력은 서비스 제품의 주요 부분을 차지하므로 대중과 소통을 잘할 수 있어야 한다.	직접 노동력은 오직 기술만을 필요로 한다.
품질통제	품질 표준은 종종 관찰자의 눈에 의해서 결정되기 때문에 가변적이다.	품질 표준은 일반적으로 측정 가능하여 고정적이다.
시간표준	서비스 시간은 고객에 의해서 결정되며 시간 표준은 본질적으로 상실된다.	직업은 고객 내리자(예: 양식)에 의해 수행되며, 시간 기준이 엄격해질 수 있다.
임금 지불	결과가 가변적이라 시간 기준 임금 체계가 필요하다.	결과가 고정적이라 결과 기준 임금 체계가 허용된다.
용량 계획	판매 손실을 방지하려면 용량을 피크 수요와 일치하도록 설정해야 한다.	저장 가능한 출력으로 인해 평균 수요 수준에서 용량을 설정할 수 있다.
예측	예측은 단기적이며, 시간 지향적이다.	예측은 장기적이며, 결과 지향적이다.

Source: Richard C. Chase, "Where Does the Customer Fit in a Service Operation?" *Harvard Business Review* (November–December 1978), pp. 137–142. Reprinted by permission of *Harvard Business Review*. Copyright © 1978 by the President and Fellows of Harvard College.

객의 서비스 경험의 효율성을 높이는 마케팅 담당자의 중요성을 인식해야 한다. 마찬가지로 마케팅 담당자는 운영 시스템 및 그것의 문제점에 대해 자세히 알고 있어야 한다. 기존 운영 체제를 통해 새로운 서비스를 제안하는 것만으로는 충분하지 않다. 탁월한 마케터는 고객에게 새로운 서비스를 도입하기 전에 기존 운영 시스템을 통해 드러나지 않는 부정적인 영향을 고려해야 한다.[2]

5-3 마케팅과 운영: 균형이 중요하다

일반적으로 마케팅과 운영의 관계는 소비자의 욕구와 기업의 기술 및 제조 능력의 결합이라고 볼 수 있다. 결혼과 마찬가지로, 마케팅과 운영이 성공적으로 결합하려면 분명 타협을 수반해야 할 것이다. 왜냐하면 고객의 요구가 완전하게 경제적으로 충족될 수 없기 때문이다.

서비스 기업에서 마케팅과 운영의 균형을 맞추는 일은 매우 중요하다. 운영은 소비자에게 혜택을 전달하는 상호적인 경험을 창조하는 제품이기 때문에 중요하다. 예를 들어 레스토랑에서의 경험은 단지 음식의 질로만 결정되는 것이 아니다. 경험을 통한 물리적 환경과 접촉 담당자와의 상호작용 역시 제공된 서비스의 품질에 대한 소비자의 지각에 영향을 준다. 그러므로 운영 효율성과 마케팅 효과성의 성공적인 절충은 달성하기가 몹시 어렵다. 서비스 마케팅에서의 성공은 운영에 대한 제약과 기회에 대해 제대로 이해해야 가능하다.

이러한 복잡성을 이해하기 위해 첫 번째로 운영 부문 매니저의 관점에서 다음과 같은 질문을 던질 수 있을 것이다. "운영 관점에서 시스템을 운영하는 이상적인 방법은 무엇일까?" 마케팅 영향력을 키우고 이상적인 결과를 만들어내기 위한 기회는 그 후에 개발된다.

1장에서 언급한 것처럼, 서비스의 특징은 경험이다. 그러한 경험은 기업이 고객과 상호작용하는 운영 시스템에 의해 창조된다. 그러므로 복잡성 속에서 기업의 운영 시스템은 서비스 제품이다. 마케팅 매니저에게는 이러한 사실이 제약으로 작용함과 동시에 기업의 수익성을 높이기 위한 새롭고 도전할 만한 기회를 나타낸다.

4장은 서비스 상품 설계 문제에 대한 이해를 돕는다. 소비자 행동에 대한 이해는 성공적인 마케팅을 위한 필수적인 요소이다. 상품 설계 과정을 바라보는 한 가지 방법은 조직의 기술 능력과 제조 능력에 대한 이해를 결합하는 것이다. 결과적으로 효과적인 서비스 마케터가 되기 위해서는 경제적으로 상품을 생산하기 위한 소비자 행동에 대한 지식 하나만으로는 충분하지 않다. 성공적인 관리자는 운영과 인적자원 개념과 전략에 대한 날카로운 지식 또한 필요하다.

3장에서 이야기했듯이, 상품 생산자는 재고를 이용하여 제조와 마케팅의 문제점을 분리하는 것이 가능하다. 그럼에도 불구하고 〈도표 5-2〉에서처럼 잠재적인 갈등이 다수 존재한다. 그러한 문제점들이 갈등을 일으키기도 하지만 기회로 작용할 수도 있다. 각각의 영

<도표 5-2> 마케팅과 운영 간의 협조/갈등의 원천

문제 분야	전형적인 마케팅 커멘트	전형적인 제조 커멘트
1. 생산 계획과 장기 매출액 예측	"왜 충분한 생산량을 확보하지 못했는가?"	"왜 정확한 수요 예측을 하지 못했는가?"
2. 생산 일정과 단기 매출액 예측	"우리는 신속한 반응이 필요하다. 우리의 리드 타임(lead time)은 터무니없다."	"우리는 쉽게 변하지 않는 현실적인 고객 약속 및 판매 예측이 필요하다."
3. 배달과 물류	"왜 우리는 적절한 상품 재고를 가지고 있지 않는가?"	"우리는 모든 상품을 재고로 가질 수 없다."
4. 품질 보증	"왜 우리는 합리적 비용으로 합리적 품질을 유지하지 못하는가?"	"왜 항상 제조하기 힘들고, 효용이 적은 상품을 가져야 하는가"
5. 제품계열의 폭(넓이)	"우리 고객은 다양성을 요구한다."	"제품 계열이 너무 넓다 – 그러나 우리는 단기적이고, 비경제적으로 운영된다."
6. 원가 통제	"우리 원가는 너무 높아서 시장 경쟁력이 떨어진다."	"우리는 신속한 배달, 다양한 상품, 변화에 신속한 반응, 낮은 원가로 고품질의 상품을 제공할 수 없다."
7. 신제품 도입	"신제품은 우리의 생명줄이다."	"불필요한 디자인 변화는 비싸므로 금지되어야 한다."
8. 어분의 부품, 재고 지원, 설치, 그리고 수리	"현장 서비스 비용이 너무 높다."	"제품이 설계되지 않은 방식으로 사용되고 있다."

Source: Reprinted by permission of *Harvard Business Review*. An exhibit from "Can Marketing and Manufacturing Coexist?" by Benson P. Shapiro (September/October 1977), p. 105.

역에서 마케팅과 운영이 잘 통합되면, 더 효율적이고 생산성 있는 조직이 만들어질 것이다. 예를 들어 기업이 상품 계열을 확장하거나 한 상품에 집중하는 것은 소비자의 이질적인 요구와 동질적인 제조 요구의 절충으로 볼 수 있다. 만약 마케팅 매니저의 입장만을 고집한다면, 너무 많은 수의 상품이 개발되고 비효율적으로 운영될 것이다. 그러나 만약 상품 가격이 높이 책정된다면 이러한 문제가 해결될 수 있고, 그 전략은 성공적일 것이다. 반대로 운영 담당자의 입장만을 강조한다면, 모든 사람이 같은 색깔, 같은 모델의 차를 운전할지도 모른다. 이는 소비자에게 매력적이지 못한 구성이다. 그러나 만약 낮은 원가로 인해 가격이 낮게 책정된다면, 그 전략은 성공적일 것이다.

결과적으로 마케팅과 운영은 절충에 의해서 해결해야 할 벅찬 전쟁이다. 서비스 분야에서 운영 그 자체는 서비스 상품이기 때문에 갈등과 절충이 발생할 분야가 더욱 넓어진다 다시 말하면 운영 효율성과 마케팅 효과성은 서로 다른 방향을 추구하기 때문에 한 가지 해결책은 없다.

이 장은 마케팅 지향적이기보다 운영 관리자의 관점에서 본 운영 지향적 내용을 다룬다. 결과적으로 이 장의 나머지 부분은 운영 효율성에 필요한 요건과 마케팅이 그러한 요

건을 달성하는 데 도움을 줄 수 있는 방법이 무엇인가에 중점을 둔다. 마지막으로, 시장에서 경쟁적 우위 달성을 위한 마케팅 목표는 운영의 비효율성을 발생할 수도 있다. 특히 고접촉 서비스 기업에서 많이 발생한다. 고객 접촉의 양이 높아질수록 서비스 기업이 효율적으로 운영될 가능성은 낮다. 결국 서비스 고객은 다음의 내용을 결정한다.

- 수요의 유형
- 수요 주기
- 서비스 경험의 길이

그러는 동안에 서비스 기업은 일반적인 운영 시스템에 대한 통제를 점점 잃어가게 된다. 이것이 서비스 사업의 본질이다.

5-4 완전 세계에서 서비스 기업은 효율적이다

운영 관리자의 관점에서, 최대 효율로 서비스 기업을 운영하는 것은 이상적인 상황일 것이다. Thompson의 완전 세계 모델은 이런 궁극적 목표를 달성하기 위해 필요한 방향을 제시한다. 현실에서 최대 효율은 도달하기 어렵지만, 집중화 공장(focused factory)과 공장 내 공장(plant-within-a-plant) 개념은 마케팅 효과를 고려하면서 기업의 효율성을 강화할 수 있는 대안적인 전략을 제공한다.

5-4a Thompson의 완전 세계 모델

이 논의는 J. D. Thompson의 연구로부터 시작된다.[3] 오래 전에 Thompson은 연구에서 **테크니컬 코어**(technical core) 개념 — 조직의 주요 운영 기능이 수행되는 조직 내의 장소 — 을 소개하였다. 서비스 분야에서 테크니컬 코어는, 예를 들어 레스토랑에서는 주방, 자동차 정비소에서는 차고, 병원에서는 수술실에 해당되는 곳이다. Thompson은 **완전 세계 모델**(perfect-world model)에서 기업이 효율적으로 운영되기 위해서는 단일 상품이 지속적으로 시장에서 흡수되어야 하고, 투입이 일정한 비율 및 품질로 공급되어야 한다고 주장했다. 그의 주장의 중심에는 불확실이 비효율을 만든다는 생각이 있다. 이상적인 상황에서 테크니컬 코어는 투입량과 산출량 측면에서 불확실성을 제외하고 운영될 수 있으며, 그 결과 관리가 유리해진다. 다시 말하면 투입물이 일정하게 테크니컬 코어 내에서 처리되고, 시장에서 즉시 흡수되면, 재고를 유지할 필요가 사라진다.

불확실성의 부재는 테크니컬 코어 내에서의 의사결정이 프로그램화될 수 있으며, 개별 종업원은 정해진 규칙에 의해 의사결정을 할 수 있다. 개인의 재량권 제거는 직무를 단순화시키고 질이 낮은 노동으로 대체될 수 있음을 뜻한다. 대신 규칙은 기계로 프로그램화되며, 노동력은 자동화로 대체될 수 있다. 결과물과 투입물은 재고를 이용해서 조정될 수 있기 때문에, 최고 효율적 운영 성과를 창출하기 위해서는 생산을 계획하고 필요한 고효용 수준으로 운영한다.

대체로 불확실성이 없는 시스템은 통제하고 관리하기 쉽다. 성과는 객관적 기준으로 측정될 수 있으며, 시스템이 외부 방해에 쉽게 영향을 받지 않기 때문에 어떤 문제의 원인도 쉽게 진단할 수 있다.

5-4b 집중화 공장

사실상 Thompson이 제시한 완전 세계 모델은 실현 불가능하며, 상품 회사에서도 이상적인 운영에 반하여 투입물 구매에 대한 요구와 마케팅의 산출물 관리가 균형적으로 이루어져야 한다. 따라서 상품과 서비스 비즈니스의 실제 특성을 반영하는 현실적인 대안 모델이 필요하다.[4] 이러한 역할을 해줄 수 있는 모델은 집중화 공장 개념과 공장 속의 공장 개념이다. **집중화 공장**(focused factory)은 어떤 위치에서 특정한 직무를 집중적으로 하도록 해준다. 일단 이러한 집중화가 달성되면, 공장은 일을 효율적으로 할 수 있다. 왜냐하면 한 영역에서의 반복과 집중이 근로자 및 관리자가 성공적으로 업무를 수행하기에 효과적이기 때문이다. 예를 들어 고객 가정과 작업장 근처에 위치한 작은 세탁편의점에서 더러운 옷을 모으는 드라이 클리닝 작업을 생각해보자. 세탁편의점은 의류를 모으고 분류하는 일에 집중한다. 그러나 실제로는 별도의 집중화 공장을 사용하여 드라이 클리닝 작업이 수행된다. 이 별도의 설비는 투입 및 출력 측면에서 고객으로부터 단절되어 있으므로 매우 효율적이다. 집중화 공장 개념은 이런 작업이 효과적일 뿐만 아니라 효율성을 창출한다고 주장하며, Thompson의 완전 세계 모델을 확장한다. 즉 집중화 공장은 효율성, 고품질의 상품을 생산해내며, 수요의 여부에 관계없이 시장의 요구를 보다 잘 충족할 수 있다.

5-4c 공장 속의 공장

집중화 공장의 개념은 **공장 속의 공장**(plant-within-a-plant: PWP) 개념을 도입하면서 다른 방향으로 확장될 수 있다. 한 곳에서 생산 능력을 가지는 것은 이점이 많기 때문에, 공장 내 공장은 대규모, 집중화되지 않은 플랜트를 각각 버퍼링되는 소단위로 분해하여 각 소단위가 분리되어 집중화될 수 있도록 해준다.

상품의 제조에서 **버퍼링**(buffering)의 개념은 매우 중요하다. "조직은 그들의 테크니컬 코어를 투입 및 산출의 구성 요소로 둘러싸서 환경적 영향을 완화하고자 한다."[5] 그러므로 공장 속의 공장은 만약 재고 버퍼링이 투입과 산출의 측면에서 제작되면, Thompson의 완전 세계 모델에 가깝게 운영될 수 있다. 투입 측면에서 플랜트에 필요한 구성 요소는 그 전에 재고 마련이 가능하며, 품질이 통제될 수 있다. 이러한 방식으로 시스템에서 투입물의 품질과 흐름이 일정하다는 것을 PWP에 나타낼 수 있다. 비슷한 방법으로, PWP는 완제품 재고를 작성하여 다운 스트림 플랜트 또는 시장에서 분리될 수 있다. 자동차 제조업체가 좋은 예이다. 완제품은 최종 소비자에게 판매될 때까지 지역시장에서 제조업체의 재고를 구매하고 보유하는 기존의 소매 딜러 시스템(retail dealership system)에 의해 다운 스트림에 흡수된다.

Thompson이 제안한 버퍼링 대안들은 평활화, 예측, 배급이다. 평활화와 예측은 작업 흐름에 의해서 시스템에 나타난 불확실성에 집중하게 된다. **평활화**(smoothing)는 공급 및/또는 수요의 변동을 줄이기 위해 환경을 관리하는 것이고, **예측**(anticipating)은 공급 및/또는 수요 계획 시 나타나는 변동의 최악의 효과를 미리 완화하는 것이다. **배급**(rationing)은 환경의 영향으로 인하여 시스템에 대한 요구가 시스템의 처리 능력을 초과할 경우, 투입과 산출을 직접 할당하는 방법이다. 성공적인 기업은 평활화, 예측, 그리고 배급 전략들을 사전에 계획하며, 그 결과 정해진 시간 동안 더 효율적으로 운영된다.

5-5 서비스 기업에 효율성 모델 적용하기

위의 운영 개념을 서비스에 곧바로 적용하는 것은 어려운 점이 많다. 1장에서 제시된 서벅션 모델과 비교하면 이 문제가 쉽게 이해될 수 있을 것이다. 서벅션 모델의 주요 특성은 고객이 서비스 프로세스의 중요한 부분이며, 그 시스템은 실시간으로 운영된다는 점이다. 고객은 종종 운영에서 필수 불가결하기 때문에 시스템은 각 고객에 맞게 서비스된다. 서비스 운영 시에 고객이 접촉하는 수가 증가할수록 운영의 효율성은 떨어진다.

솔직히 서벅션 시스템을 운영하는 것 자체가 악몽이다. 대부분의 경우에 출하 측면에서 재고의 사용은 불가능하며, 생산과 고객을 분리하는 것도 불가능하다. 수요가 일정한 대신에 시스템은 매시, 매일 심지어 매분 변화하는 시장과 직결되어 있다. 이것은 수용 능력 계획과 이용에서 많은 문제를 야기한다. 사실 많은 사례 중에서, 서비스 공급과 수요가 일치하는 때는 매우 우연히 발생한다. 예를 들어 레스토랑에서 고객에게 서비스를 완벽히 제공하기 위해 충분한 종업원이 항상 대기하고 있는가? 병원에서 환자에게 서비스를 제공하기 위해 충분한 의사와 간호사가 대기하고 있을 때는 언제인가? 고객에게 서비스를 제공하기 위한 충분한 회계사가 항상 대기하고 있을까? 이와 같이 수요와 공급이 균형에 맞게 정확히 일치하는 순간이 존재한다면, 이는 고객의 유입과 유출을 예측해서가 아니라 우연히 얻어진 결과인 것이다.

같은 맥락에서 서비스가 Thompson의 완전 세계 모델의 요건을 충족하지 못하는 것은 자명한 사실이다. 이상적인 서벅션 모델은 고객에게 보이지 않는 (테크니컬 코어로 알려진) 시스템의 일부이다. 그러나 고객화는 시스템에 불확실성을 초래할 수 있다. 서벅션 모델 내에서 발생되는 모든 고객화는 보이지 않는 부분이 분리되어 운영될 수 있다. 서벅션 모델의 고객 접촉 부분과 분리되어 다른 장소에 위치하는 것이다.[6] 그러나 서벅션 시스템 내에서 고객화가 이뤄지지 않으면 백 오피스(back office)에서도 불확실성이 발생될 수 있다.

완전 세계 모델은 단일하게 디자인된 상품을 제공하지만, 서비스 시스템은 각 고객별 특성에 따른 맞춤 "상품"이 만들어진다. 실제로 고객마다 성향이 다르고 이는 서비스 프로세스에서 중요하게 다뤄지며, 고객의 경험과 상품은 독특하기 때문에 불확실성 또한 크게 작용할 수 있다.

Thompson의 모델은 투입이 일정한 비율과 품질을 유지하며 지속되는 것을 요구한다. 서벅션 시스템에서 투입 요소(물리적 환경, 종업원의 접촉, 다른 고객, 개인 고객)를 고려해 보자. 물리적 환경(서비스스케이프)은 일정하게 유지되지만, 나머지 투입 요소들은 품질뿐만 아니라 생산 과정에서 제공되는 비율이 매우 가변적이다.

게다가 고객 접촉 담당자는 물건이 아니라 사람이기 때문에 감정이 있고, 작업 외에서 발생되는 사건에 영향을 받는다. 그들이 기분 나쁜 일을 겪고 출근한다면, 이는 하루 종일 업무 성과에 영향을 미치게 된다. 그리고 그 고객 접촉 담당자는 구매 경험의 가시적인 부분을 차지하기 때문에 담당자의 나쁜 기분은 고객에게 직접 영향을 미친다.

고객 또한 자신의 행동에 영향을 미칠 수 있는 주변 환경과 다른 사람들에 의한 분위기에 쉽게 노출될 수 있다. 운동 경기에서 홈팀이 이겨서 그 지역 술집이 붐비는 상황과 같은 분위기를 상상해볼 수 있다. 그 밖의 다른 분위기들은 고객이 이미 서벅션 시스템의 일부가 되었을 때도 개별적이고 특별하며, 심지어 예측하기도 어렵다.

마지막으로, 고객은 서비스 장소에 상시로 도착하기 때문에, 수요를 균등하게 유지하거나 이를 예측하는 것이 어렵다. 지금 당장은 식당에 아무도 없지만 몇 분 후에는 꽉 찰 수도 있다. 식료품점에선 이러한 기본적인 문제를 이해하기 위해 수요의 다양성을 고려하는 것이 필요하다. 수요 분석은 앞으로 닥쳐올 피크타임이 언제인지를 예측 가능하게 하나, 이러한 처방은 서비스 기업이 고객이 꾸준한 흐름으로 도착하는 것을 선호하기 때문에 비효율성을 초래한다. 여전히 문제되는 부분은 불확실한 피크타임이다. 피크타임에 맞춘 계획은 피크타임을 위해 업무가 시작되기 전부터 많은 계산원을 배치하는 것과 같이, 대부분 시간을 초과하는 용량을 생산하게 된다. 초과된 양은 전체 시스템에 부담을 주게 되어, 고객과 접촉 담당자와의 경험을 훼손한다.

Bluiz60/Shutterstock.com

고객은 항상 일정한 비율로 서비스 장소에 방문하지 않는다. 그렇기 때문에 수요를 균등하게 나누고, 예측하는 것이 매우 어렵다.

5-5a 서비스 기업을 위한 운영 해결책

지난 몇 십년 간 많은 마케팅 서적과 운영 관리 부문에서는, 서비스 운영의 문제를 극복하기 위한 다양한 전략이 제시되어 왔다. 이러한 전략은 크게 다섯 가지로 분류될 수 있다.

1. 테크니컬 코어의 분리
2. 전체적인 생산 시스템의 계열화
3. 유연한 수용 능력의 창출
4. 고객 참여의 증대
5. 피크 수요 시간대의 이동

테크니컬 코어의 분리 테크니컬 코어 분리는 고객 접촉이 높은 서벅션 시스템(고객이 존재하는 서비스 운영 부분)을 명확하게 분리한다. 일단 분리가 이루어지면 각 운영 단위별로 다른 관리철학이 채택되어야 한다. 즉 집중화 공장 또는 공장 내 공장 개념이 채택되고, 서비스 기업은 고접촉 지역과 무/저접촉 지역별로 구분되어 각 부분별로 다르게 운영되어야 한다. 예를 들어 레스토랑에서 고객과 접촉이 많은 다이닝(dinning)이나 바와 고객 접촉이 적은 내부 주방을 고려해보자.

고객 접촉이 많은 지역에서는 고객을 위한 경험을 극대화할 수 있는 관리에 초점을 맞추어야 한다. 반대로 테크니컬 코어(무/저접촉 지역)가 분리되면 전통적인 생산라인 접근방식이 적절하다.[7] 즉 고접촉 시스템은 고객의 이익을 위해 효율성을 희생해야 하지만, 저접촉 시스템은 그럴 필요가 없다.[8]

테크니컬 코어의 분리는 고객과의 접촉을 최소화한다. "고객은 관례를 무너뜨리고, 서비스 제공물을 무시하고, 절차에 따르지 않고, 수요를 부풀려 문제를 일으킨다."[9] 그러므로 운영 효율성은 고객으로 인한 시스템적 불확실성에 의해서 감소된다.[10]

서비스 시스템의 고접촉 지역을 테크니컬 코어로 **분리**(decoupling)한 예는 전화나 우편을 통한 일반 담당부터 대면을 바탕으로 오직 하나의 분야만을 처리하는 전문 부서까지 다양하다.[11] 게다가 고객 접촉의 정도는 고객 요구에 맞춰 제공되어야 하며, 제공된 고접촉 서비스의 양은 최소로 수용되도록 해야 한다.[12] 전반적으로 운영 효율성은 저접촉 시스템이 항상 유리하지만, 고객 관점에서의 효과성은 완전히 반대의 결과를 보여준다.

이 시점에서 고객이 선호하는 접촉 범위에 대한 결정이 마케팅 문제이기 때문에, 접근 방식에 있어서 마케팅 참여(marketing involvement)가 반드시 필요하다. 고객 접촉이 높은 기업은 경쟁 기업과 차별화될 수 있는데, 그런 경우에는 운영 비용이 경쟁적 혜택과 비교되어야 한다. 5성급 레스토랑이 패스트푸드 프랜차이즈에 비해 갖고 있는 경쟁적 우위를 고려해보라.

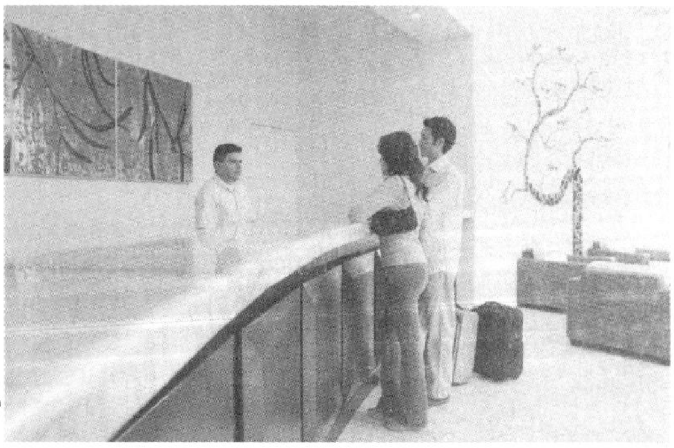
Plush Studios/Bill Reitzel/Blend Images/Jupiter Images

서비스 시설에 카운터를 적재적소에 배치하는 등 물리적 장벽을 활용하면, 서비스 기업은 운영 효율성이 주요 목표인 테크니컬 코어에서 효과성이 극대화되는 고접촉 영역을 분리할 수 있다.

어떤 경우에는 운영 그룹이 백 오피스로 간주하는 부문은 실제로 고객에게 보이지 않는다. 예를 들어 재무 서비스의 은행원 활동은 관리 사무실에서 일어난다. 이는 운영 측면에서 은행원이 고객이 서비스를 원할 때만 서류 작업을 한다는 것을 의미한다. 그러나 불행히도 고객은 이런 효율적인 운영 시스템을 부정적으로 바라본다. 서비스를 받기 위해 줄을 서 있는 고객은 닫혀 있는 창구를 보면서 책상에 앉아 고객에게 신경 쓰지 않는 은행원을 노려본다. 실제로 이 은행원들은 매우 바쁘지만, 관리 업무를 수행하는 탓에 고객에게는 노는 것과 같은 부정적 인상을 남기게 된다.

시스템의 일부가 분리되더라도, 마케팅은 대안의 평가와 실행에 있어서 주요한 역할을 한다. 서벅션 시스템이 작동하는 방법의 변화는 고객의 행동 변화를 의미한다. 예를 들어 퍼스널 은행 서비스에서 온라인 은행 서비스로의 변화는 고객 행동 방식도 크게 변할 것을 요구한다.

모든 고객이 효율을 위한 시스템 분리를 좋게 인식하는 것은 아니다. 예를 들어 시카고의 First National Bank에서, 창구 종업원의 시간을 좀 더 효율적으로 쓰기 위해서 고객이 창구 종업원에게 말을 걸면 3달러의 요금을 부과하기로 해 화제가 된 적이 있었다. 이에 대응하여 경쟁업체들은 돈을 지불하지 않고도 "말할 수 있는 은행원(live tellers)"을 내세워 프로모션하였다. NBC의 "Tonight Show"의 Jay Leno는 이에 대해, "좋은 날이에요 그렇지요? 그럼 3달러를 주세요. 흠? 뭐라고요? 누구요? 이제 다시 9달러를 주셔야겠군요."라며 비꼬기도 했다.[13]

전체적인 생산 시스템의 계열화 서비스 기업의 운영 문제를 다루기 위한 두 번째 해결책은 모든 시스템을 생산라인화하는 것이다. **생산라인 접근법**(production-line approach)은 표준화된 서비스 제품을 생산하기 위하여 서비스 운영에 하드와 소프트 기술을 적용하는 것이다.[14] **하드 기술**(hard technologies)은 표준화 상품을 생산을 용이하게 하는 하드웨어를 포함한다. **소프트 기술**(soft technologies)은 동일한 결과를 만들기 위해서 따라야 할 규칙, 규제 및 절차 등을 말한다. 운영 효율성을 높이기 위한 일반적인 방식이며, 실제로 ATM 기계, 공항 체크인 키오스크, 자동 전화 신호 그리고 패스트푸드 기업들은 시스템 운영을 높여 고객 응대를 최소로 하고 고객의 참여를 높이는 전형적인 방식을 제공한다.

이러한 고접촉 시스템에서 여러 유형의 운영 효율성을 만드는 것은 생산라인이 제한되는 것을 의미한다. 패스트푸드 기업의 경우, 생산라인이 주가 된다. 게다가 모든 운영 시스템이 직접적으로 소비자와 연결되므로 고객화를 최소로 해야 한다. 중요한 문제는 효율을 어떻게 제공할 것이며, 각기 다른 특성을 가진 고객을 다루는 동시에 일정한 품질 수준 이상의 표준화된 서비스를 어떻게 제공할 것인가이다.[15] 이러한 문제를 해결하기 위한 많은 시도가 있었지만, 문제의 복잡성(complexity)만 보여줄 따름이었다. "좋은 하루 되십시오."와 같은 일상적인 개인화 방식의 시도는 서비스 제공자의 친밀성 지각에 긍정적인 효과를 가져왔지만, 지각된 역량 측면에서는 반대의 효과를 가져오게 되었다. 결과적으로 명확하게 단순한 운영 방식의 결정은 고객 지각에 복잡한 효과를 가져올 수 있다.

패스트푸드 시스템의 생산라인화는 표준화된 음식을 이용할 수 있는 고객의 규모에 달려있다. 보이지 않는 요소를 분리할 수 없고 주문 전에 음식을 준비할 수 없기 때문에, 운영 시스템은 개별 수요와 독립적으로 운영되어야 하며 결국 총수요가 생산된 음식을 흡수한다는 것을 가정해야 한다. 미리 만들어진 샌드위치가 선반에 놓여 미래의 수요를 기다리는 이유가 이것이다.

이러한 운영 체제는 고객에게 먹고 싶은 음식을 사전에 선택해야 한다는 압박을 준다. 고객이 계산대에 서면, 주문을 할 것이고, 주문 이후에는 신속히 음식을 테이블에 가지고 가야 한다. 많은 경우 이러한 고객은 자신의 테이블로 음식을 나를 것이다.

유연한 수용 능력의 창출 효율적인 서비스의 운영 관리를 위한 세 번째 방법은 유연한 수용 능력(공급)을 창출함으로써 가변적인 수요의 효과를 최소화하는 것이다.[16] 예를 들어 Verizon의 SONET Services를 통한 UMass Memorial 헬스케어 시스템 수요 창출의 사례를 생각해보자. SONET Services는 헬스케어 전문가와 외과의사가 같은 시간에 같은 장소에 없이도 소통할 수 있도록 해준다(**e-서비스 활동 사례** 참조). 그러나 이 분야에서조차도 상식적인 운영 솔루션으로 시작하는 전략은 이러한 새로운 시도가 서비스 회사의 고객과 대면하게 되면 광범위한 마케팅 영향을 가지게 된다. 예를 들어 유연한 수용 능력을 창출하는 몇 가지 전략은 3장에서 언급된 (1) 파트타이머를 이용하라, (2) 피크타임 동안 종업원이 고객 접점 업무에 집중할 수 있도록 교차 교육(cross-training)하라, (3) 타 기업과 수용 능력을 공유하라 등이다.

이러한 전략들은 운영 관점에서 볼 때 매우 간단하지만, 마케팅에 시사하는 바도 고려해야 한다. 기업은 파트타이머를 활용하여 피크타임 때만 여분의 수용 능력을 제공하여 활용한다. 그러나 여기에는 마케팅 시사점이 많이 존재한다. 예를 들어 파트타임 종업원은 풀타임 종업원보다 질 낮은 서비스를 생산한다. 훈련을 받지 않기 때문에 품질 관리에 신경쓰지 않는 것이다. 파트타이머는 매우 바쁜 휴가 시즌 또는 여행 성수기에 활용되는데, 수요가 빠르게 증가되고 매우 많다면 파트타이머의 존재가 고객에게 많이 노출이 될 수 있다. 이로 인해 고객 지각에 부정적으로 영향을 미쳐 품질에 대해 고객이 실망할 수 있다.[17]

유사한 방법으로, 유연한 수용 능력 창출을 위한 다른 두 가지 방법도 중요한 마케팅 시사점을 갖고 있다. 첫째, 수요가 정점에 달하는 동안 고객 접점의 직무에 집중하는 것은 고객 관점에서 서비스 부분의 핵심을 확인할 수 있는 가정이다. 둘째, 수용 능력을 다른 기

e-서비스 활동 사례

Verizon Enterprise Solutions Group: 헬스케어 협력

Verizon Enterprise Solutions Group은 미국 전역의 대기업, 정부 및 교육 고객을 위한 네트워크 솔루션을 제공한다. 흥미로운 솔루션 프로젝트 중 하나는 매사추세츠주에서 가장 큰 의료 시스템인 UMass Memorial Healthcare와 Verizon의 상호작용이다. 의료 시스템과 Verizon의 960만 달러 협약으로 인해, 의료 전문가는 고속 광대역 서비스를 사용하여 환자를 진단하고 관리할 수 있다. SONET Services는 3개 캠퍼스로 이루어진 의료 시스템과, 4개의 지역사회 병원 및 기타 의료 시설을 통해 환자 기록 및 진단 데이터를 동시에 볼 수 있다. SONET Services는 의사와 의료 전문가가 동일한 장소에 있지 않아도 서로 의사소통할 수 있는 기능을 제공한다. 환자의 사생활도 보장된다.

Verizon Enterprise Solutions Group은 또한 의료 산업에 원격 의료 솔루션(telemedicine solutions)을 제공한다. 원격 의료 솔루션은 말 그대로 환자의 집과 다른 중요한 장소에 의사 및 기타 주요 의료 인력을 배치하는 것이다. 이제 의사는 병원으로 이동하는 구급 요원과 의사소통할 수 있으며, 물리적으로 존재하지 않고도 수술실에서 설차를 감독할 수 있다. 원격 의료 솔루션은 사진 보관 및 통신 시스템을 사용하여 위치에 관계없이 동시에 여러 사용자에게 정보를 제공한다.

Verizon 의료 솔루션의 궁극적 목표는 의료 서비스에 대한 환자 접근성 향상, 보다 신속한 서비스 제공, 환자의 건강 향상 및 의료 비용 절감이다. 동시에 Verizon Enterprise Solutions Group은 점점 더 많은 수익을 창출하고 있다.

Source: **http://www22.verizon.com**.

업과 공유하는 것은 많은 위험이 따른다. 고객은 서비스 회사가 하는 일(예: 표적시장은 누구인가?)에 대해 혼란을 느낄 수 있으며, 이는 두 개의 다른 회사의 고객이 우선 순위와 행동 스크립트를 각각 다르게 갖고 있기 때문이다. 따라서 두 개 기업의 고객들이 같은 시설을 공유하는 전환 시간은 특히 중요하다. 예를 들어 최근 한 MBA 학생은, 자신의 할머니는 자신이 좋아하는 아이스크림 가게가 밤이 되면 게이 나이트 클럽으로 변신하는 것에 혼동을 느낀다고 하였다.

고객 참여의 증대 서비스 운영을 관리하는 네 번째 방식은 고객의 참여를 증대시키는 것이다. 고객 참여 증대의 본질은 종업원이 하고 있는 일을 고객에 의한 일로 재배치하는 것이다.[18] 운영 효율성 제고에 집중하는 다른 전략들과는 달리, 이 접근법은 고객에게 서비스를 제공하는 것과 관련된 비용을 줄이는 것에 초점을 두고 있다. 이 전략 역시 단점이 존재한다.

앞서 논의했던 소비자 행동 스크립트에 대해 잠시 생각해보자. 서비스 접점에서 소비자 참여의 증대는 소비자 스크립트의 실질적 수정을 요구하게 한다. 더욱이 고객 참여의 요구가 커짐에 따라, 고객은 자신이 받는 서비스에 대한 책임감을 더 크게 갖게 된다. 예를 들어 은행의 ATM은 많은 서비스 운영 담당자에 의해서 노동력을 절약하는 방법으로 활용되고 있다. 사실, 인간의 노동력을 기계로 대체하는 방법은 고전적인 운영 접근법이며

ATM 방식 또한 그렇다. 고객의 입장에서 보면, ATM은 은행 업무 시간에 비해 고객에게 부가적인 편의성을 제공한다. 그러나 일부 고객에게는 위험성 증가, 통제의 어려움, 무인점포로 인한 문제점 등이 나타나기도 한다.[19]

고객의 행동을 전환시키는 것은 고객이 받는 제품의 모든 본성을 변화시키는 것이기 때문에 중요한 마케팅 시사점을 가지고 있다. 따라서 서비스 전달 과정에서 고객 참여를 증가시키기 위해 고객 스크립트의 변화 전, 많은 고객을 조사하고 세부적인 계획을 마련한다. 예를 들어 핀란드에서 학생들을 가르치는 미국의 교수는, 드라이브스루(drive through) ATM과 레스토랑의 개념에 대해 언급했는데, 핀란드 학생들은 드라이브스루 옵션을 제공하는 사업체가 핀란드에 없기 때문에 그 개념을 어려워했다. 즉 핀란드에서 드라이브스루 옵션의 도입을 위해 앞서 효과적으로 관리해야 하는 소비자 스크립트의 주요 변경이 있어야 한다는 것을 보여준다.

5-5b 수용 능력에 맞추기 위해 수요 시간 이동시키기

마지막으로, 서비스 운영의 효율성을 최적화하는 또 다른 전략은, 서비스 수요의 격차를 줄이기 위해 수요 시간을 전환하려는 시도이다. 일반적으로 이런 경우에는 피크타임에 수용 능력을 창출해야 하며, 결과적으로 피크타임 외의 시간에는 유휴 노동력을 갖게 되는 대량 운송 시스템이다. 많은 대량 운송 관계자는 이러한 문제의 심각성을 해소하기 위해, 피크타임 이외의 시간에 방문하도록 할인과 무료 이용 등을 통해 고객을 유인했다. 다시 말하면, 운영과 마케팅은 연관되어 있다. 수요를 평활하게 하는 것은 운영 관점에서 유용한 전략이나, 이러한 전략은 전략을 효과적으로 만들기 위해 필요한 고객 행동의 변화를 인지하지 못한다. 불행하게도, 대부분의 대량 운송 시스템에서의 이동은 소비자의 작업 일정에 근거한 수요로부터 파생되었기 때문에, 수요를 재할당하는 것이 어렵다는 것이 충분히 예상될 수 있다.[20]

5-6 청사진 기술

운영의 효율성을 추구하는 데 있어서 복잡한 생산 과정을 분석하고 관리하는 데 사용되는 일반적 기법 중의 하나가 순서도(flowcharting)이다. 순서도는 다음을 확인하게 해준다.

- 프로세스 흐름의 방향
- 한 프로세스에서 다음 프로세스로 이동하는 데 걸리는 시간
- 각 프로세스 단계에 포함된 비용
- 각 단계에서 구축된 재고량
- 시스템에서의 병목점

서비스 운영의 순서도는 일반적으로 **청사진**(blueprinting)이라 불리며, 서비스 운영 관리뿐 아니라 마케팅 관리자에게도 유용한 도구로 사용된다.[21]

서비스는 소비자를 포함한 상호작용 프로세스에 의해 전달되기 때문에, 서비스 기업의 마케팅 관리자는 해당 작업에 대한 자세한 지식을 가지고 있어야 한다. 청사진은 그러한 지식을 습득하기 위한 유용한 방법을 체계적으로 제공한다. 청사진은 서비스 운영 시스템의 어떤 부분이 고객에게 가시적인지, 서벅션 시스템에서 어떤 부분이 소비자 지각을 차단하는지를 알려준다.

개별 기업의 서벅션 시스템 요소를 확인하는 것은 생각보다 어렵다. 예를 들면, 많은 기업은 고객과의 수많은 접촉점을 간과하고 있으며, 전화 교환원, 비서와 수위 또는 회계 담당자 등의 중요성을 잊거나 간과하고 있다.

고객에게 혜택의 묶음(the bundle of benefits)을 전달하는 경험은 서비스 상품의 핵심이다. 이 "경험"은 Disney World, Epcot Center, 그리고 Universal Studios 등의 복잡한 환경처럼, 서비스 기업에 의해 만들어진 빌딩이나 환경에서 발생될 수 있다. 잔디 관리와 같은 경우에는 서비스 상호작용이 자연 환경에서 이루어진다. 결국 소비자가 원하는 혜택을 제공하는 경험을 창출하는 것은 프로세스 자체이다. 따라서 이 프로세스를 설계하는 것이 서비스 상품 설계의 핵심이 된다.

소비자가 볼 수 있는 상호작용형 프로세스는 실제에 대한 지각을 개발하고 최종 서비스 상품을 정의하게 한다. 그러나 1장의 서벅션 모델이 보여주듯이, 소비자와 상호작용하는 비즈니스의 가시적 부분은 비가시적 프로세스에 의해 지원되어야 한다.

운영 효율성의 추구는 서비스 기업에게만 적용되는 특이한 것은 아니지만, 흥미로운 점이 있다. 서비스 운영의 변경은 보다 효율적일 수 있지만, 소비자와의 상호작용의 질을 변화시킬 수도 있다. 예를 들어 수년 동안 많은 대학생이 자동 응답 전화 또는 온라인 서비스를 통해 수업에 등록할 수 있었다. 이러한 유형의 운영은 효율성을 제고하지만 때로는 학생과 지도교수 상호작용의 질을 최소화한다. 결국 청사진의 세부 사항에는 운영과 마케팅 간의 커뮤니케이션 수단이 제공되어야 하며, 잠재적 문제가 실시간으로 발생하기 전에 알릴 수 있어야 한다.

5-6a 단순 청사진의 예[22]

〈도표 5-3〉은 전체 프로세스를 심플하게 구성하여 고객에게 보여주고 있다. 이는 카페 스타일의 레스토랑의 청사진을 제시하며, 식사를 하는 단계를 보여준다. 해당 사례를 살펴보면, 각 프로세스 활동은 박스(box)로 표시된다. 상품 제조업자와는 달리, 프로세스 전체에서 "원재료" 흐름은 고객이다. 서비스의 무형성으로 인하여 프로세스에는 재고가 없지만, 고객의 재고는 다음 카운터로 이동하기 위해 기다리는 동안 프로세스의 각 단계에

〈도표 5-3〉 카페테리아 스타일 레스토랑의 청사진

	에피타이저 카운터 →	샐러드 카운터 →	핫푸드 카운터 →	디저트 카운터 →	음료 카운터 →	계산대
	시간당 8달러	시간당 8달러	시간당 8달러	시간당 8달러	시간당 8달러	시간당 10달러
스테이션의 수	1	1	1	1	1	1
활동 시간	15초	30초	60초	40초	20초	30초
프로세스 시간	15초	30초	60초	40초	20초	30초
시간당 최대 생산량	240	120	60*	90	180	120

*병목점

식사당 서비스 비용 = $\frac{50}{60}$ = 0.83달러

서 형성된다는 것은 분명하다. 이런 방식으로 운영되는 식당은 Western Sizzlin', Golden Corral 등의 카페 스타일의 레스토랑이며, 고객이 프로세스에 따라 이동하고 계산하는 긴 카운터 체인의 특성을 가진다. 〈도표 5-3〉에서 각 단계별 비용 수치는 각 카운터에 서비스를 제공하는 담당자의 비용을 나타낸다.

식사당 서비스 비용(service cost per meal) 또는 1회 식사를 기준으로 한 서비스 제공과 관련된 노동 비용의 계산은 다음과 같다.

첫 번째, **프로세스 시간**(process time)은 **활동 시간**(activity time)(활동을 수행하기 위해 필요한 시간)을 장소의 숫자로 나누어 계산한다. 위의 예에서, 프로세스와 활동 시간은 각 활동별로 하나의 **스테이션**(stations)만이 사용되기 때문에 동일하다.

둘째, 각 스테이션의 **시간당 최대 생산량**(maximum output per hour)은 프로세스 시간을 기준으로 계산된다. 간단히 말해서, 시간당 최대 생산량은 한 시간 동안 각 스테이션에서 서비스되는 사람의 수이다. 예를 들어 샐러드 카운터에서 프로세스 시간은 30초이다. 이것은 1분에 2명, 또는 1시간에 120명의 고객(2명×60분)에게 서비스가 제공될 수 있다는 것을 의미한다. 시간당 최대 생산량을 계산하기 쉬운 방법은 공식 '60(60/프로세스 시간)'을 이용하는 것이다. 해당 사례에서 샐러드 카운터의 최대 생산량은 60(60/30) = 120이다.

마지막으로, 식사당 서비스 비용은 전체 시스템의 시간당 총노동비용을 시스템의 시간당 최대 생산량으로 나누어서 계산된다(식사당 서비스 비용 = 총노동비용/시간당 최대 생산량). 시간당 총노동비용은 각 카운터에서 근무하는 종업원의 시간당 임금을 합산하여

간단히 계산된다. 해당 사례에서, 시간당 총노동비용은 50달러(8달러+8달러+8달러+8달러+8달러+10달러)이다. 시간당 최대 생산량은 두 번째 단계에서 계산된 최저 최대 생산량(lowest maximum output)을 선택하면 된다. 그러므로 본 예에서 식사당 서비스 비용은 50달러/60명 고객, 또는 0.83달러이다.

왜 시간당 최저 최대 생산량을 사용하는가? 이와 같은 질문은 일부 학생에게 혼란을 줄 수 있다. 시스템에서 최저 최대 생산량은 1시간 내에 전체 시스템을 통해서 서비스되는 사람의 최대 숫자이다. 해당 사례에서 1시간에 에피타이저 카운터의 서비스를 받는 고객은 240명이나, 동일한 시간에 샐러드 카운터에서 서비스받는 사람은 120명이다. 이것은 1시간 후에 120명 고객(240 – 120)이 샐러드 카운터에서 서비스를 기다리고 있다는 것을 의미한다. 마찬가지로, 핫푸드 카운터에서는 60명의 고객만이 서비스를 기다리고 있다. 60명은 그 시스템의 특정한 카운터에서 시간당 최저 최대 생산량이기 때문에, 실제로 오직 60명만이 1시간 만에 식사를 끝낼 수 있게 된다.

5-6b 서비스 운영 관리자의 관점

청사진이 수행하는 첫 번째 일은 전체 프로세스의 논리적 흐름을 체크하는 것이다. 분명한 것은 서비스 청사진은 작업이 순차적으로 수행되는 경우 그것을 즉각적으로 나타내 준다는 것이다. 이 시점에서 우리는 계산 스테이션이 고정되어 있고, 프로세스의 다른 지점으로 이동할 수 없다는 제한 조건을 예제 시스템에 적용해야 한다. 다른 모든 스테이션은 이동 가능하고 순서가 변경될 수 있다.

일단 상이한 단계가 확인되면, 시스템에서 잠재적 **병목점**(bottlenecks)을 확인하는 것이 쉬워진다. 병목점은 시스템에서 고객들이 장시간 기다리는 지점을 나타낸다. 〈도표 5-3〉에서 핫푸드 카운터는 가장 긴 시간이 소요되는 프로세스 — 단계를 통해 1인에게 서비스하기 위한 시간 — 를 나타내기 때문에 분명한 병목점 지점이다. 균형적인 생산라인은 모든 단계의 프로세스 시간이 동일하며, 고객이 다음 단계로 이동할 때 기다리지 않고 부드럽게 움직일 수 있다.

이 특별한 병목점 문제를 해결하기 위해서, 여분의 카운터를 핫푸드 단계에 투입하는 것을 고려할 수 있다. 그럴 경우 프로세스 시간은 30초(60초÷2)로 떨어진다. 그런 다음 병목점은 디저트 카운터가 되며, 프로세스 시간은 40초이고 최대 회전율은 시간당 90명이 된다. 핫푸드 카운터에 종업원을 추가한 이후 시간당 8달러의 비용이 추가되나, 식사당 서비스 비용은 식사당 0.64 달러로 낮아질 것이다. 이러한 변경 사항은 〈도표 5-4〉에 설명되어 있다.

추가 카운터 및 종업원의 창의적 활용은 특정 활동을 결합하고 여러 스테이션을 사용하는 〈도표 5-5〉와 같은 모델을 만들 수 있다. 이 특별한 레이아웃은 〈도표 5-3〉에 제시된

〈도표 5-4〉 카페테리아 스타일 레스토랑의 수정된 청사진

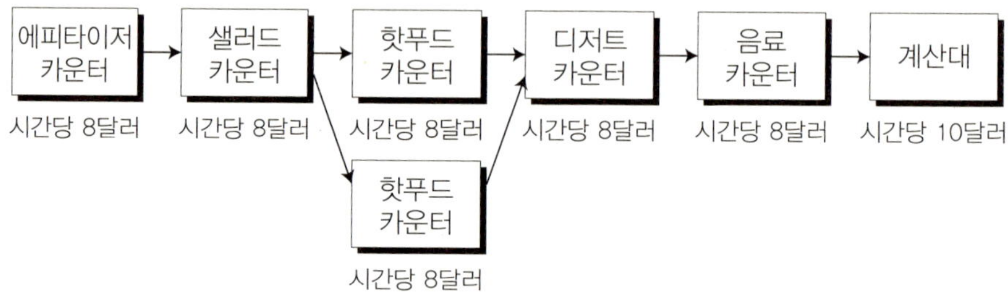

	에피타이저 카운터	샐러드 카운터	핫푸드 카운터	디저트 카운터	음료 카운터	계산대
스테이션의 수	1	1	1	1	1	1
활동 시간	15초	30초	60초	40초	20초	30초
프로세스 시간	15초	30초	30초	40초	20초	30초
시간당 최대 생산량	240	120	120	90*	180	120

*병목점

식사당 서비스 비용 = $\frac{58}{90}$ = 0.64달러

청사진과 비교하여 시간당 120명의 고객이 서비스를 받도록 해준다. 인건비는 상승하지만, 단기간에 시스템을 통해 처리되는 소비자의 수가 증가되기 때문에 식사당 서비스 비용이 감소된다. 이러한 특정한 설정을 더 변경하면 효과가 없다. 즉 디저트/음료 및 계산원 카운터로 생성된 병목점에 카운터를 추가하면 실제로 식사당 서비스 비용이 0.48달러(58달러/120명 식사)에서 0.5달러(68달러/137.14명 식사)로 오히려 증가된다.

5-6c 서비스 마케팅 관리자의 관점

〈도표 5-3〉에서 보여준 프로세스를 다루는 마케팅 관리자는 운영 관리자와 동일한 문제를 갖고 있다. 잘 정의된 프로세스는 특정 생산 수준에서 작동하도록 설계되었으며, 고객이 지각할 수 있는 서비스 표준이다. 그러나 프로세스가 시간당 60명의 고객만을 처리할 수 있다면 문제가 된다. 예를 들어 점심을 빨리 먹고 일해야 하는 고객은 보다 효율적으로 서비스를 제공하는 경쟁 레스토랑에서 점심 식사를 할 수 있다. 또한 핫푸드 카운터의 병목 현상으로 인해 시간이 걸릴 수 있으며, 고객은 이에 대해 실망할 것이 분명하다.

마케팅 관리자는 고객에게 보다 효과적으로 서비스하기 위해 시스템을 변경함으로써 얻을 수 있는 혜택을 즉시 인지해야 한다. 그러나 청사진은 또한 새로운 시스템이 작동하기 위해 필요한 소비자 행동의 변화를 보여준다. 〈도표 5-3〉에서 소비자는 카운터에서 카

〈도표 5-5〉 카페테리아 스타일 레스토랑의 대안 청사진

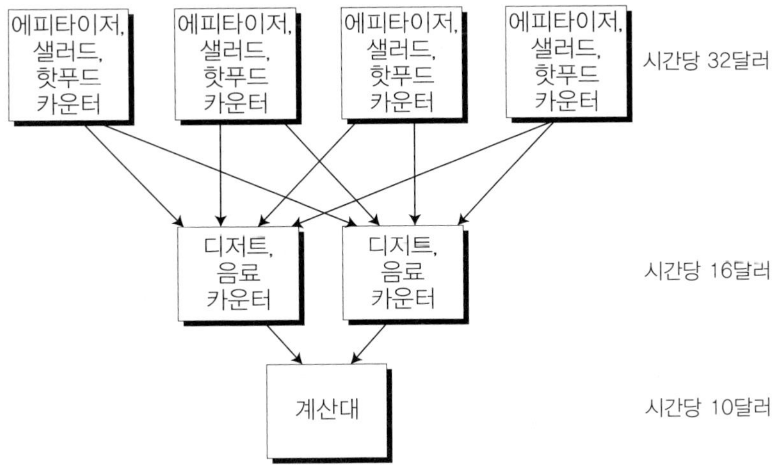

	에피타이저, 샐러드, 핫푸드 카운터	디저트, 음료 카운터	계산대
스테이션의 수	4	2	1
활동 시간	105초	60초	30초
프로세스 시간	26.25초	30초	30초
시간당 최대 생산량	137.14	120*	120*

*병목점

식사당 서비스 비용 = $\frac{58}{120}$ = 0.48달러

운터로 이동하고, 각 카운터에서 단 하나의 선택만을 하며, 각 카운터에서 줄을 서서 기다리고, 핫푸드 카운터에서는 더 오래 기다려야 한다. 또한 각 단계에서의 대기 시간은 각 활동에 소비된 시간을 초과할 것이다. 〈도표 5-5〉에서 제안된 과정에서 소비자는 더 적은 수의 스테이션을 방문하지만 종종 다른 스테이션 사이의 선택에 직면하게 된다. 분명히 선택한 형식에 따라 소비자가 따라야 할 행동 스크립트가 달라진다. 또한 레스토랑 자체는 완전히 다르게 보일 것이다.

청사진 접근 방식의 사용은 마케팅 및 운영 담당자가 공동으로 만들고 관리하는 프로세스를 자세히 분석할 수 있도록 해준다. 그것은 운영 및 마케팅 관리자 간의 갈등을 쉽게 알려주며, 갈등의 해결을 위한 토론과 공통적 프레임워크를 제공해준다.

5-6d 서벅션 프로세스를 확인하기 위한 서비스 청사진의 사용

청사진은 다른 목적으로도 사용될 수 있다. 〈도표 5-6〉은 할인 중개 서비스의 생산을 위한 상세한 청사진이다. 이 차트는 서비스 기업과 고객 사이의 접촉점을 확인하기 위해 설계된 것이다. 선 위에 있는 점은 고객이 볼 수 있으며, 선 아래에 있는 점은 볼 수 없다. 서벅션 모델에 따르면, 고객은 받은 서비스 품질을 평가하는 데 있어서 받은 서비스 품질의 가치에 대한 지각을 개발할 때의 접촉점을 참조한다.

사례를 설명하기 위해, 고객은 반응적이기보다 능동적이라고 가정해보자. 고객을 무생물이 아닌 올바른 결정을 내릴 수 있는 단서를 찾는 걱정스러운 개인으로 가정해보자. 접촉점은 서벅션 프로세스를 개발하는 단서들이다.

보다 복잡한 프로세스를 보여주는 것 외에도, 〈도표 5-6〉에는 많은 추가 기능이 있다. 첫째, 각 주요 기능은 목표 시간과 연결된다. 예를 들어 오른쪽 상단 모서리에서 명세서를 우편으로 보내는 시간은 월말이 끝난 후 5일로 지정된다. 서비스를 설계할 때, 이러한 목표 시간은 마케팅에 의해 초기에 설정되어야 하며, 소비자의 기대 서비스 수준에 따라 결정되어야 한다. 경쟁 시장에서 서비스를 제공하려면, 현재 제공되는 서비스보다 높게 표준을 설정하는 것이 필요하다. 그러나 일단 기준이 정해지면 달성 확률이 평가되어야 한다. 회사가 충분히 투자할 준비가 되어 있다면, 마케팅에 의해 개발된 모든 표준을 충족할 수 있다. 그러나 이렇게 하면 비용에 영향을 미쳐, 서비스의 가격에 연속적으로 영향을 미친다. 그 과정은 상호작용적인 것이 되어야 한다.

〈도표 5-6〉은 **실패 지점**(fail points)의 가능성을 보여주며, 'Ⓕ'는 다음의 세 가지 특징을 갖고 있다.

1. 운영의 오작동 가능성이 높다.
2. 오작동의 결과가 고객에게 인지된다.
3. 시스템 오작동은 고객에게 특히 중요한 것으로 간주된다.

5-6e 마케팅 또는 운영 청사진?

마케팅과 운영 측면에 있어서 청사진이 매력적일지라도, 마케팅 분야의 청사진은 다른 방식으로 준비되어야 한다. 청사진은 겉으로 보이는 것으로부터 시작된다. 지금까지 논의한 청사진은 고객과의 접촉점이 명확하게 보이지만 조직 내부에 초점을 두고 시작되었다.

청사진의 개발 방법 중 하나는 고객 스크립트로부터 시작하는 것이다. 고객, 즉 개인이나 단체는 서비스를 사용하는 과정 또는 그 단계에 대한 설명을 요구한다. 이와 같은 접근은 보이지 않는 서비스 조직 분야를 보호하지 못하나, 접촉 관점을 훨씬 잘 이해하도록 해준다. 고객에 의해 설명된 프로세스는 조직에 의해 지각된 것과는 매우 다를 것이다.

<도표 5-6> 할인 중개 서비스의 흐름도

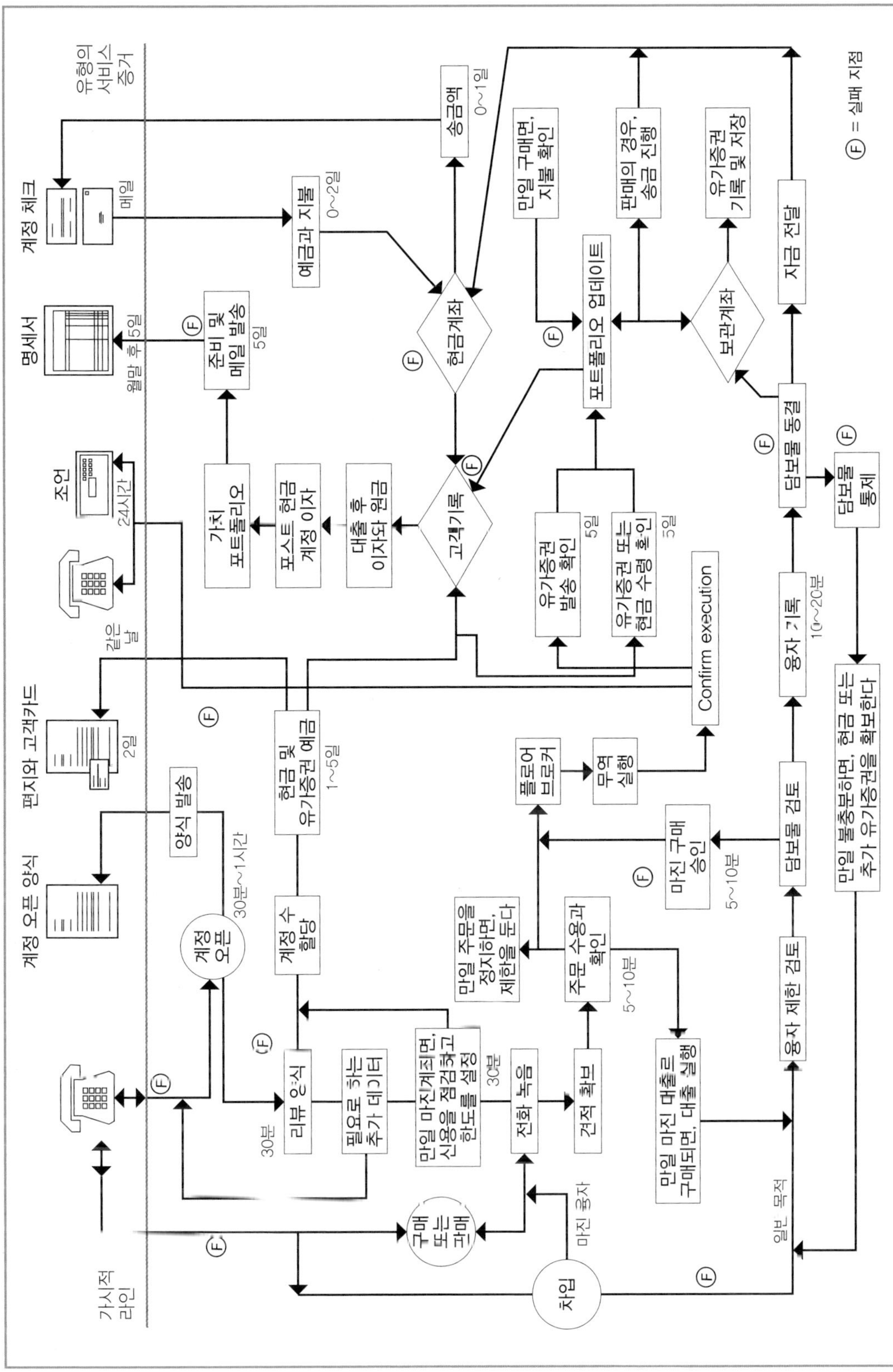

Source: G. Lynn Shostack, "Service Design in the Operating Environment," pp. 27–43, 1984, reprinted with permission from *Developing New Services*, William R. George and Claudia Marshall, eds., published by American Marketing Association, Chicago, IL 60606.

예를 들어 고객에게 Lufthansa 항공사의 탑승 경험에 대해 설명해달라고 하면, 고객은 여행사와의 상담 경험을 이야기하기 시작할 것이다. 그런 다음 공항에 도착하고 주차하며 터미널에 진입하는 과정을 설명할 것이다. 만약 Lufthansa의 표지판과 터미널 입구가 혼란스럽다면, 이는 소비자의 항공사 지각에 반영될 것이다. 어지럽게 흩어져 있고, 조명이 약하고, 노숙자가 거주하는 주차장도 고객을 실망시킬 것이다. 항공사가 이러한 접촉점을 모두 직접 제어할 수는 없지만, 주차장을 개선하기 위해서 항공사 종업원을 이용하는 것은 현명한 투자가 될 수 있다. McDonald's는 오래 전에 자사의 점포에서 발생하는 쓰레기뿐 아니라, 인접한 도로에서 발생하는 쓰레기를 제거해야 하는 전략을 배웠다. McDonald's는 이미 고객의 경험이 식당에 들어가기 오래 전부터 시작된다는 것을 인지하였던 것이다.

5-6f 서비스 청사진의 고안[23]

서비스 청사진 설계의 첫 번째 단계는 종업원과 고객 모두에게서 스크립트를 끄집어내는 것이다. 이 작업의 주된 목적은 서비스 시스템을 두 당사자가 따르는 일련의 이벤트로 나누는 것이다. 경영진은 일련의 사건이 어떻게 발생해야 하는지에 대한 자체 인식을 기반으로 하여 **일방향 청사진**(one-sided blueprint)을 개발하는 실수를 한다. 이러한 일방적 접근은 경영진이 아닌 소비자 지각이 접점의 현실을 정의한다는 것을 지각하지 못한다. 마찬가지로, 종업원 스크립트는 소비자에게 보이지 않는 서비스 시스템의 부분을 식별하는 데 똑같이 중요하다. 따라서 두 스크립트는 성공적인 청사진을 개발하는 데 필요할 것이다.

스크립트 이론은 소비자가 서비스 접점 동안 자신의 생각과 행동을 안내하는 구매 스크립트를 가지고 있다는 것을 전제로 한다. 스크립트에는 서비스 상호작용을 입력할 때 사용자가 따르는 일련의 작업이 포함된다. 전문가들은 "이러한 행동의 연속과 인지적 스크립트가 정보의 해석, 기대의 개발 및 적절한 습관화된 행동의 실행을 안내한다"고 믿는다.[24]

마찬가지로, 서비스 종업원도 고객과의 상호작용 동안 자신의 행동을 지시하는 스크립트를 가지고 있다. 상호 동의할 수 있는 **수렴형 스크립트**(convergent scripts)는 고객 만족 가능성과 고객과 서비스 운영 간의 관계의 질을 향상시킨다. 고객과 종업원의 기대가 충족되지 않고, 서비스 품질 평가가 거절될 수 있기 때문에 **분기형 스크립트**(divergent scripts)는 검사 및 수정될 필요가 있는 영역을 알려준다.

소비자 및 종업원 스크립트의 획득은 서비스 접점을 분석할 수 있는 강력한 잠재 기술이다. 스크립트는 만남에 대해 소비자 및 종업원의 인식을 분석하고, 잠재하거나 현존하는 문제를 식별할 수 있는 대화를 제공한다. 전반적으로 스크립트는 다음과 같은 기반을 제공한다.

- 서비스 접점의 계획

- 목표와 목적 설정
- 성공적 교환을 위한 기회를 극대화하는 습관적 행동의 개발
- 현재의 서비스 전달 시스템의 효과성 평가

쌍방향 청사진(two-sided blueprints)을 개발하는 데 사용되는 절차는, 종업원과 고객에게 항공 탑승 경험을 통해 진행하는 단계와 같은 스크립트 관련 상황을 제시하는 절차이다. 응답자는 그러한 상황에서 개입할 때 기대하는 특정 이벤트나 활동을 메모해야 한다. 특히, 종업원 및 소비자는 서비스 접점 동안에 강한 긍정적 또는 부정적 반응을 이끌어내는 접촉 활동에 특별한 주의를 기울여야 한다. 그런 다음 일반적으로 언급된 이벤트를 그룹화하고 발생 순서에 따라 이벤트를 정렬하여 **스크립트 규범**(script norms)을 구성한다.

스크립트 규범을 식별하는 프로세스를 용이하게 하기 위해, 청사진 설계자는 각 그룹에서 언급한 특정 이벤트의 빈도를 비교할 수 있다. 이 프로세스의 가치는 종업원과 소비자 지각 간에 존재할 수 있는 갭(gap) 또는 불일치의 지각일 수 있다. 예를 들어 고객은 주차와 관련된 어려움을 언급할 수 있는데, 종업원은 고객에게 공개되는 서비스 운영 전에 해야 할 일이 있기 때문에 이에 대해 언급하지 않을 수 있다.

청사진 개발 프로세스의 두 번째 단계는 시스템에서 오류가 발생할 수 있는 프로세스 단계를 식별하는 것이다. 종업원과 고객에게 서비스 만족도를 전달하는 중요한 이벤트에 더 집중할 것을 요청함으로써 실패 지점이 격리될 수 있다. 서비스 실패의 결과는 실패 지점을 분석하고 피할 수 없는 오류가 발생할 경우 종업원에게 적절한 대응 또는 조치를 지시하여 크게 줄일 수 있다.

일련의 이벤트/활동 및 잠재적 실패 지점이 식별된 이후의 세 번째 단계는 서비스 실행 시간 프레임을 지정하는 것이다. 대부분의 서비스 시스템의 주요 비용 구성 요소는 서비스를 완료하는 데 필요한 시간과 관련된다. 따라서 표준 실행 시간 규범이 설정되어야 한다.

서비스 접점을 구성하는 이벤트의 표준 실행 시간이 지정되면, 관리자는 시스템이 작동하는 데 필요한 입력 비용을 고려하여 시스템의 수익성을 분석할 수 있다. 결과적인 청사진은 플래너가 기존 서비스 제공 시스템의 수익성을 설명할 뿐만 아니라 하나 이상의 시스템 구성 요소를 변경할 때 수익성에 미치는 영향을 추측할 수 있게 해준다. 실질적으로 서비스 청사진은 회사가 고객 및 종업원에게 시스템을 부과하기 전에, 회사의 가정을 테스트하고 시스템의 단점을 최소화할 수 있게 해준다. 서비스 관리자는 잠재 고객에게 전달 시스템의 프로토타입을 테스트하고, 절차를 다시 테스트하기 전에 피드백을 사용하여 청사진을 수정할 수 있다.

5-7 청사진과 신제품 개발: 복잡성과 분기도의 역할

청사진은 또한 신제품 개발에도 사용될 수 있다. 프로세스가 문서화되고 청사진이 작성되면 '신'제품 생산에 대해 선택할 수 있다. 비록 〈도표 5-3〉, 〈도표 5-4〉, 〈도표 5-5〉의 프로세스가 동일한 과업을 위한 것일지라도, 고객 관점에서 그들은 매우 상이할 수 있다. 세 가지 청사진은 운영상 가능한 대안을 정의하는데, 세 가지 중 어느 것을 구현할 것인가는 마케팅이 결정한다.

전략적으로, 결정은 가시성과 투명성을 분리하는 선을 움직일 수 있다. 운영 측면에서 프로세스의 테크니컬 코어를 격리하여 가시적인 구성 요소를 최소화하기 위한 논쟁이 있었다. 그러나 마케팅의 관점에서 더 많은 가시성이 소비자의 마음속에 더 많은 차별화를 가져올 수 있다. 예를 들어 레스토랑의 주방을 고객이 들여다 볼 수 있도록 하여, 주방을 특별하게 설계할 수 있다. 이것은 서비스 운영자에게는 제약이 될 수 있지만, 소비자의 마음속에 가치를 더할 수 있다.

서비스 기업 내에서의 신제품 개발은 복잡성과 분기도의 도입을 통해 구현될 수 있다.[25] **복잡성**(complexity)은 프로세스를 구성하는 단계의 수와 각 단계별 복잡성의 정도를 의미한다. 단계가 많을수록 프로세스가 복잡해질 수 있다. **분기도**(divergence)는 서비스를 제공할 때 서비스 담당자가 허용하는 자유도(차이)로 정의된다. 예를 들어 〈도표 5-7〉과 〈도표 5-8〉은 복잡성과 분기도가 크게 다른 두 플로리스트의 청사진을 보여준다. 두 플로리스트는 운영 관점에서 동등한 작업을 수행하지만, 마케팅 관점에서 크게 다를 수 있다.

〈도표 5-7〉은 전통적인 플로리스트를 보여준다. 〈도표 5-3〉의 레스토랑과 같이, 프로세스는 선형이며, 단계 수가 제한되어 복잡성이 낮다. 그러나 그러한 시스템에서 꽃 주문 계약은 꽃병, 꽃, 전시물의 선택에 있어 플로리스트에게 각 단계별 재량권이나 자유도가 요구되며, 이질적인 최종 제품이 생산된다. 따라서 시스템 운영의 분기도는 증가한다.

〈도표 5-8〉은 최종 제품을 표준화하려고 시도한 두 번째 플로리스트의 청사진을 보여준다. 이 시스템의 목표는 작업을 단순화하기 위한 것이기 때문에, 시스템은 제한된 수의 표준화 계약을 생성하도록 설계되었다. 따라서 시스템의 분기도가 감소되지만, 이를 달성하기 위한 프로세스의 복잡성은 상당히 증가된다.

서비스 부문에서 제품을 개발할 때, 운영의 복잡성과 분기도의 조작량(amount of manipulation)은 주요 선택 사항이 될 수 있다. 분기도를 줄이는 것은 비용을 줄일 수 있는 균일화 기회를 만들지만, 시스템에서 독창성과 유연성이 희생될 수 있다. **생산량 중심적 포지셔닝 전략**(volume-oriented positioning strategy)을 추구하고자 하는 회사는 분기도를 감소시키는 경우가 많다. 예를 들어 조립식 비닐 수영장의 설치에 중점을 두는 수영장 건축업자는 운영의 분기도를 크게 줄일 수 있었다. 생산 비용을 낮추는 것 외에도 분기도를 줄이

<도표 5-7> Park Avenue 플로리스트

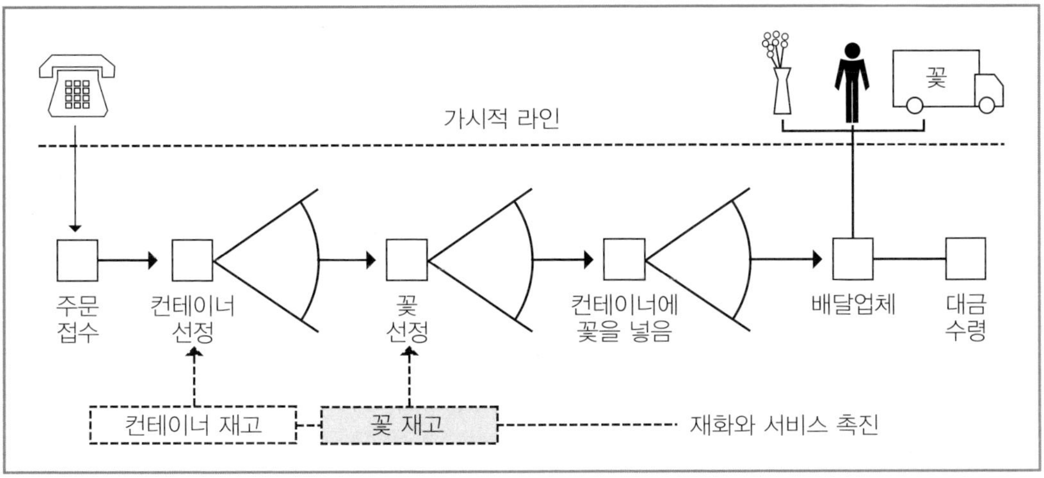

Source: G. Lynn Shostack, "Service Positioning Through Structural Change," *Journal of Marketing*, 51, (January 1987), pp. 34–43. Reprinted by permission of the American Marketing Association.

<도표 5-8> 플로리스트 서비스: 대안 디자인

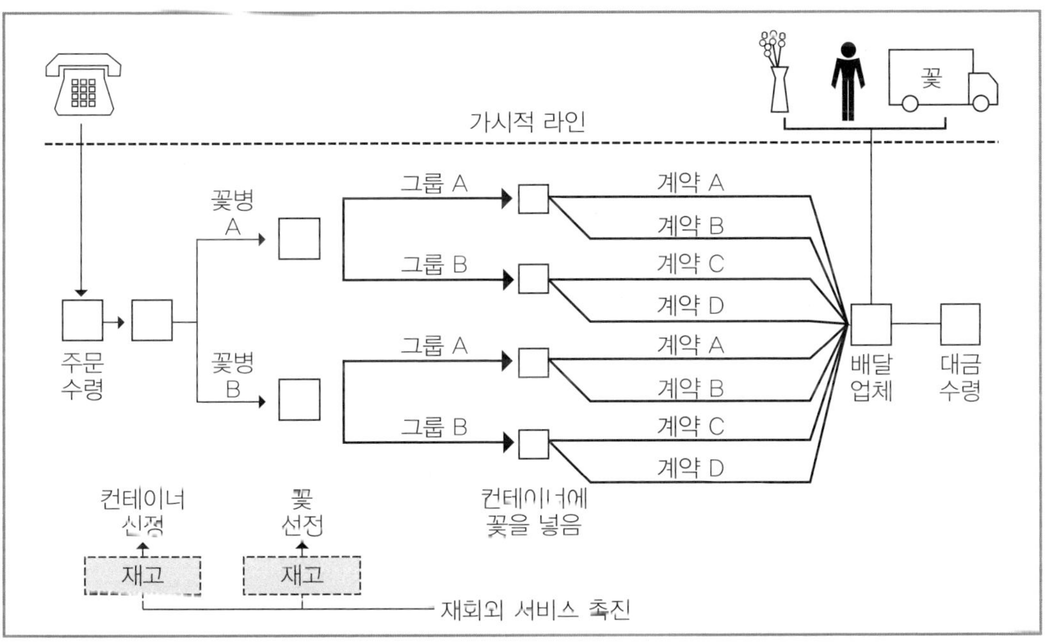

Source: G. Lynn Shostack, "Service Positioning Through Structural Change," *Journal of Marketing*, 51, (January 1987), pp. 34–43. Reprinted by permission of the American Marketing Association.

면 생산성이 향상되고 표준화된 서비스가 쉽게 확산될 수 있다. 고객의 관점에서 분기도를 줄이는 것은 안정성, 가용성을 보장하고 일관되게 서비스의 품질을 향상시킬 수 있다. 그러나 분기도 감소의 단점은 개별 고객에게 제공할 수 있는 커스토마이징 서비스가 어렵다

는 점이다.

반면에 분기도의 증가는 서비스 경험을 맞춤화하는 데 있어서 유연성을 증대시키지만, 비용이 증가하여 소비자 가격이 높아지게 된다. **틈새시장 포지셔닝 전략**(niche positioning strategy)을 추구하고자 하는 회사는 운영에서 분기도를 증가시키면 된다. 예를 들어 수영장 건축업자는 클래식 기타에서 느낌표(!)에 이르기까지 모든 것을 닮은 맞춤형 수영장과 온천의 설계 및 건설을 전문으로 하여 작업의 분기도를 높일 수 있었다. 이 시나리오에서 수익은 각 개별 구매에 따른 수량 및 마진에 덜 의존하게 된다. 이 경우 운영상의 단점은 서비스 운영의 관리, 제어 및 배포가 더 어려워진다는 점이다. 게다가 고객은 맞춤화된 서비스에 대해 높은 가격을 기꺼이 지불하고 싶지 않을 수도 있다.

복잡성 감소는 종종 제공된 상이한 **비묶음**(unbundling) **전문화 포지셔닝 전략**(specialization positioning strategy)에 의해서 달성된다. 따라서 가상의 수영장 건축업자는 단일 유형의 조립식 풀 설치, 유지 보수 또는 디자인과 같은 보충 서비스에 중점을 둔 작업을 제한할 수 있다. 복잡성 감소와 관련된 이점에는 최종 제품에 대한 향상된 통제 및 배포가 포함된다. 그러나 풀 서비스(full-service) 경쟁자가 원스톱(one-stop) 편의를 제공할 경우 위험이 따른다. 풀 서비스 경쟁자는 많은 선택권을 제공하는 것을 원하는 소비자에게 어필할 수 있다.

복잡성 증가는 대량 시장 또는 **시장 침투 전략**(penetration strategy)을 추구하는 기업에 의해서 사용된다. 복잡성 증가는 현재 서비스를 향상시킬 뿐 아니라, 회사의 제품에 더 많은 서비스를 추가한다. 이 시나리오에서 수영장 건축업자는 맞춤형 수영장과 온천 및 다양한 조립식 비닐 수영장을 제공할 것이다. 설치 외에도 일반 수영장 유지 보수 및 수리와 같은 기타 서비스가 제공될 것이다. 시장 침투 전략을 추구하는 기업은 모든 사람에게 어필하려고 시도하며, 종종 개별적인 소비자 욕구에 대해 그럴듯하게 설명한다. 또한 이러한 광범위한 서비스를 제공할 때, 공급자의 기술 수준은 수행되는 작업에 따라 달라질 수 있어 일부 고객은 만족하지 못할 수 있다. 따라서 강화된 서비스 및 추가적인 서비스의 제공에 의해 운영의 복잡성이 증가하는 경우, 고객 특화된 유형의 운영을 추구하는 기업의 서비스에 비해 취약해질 위험이 있다.

요약

이 장의 주요 목적은 서비스 회사가 성공하기 위해서는 마케팅 및 운영 부서가 함께 작업해야 한다는 아이디어를 강조하는 것이었다. 넓은 의미에서, 마케팅 및 운영은 소비자의 욕구와 기업의 기술 및 제조 능력을 결합하는 기능으로 볼 수 있다. 이 결합은 운영 효율성과 소비자의 관점에서 시스템의 효율성 사이의 균형을 맞추려는 절충을 수반한다. 효과적인 운영을 위해서 운영 담당자는 마케팅 담당자의 중요성을 인식해야 하며 반대의 경우도 마찬가지이다.

최고의 효율성으로 운영되는 기업은 외부 영향으로부터 자유로우며, 시장은 기업의 생산량을 지속적으로 소비하는 것처럼 운영된다. 불확실성은 비효율을 만들기 때문에, 이상적인 상황에서 기업의 테크니컬 코어는 투입 또는 산출 측면에서 불확실성 없이 작동될 수 있다. 최고의 효율성으로 운영하려는 기업의 시도는 가치 있는 목표이지만, 대부분의 서비스 기업에게 비현실적인 목표가 될 수 있다. 서비스 생산은 대부분 운영상의 악몽이 될 수 있다. 서비스 기업은 수요를 일정한 비율로 받는 대신에 하루, 시간 심지어는 분 단위의 시장과 직접 연결된다. 서비스 고객은 종종 수요 시간, 수요 주기, 수요 유형 및 많은 서비스 거래 지속 기간에 영향을 미친다.

최고 효율성으로 운영하려는 계획은 서비스 운영의 고유한 불확실성에 대처하기 위해 변경되어야 한다. 공급과 수요의 균형을 촉진하여 서비스 운영의 효율성을 높이려는 전략은 테크니컬 코어를 격리하여 서벅션 시스템의 최소화, 하드 및 소프트 기술을 사용한 전체 시스템의 생산라인화, 유연한 수용 능력 창출, 고객 참여의 증가, 수용 능력에 맞게 수요의 시간을 이동하는 것 등이 포함된다.

프로세스의 흐름 방향과 프로세스 효율성을 증가하고 고객 서비스 경험을 향상할 수 있는 방향을 제시하는 서비스 청사진이 개발될 수 있다. 서비스 청사진에 대한 운영상의 변경은 종종 소비자 행동의 변화를 필요로 하며, 경우에 따라 신 서비스 제품으로 이어지게 된다. 신 서비스 개발은 복잡성과 분기도의 도입을 통해 이루어진다. 분기점을 줄이는 것은 서비스 제품을 표준화하고 생산 비용을 줄이는 반면, 분기점을 증대시키면 개별 고객에게 제품을 맞춤화할 수 있다. 마찬가지로 복잡성 감소는 전문화 포지셔닝 전략과 일치하지만, 복잡성 증대는 시장 침투 전략을 추구하는 기업에만 적합할 수 있다.

복습문제

1. 효과적인 프로세스 전략을 개발하는 것이 서비스 기업에게 특히 중요한 이유는 무엇인가?
2. 서비스 기업이 4단계의 운영 경쟁력을 통해 전환함에 따라 기술의 역할에 대해 토론하시오.
3. 테크니컬 코어의 입력 및 산출 측면에서 서비스를 재고할 수 없는 것이 대부분의 서비스 기업의 운영 효율성에 어떻게 영향을 미치는지 설명하시오.
4. Thompson의 완전 세계 모델을 집중화 공장 및 공장 내 공장 개념과 비교하시오.
5. 버퍼링이란 무엇인가? 예측, 평활화, 배급 전략이 어떻게 버퍼링과 관련이 있는가?
6. 서비스 접점에서 고객 참여가 서비스 회사의 운영 효율성에 어떻게 영향을 미치는지에 대한 몇 가지 구체적인 예를 논의하시오.
7. 비즈니스의 테크니컬 코어를 분리한다는 것은 무엇을 의미하는가?
8. 하드 및 소프트 기술의 예를 제공하고 이 장과의 관련성을 설명하시오.
9. 의미 있는 청사진을 개발하는 단계에 대해 토론하시오.
10. 분기도의 증가/감소 및 복잡성의 증가/감소와 관련된 트레이드오프(trade-offs)는 무엇인가?

사례 5. Build-A-Bear Workshops: 베어당 서비스 비용 계산[26]

서비스 기업은 운영 전략을 필요악에서부터 경쟁우위의 핵심 원천으로까지 인식할 수 있다. Build-A-Bear Workshops은 고객을 위한 경쟁력 있는 서비스 환경을 구축하기 위해 세계적 수준의 서비스 전달 시스템을 사용했다. Build-A-Bear Workshop은 고객 및 자녀, 손자, 조카나 친구들이 자신의 테디 베어(teddy bears)를 만들고, 액세서리화할 수 있는 경험 기반의 비즈니스 모델을 제공한다. 할인 매장에서 곰인형을 구입하기보다는, 가족이 곰인형을 직접 만드는 것에 참여하는 Build-A-Bear Workshop에 자녀를 동반할 수 있는 옵션이 주어지면, 많은 고객은 즉시 후자를 선택한다.

Build-A-Bear Workshops은 직접 인형을 만드는 상호작용 엔터테인먼트 소매 경험을 제공하는 유일한 전국기업이다. 이 회사는 1997년에 세인트루이스에 첫 점포를 개설했으며, 2015년 2월 현재 미국, 푸에르토리코, 캐나다, 영국, 아일랜드, 프랑스, 유럽, 아시아, 호주 및 아프리카에 프랜차이즈 매장을 운영하고 있다. 현재까지 이 기업의 고객은 1억2천5백만이 넘는 모피 친구를 직접 생산했다. Build-A-Bear Workshop은 이 외에도, 경기장 및 Build-A-Dino Stores에서 메이저 리그 마스코트를 선보였다. 회사는 또한 유명한 동물원 및 Rain Forest Cafe와 협력하여 고객에게 특정 지역의 고유 동물 인형을 만들 수 있는 기회를 제공하고 있다. 회사는 1997년 이래로 수천만 개의 동물 인형을 판매하여 Build-A-Bear Workshop을 테디 베어 사업의 글로벌 리더로 만들었다.

Build-A-Bear Workshops의 경쟁우위는 Choose Me, Hear Me, Stuff Me, Stitch Me, Fluff Me, Name Me, Dress Me, and Take Me Home의 프로세스로 구성되는 현명한 서비스 전달 시스템이다. 회사 웹사이트(www.buildabear.com)에 소개된 것처럼, 곰인형을 만드는 프로세스는 다음과 같다.

- Choose Me: 이 단계에서 고객은 다양한 종류의 곰, 강아지, 고양이, 토끼, 원숭이 그리고 한정판 시리즈를 선택한다.
- Hear Me: 이 단계에서 고객은 자신의 새로운 인형 친구에게 들어갈 소리를 선택한다. 소리에는 낄낄거리는 소리, 으르렁거리는 소리, 개나 고양이의 소리, "I Love You"와 같은 녹음된 메시지, "Let Me Call You Sweetheart"와 같은 노래 등이 포함된다.
- Stuff Me: 이 단계에서 고객은 베어 마스터 빌더의 도움을 받아 새로운 친구에게 적당한 양의 솜을 채운다. 그리고 고객은 작은 심장(새틴 하트)을 선택하여 소원을 빌고 새로운 친구에게 그것을 넣는다.[27]
- Stitch Me: 점포 종업원이 박제된 동물 안에 바코드를 넣은 후 새로운 친구를 봉제할 수 있는데, 이것은 만일 고객이 인형을 분실하면 인형이 주인과 재회할 수 있게 해준다. 이 회사는 독점적인 Find-A-Bear ID 추적 프로그램을 통해 수천 마리의 곰이 주인에게 돌아갔다고 믿고 있다.
- Fluff Me: 고객은 이제 의도적으로 설계된 곰 스파에서 시원한 헤어 드라이어와 브러쉬를 사용하여 새로운 친구들을 완벽하게 케어할 수 있다.
- Name Me: 고객은 Name me 컴퓨터에서 자신의 이름과 새 친구의 생년월일 및 이름을 입력한다. 고객은 맞춤형 출생 증명서 또는 소유자의 이름과 봉제된 동물의 이름이 포함된 이야기를 선택할 수 있다. 이때 영어 또는 스페인어 중 하나를 선택할 수 있다.
- Dress Me: 고객은 Pawsonal Shoppers가 제공하는 수백 가지의 선택 중, 새로운 친구를 위한 완벽한 복장과 액세서리를 선택할 수 있도록 도와주는 곰 의복 부티크를 만나게 된다.
- Take Me Home: 고객은 계산 후에 출생 증명서

와 미래 구매에 적용할 수 있는 Buy Stuff Club Card 카드를 받는 Take Me Home에서 새로운 친구를 만드는 경험을 마치게 된다. 마지막으로, 각각의 새 모피의 친구는 이동이 가능하고 집으로 꾸며진 콘도형 이동 케이스 안에 넣어 이동된다.

Build-A-Bear Workshops은 특별한 서비스 전달 시스템의 효율성을 입증하여 ICSC "2004 Hot Retailer Award"를 수상했으며, National Retail Federation's International 2001 Retail Innovator of the Year의 Global Winner로 선정되었다. 이 회사의 창업자이며 CEO인 Maxine Clark은 2008년 Chain Store Age가 선정하는 소매업에서 가장 영향력 있는 25명 중에 선정되었다. Clark는 2006년 the Junior Achievement National Business Hall of Fame에 소개되기도 하였다.

지역 Build-A-Bear 워크숍의 매니저인 Laura Gray는 각각의 곰 인형(또는 다른 유형의 동물 친구)과 관련된 서비스 비용에 대해 궁금했다. 마스터 베어 빌더 어소시에이츠(Master Bear Builder Associates)의 매장 종업원들은 곰 만들기 과정의 각 단계에서 고객과 경험을 공유하고 시간당 10달러를 받는다. Laura는 또한 과정의 각 단계에 대한 평균 활동 시간을 추정했다.

BUILD-A-BEAR 프로세스 단계	활동시간(초)*
Choose Me	180
Hear Me	60
Stuff Me	90
Stitch Me	60
Fluff Me	120
Name Me	120
Dress Me	240
Take Me Home	60

*이 사례에서 사용된 활동 시간은 가정된 것임.

토의문제

1. 곰 인형을 만드는 과정을 위한 서비스 청사진을 (1) 과정의 단계, (2) 프로세스 흐름의 방향, (3) 프로세스의 각 단계에 대한 인건비, (4) 스테이지당 스테이션의 수, (5) 각 공정 단계의 활동 시간이 나타나도록 구성하시오.
2. 문제 1에서 제공된 정보를 바탕으로 (1) 한 시간 내에 곰 인형 제조 과정을 완료할 수 있는 고객 수와 (2) 곰 인형당 평균 서비스 비용을 계산하고, (3) 현재 프로세스에서 병목점을 확인하시오.
3. 병목점의 부정적인 영향을 최소화하고 1시간 이내에 곰 인형을 만들 수 있는 고객 수를 증가하는 해결책을 제시하시오. (1) 병목점을 개선하기 위한 여러분의 제안은 무엇인가? (2) 여러분의 제안을 실행할 때, 얼마나 많은 고객이 한 시간 안에 곰 인형을 만들 수 있는가? (3) 곰 인형당 새로운 서비스 비용은 얼마인가?
4. 곰 인형 제조 과정의 효율성을 높이기 위한 다음 단계에 대해 토론하시오. 곰 인형당 서비스 비용을 줄이기 위한 추가 조치의 관리적(실무적) 시사점은 무엇인가?

각주

1. Richard B. Chase and Robert H. Hayes, "Beefing Up Operations in Service Firms," *Sloan Management Review*, (Fall 1991), pp. 15–26.

2. Much of this chapter is adapted from Chapters 3 and 4 of John E. G. Bateson, *Managing Services Marketing*, 2nd ed. (Fort Worth, TX: The Dryden Press, 1992), pp. 156–169, 200–207.

3. J. D. Thompson, *Organizations in Action* (New York: McGraw-Hill, 1967).

4. W. Skinner, "The Focused Factory," *Harvard Business Review*, 52, 3, (May-June 1974), pp. 113–121.

5. Thompson, *Organizations in Action*, p. 69.

6. R J. Matteis, "The New Back Office Focuses on Customer Service," *Harvard Business Review*, 57, (1979), pp. 146–159.

7. Matteis, "The New Back Office."

8. These extensions of the customer contact model are developed in Richard B. Chase, "The Customer Contact Approach to Services: Theoretical Base and Practical Extensions," *Operations Research*, 29, 4, (July-August 1981), pp. 698–706; and Richard B. Chase and David A. Tansik, "The Customer Contact Model for Organization Design," *Management Service*, 29, 9, (1983), pp. 1037–1050.

9. B. Danet, "Client-Organization Interfaces," in *Handbook of Organization Design*, 2nd ed., ed. P. C. Nystrom and W. N. Starbuck (New York: Oxford University Press, 1984), p. 384.

10. These studies employed the critical incident technique to look at service encounters that fail. See Mary J. Bitner, Jody D. Nyquist, and Bernard H.Booms, "The Critical Incident Technique for Analyzing the Service Encounter," in *Service Marketing in a Changing Environment*, ed. Thomas M. Block, Gregory D. Upah, and Valerie A. Zeithaml (Chicago: American Marketing Association, 1985), pp. 48–51.

11. Chase, "The Customer Contact Approach."

12. For a detailed description, see Richard B. Chase and Gerrit Wolf, "Designing High Contact Systems: Applications to Branches of Savings and Loans," Working Paper, Department of Management, College of Business and Public Administration, University of Arizona.

13. Chad Rubel, "Banks Should Show that They Care for Customers," *Marketing News*, (July 3, 1995), p. 4.

14. T. Levitt, "Production-Line Approach to Services,"*Harvard Business Review*, 50, 5, (September–October 1972), pp. 41–52.

15. Carol F. Suprenant and Michael Solomon, "Predictability and Personalization in the Service Encounter," *Journal of Marketing*, 51, (April 1987), pp. 86–96.

16. W. Earl Sasser, "Match Supply and Demand in Service Industries," *Harvard Business Review* 54, 5, (November–December 1976), pp. 61–65.

17. Benjamin Schneider, "The Service Organization: Climate is Crucial," *Organizational Dynamics*, (Autumn 1980), pp. 52–65.

18. See also J. E. G. Bateson, "Self-Service Consumer: An Exploratory Study," *Journal of Retailing*, 61, 3, (Fall 1986), pp. 49–79.

19. Ibid.

20. Christopher H. Lovelock and Robert F. Young, "Look to Consumers to Increase Productivity," *Harvard Business Review*, (May-June 1979), pp. 168–178.

21. G. Lynn Shostack, "Service Positioning through Structural Change," *Journal of Marketing*, 51,(January 1987), pp. 34–43.

22. Bateson, Managing Services, pp. 200–207.

23. K. Douglas Hoffman and Vince Howe, "Developing the Micro Service Audit via Script Theoretic and Blueprinting Procedures," in *Marketing Toward the Twenty-First Century*, ed. Robert L. King (University of Richmond: Southern Marketing Association,1991), pp. 379–383.

24. Thomas W. Leigh and Arno J. Rethans,"Experience with Script Elicitation within Consumer Mak-ing Contexts," in *Advances in Consumer Research*, Vol. 10, ed. Alice Tybout and Richard Bagozzi (Ann Arbor, MI: Association for Consumer Research, 1983), pp. 667–672.

25. Shostack, "Service Positioning," pp. 34–43.

26. www.buildabear.com, accessed 16 February 2015.

27. http://media.corporate-ir.net/media_files/irol/18/182478/FactSheet_010709.pdf, accessed 16 February 2015.

6 장

서비스 가격결정

학습 목표

- 총 고객 비용과 총 고객 가치를 비교하는 것과 관련하여 지각된 가치의 콘셉트에 대해 토론한다.
- 비용, 수요, 고객, 경쟁자, 수익, 제품, 그리고 법적 고려 사항들과 관련한 서비스 가격결정의 특별한 고려 사항들을 이해한다.
- 서비스 가격결정에 있어서 비용 근거 가격결정 이용에 대한 찬반을 토의한다.
- 가격 세분화가 가장 효과적인 상황을 토의한다.
- 가격결정에 대한 만족 근거, 관계 지향적, 수용적, 그리고 효율성 접근법을 설명하고, 서비스 기업이 이러한 가격결정 전략을 사용하는 예를 제시한다.

"낮은 가격이라는
달콤함의 기억이 사라진 후에는
낮은 품질이라는
쓴맛이 오래 기억된다."

Aldo Gucci

이 장에서는 전체 서비스 전략 중에서 전략적 의사결정으로서 가격결정에 대해 논의하고자 한다. 구체적으로, 본 장의 주요 목적은 서비스 가격 의사결정에 관련된 특별한 고려 사항을 이해하는 것이며 서비스 부문에서 이루어지는 가격결정 관행을 소개하는 것이다.

Dangubic/Getty Images

당신이 낼 수 있는 만큼 레스토랑에 지불하세요

솔트레이크시티의 One World café가 "Pay What You Can(당신이 낼 수 있는 만큼 지불하세요)" 운동을 시작한 지 12년이 넘었다. 덴버에는 고객이 식사 후 식사비를 지불할 때, 현금으로 계산하거나 노동으로 대신하거나 또는 아무것도 지불하지 않아도 되는 세 가지의 지불 방식을 쓰고 있는 레스토랑이 있다. 사회적 책임을 다하는 레스토랑의 비즈니스 모델은 간단하다. 바로 지불할 능력이 있건 없건 간에 일단 모든 고객에게 음식을 서비스하고, 식사비가 부족한 사람을 도울 수 있도록 식사비를 조금 더 지불할 수 있는 사람들에게 도움을 요청한다.

메뉴판에는 정해진 가격이 없다. Denver's Café 180의 고객이 내는 식사비는 평균적으로 한 끼에 8~9달러다. 그러나 어떤 고객들은 음료 한 잔에 20달러를 내기도 한다. 때로는 기부 상자에 100달러짜리 지폐가 들어 있다.

경제학자들은 레스토랑의 성공의 비밀을 알아내기 위해 레스토랑의 비즈니스 모델을 연구했다.

그 결과, 성공의 비결은 사람들이 강한 공정성을 가졌으며, 이타주의와 수치심이 결합하여 다른 이에게 혜택을 주도록 경제적인 결정을 한다는 것을 알아내었다. 예를 들면, 기부 상자에 익명으로 기부하는 것보다는 다른 사람이 보이는 곳에서 웨이터에게 직접 지불하는 고객들이 더 많은 돈을 내는 경향이 있다는 것이다.

고객이 낼 수 있는 만큼 지불한다는 독특한 방식 외에도, 이 레스토랑은 가난한 사람들의 무료 급식소와는 달리 모든 계층의 사람들이 한 자리에 모인다는 점이 특징이다. 레스토랑에서는 고객이 창문을 닦고 설거지를 하며, 다른 사람에게 음식을 서빙하고, 식사비 대신 노래를 부르는 등의 봉사활동도 중요하게 여긴다.

One World Café를 오픈한 One World Everybody Eats Foundation에 따르면, 미국 내의 모든 사업가는 이러한 방식의 레스토랑 오픈을 고려하고 있다고 한다. Panera Bread는 세인트 루이스에서 비슷한 콘셉트를 실험하여 작은 성공을 거두었으며, 이후 계절에 따라 콘셉트를 반복하는 계획을 세우고 있다.

Source: **http://www.denverpost.com.**

6-1 서론

전통적인 마케팅 믹스 변수 중 가격은 수익에 가장 직접적인 영향을 미칠 뿐 아니라 제일 쉽게 조절할 수 있는 마케팅 믹스 요소다.[1] 그러나 가격의 중요성과 사용의 편리성에도 불구하고, 효과적인 가격결정 전략의 개발은 오늘날의 비즈니스 상황에서 가장 규정하기 어려운 개념으로 남아있다. 가격결정은 실무자와 연구자들에게도 복잡한 문제이다. 지난 50년 동안의 가격결정과 연관된 문구들은 이를 말해준다.

> … 가격결정 정책은 현대 경영에 있어서 중세 신앙(medievalism)의 본거지와 같다. … [가격결정은] 여전히 상당 부분 직관적으로 이루어지며, 그 직관이 주로 최고 경영자(big boss)의 관할 아래 있다는 의미에서 심지어 신비롭기까지 하다.[2]

> … 아마도 가격은 생산 비용에 의해 결정되거나 그렇게 되어야 한다는 잘못된 생각보다 더 폭넓게 통용되는 생각은 거의 없다.[3]

> … 가격결정은 산업재와 건설회사의 마케터에게 있어 잠재적 비즈니스를 현실로 옮기는 유일한 판단이다. 그러나 가격결정은 전문 분야에서 이루어지는 모든 결정 가운데 가장 최소한의 합리성만을 갖고 있다.[4]

> … 많은 관리 이사가 가격결정의 세부 내역에 대해 스스로 관심을 기울이지 않으며, 심지어 일부는 어떻게 제품의 가격이 결정되는지조차 인식하지 못한다.[5]

> … 가격결정은 영국에서 주로 자살을 하려고 러시안 룰렛 게임을 즐기는 사람들처럼 다루어진다.[6]

최근에 들어와서야 마케터들이 효율적인 가격결정에 대해 심각하게 집중하기 시작했다. 관리자들이 가치를 창출하는 기법을 이해한 후 비로소 고객 가치를 획득하는 기법이 중요해지고 있다.[7]

오늘날 가격은 마케팅 분야 중 뒤처진 연구 분야의 하나이다. 서비스 가격결정과 관련된 연구자 및 전문가가 특히 부족하다. 이번 장은 오늘날의 서비스 가격결정과 서비스 가격결정의 실행에 있어서 특별히 고려해야 할 사항들에 대해 중점을 두고 있다.

6-2 가치를 제공하는 수단은 무엇인가

서비스 가격 책정에 대한 논의를 시작하는 데 있어 가장 먼저 해야 할 것은 서비스 기업의 고객, 클라이언트, 환자 등에게 가치를 제공하는 기본을 이해하는 것이다. 종종, 서비스 제공자와 서비스 고객은 제공된 핵심 서비스(core service)(예: 진료 서비스, 수송, 스포츠 이벤트)의 가치와 그 서비스를 획득하기 위해서 지출한 금액을 비교해서 계산된다고 가정한다. 궁극적으로, 구매자의 가치에 대한 지각은 구매된 서비스 혜택과 지불한 총비용의 관점에서 지각된 희생 간의 상쇄(trade off)를 나타낸다(도표 6-1 참조). 전체 고객 비용은 **화폐적 비용**(monetary costs) 이상의 비용을 포함한다. 다른 비용은 소비자가 서비스를 획득하는 데 더 많은 시간을 할애하고 곤란을 겪게 하는 **시간 비용**(time costs), **에너지 비용**(energy costs), 그리고 **정신적 비용**(psychic costs)을 포함한다. 이와 유사하게, 총 소비자 가치는 **제품 가치**(product value)를 넘어 서서 **서비스 가치**(service value), **인적 가치**(personnel value), 그리고 **이미지 가치**(image value)를 포함한다.[8]

예를 들어 비행기 티켓을 구입하는 소비자는 비행기 탑승 및 도착지 여행을 하는 대가로 화폐를 지불해야 한다. 이 고객은 총 여행 시간(시간 비용)을 감소하기 위해 목적지로 가는 직항 비행기를 선택할 수 있으며, 해변에서 더 많은 시간을 보낼 수 있다. 뿐만 아니라 소비자는 가장자리의 좌석을 선택하여, 편리하게 수하물을 이동하고 물리적 노동량(에너지 비용)을 감소시킬 수 있다. 마지막으로, 고객은 잘 알려진 항공사에서 티켓을 구매함으로써 안전에 대한 관심(정신적 비용)을 최소화한다.

Kevin Foy/Alamy

서비스의 가치는 단순히 서비스 제품을 금전적 가격과 비교하는 것 이상이다. 가치에는 서비스, 인력 및 이미지 측면이 포함되어, 가치가 최대화되면 서비스 경험의 총가치 또한 증가한다.

이처럼 교환된 화폐 가치는 고객이 앉아서 편리하게 이동하고 안락함을 느낄 수 있는 의자와 잘 정비된 시설과 같은 제품 가치가 있다. 승무원들의 친절함과 유능함과 같은 인적 가치와 비행기 내에서 제공되는 다양한 음식과 옵

〈도표 6-1〉 구매자의 가치 지각

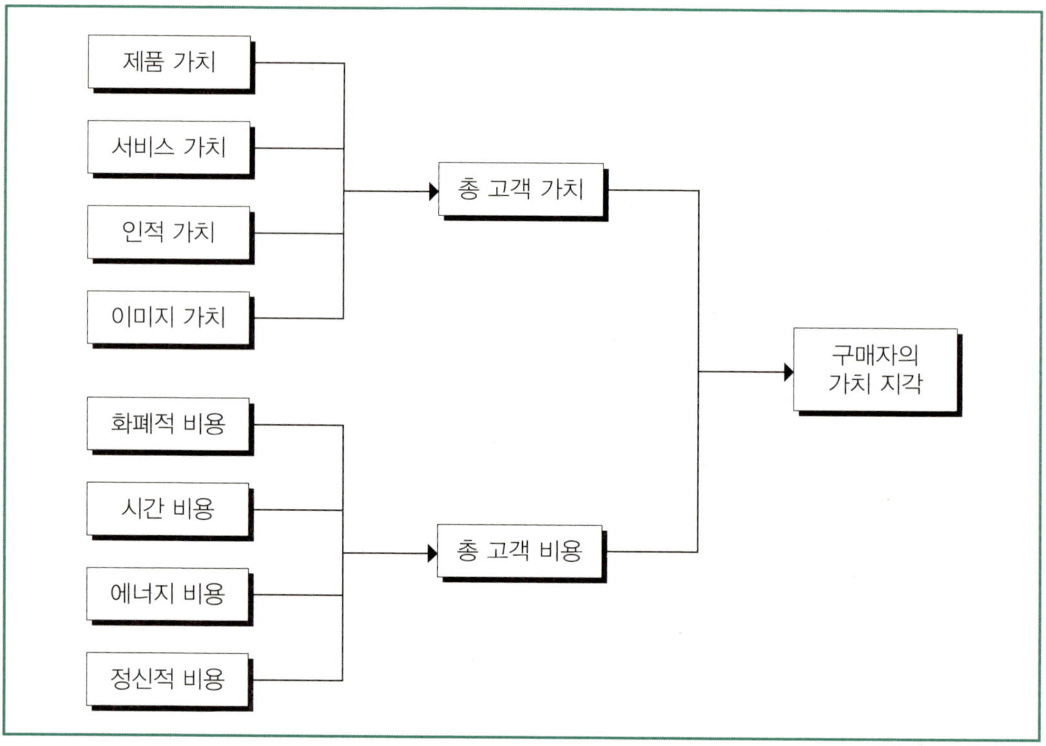

Source: Philip Kotler, *Marketing Management: Analysis, Planning, Implementation, and Control*, 9th ed. (Englewood Cliffs, NJ: Prentice-Hall, 1997), p. 37. Print and electronically reproduced by permission of Pearson Education, Inc., Upper Saddle River, New Jersey.

션 및 유연한 정책은 서비스 가치에 포함된다. 마지막으로 소비자는 친구로부터 이 항공사의 평판을 듣고 감명받아 선택했을 것이다(이미지 가치).

전체적으로, 총 소비자 비용이 가치와 관련해 더 많은 희생을 요구한다면 가격은 부정적 효과를 가져오고 수요가 감소하게 된다. 그러나 소비자가 구매하려는 서비스가 더 가치 있다고 느끼고 이득을 느낀다면, 가격에 대해 매력을 느끼고 수요는 증가된다. 구매자의 비용과 가치는 서로 연결되어 있으며, 낮은 가격과 높은 가격에 대해 판단하는 문턱의 역할을 한다. 예를 들어 가격이 낮은 제품은 질이 좋지 않은 제품으로 인식되기 때문에, 너무 저렴한 가격의 제품은 구매되지 않을 수 있다.

소비자는 자신의 돈, 시간, 노력을 제공자의 혜택 묶음과 교환하게 된다. 경제 이론에서는 소비자가 서비스 제공자로부터 제공되는 혜택의 가치를 획득하고자 하는 유보 가격의 존재를 피력한다. 소비자가 생각한 비용이 유보 가격보다 저렴하다면 소비자들은 구매할 의사가 있을 것이다(**서비스 윤리 활동 사례** 참조). 즉 만약 소비자가 유보 가격보다 나은 조건으로 서비스를 구입할 수 있다면, 잉여 소비자가 존재하게 된다. 위에서 언급한 가치와 비용은 서비스 가격이 어떻게 다른지, 또 어떻게 하면 이를 차별화할 수 있는지에 대해 말해주고 있다.

6-3 서비스 가격결정의 특별 고려 사항

기업의 궁극적인 가격 정책은 서비스의 판매 가격과 이익이 되는 가격이 만나는 지점을 결정하는 것이다. 회사는 그들의 이미지와 브랜드로 소비자에게 차별화된 인식을 심어주기 위해 노력을 기울이는데, 오히려 이것은 시야를 가리는 편협적인 사고로서 좋지 않다. 기업은 자사의 이미지를 개발하고, 브랜드에 대한 선호도를 확립하고, 소비자의 마음속에 차별적 우위를 창조하기 위해서 엄청난 비용을 지출함에도 불구하고, 낮은 가격을 제공하는 경쟁업체를 직면하게 되면, "당황하여 그저 눈을 깜박이거나(가격을 낮춤)" 또는 마비가 된다(아무 것도 하지 않음).[9] 결국 "전략적 가격 책정" 활동에 집중하기보다는 "가격 고정"에 집착하게 된다. "고정된 가격과 전략적 가격의 차이는 시장 상황에 단순 반응을 하는가, 아니면 시장 상황을 적극적으로 통제할 수 있는가의 차이이다."[10] 전략적 가격결정은 비용과 수요, 고객, 경쟁, 이익, 제품, 그리고 법적 고려 사항들에 근거해서 실시되어야 한다.[11] 이러한 시장 상황들은 상품과 서비스에 동일한 반면에, 고려 사항들의 내용은 다르다. 따라서 지금부터는 이러한 중요 차이점에 따라서 토의들이 이루어진다. 〈도표 6-2〉는 이러한 중요 고려 사항들을 요약한 것이다.

6-3a 비용 고려 사항

상품을 생산하는 기업에 비해 서비스 회사는 서비스 가격 전략을 수립할 때, 해결되어야 필요가 있는 많은 독특한 비용 고려 사항에 직면한다. 첫째, 서비스 가격은 준비될 때까지 확정되지 않는다. 결과적으로 고객은 더 큰 가격 불확실성을 경험한다. 둘째, 서비스는 판매된 상품 비용이 없기 때문에(유형성이 생산되지 않음), 서비스에 대한 원가 지향적인 가격 속성이 매우 어렵다. 셋째, 많은 서비스 사업은 가격결정을 어렵게 하는 높은 고정 비용 대 변동 비용의 비율을 가지고 있다. 마지막으로, 서비스의 대량 생산은 제한된 규모의 경제를 만든다.

소비자는 서비스가 완료될 때까지 자신이 지불할 실제 가격을 알 수 없다 일반적으로 소비자는 서비스의 기본 가격을 찾아보고 검색하여 알 수 있지만, 대부분의 서비스는 서비스가 진행되는 동안 최종의 정확한 가격을 알 수 없다. 소비자는 그 서비스가 시행되고 끝나기까지 정확한 비용을 알 수 없다. 예를 들어 환자가 병원을 방문했을 때 신찰 비용은 알 수 있다. 그러나 엑스레이를 찍거나 다른 의료 서비스를 받는 것에 대해서 비용을 알기 힘들다. 이와 유사하게, 변호사를 방문하는 고객은 시간에 대한 지출 비용은 얼마

<도표 6-2> 서비스 가격과 관련된 차이점

비용 고려 사항
D1: 원가 지향적 가격결정이 어렵다.
D2: 많은 전문 서비스(그리고 기타 서비스)의 경우, 소비자들은 서비스가 완료될 때까지, 서비스에 대해 지불할 실제 가격을 예측하기 어렵다.
D3: 서비스는 높은 고정 비용 – 변동 비용 비율로 특징지어지는 경향이 있다.
수요 고려 사항
D4: 서비스에 대한 수요는 상품에 대한 수요보다 더 비탄력적이다.
D5: 소비자에 의한 서비스의 암묵적인 묶음(bundling)으로 인해 교차 가격 탄력성(cross-price elasticity) 고려 사항들이 조사될 필요가 있다.
D6: 가격 차별화가 수요와 공급 문제를 관리하는 중요한 관행이다.
D7: 규모의 경제가 제한적이다.
소비자 고려 사항
D8: 가격은 구매 전 단계에서 이용한 가능한 단서 중 하나이다.
D9: 서비스 소비자들은 가격을 품질의 단서로서 사용하는 경향이 많다.
D10: 서비스 소비자들은 예약 가격에 대하여 덜 확신하는 경향이 있다.
경쟁 고려 사항
D11: 서비스 소비자들이 경쟁자의 가격을 비교하는 것이 어렵다.
D12: 셀프 서비스는 중요한 경쟁적 대안이다.
수익 고려 사항
D13: 가격 묶음은 서비스 번들의 개별 가격결정을 더욱 복잡하게 만든다.
D14: 가격 묶음은 서비스 상황에서 더 효과적이다.
제품 고려 사항
D15: 상품 섹터와 비교하여 서비스 섹터에는 가격을 다른 용어로 사용한다.
D16: 소비자는 할인 가격을 이용하여 서비스를 비축하기 어렵다.
D17: 제품계열 가격결정이 더 복잡하다.
법적 고려 사항
D18: 불법적인 가격책정이 발견되지 않을 기회가 상품보다 서비스의 경우에 더 크다.

인지 알 수 있다. 그러나 얼마나 많은 시간이 할애될지는 정확히 알 수 없다. 대조적으로, 생산되고 구입하고 소비되는 상품과 같은 상품은 가격을 알 수 있다. 그러나 서비스의 마지막 가격표는 그 서비스가 제공되고 끝날 때까지는 알 수 없다. 결과적으로 최종 가격은 고객과의 상호작용을 통해 작성된다. 서비스 회사는 이러한 가격에 대한 두려움과 위험을 감소시켜야 하고 소비자에게 투명한 가격이라는 믿음을 심어주기 위해 노력해야 한다.

서비스에 대한 원가 지향적인 가격결정은 보통 더욱 어렵다 많은 서비스 관리자는 그들의 비용이 얼마나 사용되는지 측정하기 어렵다. 몇 가지 이유가 존재하는데, 첫째, 무형성의 제품을 생산할 때, 판매된 상품의 원가는 전체 비용에서 작거나 거의 존재하지 않

서비스 윤리 활동 사례

Ticketmaster의 가격결정에 분노한 Springsteen과 Pearl Jam, 그리고 여러 기업

Ticketmaster 엔터테인먼트사는 전 세계의 경기장, 운동장 그리고 극장과 같은 라이브 공연장에서 티켓을 팔고 배포하는, 세계에서 가장 큰 티켓 판매 회사이다. Ticketmaster는 에이전트로서 프로모터, 팀, 밴드 심지어 장소를 대신하여 티켓을 판매한다. 이 기업은 고객이 티켓을 구매할 때 내는 추가 수수료와 프로모터가 Ticketmaster에게 티켓을 판매하고 고객에게 나눠주는 대가로 지불한 수수료로 수익을 창출한다. 웹사이트에 따르면, Ticketmaster의 목표는 "당신의 구매 경험을 쉽고, 효율적이며 공정하게 만들어 당신을 라이브 이벤트에 가능한 신속하게 참여할 수 있게 하는 것이다"라고 한다.

많은 고객은 Ticketmaster의 서비스가 쉽고 효율적이라는 것에 동의하지만, 반면 또한 많은 고객은 Ticketmaster의 가격결정이 공정하지 않다고 주장한다. 첫째, 봉사료, 건축설비료, 처리 비용 그리고 배송 비용(e-ticket Convenience Charges, or Will Call Charges 포함)을 포함한 비용이 추가된다는 것이다. Wikipedia에 있는 포스트를 예로 들면, Britney Spears 공연 티켓은 원래 56달러였으나, 4.1달러의 처리 비용, 3.5달러의 설비 비용(사실 이 비용은 Ticketmaster가 아닌 공연 장소가 부과하는 것이지만, 고객은 이 비용 또한 Ticketmaster에게 불평한다), 9달러의 e-티켓 비용을 합하여 총 16.6달러의 서비스 비용을 더하여 최종 72.6달러로 책정되었다. 이는 원래 티켓 가격의 거의 30%나 된다. 따라서 4인 가족은 약 67달러의 추가 비용을 지불해야 하는 것이다.

서비스 비용 외에도, Ticketmaster에 대응할 경쟁업체가 없다는 데에 대다수의 사람이 분노한다. 아무리 Ticketmaster가 '공정하다'고 할지라도, 고객이 다른 대안 없이 Ticketmaster의 서비스만 이용해야 하는 상황은 매우 독점적이라고 여겨진다. 이러한 Ticketmaster의 가격 정책은 고객의 분노를 일으켰으며, 공연자들도 비슷하게 느꼈다. 예를 들면, Pearl Jam은 Ticketmaster를 법정에 세워, 이 회사가 독점적이며, 고객이 저렴하게 티켓을 구입할 수 있도록 서비스 비용을 낮추어 달라는 요청을 거절한 것에 대해 이의를 제기하였다. 그러나 Ticketmaster는 최종적으로 승소하였고, Pearl Jam은 콘서트 투어를 취소하였다. 더군다나 최근 Ticketmaster는 Live Nation(경쟁회사 중 하나)과의 합병을 제안하였고 이는 독점 금지 문제와 관련하여 팬들의 눈살을 더욱 찌푸리게 하였다. Bruce Springsteen은 이러한 합병에 대하여 몹시 화가 나있다고 하며, Ticketmaster와 Live Nation이 따로 존재하는 지금보다 상황을 더욱 악화시키는 결과를 초래하여 음악 공연 예약 분야의 독과점 형성을 가져올 것이라고 말하였다.

2009년 초반에 Ticketmaster의 판매와 가격 접근 방식은 Grateful Dead 팬들의 철저한 감시하의 재판에서 결정이 났다. Ticketmaster는 원래 판매 업무 이외에 재판매 서비스를 제공하는 TicketsNow라는 회사도 운영한다. 재판에 따르면 뉴저지의 주민 Michael Kelly는 "Ticketmaster가 액면가 398달러의 Graceful Dead의 티켓을 TicketsNow 웹사이트로 변경하여 829.5달러나 지불하게 하였다"고 말하였다. 불평은 "Ticketmaster에서 판매 중이던 티켓이 1분도 채 안 되어 인기 많은 티켓이 되어, TicketsNow에서 심하게 부풀린 가격으로 재판매되고 있다."는 것으로 계속되었다. TicketsNow와 Ticketmaster의 관계에 대해 캐나다의 연방공정거래위원회뿐만 아니라 미국의 법무부와 연방통상위원회도 Ticketmaster의 이러한 요금에 대해 조사하고 있다.

Sources: http://www.denverpost.com; http://en.wikipedia.org; http://www.ticketmaster.com; http://www.wired.com.

는다. 예를 들어 마케팅 컨설턴트가 한 시간짜리 강연을 할 때, 이에 대해 어떻게 가격을 측정할 것인가? 유형의 상품이 생산되지 않았으므로, 판매된 상품의 원가가 거의 없는 것이다! 둘째, 서비스 노동에 있어 변동적 수요로 인해 필요한 노동을 설정하는 게 매우 어렵다. 셋째, 서비스 산업에서 노동력의 이직률이 매우 높다. 이러한 사실은 좋은 서비스 담당자를 찾는 것을 어렵게 만드는 것으로 가격 측정을 더욱 어렵게 만든다. 이러한 요인들이 원가 지향적 가격 측정 방법을 어렵게 만든다. 결과적으로, 원가를 통제하고 예측하기가 어렵다는 것이 상품과 서비스 가격 간의 근본적인 차이이다.

많은 서비스가 전형적으로 높은 변동-고정 비용 비율을 가지고 있다 UPS(United Parcel Service)가 가장 좋은 예이다. 이 회사는 3,400개의 UPS 스토어와 1,100개의 메일박스(Mail box), 1,000개의 고객센터와 17,000개의 아울렛, 그리고 45,000개의 UPS 드롭박스(Drop box)를 보유한다. 패키지와 문서는 1,748개의 연결 사이트로 연락되며 88,000대의 자동차와 벤, 트럭, 오토바이, 270 UPS Jet Aircraft, 304 charted Aircraft 등 매우 다양한 방법으로 배달된다. 결과적으로 UPS는 30억 개의 수화물을 처리하고 매년 미국 GDP의 5.5%를 차지하고 있다.[12] UPS의 거대한 **고정 비용**(fixed costs)과 변동 비용을 비교해보면 하나 이상의 수하물 처리와 관련하여 **변동 비용**(variable costs)은 거의 존재하지 않는다.

항공 산업의 경우 매우 높은 고정/변동 비용 비율을 보여주는데, 항공사에서 가장 주요한 세 가지 비용은 비행기, 노동력 그리고 연료이다. 비행기와 노동 비용은 주요한 고정 비용이지만 연료의 경우 변동 비용이다. 연료비의 경우 항공사가 제어할 수 없지만, 항공사는 위의 두 가지의 비용에서는 영향을 줄 수 있다. 항공사는 더 많은 이익을 얻기 위해 더 많은 티켓을 팔거나 비용을 감소시시키거나, 또는 두 가지 모두를 할 수 있다. 더 많은 티켓을 팔기 위해 항공사는 경쟁업체와 거의 일치하는 가격 할인을 실시한다. 결과적으로 항공사의 비용 구조는 동일하게 유지되고 산업 매출은 꾸준히 감소된다. 즉 항공사의 크나큰 손실이 된다. 결과적으로 이러한 가격 전쟁의 최종 승자는 가장 낮은 비용 구조를 가진 기업일 것이다. 예를 들어 Frontier Airlines의 손익분기 부하계수는 평균 약 55%이다. 항공사가 손익분기점을 넘어서기 위해서는 55%의 좌석이 채워져야 한다. 반대로, United 항공사의 손익분기 부하계수는 약 91%이다. 명백한 것은 Frontier 및 다른 할인 항공사는 가격 전쟁의 경쟁 압력에 견딜 수 있도록 포지셔닝 되어 있다는 것이다.[13]

사업에서 높은 변동/고정 비율로 인한 위협은 수없이 많이 존재한다. 첫 번째로, 개인 고객에게는 어떠한 요금을 매겨야 할 것인가? 예를 들어 항공사의 보편적인 금액은 75,000이다(**e-서비스 활동 사례** 참조). 출발할 때까지 판매되지 않은 비행기의 좌석의 경우, 좌석을 예약하지 않을 수 있는 리스크를 감수하며 소비자에게 할인된 가격으로 좌석을 판매하여야 하는가? 이미 모든 요금을 지불한 소비자가 있음에도 판매되지 않은 좌석을 할인

e-서비스 활동 사례

터보차지가 달린 소프트웨어는 항공료를 하루에 75,000번 결정한다!

온라인에서 항공료를 확인하여 좋은 가격을 찾은 지 한 시간 후, 티켓을 예약하려고 보니 그 가격이 더 이상 이용 가능하지 않음을 경험해본 적이 있는가? 만약 기업이 당신의 온라인 행동을 추적하여 당신에게 더 높은 가격을 책정하려고 한다면 매우 화가 날 것이다! 실제로, 항공사들은 날씨를 예측하는 '모델'과 같은 방식으로 티켓 수요를 예측하는 정교한 컴퓨터와 소프트웨어를 사용한다. 티켓 수요가 증가할 것이라고 예측되면, 항공료 또한 올라가고 이는 하루에도 몇 번씩 계속될지도 모른다.

이것이 시스템이 작동하는 방식이다. 예를 들면, Continental 항공사가 하루에 약 2천 개의 항공편을 취항한다고 해보자. 각 항공편은 구매 시간, 요일, 환불 여부, 제3자 수수료, 기내 클래스(항공료 결정 전략에 중대한 영향을 미치는 몇 가지 요소만 언급한 것임)에 따라 10~20개의 가격이 책정되어 있다. 이 시나리오는 한 항공사가 다른 항공사의 가격을 바탕으로 하루에 여러 차례 가격을 책정하도록 시장에 약 7백만 개의 가격을 게시했을지도 모른다.

ATPCO라고 불리는 운임 결정 기업 연합(Southwest 항공사 제외)은 모든 주요 항공사의 항공료를 수집하여 운임을 책정하고 항공사와 다른 예약 서비스 기업에게 책정된 모든 운임을 공표한다. ATPCO는 하루에 한번 이 정보를 수집하고, 다음 날 결과를 보고한다. 이 시스템은 주말에만 운영되지 않는다. 결과적으로 항공사는 하루에 한 번 가격을 변동할 수 있고 경쟁 기업은 다음 날 업계 가격의 변동을 알 수 있을 것이다. 현재 ATPCO는 하루에 세 번 가격을 바꾸고 토요일과 일요일은 하루에 한 번 바꾼다. 따라서 일주일에 다섯 번 변동되는 운임의 변화는 현재 일주일에 열일곱 번이다. 사전에 가격을 바꾸는 것과 경쟁 기업들이 이 가격에 반응하는 것 사이에, 항공사들은 하루에 평균 75,000번 가격을 바꾼다. 항공 운임이 하루에 400,000번이나 바뀌는 날도 있다. 모든 변동가를 추적하고 신속하고 즉각적인 가격 책정을 위해, 항공사들은 자사 가격결정 전략 경영을 용이하게 하는 "터보차지가 달린 소프트웨어(turbocharged software)"라는 것을 사용한다.

Source: http://www.fastcompany.com.

해서 판매해야 하는가? 그리고 어떻게 해야 이미 모든 금액을 지불한 고객들에게 이러한 판매에 대해서 불만을 일으키지 않게 할 것인가? 이러한 수많은 문제가 존재한다.

규모의 경제가 제한적이다 서비스의 특징인 비분리성과 소멸성으로 인해 서비스의 소비는 물질적 공간과 시간에서 분리될 수 없다. 예를 들어 치과의 운영에 대해 생각해보자. 재고품은 수요를 완화시키는 데 사용될 수 없고, 환자와 서비스 제공자의 실제 존재가 종종 거래 수행에 필수적이다. 결과적으로 서비스 제공자들은 사전에 수요를 예측하여 서비스를 준비할 수 없다. 그러므로 서비스 제공자들이 전통적으로 규모의 경제에서 얻는 비용적 이익을 획득하기가 매우 어렵다. **규모의 경제**(economies of scale)는 많이 생산할수록 더 저렴하게 생산되고, 더 저렴하게 생산될수록 더 저렴하게 판매되고, 더 저렴하게 판매될수록 더 많이 판매되고, 더 많이 판매될수록 더 많이 생산된다는 개념을 기본으로 한다. 더욱이, 많은 서비스가 고객의 특성별로 고객화(맞춤화)되면서 고객화의 실천은 고객의 서비스 요청 전에 끝낼 수 있는 일의 양을 제한하고, 나아가 전통적인 규모의 경제를 통해 얻어지는 잠재적 비용 이익을 제한한다.

마지막으로 언급되어야 할 것은 비록 비용이 가격결정 전략에서 중요한 고려 사항이나, 가격결정 전문가들은 최종 가격의 결정을 맡은 그들의 역할이 종종 지나치게 강조되어 있다는 것에 동의할 것이다.[14] 의심할 여지없이, 비용은 기업의 이익을 결정하는 데 있어 가장 중요하다. 그러나 최종 가격결정의 역할을 지나치게 강조하는 서비스 기업들은 그들의 내부적 집중에 의해 제한되고 시장에서 그들의 서비스를 저가격으로 책정하는 경향이 있다. 가격결정 시 오직 비용에만 의존하는 기업들은 시장을 외부적으로 보는 것을 실패하고, 제공된 서비스에 대해 고객이 두는 모든 가치를 추출하는 것에 실패한다. 예를 들어 인기 있는 스포츠 이벤트 및 브로드웨이 쇼 티켓은 원래의 요구 가격의 5~10배에 해당하는 동일한 티켓을 재판매하는 브로커에 의해 신속하게 구매된다. 이와 같은 경우 추가 수익은 처음에는 가치를 창출하고, 비용을 충당하기 위해 티켓 가격을 책정한 업체가 아닌 재판매업자(reseller)에게 돌아간다.

6-3b 수요 고려 사항

시장으로부터 최고의 가치를 창출할 수 있는 서비스 회사들은 수요 고려 사항과 같은 외부 시장 요소를 고려한다. 상품의 가격과 다르게, 서비스 가격에서 고려해야 할 사항이 있다. 먼저 서비스를 위한 수요는 더 비탄력적으로 되는 경향이 있다. 비용 증가는 종종 간단하게 소비자에게 전달된다. 두 번째로 서비스 소비자들은 종종 암시적으로 가격을 묶는다. 예를 들어 테마 파크의 음식 서비스 수요는 테마 파크의 호텔 가격과 티켓 가격에 의해 영향을 줄지도 모른다. 결과적으로 서비스의 교차 가격 탄력성이 조심스럽게 고려되어야 한다. 마지막으로 서비스에 내재된 수요와 공급 변동 때문에 가격결정 전략 또한 심사숙고해야 한다.

서비스에 대한 수요는 보다 비탄력적이다 일반적으로 서비스의 소비자는 지각된 위험 수준을 감소시킬 수 있다면, 더 높은 가격을 기꺼이 지불할 의향이 있다. 지각된 위험은 결과(구매와 관련된 중요성 및/혹은 위험의 정도)와 불확실성(고객에 따른 혹은 일자에 따른 서비스 성과에서의 변동성)의 함수이다. 무형성, 비분리성, 이질성 그리고 소멸성이라는 서비스의 특성은 지각된 위험의 수준을 높이는 데 크게 기여한다.

이 분야의 전문가들은 소비자 가격 민감도에 주요한 역할을 하는 열 가지 요소를 제시한다. 열 가지 가격 민감성 요소는 다음과 같다.

- 지각된 대체재의 영향
- 특유가치 영향

- 전환비용 영향
- 비교 곤란 영향
- 가격-품질 영향
- 지출 영향
- 최종 혜택 영향
- 분담비용 영향
- 공정성 영향
- 재고 영향

〈도표 6-3〉은 열 가지 가격 민감성 요소와 가격 민감성에 관한 관계의 관점을 제공한다. 성공적인 가격 전략은 최종 가격결정에서 이 열 가지 요소의 영향을 고려한다. 분명히 가격 민감도는 다양한 서비스의 유형에 따라 차이가 있지만 서비스에 대한 **수요의 비탄력성**(inelastic demand)은 일반적인 상품에 비해 높은 경향이 있다. 서로 다른 소비자 집단에 따라 각 가격 민감도 요인의 중요성은 다르게 평가된다. 서비스 회사는 목표 시장의 구매 결정에 어떤 요소가 더 중요하게 작용할지 평가해야 한다.

교차 가격 탄력성 고려 사항이 검토되어야 한다 종종 서비스에 대해 소비자는 무조건적으로 가격을 묶는다. 다른 말로 소비자는 영화를 보러 가는 데 드는 전체 비용을 티켓과 간식을 포함하여 계산한다. 그러므로 전체 수익은 전체 상품 제공의 **교차 가격 탄력성**(cross-price elasticity)을 신중히 고려하여 극대화될 수 있을지도 모른다. 이것은 핵심적

〈도표 6-3〉 소비자의 가격 민감도에 영향을 주는 요인

가격민감도 요인	제안된 관계
지각된 대체재 영향	가격 민감도는 서비스 A에 대한 가격이 지각된 대체재의 가격보다 더 높을 때 증가된다.
특유가치 영향	가격 민감도는 서비스 A의 특유의 가치가 지각된 대체재의 특유의 가치와 동일하거나 더 낮을 때 증가된다.
전환비용 영향	가격 민감도는 전환비용이 감소될 때 증가된다.
비교 곤란 영향	가격 민감도는 대체재를 비교하는 어려움이 줄어들 때 증가된다.
가격-품질 영향	가격 민감도는 가격이 품질 신호로서 사용되지 않을 때 증가된다.
지출 영향	가격 민감도는 지출이 금전적으로 혹은 가계소득에서 차지하는 비율이 클 때 증가된다.
최종 혜택 영향	가격에 민감한 소비자들이 서비스의 최종 혜택에 민감할수록 가격 민감도는 증가된다.
분담비용 영향	가격 민감도는 제3자와의 비용 분담이 적을수록 증가된다.
공정성 영향	가격 민감도는 유사한 상황에서 유사한 서비스에 지불하는 비용이 낮을수록 증가된다.
재고 영향	가격 민감도는 재고를 유지할 소비자의 능력이 커질수록 증가된다.

Spencer Grant/PhotoEdit

가격 차별은 고객이 보유한 수요 탄력성의 차이와 영화의 수요와 공급 간의 균형을 유지하고자 하는 영화관의 필요성 때문에 영화산업에서 실행 가능한 관행이다.

으로 제공하는 서비스의 가격이 보완되는 서비스의 수요에 영향을 미치는 경우에 특히 그렇다. 수요 교차 가격 탄력성은 다른 서비스에 대한 가격에서의 변동에 관련된 어떤 서비스에 대한 수요의 민감도로 측정된다. 만약 이러한 관계가 부정적일 때, 두 서비스는 **보완재**(complements)라고 한다. 예를 들어 영화 티켓의 가격만큼 소비자는 팝콘과 소다를 덜 구매함으로써 가격 증가를 차감 계산한다. 만약 둘의 관계가 긍정적일 때 두 서비스는 **대체재**(substitutes)라고 하고, 이 중 소비는 다른 소비의 지출에 달려 있다. 예를 들어 영화 티켓의 가격이 증가하면, 블록버스터(Blockbuster)와 넷플릭스(Netflix) 영화 임대와 같은 대체 서비스의 수요가 증가한다.

멀티 상품에서 고려해야 할 사항이 법인 서비스, 개인 서비스, 전문가 서비스 및 호텔 산업과 같은 많은 서비스 산업을 지배한다. 골프 산업은 교차 가격 탄력성의 영향에 대한 좋은 예를 제공한다. 소비자들은 그린 수수료, 카트 수수료, 레인지 수수료, 그리고 식음료 수수료에 각각 다른 가격 민감도를 가진다. 소비자가 입장료(그린피)에 대해 적절한 가치로 인식하면, 그들은 카트 이용, 연습장 볼, 식음료 등과 같은 추가 상품을 구매하고자 할 것이다. 반대로 입장료의 가치를 낮게 인식하면, 보완재에 대한 소비자 가격 민감도도 증가한다. 소비자들은 종종 총비용을 줄이기 위해 이러한 추가 서비스의 일부 또는 전부를 포기한다. 즉 높은 입장료는 종종 전체 소비자 지출을 낮추고 회사의 수입 흐름을 감소시킨다. 만약 이러한 경우, 서비스 기업은 입장료를 낮추는 것이 더 좋고 보완재로부터 추가적인 이익을 만들 수 있다.

가격 차별은 수요 및 공급 문제를 관리하기 위한 실행 가능한 실천이다 **가격 차별화**(price discrimination)는 실질적으로 같은 서비스에 대해서 소비자에게 다른 가격을 청구하는 것을 포함한다. 예를 들어 몇몇 국제 항공사는 승객의 민족성을 기반으로 하여 같은 부류의 승객에게 다른 가격을 청구한다(**글로벌 서비스 활동 사례** 참조). 이러한 서비스 가격의 독특한 측면은 서비스의 소멸성과 생산과 소비의 동시성과 관계가 있다. 가격 차별은 부분적으로 소비자에 의해 소유된 수요 탄력성에서의 차이에 기인하며, 서비스 상품의 수급을 균형 있게 하고자 하는 조직의 필요에 기인한 서비스 산업에서 실행 가능하다.

가격 차별의 실행 가능성은 어떤 서비스에 있어서 그 서비스를 판매할 기회가 지나가기 전에 그러한 가격이 때로는 현저히 떨어지는 것을 소비자가 기꺼이 받아들인다는 사실에 의해 강화된다(예: 마지막 콘서트 티켓). 다른 서비스 환경에 있어서, 소비자는 동일한 서비스에 대해 다른 소비자들이 다른 금액을 지불하는 것에 대해 친숙하다(예: 항공권). 게다가 Priceline.com과 같은 온라인 서비스는 항공권, 자동차 임대에 대하여 소비자가 스스로 가격을 지정하도록 한다. 서비스 제공자들은 고정 비용의 최소 일정 부분을 확보하기 위해 이러한 제안을 승인한다. 얼마 간의 수익은 이러한 상황에서의 수익이 없는 것보다 더 나은 것으로 간주된다.

효과적인 가격 세분화(price segmentation)는 소비자와 제공자 둘 모두에게 이익이 된다. 소비자는 때로 더 낮은 가격을 제공하는 옵션으로 득을 보고, 제공자는 수요를 관리할 수 있으며 수용 능력의 활용을 높인다. 결과적으로, 가격결정은 다음과 같은 두 가지 방법으로 수요를 균등하게 만든다.

- 저수용 능력 활용 시간대인 한산한 때(off-peak)에 새로운 고객의 창출
- 기존 고객을 러시아워에서 덜 바쁜 시간대로 이동시켜, 러시아워 시간대를 분산

효과적인 가격 세분화 전략은 다음의 여섯 가지 기준을 충족시켜야 한다.[15]

1. 서로 다른 소비자 그룹은 가격에 다른 반응을 해야 한다. 만일 서로 다른 소비자 그룹이 가격 변동에 동일한 반응을 보인다면 가격 세분화는 역효과를 낳게 된다. 예를 들어 수년 동안 영화관은 주간 입장객에게 할인 가격으로 영화를 제공하고 있다. 이러한 전략은 낮 동안 사용되지 않는 수용 능력에 대한 수요를 창출하며, 또한 저녁 상영 시간 동안 원활한 수요를 만드는 데 도움을 준다. 더군다나, 이러한 접근법은 보다 높은 가격으로 저녁 상영을 보러 오지 않을 자녀를 대동한 가족 혹은 고정 수입을 가진 개인 및 시장 부문을 확보할 수 있다. 이러한 전략은 가격 변동이 모든 사람에게 동일한 반응을 창출하지 않기 때문에 효율적이다. 만일 다수의 소비자가 낮은 요금의 낮 시간으로 옮긴다면, 영화관은 낮 시간 동안 수용 능력 이상의 소비자를 가지게 되며 기업 측에서는 총수익이 감소하게 된다.
2. 세분시장은 식별 가능해야 하며, 시장별로 가격을 다르게 책정하는 메커니즘이 존재해야 한다. 효과적인 가격 세분화는 별개의 수요 패턴을 가진 소비자를 연령, 가족 생활주기, 성별, 교육 상태와 같은 명백한 공통적인 특징에 근거하여 확인되어야 한다. 지나치게 복잡한 세분화 체계에 근기한 차별화는 소비자와 전략을 실행해야 하는 서비스 제공자를 혼란스럽게 한다. 연령에 근거한 가격 차별화 전략의 세분시장 확인에는 대학교 신분증 소지자, AARP 카드 소지자 그리고 운전면허를 받은 사람들이 포함된다.
3. 저가로 티켓을 구매하여 다른 사람들에게 자신의 티켓을 판매하려는 개인이 있다면, 그러한 기회는 주어지지 않는다. 예를 들어 극장에서 오후의 할인된 가격으로 티켓을 구매하여 저녁에 할인되지 않은 정상가로 티켓을 구매하려는 소비자에게

글로벌 서비스 활동 사례

소수민족 가격결정, 과연 윤리적인가?

특정 국적의 사람들에게 할인을 해주는 소수민족 가격 정책(ethnic pricing)은 인도, 중국, 러시아와 같은 국가에서 오랫동안 관례적으로 해오고 있다. 다른 나라들도 소수민족 가격을 제시하고 있지만 윤리적 및 법적 파급으로 인해 공개되지 않는다. Wall Street Journal에 따르면, 유럽 전역의 항공사 승객은 여권의 출처 또는 고용주의 입장을 기반으로 항공권 할인 혜택을 받을 수 있다. 일본에 Lufthansa 항공편을 예약하려는 승객인 Brendan McInerney는 우연히 이를 이용해보았으나, 썩 유쾌하지 않았다. 그의 아내는 1,700마르크로 일본행 비행기 티켓을 구매할 수 있었으나, McInerney의 티켓 가격은 2,700마르크였다! 항공사가 이러한 금액을 제시 한 이유는 McInerney는 미국인이고, 그의 아내는 일본인이었기 때문이다. 불평을 제기하고 나서 항공사는 결국 승복했고, McInerney는 항공사로부터 아내와 동일한 요금을 제공받았다.

소수민족 할인 예

항공사	여정	정상 가격	소수민족 가격
Lufthansa	프랑크푸르트-도쿄	$1,524	$960
Lufthansa	프랑크푸르트-서울	1,524	903
British Airways	이스탄불-런던	385	199

주: 세금, 착륙 수수료가 포함되지 않았음.
Source: Travel agents.

Lufthansa는 소수민족 가격결정을 하고 있다는 것을 부인하지 않는다. 항공사의 대변인인 Dagmar Rotter는 항공사가 독일에서 출발하는 일본 국적기와의 경쟁에만 반응하고 있다고 전했다. "다른 항공사들은 이미 그것을 시작했다. 시장이 그렇게 하도록 강요했기 때문에 우리는 그것(소수민족 가격결정)을 제공한다."

Swissair 및 Air France와 같은 다른 유럽 항공사도 소수민족 가격 정책을 시행하고 있다. Swissair는 터키, 포르투갈, 스페인, 그리스 및 모로코 승객을 대상으로 동일한 목적지로 "이주 노동자" 운임을 제공한다. 그러나 일본으로 가는 일본인에게는 할인 요금이 제공되지 않는다. Swissair 대변인은 남유럽과 지중해 연안에서 온 이주 노동자들에게 할인을 제공하지 않으면, 그들은 가족을 보러 집에 갈 수 없을 것이라고 주장했다. 마찬가지로 Air France는 베트남, 중국, 한국 및 일본 시민에게 할인 요금을 제공하지만 독일에서 출발하는 항공편에 대해서만 할인 요금을 제공한다. Air France 대변인은 "독일에서는 모든 사람이 그렇게 하고 있는 것처럼 보인다. 독일 시장이 매우 특이한 것 같다"고 지적했다.

British Airways의 개입은 터키에 있는 영국 시민들을 위해 "Ho, Ho, Ho" 여행 패키지를 제안했을 때 명백했다. "먹거리가 부족하고, 돼지고기 소시지가 필요하며, 크리스마스 푸딩에 대해 조바심을 냈나요? 걱정하지 마시고 영국 여권을 보여주면 일반 운임의 48%를 할인받아 영국에 갈 수 있다."

미국 항공사들은 1998년 관행이 금지될 때까지 조용히 소수민족 가격결정에 관여했다. 뉴욕의 Lufthansa 대변인은 "차별을 이유로 한 소수민족 가격결정은 미국에서 발생할 수 없다"고 지적했다.

Source: Brandon Mitchener, "Ethnic Pricing Means Unfair Air Fares," *Wall Street Journal* (December 5, 1997), pp. B1, B14. Reprinted by permission of The Wall Street Journal.

이를 판매하는 것은 거의 유효하지 않다. 지방 시립 골프장은 노인층을 위해 할인된 가격으로 골프 쿠폰을 제공함으로써 "좋은 일"을 하려고 했다. 프로모션이 시작된 후 얼마 지나지 않아, 어떤 노인들이 정상가를 내고 골프코스를 이용하려는 소비자에게 어느 정도의 이윤을 남기고 자신의 골프 쿠폰을 주차장에서 파는 것이 목격되었다.

4. 세분시장은 시장 세분화 전략을 시행할 정도로 충분히 커야 한다. 가격 세분화 계획을 제공하려는 포함되는 시간과 노력은 그러한 사업에서 가져오는 수익에 근거하여 정당화된다. 기업의 노력에 시장의 반응이 거의 없다면 소비자들이 관심이 없거나, 타깃 소비자가 너무 적거나, 기업의 가격 세분화 제공이 그 표적에서 벗어났다는 신호이다.
5. 가격 세분화 전략을 운영하는 비용은 그로 인해 얻어지는 수익을 초과하여서는 안 된다. 가격 세분화 노력을 하는 목적은 러시아워 수요를 줄이고 활용되지 않은 수용 능력을 채울 뿐만 아니라, 전체 수익을 늘이거나 혹은 기업이 제공하는 서비스의 이점을 이용할 수 없는 개인에게 서비스를 이용하도록 하는 비영리적인 것일 수 있다. 만일 가격 세분화 전략을 운용하는 비용이 그로 인해 얻어지는 수익을 초과한다면, 경영층은 전략을 재고할 필요가 있다.
6. 고객이 서로 다른 가격을 사용하는 데 있어서 혼란스럽지 않아야 한다. 전화 및 전력회사는 사용 시간을 근거로 하여 할인된 가격을 제공한다. 그러나 흔히 이러한 시간 관련 할인은 새로운 프로모션이 있을 때마다 달라진다. 소비자들은 기대한 것보다 더 높은 사용료를 지불하게 되는 변동 사항을 잘 알지 못하고 이것은 소비자 만족에 부정적 영향을 가지고 온다. 과거에 이동전화를 판매하는 서비스 제공자들인 전화회사들은 하루 중 사용량이 많을 때는 높은 요금을, 많지 않을 때는 낮은 요금을 책정하였다. 소비자들은 이러한 특별한 가격결정 전략의 유형에서 이득을 보기 위해 그들이 얼마를 지불해야 할 것인가를 항상 알고 있어야 했다.

6-3c 고객 고려 사항

서비스 가격결정의 고려 사항 중 세 번째는 바로 고객과 관련이 있다. 소비자에게서 고려해야 할 사항은 소비자가 서비스를 위해 기꺼이 지불할 가격을 고려하는 것이다. 상품과 비교해서, 서비스의 가격은 소비자가 서비스를 비교할 수 있는 소수의 탐색 속성 중 하나가 될 수 있다. 결과적으로, 서비스의 가격은 종종 품질 단서(quality cue) — 가격이 높을수록, 서비스의 지각된 품질이 높아진다 — 로 사용된다. 너무 가격이 낮은 서비스는 질이 떨어지는 것으로 지각될 수 있고, 너무 비싼 서비스는 소비자가 거들떠보지도 않는다. 마지막으로, 서비스 소비자는 예약 가격에 대해서 덜 확신하는 경향이 있다.

가격은 구매 전 소비자가 이용할 수 있는 몇 안 되는 단서 중의 하나이다 서비스의 무형성 특성으로 인하여 서비스는 소수의 탐색 속성으로 특징지어진다. 탐색 속성은 구매하기 이전에 결정될 수 있는 정보적 단서이다. 반대로 상품의 유형성은 소비자들이 고려하는 데 유용한 수많은 탐색 속성을 극단적으로 증가시킨다. 예를 들어 고객의 체형에 알맞은 정장 스타일은 구매 이전에 파악될 수 있다. 반대로 저녁식사의 즐거움은 식사가 끝난 후에야 알 수 있다.

가격결정 연구는 가격의 정보 가치가 다른 정보 단서 수의 증가로 인해 줄어든다는 데 주목한다. 이와 유사하게, 다른 연구는 소비자의 가격 의존은 U자 형태를 보임을 발견하였다. 즉 가격은 단서가 별로 없을 때 중요하게 사용되며, 단서의 수가 많아질수록 가격은 그 정보 단서로서의 가치를 상실하게 되며, 이후 소비자가 수많은 정보로 압도된다면 가격은 그 가치가 증가하게 된다.[16]

추가 연구에서는 **이정표 품목**(signpost items)을 사용하여 전체 서비스 품목의 가격에 대한 인상을 형성할 것을 제안한다. 이정표 품목은 고객이 자주 구입하는 품목으로 고객들이 일반 가격을 잘 알고 있는 품목이다. 고객은 이 품목을 사용하여 회사가 제공하는 다른 서비스의 가치를 벤치마킹하기 때문에, 똑똑한 회사는 이정표 품목에 경쟁력 있는 가격을 책정한다. 예를 들어 헬스클럽은 추가 비용으로 개인 트레이너 서비스를 제공한다. 헬스클럽이 클럽 내의 자동 판매기에서 물과 음료를 경쟁력 있는 가격으로 판매하는 경우, 이들은 헬스클럽 회원에게 개인 트레이너 비용도 경쟁력이 있어야 한다는 것을 전달하는 이정표 품목이 된다.[17]

서비스 소비자는 품질에 대한 단서로 가격을 사용하는 경향이 있다 서비스 제공자는 고객에게 보내는 서비스 가격 메시지를 고려하여야 한다. 많은 연구에서 가격이 품질 지침으로 기능할 수 있는지를 이해하고자 하였다. 어떤 연구는 소비자가 가격을 그들이 고려하고 있는 제품의 품질로 추정할 수 있다고 암시한다. 반대의 결과를 제시하는 연구도 있다. 예를 들어 전통적 연구는 가격은 다르지만, 품질이 같은 카페트를 소비자에게 제시하였다. 품질에 대한 응답자의 판단은 품질이 가격에 따른다는 것을 보여주었다. 그러나 그 후 비슷한 연구에서, 가격과 지각된 품질 간에 거의 관련성이 없다는 것을 발견했다.[18]

가격은 서비스 소비자의 의사결정 과정에서 핵심 정보 역할을 한다. 의사결정 이론은 소비자들이 제품 품질을 평가하기 위한 대안 평가 과정에서 가격적인 단서를 가장 유용한 단서로 사용하는 것을 제시한다. 그러한 역할의 중요성으로 인하여 가격은 구매 이전에 서비스 품질을 평가하는 데 있어서 중요하게 사용된다. 가격은 다음과 같은 조건에서 품질에 대한 단서로서 사용된다.

- 가격이 도움이 되어 기본적인 구별의 기준이 되는 정보가 될 때
- 대안이 이질적일 때
- 비교 가격의 차이가 상대적으로 클 때

명백히 이러한 조건은 다수의 서비스 구매 시나리오 내에 존재한다.

서비스 소비자는 예약 가격에 대해 확신을 가지지 못하는 경향이 있다 소비자 **예약 가격**(reservation price)은 소비자가 어떤 제품에 대해 지불하고자 하는 최대의 금액이다. 어떤 서비스에 대한 소비자의 예약 가격은 구매 의사결정 여부를 결정한다. 만일 예약 가격이 실제 지불 가격을 초과한다면, 소비자는 특별한 서비스를 더 많이 구매하고 싶어질 것이다. 그러나 예약 가격이 실제 지불 가격보다 낮다면, 소비자는 제공하는 특별한 서비스의 구매를 배제하게 될 것이다.

연구들은 예약 가격에 관해 서비스 소비자의 확실성이 부족하다는 것을 제시해왔다. 소비자의 예약 가격은 소비자들이 시장에서 경쟁가격을 인지하는 것에 의해서 부분적으로 결정된다. 몇몇 서비스에 있어, 유용한 가격결정 정보와 적은 구매 빈도는 고려 중인 서비스의 예약 가격을 더 불확실하게 만든다.[19]

6-3d 경쟁 고려 사항

서비스 가격 전략은 두 가지 독특한 경쟁 고려 사항에 의해 영향을 받는다. 먼저, 서비스 대안의 가격 비교가 종종 어렵기 때문에 경쟁적 가격결정(competitive-based pricing)은 상품보다 서비스에서 덜 중요한 고려 사항이 될 수 있다. 게다가, 셀프 서비스 소비자의 서비스 가격을 결정할 때 독특한 경쟁자가 고려되어야 한다. 소비자들은 돈을 아끼고 다른 지각된 이점 사이에서 결과를 고객화(맞춤화)하기 위해서 셀프 서비스를 구매한다.

경쟁자들의 가격을 비교하는 것은 서비스 소비자에게 더 어렵다 서비스의 실제 가격 정보를 소비자가 아는 것은 상품에 대한 정보를 구하는 것보다 더 어렵다. 나아가 소비자가 서비스 가격 정보를 사용할 때 의미 있게 서비스를 비교하는 것은 더 어려울 수 있다. 예를 들어 기본 서비스 가격이 때로 사전에 결정됨에도 불구하고, 경쟁 서비스는 많은 생생 상품이 슈퍼마켓, 할인점 혹은 백화점에서 판매되는 방식으로 소매점에서 판매되지 않는다. 소비자는 지리적으로 떨어져 있는 서비스 기업을 직접 방문하거나, 혹은 가격 비교를 위해 서비스 기업과 연락한다. 의사결정을 위한 가격 비교는 서비스의 경우에 더 많은 노력과 시간을 필요로 한다.

셀프 서비스는 실행 가능한 경쟁적 대안이다 서비스의 생산과 소비의 비분리성에 대한 하나의 결과는 소비자가 서비스 전달 과정 — 일반적으로 셀프 서비스 옵션이라고 불리

상품과 달리 셀프 서비스는 실행 가능한 경쟁적 대안이다. 고객은 자신의 개인적 서비스를 수행하고 서비스 제공자를 고용하는 비용을 부담할 수 있다.

는 — 에 적극적으로 참여할 가능성이 있다는 것이다. 셀프 서비스 옵션의 사용 가능성은 소비자의 서비스 지각에 영향을 미친다. 셀프 서비스 옵션은 항상 일정 수준의 가격 할인을 제공한다(예: 고객은 전문 페인트공을 고용하지 않고 자신의 주택을 직접 칠할 수 있음). 오늘날 서비스 소비자는 종종 셀프 서비스의 저렴한 가격 이외에 다른 이익을 찾는다는 것을 알 수 있다. 이러한 이득은 더 많은 편의성, 더 큰 통제성, 더 적은 대인 접촉, 더 큰 효율성 그리고 더 큰 독립성을 포함한다. 셀프 서비스 옵션은 가격결정 전략의 정보로 고려되어야 한다.

6-3e 수익 고려 사항

가격 묶음은 종종 서비스 기업들의 수익 기회를 증가시킨다. 서비스는 상품에 비해 가격 묶음에 더욱 적합하다. 그러나 서비스의 가격 묶음은 개별 가격의 결정을 더욱 복잡하게 만든다. **가격 묶음**(price bundling)은 서비스를 개별적으로 구입하는 경우의 비용보다 저렴한 가격으로 서비스 그룹 가격을 결정한다. 예를 들면, 로키 산맥에 위치한 스키 숙박은 숙소, 저녁식사, 스키 티켓 그리고 스키 교육을 패키지로 구성한다. 일반적으로 가격 묶음은 소비자에게 더 좋은 가치로 인지되며, 일반적으로 판매 회사에 대한 추가 수익을 창출한다.

가격 묶음은 보다 복잡한 서비스 묶음에서 개별 가격을 결정하도록 한다 단일 가격으로 두 가지 이상의 상품과 서비스를 마케팅하는 묶음은 서비스 마케터들이 서로 다른 전략적 목적을 달성하는 것을 도울 수 있는 유용한 전략적 가격결정 도구이다. 그러나 오히려 이것은 소비자를 위한 대안 평가 과정을 복잡하게 만든다. 소비자들은 묶음의 각 구성품이 전체 원가에 얼마만큼 기여하는지 계산할 때 어려움을 경험한다. 예를 들어 자메이카 여행의 대안을 평가할 때, 비행기표와 렌트를 일체 포함한 호텔 패키지 비용을 비교하기가 어렵다.

가격 묶음은 서비스 상황에서 보다 효과적이다 다양한 서비스는 가격결정에 대한 전략적 접근법으로 묶음 가격을 사용한다. 많은 서비스 기업에서 의사가 진단 검사와 신체 검사를 결합하는 것과 마찬가지로 자사 서비스를 묶음으로 제공한다. 여타의 서비스 조직체들은 다른 기업들과 전략적 제휴를 형성하고, 각각 제공하는 서비스를 묶음으로 제공한다. 예를 들어 여행 산업은 호텔 요금, 항공권 및 송금 서비스를 단일 가격으로 묶는다. 묶음 가격의 형태나 유형과는 무관하게, 이러한 전략은 근본적으로 새로운 고객 유치, 기존 고객 교차 판매 또는 현재 고객 유지에 사용할 수 있는 새로운 서비스를 만든다. 묶음 가격은 고정비/변동비 비율이 높고 비용 분담률이 높으며 상호 의존도가 높기 때문에 서비스 부문에서 빠르게 확산되었다. 예를 들어 호텔 레스토랑에 대한 수요는 객실 수요와 직결된다.

6-3f 제품 고려 사항

서비스 가격 전략은 세 가지 독특한 서비스 제품 고려 사항을 인식한다. 첫째, 가격은 서비스 부문에서 여러 가지 이름으로 불린다. 결과적으로 가격은 다른 부문에 비해 몇몇 부문에서 다르게 인지될지도 모른다. 두 번째로 서비스는 재고로 쌓아둘 수 없기 때문에, 서비스 소비자들은 가격에 덜 민감하며 추후 더 좋은 가격이 제공될 때까지 구매를 미루는 경향이 적다. 마지막으로, 유형 상품들에 사용된 가격 라인화(price lining)는 서비스 소비자들을 덜 민감하게 만든다.

상품 부문과 비교하여 서비스 부문에서는 가격에 관련된 다른 명칭이 많다 서비스 맥락에서 가격 책정의 흥미로운 측면 중 하나는 다양한 서비스 산업에서 가격을 표현하는 데 사용되는 이름이 많다는 것이다. 예를 들어 금융 서비스 산업에서 가격이라는 용어는 거의 사용되지 않는다. 대신 고객은 서비스 요금, 포인트 및 수수료를 지불한다. 이와 유사하게, 여행객들은 항공료(airfares) 혹은 버스 요금(bus fares)을, 아파트 거주자는 임대료(rent)를 내고, 호텔 투숙객들은 객실료(room rate) 등을 지불한다.

더 나아가, 서비스 부문의 가격에 사용된 많은 용어는 고객이 받는 혜택을 포함한다. 예를 들어 고객은 운송의 혜택에 대해 운임(fares), 입주에 대해 임대료(rents)와 객실료(room rates), 요청 처리에 대해 서비스 요금(service charges)을 지불한다. 가격이 명칭이 달라도 여전히 가격일까, 또는 가격을 나타내기 위해 사용된 용어에 혜택을 통합하는 것이 소비자의 인식을 변화시키고 소비자의 가격 민감도에 영향을 미칠까?

소비자는 할인 가격의 이점을 이용하여 서비스를 미리 비축할 수 없다 소매 가격 책정 연구가들은 가격결정 정책과 전략은 재고 결정과 계획에 대해 직접적인 영향을 미칠 수 있다고 지적한다.[20] 상품은 남아 도는 재고를 줄이기 위해 흔히 할인된다. 소비자는 할인 혜택을 얻고 종종 선매입에 참여한다. **선매입**(forward buying)은 소비자가 스스로 제품 재고를 가능하게 해주어 경쟁 브랜드에 빼앗기는 수량을 줄임으로써 판매자에게 혜택을 준다. 반면에, 서비스는 저장될 수 없으며, 서비스 소비자는 서비스 제공을 축적할 수 없다. 고객이 서비스를 필요로 하거나 원할 때, 그들은 시가(prevailing price)로 지불해야 한다.

상품라인 가격결정은 보다 복잡한 경향이 있다 동일한 핵심 상품 또는 유사한 상품들에 대하여 가격을 달리하는 관행, 즉 **제품라인 가격결정**(product-line pricing)은 상품 마케팅에서 널리 사용된다. 예를 들어 스포츠 장비에 대해 초보자, 중급자 및 전문가 수준별로 책정된 가격은 구매자 및 판매자 전문가의 다양한 수준을 반영하여 서로 다른 가격대로 책정된 것이다. 유형성은 구매 전에 객관적으로 평가될 수 있는 탐색 속성을 제공하므로, 상품의 소비자는 제공되는 여러 상품 간 차이점을 더 쉽게 평가할 수 있다. 반면에, 부동산 회사가 제공한 선택에 직면하였을 때, 부동산 소비자의 직면하는 어려움을 고려해보자. 회사는 집 판매자에게 중개수수료가 6, 7, 8%인 세 가지 수준의 서비스를 제공한다. 그러나 집 매매의 경험이 거의 없는 고객은 정보를 바탕으로 한 의사결정을 하는 데 전문성이 부족하다. 제공된 세 가지 수준의 서비스에 관련된 성과 수준은 부동산 대리인과의 계약이 서명되고 고객이 수수료를 확약할 때까지는 평가할 수 없다.

전통적으로 제품라인 가격결정은 고객에게 선택권을 제공하고 관리자에게 총수입을 극대화하는 기회를 제공한다. 그러나 서비스에서의 상품라인 가격결정은 고객에게 혼란과 소외감을 준다. 서비스의 가격결정에 어려움을 겪고 있는 산업은 원격 통신(AT&T, MCI 및 Sprint calling plans), 헬스케어(Blue Cross의 다양한 버전/Blue Shield plans, HMOs 등) 그리고 금융 서비스(다양한 타입의 체크 및 저축 계좌, 투자 옵션 등) 등이 포함된다.

6-3g 법적 고려 사항

마지막으로, 가격 전략을 개발할 때 마케터들은 이익뿐만 아니라 법적인 부분도 고려해야 한다. 일반적으로 서비스 부문에서 불법 가격 책정의 기회와 혜택은 무형성, 비분리성, 그리고 이질성으로 인하여 발생된다. 3장에서 논의하였듯이, 무형성은 객관적으로 구매를 평가하는 소비자의 능력을 감소시키는 반면, 비분리성은 소비자를 강압적인 영향 기술에 잠재적으로 노출시킬 수 있는 서비스 인카운터의 인간적인 요소들을 반영한다.

불법적 가격결정이 발견되지 않는 기회는 상품보다 서비스에서 더 크다 독감이 유행하는 동안 면역 주사에 대해 과도한 가격을 매기는 의사는 합법적인가? 혹은 혹독한 날씨로 인해 피해를 보는 이웃의 집을 수리하는 비용으로 시간당 금액을 세배로 받는 것은 합법적인가? 일부 주에서는 특수한 상황에서 소비자를 보호하기 위해 바가지 요금에 관한 법이 있다. 그러나 특별한 상황(즉, 유행병 및 혹독한 날씨)은 그러한 관행의 예외이다. 반대로, 과도한 서비스 가격 책정 관행을 식별하는 것은 "일상적" 유형의 구매 경우에 쉽게 발견되지 않는다.

서비스 소비자는 불법 가격 책정에 대해 더욱 취약하다. 서비스 소비자 취약성이 가격에 미치는 영향은 두 가지다. 먼저 소비자의 취약점과 지각된 위험은 직접적으로 관련되어 있다. 특별히 취약한 점이 있다고 느끼는 소비자는 자신이 지각한 위험을 줄일 수 있다면 더 높은 가격을 기꺼이 지불할 것이다. 두 번째 과도한 가격을 통해 취약점이 있는 소비자를 이용함으로써 신뢰를 남용하는 의심스러운 서비스 제공자는 단기적으로 이득을 볼 수 있지만, 발각되면 장기적으로 성공하기 어렵다. 소비자에게 있어 핵심은 가격의 공정함과 **이중 구조**(dual entitlement)이다. 비용 본위 가격 변동(cost-driven price changes)은 그러한 변동이 판매자가 자신의 수익 자격을 유지할 수 있게 해주기 때문에 공정한 것으로 지각된다. 반면에, 수요 본위 가격(demand-driven prices)은 때때로 불공정하게 지각된다. 그러한 가격 변동은 소비자 수요를 증가시키는 비용만으로 판매자가 자신의 수익 마진을 증대시키도록 한다.[21]

6-4 서비스 가격결정 전략의 출현

서비스의 가격결정을 둘러싼 다수의 특별한 고려 사항 때문에, 시장 침투 가격결정(penetration pricing), 경쟁적 가격결정(competitive pricing), 그리고 프리미엄 가격결정(premium pricing)과 같은 선동적인 가격결정 전략들은 서비스 고객이나 공급자에게 효용을 거의 제공하지 못한다. 예를 들어 경쟁적 가격 정책은 자동차 렌트, 항공, 건강 보험과 같은 산업에서 이익 마진이 줄어들게 하고 원거리 전화 서비스와 같은 산업에서 고객 혼란과 불신을 야기시킨다. 가격결정 문제의 핵심은 서비스 가격결정에서 특별한 고려 사항에 대한 이해와 동시에, 소비자가 지불하는 서비스로부터 얻는 효용에 대한 이해가 부족하다는 데 있다. 서비스 마케터는 소비자 욕구의 다양성을 무시하는 과도한 복잡성과 지나친 단순함 사이의 타협을 제시하는 가격결정 전략을 만들어야 한다.[22]

서비스의 가격을 효율적으로 결정하기 위해서 서비스 기업은 먼저 기업의 표적시장이 진실로 원하는 것에 대해 이해해야 한다. 고객에게 가치를 전달하는 세 가지 대안적 가격결정 전략은 만족 본위 가격결정, 관계 가격결정, 효율적 가격결정을 포함한다(도표 6-4 참조).[23]

6-4a 만족 본위 가격결정

만족 본위 가격결정(satisfaction-based pricing)의 최우선 목표는 서비스 구매와 관련하여 지각된 위험의 양을 감소시키고 표적시장에 서비스의 가치를 확실하게 호소하는 것이다. 만족 본위 가격 책정은 보증서, 혜택 본위 가격 책정, 그리고 균일 요금 가격 책정의 제공을 통해서 달성될 수 있다.

서비스 보증서는 빠르게 고객을 끌어들이는 대중적인 방법이 되었으며, 이는 14장에서 고객 유지의 한 가지 수단으로서 보다 자세하게 논의될 것이다.[24] 서비스 보증서는 고객이

<도표 6-4> 만족 본위, 관계, 그리고 효율적 가격결정 전략

가격결정 전략	가치 제공 방법	수행 방법
만족 본위 가격결정	서비스의 무형성 특성이 확대되는 소비자의 불확실성에 대한 고객의 지각을 감소시킨다.	서비스 보증서 제공 혜택 본위 가격결정 균일 요금 가격결정
관계 가격결정	고객이 회사에게 혜택이 되므로 회사가 고객과 장기적 관계를 구축하도록 한다.	장기적 계약 가격 묶음
효율성 가격결정	기업이 서비스 제공에 따른 비용을 이해하고, 관리 및 절감한 것을 고객과 공유한다.	비용 주도 가격결정
적응적 가격결정	장기적으로 마진을 인정하지 않고 할인을 제공하는 관행	임시 가격결정

Source: Leonard L. Berry and Manjit S. Yadav, "Capture and Communicate Value in the Pricing of Services," *Sloan Management Review* (Summer 1996), pp. 41–51.

만약 구매에 불만족을 느낀다면, 보증서를 행사하여 기업에 대한 불만족을 상쇄하고 부분적이거나 완전한 환불을 얻을 수 있다는 것을 확증한다. 서비스 보증서 제공은 고객에게 기업이 품질 서비스를 인도하는 것을 확약하고 그렇게 할 능력에 대한 자신감을 보이는 신호가 된다. 고객은 종종 기업이 서비스 보증서를 제공하는 것이 능력에 대한 자신감이 없다면 할 수 없을 것이라고 믿는다. 경쟁 서비스와 가격이 유사하고 차별화하는 옵션이 거의 없는 상황에서 서비스 보증서는 차별적인 우위를 제공한다.

혜택 본위 가격결정(benefit-driven pricing)은 고객이 실제로 사용하는 서비스에 초점을 맞춘다. 이 접근법의 목적은 서비스의 가격과 고객이 평가하는 서비스의 구성 요소 간의 직접적인 연관성을 개발하는 것이다. 예를 들어 인터넷 서비스는 일반적으로 혜택 본위 가격결정 전략을 사용하지 않는다. 이것은 고객이 실제로 온라인을 사용하는 시간에 따라 지불하는 것이 아닌, 반대로 고객에게 한 달에 한 번 부과하는 방식이다. ESA-IRS와 "정보 가격" 프로그램과 같은 혁신적인 온라인 서비스는 혜택 본위 가격결정을 도입하고 그들의 마케팅 초점을 고객을 온라인에 유지하는 것에서 고객에게 혜택이 되는 마케팅 정보로 전환하였다.

만족 본위 가격결정은 균일요금 결정을 통해서도 달성할 수 있다. **균일 요금 가격결정**(flat-rate pricing)의 주요 목적은 거래가 발생하기 전에 고정된 가격에 동의하여, 서비스의 최종 가격에 대한 불확실성을 줄이는 것이다. 균일 요금 가격결정은 다음 상황에서 이해할 수 있다.

- 가격이 경쟁적이다.
- 균일 요금을 제공하는 기업이 비용을 통제할 수 있고 효율적인 운영을 한다.
- 장기 관계를 약속하고 고객에게 추가 이익이 발생할 기회가 있다.

미국의 우편 제도는 전국적으로 패키지 배송에 관심이 있는 고객에게 균일 요금제를 제공한다. USPS에 따르면 "배송에는 많은 시간을 쓰거나 추측을 해서는 안 된다." '비용 효율 우선 우편 서비스'는 상자에 물건이 들어가기만 하면 낮은 가격에 미국 내 어느 곳으로든 배송이 가능하다. 해당 지역의 지도가 필요하지 않음은 물론이다.[25]

6-4b 관계 가격결정

관계 가격결정(relationship pricing)의 기본 목표는 표적 소비자와 기업의 관계를 강화하고, 확대하는 것이다. 예를 들어 은행 산업에서 관계 가격결정 전략은, 은행과 예금계좌가 있는 고객과의 관계를 특별한 저축 계좌, 안전한 예금 상자에 관한 계약, 예금 증서에 대한 특별 이자율을 제공하여 증진시키기 위해 이용된다. 관계 가격결정 기술의 두 가지 종류는 장기 계약과 가격 묶음이다.

장기 계약(long-term contracts)은 잠재 고객에게 장기간에 걸쳐 같은 공급자와 거래하도록 가격과 비가격 인센티브를 제공한다. UPS는 최근에 Land's End, Ford Motor Company와 장기 운송 계약을 맺었다. 고객과의 장기 계약 때문에, UPS는 고객을 상대로 한 사업을 불연속적인 거래에서 연속적인 거래로 변형시켰다. UPS는 현재 서비스를 특정한 고객에게 제공하는 조직과 인원을 가지고 있다. 거래가 연속적으로 이루어진 이후, 규모의 경제가 발전하여 고객에게 이득이 되는 동시에 기업의 이익 성과를 높이는 비용 절감이 발생했다. 대부분의 서비스 조직이 하나의 서비스보다 많이 제공하기 때문에, 묶음 서비스의 실행은 보다 일반적이다.[26] 가격 묶음(price bundling)은 하나의 가격으로 하나의 패키지 안에 두 가지 혹은 그 이상의 서비스를 마케팅하는 활동으로 널리 정의된다. 예를 들어 HD(high-definition) 케이블, 전화, 고속 인터넷 서비스를 하나의 저가로 묶은 Comcast Cable's Triple Play Offer가 전통적인 사례이다.[27] 또 다른 사례는 포괄 요금으로 투숙, 식사, 오락 옵션을 포함하는 주말 패키지를 제공하는 호텔과, Travelocity와 같이 하나의 가격으로 항공 여행, 자동차 렌트, 호텔 숙박을 제공하는 온라인 여행 사이트를 들 수 있다.[28]

일반적으로, 서비스는 고객으로 하여금 서비스 A와 서비스 B를 같이 구매하거나 개별적으로 하나의 서비스만 구매하도록 하는 **혼합 묶음**(mixed bundling)과 관련되어있다. 묶음에 대한 가장 단순한 논의는 고객 잉여의 개념에 기초한다. 묶음은 고객 잉여를 부(-)의 잉여(예: 구매되지 않음)가 될 다른 서비스로 이동하는 것을 가능케 만든다. 게다가 혼합 묶음은 고객이 개별적으로 서비스를 구매하는 것보다 더 나은 가치를 제공한다.

혼합 묶음이 개별 부분이 합보다 큰 가치를 갖는 이유는 세 가지가 있다. 첫째, 정보 이론(information theory)에 의하면 소비자는 정보에 쉽게 접근할 때 가치를 발견한다. 예를 들어 멕시코에 있는 한 휴양 호텔의 고객은 자국의 여행사를 통해 일일관광 패키지를 구매할 때보다 호텔로부터 제시되는 일일관광 패키지를 구매할 때 낮은 정보 비용을 경험한다. 호텔의 관리자는 호텔 고객에게 가능한 여행에 관한 많은 정보를 제공함으로써 고객의 정보 탐색 비용을 줄여준다. 두 번째 경우는 서비스 B와 서비스 A의 묶음이 서비스 A에 관한 고객의 만족을 강화시키는 것이다. 예를 들어 멕시코 Moon Palace 리조트에서 묵는 고객의 경험은 호텔이 제공하는 일일관광 여행 패키지 덕분에 강화될 수 있다. 결과적으로 고객은 마야 도시 Tulum의 잔해를 보는 훌륭한 경험을 하게 되고, 이는 호텔에서의 경험을 강화시키는 것이다. 세 번째는 서비스 B를 서비스 A에 추가하여 기업의 종합 이미지를 강화시킬 수 있다. 따라서 휴식, 평안, 여유로 알려진 Playa del Carmen의 해변 관광지로서 Moon Palace의 평판은 보다 활동적인 휴가 방법을 찾고 있는 고객의 사용 가능한 일일관광 옵션으로 인해 강화된다. 우림(rainforest)에서의 짚라이닝(zip-lining)이나 Xelha에서 스노클링(snorkeling) 또는 Isla Mujers(여성의 섬)로 9마일 보트 여행과 같은 활동 등은 모두 서비스 경험 가치를 제공함으로써 리조트의 평판을 강화시킨다.

6-4c 효율성 가격결정

효율성 가격결정(efficiency pricing)의 주요한 목표는 가장 좋은 가격을 찾고 있는 경제적 소비자들에게 호소하는 것이다. "효율적인 가격 제공자는 지속가능한 비용 우위를 찾아 전통적인 운영 방식을 거부하는 산업 이단자이다."[29] Southwest 항공사의 비용 감소를 위한 혹독한 노력은 하나의 사례이다. Southwest 항공사는 짧은 항공 노선, 덜 혼잡하며 덜 비싼 공항과 직접적인 경로를 이용하여 비용을 감소시킨다. 어떠한 식사도 제공되지 않으며, 승객은 먼저 온 순서, 먼저 제공받은 대로 착석하기 때문에, "티켓 없는" 여행을 제공한 최초의 항공사이다.

효율적 가격결정은 가능한 가격에 가장 좋고 비용 효율적인 서비스를 제공하는 데 초점을 맞춘다. 운영은 간소화하고, 비용 감소를 가능하게 하는 혁신이 영업 문화의 일부분이 된다. 비용 구조가 불분명할수록 새로운 경쟁자가 Southwest 항공사의 성공을 모방하는 것이 더 어려워진다. 비용을 이해하고 관리하는 것은 효율적 가격결정의 기본적인 부분이다.

오늘날 Southwest 항공사는 항공 산업에서 수하물 무료 정책으로 가격 리더십을 지속하고 있다.[30] 많은 다른 항공사가 고객의 첫 번째(20달러까지), 두 번째(30달러까지) 수하물에 대해 추가로 수수료를 부과하는 반면, Southwest 항공사는 자신 있게 자랑한다, "우리는 고객에게 불쾌한 놀라움을 불러 일으키지 않습니다. … 다른 항공사의 수하물 수수료에 반대합니다. Southwest 항공에서 오늘 당장 예약하고, 수하물 무료 정책으로 왕복 여행에서 100달러를 절약하세요.(We don't believe in springing unpleasant surprises on our Customers … Take a stand against other airline bag fees. Book a Southwest flight today and save up to $100 roundtrip when your Bags Fly Free™.)" 여기서 Southwest 항공사가

"고객"을 칭할 때 첫 문자가 대문자인 것을 눈치챘는가? 상징적으로, 대문자 "C"는 Southwest 항공사가 그들의 고객에게 최고의, 가치 중심의 서비스를 제공하는 데 중요성을 반영하는 것이다.

6-4d 적응적 가격결정

경제 대공황 동안, 소비자들은 소비를 중단하고 기업들은 수익을 유지하기에 급급하였다. 절망한 많은 소매업자는 상품 수요를 증가시키기 위해 큰 폭으로 할인을 제공하였고, 이는 침체된 경기의 자연적 결과로 적은 마진을 수용한 것이다.

2009년에 일어난 피자 전쟁이 이 현상을 설명하는 사례이다. Domino's, Papa John's, Pizza Hut이 가격을 대폭 낮추어 원 가격의 3분의 1에 피자 한 판을 제공하였으며, 다른 피자 레스토랑도 어쩔 수 없이 가격을 내리거나 고객을 잃어야 했다. 모두를 위한 판매 증진 전략이었으나, 다른 부정적 영향도 미쳤다. 경제는 현재 수년에 걸쳐 회복되어 오고 있으나, 고객은 여전히 피자에 낮은 가격을 지불하고 있으며, 경제가 활성화되어도 가격 인상을 절대 원하지 않는다.

이런 문제를 피하기 위해 많은 기업은 힘든 시기 동안에 영구적 기준으로 마진이 없는 할인을 제공하는 **적응적 가격결정**(adaptive pricing) 전략을 이용하였다.[31] 이것은 많은 고객과 가치에 대한 고객의 생각에 소구하기 위하여 제품 속성을 다르게 하는 것이다. 보통의 적응 가격결정 전략은 제품의 크기를 바꾸고, 새로운 유통 경로(온라인 vs 오프라인)를 사용하거나 또는 최소 구매 수량을 요구한다. 그러나 다른 적응 가격결정 전략은 가격의 버전화("좋은", "더 좋은", "가장 좋은" 품질), 단품 가격(개별 상품 제공), 그리고 프로모션 가격(한 개 값에 두 개)으로 구성된다.

Quiznos는 2달러짜리 Sammies 샌드위치와 같은 새로운 저가 메뉴를 출시하였을 때, 고객들의 가치관이 변화된다는 것을 알았다. P&G는 15~25% 낮은 가격인 화장지와 키친타올의 "기본" 버전을 만들었다. Best Buy는 999달러 이상으로 구매 시 무이자 할부를 제공하였고, 현대는 신차 구매 고객에게 고객이 직장을 잃으면 자동차를 반납할 수 있도록 하는 보장 프로그램을 제공하였다. 이러한 제공의 대부분은 전통적이고 높은 가격으로 제공되며, 경제가 회복되면 사라진다.

6-5 서비스 가격결정에 대한 최종적 판단

서비스 가격결정은 복잡한 과업이다. 소비자들은 경험을 구매하고, 종종 그들이 지불하는 것을 이해하지 못하고 불안감을 느낀다. 비슷하게, 서비스 공급자는 상품의 가격에 근거하여 비용을 결정하지 않는다. 당황하고 혼란스러운 공급자가 자신의 비용 구조와 경쟁 이점에 관계없이, 단지 경쟁으로 인한 부과에만 주의를 기울였다. 그러나 반대로 성공적인 서비스 공급자는 다음의 가격 정책 가이드라인을 준수하는 경향이 있다.[32]

- 가격은 고객이 이해하기 쉬워야 한다.
- 가격은 고객에게 가치를 대변해야 한다.
- 가격은 고객 유지를 장려하고, 제공하는 회사와 고객의 관계를 촉진해야 한다.
- 가격은 고객 신뢰를 강화해야 한다.
- 가격은 고객 불확실성을 감소시켜야 한다.

요약

성공적인 가격결정은 고객이 서비스에 두는 가치를 인식하는 것과 그에 맞게 서비스에 가격을 결정하는 것에 달려있다. 고객의 가치 지각은 제품을 구매함으로써 획득한 지각된 혜택과 지불된 비용의 관점에서 지각된 손실의 균형을 나타낸다. 총 고객 비용은 금전적 비용을 넘어서 확장되며 시간, 에너지, 그리고 심리적 비용을 포함한다. 유사하게 총 고객 가치 역시 제품가치 이상으로 확장되는데, 이때 서비스, 인적, 이미지 가치가 포함된다.

서비스 가격결정 전략을 개발할 때, 경영자는 비용, 수요, 고객, 경쟁, 수익, 제품, 그리고 법적 고려 사항 등을 포함하는 수많은 고려 사항을 염두해두어야 한다. 〈도표 6-2〉는 각각의 고려 사항을 요약하고 있다.

전반적으로 전통적인 가격결정 전략과 원가 계산 접근법은 서비스 소비자와 서비스 공급자에게 거의 이득을 주지 못한다. 고객에게 가치를 전달하는 세 가지 대안적인 가격결정 전략은 만족 본위, 관계, 효율성 가격결정을 포함한다. 만족 본위 가격결정의 주요 목표는 서비스의 구매와 관련되며, 지각된 불확실성을 줄이고 가치 확실성을 표적시장에 호소하는 것이다. 만족 본위 가격결정 전략은 보증서 제공, 혜택 본위 가격결정, 균일 요금 가격결정을 포함한다. 관계 가격결정의 목표는 기업의 표적 소비자와 기업의 관계를 강화하는 것이다. 관계 가격결정 기법은 장기 계약과 가격 묶음을 포함한다. 대조적으로, 효율적 가격결정은 경제적인 소비자에게 호소하며, 가격적으로 가장 좋고 효율적인 서비스를 제공하는 데에 초점을 맞춘다. 비용을 이해하고 관리하는 것은 효율적 가격결정의 기본 요소이다. 마지막으로, 적응적 가격결정 방식은 마진을 영구적으로 주지 않고 할인을 제공하는 것이다.

복습문제

1. 서비스 기업은 종종 고객의 지각된 서비스 가치를 기반으로 해서 가격을 설정해야 한다. 가치란 무엇인가?
2. 최종 가격의 설정에서 비용의 역할을 토의하시오.
3. 소비자에게 품질의 지표로서 가격의 역할을 토의하시오.
4. 당일 고객보다 낮은 값을 지불하는 고객의 호텔 예약에 관련된 상쇄효과(trade-offs)를 토의하시오.
5. 셀프 서비스는 항상 낮은 가격으로 보상되어야 하는가? 이를 설명하시오.

6. 어떤 상황에서 가격 세분화가 가장 효과적인가?
7. 만족 본위, 관계, 효율성 가격결정의 기본 개념을 토의하시오.
8. 이 장에서 언급되지 않은 관계 가격결정의 세 가지 예를 제시하시오.
9. 가격 묶음을 정의하고, 왜 서비스 기업이 가격 묶음 전략 실행에 착수하는 것이 타당한지 세 가지 이유를 제시하시오.
10. 균일 요금 가격결정을 정의하고, 왜 서비스 기업이 균일 요금 가격결정 전략을 수행하기를 원하는지 설명하시오.

사례 6. MDVIP: 환자 서비스가 아닌, 최우선 서비스를 제공하라

가족 의료의 요구가 증가하면서, Charles Ray 박사는 그가 실행하는 의료 행위 방법을 바꿔야만 한다는 것을 알았다. Charles Ray는 거의 3,000여 명의 환자를 관리하고 있다. 그들은 아파야 의사를 찾는다. 예방 의학 분야에 숙달된 Charles Ray는 환자들이 질병을 느끼기 이전에 효율적으로 건강 생활 방식을 장려하고 질병을 예방하는 기회를 가질 수 없다고 생각했다. 게다가 환자의 증가 때문에, 개인별 상담 평균 시간이 대략 8분이었고, 약속 스케줄은 한 주정도 미리 예약되었다. 따라서 아픈 환자들은 실질적으로 예약을 하기까지 종종 7~10일 정도 대기하였다. 문제를 더욱 복잡하게 만드는 것은 보험 회사들이 종종 많은 서비스에 대한 최종 비용을 지시하고 실제로 의사에게 청구한 금액의 일부를 지급한다는 것이다. 몇 년 후, Charles Ray는 그가 환자를 부담하는 데 스트레스를 받고 있으며, 그의 가족들이 Charles Ray가 늦은 밤 통화하는 것 때문에 고통받는다는 것을 깨달았다. 가장 중요한 것은, 그가 실제로 제공할 수 있는 치료의 품질을 환자들이 받을 수 없다고 느꼈던 것이다.

의료 학술대회에 참가하자마자, Charles Ray는 그와 비슷한 상황의 의사들을 위한, MDVIP라는 기업에 의해 촉진된 새로운 비즈니스 모델을 알았다. MDVIP는 26개 주에서 예방적이고 개인화된 건강 보호를 강조하는 대략 300여 명의 의사들로 이루어진 네트워크이다. MDVIP는 많은 사람이 "컨시어지 의료(Concierge medical care)"라고 부르고 있으며, 의사들이 연회비를 받고 개인화된 건강 보호 서비스를 제공하는 것이다. 환자들이 연회비를 지불하면, 보호 및 보다 개인화된 돌봄, 의사와 만나는 것이 쉬워진다. 해당 비즈니스 모델은 의사 진료의 양을 급격히 감소시키고, 예방 및 급성 환자들에 초점을 맞추게 한다.

보다 구체적으로, MDVIP 환자 보호 비즈니스 모델을 채택한 의사들은 그들의 환자들에게 다음과 같은 새로운 가치와 서비스를 제공하여 최대한 건강하게 유지하는 것을 약속한다.

- 환자진료의 규모가 작아져 웰빙, 예방, 최상의 치료법에 집중할 수 있다. Ray 박사의 경우에는 환자진료의 규모가 3,000명에서 600명으로 줄어들었다.
- 이그젝티브 연간 신체검사와 개인화된 건강계획. 이그젝티브 연간 신체검사비는 2,000 달러로 환자의 1년 수수료를 포함한다. 개인화된 건강 계획은 질병이 발생하기 이전에 건강 관리 문제를 피하는 예방적인 건강 관리 활동에 초점을 맞춘다.
- MDVIP's Medical Centers of Excellence의 일원으로서 Cleveland Clinic, Memorial Sloan-Kettering Cancer Center, and UCLA Medical Center와 같은 프리미어 호텔과 연구시설로부터의 전문 관리. MDVIP's Medical Centers of Excellence는 지역 의사의 치료 능력 외의 상황에 대한 추가적인 관리를 제공한다는 것이다.
- 24시간 의사 가용. 진료 인원이 작기 때문에, 환자는 같은 날이나, 최악의 경우, 다음 날에 진료

약속을 잡을 수 있다. 게다가 환자는 전화로 24시간 의사와 직접적인 접촉이 가능하다. 각 환자는 의사와 이메일로 직접 연락할 수 있는 안전한 개인 웹사이트를 받는다.

- 개인의 건강 기록 CD가 포함된 숙련된 기술. 지갑 사이즈의 CD는 모든 개인의 건강 정보가 포함되어 있으며, 신용카드처럼 쉽게 가지고 다닐 수 있다. 사실, MDVIP는 환자가 의료 CD를 항상 가지고 다니기를 추천하고, 의료 응급상황을 대비해 개인의 운전 면허증과 보험 카드 사이에 CD를 보관할 것을 제안한다.
- 환자들을 안심시키기 위해, 만약 환자가 여행 중에 외국에서 위급하거나 긴급한 진료가 필요할 때, 그 지방의 다른 MDVIP의 의사에게 연락할 수 있다. MDVIP 의사 네트워크가 계속 성장함에 따라, 해당 지역을 여행하는 환자들은 필요하다면 다른 의사들을 만날 수 있다.

MDVIP 네트워크에 초대된 의사는 고객에게 진료의 품질에 있어 "골드 스탠더드(gold standard)"를 받고 있다는 확신을 주기 위해 주의 깊게 심사된다. 네트워크는 그들의 의료 전문성과 환자와의 철학적 관계를 맺고 있는 의사들을 선정한다. MDVIP는 예방 치료를 믿고 그들의 실행에 예방 치료를 강조하기를 원하는 의사들을 선정한다.

MDVIP의 진료에 환자들이 참가하기 위한 연회비는 1,500~1,800달러이다. 그 비용은 세금 공제가 되며, FSAs(Flexible Spending Accounts)나 HSAs(Health Savings Accounts)를 통해서 환급받는다. Ray 박사는 MDVIP 비즈니스 모델을 채택하면서, 자신의 환자들이 반응하지 않을까 걱정했었다.

토의문제

1. 〈도표 6-1〉에 있는 구매자의 가치 인식을 이용하여, MDVIP 비즈니스 모델이 제공하는 가치에 대해 토의하시오. MDVIP가 환자에게 좋은 가치를 제공한다고 생각하는가?
2. 교재에 나와 있는 가격 민감성에 영향을 미치는 열 가지 요소 가운데 다섯 가지를 선택하고 건강 보호를 원하는 환자들이 탄력적인지(환자들이 일반적으로 가격에 민감한지) 비탄력적인지(환자들이 일반적으로 가격에 덜 민감한지)를 토의하시오.
3. 만약 Ray 박사가 환자를 600명으로 감축한다면, 더 이상 그의 책임이 아닌 2,400여 명의 환자를 대응하는 세 가지 가능한 전략의 장단점을 말해보시오.
4. Ray 박사가 MDVIP와 계약을 고려하면서, 그가 직면한 윤리적 혹은 사회적 책임의 쟁점을 토의하시오.

Source: **www.mdvip.com**.

각주

1. David M. Feldman, "Making Cents of Pricing," *Marketing Management* (May/June 2005), pp. 21–25.
2. J. Dean, "Research Approach to Pricing," Planning the Price Structure, Marketing Series No. 67 (Chicago: *American Marketing Association*, 1947).
3. J. Backman, *Price Practices and Price Policies* (New York: Ronald Press, 1953).
4. A. W. Walker, "How to Price Industrial Products," *Harvard Business Review*, 45, (1967), pp. 38–45.
5. A. Marshall, *More Profitable Pricing* (London, McGraw-Hill, 1979).
6. "Finding the Right Price Is No Easy Game to Play," *Chief Executive*, (September 1981), pp. 16–18.
7. Thomas T. Nagle and Reed K. Holden, *The Strategy and Tactics of Pricing* (Englewood Cliffs, NJ: Prentice-Hall, 1995).
8. Philip Kotler, *Marketing Management*, 8th ed. (Englewood Cliffs, NJ: Prentice-Hall, 1994), p. 38.
9. Robert G. Gross and Ashutosh Dixit, "Customer-Centric Pricing: The Surprising Secret for Profitability," *Business Horizons*, 48, (2005), pp. 483–491.

10. Nagle and Holden, *The Strategy and Tactics of Pricing*, p. 1.

11. K. Douglas Hoffman and L. W. Turley, "Toward an Understanding of Consumer Price Sensitivity for Professional Services," in *Developments in Marketing Science*, ed. Charles H. Noble (Miami, FL: Academy of Marketing Science, 1999) pp. 169–173.

12. UPS website: http://www.ups.com, accessed 30 January 2005; "Only Santa Delivers More in One Day than UPS," Press Release (December 13, 2004); http://pressroom.ups.com/ups.com/us/pressreleases/, accessed 30 January 2005; John Alden, "What in the World Drives UPS?" *International Business*, 11, 2, (1998), pp. 6–7; Jim Kelley, "From Lip Service to Real Service: Reversing America's Downward Service Spiral," *Vital Speeches of the Day*, 64, 10, (1998), pp. 301–304.

13. Wendy Zellner and Brian Grow, "Waiting for the First Bird to Die," *Business Week*, 3917, (January 24, 2005), p. 38; Lori Calabro, "Making Fares Fairer," *CFO*, 18, 9, (September 2002), 105–107.

14. Robert G. Gross and Ashutosh Dixit, "Customer-Centric Pricing: The Surprising Secret for Profitability," *Business Horizons*, 48, (2005), pp. 483–491.

15. Adapted from John E. G. Bateson, *Managing Services Marketing*, 2nd ed. (Fort Worth, TX: The Dryden Press, 1992) pp. 357–365.

16. Kent B. Monroe, "Buyers Subjective Perceptions of Price," *Journal of Marketing Research*, 10, (February 1973), pp. 70–80.

17. Eric Anderson and Duncan Simester, "Minding Your Pricing Cues," *Harvard Business Review* (September 2003), pp. 97–103.

18. Bateson, *Managing Services Marketing*, pp. 338–339.

19. Joseph P. Guiltinan, "The Price Bundling of Services: A Normative Framework," *Journal of Marketing*, 51, 2, (1987), pp. 74–85.

20. Saroja Subrahmanyan and Robert Shoemaker, "Developing Optimal Pricing and Inventory Policies for Retailers Who Face Uncertain Demand," *Journal of Retailing*, 72, 1, (1996), pp. 7–30.

21. Michael R. Czinkota, et al., *Marketing: Best Practices* (Fort Worth, TX: The Dryden Press, 2000).

22. Leonard L. Berry and Manjit S. Yadav, "Capture and Communicate Value in the Pricing of Services," *Sloan Management Review* (Summer 1996), pp. 41–51.

23. Ibid.

24. Christopher W. L. Hart, Leonard A. Schlesinger, and Dan Maher, "Guarantees Come to Professional Service Firms," *Sloan Management Review* (Spring 1992), pp. 19–29.

25. https://www.prioritymail.com/flatrates.asp, accessed 25 October 2009.

26. Joseph P. Guiltinan, "The Price Bundling of Services: A Normative Framework," *Journal of Marketing* (April 1987), pp. 51, 74–85.

27. http://www.comcastspecial.com/, accessed 26 October 2009.

28. http://www.travelocity.com/, accessed 26 October 2009.

29. Berry and Yadav, "Capture and Communicate Value," p. 49.

30. http://www.swabiz.com/bagsflyfree/, accessed 26 October 2009.

31. https://hbr.org/2011/01/ditch-the-discounts. Accessed 20 February 2015.

32. Berry and Manjit, "Capture and Communicate Value," p. 49.

7장
서비스 커뮤니케이션 전략 개발

학습 목표

- 기업의 서비스 커뮤니케이션 전략을 효과적으로 관리할 수 있는 필수 단계를 토의한다.
- 서비스 커뮤니케이션을 개발하는 것과 관련된 특별한 과제를 이해한다.
- 서비스 커뮤니케이션을 개발하기 위한 특별한 가이드라인을 기술한다.
- 전문적 서비스 제공자가 직면하는 특별한 고려 사항을 평가하고, 이러한 과제들을 해결하기 위한 해결책을 추천한다.

"내가 광고에 지출한 돈의 반은 낭비가 되었다. 그런데 문제는 나머지를 어떻게 해야 할지 모른다는 것이다."

John Wanamaker

이 장의 목적은 서비스 마케팅에 적용되는 커뮤니케이션 전략을 전반적으로 살펴보는 것이다.

Bernard Weil/Getty Images

TripAdvisor: 여행 사이트 이상의 것을

유형의 상품이 부재할 경우, 고객은 종종 서비스 구매를 결정할 때 다른 사람들의 조언에 의존한다. 어떤 상황에서는 실제로 이루어지는 것보다 말이 더 쉬운 경우가 있다. 예를 들어 지구 반대쪽에 있는 호텔을 선택할 때 고객은 무엇을 할 수 있는가? 답은 간단하다! TripAdvisor.com은 수많은 호텔을 제안하고 당신의 모든 질문에 답해준다.

TripAdvisor는 매사추세츠주 뉴턴(Newton)에 있는 회사로, 2000년에 설립되었고 현재 2,793명의 종업원을 두고 있다. 이 비즈니스의 본래 목표는 여행자에게 최신의 정보를 제공하고 여행 관련 주제에 대하여 리뷰하는 것이었다. 애초에 웹사이트의 콘텐츠는 가이드북, 신문, 잡지에 의존하였다. 그러나 이후 TripAdvisor 웹사이트에 자신의 여행 경험을 기록하고, 이에 대해 동료 여행자들이 내용을 구성할 수 있도록 빠르게 바뀌었다. 소비자가 빠른 시간에 매우 앞선 전문적인 리뷰를 작성할 수 있게 되면서, TripAdvisor는 사용자가 만들어내는 콘텐츠를 수용하여 사이트에 바로 적용하는 얼리어댑터(early adapter)가 되었다. 세계에서 가장 큰 웹사이트인 TripAdvisor는 6천만 명의 회원, 1억7천만 건 이상의 리뷰를 보유하고 있으며, 호텔, 레스토랑 그리고 다른 여행 관련 명소와 비즈니스에 대한 제안도 제공하고 있다.[1]

고객과 여행 제공자들의 생활을 혁신하려는

TripAdvisor의 힘은 대단하다. 한편, 현재 고객은 전에는 불가능했던 개인 정보의 원천에 접근이 가능하다. 고객은 웹사이트를 통해 목적지에 있는 호텔과 레스토랑의 정보뿐만 아니라 동료 여행자들이 여행지에 머무는 동안 무엇을 하는지에 대한 정보를 가질 수 있다. 예를 들면, 당일치기 여행, 지역 명소, 패키지 여행의 정보를 특별 추천자에 의해 확인할 수 있다. 결국 세계 도처에 전송된 정보는 서비스 제공자의 인생에 엄청난 영향을 미칠 수 있다.

Jermsak은 태국 북부의 치앙라이에 위치한 여행사의 종업원으로 일하였다. 그의 업무는 다양한 지역을 여행하는 여행자들을 안내하고 태국의 역사와 문화에 대한 배경 지식을 제공하는 것이었다. 또한 Jermsak은 고객을 공항과 지역 호텔에 밴으로 데려다 주는 서비스도 제공하였다. Jermsak은 뛰어난 능력을 가지고 있었으며, 한 고객은 그것을 알아차렸다. 콜로라도 볼더(Boulder)에 사는 한 고객은 TripAdvisor.com에 Jermsak이 태국 치앙라이의 지역 전문가라고 설명하였다. 지역 전문가란 일반적으로 그 지역에 거주하거나 자주 오는 방문객을 의미한다. TripAdvisor.com은 지역 포럼의 새로운 회원을 환영하였으며 TripAdvisor가 제공한 최고 정보 – 친근하고 도움이 되는 여행 조언 – 를 보여주었다. 즉 지역 전문가는 특정한 지역에 대하여 최고의 오피니언 리더이다. 다른 지역 전문가는 Jermsak에게 다른 여행자들이 치앙라이에 방문하는 동안 그의 서비스를 요청하는 이메일을 곧 받을 것이라고 설명하였다. 처음에 Jermsak은 조금 혼란스러웠다. 그는 이메일을 잘 사용하지 않고, TripAdvisor에 대해 들어본 적이 없으며, 그의 인생에서 지역 전문가의 역할과 영향력에 대해 아무 생각이 없었다. 현재, Jermsak은 자신의 여행 안내 회사를 운영하고 있다. Jermsak이 그의 고객과 교류하면서, 밴을 운전하는 친구들에게 월급을 줄 수 있을 만큼 충분한 돈을 벌기 때문에 Jermsak은 더 이상 운전하지 않는다. Jermsak은 넓은 치앙라이의 수많은 전통적인 여행지 외에 지역적 특색이 살아 있는 곳으로 고객들을 안내한다. 고객은 지역 고산족 마을에 방문하고 마을 아이들이 파는 저렴한 팔찌와 장신구들을 구입한다. 이런 방문은 고산족 마을의 경제에도 도움이 된다. 또한, 여행자들은 아이들의 노래를 들을 수 있는 El Shaddai 고아원에도 방문할 수 있다.[2] 방문에 대한 답례로 아이들은 방문객들을 즐겁게 해주어야 한다. 방문객들은 흔히 음식, 목욕용품, 장난감을 가져오기도 하고 고아원에 현금 기부를 하기도 한다. 강에서 래프팅하는 것을 좋아하는가? 문제 없다! Jermsak은 대나무 배를 만들 수 있는 두 명의 종업원을 고용하여, 배가 강을 따라 내려가면서 다양한 관광명소에 멈추고 숯불에 신선한 물고기를 요리하게 한다. 두 명의 종업원은 Jermsak에게 돈을 받는 행운의 수혜자이다.

TripAdvisor는 여행자에게 여행 서비스를 제공하는 것 그 이상이다. 그것은 그야말로 전 세계의 여행 서비스를 제공하는 사람들의 삶을 바꾼다. 이러한 사람의 대부분은 가난하고, 전 세계 사람들과 소통하는 방식을 모른다. 간단하게 말하자면, TripAdvisor 스티커를 최신 밴에 붙이고 TripAdvisor와 연결하는 것은 이런 사람들이 거의 모든 곳에 있는 여행자들에게 알려진 더 큰 무언가의 일부분이 되고 있다는 것이다. Jermsak의 경우를 보면, TripAdvisor와의 제휴는 그의 인생과 그의 가족의 삶을 바꾸었을 뿐만 아니라 그의 주위에 있는 사람들의 삶도 바꾸었다. Jermsak은 "거처를 마련하고 가족을 먹일 수 있는 것 외에 더 많은 돈을 왜 필요로 하겠는가?"라고 믿는다. 그의 해결책은 간단하다. 고객 경험의 한 부분이 될 수 있도록 그들에게 기회를 주는 것이다. 결국, 고객과 제공자는 경제적, 경험적으로 비슷한 혜택을 가진다. TripAdvisor가 유명하든 아니든 간에, 회사는 여행 서비스를 제공하는 것 그 이상이다! 마치 연못 속에 돌을 던진 것과 같이 파급 효과가 초기의 영향보다 매우 크다.

Source: **http://en.wikipedia.org.**

7-1 서론

기업의 프로모션 또는 **커뮤니케이션 전략**(communications strategy)은 조직 목표의 달성을 위하여 소비자, 종업원, 그리고 주주와 같은 표적시장에게 기업의 상품과 서비스에 대한 정보를 제공, 설득, 그리고 회상시키는 것을 말한다. **커뮤니케이션 믹스**(communications mix)는 기업의 커뮤니케이션 전략의 실현에 있어 마케터에게 주어진 일련의 커뮤니케이션 도구로 설명된다. 마케터들이 마케팅 믹스(production(제품), price(가격), place(경로), promotion(촉진)으로 구성된 4P)의 여러 요소를 잘 조합하여 마케팅 프로그램을 만들어내야 하듯이, 서비스 기업의 관리자들은 자신의 메시지를 전달할 수 있는 가장 적절한 커뮤니케이션 도구를 선택해야 한다. 커뮤니케이션 믹스의 도구는 인적 판매(personal selling), 광고(advertising), 홍보(publicity), 판매촉진(sales promotion), 그리고 스폰서십(sponsorship)으로 구성된다. 마치 농구의 5명의 선수와 같이, 다섯 가지 커뮤니케이션 도구는 각각의 특별한 부분에서 잘 발현되어야 한다. 예를 들면, 인적 판매는 서비스 제공자와 고객 간의 쌍방향적 소통을 가능하게 하는 유일한 커뮤니케이션 도구이다. 이로 인해 서비스 제공자는 그들의 커뮤니케이션 메시지를 특정 고객에게 전달할 수 있다. 광고의 경우에는, 그 어떤 툴도 광고보다 빠르게 전체적으로 상품에 대해 알릴 수 없을 것이다. 더 나아가 홍보는 무료이고, 일반적으로 제3의 조직에 의해서 보고되며, 이는 가장 믿을만한 커뮤니케이션 정보로서 인식된다. 한편, 판매촉진이 가지고 있는 가장 중요한 전략적 이점은 단기적인 매출 증대에 있다고 볼 수 있다. 마지막으로, 스폰서십은 기업으로 하여금, 아주 좁지만 그만큼 깊이 있는 표적 청중을 목표로 할 수 있게 하며, 변화하는 소비자 미디어 패턴에 대해 적응할 수 있는 역량을 제공한다. 소비자들은 이제 단순히 TV를 보는 데 그치고 있는 게 아니고, 대부분의 광고는 기술 장비로 인해 건너뛰게 되거나 무시된다.

기업이 특정한 커뮤니케이션 메시지를 전달함에 있어, 한 가지 이상의 커뮤니케이션 도구를 함께 사용(흔히 통합 마케팅 커뮤니케이션, IMC(integrated marketing communication)이라고 정의되는)하거나 아니면 한 가지의 툴을 여러 번 반복해서 사용하는 것은 잠재 고객에게 기업의 메시지를 보다 더 많이 노출시켜 보다 더 연관시켜 생각하게 하고, 결과적으로 그들의 메시지를 보다 더 잘 기억하게 한다. 이렇게 기업은 메시지 전달을 강화하여, 기존 고객은 물론 잠재 고객으로 하여금 기업 자신이 "누구"인지 알게 만들어, 무엇을 제공해야 하는지 알 수 있게 한다. 기업의 커뮤니케이션 믹스는 대부분 그 기초를 잠재 고객과의 의사소통을 더 원활하게 하는 데 두고 있다. 이는 고객들로 하여금 정보 제공자의 의견을 더 잘 이해할 수 있도록 하고 그들을 편하게 만든다.

7-2 서비스 커뮤니케이션 프로세스 관리

여러 면에서 "좋은" 커뮤니케이션 전략을 구축하는 과정은 효과적인 마케팅 전략의 수립의 기초와 유사한 측면이 있다. 표적시장을 명확히 하고, 포지셔닝 전략을 정하고 난 뒤, 그에 적합한 커뮤니케이션 믹스를 표적 청중에게 제공하여 기업이 원하는 포지셔닝 전략을 수행하는 것을 생각하면 된다. 여기서 기업이 서비스 커뮤니케이션 믹스를 관리한다는 의미는 단순히 광고를 만들고, 광고 시간을 구매하고, 어떤 일이 일어나나 단순히 바라보는 것이 절대 아니다. 마케팅은 일종의 규율로서 몇 가지 프로세스로 구성되어 있다. 이것이 효과적으로 사용될 때, 기업이 원하는 목적을 달성할 확률을 높일 수 있다(도표 7-1 참조).

<도표 7-1> 서비스 커뮤니케이션 전략 관리

표적시장의 선정
॥
커뮤니케이션 목표 수립
॥
커뮤니케이션 예산 설정
॥
포지셔닝 전략 개발
॥
메시지와 매체 전략 수립
॥
커뮤니케이션 전략 감시, 평가, 및 통제

7-2a 표적시장 선정

커뮤니케이션 전략 개발은 기업이 유형의 제품을 생산하든지 무형의 서비스를 제공하던지 간에 상관없이 공통적인 법칙을 따른다. 서비스 기업은 우선 시장에서 소비자의 욕구를 파악하고, 비슷한 욕구를 가진 소비자들끼리 범주화하여 시장 세분화를 실시해야 한다. 각각의 세분화된 시장은 수익성과 성장 가능성, 그리고 조직의 자원과 목표와 세분시장의 적합성을 기반으로 고려되어야 한다. 세분화된 시장 중에서 기업의 역량을 집중시키는 시장이 **표적시장**(target market)이 된다.

당신이 TV 광고에 나오는 변호사의 모습이 맘에 들지 않는다면, 그 이유는 바로 당신이 그들의 표적시장이 아니기 때문이다. Rainmaker Marketing Inc.의 부사장 Greg Norton은 "국내의 절반 이상의 변호사가 잘못된 청중에게 광고 메시지를 전달하고 있다. 국내 모든 시장에서, 변호사 광고주들이 변호사들이 원하는 사람들을 차단하고 있다."고 말했다.[3] Rainmaker Marketing은 고객이 이런 같은 실수를 하지 못하게 하는 서비스를 제공한다.

누가 텔레비전에서 광고하는 변호사에게 반응할까? 이 질문에 대한 조사 결과는 어떻게 보면 굉장히 놀라울 수 있다. 조사 결과에 따르면, 여성의 경우 60~70%가 처음 자동차 사고가 일어난 순간에 변호사에게 전화를 건다고 한다(그 사고에서 다친 사람이 남자든 여자든 간에). 그러므로 그 변호사 광고의 주 타깃은 여성이 되어야 하고, 그들의 메시지는 "신뢰"를 기반으로 구축되어야 한다. 여성은 변호사와의 신뢰감 있는 관계를 매우 중시하기 때문이다.

변호사 TV 광고의 전형적인 수신자들은 블루 칼라 종사자이면서, 나이는 21세에서 54세

Peter Samuels/Riser/Getty Images

여성은 자동차 관련 사고가 발생하면 변호사에게 전화하는 경향이 높다. 이러한 이유 때문에 자동차 사고의 결과로서 발생된 인사 사고에 관련된 법률 광고는 여성이 주 표적이 되어야 한다.

사이, 9학년에서 12학년을 마친 정도의 최종 학력의 소유자들이다. 젊은 소비자들의 특성을 살펴보면, 그들은 일용직에 어린 아이들을 둔 가정의 사람이다. 위의 표적 청중은 텔레비전과 굉장히 큰 연관성이 있는데, 그들은 거의 90%가 넘는 정보를 텔레비전 매체를 통해서 얻는다. 또 여성은 그날 아침에 본 변호사 광고에 대해 즉각적으로 반응을 하지만, 오후에 그들이 제일 좋아하는 쇼가 끝난 뒤에 하는 광고에 대해서는 이러한 즉각적인 반응은 기대할 수 없다.

7-2b 커뮤니케이션 목표 설정

넓은 의미에서 서비스 회사의 커뮤니케이션 목표는 결국 현재와 잠재 고객에게 서비스 상품에 대한 정보 제공, 설득 그리고 회상시키기는 것이다. 더 나아가, 기업의 커뮤니케이션 믹스의 목표는 직접적으로 회사가 제공하는 서비스의 제품수명주기(product life cycle: PLC)의 각 단계와 밀접한 관련이 있다. 일반적으로 제품수명주기의 도입기와 성장기에서의 주요 커뮤니케이션 목표는 소비자에게 정보를 제공하는 것이다. 정보 중심적 커뮤니케이션은 회사의 서비스 상품을 소개하며, 기업 브랜드 인지도를 생성하게 한다. 또한 정보 중심적 커뮤니케이션은 고객으로 하여금 먼저 상품을 시용하게 하고, 후에 인적 판매가 이루어질 수 있는 여지를 만들어 주기도 한다.

Jerry King/CartoonStock.com

"I'm giving you 10,000 free golf balls with my company's logo on them. Since you'll lose every one of them, it'll be good advertising."

많은 서비스 제공자가 제한된 자원을 가진 소규모 기업을 운영하기 때문에 고객의 인지도를 높이기 위한 독특한 접근법의 탐색은 최우선 과제이다.

전문적인 서비스 제공자가 시장에 대해 천천히 커뮤니케이션을 시작할 때, 정보 중심적 커뮤니케이션은 모든 과정 중에 가장 첫 번째 단계이다. 또한 정보 중심적 커뮤니케이션은 다른 형태의 커뮤니케이션들과는 달리 가장 덜 눈에 띄는 커뮤니케이션의 한 종류이기도 하다. 그리고 해당 커뮤니케이션이 아니었으면, 그 정보에 접근할 수 없었던 소비자에게 공공의 서비스를 제공하는 역할과 어떤 서비스들이 제공 가능한지 알려주는 역할을 수행하고 있다. 법적 및 의료 서비스에 대한 커뮤니케이션 캠페인들이 바로 그 전형적인 예라고 할 수 있다. 비록 우리가 항공로에서 변호사 광고들을 보

<도표 7-2> 제품수명주기와 커뮤니케이션 목표

제품수명주기	커뮤니케이션 목표	커뮤니케이션 전술
도입기	정보제공	서비스 소개 브랜드 인지 창출 인적 판매 노력을 위한 방법 준비
성장기와 성숙기	정보 제공과 설득	경쟁 서비스에 비하여 긍정적 태도 창출 충동구매행동 자극 기업 이미지 강화
성숙기와 쇠퇴기	설득과 회상	반복구매 장려 지속적 계약 관계의 유지 기존 고객들에게 감사의 표시 과거구매 의사결정을 후회 없게 확신시켜줌.

면서 우습다고 생각할지 모르지만, 이러한 광고도 목적을 달성하고 있는 것이다. 이런 서비스를 접촉한 고객들은 대부분이 낮은 연봉 수준, 낮은 학력을 가진 사람들이었으며, 그들은 만약 그 광고가 아니었다면 어디에 연락해야 할지 몰랐을 것이라고 말하였다.[4]

제품수명주기의 성장기와 성숙기 단계에서의 커뮤니케이션 목표는 정보 전달이 아닌 설득을 하는 쪽으로 기울어진다. 이 단계의 목표는 타 회사에 비해 자신의 회사에서 제공되는 서비스에 대해 (1) 긍정적인 태도를 형성하고, (2) 실제 구매로 이어지게 만들며, 3) 회사의 전반적인 이미지를 제고하는 데 있다. 전문 서비스 조직은 대체로 비슷한 전문직 주체와의 비교 설득 방법을 사용하지 않는 것을 추천하고 있다. 예를 들어 어떤 외과의사가 자신을 광고할 때 다른 특정 외과의사의 실명을 거론하면서 자신이 그보다 낫다고 하는 경우는 거의 없다는 것을 생각해보라. 일반적으로, 전문 서비스 조직은 이와 같은 설득 광고를 지속적으로 사용할수록, 궁극적으로 그들의 산업 전체에 대한 이미지를 실추시킨다고 믿고 있다. 그러므로 결국 정보 기반의 프로모션 메시지를 전달하는 것이 더 바람직하고 괜찮은 프로모션 공식이라고 주장한다.

설득 측면에서의 접근이 서비스 분야에서 이루어진다면, 대부분 덜 개인적일 것이고 더 대중적일 것이다. 예를 들면, 어떤 서비스 회사는 자사가 더 전문적이고, 다른 경쟁업체보다 훨씬 더 경력이 있다고 주장할 것이다. (특정 경쟁업체의 이름을 언급하지 않으면서 말이다.)

제품수명주기의 성숙기와 쇠퇴기 단계에서의 커뮤니케이션 목표는 설득과 회상의 커뮤니케이션이다. 이 단계에서의 표면적인 목표는 현재 고객의 재구매를 유도하는 것이다. 기업이 고객에게 그들과의 장기적인 관계를 여전히 중요시한다는 것을 상기시키고, 과거의 구매 경험에 대한 확신을 높여, 구매 행위에 대한 인지 부조화를 최소화할 수 있도록 하는 것을 말한다. 정보 중심적 커뮤니케이션과 마찬가지로, 회상 커뮤니케이션은 서비스 조직에게 있어 설득 커뮤니케이션보다 덜 눈에 거슬리고, 더 바람직한 커뮤니케이션 방식이라고 할 수 있다.

결론적으로, 넓은 의미에서의 정보 중심적, 설득 유도, 회상 유도와 같은 목표는 일반적으로 매출 증대, 고객의 긍정적인 태도 변화, 소비자의 전반적인 인지도 상승과 같은 추가 전략 목표의 달성을 위해 사용된다고 할 수 있다. 더 나아가, 각 목표는 **SMART**로 정의될 수 있다.

- Specific(구체적): 목표는 막연하지 않고(예: 올해 잘해봅시다!) 구체적이고 뚜렷해야 한다(예: 매출, 인지도 성장).
- Measurable(측정 가능): 목표는 측정할 수 있도록 단위화되어야 한다(예: 10% 매출 상승).
- Achievable(달성 가능): 목표는 현실적이고 달성 가능하여야 한다. 비현실적 목표는 절대 달성될 수 없다. 오히려 조직원의 사기를 하락시킬 수 있다.
- Relevant(관련성): 목표는 그 목표와 관련된 사람들에 의해서 이루어져야 한다. 기업 수준의 목표는 기업의 종업원들, 부서 수준의 목표는 부서 종업원들에 의해서 달성되어야 한다.
- Time-bound(완료 기한 설정): 목표를 달성함에 있어 일정한 마감 시간을 두고 행하는 것을 의미한다.

7-2c 커뮤니케이션 예산 설정

표적시장이 선정되고 커뮤니케이션 목표가 설정된 후에는 커뮤니케이션 예산 설정이 필요하다. 기본적인 예산 설정은 대부분의 마케팅 개론 과정에서 논의되는데, 이때 기업 수준의 접근법인 하향식 예산(top-down budgeting), 상향식 예산(bottom-up budgeting), 상향/하향식 예산(bottom-up/top-down budgeting), 하향/상향식 예산(top-down/bottom-up budgeting)이 있다. 다른 예산 설정법으로는, 작은 서비스 회사들이 사용하고 있는 매출액 비율법(percentage-of-sales technique), 증분 예산법(incremental technique), 임의 할당법(all you-can-afford approach), 경쟁 배분법(competitive parity), 그리고 목표 과업법(objective-and-task method)이 있다.[5] 〈도표 7-3〉은 각 접근법을 요약해서 기술하고 있다.

커뮤니케이션 예산은 서비스 회사가 커뮤니케이션 목표를 달성하는 데 필요한 자원들을 제공해야 한다. 즉 회사의 커뮤니케이션 목표가 예산 설정을 주도해야 한다는 뜻이다. 그러나 위의 예산 설정 방식들을 살펴보면, 예산이 목표를 설정하도록 하지, 그 반대는 이루어질 수 없다는 것을 보여준다. 이렇게 예산을 제한하는 것은 커뮤니케이션 목표 달성을 심각하게 저해할 수 있다. 이 장의 초반에서 제시했듯이, 광고(커뮤니케이션)의 필요성

〈도표 7-3〉 커뮤니케이션 전략 예산 설정 기법

예산 설정 방법	설명
하향식 예산	예산이 상위관리자에 의해서 설정된다.
상향식 예산	예산이 상품 수준 또는 브랜드 관리자에 의해서 설정된다.
상향식/하향식 예산	예산이 상품 수준 또는 브랜드 관리자에 의해서 책정되고 나서, 상위관리자에 의해서 수정된다.
하향식/상향식 예산	예산이 상위관리자에 의해서 책정되고 나서 상품 수준 또는 브랜드 관리자에 의해서 수정된다.
매출액 비율법	예산이 전년도 매출액에 비율에 의해서 책정된다.
증분 예산법	예산이 매년 고정비율로 증가된다.
임의 할당법	예산이 기업의 운영비용과 계획된 수익을 지불한 후에 남은 금액을 기반으로 책정된다.
경쟁 비교법	예산이 경쟁자가 지출하는 비용에 기반하여 책정된다.
목표 과업 할당법	예산이 커뮤니케이션 목표를 달성하기 위해서 필요한 금액을 기반으로 하여 책정된다.

에 대해 면역이 생긴 기업은 언젠가 그 사업 분야에서 영향력이 사라지고 있음을 인지하게 될 것이다.

7-2d 서비스 기업의 포지셔닝 전략 형성

서비스 커뮤니케이션의 프로세스 관리에 있어 다음 단계는 서비스 기업의 포지셔닝 전략을 형성하는 것이다. 성공적인 **포지셔닝 전략**(positioning strategy)은 고객에게 경쟁기업과 비교하여 서비스 기업이 다르다는 것을 전달하는 것이다. 예를 들면, Starbucks는 사회적 책임을 다하는 커피 조달업체로서 포지셔닝을 하고 있다(**지속가능성 관련 서비스 활동** 참조).

상품과 서비스 회사에서 사용되는 전형적인 포지셔닝 전략의 또 다른 예로는, 상품 차별화, 이미지 차별화, 종업원 차별화, 그리고 서비스 차별화가 있다(도표 7-4 참조). 기업의 입장에서 그들이 원하는 포지셔닝을 차지하려고 해도, 결국 그들의 포지셔닝을 궁극적으로 결정하는 것은 바로 소비자들이다. 효과적인 포지셔닝은 무형성이 각 서비스 제공자를 차별화할 수 있는 소비자의 능력을 넘어서야 하는 서비스 회사에게 특히 중요하다. 예를 들어 글로벌 서비스 마케팅 담당자가 직면한 과제 중 하나는 현지 고객의 요구를 충족하는 홍보 캠페인을 개발하는 것이다. 글로벌 시장에 대한 프로모션 계획을 맞춤화하기 위해 글로벌 마케팅 담당자는 포지셔닝과 광고 카피에 관련된 문제를 고려해야 한다. 글로벌 시장의 촉진 전략과 관련해서 서비스 기업은 해당 국가의 태도, 선호, 행동, 전통에 대해서 알고 있어야 하며, 이는 모두 마케팅 담당자의 고객 승인 필요성을 반영한다. 사실 해당 서

지속가능성 관련 서비스 활동 사례

Starbucks의 환경 미션에 대한 절묘한 프로모션

세계 인구의 대부분은 소매 커피 공급업체로서의 Starbucks의 지배력을 잘 알고 있지만, Starbucks의 환경 친화적인 비즈니스 관행에 대해 알고 있는 사람은 많지 않다. Starbucks는 의도적으로 환경에 대한 노력을 숨기지는 않지만 공개적으로 자랑하지도 않는다. 아마도 회사가 고객 유치를 위한 환경 친화적인 활동을 공개적인 마케팅으로 이용하면 사회적 책임과 지속가능성에 대한 노력은 신뢰받기 어려울 것이다.

Starbucks의 주목할 만한 노력을 더 잘 이해하기 위해서는 고객이 직접 웹사이트의 About Us 탭에서 정보를 찾아야 한다. 예를 들어 회사의 사명에 덧붙여 환경 친화적인 비즈니스 관행에 대한 Starbucks의 공약은 별도의 환경 사명에서도 볼 수 있다.

Starbucks의 환경 미션

Starbucks는 사업의 모든 측면에서 환경 리더십의 역할을 다하고 있다. 우리는 다음과 같은 노력을 통해 이 사명을 완수한다.

- 환경 문제를 이해하고 파트너와 정보를 공유
- 변화를 가져올 혁신적이고 유연한 솔루션 개발
- 환경친화적인 제품을 구매, 판매 및 사용하려는 노력
- 환경친화적 미래를 위해서는 재정적 책임이 필수적임을 인식
- 환경친화적 책임을 기업 가치로 삼기
- 각 프로젝트의 진행 상황을 측정하고 모니터링
- 모든 파트너가 우리의 사명을 공유하도록 장려

Starbucks는 환경에 대한 영향을 최소화하기 위해 적극적으로 노력하고 있으며, 다양한 방법으로 환경친화적인 비즈니스를 위한 기회를 창조한다. 첫째, 회사는 환경에 대한 관심을 공유하는 기업으로부터 환경친화적인 상품을 구매하기 위한 구매 가이드라인을 채택했다. 또한, 무연(無鉛) 잉크를 구입하고, 가능하면 종이 없는 관리 시스템을 사용하며, 포장을 최소화하고 소비 후 재료를 재활용하며, 커피 로스팅 및 추출 작업으로 얻은 커피 찌꺼기를 퇴비로 재활용할 뿐만 아니라 소매 및 제조에 에너지 보존을 실천하고, 회사의 온실 가스 배출량을 자발적으로 추적하고 줄이며, 종업원들에게 환경 보전에 대한 Starbucks의 공약에 대해 적극적으로 교육한다. 또한 회사의 "원산지에 대한 헌신(commitment to origins)" 이니셔티브는 "생산자, 가족 및 지역사회 및 자연 환경을 적극적으로 지원하여 커피 생산 및 무역을 위한 지속 가능한 사회적, 생태적, 경제적 모델을 촉진하도록" 지원한다.

Source: http://www.starbucks.com.

비스 상품 자체는 어떤 변화도 필요하지 않을 수 있으며, 단지 상품의 포지셔닝의 조정이 필요할 수 있다. Marriott 호텔은 어떤 나라에서는 어른을 위한 탈출구로서 포지셔닝 하지만, 보수적인 나라에서는 가족이라는 가치를 좀 더 강조하는 커뮤니케이션 전략을 행하는 경우가 그 예이다.

서비스 기업의 포지셔닝 전략을 지원하는 데 있어서 커뮤니케이션 믹스의 **카피**(copy)는 글로벌 고객에게 어필하기 위해서 수정되어야 한다. 비록 커뮤니케이션에 있어 비슷한 형식의 그래픽 요소를 사용할지라도, 그 광고에 대한 카피는 현지의 문화에 따라야 한다.

<도표 7-4> 효과적 포지셔닝을 위한 차별화 접근법

상품 차별화	종업원 차별화
특징	능력
성과	예의
일치(Conformance)	신용(Credibility)
내구성	신뢰성
신뢰성	반응성
수리 가능	커뮤니케이션 스타일
디자인 (위에 열거된 모든 것을 통합)	
이미지 차별화	**서비스 차별화**
상징	배달 (속도, 정확성)
표현, 오디오/비쥬얼 매체	설치
분위기	고객 훈련
이벤트	컨설팅 서비스
	수리
	기타 서비스

Source: Adapted from Philip Kotler, *Marketing Management: Analysis, Planning, Implementation, and Control*, 9th ed. (Englewood Cliffs, NJ: Prentice-Hall, 1997), p. 283. Print and electronically reproduced by permission of Pearson Education, Inc., Upper Saddle River, New Jersey.

Marriott 호텔은 미국, 영국, 사우디아라비아, 남미 그리고 독어권 유럽 국가들의 비즈니스 여행객에게 비슷한 형식으로 사용하려 했다. 그러나 광고의 카피만은 해당 지역에 맞게 현지화시켰다. 일반적으로 사용된 테마는 "당신은 편안할 때 무엇이든 할 수 있습니다."이었지만, 현지화할 때 강조한 부분은 지역마다 상이하였다. 예를 들면, 라틴 광고 카피는 편안함을 강조하였고, 독일 광고 카피에서는 결과물에 대해서 강조하였다.

비슷한 예로, 사우디아라비아와 같은 나라들 대상으로 한 호텔의 광고는 그 지역의 도덕적 기준에 민감하게 대처해야 한다. 비록 창의적인 접근법은 사용 가능할지 몰라도, 커뮤니케이션에 포함된 가피니 이미지는 조정이 필요할 수도 있다. 예를 들어 서구적인 Marriott 광고에서 발기벗은 남자와 여지기 서로 껴안고 있는 장면이 있다면, 사우디아라비아에서는 남자는 어두운 색의 팔 슬리브를 입고 있고, 여성의 손은 거의 보이지 않는 장면으로 변경될 것이다. 결론적으로, 글로벌 서비스 커뮤니케이션은 해당 지역 시장이 욕구와 기대에 맞추어 신중하게 포지셔닝 되어야 한다.

7-2e 메시지와 매체 전략 수립

서비스 회사의 포지셔닝 전략의 수립에 있어, 잠재/현재 고객에게 자사의 포지셔닝 전략을 전할 수 있는 메시지가 필요하다. 예를 들어 리츠 칼튼 호텔은 "우리는 신사 숙녀를 모시는 신사 숙녀입니다(Ladies and Gentlemen Serving Ladies and Gentlemen)."라고 주장하는 리츠 칼튼의 모토를 이용하여 최고급의 환대 제공자(hospitality provider)로서 효과적으로 포지셔닝하였다.[6] 이것은 종업원 차별화를 포지셔닝에 사용한 아주 전형적인 예이다. 창조적 메시지 내용 창출과 덧붙여서, 메시지는 또한 효과적인 매체 전략을 통해서 고객에게 전달되어야 한다. 매체 전략의 효과성은 그 메시지의 표적 청중이 사용자인지 비사용자인지에 따라 달라진다.

Kevin Foy/Alamy

Ritz Carlton 호텔은 "신사와 숙녀에게 서비스하는 신사와 숙녀"라는 커뮤니케이션 캠페인을 효과적으로 사용하여 부유한 고객과 전문 서비스 제공자들이 호텔을 선택하도록 하는 포지셔닝을 성공적으로 수행하였다.

비사용자를 표적으로 한 매체 전략 만약 서비스 비사용자에게 접근하려는 것이 목표라면, 커뮤니케이션 방법의 선택은 미디어 광고, 서비스 제공업체가 아닌 영업사원의 판매, 공공관계 및 후원으로 축소된다.

커뮤니케이션을 위한 많은 채널 각각에 역할을 부여하는 방법 중에 하나는, 특정한 메시지가 특정한 청중을 표적으로 할 수 있는 정도를 고려하는 것이다. 매체 광고는 이 차원에 따라서 변한다. 방송을 통해서는 "권총(shotgun)" 수준의 텔레비전 광고는 넓은 범위의 청중들에게 닿을 수 있지만, 시간에 따라 달라지는 특정한 대상에게 접근하기는 어려운 점이 있다. 예를 들어 사상자가 발생하는 교통사고 통계를 살펴보면 60~70% 사이가 금요일 아침에서 일요일 새벽 사이에 일어난다. 또한 그로 인해 생기는 상해의 3분의 2 가량이 사고 후 약 24시간에서 72시간 사이에 고통이 전달되므로, 변호사 광고를 할 때 프리미엄 타임은 월요일 아침에서 수요일 오후로 생각할 수 있다.[7]

반대로 전국 인쇄매체인 신문, 잡지는 보다 선택적인 초점을 제공하여, 좀더 세분화된 고객층을 표적으로 할 수 있다. 무역잡지는 이 관계에 있어 더 세밀하고 자세하다. 직접우편(direct mail)은 매체의 비인간적인 특성을 가장 잘 보여주는 사례이다. 궁극적으로 이런 매체들 간의 선택은 소비자 한 명당 얼마만큼의 비용이 들고, 잘못된 세분 시장을 선택했을 시 얼마나 큰 위험이 발생하는지 알아두어야 한다.

서비스 제공자가 광범위하게 정의된 청중을 보유하고 있고, 잘못된 세분 시장을 공략할 때의 위험도가 적다면, 텔레비전 광고는 사람 단위당 비용 면에서 가장 저렴한 매체가 될 것이다. 그러나 텔레비전과 다른 형태의 매스 미디어 사용은 고급 레스토랑과 같이 시장이 빈틈없이 세분되어 있거나, 올바르지 못한 표적시장을 공략했을 시 비용이 많이 드는 전문적 서비스의 경우에는 덜 효율적일 수 있다. 즉 만일 "잘못된 군중(wrong crowd)"이 나타나서 레스토랑을 의도된 대상 시장과 공유하면 결과는 관련된 모든 사람에게 부정적인 경험이 될 수 있으며, 레스토랑에 대한 혼란스러운 포지셔닝 메시지가 될 수 있다.

공중관계(public relations)와 홍보(publicity)는 어떤 식으로 사용되었는가에 따라, 넓거나 좁게 집중될 수 있다. 편집자의 코멘트가 광범위하거나 좁은 매체에서 요구될 수도 있다. 홍보는 비용이 지불되지 않는 광고 수단으로서 장점과 단점을 모두 가지고 있다. 장점은 고객들로부터 더 큰 신뢰를 얻는 점이며, 단점은 내용이 통제되기 어렵다는 점이다. 내용은 의도되지 않을 수도 있고, 포괄 범위(coverage)가 한정적일 수 있다.

매체 광고, 공중관계, 그리고 홍보는 모두 일방적 형태의 커뮤니케이션이다. 이 모든 매체는 소비자들의 질문에 답하거나 특성을 가진 수신자에게 맞춤 메시지를 전할 수 없다. 대인 또는 텔레마케팅은 표적 고객당 비용이 많이 들지만, 기업의 메시지를 전달함에 있어 유연하며 실시간으로 변화를 주는 것이 가능하다. 만약에 메시지가 소통하기 너무 어렵거나 엄청난 노력의 설득이 필요하다면, 대인 커뮤니케이션이 가장 효과적인 방법일 것이다. 판매사원은 잘 훈련되어 있고 목표가 뚜렷하기 때문에 고객과의 소통에 있어 즉각적으로 반응할 수 있을 것이다.

사용자를 표적으로 한 매체 전략 현재 고객은 여기에서 언급된 모든 채널을 통해서 도달 가능할 수 있으며, 서비스 제공자 당사자들을 통한 커뮤니케이션에 의해서도 도달 가능하다. 서비스 제공자의 역할은 분명히 다면적이다. 다양한 제공자들이 여러 가지 커뮤니케이션 직무를 수행하도록 요구되어 왔다. 서비스 제공자와 이에 따른 직무는 다음과 같이 분류될 수 있다.[8]

타입 1 서비스 스태프(type 1 service staff)는 많은 고객이 존재하는 "1회성" 거래 서비스 인카운터에서 신속하면서도 효과적으로 고객을 대하는 데 필요한 서비스 스태프이다. 교환은 고객에게 간단한 정보와 제한된 반응으로 구성된다. 효과적 커뮤니케이션은 고객이 처한 문제 상황에 대하여 짧은 시간 안에 빠르고, 효율적으로 고객 입장에서 이해하기 쉬운 메시지를 전달함으로써 단기간에 고객과의 관계를 형성하는 것을 의미한다. 전형적인 예로는 패스트푸드점, 세탁소와 같이 최전방의 서비스 제공자들을 생각하면 된다.

타입 2 서비스 스태프(type 2 service staff)는 어느 정도 긴 기간의 한정된 상호작용 속에서 반복적으로 이용하는 다수의 고객을 응대하는 서비스 스태프이다. 여기서 정보는 부분적으로는 간단하고, 부분적으로는 더 복잡하게 혼합되어 있으며, 어느 정도 독립적인 의사결정을 필요로 한다. 이 카테고리의 커뮤니케이션에서 필요한 것은 효과적으로 청취하는 기술, 고객과의 신뢰 구축, 고객의 정보를 이해하고 오랜 관계에 있어서 결정을 내리는 능력이다. 타입 1 상황과 비교하면 커뮤니케이션이 조금 더 강렬하다. 전형적인 사례로는 공급자와의 관계나 소비자와의 관계로, 화훼 전문가에게 꽃 디자인을 일정한 기간을 두고 부탁한다거나 재봉사의 충성 고객, 또는 고급 레스토랑에 있는 효과적인 웨이터를 생각하면 될 것이다.

타입 3 서비스 스태프(type 3 service staff)는 보다 더 복잡한 커뮤니케이션 기술을 필요로 한다. 고객과의 상호작용은 지속적으로 반복되고, 이에 따라 대규모의 커뮤니케이션 흐름이 필요하게 된다. 또한 커뮤니케이션 과제가 복잡하고 종종 반복되지 않는다. 이런 상황에서 효과적인 커뮤니케이션 능력은 고객과의 대면 교류에서 보다 명확하고 이해가 쉽게 고객에게 정보를 잘 전달할 수 있도록, 잘 듣는 능력과 복잡한 정보의 처리 능력이 필요하다. 사례로는 전문가로 불리는 종업원을 생각하면 된다.

어떤 서비스 조직이라도 위 세 가지 범주의 종업원을 고용할 수 있다. 은행은 타입 1 커뮤니케이션을 행하는 창구 종업원들, 타입 2에 참여하는 대출 담당 종업원들, 그리고 타입 3에 해당하는 기업 여신 담당자를 고용하고 있다. 어떤 여행 회사는 타입 2(티켓을 발권하고 약속을 잡는 상황)와 타입 3(여행 자체를 계획할 시)을 담당하며, 그리고 접수 업무를 처리하는 타입 1을 행할 수 있다.

각 유형의 커뮤니케이션은 서비스 제공자들로부터 각기 다른 종류의 능력을 필요로 하며, 서비스 제공자들에게 상이한 수준의 스트레스를 부여한다. 정확한 커뮤니케이션 역할이 조직 내의 알맞은 사람에게 부여되어야 한다는 사실은 명백하다. 타입 1은 서비스 운영 역할, 타입 3은 서비스 운영과 마케팅 역할의 혼합에 적합하다.

서비스 제공자가 포함된 커뮤니케이션 믹스의 개발에 있어, 스태프의 최종 목표는 위에서 언급한 범주 안에 포함될 것이다. 그러나 이때 서비스를 제공하는 종업원의 포지션을 상기하는 것이 매우 중요하다. 서비스 제공자는 단순한 판매원이 아니다. 그들은 전체 서비스가 제공되는 과정에서, 소비자가 구매하는 경험과 연계된 일부분이다. 이것에 따른 명백한 결정, 예를 들어 어떤 은행의 창구 종업원에게 서비스를 판매하라고 한다면, 이는 매우 부정적인 결과를 나타낼 것이다. 이 결정 때문에 창구 종업원은 역할 갈등을 겪게 될 것이다. **역할/자아 갈등**(role/self conflict)은 창구 종업원이 판매원이 아닌 은행원으로 봐주기를 원할 때 발생될 것이다. 이러한 **직접적 갈등**(direct conflict)은, 운영 역할이 신속한 서비스와 고객과 시간 소비를 최소화하는 것을 요구하면서, 판매 역할은 그 반대일 때 발생할 수 있다. 추가적으로, 창구 종업원이 무엇인가를 새로 하는 것은 서비스 제공자뿐만 아니라 고객의 역할까지도 무너지게 할 수 있다. 예를 들면, 고객은 은행 업무를 위한 사무적인 소통만을 기대하는데, 직접적인 판매가 이루어지기 전에 갑자기 창구 종업원이 오늘의 날씨 또는 지역 스포츠 행사에 대해서 이야기하는 등 지나친 소통을 한다면 문제가 생길 수 있다.

잠재적으로 이런 의사결정은 고객당 처리시간이 늘어나, 운영 비용을 증가시킬 수 있다. 이런 문제는 전화 고객 처리 시스템을 적용하기 전의 FedEX의 경험에서 잘 파악할 수 있다. FedEX는 피크타임 때, 예상치 못한 고객 센터의 전화 쇄도로 현장 판매 직원도 포함한 모든 창고직원이 투입하여 전화 응대를 하도록 했다. 결국 다수의 창고 직원은 서비스 커뮤니케이션의 형태를 타입 1에서 타입 3으로 변경해야 했다. 이로 인해 통화당 고객 응대 시간이 더 지체되었고 전화 병목 현상은 더 심해지는 결과를 가져왔다.

7-2f 감시, 평가 그리고 커뮤니케이션 전략 통제

기업이 커뮤니케이션 전략을 실행하면, 관리자들은 전략을 지속적으로 감시해야 하고, 효과성을 평가해야 하며, 필요 시 조정을 해야 한다. 커뮤니케이션 전략의 평가는 전형적으로 앞서 설정했던 목표의 결과물과의 비교를 통해서 이루어진다. 예를 들어 만약 설정된 커뮤니케이션 목표가 캠페인 시작 후 약 4주 동안 고객 인지도를 20% 높이는 것이라면, 커뮤니케이션 전략의 성공 여부를 가리기 위해서는 전기, 후기 테스트가 필요하다. 여기서 짚고 넘어가야 할 점은 효과적인 커뮤니케이션 전략의 결과가 즉각적인 매출의 증대로 나타나는 것이 아니라는 점이다. 많은 수의 서비스 커뮤니케이션 전략은 서비스에 대한 수요가 불규칙하다면, 그로 인해 해당 캠페인에 대한 성공 효과는 시간이 지난 후에 발현된다는 **지체 효과**(lagged effect)의 특징을 가지고 있다. 예를 들면, 많은 사람이 치과의사를 일 년에 한두 번 정도밖에 만나지 않고, 외과의사는 거의 일 년에 한 번 매년 외과 검사할 때나 본다. 고객은 보험대리인이나 재무상담사를 더 낮은 빈도로 만날 수 있다. 그러나 비록 커뮤니케이션 전략의 결과로 매출의 증대 효과가 바로 나타나지는 않지만, 이러한 커뮤니케이션은 사람들로 하여금 서비스 제공자들에 대한 인지도를 높여주고, 긍정적인 태도를 구축하는 데 큰 도움을 준다. 따라서 먼 훗날, 고객이 서비스 제공자에 대한 새로운 인식을 가지거나 새로운 서비스를 찾으면서 커뮤니케이션 전략이 매출 증대에 미치는 영향을 확인할 수 있게 된다.

7-3 서비스 커뮤니케이션 전략에 따른 특수한 문제[9]

전술한 바와 같이 서비스 마케팅은 특이하다. 그러므로 효과적인 서비스 커뮤니케이션 전략의 개발은 상품을 생산하는 회사가 직면하는 전형적인 문제들이 아닌 특수한 문제를 고려해야만 한다. 특히 무형성과 비분리성은 커뮤니케이션 전략을 개발할 때 고려해야 하는 특별한 문제를 제시한다. 첫째, 서비스가 "다른 고객"과 경험을 공유하는 소비를 제공하기 때문에, 잘못 표적된 커뮤니케이션(mistargeted communications)이 서로 다른 두 집단에게 동일한 시간에 같은 커뮤니케이션 방식으로 사용될 경우에 예상치 못한 결과를 초래할 수 있다. 둘째, 서비스 매니저는 소비자가 초기 기대 수준을 결정하는 근거가 되는 기업의 커뮤니케이션이 명백한 서비스 약속(explicit service promises)으로 해석된다는 것을 인지해야 한다. 그 결과, 서비스 회사는 프로모션 메시지에서 무엇을 전달할 것인지를 준비해야 한다. 셋째, 종업원이 소비자와 밀접한 거리에서 서비스를 생산하기 때문에, 기존의 외부 소비자 못지 않게 내부 고객(internal customers)(종업원)을 고려해야 한다. 마지막으로, 많은 사례에서 볼 수 있듯이, 서비스를 만드는 서비스 제공자는 서비스를 직접 판매해야만 하며, 이것은 서비스 제공을 위한 운영자를 서비스 판매자로 바꾸는(turning doers into sellers) 데 관련된 문제를 야기시킨다. 서비스 제공자가 판매 활동에 종사하고 있을 때, 서비스의 생산은 정지하고 만다. 반대로 서비스 제공자가 서비스 생산에 열심일 때, 미래의 소비자와의 관계는 구축될 수 없다. 중단 없이 서비스 사업을 운용하는 것은 장기적인 안목에서의 성공을 위협한다. 이는 궁극적으로 다음 질문으로 이어진다. "서비스 제공자는 판매와 운영의 균형을 어떻게 잡아야 하는가?"

7-3a 잘못 표적된 커뮤니케이션

세분화는 마케팅 기본 개념 중의 하나이다. 본질적으로 세분화는 회사의 마케팅 효율을 향상시켜준다. 이는 회사에 대해서 다르게 행동을 취하는 특정 소비자 집단을 목표 대상으로 마케팅할 때 사용된다. 비록 세분화가 상품과 서비스 모두에 적용될 수 있지만, 커뮤니케이션 믹스의 하나로서 부적절한 세분화 때문에 생기는 결과는 서비스 회사보다 상품 회사가 훨씬 덜 심각하다. 예를 들어 만약 잘못된 소비자 집단이 특정 브랜드 세제를 구입했을 때, 이러한 상황은 세제 회사에 영향을 미치지 못하며, 계속해서 세제가 판매된다. 상품이 젊은 층을 위해 개발될지라도, 상품 광고 홍보를 통해 노인층을 유인하기도 한다. 예를 들어 Pepsi의 젊은이 특유의 느낌을 묘사한 Pepsi 광고를 실수로 대학 협회 대신에 양로원에 보여주었다고 하자.[10] 어르신들은 그 광고를 통해 Pepsi가 자신을 좀 더 젊게 느끼게 해준다고 해석하게 된다. 분명한 것은 이것은 젊은 층을 공략하려고 한 Pepsi의 본래 의도가 아니다. 메시지를 잘못 이해한 집단의 구성원들은 그 슈퍼마켓에 들러서, 상품을 사고, 그리고 그것을 집에서 사용한다. 나이가 많은 사람들이 상품을 사용하는 것에 대한 부정적인 결과는 거의 없다.

그러나 만약 레스토랑의 서비스를 구매하는 결정에서 잘못된 세분화가 이루어진다고 가정하자. 한 레스토랑이 상류층을 목표 대상으로 개발해왔고, 레스토랑을 출범할 준비를 마쳤으며, 경영진은 가격에 맞는 홍보를 결정하였으나, 광고대행사가 부적절한 광고를 개발해버렸다. 또는, 형편없는 경영진으로 인해서 이러한 일들이 일어났다고 가정하자. 그 광고는 목적이 불분명하며, 광고의 특징이 잡지에서 잘못 쓰이는 결과를 초래한다. 그 결과 레스토랑은 두 가지 유형의 고객을 얻었다. 상류층의 중년의 커플과 가격을 의식하는 학생

집단이다. 전자는 본래의 표적 고객이고, 후자는 잘못된 마케팅 전술에 의해 유인된 고객이다. 불행하게도 레스토랑을 비롯해 많은 서비스에서 "다른 고객"은 제품의 한 부분이다. 그 결과 그 레스토랑은 세분화된 부분의 고객들도 만족시키지 못한다. 그 이유는 다른 고객의 존재 때문이다. 그리고는 어떤 유형의 소비자도 재방문하지 않게 된다. 이런 이유로 서비스 회사의 **잘못 표적된 커뮤니케이션**(mistargeted communication)의 결과인 소비 경험의 공유 때문에, 회사에서 겪는 경험의 결과는 상품 회사보다 서비스 회사 쪽이 훨씬 더 중요하다.

7-3b 기대와 지각 관리[11]

서비스 회사의 커뮤니케이션 전략은 소비자의 서비스에 대한 기대를 형성하는 데 매우 중요한 역할을 한다. 회사의 커뮤니케이션은 이미 존재했던 생각을 강화하거나, 급격하게 그러한 생각을 변화하게 하여 일련의 새로운 기대로 대체하게 할 수 있다. 기대는 약속과 같이 명시적(예: "음식은 5분 후에 준비될 것입니다")이거나, 분위기를 만드는 행동 패턴과 같은 묵시적(예: 사업장의 입구에서 다정다감한 인사)으로 만들어질 수 있다. 이러한 기대는 웨이터가 "곧 돌아오겠습니다."고 말할 때처럼 자신도 모르게 형성된다. 이러한 표현은 고객에 의한 법적인 구속력 있는 계약이나 서비스 제공자에 의한 작별의 상황 두 가지로 간주될 수 있다.

기대뿐만 아니라 지각 역시 많은 원천을 가지고 있다. 기술적 서비스의 품질(technical service quality)은 기업의 운영 시스템에 의해서 생산된 업무 수행의 객관적인 수준이다. 그것은 스톱워치, 온도계 등 여러 측정 가능한 기구로 수치화될 수 있다. 그러나 불행히도, 고객이 정확히 인식하는 성능의 수준은 아니다. 지각(perception)은 서비스의 단계가 올랐는지 혹은 내려갔는지 지각하는 여과기의 역할을 한다.

지각은 기대에 영향을 미치는 동일한 요인에 의해 영향을 받는다. 예를 들어 커뮤니케이션은 지각된 서비스 단계를 높여 조직에 대해서 우호적인 감정을 만들 수 있다. 부적절하게 옷을 입고 버릇없는 행동을 하는 종업원이 높은 수준의 기술적인 서비스를 제공하더라도 형편없는 인식을 고객에게 주어 지각된 서비스 단계를 낮출 것이다.

기대의 많은 원천은 회사의 직접적인 통제하에 있다. 과거의 경험과 경쟁자의 활동들만이 일방적이든 아니든 직접적으로 영향을 미칠 수 없다. 이러한 통제를 고려해볼 때, 회사는 커뮤니케이션의 믹스에서 사용할 목표가 무엇인지 알아야 한다. 경쟁이 없을 경우, 커뮤니케이션의 목적은 고객이 도착 전에 기대를 낮추는 것이다. 만일 지각된 서비스 수준이 유지되면, 감소된 기대는 더 높은 만족으로 나타난다. 현실적으로, 커뮤니케이션은 수요의 자극이라는 전통적인 역할도 해야 한다. 이는 평균 서비스를 약속함으로써 이를 달성하려는 생각과는 모순되나, 그렇게 하더라도 고객의 기대를 최소화하는 데 목적이 있다(그 서비스를 이용하는 소수의 고객을 위해!).

경쟁자가 있는 조건에서, 회사는 약속을 통해서 시장에서 자신을 차별화하고, 고객이 자신을 선택하게 만드는 기대를 형성하기 위해서 분투한다. 그러므로 기업은 현실에 맞지 않은 수준의 기대를 약속하거나, 높이려고 하는 유혹에 빠질 수 있다. 서비스의 다양성이 대부분의 소비자에게 잘 알려져 있고, 서비스 회사가 약속한 많은 것을 그러한 고객들이 할인할 수 있다는 것은 운이 좋을 것이다. 그러나 그 약속을 진지하게 생각한 고객에게는 그 결과가 불만족으로 나타난다.

7-3c 종업원에 대한 광고

서비스 회사의 스태프는 기업의 광고 캠페인의 2차 청중이 된다. 스태프가 본 커뮤니케이션에 대하여 종업원이 공감한다면, 그것은 매우 고무적이다. 그러나 만일 커뮤니케이션이 서비스 전달 과정에서 서비스 제공자의 실제 역할에 대한 이해 없이 개발되었다면, 그것은 서비스 수행이 기술적 혹은 행정적으로 불가능하다는 것을 의미한다. 이러한 공감 형성의 부재는 스태프에 대하여 두 가지 해를 끼친다. (1) 커뮤니케이션을 개발하는 사람들(마케팅 부서)은 실제 사업을 이해하지 못한다는 것을 보여주어, (2) 그러한 광고는 고객이 서비스가 광고한 대로 실행될 것이라고 기대하도록 만들고, 스태프는 고객들에게 회사의 광고에 묘사된 서비스의 수준과 현실의 차이를 말해야만 한다. 이러한 상황에서 부정적인 영향이 종업원의 동기에 영향을 미치고, 결과적으로 고객 만족에 부정적인 영향을 미친다.

전형적인 예가 American 항공사이다. 이 회사는 승무원이 어린 아이에게 비행하는 동안 책을 읽어주는 내용의 광고를 개발하였다. 그 결과 승객들은 승무원에게 아이의 독서 서비스를 기대하였으며, 승무원은 해야 할 다른 업무를 제쳐놓고 베이비시터를 해야 하는 것에 분개하였다.

결론적으로 서비스 회사가 성공하기 위해서는 회사가 고객에게 서비스를 판매하기 전에 종업원에게 서비스 업무를 먼저 판매해야 한다.[12] 수년 동안 Southwest 항공사의 커뮤니케이션은 고객을 만족시키기 위해서 장시간의 비행 동안 미소 짓는 종업원의 모습이었다. 비록 분명히 고객을 위한 목표였지만, 항공사는 종업원에게도 또한 적절한 행동 규범과 관련하여 메시지를 주었다. 즉 서비스 커뮤니케이션은 단순히 고객과의 소통을 제공하는 것을 의미할 뿐만 아니라, 종업원을 교육시키고, 동기부여하고, 소통하기 위한 수단을 제공해야 한다.[13]

7-3d 판매/운영 간의 갈등

서비스 섹터에서 고려해야 할 다른 특이점은 서비스를 판매자와 제공자가 종종 동일인이라는 점이다. 많은 사례에서 서비스 제공자는 서비스를 판매하는 것보다 제공하는 것이 더 편안하다. 그러나 생산자가 회사의 커뮤니케이션의 한 부분으로 관련되면, 그는 더 이상 사업의 운영 목적에만 전념할 수가 없다(**글로벌 서비스 활동 사례** 참조).

판매 대 운용에 관련된 갈등은 최소 두 부분으로 이루어져 있다. 첫째는 경제적인 고려이다. 일반적으로 서비스 제공자는 서비스를 제공하는 데에만 대가를 받고, 커뮤니케이

글로벌 서비스 활동 사례

전 세계의 인적 판매 접근법

서비스 제공자는 서비스를 생산하는 것뿐 아니라 많은 경우에 있어서 판매도 해야 한다. 일부 서비스 제공자는 다른 서비스 제공자보다 영업 프로세스에 훨씬 더 익숙하다. 문제를 복잡하게 하는 것은 회사가 서비스 운영을 해외시장으로 옮겨감에 따라 미묘한 차이가 고려되어야 한다는 것이다. 다행히 Sales and Marketing Management는 해외 비즈니스에서 행해지는 인적 판매의 팁을 정기적으로 발간하고 있다. 그중 흥미로운 몇 가지 내용(insights)을 소개한다.

국가	인사이트
벨기에	벨기에의 독일어 사용 지역에서는 집단 의사결정이 규범이다. 반대로, 벨기에의 프랑스어 사용 지역에서는 최고경영진이 최종 결정을 한다.
중국	계약은 관계의 시작으로 간주되어 계약 서명이 이루어진 후에 협상이 계속된다.
콜롬비아	강력한 개인적인 관계를 발전시키고 협상을 통해 그러한 관계를 유지하는 것이 핵심이다. 영업 프로세스 중 담당자를 변경하면 계약이 종료될 수 있다.
독일	영업 프레젠테이션은 정보를 평범하고 간단하게 유지해야 한다(번쩍거리는 그래픽 없음). 독일의 의사결정권자는 사실과 숫자를 좋아하기 때문에 관련 데이터를 제시하는 것이 중요하다.
인도	한편으로, 시간은 거의 의미가 없기 때문에, 스케줄링 약속의 경우 미팅 시간이 유연해야 한다. 반면에, 엄격한 계층 구조로 인해 최고 경영진만 중요한 결정을 내린다.
멕시코	아침 식사 또는 점심 식사가 포함된 모임과 개인적인 관계를 발전시키는 것이 일반적이다. 의사결정은 종종 제공자의 전문적인 경험과는 대조적으로 개인적인 관계를 기반으로 한다.
페루	멕시코와 콜롬비아처럼, 사업을 수행하기 전에 강력한 개인적 관계를 구축하는 것이 중요하다. 페루 사람들은 판매 과정에서 종업원이 바뀌면 그것을 좋아하지 않는다.
러시아	첫 회의는 고객이 제공자의 전반적인 신뢰성을 평가하는 방식일 뿐이다. 이 첫 번째 모임에서 공급자는 특히 따뜻하고 친절해야 한다.
스코트랜드	스코틀랜드 사람들은 부드러운 말을 하고 매우 사적이어서 관계를 형성하는 데 종종 시간이 걸린다. 일단 개인적인 관계가 형성되면 더 친하게 된다.
대한민국	지위가 규칙! 명함에 표시되어 있는 직위를 확인하고, 회사 담당자의 직위가 고객의 직위만큼 높아야 한다. 그렇지 않으면 한국 고객을 무시하는 것이다.
태국	태국인은 비논리적이므로 인적 판매 노력으로 거래가 종결되는 등의 사안을 강요해서는 안 된다. 태국 문화에서 분노를 나타내는 것은 약점을 나타내는 신호이다.

Sources: **www.salesandmarketing.com**; Philip R. Cateora, Mary C. Gilly, and John L. Graham, *International Marketing*, 14th ed. (New York: McGraw-Hill, 2009).

션 활동을 위한 시간 소비는 대가를 받지 않는다. 분명한 것은 서비스 제공자가 미래의 고객을 위해 마케팅 활동에 참여해야 한다는 것이나, 서비스 제공자의 마케팅 활동의 참여가 특정한 시기에 수익을 만들어내지 못한다는 점이다. 좀 더 복잡한 문제를 언급하자면, 잠재 신규고객에 대한 커뮤니케이션 활동에 사용되는 시간은 프로젝트가 진행되고 있는 동안에 종종 발생한다. 기업의 커뮤니케이션 활동은 고객 주문 간의 공백 기간(shut-down periods)을 없애기 위해서 이전에 팔린 서비스가 가공되는 동안에 발생해야 한다.

두 번째 갈등은 역할과 연관되어 발생한다. 전문적 서비스를 제공하는 많은 사람은 인적 판매와 같은 커뮤니케이션 활동이라는 그들의 전문적인 기술의 영역 안에는 없으며, 어떤 경우에는 그들보다 못하다고 여기기도 한다! 따라서 어떤 제공자들은 커뮤니케이션 활동을 불편해한다. 특히 의료 분야에서 매년 이 문제 때문에 골치를 썩고 있다. 그러나 경쟁의 증가는 기술적인 전문가를 겨냥한 마케팅 훈련의 필요성을 인식시키고 있다. 많은 의료 기관이 이제는 조직의 커뮤니케이션 노력의 중요성을 받아들이고 있다는 점은 매우 긍정적이다.

7-4 서비스 커뮤니케이션 개발을 위한 구체적 지침

서비스 마케팅의 세부 사항에 대한 문헌 보고서를 기반으로, 다양한 서비스 커뮤니케이션 개발과 관련된 지침을 만들기 위한 일반적인 주제가 생겨났다. 서비스 상품에 내재된 소멸성, 이질성, 비분리성, 무형성에 의해 만들어지는 문제를 해결하기 위해서 서비스 회사들이 이러한 많은 지침을 개발했다.

7-4a 구전 커뮤니케이션 네트워크의 개발

서비스 소비자는 구매와 관련된 위험을 줄이기 위해서 외부의 정보 원천(예: 대중매체)이 아닌 개인의 정보 원천(예: 친구, 가족, 동료)에 의존한다. 비인적 원천의 중요성에 비추어볼 때, 구전 네트워크의 개발을 가능하게 하는 커뮤니케이션이 만들어져야 한다. 만족한 고객과 현재의 고객이 친구를 설득하도록 권장하는 커뮤니케이션이 전형적이다. 다른 커뮤니케이션 전략에는 커뮤니티나 전문가 집단을 위한 프리젠테이션이나 스폰서십(sponsorship)과 같은 다른 커뮤니케이션 전략이 구전 커뮤니케이션을 활성화시키는 데 효과적이다. 여러 면에서 오늘날의 고객과 서비스 회사는 이전 세대보다 블로그, 소셜네트워크, 그리고 epinions.com이나 TrupAdvisor.com과 같은 리뷰와 의견 웹사이트를 통해서 서로 접근하고, 정보의 인적 원천을 더 많이 만들어낼 수 있다. 스마트 소비자들(smart consumers)은 구매 결정에 필요한 정보를 만들기 위해서 이러한 정보 원천을 사용하며, "똑똑한" 서비스 제공자는 소비자의 트랙픽(traffic)을 자신의 기업으로 움직이도록 하기 위해서 이러한 사이트를 이용하는 것을 학습하고 있다(**e-서비스 활동 사례** 참조).[14]

e-서비스 활동 사례

소셜 미디어를 통한 인적 커뮤니케이션의 성장

서비스 소비자는 구매 이전에 고객이 구매하는 것보다 더 높은 수준의 위험을 인식한다는 것은 서비스 마케팅의 잘 알려진 특징이다. 결과적으로 서비스 소비자는 구매 결정을 내리기 전에 인적(비인적의 반대) 정보를 종종 찾는다. 인적 정보의 원천은 구매자의 인지된 위험을 감소시킨다. 인적 정보 원천에는 인터넷 덕분에 그 어느 때보다도 널리 알려진 구전 커뮤니케이션과 친구 추천이 포함된다. 소셜 미디어(예: 소셜 네트워킹, 블로그, 가상 세계 및 비디오 공유)는 이제 서비스 회사가 고려해야 하는 강력한 커뮤니케이션 전략 도구이다. 이러한 도구는 커뮤니케이션의 개인적 특성을 고려할 때 서비스 마케터에게 특히 유용하다. 사용 가능한 소셜 미디어 도구 유형의 예는 다음과 같다.

소셜 미디어 도구	예
커뮤니케이션:	
블로그	Blogger, Live Journal, Open Diary, TypePad, WordPress, Vox, Expression Engine
마이크로-블로깅(Micro-blogging)	Twitter, Plurk, Tmblr, Jaiki, fmylife
소셜 네트워킹(Social networking)	Bebo, Facebook, LinkedIn, MySpace, Orkut, Skyrock, Hi5, Ning, Elgg
소셜 네트워크 통합 (Social network aggregation)	NutShellMail, FriendFeed
이벤트	Upcoming, Eventful, Meetup.com
협업:	
Wikis	Wikipedia, PBwiki, Wetpaint
소셜 태그(Social tagging)	Delicious, StumbleUpon, Google Reader, CiteULike
소셜 뉴스	Digg, Mixx, Reddit, NowPublic
의견 사이트	Epinions, Yelp
멀티미디어:	
사진 공유	Flickr, Zoomr, Photobucket, SmugMug, Picasa
비디오 고유	Youtube, Vimeo & Sevenload
생방송	Ustream.tv, Justin tv, Stickam, Skype
오디오와 음악 공유	Imeem, The Hype Machine, Last.fm, ccMixter
리뷰와 의견:	
제품 리뷰	Epinions.com, MouthShut.com
비즈니스 리뷰	Yelp.com
커뮤니팅 Q&A	Yahoo! Answers, WikiAnswers, Askville, Google Answers
엔터테인먼트:	
미디어 & 엔터테인먼트 플랫폼	Cisco Eos
가상세계	Second Life, The Sims Online, Forterra
게임 공유	Miniclip, Kongregate

Source: **http://en.wikipedia.org.**

7-4b 가능한 것에 대한 약속

고객 만족은 고객이 실제 받은 서비스에 대한 지각과 자신의 기대를 비교함으로써 생긴다. 경쟁의 압박이 증가함에 따라, 회사는 마케팅 커뮤니케이션을 과장하고 싶은 유혹에 빠질 수 있다. 회사가 지킬 수 없는 약속을 하는 것은 초기의 소비자 기대를 높이나, 약속이 지켜지지 않을 때 그것은 고객 만족을 낮추게 된다.

과장된 약속은 다음의 두 가지 문제를 야기한다. 첫째, 고객에게 실망을 안겨주고 고객과 회사 사이의 신뢰를 낮추게 한다. 게다가, 경험에 실망한 고객은 자신의 경험을 다른 사람에게 말할 것이 틀림없다. 두 번째 문제는 서비스 회사의 종업원에게 바로 영향을 미친다는 것이다. 종업원은 회사의 잘못된 약속으로 인해 타협하고, 고객과 정면으로 맞서는 위치를 가진다. 최전선의 종업원들은 고객에게 왜 회사가 약속을 지키지 못하는지에 대해서 되풀이하여 설명해야 하는 처지에 놓인다. 종업원의 만족과 고객의 만족 사이의 연결고리를 고려할 때, 충족되지 못한 기대를 만든다는 것은 장기적인 효과를 완전히 파괴한다.

7-4c 무형성의 유형화[15]

서비스 무형성의 본질을 고려할 때, 서비스 상품은 종종 잠재 고객의 마음속에서 추상적이다. 따라서 서비스를 광고하기 위한 지침의 원리 중 하나는 광고를 보다 구체적으로 하는 것이다. 어떻게 무형성을 유형화시킬 수 있는가? 보험 회사는 이러한 문제에 매일 직면하고 있다. 많은 보험 회사를 위한 하나의 가능성 있는 해결책은, 회사를 나타내는 유형성의 상징을 사용하는 것이다. Prudential은 바위, Merrill Lynch는 황소, 그리고 GEICO는 도마뱀붙이를 사용하였다. 그러나 Aflac 오리만큼 성공했던 회사의 아이콘은 없었다.[16]

Aflac Duck 캠페인은 CEO이면서 창조 최고경영자(Chief creative officer)인 Linda Kaplan Thaler와, 마케팅 최고경영자(Chief marketing officer)이자 KTG그룹의 총괄 매니저이기도 한 Robin Koval에 의해 만들어졌다. 그들의 과제는 Aflac 브랜드에 대한 대중의 인지를 높이는 것이었다. Aflac의 회장이고 CEO인 Thaler는 "나는 여러분이 무엇을 하든 걱정하지 않으나, 가능하면 사람들이 오랫동안 이 회사의 이름을 기억하게 해주기 바란다."라고 말하였다. Duck 캠페인은 KTG의 "빅뱅(big bang)" 이론, 즉 "만약 우리가 아주 작은 비논리를 우리의 생각에 집어넣는다고 가정하면, 우리는 현재의 관습의 감옥에서 탈피하는 사고를 할 수 있을 것이다."를 근거로 한다. Aflac을 발음해보면 마치 오리와 같이 들리는 것에 착안해, 이에 약간 짜증난 (무시받는 것을 몹시 싫어하는) 물새의 캐릭터를 만들어 시장을 깜짝 놀라게 하는 시도를 하는 회사를 표현하는 것은 어떨까?[17]

Aflac의 오리 캠페인은 비교할 수 없을 정도의 성공을 거두었다. Aflac의 이름 인지도는 처음 2000년 1월의 12%에서 2005년 90%로 증가하였다. Aflac은 지금 미국과 일본에서

Bloomberg/Getty Images

Aflac의 오리 캠페인은 무형성을 유형화하는 데 도움을 주었으며, 서비스 마케팅 역사에서 손꼽히는 성공적인 광고 캠페인 중 하나가 되었다.

보장된 갱신 가능한 보험 제공자의 1위이다. Aflac은 미국 등 50곳에 지부가 존재하고 있으며, 수많은 자선 활동에 활발히 참여하고 있다. 또한 "미국 100대 기업", "IT 업무를 보기 좋은 100곳", "라틴계 여성을 위한 50곳", "미국에서 가장 존경 받는 회사", "워킹맘이 다니기 좋은 100개 기업" 등 국가적인 인지도를 높여 왔다. 미국 내에서뿐만 아니라, 일본에서는 4가구당 한 가구꼴로 Aflac 보험을 들고 있는데, 이는 일본 내의 외국계 보험 회사 중 네 번째로 수익률이 높다.

무형성을 유형화하는 데 있어서, (1장에서 제시된) 상품의 유형성과 무형성 구조의 마지막으로 나타날 것이다(도표 7-5 참조). 향수와 같이 유형성 지배적인 시장 구조(실체) — 특성상 본질적 실체가 있는 — 가 광고에서 이미지를 사용하는 것과 같다. 기본적으로, 향수는 그저 병 안에 담긴 향기 나는 용액이다. 고객은 그 병을 만질 수 있고, 사용할 수도 있다. 그리고 향수의 향을 맡을 수 있다. 이런 이유로 향수는 유형성이 지배적이다. 많은 유형성이 지배적인 상품임에도 불구하고, 광고는 다른 상품과 차별화하기 위해서 상품을 모호하게 만드는 경향이 있다. 반면에 무형성이 지배적인 상품의 광고(본질적으로 추상적인 실체)에서는 신체적인 단서와 유형성의 증거를 통해서 상품을 좀 더 구체적으로 만들어야 한다. 보험 제품은 이미 실체가 없기 때문에, 단순하면서 구체적인 용어를 사용하여 서비스를 설명하여 객관성을 갖추어야 한다. 다른 서비스 회사의 경우 광고에 숫자를 사용하

〈도표 7-5〉 무형성의 영향: 제품과 다른 커뮤니케이션 전략

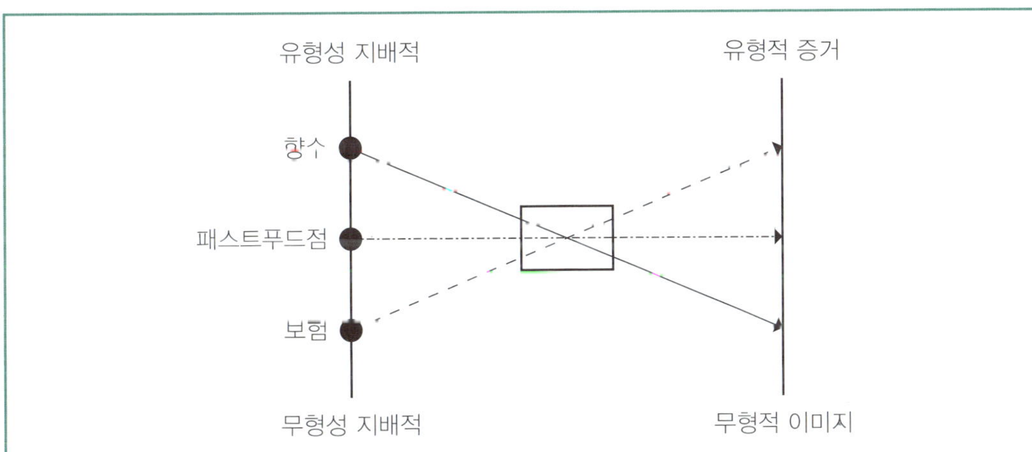

Source: Adapted from G. Lynn Shostack, "Breaking Free from Product Marketing," *The Journal of Marketing* (April 1977).

여 서비스 제공을 유형화시키기도 한다. 예를 들어 "우리는 1925년 이후로 사업을 시작했습니다." 혹은 "10명 중 9명의 고객은 친구에게 우리를 추천합니다." 마지막으로, 무형성과 유형성을 모두 갖춘 제품의 커뮤니케이션의 객관성은 구체적인 요소와 추상적인 요소를 모두 갖고 있다. 예를 들어 McDonald's는 "음식, 포크, 그리고 재미"라는 어구를 광고에 넣었다. 음식과 포크는 실체적인 것이고 재미는 추상적인 것이다.

7-4d 고객과 서비스 제공자 간의 업무 관계 특화

지금까지의 내용을 잘 이해했다면, 서비스 전달은 고객과 서비스 제공자 간의 상호작용적 프로세스라는 것을 알 수 있을 것이다. 비분리성 특징 때문에, 서비스 기업은 바람직한 결과를 달성하기 위하여 고객과 회사의 대표자가 협력한다는 것을 커뮤니케이션에 나타내도록 해야 한다. Hyatt 호텔 광고는 일반적으로 기업의 대표자와 고객이 친밀하게 상호작용하고, 안심시키는 태도를 보여준다. 많은 재무 기관, 법률 회사, 보험 회사 등도 이와 같은 모델을 따른다. 서비스 광고는 특히 고객의 구매를 격려하는 것만 아니라, 종업원의 업무 수행을 장려하는 데 집중해야 한다. 분명히 서비스 전달 과정의 비분리성을 보여주는 광고는 고객과 서비스 기업의 담당자 모두를 대상으로 해야 한다.[14]

7-4e 서비스의 가변성에 대한 고객의 두려움 감소

기업의 마케팅 커뮤니케이션은 고객의 마음속에 있는 이질성이라는 보이지 않는 위험도 최소화시킬 수 있다. 일관된 양질의 지각을 향상시키기 위해서, 기업은 고객을 안심시킬 수 있는 문서와 같은 형태를 제공할 필요가 있다. 전형적인 예는 질적 증언(qualitative testimonials)과 반대로 숫자를 통해서 기업의 성과 기록을 언급하는 것이다. 광고에서 명확한 수치를 사용하면, 앞에서 언급했듯이, 고객의 우려를 감소시키고 서비스를 유형화시킨다. 10명 중 9명의 의사가 동의했다는 서비스 "X"는 가장 좋은 예이며, 혹은 우리의 회사가 98%의 고객 만족을 유지한다는 것은 고객이 회사의 업무 일관성을 확인하는 데 도움을 준다.

7-4f 연관된 서비스 품질 차원의 결정과 집중

고객이 여러 경쟁 서비스 중에서 한 가지를 선택하는 이유는 이 책에서 자세하게 언급될 다섯 가지의 서비스 품질 차원－신뢰성, 반응성, 확신성, 공감성, 그리고 유형성－과 밀접하게 관련되어 있다. 그러나 어떤 특징은 서비스 품질을 파악하는 다섯 가지 관점에서, 다른 관점보다 더 중요하다고 생각할 때가 종종 있다. 예를 들어 항공사 고객의 30%는 '안전'을 다섯 가지 고려 사항 중에서의 가장 중요하게 인식한다.[19] 그 결과, 항공사의 안전 기록, 프로그램의 유지와 훈련, 항공사 운영에 있어서 특별한 보증 등을 강조하는 관점이 항공사의 적절한 선택이다. 이에 반해 세계에서 가장 큰 호텔로 홍보를 했던 마케팅은 역효과를 낳았다. 비록 이러한 마케팅이 서비스의 질을 보는 관점에서 유형적인 질을 강조할지라도, 고객이 호텔을 고르는 데에 있어서 크다는 특성은 그다지 중요하지 않았기 때문이다. 사실 많은 고객은 높은 곳을 다소 두려워하고, 좀 더 높은 층에 올라가는 것을 꺼려한다. 이러한 학습에서 배울 수 있는 것은 마케팅 커뮤니케이션을 개발할 때 고객이 중시하는 특징이나 혜택과 커뮤니케이션 내용이 맞아야 한다는 것이다.

7-4g 서비스 전달 프로세스를 통한 서비스 제품 차별화

서비스가 제공하는 것과 전달되는 방법 간에는 분명한 차이가 있다. 경쟁적 우위 또는 서비스 품질의 우위를 가져오는 프로세스에 투입되는 다양한 투입물을 확인하고, 기업 광고에서 이러한 투입물을 강조하는 것이 성공적인 접근법이다. 얼핏 보기에는 차이가 없어 보이지만, 우리가 회계사무실에서 다음과 같은 협의를 얻어냈다고 가정하자. 예를 들어 표면적으로 세무 회계사를 차별화하는 것이 다소 어려워 보인다. 그러나 우리가 상담을 받는 프로세스를 고려할 때, 약속을 하기 위해 전화를 걸거나, 프론트 데스크 종업원과 상호작용하거나, 고객이 기다리는 응접 구역의 사무실과 회계사 사무실의 외관, 고객과 회계사 간의 상호작용, 지불 절차 등은 차별화를 위한 몇 가지 잠재적 영역이다. 서비스 전달 프로세스에서 다양한 투입물의 윤곽을 그리는 것은 전통적으로 간과했던 중요 경쟁적 및 품질 우위를 의미한다. 그 결과 이러한 경쟁적 차별화가 기업의 마케팅 커뮤니케이션에서 강조될 수 있으며, 시장에서 핵심 포지셔닝 전략을 구축한다.

7-4h 서비스의 쉬운 이해

서비스는 또한 잠재 고객에게 일련의 이벤트로서 충분하게 설명될 수 있다. 질문을 받으면 소비자들은 종종 서비스 경험을 일련의 순차적인 이벤트로 분해한다. 순차적 이벤트를 이해하는 것은 서비스 제공자가 고객의 관점에서 서비스를 볼 수 있도록 해준다. 예를 들어 은행 고객은 빌딩의 외관을 먼저 볼 것이고, 다음으로 주차장 시설, 주변 풍경, 주변 정결도 등을 볼 것이다. 은행에 들어섰을 때, 고객은 내부 인테리어, 냄새, 음악, 온도, 서비스 종업원을 인지한다. 은행 거래 동안에는 특정 담당 종업원의 외모나 행동의 처신 등이 추가적인 서비스 질의 단서가 된다. 따라서 각 서비스의 단계마다 마주치는 사람들에 의해서 서비스 품질이 평가된다. 순차적 이벤트 관점에서 개발된 커뮤니케이션 전략은 그 프로세스 전체를 통해서 고객을 고려하며, 각 구역에서 기업의 강점을 강조한다.

7-5 전문적 서비스 제공자를 위한 커뮤니케이션 전략 개발

전문 서비스 제공자는 종종 효과적인 커뮤니케이션 프로그램의 개발에 의해 완화된 그들만의 뚜렷한 도전 과제를 경험한다.[20] 구체적으로, 자주 직면하는 열 가지 문제는 다음과 같다.

1. **제3자 의무**(third-party accountability): 전문적인 서비스 제공자로서 평가되는 투자자, 보험 회사, 은행, 정부 기관 그리고 그에 속한 전문직 종사자들은 자신의 행동에 대해서 책임지거나, 적어도 행동에 대한 관찰을 해야 한다. 신뢰를 구축하고 제3자에게 회사의 이미지를 투영함으로써 외부인의 과도한 감시를 최소화하고 기업의 커뮤니케이션 믹스를 제작할 수 있다. 커뮤니케이션 전략은 비즈니스 세미나의 실행, 연설, 거래 관련 기사 작성 등을 포함한다. 전문 영역의 특수화에 대한 비즈니스 세미나는 잠재 고객과 기존 고객뿐 아니라 이해 관계에 있는 제3자, 특히 다른 산업의 구성원에 대한 서비스 제공자의 전문지식을 보여준다. 세미나는 지역 시민 대상으로 연설하는 것뿐만 아니라, 국제적인 컨벤션에서 회사의 능력과 나아가 회사의 이미지를 조명하는 것을 포함한다. 기업의 보고서는 회사의 뉴스레터에 포함되어야 되고, 적절한 청중에게 전달되어야 한다.
2. **고객 불확실성**(client uncertainty): 전문적인 서비스는 대부분 비용이 많이 들고, 위험하거나 중요하며, 기술적이고 전문화된 특성 때문에 고객이 이해하기 어려웠던 몇몇 사례가 있다. 효과적인 커뮤니케이션은 관련된 절차, 가능한 결과를 보여주는 것(소비자의 기대를 관리하는 것), 소비자들의 공통적인 질문에 답해주는 것, 그리고 소비자들의 걱정을 최소화시키는 것을 포함해야 한다. 예를 들어 많은 외과병원은 현재 환자들의 정보를 담은 팜플렛을 보내주거나 진료 전 외과 수술의 절차를 보여주는 동영상을 고객에게 보내주기도 한다.
3. **필수적인 경험**(experience is essential): 효과적인 마케팅 커뮤니케이션은 고객을 끌어들이고 유지시키는 데 기여한다. 새로운 병원의 개원은 레스토랑의 개점만큼 환영 받지 못한다. 잠재 고객들은 서비스의 전문성이 높을수록, 서비스 제공자의 경험이 다양하고, 기간이 길수록 선호한다. 다시 말해, 세미나에서 제공된 가치, 지역 조직의 회원, 시민 행사에서의 연설 혹은 라디오 프로그램 그리고 지역 소비를 위한 기사 쓰기 등의 경험은 고객과 회사 사이의 어색함을 제거시킨다.
4. **제한된 차별 가능성**(limited differentiability): 전문 서비스 제공자 간의 경쟁 수준이 증가될수록 서비스 제공자들이 서로 비교 가능한 서비스를 제공하여 서비스 제공자들 간의 차별화가 감소된다. 마케팅 커뮤니케이션은 단순한 서비스 제품 자체를 넘어서서, 종업원, 고객 서비스, 이미지 같은 요인을 통해 서비스 제공자를 다른 서비스 제

공자들과 차별화시켜야 한다.

5. 품질 통제의 유지(maintaining quality control): 소비자는 서비스 생산 프로세스의 구성원이기 때문에, 소비자는 최종 결과물의 품질을 조절할 수 있는 큰 권한을 가지고 있다. 전문가들의 조언을 따르는 것이 중요하고 긍정적 결과를 얻는 것과의 관계를 강조하는 커뮤니케이션은 고객에게 서비스 제공 시스템에서의 자신의 역할의 중요성을 교육시킨다. 환자가 구체적인 다이어트 계획이나 건강을 위한 운동 계획을 따르는 것이 필요한 외과 의사들이 전형적인 예이다.

6. 서비스 제공자의 판매자 전환(turning doers into sellers): 많은 예에서 볼 수 있듯이, 외판원을 고용하여 고객에게 전문적인 서비스를 제공하는 것은 부적절하고 비효과적이다. 고객 불확실성은 전문적인 서비스 제공자가 고객에게 확신을 주고, 고객의 두려움을 최소화하기 위해서 판매 과정에 적극적으로 참여해야 한다고 말한다. 궁극적으로, 서비스 제공자보다 사용 가능한 서비스를 더 잘 판매하는 사람은 없다. 그러나 일찍이 논의되었던 것처럼, 몇몇의 서비스 제공자가 서비스 판매를 즐기는 반면, 다른 서비스 제공자는 이를 불편하게 느낀다.

7. 전문직 종사자들의 마케팅과 서비스 제공 사이의 시간 분할 문제(the challenge of dividing the professional's time between marketing and providing services): 앞에서 지적한 내용과 직접적으로 관련된 문제는 전문적 서비스 제공자가 회사의 커뮤니케이션 믹스 중 인적 판매에 너무 많이 관여하는 것이다. 전문직 종사자는 고객에게 서비스를 할 때에만 비용을 청구하여 수익을 발생시킨다. 마케팅 활동은 전문직 종사자의 돈을 벌 수 있는 시간을 소비하지만, 전문가는 마케팅 때문에 소비된 시간에 대한 대가를 바로 받을 수 없다. 그 결과, 전문직 종사자는 개인시간을 어떻게 마케팅 활동과 새로운 고객과의 접촉, 기존 고객과의 관계 유지, 공식적인 업무와 같은 마케팅 활동에 어떻게 할당해야 할지 결정해야 한다. 이러한 작업은 쉽지 않다.

8. 적극적이기보다 반응적인 경향(tendencies to be reactive rather than proactive): 매일 계속되는 비즈니스 압박은 전문직 종사자가 마케팅 활동에 투자할 수 있는 총시간을 줄인다. 기존 고객은 서비스가 적절한 방식으로 제공될 것으로 기대하면서 단기적으로 공급자의 관심을 요구한다. 결과적으로, 많은 전문직 종사자는 현재의 비즈니스 거래가 끝날 때 새로운 비즈니스를 찾는 반작용적 방식을 사용한다. 이것은 한 고객에서 다음 고객으로 이동하는 동안 비즈니스를 시도하는 좋지 않은 상황을 만들어 낸다. 고객과 고객 간의 한가한 시간이 증가는 그로 인해 불안함을 느끼는 서비스 공급자와 직원들에게 새로운 고객을 찾을 것을 요구하는 압력이 될 뿐만 아니라, 운영상의 현금 흐름에도 부정적인 영향을 미칠 수 있다.

커뮤니케이션 활동은 서비스 제공자가 기존 고객과 일상적인 활동을 수행하는 동안에도 예방의 차원에서 지속되어야 한다. 전문가는 새로운 판매 프로세스를 시작하지 않고 기존의 판매를 종결하는 데 초점을 맞춤으로써 마케팅 활동에 투자하는 시간을 더 잘 활용할 수 있다.

9. 밝혀지지 않은 광고의 효과(the effects of advertising are unknown): 멀지 않은 과거에, 미국의 변호사 단체와 같은 전문적인 조직들은 그들의 구성원이 마케팅 커뮤니케이션 활동에 참여하는 것을 금지하였다. 그러나 1978년, 법원은 마케팅 커뮤니케이션 활동을 금지하는 것은 헌법에 위배된다고 판결하였다. 그럼에도 불구하고, 전문적인 공동체 집단의 몇몇 구성원들은 여전히 전통적인 광고와 같은 특정 커뮤니케이션 방식에 대해 얼굴을 찌푸린다.

소비자 그룹은 특히 전문적인 서비스 제공자가 마케팅 커뮤니케이션에 활발히 참여하는 것을 지지했다. 이것을 지지한 소비자들은 커뮤니케이션 노력의 증가가 소비자에게 필요한 정보를 더 많이 제공해주고, 제공자들 사이에서의 경쟁 강도를 더 강화시킬 것이라고 믿었다. 그들은 또한 경쟁의 증가로 인해서, 가격이 떨어지고 서비스의 품질은 증가할 것이라고 믿었다. 그러나 보건 서비스와 같은 서비스 제공자는 그것에 동의하지 않았다. 의료 서비스 제공자는 신속하게 법률 전문가를 지적하고 증가하는 커뮤니케이션이 직업의 이미지, 신뢰성 및 존엄성에 부정적인 영향을 미칠 수 있다고 설명하였다. 덧붙여 의료 서비스 전문가는 증가하는 커뮤니케이션의 노력에 의해 고객의 이익이 창출되는 것은 믿기 어렵다고 말한다. 사실, 일부 전문가들은 만약 소비자가 의료 서비스가 현재 비싸다고 느끼면, 전문직 종사자가 커뮤니케이션 노력에 드는 비용을 충당하려는 때까지 기다리라고 말한다. 말할 필요 없이, 배심원들은 누가 맞는지 결정하지 못하고 있다. 그러나 시간이 지나고 전문적인 서비스 제공자들 사이에 경쟁 압력이 높아지면, 마케팅 커뮤니케이션의 사용은 일반적으로 더 용인될 것으로 보인다.

10. 전문적 제공자의 제한된 마케팅 지식(professional providers have a limited marketing knowledge base): 비즈니스를 전공하는 학생에게 익숙한 시장 세분화, 표적시장, 마케팅 믹스 변수, 차별화와 포지셔닝 전략 같은 용어는 많은 전문적인 서비스 제공자에게는 이질적으로 느껴진다. 전문적인 서비스 제공자는 기술적인 의무를 효과적으로 수행할 수 있도록 훈련된다. 예를 들어 변호사는 로스쿨에 다니고, 외과의사는 의과대학에 다니고, 치과의사는 치의학과에 다니고, 수의사는 수의학과에 다닌다. 이러한 전문적인 서비스 제공자는 비즈니스를 수행할 때, 공통적으로 무엇을 하는가? 그들은 비즈니스를 수행한다. 하지만 공식적 비즈니스 배경 지식을 갖고 있지 않다.

마케팅 지식 기반의 한계 때문에, 전문 서비스 제공자는 회사의 전반적인 마케팅 전략과 상관없이 회사의 커뮤니케이션 믹스를 별도로 개발하려는 유혹에 빠질 수 있다. 궁극적으로 회사의 커뮤니케이션 믹스는 표적 고객의 기대와 일치해야 하고, 마케팅 믹스의 다른 요소와 시너지를 이루어야 한다.

7-5a 전문 서비스 제공자를 위한 커뮤니케이션 팁

첫인상이 전부이다 **후광 효과**(halo effect) 때문에, 서비스 접점의 초기 단계는 서비스 경험 전반에 걸쳐 이루어진 소비자 평가의 분위기를 좌우한다. 결과적으로, 서비스 제공자들은 가장 중요한 접점에서의 초기 상호작용에 특별한 주의를 기울여야만 한다. 첫 인상은 처음 접촉한 4분 안에 관계를 형성하거나 거부한다고 알려져 있다.[21] 예를 들어 고객과의 통화는 신속하게 응답해야 하고 정중해야 한다. 서비스의 탁월함에 대해서, Tom Peters는 「In Search of Excellence」라는 유명한 저서에서 FedEx와 통화했던 경험에 대해 언급했다. Peters는 FedEx의 전화 상담원이 28번 중 27번은 첫 번째 벨이 울리거나 또는 그 전에 전화를 받았다고 했다. 사실 Peters가 28번째로 전화를 거는 도중 전화를 잘못 걸어 수화기를 내려놓았기 때문에 FedEx가 아마도 28번의 통화 중 28번 모두 첫 번째 벨이 울리거나 그 전에 전화를 받았다고 인정했다. Peters는 다시 전화를 걸었고, FedEX는 첫 번째 벨이 울리기 전에 전화를 받았다.

소비자의 첫 인상을 기반으로 하는 커뮤니케이션 단서는 웹사이트, 'yellow page' 광고, 신호 체계, 그리고 비즈니스에서 쉽게 접근할 수 있는 장소를 포함한다. 고객이 회사에 도착했을 때 방문하는 고객 접견실은 회사의 품질 이미지를 강화할 수 있는 유형적 단서가 완비된 장소가 될 것이다. 고객 접견실에서 확인할 수 있는 유형적 단서에는 회사의 이름, 명확한 회사의 서비스 공급자, 사업의 성격을 반영하는 가구, 신선한 꽃, 고객의 감사 편지를 포함한 "브랙북(brag book)(조그만 개인 사진 앨범)", 회사의 뉴스레터, 공급자의 프로필, 지역사회 참여 활동이 포함된다. 또한, 고객 접견실은 전문적이고 상냥한 고객 접촉 담당자가 고용된다. 첫 인상이 중요함에도 불구하고, 많은 회사는 고객 접견실을 단순히 대기실로 간주하고, 장소의 미적인 요소를 강화하려는 노력을 거의 하지 않는다. 대부분의 고객 접견실이 불편하고 매력 없는 가구로 채워져 있고, 낮은 보수를 받고 거의 훈련되지 않은 종업원으로 구성되어 있다. 첫인상의 중요성을 생각할 때, 이것은 큰 실수이다.

회사의 퀄리티를 반영하는 시각적 경로 구축 회사의 인쇄된 이미지는 서신, 연차 보고서, 소식지, 청구서 등과 같은 고객과의 모든 인쇄된 커뮤니케이션을 포함한다. 또한 브로셔, 회사용 서신 용지, 봉투, 비즈니스 카드 등과 같은 일반적으로 사용하는 인쇄물을 포함하고, 회사 어젠다(agenda)에서부터 체크리스트, 메모에서부터 매뉴얼까지 회사 내부의 커뮤니케이션 또한 포함한다. 인쇄물은 **시각적 경로**(visual pathway)를 통해 회사의 전문적 이미지가 지속적으로 전달될 수 있게 만든다.

회사의 명함에 잠재 고객의 손을 그려 넣는 것에서 시작해서, 고객이 받은 첫 번째 편지와 고객에게 전달된 종료 보고서, 그리고 최종 청구서를 통해 인쇄물의 제시는 고객에게 인상을 준다. 고객이 받은 모든 인쇄물을 통해, 고객은 종이의 품질, 복사 상태와 함께, 어떤 회사가 그것을 만들었는지를 묶어 생각하며 무의식적으로 반응한다. 그리고 무엇보다도 고객은 로고 등 전문 제공자가 회사를 광고하기 위해 채택한 시각적인 이미지에 반응한다.

회사 로고의 효과적인 커뮤니케이션은 회사가 운영하는 시장 전역에서 친밀함을 생성하도록 해준다. 회사의 정체성을 확립하는 것 외에도, 회사 로고 개발의 또 다른 주요한 목적은 조직의 목적을 간단하게 설명하는 것이다. 본질적으로, 로고의 개발은 전문적인 회사의 정체성을 빠르게 확립할 수 있게 하는 상형문자 종류의 심볼을 만드는 것으로 볼 수 있다.

마케팅 지식 기반의 부족으로 인하여, 전문적인 서비스 제공자는 커뮤니케이션 전문가의 조언에 귀 기울일 것을 심각하게 고려해야 한다. 그래픽 아티스트, 광고 대행사 그리고 홍보 회사는 회사가 시장에서 성공적으로 포지셔닝 할 수 있게 하는 개별적이고 전문적인 정체성을 줄 수 있는 종류의 이미지를 생산하는 전형적인 커뮤니케이션 전문가이다. 로고가 설계되면, 다양한 크기로 인쇄될 수 있으며, 다양한 형식의 로고는 모든 형식의 인쇄물에 쉽게 적용될 수 있다. 최종적으로 회사의 종이, 활자체, 그리고 인쇄의 종류(판화, 오프셋 인쇄, 서모그래프)에 대한 선택은 인쇄물의 전문적 이미지를 완성시키고, 고객과 지속적으로 높은 품질의 커뮤니케이션을 할 수 있는 시각적 경로를 만들 것이다.

7-5b 고객과의 정기적 커뮤니케이션 구축

고객이나 동업자에게 보내는 모든 편지는 잠재적인 홍보의 기회이다. 전문가들은 이러한 잠재적 이점을 고객과 관계를 시작하면서 얻어야 한다고 제안한다. 모든 새로운 고객은 회사의 환영 인사를 담은 특별한 편지와 회사의 서비스 콘셉트를 전달하는 소식지의 샘플을 받을 것이다. 환영 편지, 소개에 대한 감사 편지, 다가오는 약속에 대해 상기시키는 편지 등 각기 다른 상황에서 적용 가능하며 회사의 로고가 인쇄된 표준화된 회사의 용지를 사용하는 것이 효과적이다. 그러나 손으로 쓴, 개인화된 메시지의 카드는 개인적인 감동을 제공할 수 있다.

고객과의 주기적인 커뮤니케이션 중에서 가장 중요한 부분은 회사의 소식지일 것이다. 이것은 간단한 이 메일 커뮤니케이션이 될 수도 있고, 또는 8.5인치×11인치의 복사된 종이의 형태일 수도 있다. 또는 칼라로 인쇄되어 조판된 정교한 작은 소책자일 수도 있다. 몇몇 회사는 소책자를 격식에 얽매이지 않고 만든다. 다른 회사들은 소식지를 세련된 출판물로 만드는 것을 선호한다. 어떤 형태이건 간에, 소책자는 항상 깨끗하고 전문적인 외형을 가지고 있으며 고객에게 가치 있는 정보로 채워져 있어야 한다.

7-5c 기업 브로셔 개발

기업의 브로셔는 회사가 제공하는 서비스의 메뉴이며, 문자로 된 대표적인 인쇄물이다. 브로셔는 사용 가능한 서비스의 개요를 제공하는 것뿐만 아니라, 일반적으로 회사의 역사, 경영 철학, 종업원의 프로필을 포함한다. 유연성을 더하기 위해서, 브로셔는 속표지나 뒷표지에 시간에 따라 바뀌는 추가적인 자료나 정보를 덧붙인다. 인쇄된 사진과 경력이 포함된 종업원 프로필은 회사와 회사 간에 이동하는 종업원들 때문에 자주 바뀌는 자료이다. 보충자료를 위한 덮개(flap)는 구체적인 서비스를 원하고, 특정한 종업원에 의해 응대될 특정한 고객을 위한 각각의 브로셔를 고객화하도록 하는 옵션을 제공한다. 회사의 브로셔는 전문적인 서비스 회사가 그들의 희소성을 보여주는 주요한 기회이다. 궁극적으로, 회사 브로셔는 회사가 기존 고객이나 잠재 고객들에게 열정적으로 제공할 수 있는 상품의 한 종류가 될 것이다.

7-5d 회사에 대해 많이 아는 종업원의 중요성

마지막으로, 그러나 굉장히 중요하게도 회사에 대한 자부심과 존경을 불러일으키는 것은 외부의 프로모션에만 한정되지 않는다. 사실 이것은 내부적으로 시작되어야 한다. 그리고 회사의 종업원의 이익을 위해 전문적인 이미지를 생산하는 것은 기업의 이미지를 고객에게 홍보하는 것만큼 중요할 수 있다. 종업원들은 직접적이고 지속적으로 고객과 접촉한다는 것을 기억하라. 기업 스태프와의 효율적인 소통의 실패는 조직의 질적 프로그램을 반영하는 모든 커뮤니케이션 노력을 무의미하게 만들 수 있다.

요약

회사의 커뮤니케이션 전략은 소비자, 종업원, 그리고 주주를 포함한 표적시장에게 조직의 목적을 달성하기 위해 기업의 상품과 서비스를 알리고 설득하고 상기시키는 것이다. 여러 면에서, 건전한 커뮤니케이션 전략 개발은 효과적인 마케팅 전략을 개발하고, 표적시장을 확인하고, 바람직한 포지셔닝 전략을 선택하고, 회사의 포지셔닝 전략을 강화하는 커뮤니케이션을 개발하는 기본과 병행한다. 더 구체적으로, 그들의 커뮤니케이션 전략을 효과적으로 관리하는 서비스 회사는 표적시장을 선정하고, 커뮤니케이션 목표를 수립하고, 커뮤니케이션 예산을 책정하고, 포지셔닝 전략을 표현하고, 메시지 전략과 미디어 전략을 수립하고, 커뮤니케이션 전략을 모니터링 하고, 평가하고, 통제하는 등의 커뮤니케이션 프로세스에 참여한다.

효과적인 서비스 커뮤니케이션 전략의 개발은 전형적으로 상품을 생산하는 회사가 직면하는 문제가 아닌 많은 특별한 도전 과제를 고려해야 한다. 더 구체적으로, 무형성과 비분리성은 언제 커뮤니케이션 전략을 개발해야 하는지를 고려하게 하는 특별한 도전 과제를 준다. 첫째, 서비스는 "다른 고객"과 함께 경험을 공유하듯이 소비되기 때문에 표적시장을 잘못 선정한 커뮤니케이션은 동시에 동일한 커뮤니케이션에 반응하는 상이한 두 개의 표적시장을 예기치 않은 결과를 만들게 된다. 둘째, 서비스 매니저들은 회사의 커뮤니케이션이 소비자들의 초기 기대를 형성하는 명백한 약속으로 해석된다는 것을 알아야 한다. 결과적으로, 서비스 기업은 촉진 메시지에 담길 것이 무엇인지를 명확하게 규정하여 전달하도록 해야 한다. 셋째, 서비스 종업원은 종종 서비스를 고객과 근접한 거리에서 생산하기 때문에, 종업원은 전통적인 외부 고객과 마찬가지로 내부 고객으로 고려되어야 한다. 마지막으로, 많은 사례에서 서비스를 생산하는 서비스 제공자들은 서비스를 판매하기도 해야 한다. 결과적으로, 수행자(서비스 접점의 제공자)를 판매자로 전환하는데 따른 문제가 발생한다.

일반적인 서비스 제공자와 비교해서, 전문적인 서비스 제공자들은 종종 효과적인 커뮤니케이션 프로그램의 개발로 완화될 수 있는 독특한 문제를 경험한다. 구체적으로, 자주 직면하게 되는 열 가지의 문제는 제3자의 책임, 고객 불확실성, 제한적인 차별 가능성, 품질 통제의 유지, 서비스제공자의 판매자 전환 문제, 서비스의 제공과 마케팅 사이의 시간 분할 문제, 적극적이기 보다 반응적인 경향, 아직 밝혀지지 않은 광고 효과, 그리고 전문적인 서비스 제공자의 제한적인 마케팅 지식 경향 등이다.

복습문제

1. 효과적인 커뮤니케이션 전략 과정 관리에 대해서 논하시오.
2. 다섯 가지 커뮤니케이션 믹스의 전략적인 차이를 논하시오.
3. SMART의 의미를 정의하고, 그에 따른 목표 세 가지를 제시하시오.
4. 타입 1, 2, 3 서비스 스태프의 커뮤니케이션 능력을 각각 비교하고, 어떤 스태프를 고용해야 하는지 서술하시오.
5. 효과적인 포지셔닝이 서비스 기업에게 더 중요한 이유는?
6. 잘못 표적된 커뮤니케이션과 연관된 문제는 무엇이며, 왜 발생하는가?
7. 커뮤니케이션 과정을 개발할 때 종업원을 고려해야 하는 이유는 무엇인가?
8. Aflac, GEICO가 서비스를 좀 더 쉽게 전달한 방법에 대해 논의하시오.
9. 전문 서비스 공급자를 자발적인 마케팅 종업원으로 전환할 때 나타나는 문제점은 무엇인가?
10. 시각적 경로의 개념과 의학 분야에서의 잠재 사용 영역을 논의하시오.

사례 7. 커뮤니케이션 전략 개발: Ultimate Escapes

서비스 부문의 수많은 산업 중 환대 산업보다 서비스가 더 잘 발달된 분야는 아마 없을 것이다. 환대 산업은 전 세계에 대략 3억5천만 명 이상의 사람이 종사하는 숙박업, 여행업 그리고 관광업을 포함한 다양한 산업으로 구성되어 있다. 환대 산업의 숙박업 분야에서 오늘날의 성공 스토리는 이 기업들이 정말 창의적으로 비즈니스하는 방법들을 포함한다. 매우 창의적인 환대 비즈니스 모델 중 하나는 Ultimate Escapes와 같은 몇몇 기업에 의해 제공되는 목적지 클럽 비즈니스 모델(destination club business model)이다.

Ultimate Escapes는 프라이빗 컨트리 클럽과 비슷한 비즈니스 모델로 운영되는 50개 지역에 140개의 시설을 소유한 세계적인 목적지 클럽이다. 이 시나리오에서 제한된 수의 회원은 5성급 컨시어지 서비스를 받는 고급 휴양시설인 정교하게 관리된 세계적인 시설을 이용할 수 있다. Ultimate Escapes는 회원과 시설의 비율을 6:1로 유지하여 고객들의 이용을 극대화시킨다.

Ultimate Escapes는 보통 1~3백만 달러의 가치가 있는 고급 도심 시설과 리조트 시설을 제공한다. 위치는 미국, 멕시코, 서유럽 그리고 캐리비안의 엄선된 해변, 산, 레저 그리고 도심이다. 도심 지역 시설은 뉴욕, 시카고, 파리 그리고 런던과 같은 곳을 포함한다. 리조트는 콜로라도 스키 리조트, 캘리포니아와 플로리다 해변, 세인트토마스(St. Thomas)나 터크스(Turks), 카이코스(Caicos)와 같은 멕시코와 캐리비안 지역에도 있다. 아마 가장 독특한 시설인 영국령 버진 제도(British Virgin Islands)에 있는 80피트 모터 요트인 La Buscadora는 8명 이하의 단체에게 스쿠버 다이빙, 스노클링, 수상 스키, 바다 카약과 같은 활동뿐만 아니라 선상 스튜어드와 고급 요리를 비롯한 모든 것을 포함한 경험을 제공한다. 다른 시설은 골프, 쇼핑, 극장, 스파, 해변, 스키, 사냥, 하이킹, 낚시, 세일링, 승마와 같은 그 시설에서만 즐길 수 있는 독특하고 다양한 활동을 가능하게 한다.

숙박 기간 동안 Ultimate Escapes의 회원들과 그들의 손님들은 뛰어난 생활편의시설과 서비스를 제공받는다. 생활편의시설은 보통 여러 개의 침실, 모든 시설이 갖춰진 주방, 고급스러운 욕실, 그리고 우아하게 장식된 식당과 거실을 포함한다. 게다가, Stearns and Foster TM의 고급의 린넨 침대, 극장 서라운드 사운드가 갖춰진 플라즈마 스크린 텔레비전, DVD 플레이어와 최첨단의 스테레오 시스템, 그리고 빳빳한 테리 샤워 가운과 수건과 같은 다른 특별한 감동도 포함한다.

Ultimate Escapes는 모든 회원과 그들의 손님들에게 5성급 컨시어지 서비스를 제공하는 데에 헌신한다. 게스트 서비스는 식사, 골프, 쇼 티켓과 같은 엄선된 활동 예약, 고객들이 도착하였을 때에 주방에 음식을 반드시 채우는 쇼핑 서비스, 세탁 서비스, 레지던스 내 컨시어지 서비스를 비롯한 여행 준비, 휴식 계획을 포함한다.

Ultimate Escapes는 회원 서비스 경험의 효과적 관리를 통해 어떻게 혜택을 제공하는지를 분명하게 이해하고 있다. Ultimate Escapes에 가입하기 위한 멤버십 비용은 멤버십 레벨(프리미어, 시그니처, 엘리트)에 따라 7만~45만 달러이며, 멤버십의 해지 시 80%가 환불 가능하다. 또한, 연회비도 받는다. 이러한 높은 가격에도 불구하고, 96%의 멤버십 비율을 유지할 정도로 현재 높은 고객 만족도를 보이고 있다.

토의문제

1. 목적지 클럽에 관한 기사의 정보에 따라, 목적지 클럽이 두 번째 집을 소유하거나, 호텔에 머무르거나, 시간 공유 콘도를 구입하는 것 이상으로 제공해야 하는 주요 혜택을 전달하는 홍보 메시지의 기본 사항을 개발하시오.
2. 위의 문제 1에서 개발된 프로모션 메시지가 정보적, 설득적, 또는 회상적이어야 하는가? 이에 대해 설명하시오.
3. 목적지 클럽 비즈니스 모델의 특성을 고려할 때, 커뮤니케이션 전략의 수립 시 Ultimate Escapes에게 가장 중요한 커뮤니케이션 도구는 무엇인가? 이에 대해 설명하시오.
4. 목적지 클럽 모델을 홍보할 때 Ultimate Escapes의 커뮤니케이션 전략이 이 장에서 설명된 지체 효과(lagged effect)를 특징으로 한다고 믿는가? 이에 대해 설명하시오.

Source: Ultimate Escapes website: www.ultimateescapes.com.

각주

1. http://www.tripadvisor.com/TripAdvisorInsights/n2409/video-top-ten-tripadvisor-myths/

2. El Shadai Orphanage Thailand: https://www.youtube.com/watch?v=roYQ0yMJ3NE

3. Gregory Norton, "Marketing Your Practice with Television," FindLaw, http://marketing.lp.findlaw.com/articles/oherron2.html, accessed 26 April 2005.

4. Based on a customer satisfaction study conducted by K. Douglas Hoffman for Rainmaker Marketing's North Carolina Lawyer Referral Service.

5. See, for instance, Louis E. Boone and David L. Kurtz, *Contemporary Marketing*, 8th ed. (Fort Worth, TX: The Dryden Press, 1995).

6. http://www.marriott.com/ritz-carlton-careers/default.mi?stop mobi=yes, accessed 4 March 2015; https://www.youtube.com/watch?v=qNg2sh5 KNQ, accessed 4 March 2015.

7. Norton, "Marketing Your Practice with Television."

8. Bernard H. Booms and Jody L. Nyquist, "Analyzing the Customer/Firm Communication Component of the Services Marketing Mix," in *Marketing of Services*, ed. James H. Donnelly and William R George (Chicago: American Marketing Association, 1981), pp. 172–177.

9. This section has been modified from William R. George and Leonard L. Berry, "Guidelines for the Advertising of Services," *Business Horizons*, 24, 4, (July-August 1981), pp. 52–56.

10. https://www.youtube.com/watch?v=Ff3Q5Qp9FJ0, accessed 4 March 2015.

11. This section is adapted from John E. G. Bateson, *Managing Services Marketing*, 3rd ed. (Fort Worth, TX: The Dryden Press, 2006), p. 207.

12. W. Earl Sasser and Stephen P. Albeit, "Selling Jobs in the Service Sector," *Business Horizons* (June 1976), p. 64.

13. George and Berry, "Guidelines for the Advertising of Services."

14. For more information see: Rick E. Bruner, "The Decade in Online Advertising: 1994–2004, DoubleClick website, www.doubleclick.com, accessed 27 April 2005.

15. Donna H. Hill and Nimish Gandhi, "Service Advertising: A Framework to Its Effectiveness," *The Journal of Services Marketing* 6, 4, (Fall 1992), pp. 63–77.

16. Sources: www.aflac.com, accessed 26 April 2005; Jerry Fisher, "Duck Season," *Entrepreneur*, 33, 1, (January 2005), p. 67; Fran Matso Lysiak, "Aflac's Quacking Duck Selected One of America's Favorite Ad Icons," *BEST'S REVIEW*, 105, 6, (October 2004), p. 119.

17. Aflac Youtube Opportunity: https://www.youtube.com/watch?v=X8orTQuG29Y accessed 5 March 2015.

18. Hyatt Hotel Video Opportunity: https://www.youtube.com/watch?v=nMGF7MnoZBs, accessed 4 March 2015.

19. Cyndee Miller, "Airline Safety Seen as New Marketing Issue," Marketing News (July 8, 1991),

pp. 1, 11.

20. This section adapted from Philip Kotler and Paul

N. Bloom, *Marketing Professional Services* (Englewood Cliffs, NJ: Prentice-Hall, 1984), pp. 9–13.

21. Leonard Zunin and Natalie Zunan, *Contact: The First Four Minutes* (Los Angeles: Nash Publishing, 1972).

8장
기업의 물리적 증거 관리

학습 목표

- 서비스 기업의 마케팅과 관련된 물리적 증거의 전략적인 역할을 평가한다.
- SOR 모델(자극-유기-반응)의 역할을 이해한다.
- 서비스스케이프 모델의 주요 구성 요소에 대해 토론한다.
- 전사적인 디자인 전략을 개발할 때 자극에 대한 감각 단서의 활용을 설명한다.
- 고객 접점이 낮은 기업과 높은 기업의 서비스 설계 시 고려해야 할 사항을 비교한다.

"나는 최근에 새로운 의사에게 갔고 그가 Professional Building이라는 병원에서 진료한다는 것을 알게 되었다. 나는 더 나은 기분이 들었다."

George Carlin
코메디언

서비스 본질의 무형성으로 인해 소비자는 서비스 품질을 판단하기 위해 서비스를 둘러싼 물리적 증거에 의존한다.

Gallup/Getty Images

Dinner in the Sky: 경이로운 세계를 바라보다

2007년, 한 벨기에 이벤트 플래너와 네덜란드 크레인 전문가는 소비자에게 독특한 식사 경험을 제공하는 회사인 'Dinner in the Sky'를 만들게 된다. Dinner in the Sky는 원래 경기장 위에 떠 있는 이벤트를 위해 제작되었는데, 몇 년 만에 세계적으로 유명하게 되었다. 회사는 처음부터 세계화를 목표로 전 세계 파트너들에게 회사의 독특한 크레인 게양 테이블의 디자인 및 로고 권한을 판매하려 하였다. 2009년 현재 이 회사는 미국, 리트비아, 영국, 독일 등을 포함한 세계 약 30개국의 파트너를 가지고 있다. 2009년 1월 회사는 모회사 단독 매출로 약 134만 달러를 보고했다.

Dinner in the Sky는 독특한 경험을 위해 상당한 프리미엄을 지불하는 고객에게 어떤 가치를 제공할까? 음식은 다른 레스토랑과 특별히 다르지도 않고, 웨이터의 서비스 수준도 고급 레스토랑보다 더 훌륭하다고 할 수 없다. 그렇다면 왜 사람들은 그 식사를 하기 위해 수천 달러를 지불하는 걸까? 서비스스케이프를 통해 모든 차이점을 설명할 수 있다. 회사는 고객에게 공중 130피트에서 정지된 상태 그대로, 구름 사이에서 식사를 할 수 있는 기회를 제공할 뿐만 아니라 사람들의 머리 위에 회사 로고를 게양할 수 있다. Dinner in the Sky의 식사는 현지 언론으로부터 엄청난 관심을 끌어, 여전히 국제 미디어로부터 상당한 새로운 주목을 받는다.

당신은 파리의 해질녘 에펠탑 옆의 북적거리는 관광객 무리 속에서 안전하게 식사를 할 것인가? 아니면, 회사의 혁신이 현실이 된다면, 아찔한 높이의 그랜드 캐년 위에서 정지된 상태로 식사를 즐길 수 있을 것인가?

Dinner in the Sky는 회사의 파트너 기반과 서비스를 확장하기 위해 엔터테인먼트 옵션을 포함하여 상품을 제공한다. 천천히 돌아가는 플랫폼 위에서 오페라 가수나 밴드가 연주하는 것을 원하는가? 가능하다. 하늘 위에서 결혼식을 하고 싶은가? 역시나 가능하다. 만약 모회사의 현재 상품이 금전적으로 성공을 거둔다면 Dinner in the Sky는 가치를 따질 수 없을 만큼 독특한 서비스스케이프 덕분에 글로벌 기업으로서 성장할 수 있을 것이다.[1]

Sources: Hettie Judah, "A Highflying Marketing Concept Goes Global," *The New York Times* (January 9, 2009). http://www.nytimes.com; **http://www.dinnerinthesky.com**. Accessed 14 September 2009. Pictures are on the company's website: http://www.dinnerinthesky.com.

8-1 서론

서비스의 무형성 때문에, 서비스 마케팅 도구로써 물리적 증거는 매우 중요하다. 서비스가 보이지 않기 때문에, 흔히 소비자는 서비스를 둘러싸고 있는 물리적 증거를 기초로 하여 주관적으로 평가한다. 예를 들면, 대부분의 소비자는 의사의 기술을 객관적으로 평가하기 위한 전문기술 지식이 부족하기 때문에, 의사결정을 위해 병원에 직접 방문하여 물리적 증거에 의존할 것이다. 본질적으로, 물리적 증거는 의사의 서비스를 포함한 패키지로 확인될 수 있다. 만약 병원이 잘 모르는 곳에 위치하거나, 병원에 있는 가구들이 손상되었거나, 병원 종업원들이 전문적이지 못하거나, 대기실에 있는 잡지책이 오래되었다면 의사의 기술에 대한 소비자의 지각은 가까운 물리적 증거와 일치하기 쉽다. 책 표지만 보고 책을 판단하지 말라는 속담이 있으나, 이는 서비스 평가에 관하여 소비자들이 하는 행동을 정확하게 나타낸다.

앞의 사례대로라면 서비스 제공자는 최고급의 물리적 증거(좋은 사무실, 최적의 위치, 비싼 가구들)를 배치해야 할 것으로 생각할 수 있다. 그러나 이것은 아마 물리적 증거의 효과적인 관리와 관련해 매우 큰 마케팅 실수일 수 있다. 소비자는 호화로운 물리적 증거를 바탕으로 가격 단서를 추정하여, 의사의 서비스가 너무 비쌀 것이라고 느낄 것이다. 따라서 이러한 경우를 대비하여, 같은 물리적 증거를 바탕으로 고품질 서비스를 제공할 것이라는 신호가 전략적으로 이용된다면 소비자 수요는 이동한다. 궁극적으로, 서비스 마케터는 고객이 서비스의 물리적 증거를 해석할 때 그들이 지각하는 신호를 이해해야만 한다. 따라서 표적시장의 기대를 이해하는 것은 기업의 물리적 증거를 효과적으로 관리하는 방법이다.

8-2 물리적 증거의 전략적인 역할

무형적 성질을 띠고 있는 마케팅에서 물리적 증거는 다양한 역할을 수행한다. 서비스 스케이프 내의 물리적 증거는 크게 세 가지로 분류될 수 있는데 (1) 외부 설비, (2) 내부 설비, (3) 기타 유형적인 것이다. **외부 설비**(facility exterior)에는 외부 디자인, 간판, 주차장, 경관, 주변 환경들이 포함된다. 예를 들어 가게는 산중턱과 호수가 내려다 보이는 곳에 위치할지도 모른다. **내부 설비**(facility interior)는 인테리어 디자인, 고객에게 직접 보이거나 사업 운영에 사용되는 장비, 배치, 공조, 온도와 같은 요인들을 포함한다. **기타 유형적인 것들**(other tangibles)은 명함, 문구, 계산서, 보고서, 종업원의 용모, 의상, 소책자, 웹사이트와 같은 항목을 포함한다.[2]

물리적 증거는 서비스 기업의 유형에 따라 다양하게 사용된다(도표 8-1). 병원과 휴양지, 육아 관리 시설과 같은 서비스 기업들은 종종 서비스와 관련된 시설 디자인 외에 다른 물리적인 증거도 광범위하게 사용한다. 반대로 보험사나 택배 우편과 같이, 지리적으로 고객과 떨어져 있는 서비스 기업(예: Fedex)들은 제한된 물리적 증거를 사용한다. 이와 같은 다양한 케이스를 포함하여, 모든 서비스 기업은 다음과 같은 역할을 통해 물리적 증거의 중요성을 인지할 필요가 있다.

- 서비스 포장
- 서비스 과정의 흐름을 촉진
- 각각의 역할, 행동, 관계 관점에서 종업원과 고객의 사회화
- 경쟁사와의 차별화[3]

예를 들어 "음식과 함께 하는 박물관"으로 불리는 Rain Forest Café, Chili's, T.G.I Friday's, Cracker Barrel, 그 외 레스토랑들은 실내 분위기와 같은 물리적 증거를 세심하

〈도표 8-1〉 물리적 증거의 사용

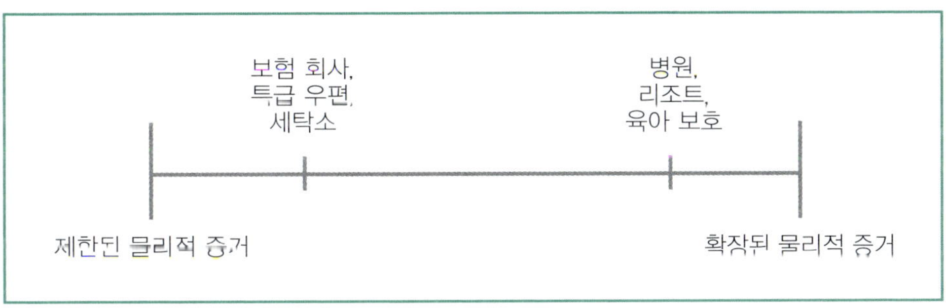

Source: Mary J. Bitner, "Servicescapes: The Impact of Physical Surroundings on Customers and Employees," *Journal of Marketing*, 56, 2, (April 1992), p. 60. Reprinted with permission of the American Marketing Association.

게 관리하면서 음식을 제공한다. Rain Forest Café는 평균 2만3천 제곱피트의 공간과 함께, 수족관, 살아있는 앵무새들, 폭포, 악어 로봇, 섬유 유리로 된 원숭이, 비디오 화면, 말하는 나무, 천둥 번개 소리 등을 제공한다.[4] 카페의 테마는 체인 장식과 제품으로 강력하게 기억된다. 레스토랑은 다듬어진 땅에서 고기를 제공하거나 그물로 잡은 생선을 제공하지는 않는다. 말하는 나무는 줄 서서 대기하고 있는 고객들에게 레스토랑과 관련된 메시지를 전달한다. 그러나 무엇보다도 레스토랑은 핵심 사업인 음식의 맛과 질에 중점을 두어야 하고, 레스토랑의 품격을 높이기 위해 최선을 다해야 한다.[5]

8-2a 패키징

기업의 물리적인 증거는 서비스를 보기 좋은 이미지로 포장하는 중요한 역할을 한다. 서비스 자체는 무형적이므로, 순수하게 기능적인 이유만을 위한 패키징은 필요로 하지 않다. 그러나 서비스의 패키징에 기업의 물리적 증거를 이용하는 것은 고객에게 단서를 제공하고 이미지를 개선시킨다는 점에서 서비스에 가치를 부여한다. 즉 이미지 개선은 구매 때 인지된 위험 정도와 구매 후 인식의 부조화 정도를 모두 낮추면서, 서비스에 대한 고객 인식을 향상시킨다.

서비스 패키징에서 물리적 증거를 사용한 예로 Airbus A380이 있다. 308톤 무게의 새로운 점보 여객기를 만드는 데 11년의 시간과 약 130억의 비용이 들었다. A380는 높이 80피트, 길이 239피트, 그리고 262피트의 날개 길이를 자랑하며 약 8,000해리를 비행할 수 있다. A380은 두 갑판에 840명의 승객이 탈 수 있고, 필요하다면 위쪽은 승객 공간을 마련하고 하부 갑판에는 상점, 카지노, 레스토랑을 포함하도록 재설계할 수 있다.[6]

궁극적으로, 기업의 내부적, 외부적 요소와 다른 유형적 요소들은 서비스의 패키지를 형성한다. 비슷한 경우로, 온라인 홈페이지의 이미지는 사이트의 내용을 구성하는 패키지를 의미한다. 그리고 "간결한 것이 더 훌륭하다(less is more)"라는 속담처럼 때때로 최소한의 패키지는 전략적 이점이 된다. 회사의 물리적 시설은 제공되는 서비스의 유형이나 질과 관련된 고객의 첫 인상을 형성한다. 예를 들어 멕시코, 중국 음식점은 고객과 소통하는 특정한 건축적인 디자인 유형을 종종 활용한다. 회사의 물리적 증거들 또한 고객에게 기대감을 준다. 고객이 어두운 조명, 부드러운 음악, 린넨 식탁보와 냅킨이 있는 레스토랑에 대해 갖는 기대는 시멘트 바닥, 피크닉 테이

Joseph Calev/Shutterstock.com

회사의 외부, 내부 요소 및 기타 유형적 요소들은 서비스를 둘러싼 패키지를 만들어낸다. 세계에서 가장 고급스러운 호텔로 알려진 두바이에 위치한 Burj Al Arab 호텔은 독특한 아키텍처를 사용한 서비스 패키지로 제공한다.

블, 바닥에 땅콩 껍질이 널려있는 레스토랑에 대해 갖는 기대와는 분명히 다를 것이다.[7]

8-2b 서비스 과정의 촉진

기업의 물리적 증거의 또 다른 사용은 서비스를 제공하는 활동의 흐름을 촉진시킨다는 것이다. 물리적 증거는 서비스 생산 과정이 원활하게 운영되도록 필요한 정보를 고객에게 제공할 수 있다. 다른 예로는 고객에게 제공되는 간판이 있다. 메뉴 및 소책자는 회사의 제품을 설명하고 소비자와 공급자에 대한 주문 과정을 용이하게 한다. 물리적 증거는 대기 중인 소비자의 흐름을 지시하며 세탁소의 카운터와 같은 장벽들은 고객을 대응하는 업무 공간과 기술적인 핵심 공간(작업 공간)을 분리시킨다. 또한 물리적 증거는 길을 찾는 데 이용될 수도 있다. 예를 들면, 쇼핑몰의 분수, Gaylord Opryland 호텔의 아트리움 등 고객에게 길잡이로 흔히 쓰이는 다양한 랜드마크가 있다. 켄터키의 메디컬 스쿨 대학교는 메인 인포메이션 데스크에서 가장 자주 묻는 목적지까지 일부러 다른 색상의 타일을 설치하였다. 메디컬 스쿨 도서관을 찾고 있는가? 파란색 타일만 따라가라! 또한, 기술적으로 기초 상호작용을 하는 키오스크는 길을 찾는 데 도움을 주며, 이와 같은 앞선 기술은 소비자 품질 지각을 지원하는 물리적 증거의 역할을 한다.[8]

8-2c 종업원 및 고객의 사회화

개인이 적응해야 하는 조직 행동 패턴과 사명, 가치를 평가하는 과정을 조직적 **사회화**(socialization)라고 한다.[9] 기업의 물리적인 증거는 종업원들 간, 그리고 종업원과 고객 사이 기대된 역할과 행동, 관계를 전달하면서 사회화 과정에 중요한 역할을 담당한다. 사회화 과정의 목표는 대중에게 긍정적이고 일관적인 이미지를 계획하는 것이다. 그러나 서비스 기업 이미지는 대중과 상호작용할 때, 각 종업원이 전달하는 이미지만큼만 우호적인 편이다.

유니폼과 같은 물리적 증거는 조직의 목표 달성을 위해 종업원들의 사회화를 촉진시키고 제공된 서비스가 어떠한지 고객에게 알려 준다. 다음의 연구 결과는 유니폼의 사용에 관한 것이다.

- 한 회사의 종업원이라는 정체성을 주입시키고
- 그룹의 이상과 태도를 나타내는 물리적 상징을 표현하며
- 일관된 조직 구조를 내포하고
- 종업원의 지위 변화를 나타내는 유형의 상징(예: 종업원이 등급을 올라갈 때 변하는 군복)을 제공한다.
- 불량한 종업원들을 조정하고 통제할 수 있다.[10]

e-서비스 활동 사례

Google.com의 서비스스케이프: "61, Getting a Bit Heavy, Aren't We?"

Google의 성공 뒤에 숨겨진 비밀 중 하나는 Google만의 통찰력 있는 서비스스케이프 설계에 있다. 온라인 서비스스케이프의 구성 요소는 웹페이지의 텍스트 및 그래픽 레이아웃, 색상, 제품 묘사, 플래시 미디어 사용, 스트리밍 비디오 및 오디오 및 광고로 구성된다. 인터넷의 초창기에 웹페이지는 "보다 현란한" 것이 더 훌륭한 것으로 보였으며, 글자 그대로 웹페이지 개발자들의 기술을 자랑하기 위한 경쟁의 장이었다고 할 수 있다. 그러나 궁극적으로 중요한 것은 웹사이트가 효과적으로 고객에게 서비스를 제공하는지 여부라고 할 수 있다.

Google의 성공 사례는 놀라지 않을 수 없다. Google은 yahoo와 Excite와 같은 경쟁사에 이어 1998년에 검색 엔진 시장에 진출했다. 그러나 Google은 세 가지의 중요한 결정을 내렸고 결국 올해의 글로벌 브랜드로 선정되었다. 첫째, Google은 적절한 가격에 맞는 적합한 기술을 발견했다는 것이다. 이 회사의 두 젊은 공동설립자인 Sergey Brin과 Larry Page는 범용 하드웨어 부품으로 자체 시스템을 구축했으며 경쟁업체와 동일한 공간에서 8배나 많은 서버 전력을 수용할 수 있게 되었다. 둘째, Google의 검색 전략은 혁신적이라는 것이다. 키워드 검색만을 기반으로 하는 대신 Google 검색은 사이트의 인기도를 기반으로 한다. 결과적으로 Google 검색은 기술보다는 인간의 입력에 의해 더 많이 지향된다. 최종 결과는 사용자가 일반적으로 더 많은 관련 정보를 수신한다는 것이다.

Google의 세 번째 훌륭한 결정은 "더 적은 것이 더 낫다"는 예를 보여준다. Google 부사장에게 주기적으로 단일 번호를 보낸 익명의 사용자(예: 13, 33, 53, 61 [Getting a bit heavy, aren't we?], 37, 28), VP는 결국 사용자가 인간 버전이라고 판단하고 Google 홈페이지에 사용된 단어의 수를 능동적으로 측정했다. 그 이후 Google은 홈페이지를 최소한으로 유지하는데 전념함으로써 간단한 그래픽을 사용하고 홈페이지에 광고를 허용하지 않으며 웹페이지 내에서 그래픽이 없는 배너 광고만 허용했다. 결과적으로 Google 서비스 패킷은 경쟁 제품보다 빠르게 다운로드 되며 혼란이 적기 때문에 쉽게 읽힐 수 있었다. 이 글을 쓰는 시점에서 현재 단어 수는 160이다(궁금한 점이 있을 경우를 대비하여).

Google은 회사의 효율성을 입증하기 위해 하루에 35억 건, 1년에 1조3천 건의 검색을 수행하고 있다. Google은 100개가 넘는 언어로 이용할 수 있으며, 수많은 고객이 지금도 "google"을 하고 있다! Google은 전 세계에서 가장 많이 방문하는 웹사이트이다. 오늘날 Google은 전 세계 검색량 중 78%를 차지하는 것으로 추산된다.

Sources: **http://googleblog.blogspot.com**; http://www.alexa.com/siteinfo/google.com; Judy Strauss, Adel El-Ansary, and Raymond Frost, *E-Marketing*, 4th ed. (Upper Saddle River, NJ: Pearson Prentice Hall, 2006), p. 241; http://www.internetlive stats.com.

호텔의 프론트 데스크 종업원, 벨보이, 컨시어지, 하우스키핑, 보안, F&B 종업원들은 저마다 다른 유니폼을 착용하여 효과적으로 사용한다. 유형적인 증거가 종업원의 사회화 과정에 어떤 영향을 주는지 알기 위한 가장 좋은 예는 군대 내의 여성을 들 수 있다. 임신한 여군은 군복 대신 일반복을 입도록 허가받을 수 있다. 임신한 여군은 군복 대신 일반복을 입도록 허가받는다. 그러나 일반복을 입은 여군들은 군인으로서의 자신의 역할 정체성이 약해질 때 훈련과 사기상의 문제가 생긴다는 것을 깨닫게 된다. "여성으로서의 일반 복장은 지금 US 항공, Hertz, Safeway, McDonald's, 미국 국립공원 서비스뿐만 아니라 공군, 육군, 해군 모두에서 일반적인 논쟁거리이다."[11] 최근에는, Virgin American 항공사와 Banana Republic은 비행 승무원들에게 최신 유행의 유니폼을 제공하는 팀을 구성하기도 하였다.[12]

8-2d 차별화의 수단

물리적 증거를 효과적으로 관리하는 것은 차별화의 도구가 될 수 있다. 물리적 증거의 의도적인 사용을 통한 서비스 차별화는 호텔의 외/내부 설비와 기타 다른 유형적인 것들의 효과적으로 관리하는 숙박 산업에 의해 사용된다. 흥미롭게도, 물리적 차별화가 가장 치열하게 나타나는 최신 트렌드는 호텔의 침대이다. Westin 호텔은 "천국 같은 잠자리(Heavenly Bed)"를 소개하며, 이것은 호텔 산업에서의 새로운 움직임이라고 안내했다. 몇년 뒤, Westin과 Heavenly Bed는 "고객 만족 향상, 더 높은 객실 요금, 객실당 수익률 및 홍보의 개선"을 포함한 여러 사업 보상을 달성했다. Westin이 비록 "침대 추가"라는 물리적 차별화에 비용을 썼지만, 전반적인 청결 점수도 향상되었다. Heavenly Bed의 출시 덕분에, Westin은 고객에게 7,000개 이상의 객실을 팔 수 있었다.[13]

또한 종업원 및 설비를 차별화하여 소비자들이 기업이 서비스 측면을 잘 처리하는지를 인식하는 방법에 직접적인 영향을 줄 수 있다. 다수의 연구를 통해, 잘 차려 입은 종업원들은 더 지적이고, 더 일을 잘하는 사람으로, 긍정적인 상호작용을 만들어낸다는 것을 알 수 있다.[14] 이와 유사하게, 멋지게 디자인된 설비는 그렇지 못한 장치보다 이점을 가지고 있다고 인식될 것이다.

차별화는 또한 고객의 눈 속에 서비스 기업을 재배치하기 위한 물리적 증거를 이용한다. 기업의 장치를 개선하는 것은 종종 고객들의 마음속에 기업의 이미지를 설정하고, 더욱 바람직한 세분 시장을 끌어들일 수 있을 것이다. 이는 기업을 경쟁자로부터 차별화시키는 데 도움을 준다. 주의해야 할 점은 지나친 물리적 환경의 개선은 고객들로 하여금 높은 비용을 책임지게 하여 기업에게서 멀어지게 할 수 도 있다는 것이다. 이는 보험 증권, 치과, 의약 사무실 같은 곳들이 너무 사치스럽지 않으면서 전문적으로 장식을 하는 이유이다.

8-3 SOR 모델

사람들의 인식과 행동에 주는 영향을 주는 서비스 환경을 만들어내기 위해 물리적 증거를 이용하는 것을 **환경심리학**(environmental psychology)이라고 불린다. 지각은 환경으로부터 받은 정보를 느끼고, 체계화하며, 그리고 해석하는 과정이다. 마케터는 고객 지식의 원천을 이해하고, 그들에게 영향을 줄 수 있도록 한다. 고객이 레스토랑에서 외식을 한다고 설정할 때, 레스토랑에서의 냄새, 분위기, 음식의 맛이 그들의 감각과 레스토랑의 전반적 지각에 영향을 미친다. 고객은 이 정보를 이전의 경험과 비슷하거나 다른지 비교하여 체계화한다. 음식의 질, 서비스, 그리고 분위기와 같이 각기 다른 기준에 따라 체계화된 정보를 가지고, 고객은 그 경험이 좋은지 아닌지에 따라서 좋음 또는 나쁨으로 이 정보를 해석한다.

예를 들어 Taco Bell은 이전의 칙칙한 메인 색깔을 밝은 보라색과 녹색을 모티브로 인테리어를 바꾸었다. Taco Bell은 몇 년 전부터 변화하기 시작하여, 이제는 대부분의 고객이 변화를 느낄 수 있다. 고객은 점차 Taco Bell의 새로운 모티브를 젊음과 긍정적인 분위기를 의미하는 것으로 해석하였다. 고객 지각은 결국 그들의 행동에 영향을 미친다. 밝은 색이 주는 느낌과 물리적 증거를 긍정적 분위기로 해석하면, 고객들은 더 큰 목소리로 대화하고, 큰 소리로 웃고, 친구들과 농담을 하는 등의 더욱 쾌활한 태도로 행동한다.

〈도표 8-2〉에 나타난 **자극-유기체-반응(SOR) 모델**(stimulus-organism-response (SOR) model)은 고객의 행동에 영향을 주는 서비스 환경을 설명하도록 도움을 주기 위해 사회심리학자들에 의해 개발되었다.[15] SOR 모델은 다음의 세 가지 구성 요소를 갖고 있다.

- 자극(시각, 청각, 촉각, 미각, 그리고 후각)
- 유기 요소(자극받는 종업원/고객)
- 반응 또는 결과(종업원/고객에 의해 접근/기피하는 행동)

서비스 맥락에 따르면, 내·외부 디자인과 조명 등 기업의 물리적 증거의 다른 요인들은 자극을 구성한다. **자극**(stimuli)은 시각, 청각, 촉각, 미각 후각의 오감을 통해 수집되고, 매력적인 서비스 분위기를 만들기 위해 효과적으로 관리될 수 있다. 종업원에 의해 표현된 복합된 자극이 기업의 환경을 통해 서비스 기업에 대한 경험과 인식으로 이어진다. 따라서 종업원이 식당에서 일해본 적이 없더라도, 그 종업원은 식당의 불빛이 낮고 테이블 냅킨이 린넨 소재라는 것을 알 것이다. 이것은 레스토랑이 더 좋은 구경거리이고 음식은 비록 비싸지라도 좋아야 한다는 인식으로 이끈다.

유기체(organism) 요인은 서비스 접점에서의 자극을 받는 사람들을 말하며, 이는 종업원 및 고객이 될 수 있다. 종업원과 고객의 자극에 대한 **반응**(responses)은 쾌감/불쾌, 각성/비각성, 지배/복종이라는 세 가지 감정적인 상태에 의해 영향을 받게 된다. **쾌감/불쾌감**(pleasure-displeasure)의 감정적 상태는 고객과 종업원들이 서비스 경험에 만족하는 정도를 반영한다. **각성/비각성**(arousal-nonarousal)의 상태는 종업원과 고객이 흥분과 자극을 받는 정도를 반영한다. 세 번째 감정 상태인 **지배/복종**(dominance-submissiveness) 상태는 서비스 환경에서 자유롭게 행동하거나 감정을 통제할 수 있

Kevin Foy/Alamy

조명, 온도 및 음악과 같은 서비스스케이프 내의 모든 자극은 고객에게 서비스 시스템의 하나로 인지된다.

<도표 8-2> SOR 모델의 3요소

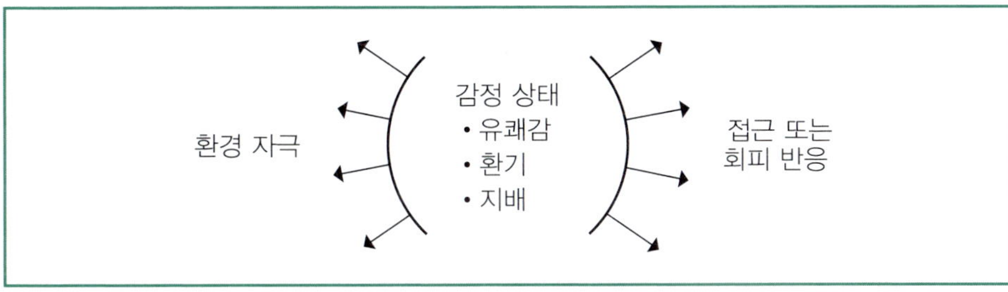

Source: Adapted from Robert J. Donovan and John R. Rossiter, "Store Atmosphere: An Environmental Psychology Approach," *Journal of Retailing*, 58, (Spring 1982), p. 42.

는 정도를 반영한다. 이상적으로 서비스 기업들은 쾌감과 각성의 상태를 제공하고 복종의 분위기를 만들지 않는 환경을 구축하기 위해 물리적인 증거를 이용해야 한다.

마지막으로 환경의 자극에 대한 고객과 종업원의 반응은 **접근/회피 행동**(approach/avoidance behaviors)으로 나타난다. 고객의 접근, 회피 행동과 그 결과는 (종업원들이 유사하게 보여주고 있는) 네 가지 행동 유형의 조합으로 증명된다.[16]

1. 서비스 지역에서 머무르려 하거나(접근) 떠나려고(회피) 함
2. 서비스 환경을 더욱 심도 있게 탐구하고 상호작용하려 하거나(접근), 무시하려고(회피) 함
3. 다른 이와 의사소통을 하려 하거나(접근) 고객에게 의사소통을 하고자 하는 서비스 제공자의 시도를 무시(회피)하려고 함
4. 서비스 경험으로 만족의 느낌(접근)을 갖거나 불만족(회피)의 느낌을 가짐

8-4 서비스스케이프의 발달[17]

SOR 모델은 서비스스케이프의 창의적인 개발을 통해 서비스 마케팅 담당자가 효과적으로 사용할 수 있다. **서비스스케이프**(servicescapes)라는 용어는 서비스 환경을 구축하기 위해 물리적 증거를 사용하는 것을 말한다. <도표 8-3>에 나타난 서비스스케이프는 고객과 종업원의 행동에서 보이는 서비스 기업의 물리적인 증거이 영향을 직접적으로 적용한 것이다. 비분리성 때문에, 모델은 기업의 환경은 고객과 종업원에게 동등하게 영향을 줄 것이라는 것을 인정하고 있다. 예로, 많은 대학교가 환경친화적인 캠퍼스 건물을 짓는 방법들을 이끌고 있다. 그러나 서비스스케이프는 기업이 경계 안에서 대부분의 시간을 보내는 종업원들의 욕구를 충족시킬 수 있도록 계획되어야 한다.

〈도표 8-3〉 서비스스케이프 모델

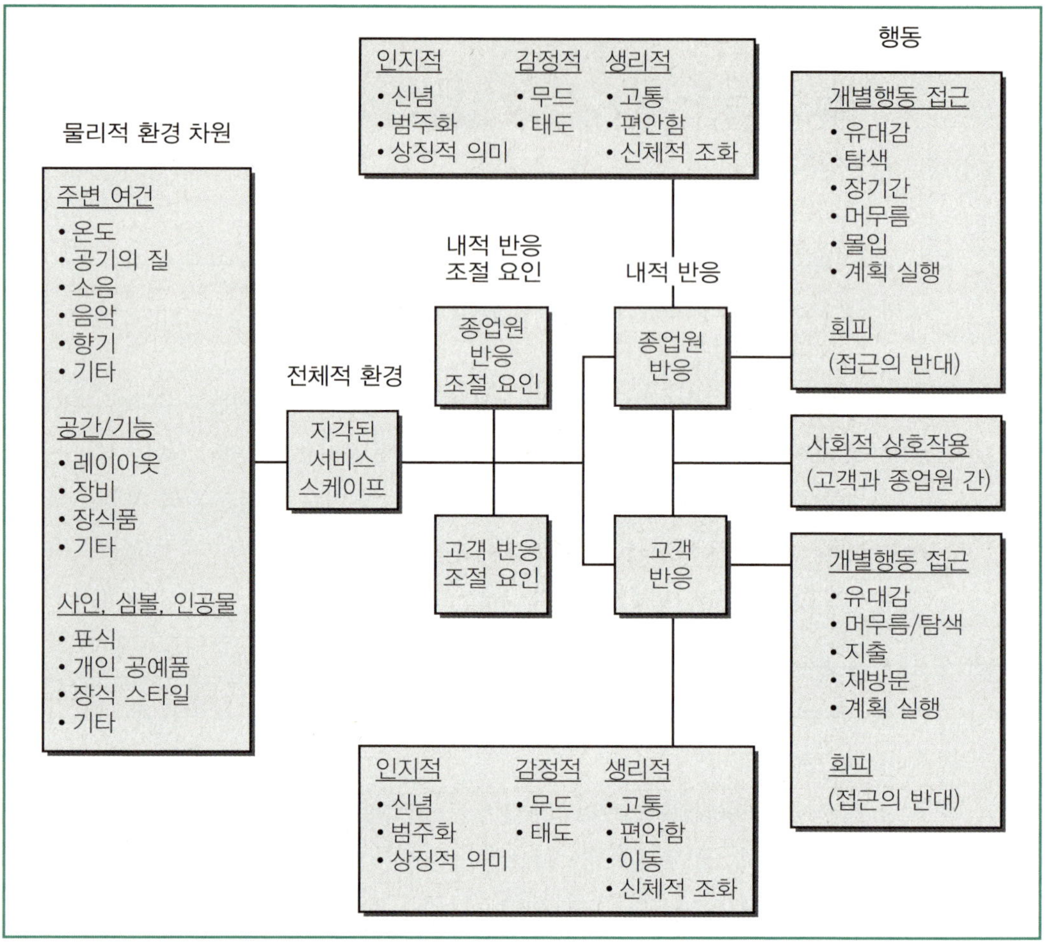

Source: Mary J. Bitner, "Servicescapes: The Impact of Physical Surroundings on Customers and Employees," *Journal of Marketing*, 60, 2, (April 1992), p. 60. Reprinted with permission of the American Marketing Association.

8-4a 원격, 셀프 서비스, 그리고 대인적 서비스

고객은 서비스 공동 제작에 다양하게 참여하므로, 서비스스케이프의 디자인도 다양해야 한다. 서비스 기업은 원격, 셀프 서비스, 그리고 대인적 서비스로 특정될 수 있다. 〈도표 8-4〉는 서비스 타입에 따른 설비 사용의 연속성을 나타낸다. 우편 주문, 쿠폰 배포 상점, 전화와 유틸리티 서비스와 같은 몇 가지 서비스는 **원격 서비스**(remote services)이다. 원격 서비스에서 고객이 서비스 생산 과정에 참여하는 동안, 종업원들은 고객과 떨어져 물리적으로 존재한다. 결론적으로, 설비 디자인은 종업원의 노력을 유발해야 하고 종업원의 동기부여와 종업원 만족을 강화시켜야 한다.

스펙트럼의 다른 편에는 고객이 스스로 서비스를 받아들이는 **셀프 서비스**(self-services)

<도표 8-4> 서비스 유형별 시설 사용의 연속체

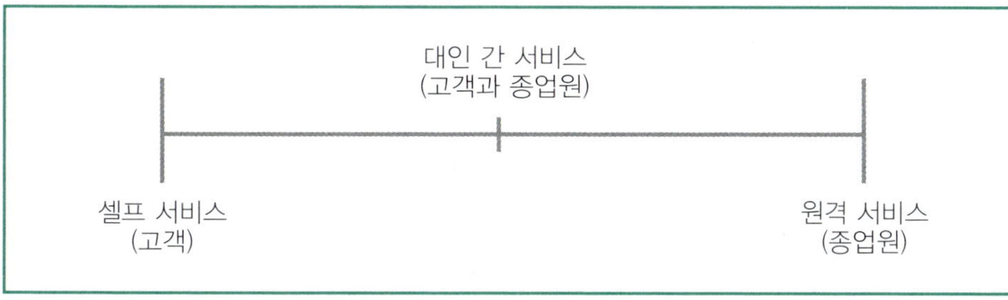

가 있다. 셀프 서비스 환경은 ATM, 미니 골프, 키오스크, 셀프 세차와 같은 서비스를 포함하며, 고객의 물리적인 존재를 필요로 한다. 셀프 서비스를 만들어내는 환경은 고객을 끌어당기고 만족감을 높이도록 이루어져야 한다.

원격과 셀프 서비스 환경과는 대조적으로, 레스토랑과 호텔, 병원, 은행 그리고 비행기와 같은 서비스는 고객과 종업원이 물리적인 공간을 공유하는 **대인 간 서비스**(interpersonal services)이다. 대인적 서비스의 환경은 양자의 요구와 함께 발달해야 하며, 고객과 종업원 간 사회적 상호작용을 촉진시켜야 한다. 서비스스케이프 디자인에 대한 최종 사용자의 공동 제작 역할을 이해하기 위해서는, 고객과의 높은 접촉의 서비스 기업 대 낮은 접촉의 기업에 대해 다음의 결정 사항을 고려해야 한다.[18]

설비 위치 기업의 서비스 운영의 선택 위치는 생산 과정 동안 접촉되는 고객의 수에 의존한다. 만약 고객이 생산 과정에 완전히 참여한다면, 고객의 집이나 근무지에 가까이 위치한 기업은 경쟁력이 있다. 예를 들어 모든 것이 동등하다는 가정하에, 가장 가까이 위치한 세차장과 세탁소, 미용실은 많은 사업적 이점을 얻게 될 것이다.

Fran/CartoonStock.com

원격 서비스 및 셀프 서비스와 달리 대인 서비스는 서비스 제공업체와 고객의 신체적 및 심리적 요구를 염두에 두고 서비스 체계를 구축해야 한다.

대조적으로, 고객과 거의 접촉하지 않는 회사들은 노동력, 공급 원재료, 교통수단에 유리한 위치를 생각할 것이다. 예를 들어 우편 주문 경비는 거의 고객과 접촉을 하지 않으며 실제로 공급 원재료나 교통을 감안한 지리적 이점으로 운영상 효율성을 증대시키고 있다. 야간 항공편을 이용한 배송을 위해 공항 가까이에 시설의 위치를 설계하거나 미국 내의 각 주를 연결하는 고속도로와 가까운 곳에 시설의 위치를 설계하는 것은 교통 접근성을 고려한 사례이다. 이러한 유형의 기업은 일반적으로 원거리에 위치하기

때문에 사업장을 구매하고 빌리는 데 사용하는 임대료나 부동산 비용이 저렴하며, 그 지역의 건축 비용 또한 고객 접근성이 높은 도심에 위치해야 하는 다른 비즈니스의 경우보다 저렴하다.

시설 배치 서비스를 운영하는 설계에 관하여, 고접촉 서비스 기업은 고객의 물리적이고 심리적인 요구와 기대를 고려해야만 한다. 고객은 고접촉 서비스 운영 기업에 들어설 때 더럽고 지저분하며 낡은 창고 같은 설비가 아니기를 기대한다. 매력적인 종업원, 친절하고 명확하게 표시된 간판, 설비를 편리하게 이용하기에 충분한 공간, 친구나 가족과 함께 이용하기에 적합한 설비 등이 고객이 기대하는 바이다. 반대로, 고객 저접촉 설비 설계는 종업원 기대와 생산 요구를 최대화하는 방향으로 설계되어야 한다. 명확한 것은, 고접촉 서비스를 위한 장비는 저접촉 회사를 위한 설계보다 훨씬 비용이 많이 든다는 것이다.

제품 디자인 고객은 고접촉 회사의 생산 과정에 개입되어 있기 때문에, 고접촉 회사의 서비스는 저접촉 고객 서비스로 생산된 것과는 다르게 디자인되어야 한다. 레스토랑과 같은 서비스는 서비스 제공과 관련된 유형적인 제품을 갖게 된다. 고객은 서비스 환경에서 제품을 둘러싼 물리적인 증거와 함께, 물리적 제품 그 자체로 제품을 정의해야 할 것이다. 순수하게 무형성의 제품을 생산하는 교육과 보험과 같은 고객 고접촉 서비스는, 서비스를 둘러싼 물리적인 증거와 다른 이의 생각에 의해 대부분 정의된다.

고객 저접촉 서비스에서, 고객은 생산 과정에 직접적으로 개입하지 않는다. 그래서 그 제품은 몇 가지의 특성으로 정의할 수 있다. 고객이 물리적으로 절대 설비에 들어갈 수 없는 우편 주문 운영을 생각해보자. 고객은 장화를 주문할 때 종업원과 하는 대화, 장화의 특징을 설명하는 우편 주문 소책자의 질, 장화가 포장되는 박스, 그리고 지불을 요구하는 계산서로 최종 완제품을 물리적 상품(장화 한 켤레) 그 자체로 정의할 것이다.

과정 디자인 고객 고접촉 운영상, 과정 그 자체에서 물리적인 고객의 존재 또한 고려되어야 한다. 과정에서 각각의 단계는 고객에게 직접적이고 즉각적으로 일어난다. 결론적으로 일련의 미니 서비스 접점과 접점 시 제공되는 물리적인 증거는 고객의 전반적인 서비스 과정 평가에 기여할 것이다. 예를 들어 호텔 고객은 직접적으로 예약 과정, 퇴실 과정, 레스토랑, 수영장, 헬스클럽과 같은 호텔 설비 사용과 관련된 소비 절차, 입실 과정에 모두 참여한다. 반대로 고객이 고객 저접촉 서비스에서 많은 생산 단계에 개입하지 않는다면 그들의 평가는 주로 결과물 자체에 기초하게 된다.

8-4b 1단계: 물리적 환경 차원

〈도표 8-3〉에 나타난 서비스스케이프 모델은 서비스 환경을 개발할 때 흔하게 사용되

지속가능성 관련 서비스 활동 사례

친환경 서비스스케이프 창조를 위한 최첨단 대학

미국 내에서 전통적 방법을 이용하여 건설된 건물은 온실가스 총배출량의 36%, 이산화탄소 총배출량의 39%, 그리고 국가 전기 사용량의 71%를 차지하며 세계 원자재의 40%를 소비한다. 결과적으로 지속 가능한 건물은 "인(in)"이며 대학은 지구, 사람 및 이익에 있어 "기업 이윤, 환경 지속성, 사회적 책임이라는 세 가지 원칙"을 제공하는 길을 선도하고 있다. 지속 가능한 시설은 보다 환경친화적인 제품을 사용하여 지구를 보호한다. 사람들은 결근률을 낮추고 생산성을 향상시키는 환경에서 일하며 이익을 얻는다. 마지막으로, 환경친화적인 건물은 건설 비용이 비싸지만 운영 비용이 적게 들고 학생 모집에 도움이 되어 수익성 향상을 이끈다.

많은 대학 행정가는 교육 환경이 친환경 대안을 홍보하고 사회적 성명을 발표하며 학생 및 기타 선거구에 좋은 사례를 제시할 사회적 책임이 있다고 생각한다. 친환경 대학 및 대학 서비스 전략의 예는 다음과 같다.

기관	환경친화적 서비스스케이프 전략
Santa Clara University	따뜻하고 차가운 공기 순환을 돕기 위해 14인치 높이로 된 바닥에 원사로 만든 카펫 타일을 사용한다.
Stanford University	오래 된 와인 통에서 가져온 붉은 나무를 건물에 사용한다.
East Los Angeles College	대학의 에너지 필요량의 절반 정도를 생산하는 5,952 개의 태양 전지판을 전시한다.
Yale University	태양광이 들어오는 것을 허용하고 또한 현재 온도를 유지하기 위해 "얼어 붙은 연기"라고 알려진 반투명 커튼을 사용한다.
University of Michigan	바닥은 타이어 고무로 만들어지며 조리대는 콩가루, 신문, 밀, 해바라기씨로 구성된다. 일부 휴게실에는 비행기 앞 유리로 구성된 타일이 사용된다.
Northern Arizona University	벽은 수천 개의 재활용 데님 청바지로 단열되어 있다.
Warren Wilson College	변환된 철도 탱크 자동차가 학교 건물을 통해 빗물을 이동시킨다.

LEED로 알려진 환경친화적인 등급 시스템인 Green Building Council의 에너지 및 환경 디자인 리더십 인증은 LEED 인증을 요구하는 고등 교육 기관에서 괄목할 만한 성과를 거두었다. 2001년에는 고등 교육에서 42건의 LEED 프로젝트가 있었다. 이와는 대조적으로 2008년 6월에는 1,497개의 고등 교육 건물이 인증을 받고 있었다. 고등 교육 서비스는 환경친화적 향상을 뒷받침할 뿐만 아니라 가시적인 방식을 통하여 환경친화적인 노력을 보여준다.

Source: http://www.latimes.com.

는 자극을 인식함으로써 시작한다. 넓은 관점에서 일련의 자극은 공간/기능, 기호와 상징, 그리고 유물과 같은 주위의 환경을 포함한다. **주변 여건**(ambient conditions)은 서비스스케이프의 독특한 분위기를 반영하며, 조명, 공기의 질, 소음과 음악과 같은 요소를 포함한다. **공간/기능**(space/function)의 사용에 속하는 환경 차원은 설비의 배치, 장비 그리고 가구와 같은 요소를 포함한다. **사인, 상징, 인공물**(signs, symbols, artifacts)은 서비스 과정의 흐름, 시설에 대한 개인화를 위한 인공물, 그리고 남서부풍, 현대적 또는 전통적과 같이 장식의 스타일을 표시하기 위한 환경적 물리적 증거를 말한다.

8-4c 2단계: 전체적 환경

전체적인 환경은 물리적인 환경 차원에 기초하여 종업원과 고객들이 형성하는 서비스스케이프의 인지에 속한다. 즉 **전체적 환경**(holistic environment)은 물리적 증거에 기초한 기업의 이미지나 인지된 개관을 말한다. 이는 지각된 서비스스케이프라고도 한다. **지각된 서비스스케이프**(perceived servicescape)는 짧게 정의하기에 어렵고, 개인마다 다르게 정의되는 편이다. 중요한 것은, 지각된 서비스스케이프는 본래 서비스 기업에서 사용하는 물리적인 설비의 정신적 이미지를 구성하는 요소이다.

전략적으로 지각된 서비스스케이프을 관리하는 것은 전략을 세울 때 도움을 준다. 이때의 전략은 기업을 경쟁자들과 차별화시키고 궁극적으로 경쟁적인 대안을 선택할 때 고객 결정 과정에 영향을 준다. 기업은 마음속에 표적시장을 고려하여 서비스스케이프를 개발해야 한다. 가격에 초점을 두고 구매를 결정하는 **경제적 고객**(economic customers)은, 높은 가격을 제공하는 제공자가 만들어주는 서비스를 회피하려고 할 것이다. 경제적 고객들은 단순하게 질을 반영하면서도 깔끔하고 모던한 환경에 이끌리는 경향이 있다. Jiffy Lube 프랜차이즈와 같이, 오일 변환 전문가들은 이러한 타입의 환경을 사용한다. 대조적으로, **개인화 고객**(personalized customers)은 제공자를 선택할 때 가격에 덜 민감한 편이다. 개인화된 고객에게 음식이나 서비스를 제공하는 기업은 고객이 여유 있게 쇼핑할 수 있도록 대리석 로비, 유리, 금관 시설, 가구와 같은 아이템에 투자를 많이 하여 고객이 추구하는 환경을 구축하도록 해야 한다. 유사하게, 편리함을 추구하는 **냉담형 고객**(apathetic customers)과, 규모가 작고 그 지역에만 있는 제공자를 지지하는 **윤리적 고객**(ethical customers)을 서비스하는 기업은 그에 맞춘 서비스스케이프를 만들어내야 한다.

8-4d 3단계: 내적 반응 조절 요인

기업의 서비스스케이프에 응답하는 고객과 종업원은 몇 가지 요소에 의해 영향을 받는다. **내적 반응 조절 요인**(internal response moderators)은 단순히 SOR 모델의 세 가지 감정적인 단계에 속한다. 앞서 배운 쾌감/불쾌감, 각성/비각성, 지배/복종이 그것이다. 이 세 가지 반응을 조정하는 요인은 인지된 서비스스케이프와, 서비스 환경에 대한 고객과 종업원의 반응을 중재하는 역할을 한다. 예를 들어 만약 비각성 상태에서 특별한 누군가와 조용하고도 멋진 밤을 보내고 싶다면, 고객은 밝고 시끄럽고 사람이 많은 서비스 분위기를 피할 것이며, 대화를 하는 데 도움이 되는 평화로운 환경에 매력을 느끼게 될 것이다. 비슷하게도, 기업의 환경에 대한 종업원의 반응도 또한 그들의 감정적인 상태에 영향을 받을 것이다. 때때로 종업원들은 고객과 의사소통을 하고 싶을 때도 있고, 어떤 날은 생산 과정에서 고객과의 의사소통 과정을 최소화하고 싶을 것이다. 반응 조정 요인은 왜 제공되는 서비스가 다양해지는지, 같은 이가 서비스를 제공하여도 날마다 변화하고 이질적으로 특성화되는지 설명해줄 수 있다.

8-4e 4단계: 환경에 대한 내부적 반응

따라서 우리는 서비스스케이프 모델이 다양한 물리적 환경적 차원에 존재하기를 권유한다. 고객과 종업원은 기업의 인지된 서비스스케이프를 구성하는 일련의 자극에 노출되어 있으며, 이러한 자극의 반응은 감정적인 상태에 의해 조정될 수 있다는 것이 이론이 주장하는 바이다. 고객과 종업원은 기업의 환경에 대해 인지적으로, 감정적으로, 생리학적으로 반응한다.

인지적 반응 인지적 반응은 개인의 사고 과정을 말하며, 신뢰, 분류, 상징적인 의미를 포함한다. **신념**(beliefs)이 형성되면, 기업의 환경은 비언어적 의사소통의 형태로 나타나고 서비스 제공자의 능력에 대한 고객의 신뢰에 영향을 준다. 예를 들어 만약 교수님의 강의가 어렵다고 한다면, 학생들은 이 문제를 교수의 무능력함으로 탓을 돌리거나, 자신의 무능력함을 한탄하게 될 것이다. 이러한 타입의 시나리오에 직면하였을 때, 물리적인 환경이 고객에게 영향을 준다는 연구 결과도 있다.[19] 만약 교수의 연구실이 지저분하다면, 학생들은 엉망인 서비스를 교수의 탓으로 돌릴 가능성이 크다. 그러므로 물리적 증거는 제공자의 성공과 제공받은 서비스의 가격, 그리고 능력에 대한 믿음을 심어주는 데 도움을 준다. 종업원들은 전반적으로 인지된 서비스스케이프에 기초하여 그 기업에 관한 신뢰를 형성한다.

범주화(categorization)는 인지적 반응의 두 번째 유형이다. 나이트 클럽과 같은 곳들은 다양한 환경 안에서 구성된다. 몇몇은 부유층에 의해 창립되었으며, 다른 몇몇은 지역 고객이나 특정 시장을 고수한 서비스나 음식을 제공한다. 범주화의 과정은 고객이 제공받은 서비스나 기업을 빠르게 이해할 수 있도록 도움을 준다. 고객은 물리적인 증거를 평가하고 종종 주제하는 작동의 유형 기준으로 빠르게 서비스를 범주화한다. 그리고 나서 해당하는 유형에 적합한 행동을 취하게 된다.

개인은 또한 기업의 물리적인 증거를 사용하여 **상징적 의미**(symbolic meaning)를 발견한다. 예를 들어 나이트 클럽이 James Dean, Jimi Hendrix, Janice Joplin, Kurt Cobain과 같은 이들의 초상화로 장식되어 있다면, 그 클럽은 종업원과 고객에게 상징적인 의미를 제공한 셈이 된다. 설령 그 물리적인 증거가 초기 성공, 좌절된 꿈 또는 다른 의미로 개인적으로 해석될지도 모르지만, 물리적 증거로 인한 상징적 의미의 해석은 차별화와 포지셔닝에 도움을 줄 수 있다.

감정적 반응 개인은 기업의 물리적인 환경을 신뢰할 뿐만 아니라, 이에 대해 감정적인 반응을 할 것이다. **감정적 반응**(emotional responses)은 이성적 사고에 의해 발생하지 않는다. 종종 설명할 수 없이 단순하고 갑작스럽게 일어난다. 예를 들어 어떤 음악은 행복하게 만들거나, 슬프게 하거나, 특별한 노래의 멜로디를 연상시켜 과거의 감정을 다시 불러일으키기도 한다. 냄새 또한 개인에게 유사한 영향을 준다. 객관적으로 보자면, 효과적인 물리적 증거를 관리하는 목표는, 종업원이 일하고 싶어하고 고객이 그들의 시간과 돈을 사용하길 원하는 분위기를 창조하도록 긍정적인 감정을 자극하는 것이다.

생리적 반응 인식적이고 감정적인 반응과는 달리, **생리적 반응**(physiological responses)은 신체적인 기쁨과 불편함의 관점에서 설명할 수 있다. 전형적인 생리적인 반응은 고통과 편안함이다. 음악소리가 매우 큰 환경에서 고객과 종업원은 불편을 느끼며, 그 소음으로부터 벗어나고자 하는 행동을 취하게 된다. 금연석이 부족하면 몇몇 고객은 숨을 쉬기 곤란하여 불편함을 느낀다. 깨우는 용도 외에, 밝게 조명이 설치된 환경에는 고객의 눈이 불편할 것이다. 대조적으로, 어두침침한 조명의 레스토랑에서는 고객이 메뉴를 읽을 때 불편함을 느낀다. 이러한 모든 반응은 기업이 제공하는 서비스에 접근하여 좀 더 탐색할 것인지 또는 생리적인 불편함을 최소화하기 위해 그 상황을 피하고 떠날 것인지 여부를 결정한다. 기업의 설비에 사용된 시간 때문에 종업원은 잘못 관리하면 물리적 환경이 유난히 해롭게 될 것이라는 것을 알 것이다. 적절한 업무 공간, 적합한 장치 그리고 온도와 공기의 질과 같은 주위의 분위기는 직접적으로 일을 계속하려는 종업원의 자발성과 생산성, 직업 만족 그리고 동료 종업원과의 긍정적인 상호작용과 연관된다.

8-4f 5단계: 환경에 대한 행동 반응

개인적 행동 SOR 모델의 근본적인 부분에서 설명한 것처럼, 환경 자극에 대한 **개인적 행동**(individual behaviors)은 접근과 회피 행동으로 나타난다. 소매업체의 환경은 다음과 같은 접근 행동에 영향을 준다.

- 고객이 쇼핑을 즐기고
- 재방문을 하며
- 상점에 우호적인 인상을 갖게 되고
- 돈은 많이 소비하며
- 쇼핑하는 시간을 늘릴 뿐만 아니라
- 그 상점에 자발적으로 더 머무르고 탐구하고 싶어한다.

환경적 자극은 바람직하지 못한 분위기를 개선하기 위한 목적으로 관리되기도 한다.

예를 들어 미국의 몇몇 생필품 상점은 Muzak(상점·식당·공항 등에서 배경 음악처럼 내보내는 녹음된 음악)과 같이 지루한 "elevator music"을 상점 밖에서 사용하여, 상점의 주차장을 배회하면서 상점 방문 고객을 방해하는 건달들을 쫓아낼 수 있었다.[20]

사회적 상호작용 대인적 서비스의 비분리성 때문에, 기업의 서비스스케이프는 고객과 종업원 간, 고객들 간, 종업원들 간의 상호작용을 촉진한다. 이런 환경을 만들 때 어려운 점은, 종종 고객이 원하기 전 직원이 앞서서 하는 것을 선호하기 때문에 고객은 직원의 업무상 최소한으로 개입한다는 점이다. 물리적인 접근성, 자리 배치, 시설 크기, 그리고 서비스스케이프를 유연하게 변화시키는 것과 같은 환경의 다양한 요인은, 사회적 상호작용에 가능한 점과 제한되는 한계점 모두를 제공한다.[21]

일본 스테이크 하우스의 자리 배치를 예로 들어보자. 이곳은 일행끼리 앉는 기존의 자리 배치와는 달리, 한 테이블에 다른 일행의 고객들을 섞어 놓는다. 이 방법이 좋든 나쁘든, 분명한 것은 이러한 "공동체 자리배치"형은 고객 사이의 상호작용을 원활하게 만들어준다. 게다가 각각의 테이블에는 조리 과정 동안 고객들과 활발하게 상호작용을 하는 주방장이 배치된다. Max 레스토랑과 Erma 레스토랑 또한 고객과의 상호작용을 위해 비슷한 전략을 취해왔다. 테이블은 머리 위로 셀 수 있으며, 고객이 다른 사람과 연락할 수 있도록 전화도 갖춰놓았다. 아웃백 스테이크하우스에서 특대 부스는 대기 종업원이 고객의 테이블에 앉아 메뉴를 설명하고 식사 주문을 받게 한다. 그러한 관습에 익숙하지 않은 몇몇 고객들에게는 이러한 방식이 이상하겠지만, 대기 관리 종업원과 고객 사이의 상호작용을 촉진시키고 그들로 하여금 단순히 주문을 받고 배달하는 기존의 경계 안에 시행하도록 허용해준다.[22]

8-5 서비스스케이프를 만들어내기 위한 독특한 전략

서비스스케이프를 개발할 때 서비스 기업은 고객, 종업원 그리고 기업의 운영에 대한 물리적, 심리적 영향을 고려해야 한다. 기업은 모든 사람을 충족시킬 수 없으므로, 서비스 시스템은 인적자원, 마케팅 및 운영 요구를 충족시키기 위해 절충안을 만들어야 한다. 전문가들은 해당 계획을 추진하기 전에 다음의 물음에 답할 것을 제안한다.[23]

1. 기업의 목표 대상은 누구인가?
2. 서비스 경험에서 목표 대상이 추구하는 것은 무엇인가?
3. 어떠한 환경 요소가 이미지가 추구하는 신뢰와 감정적인 반응을 강화시켜주는가?
4. 환경 요소가 종업원 만족과 기업의 운영에 어떠한 방법으로 영향을 주는가?
5. 해당 계획이 경쟁자의 계획보다 효과적이었는가?

궁극적으로, 개인은 자신의 감각적인 단서를 해석하여 기업의 설비를 인식한다. 다음의 것들은 기업이 고객과 종업원의 만족스러운 반응을 이끌기 위하여, 시각, 청각, 후각, 촉각, 미각을 어떻게 이용하는지 설명할 것이다.[24]

8-5a 시각적 호소

시각은 다른 어느 감각보다도 고객에게 많은 정보를 전달해준다. 그러므로 서비스스케이프를 만들 때, 기업은 서비스에 적합한 최선의 수단을 고려해야 한다. 시각적 호소 방법은 시각적인 연관성을 나타내는 자극의 해석 과정으로 정의한다.[25] 기본적인 수준에서, 세 가지 주요한 자극은 **크기/형태/색**(size/shape/colors)이다. 고객은 시각적 연관성의 관점에서 자극을 해석한다. 시각적 연관성은 조화, 대조, 상충의 개념으로 구성되어 있다. **조화**(harmony)는 시각적 동의를 뜻하며, 조용하고, 호화로우며, 공식적인 업무 환경과 연관된다. 반대로, **대조/상충**(contrast/clash)은 기쁨, 흥분, 비공식적인 업무 환경과 연관된다. 따라서 크기와 모양, 색에 기초한 시각적 자극은, 고객이 다양한 시각적인 연관성을 특히 기업을 상징하는 개념으로 어떻게 해석하는지에 사용된다. 예를 들어 Chucky Cheese 레스토랑에 처음 입장한다면, 고객은 각기 다른 목표 대상이 어떻게 레스토랑과 반응하는지를 고려한다. 어떤 이들은 많은 자극에 압도되기도 하고, 반면 몇몇 대상층은 서비스 환경에 만족하기도 한다.

크기 기업의 설비, 간판, 매장의 실제 크기는 각기 다른 의미를 전달한다. 일반적으로 물리적 증거에 해당하는 기업의 크기가 클수록, 고객은 그 기업을 중요하고 권력이 있으며, 성공적이고 보안성과 안정성을 갖춘 기업으로 생각한다. 많은 소비자는 기업의 규모가 클수록 구매하는 서비스에 대한 위험도가 낮다고 인식한다. 이러한 고객들은 더욱 큰 서비스 기업이 보다 능력 있고 문제가 생길 때 즉시 보완한다고 믿는다. 또한 고객은 크고 유명한 기업과 함께 하는 거래가 자신의 위신을 세워준다고 믿고 있다.

서비스 고객은 시각적 단서에 많은 기대를 하게 된다. 과연 이 서비스 회사의 기술 및 전문성에 대해 어떤 기대를 할 수 있을까?

반대로, 어떤 고객들은 큰 기업이 비인간적이며 조심스럽지 못하다고 여기며 작은 기업을 선호하는 경향이 있다. 따라서 이들은 틈새 기업을 더욱 인간적이고 친근하게 느껴진다.[26] 기업이 목표로 하는 대상의 수요에 따라, 기업의 크기는 각기 다른 고객층에게 다양한 방법으로 호소할 수 있다.

외관 서비스 기업의 외관은 선반과 거울, 창

문의 배치, 심지어 벽보의 디자인을 사용하는 것과 같이 다양한 원천에 의해 이용하여 만들어진다. 각기 다른 모양은 고객에게 다양한 감정을 불러일으킨다는 자료가 있다. 수직 모양이나 수직선은 "곧고, 수수하며 해당 지역에 남성적인 느낌"을 불러 일으킨다.[27] 이것은 보는 사람의 시선을 아래와 위로 두어, 강함과 안정성을 표현한다. 또한 공간을 강조하고 특정한 방향으로 공간이 증대된 듯한 착시 효과를 주기도 한다. 반대로, 수평적인 모양이나 수평선은 안정감을 준다. 비스듬한 모양과 사선은 진취적이고 혁신적이며 역동적인 느낌을 전달한다. 굽은 모양이나 곡선은 여성스러움과 흐르는 듯한 부드러운 느낌을 만들어낸다. 설비 계획 시 유사하거나 상이한 모양을 사용하는 것은 조화, 대조나 충돌의 시각적 연관성을 만들어낼 것이다. 예를 들어 한 공간에 다양한 형태의 모양을 배치하는 것은 강조를 위해 사용된다.[28]

색 기업의 물리적 증거 중 색은 사내 잡지, 종업원 명함 그 밖의 내·외부 설비를 통하여 기업의 첫인상을 결정한다. 개인에게 영향을 주는 색의 심리학적 영향은 명암, 색상, 농도의 세 가지 특징에 의해서 나타난다. **색상**(hue)은 적색, 청색, 황색, 녹색과 같은 실제 색의 군을 말한다. **명암**(value)은 색의 밝고 어두운 정도를 나타낸다. 색상의 어두운 정도는 **음영**(shades)이라고 하며, 색상의 엷은 정도는 **색조**(tints)라고 한다. **농도**(intensity)는 색상의 밝거나 둔탁하거나 희미한 정도를 말한다.

색상은 따뜻한 색과 차가운 색으로 분류할 수 있다. 적색, 황색, 주황색은 따뜻한 색, 청색, 녹색, 보라색은 차가운 색에 속한다. 따뜻하고 차가운 색은 〈도표 8-5〉에서 보는 것처럼, 고객군에 다른 상징적인 의미를 전달한다. 일반적으로 따뜻한 색은 안정적이고 비공식적인 느낌을 준다. 예를 들어 적색은 보통 사랑과 낭만적인 느낌을, 황색은 햇빛과 따뜻한 느낌을, 주황색은 개방적이고 친근한 느낌을 준다. 특히 따뜻한 색상인 적색과 황색은 소매 업무상 고객을 끌어들이는 데 차가운 색상보다 훨씬 효과적이라고 할 수 있다. 따뜻한 색상은 또한 개입이 적은 구매 결정을 하는 업무에 신속한 결정과 업무의 원활한 수행을 추진하게 할 수 있다.

따뜻한 색상과는 반대로, 차가운 색상은 무관심하고 차갑고 공식적인 느낌을 준다. 예를 들어 보라색을 너무 많이 사용하면 업무를 수행하는 종업원들을 우울하게 하고, 고객들을 침울하게 할지도 모른다. 차가운 색이 따뜻한 색만큼이나 처음에 고객들을 끌지도 모르나, 많은 개입을 하는 구매에 필요로 하는 시간과 같이 고객이 결정을 하는 시간을 정할 때 차가운 색이 효과적이다. 다른 심리적인 영향에도 불구하고, 모든 것이 적절하게 조화될 때, 따뜻하고 차가운 색의 결합은 안정적으로 분위기를 만들어낼 수 있을 것이다.

색의 명암은 심리적으로 고객에게 영향을 준다. 밝은 색의 사무실 내부는 더 커 보이는 경향이 있으며, 어두운 색은 크고 빈 공간을 오히려 작게 보이게끔 할 수 있다. 밝은 색

<도표 8-5> 색에 대한 지각

따뜻한 색			차가운 색		
적색	**황색**	**주황색**	**청색**	**녹색**	**보라색**
사랑	햇빛	햇빛	시원함	시원함	시원함
로망스	따듯함	따듯함	무관심(Aloofness)	휴식	부끄러움
섹스	비겁	개방	충실함	평화	존엄함
용기	개방	친절함	평온함	신선함	부(wealth)
위험	친절함	유쾌(gaiety)	경건함	성장	
화재	유쾌(gaiety)	영광	남성성(Masculinity)	부드러움	
죄	영광		보증(Assurance)	풍요로움	
따듯함	밝음		슬픔(Sadness)	지속(go)	
기쁨	주의				
활기					
흥분					
열정					
정지					

Source: Dale M. Lewison, *Retailing*, 4th ed. (New York: Macmillan, 1991), p. 277.

상은 또한 전원 스위치 면판(face plates), 공기 순환 배출구, 오버헤드 스피커 시스템(overhead speaker system)과 같은 설비에 널리 사용된다. 밝은 색은 회사의 환경과 고정 설비들이 적절히 어울릴 수 있도록 해주며, 반면에 어두운 색은 고객의 시선을 잡는 데 사용될 수 있다. 소매업체는, 겨우 25%의 고객이 매장의 절반 이상을 차지한다는 문제에 종종 직면한다. 어떤 소매업체는 고객의 주의를 끌어 멀리 있는 고객도 매장에 들어올 수 있도록 어두운 색으로 벽을 칠하기도 한다.

색의 농도 또한 서비스 기업의 분위기에 영향을 준다. 예를 들어 밝은 색은 칙칙한 색보다 사물을 더욱 크게 보이도록 한다. 그러나 밝은 색은 거칠고 "딱딱하게" 인식된다. 반면 칙칙한 색은 "부드럽게" 인식된다. 일반적으로 아이들은 밝은 색을, 어른들은 부드러운 색을 좋아하는 편이다. 기업이 세계 시장에 진출하기 위해서는, 색에 대한 문화적 인식을 고려해보아야 한다(도표 8-6 참고).

위치 기업의 위치는 서비스를 생산하는 과정에서 고객이 얼만큼 개입하느냐에 따라 다르게 나타난다. 고객과 접촉이 낮은 저접촉 서비스는 공급, 전달, 인력이 중요하기 때문에 관련된 곳에 근접하며 비용이 저렴한 거리에 위치하는 것이 적합한 반면, 고객과 접촉이

〈도표 8-6〉 문화별 색 지각

색	중국	체로키	동양	이집트	인도	이란	아일랜드	일본	서양
적색	행운, 축하, 소집	성공, 승리	신부가 착용		청정(purity)				기쁨, 위험, 사랑, 열정, 정지
주황색							종교적 (개신교도)		할로윈 (흑색과 함께), 창조성, 가을
황색	영양이 많은			애도의 색	상인			용기	희망, 위험, 겁쟁이
녹색	녹색 모자는 아내가 남편 몰래 바람을 피고 있다는 것을 나타냄; 귀신 쫓아내기				이슬람		국가 전체의 상징		봄, 새로운 탄생, 지속, Saint Patrick's day, 크리스마스(적색과 함께)
청색		패배, 문제				천국과 영성의 색			우울함, 슬픔, 보수적, 기업적, "약간 청색"은 신부의 전통
보라색									로얄티
흰색			장례식					흰색 카네이션은 죽음을 상징함.	신부, 천사, 좋은 사람, 병원, 의사, 평화 (흰 비둘기)
흑색	청소년을 위한 색								장례식, 죽음, 할로윈 (오렌지색과 함께), 나쁜 사람, 반항

Source: http://webdesign.about.com.

잦은 고접촉 서비스는 이와 반대로 위치를 선정해야 한다. 일반적으로 기업의 위치를 정할 때, 다음 세 가지 질문이 앞서 논의되어야 한다.

첫 번째, 그 기업이 가시적으로 잘 보이는가? 고객은 쉽게 인지할 수 있는 매장을 이용하는 경향이 있다. 기업의 가시성은 인지에 효과적이다. 그러므로 기업은 교통량이 많은 주요 도로에서 잘 보이고, 가시성을 극대화하기 위해 교통 진행 방향에 위치하는 것이 이상적이다. 가능하면 고객이 기업의 간판을 잘 읽을 수 있도록 근접해 있고 (고객이 폭넓게 깨달을 수 있도록 하는) 거리 한복판에 위치한 지역은 적합한 장소라고 할 수 있다.

위치에 관한 두 번째 질문은, 둘러싼 환경 측면에서 위치가 적합하느냐는 것이다. 그 지역의 크기는 계획된 건물이 들어갈 정도로 적당한가? 더욱 중요한 것은, 그 지역에 다른 종류의 사업장이 있는가이다. 예를 들어 건강 관리를 전문으로 하고 있는 법률 사무소는 병원에 근접하는 것이 적합할 것이며, 실제로 많은 개인 의료 사업 또한 주위에 있다.

세 번째 질문은 고객이 편리하게 이용하기에 위치가 적합하느냐는 것이다. 지역의 접근성이 좋은가? 주위에 넓은 주차장이나 대체 주차장이 있는가? 대중 교통을 이용하는 고객들이 그 회사에 무리 없이 접근할 수 있는가?

건축물 기업의 물리적인 설비 중 건축물은 종종 기업이 의도한 표적시장을 이끌 설계 유형, 서비스 생산 과정에서 효율성을 극대화하기 위한 설계 유형, 알맞은 설계의 유형과 같은 세 가지 방법이 균형을 이루어야 한다. 기업의 건물은 고객들에게 정보를 제공할 뿐만 아니라 다양한 인상을 전달한다. 예를 들면 원래 기업의 비즈니스와 기업의 힘, 안정성, 그리고 기업 서비스의 가격 등을 보여주기도 한다.

간판 기업의 간판은 중요한 두 가지 목적이 있다. 기업의 정체성을 나타내고 주의를 끄는 역할을 한다. 기업의 간판은 고객이 기업에게서 느끼는 첫 번째 신호이다. 편지, 명함, 공지 카드와 같은 물리적인 증거에 있는 모든 로고는 일관적인 기업의 이미지를 전달하고 있다.

이상적으로 간판은 고객에게 누가, 무엇을, 어디에서, 언제 서비스를 제공하는지 나타내어야 한다. 간판의 크기와 모양, 색, 조명 모두 기업의 계획된 이미지에 공헌하는 것이다.

입구 기업의 입구와 로비는 고객이 기업의 활동을 인식하는 데에 지대한 영향을 준다. 닳아 너덜너덜해진 카펫, 낡은 벽, 허술한 예술품, 찢기고 유행이 지난 책자, 숙련되지 못하고 부주의한 종업원은 기업에 대해 부정적인 첫인상 갖게 한다. 반대로 깔끔하게 위치한 접수처, 창의적인 내부 색깔, 독특한 가구, 친근하면서도 전문적인 종업원은 기업에 대해 독특하고 긍정적인 인상을 만들어낸다. 이 외에도 입구를 명확하게 드러내는 조명, 열기 쉬운 문, 고객의 발걸음을 최소화하는 낮은 문턱, 비 오는 날에 미끄럽지 않은 바닥 재질,

장애인의 출입을 고려한 넓은 출입문, 기업 내·외부의 넓은 구조 모두를 포함한다.

조명 고객 행동에 영향을 주는 조명의 심리적인 효과는 놀랍다. 조명에 대한 심리적인 반응은 부모님이 자녀를 방에 들여보내고 불을 끈 후, 떠들지 말고 조용히 잠들도록 했던 상황에서 비롯되었다. 이와 같은 반복적인 상황을 통하여 대부분의 사람에게 어두운 조명에 대한 반응은 고요함이다. 조명은 서비스 접촉 시의 기분과 분위기, 속도를 설정한다. 고객들은 조명이 잔잔할 때, 서비스 환경이 공식적일 때, 서비스의 속도가 느릴 때, 더욱 부드럽게 이야기한다. 반대로 밝은 조명은 서비스 환경을 더욱 시끄럽게 만든다. 이때 고객과 종업원 사이의 의사소통이 더욱 빈번하고, 전반적인 환경은 비공식적이며 활기가 있다.

글로벌 서비스 활동 사례

캐리비안의 특별한 서비스스케이프 : The Katitche Point Greathouse

항상 같은 오래된 호텔에서 똑같은 오래된 휴가를 보내는 것에 지쳤는가? 영국령 버진 아일랜드의 Virgin Gorda 섬에 위치한 Katitche Point Greathouse는 당신의 여행 후 우울함(vacation blues)에 결정적인 영향을 미친다. 사실, 당신이 저 멀리 수평선이 보이는 수영장 갑판에 서는 순간, 우울함은 전혀 다른 의미로 바뀔 수 있다. www.katitchepoint.com을 방문한다면 수영장과 카리브해, 그리고 맞닿아 있는 하늘이 내뿜는 푸른 색조로 인해 그 의미를 정확히 알 수 있다.

Katitche Point Greathouse는 일종의 복합 단지이며 "작은 휴양지"로 더 잘 묘사된다. "마을"은 8~10명이 편안히 수면할 수 있으며, 3층 피라미드 모양의 메인 하우스, 4개의 대형 침실 스위트 룸이 있고, 각 객실에는 전용 욕실 스위트와 베란다가 마련되어 있으며, 휴식 공간과 잉어 연못 옆 암석으로 만든 깊은 욕조가 있는 대형 마스터 침실 스위트 룸이 있다. Katitche Point Greathouse는 카리브해의 탁 트인 전경을 모든 방향에서 제공하는 22,000평방 미터의 넓은 공간으로 구성되어 있다.

2000년에 건축된 Katitche Point는 많은 상을 수상했다. Elle 잡지는 Katitche Point Greathouse를 전 세계 여덟 번째 "호화로운 휴가의 집"으로 선정하였다. Vogue 잡지는 Katitche Point를 "개인의 낙원"이라고 부른다. The Travel Channel의 여행 채널은 "Cool Caribbean" 시리즈에서 10분 동안 Katitche Point를 선보였고, Greathouse를 "지금까지 본 가장 멋진 빌라"라고 불렀다. Barefoot Traveler는 Greathouse의 바이킹 주방을 "인생에서 제공 할 수 있는 최고의 것"이라고 불렀다. 이러한 의견들은 Katitche Point 프로모션 전략의 중점 내용이다. 이 내용은 웹사이트를 통해 전달되며 손님들의 입소문으로 널리 퍼진다.

그렇다면 이 고급스런 별장의 가격은 얼마인가? 별장의 제한된 수용력과 편의를 고려할 때, Katitche Point Greathouse의 1주일 숙박은 저렴하지 않다. 비수기 때는 주당 1만7천6백 달러 정도이며, 크리스마스와 새해 시즌에는 주당 2만6천 달러까지 오른다. Greathouse와 별도의 마스터 베드룸 스위트만 필요로 하는 사람들을 위해 주당 약 1만 달러 정도 인하하여 제공된다. 특별 허니문 패키지는 2인 기준 주당 8천5백 달러에 제공된다. 모든 요금에는 풀 메이드 서비스(오전 8시부터 오후 4시까지), 수영장 유지 보수, 세탁 서비스 및 정원사가 포함된다. 요청 시, 전문 요리사 및 마사지 서비스를 추가 비용으로 이용할 수 있다. 대부분의 비용이 비싸지만, Katitche Point Greathouse는 절대 잊을 수 없는 상상 이상의 휴가를 원하는 많은 손님에게 평생에 한번 있을까 말까한 경험을 제공한다.

Sources: **http://www.katitchepoint.com** and **www.b-v-i.com.**

8-5b 청각적 호소

청각적인 호소는 분위기를 만들고, 주의를 끌며, 정보를 전달하는 세 가지 중요한 역할을 한다. 청각적 요소를 서비스 접점에 적합하게 사용하기 위해서, 기업은 음악과 공지를 통한 방법을 이용한다. 음악은 고객의 경험하는 분위기를 정해주는 반면, 공지는 고객의 주의를 끌거나 기업의 서비스의 정보를 알려주기 위해 사용된다. 소리는 또한 고객을 산만하게 할 수 있으므로 소음 제거 전략도 고려해야 할 것이다.

음악 배경 음악은 적어도 두 가지 방법으로 판매에 영향을 준다는 자료가 있다. 첫 번째, 배경 음악은 상점의 분위기에 대한 고객의 인식을 강화시켜준다. 고객의 분위기에 영향을 주는 것이다. 두 번째, 음악은 종종 상점에 머무는 시간의 양에 영향을 준다.[29] 어떤 연구에서는 배경 음악이 나오는 기업이 고객에게 관심을 더 갖는 것처럼 보인다고 한다.[30]

음악은 긍정적인 태도를 형성할 뿐만 아니라, 직접적으로 고객 구매 태도에도 영향을 준다는 연구결과가 있다. 빠른 템포의 음악은 고객의 속도를 증가시킨다. 느린 템포의 음악은 고객이 더욱 오래 남아있도록 한다. 고객이 많이 참여하는 구매를 할 때 음악이 산만함을 준다고 생각하지만, 사실 낮은 참여 구매 시에 듣는 음악은 선택 과정을 더욱 쉽게 한다고 한다. 게다가 종업원은 배경 음악을 들을 때 더 행복해지고 더 생산적으로 행동하는 경향이 있으며 이것은 고객에게 더욱 긍정적인 경험을 이끌어낸다.

〈도표 8-7〉은 레스토랑 환경에서 고객과 서비스 제공자의 행동에 주는 배경 음악의 효과를 나타내고 있다. 수치로 볼 수 있듯이, 전달된 서비스의 속도와 고객 소비의 속도에 영향을 주는 음악 템포를 보여준다. 비록 레스토랑이 느린 음악을 사용할 때 총 이익은 높아지지만, 추가적으로 하루 종일 빠른 템포의 음악이 재생된다면 회전 테이블 수가 추가되는 것 또한 고려해야 한다.

〈도표 8-7〉 레스토랑 고객에게 미치는 배경 음악의 영향

변수	느린 음악	빠른 음악
서비스 시간	29분	27분
테이블당 고객 시간	56분	45분
착석 전 떠나는 고객 집단	10.5%	12.0%
구매된 음식량	55.81달러	55.12달러
바에서의 구매량	30.47달러	21.62달러
추정 총마진	55.82달러	48.62달러

Source: R. E. Milliman, “The Influences of Background Music on the Behavior of Restaurant Patrons,” *Journal of Consumer Research*, 13, (September 1986), p. 288; see also R. E. Milliman, “Using Background Music to Affect the Behavior of Supermarket Shoppers,” *Journal of Marketing*, (Summer 1982), pp. 86–91.

공지 서비스를 만들어내는 또 다른 일반적인 소리는 인터콤 시스템에 의한 공지이다. 손님의 테이블이 준비되었을 때 알리는 것, 현재 위치를 승객에게 알려주는 것, 기업 내 특정 종업원을 호출하는 것을 말한다. 직접 공지를 하는 전문성은 기업에 대한 고객의 인식에 영향을 준다. 다음 잡화점의 독특한 공지의 사례는 인터콤에 녹음된 남자의 목소리이다. "Red, Kellogg's Corn Flakes의 가격이 얼마죠?" 그러면 여자는 상점 안에 있는 모든 이가 들으라는 듯이 대답한다. "Red, 이 바보야!" 만약 이런 공지가 전문의나 법률 사무소에 나오게 된다면, 그 기업의 전문성을 의심하게 되므로 주의해야 한다. 이러한 사고를 유발하는 사람은 아마도 소리 회피의 대상이 되어야 할 것이다.

소음 제거 기업 시설을 설계할 때, 나쁜 소리를 제거하는 것 또한 좋은 소리를 만들어내는 것만큼이나 중요하다. 좋은 소리는 고객을 유인하지만, 나쁜 소리는 기업의 전반적인 분위기를 혼란스럽게 한다. 레스토랑에서 전략적으로 감춰져야 하는 소리는 부엌과 화장실에서 나는 소리이다. 식사하고 있는 동안 화장실 변기의 물이 내려가는 소리가 들린다면, 고객이 기분 좋게 식사할 수 없을 것이다. 하이힐 소리를 방지하기 위해 복도에 카펫을 깔아 놓는 것과 같이 업무 장소에 중앙 소음 조절 장치를 구비하는 것, 원치 않는 소리를 줄이기 위해 낮은 천장을 설치하거나 소리 흡수 장치를 설치하는 등과 같은 방법이 이루어져야 한다.

8-5c 후각적 호소

서비스 관리자는 기업이 냄새로 인해 고객에게 강한 영향을 줄 수 있다는 사실을 깨달아야 한다. 후각적 호소 방법을 생각할 때, 청각적 호소 방법과 마찬가지로, 서비스 관리자는 냄새를 만들어내는 것뿐만 아니라 냄새를 제거하는 방법까지 고려해야 한다. 상하고, 불쾌하고, 더러운 악취는 모든 이에게 영향을 주어 기업에 부정적인 인상을 만들어준다. 악취를 제거하는 데 실패하고 쓰레기통을 엉뚱한 데 배치하는 등의 부실한 통풍 시스템은 잠재적인 냄새 문제에 기여하게 된다.

반면에, 좋은 냄새는 종종 고객이 구매를 하게 하며, 원래 냄새를 갖고 있지 않은 다른 제품을 인식하는 데 영향을 줄 수 있다. 예를 들어 나이키 연구에서, 고객들은 두 개의 다른 방에서 여러 쌍의 운동화를 조사하였다. 한 방에는 냄새가 전혀 없으며, 나머지 다른 방에는 인위적으로 꽃 향기를 넣었다. 그 연구의 결과는 다음과 같은 점을 시사한다. 응답자 중 84%는 꽃 향기가 스니커즈 선호도에 긍정적인 영향을 주었다고 답했다.[31] 이는 냄새가 서비스와 제품에 관한 소비자의 인식에 영향을 준다는 것을 지적하고 있다. 냄새를 만들어내는 전문가는 표적시장의 기대에 따라 기업이 의도하고자 하는 것과 같은 냄새를 만들어야 한다고 말한다. 병원은 깨끗하고 오염되지 않은 냄새를 만들어내야 하며, 낡은 법률 기업들은 케케묵은 냄새가 나지 않도록 주의해야 한다.

8-5d 촉각적 호소

판매 제품의 진가는 본질적으로 고객이 그것을 만질 수 있을 때 나타나게 된다. 그러나 무형의 특성을 가진 제품은 어떻게 만질 것인가? 우편 주문과 같은 서비스 기업은 고객에게 제품을 보낼 때 유형적인 요소를 갖는다. 무상점 점포가 전체 판매에서 10%를 차지하고 그 수가 배로 증가하는 이유 중 하나는 촉각적 호소력을 높이기 위해 실행하는 여러 가지 반품 정책 때문이다. 예를 들어 Zappos는 최고 수준의 자유로운 반품 정책을 가지고 있다. 이 회사는 365일 반품과 무료 반품 배송을 제공하며, 고객이 원래 영수증이나 포장을 보관할 필요가 없다(주문 확인 사본으로 충분하다).[32] 또한, Zappos는 고객이 원래 배송된 품목과 다른 색 또는 크기의 품목을 필요로 할 때 "사전 교환"이 가능하다. Zappos는 2주 이내에 원래 상품을 반환하겠다는 고객과의 약속에 따라 고객에게 즉시 신상품을 보낸다. Zappos Insights(Zappos의 가족 비밀을 종업원 및 가입 회원과 공유하는 특별한 웹사이트)의 콘텐츠 개발자인 Corey Schrieber에 따르면 Zappos는 의도적으로 "사전 교환"을 "와우(wow)" 도구로 사용한다.[33]

이러한 작은 유형적인 구성 요소와 함께 촉각적인 호소는, 고객이 서비스 제공자와 만나는 기회를 갖는 "오픈 하우스"로도 나타낼 수 있다. 악수를 하고 잠재 고객과 대면 접촉을 하는 것 또한 촉각 호소 전략을 구성한다. 명백한 것은, 촉각 호소를 만들어내는 기업은 고객에게 더욱 신경을 쓰고 가까워져야 하며, 진실로 고객의 복지를 관심 있게 지켜보아야 한다.

8-5e 미각적 호소

미각적 호소 방법은 마지막 감정적 단서로, 고객에게 샘플을 제공하는 것과 같다. 서비스 범위 내에서 환경을 개발할 때, 유용한 미각적 호소 방법은 서비스의 유형성에 의존하고 있다. 레스토랑과 같은 서비스 기업은 최초 고객을 끌기 위해 미각적 호소 방법을 사용한다. 서비스 기업을 샘플링하면서, 고객은 기업의 물리적 증거를 관찰하는 기회를 갖게 될 것이며 기업과 기업의 수행 능력에 관한 개념을 형성하게 될 것이다. 결과적으로, 샘플을 활용하는 기업들은 이러한 과정을 원하는 사람들에게 무언가를 무료로 제공한다기보다는 홍보 기회로 받아들여야 할 것이다.

요약

물리적 증거의 효과적인 관리는 특히 서비스 기업에게 중요하다. 서비스의 무형적 성질 때문에, 고객들은 서비스 평가를 할 때 정보의 객관적인 기준을 상실한다. 그 결과, 고객들은 종종 평가 시 서비스를 둘러싼 물리적인 증거를 보게 된다.

기업의 물리적 증거는 건축물과 기업의 사인, 주차장, 경관과 같은 설비 외부 디자인 요소와 크기, 모양, 색과 같은 내부 디자인 요소, 기업의 입구와 로비, 사업을 운영하는 데 사용되는 장비, 인테리어 표지, 배치, 공기의 질, 온도, 그리고 고객들의 인식을 형성하는 다른 물리적인 증거, 명함, 문구류, 계산서, 연구 결과, 종업원의 외양, 기업의 간행물과 같은 내부 디자인 요소들을 모두 제한 없이 포함한다.

전략적 관점에서, 기업의 물리적 증거를 관리하는 중요성은 다음과 같은 기업의 능력에서 나온다. (1) 서비스를 포장하고 (2) 서비스 전달 과정의 흐름을 촉진하며 (3) 고객과 종업원을 각각의 역할과 행동 관계 측면에서 똑같이 사회화시킨다. 그리고 (4) 경쟁사와 대비 차별화시키는 것이다.

이론적인 관점에서, 기업의 환경은 서비스의 비분리성으로 인해 고객과 종업원의 행동에 영향을 준다. 기업의 시설을 디자인할 때, 기업이 원거리 서비스인지, 대인 간 서비스인지, 셀프 서비스인지에 따라 필요한 고려 사항이 있다. 최종적인 디자인은 서비스 생산 과정을 지배하는 사람들의 요구를 반영해야 한다. 시설 위치, 레이아웃, 제품 디자인 및 공정 설계에 대한 결정은 회사가 고객과의 접촉이 많은지 또는 적은지에 따라 다른 결과를 초래할 수 있다. 〈도표 8-3〉은 기업의 환경적 차원에 따라 사람들이 어떻게 영향을 받는지 이해하는 데 도움이 되는 서비스스케이프 프레임워크를 보여주며, 궁극적으로는 접근 및/또는 회피 행위로 이어진다.

마지막으로, 기업의 환경을 설계할 때 많은 전략적 결정이 필요하다. 고객은 기업의 환경에 존재하는 감각적 단서를 기초로 기업의 서비스에 대한 기본적인 평가를 하게 된다. 특정한 전략적 결정들은 후각적, 시각적, 청각적, 촉각적, 미각적 호소를 형성하거나 회피해야 한다. 기업의 감각적 단서를 설계·관리하는 것은 기업의 장기적인 성공에 중요하다.

복습문제

1. 물리적 증거와 고객의 지각 및 기대 형성 간의 관계를 설명하시오.
2. 물리적 증거의 네 가지 전략적 역할에 대해 토의하시오.
3. 위치, 레이아웃, 제품 디자인 및 공정 설계 결정과 관련하여 저접촉 대 고접촉 서비스 기업의 관련성에 대해 토의하시오.
4. 윤리적인 구매자를 목표로 하는 회사의 서비스스케이프는 어떻게 설계되어야 하는가?
5. 내적 반응 조절 요인이 서비스스케이프에 대한 고객 응답에 미치는 영향에 대해 토의하시오.
6. 기업 환경에 대한 세 가지 유형의 내적 대응에 대해 토론하십시오.
7. 음악이 고객 및 종업원 행동에 미치는 영향을 설명하십시오.
8. 촉감과 미각을 향상시킬 수 있는 서비스 기업의 전략을 개발하시오.
9. 종업원 유니폼을 이질성의 독특한 서비스 특성과 관련된 물리적 증거로 사용하는 것에 대해 토의하시오.
10. www.colorquiz.com으로 가서 퀴즈를 완료하시오. 색 선택에 따라 생성된 심리학적 프로파일에 동의하는가, 동의하지 않는가?

사례 8. 치과교정치료의 서비스스케이프 개발: Crane 박사의 딜레마

쉽게 말해, 교정술은 턱의 정렬 불량 또는 치아의 불규칙성의 결과인 부정교합의 치료를 다루는 치의학의 전문분야이다. Orthodontics(교정학)은 그리스 어원인 orthos(똑바른 또는 제대로 된)과 odons(치아)로부터 기원하였다. 고객의 대부분은 치아의 외향을 향상시키거나 저작 기능을 개선하고자 교정 서비스를 찾는다. 치과의사들은 일반적으로 2~3년 대학원 공부를 통해 교정의가 된다. 미국에서 일반적인 교정의는 대략 연간 12만1천 달러를 번다.

젊은 교정의인 Crane은 콜로라도의 포트콜린스(Fort Collins)에서 이 일을 시작하였다. 그의 사무실은 작았으나 필요한 시설은 모두 갖추어져 있다. Crane 치과의 환자의 대다수는 8~16세의 어린 환자들로 구성되어 있고, 성인 교정치료 환자들도 늘어나고 있다. 일반적인 교정치료 비용은 환자 한 명당 300~5,000달러이다. Crane 치과는 환자를 전문적이고 친근하게 대하면서, 교정의로서 Crane의 명성은 마을 전체로 빠르게 퍼져나갔다. 몇년 안에 Crane의 치과는 제일 가는 교정 치과로 언급되었다. Crane의 치과는 대기자가 많아 치과 밖에 있는 데크에서도 고객이 기다릴 정도로 인기가 많아졌다. 따뜻한 계절에는 데크에 편안한 의자를 제공하였으나, 눈 내리는 콜로라도의 추운 겨울에는 특별한 해결책이 없었다. 현재 치과는 공간을 따로 늘릴 수 없었기 때문에, Crane은 새로운 사무실을 짓는 것을 고려하였다.

동료 교정의들이 치과 디자인 아이디어를 내려 Crane의 치과에 방문한 후, Crane은 인터넷에서 다른 혁신적인 아이디어를 찾았다. Google에서 교정 치과 디자인이란 검색어로 검색을 하면 96,000개가 넘는 검색 결과가 나오는데, 여기에는 바닥 설계, 고려해볼 만한 아이디어, 그리고 치과 디자인 전문 회사 리스트 등이 있었다. Crane은 치과 디자인의 복잡함을 고려했을 때 해결해야 하는 다양한 문제 때문에 걱정에 휩싸였다. Crane은 치과 치료는 사실 서비스 비즈니스라는 것을 깨닫고, 어떻게 하면 서비스 마케팅 콘셉트, 특히 서비스스케이프를 고려하여 사무실을 디자인할 수 있는지 생각하기 시작하였다.

토의문제

1. 교정 치과 디자인에서 서비스스케이프를 고려할 때, 교정이 셀프 서비스, 상호작용 서비스, 원격 서비스인지 논의하고 이것이 치과 디자인에 어떻게 영향을 미칠지에 대해서 논의하시오.
2. 교정 치과는 일반적으로 여러 개의 진료실로 나뉘어 있는데 이 중 꼭 필요하다고 생각하는 진료실을 특정화하시오.
3. 필요한 진료실의 공간 할당 외에, 교정 치과 서비스스케이프를 디자인하는 데 있어 어떤 다른 요인이 고려될 수 있는가?
4. 서비스 기업은 흔히 효과와 효율의 균형을 맞춘다. 이 균형이 무엇을 뜻하는지, 그리고 이것이 교정 치과의 디자인에 어떤 영향을 미치는지 논의하시오.
5. 교정의와 종업원들이 시간당 6명의 환자를 볼 수 있다면 대기실에 의자가 몇 개가 필요한가?

Sources: **http://swz.salary.com; http://en.wikipedia.org**.

각주

1. https://www.youtube.com/watch?v=HVawsxvEt8, accessed 6 March 2015.

2. Mary Jo Bitner, "Servicescapes: The Impact of Physical Surroundings on Customers and Employees," *Journal of Marketing*, 56, (April 1992), pp. 57–71.

3. Ibid.

4. https://www.youtube.com/watch?v=rZG2OOBoOR8, accessed 6 March 2015.

5. www.rainforestcafe.com, accessed 7 October 2009.

6. Laurence Frost, "Biggest Bird Takes to the Sky: Airbus A380 Makes Aviation History with Maiden Flights," *The Coloradoan* (Thursday, April 28, 2005); https://www.youtube.com/watch?v=eCZTnSPfH0w, accessed 6 March 2015.

7. https://www.youtube.com/watch?v=qCgQms87A70, accessed 6 March 2015.

8. https://www.youtube.com/watch?v=VerMxhOuww, accessed 6 March 2015.

9. Edgar Schein, "Organizational Socialization and the Profession of Management," *Industrial Management Review*, 9, (Winter 1968), pp. 1–16.

10. Michael R. Solomon, "Packaging the Service Provider," in Christopher H. Lovelock, *Managing Services Marketing, Operations, and Human Resources* (Englewood Cliffs, NJ: Prentice-Hall, 1988), pp. 318–324.

11. Ibid.

12. https://www.youtube.com/watch?v=vdIXBgJLqE, accessed 8 March 2015.

13. http://www.travelandleisure.com/blogs/carry-on/2009/9/1/westins-heavenly-bed-on-sale, accessed 7 October 2009; Matthew Creamer, "Marriott to Replace 628,000 Hotel Beds," www.usatoday.com, accessed 2 May 2005; "Waking Up to the Marketing Potential of a Good Night's Sleep," *Advertising Age*, 76, 16, (April 18, 2005), p. 16.

14. Solomon, "Packaging the Service Provider," pp. 318–324.

15. Avijit Ghosh, *Retail Management*, 2nd ed. (Fort Worth, TX: The Dryden Press, 1994), pp. 522–523.

16. Ibid.

17. Valerie A. Zeithaml and Mary Jo Bitner, *Services Marketing* (New York: McGraw-Hill, 1996), p. 528.

18. Richard B. Chase, "Where Does the Customer Fit in a Service Operation?" *Harvard Business Review* (November-December 1978), pp. 137–142.

19. Zeithaml and Bitner, *Services Marketing*, p. 531.

20. http://www.msnbc.msn.com/id/29474213/, accessed 7 October 2009.

21. Zeithaml and Bitner, Services Marketing, p. 531.

22. https://www.youtube.com/watch?v=NA2dcpBBbYg, accessed 7 March 2015.

23. Philip Kotler, "Atmospherics as a Marketing Tool," *Journal of Retailing* (Winter 1973-1974), p. 48.

24. Dale M. Lewison, *Retailing*, 4th ed. (New York: MacMillan, 1991), pp. 273–283.

25. Ibid.

26. Joseph Weber, "Personal Banking for the Merely Rich," *Business Week*, 3881, (May 3, 2004), pp. 121–123.

27. Kenneth H. Mills and Judith E. Paul, *Applied Visual Merchandising* (Englewood Cliffs, NJ: Prentice-Hall, 1982), p. 47.

28. Kenneth H. Mills and Judith E. Paul, *Create Distinctive Displays* (Englewood Cliffs, NJ: Prentice-Hall, 1974), p. 61.

29. J. Barry Mason, Morris L. Mayer, and J. B. Wilkinson, *Modern Retailing: Theory and Practice*, 6th ed. (Homewood, IL: Irwin, 1993), pp. 642, 643.

30. Ronald E. Milliman, "Using Background Music to Affect the Behavior of Supermarket Shoppers," *Journal of Marketing*, 46, 3, (Summer 1982),

pp. 86–91; see also Douglas K. Hawse and Hugh McGinley, "Music for the Eyes, Color for the Ears: An Overview," in *Proceedings of the Society for Consumer Psychology*, ed. David W. Schumann (Washington, D.C.: Society for Consumer Psychology, 1988), pp. 145–152.

31. J. Barry Mason, Morris L. Mayer, and Hazel F. Ezell, *Retailing*, 5th ed. (Homewood, IL: Irwin), 1994.

32. "5 Stores with Great Return Policies," http://www.bankrate.com/finance/smart-spending/stores-return-policies.aspx, accessed 8 March 2015.

33. Zappos Insights, http://www.zapposinsights.com/accessed 8 March 2015.

9장

전략으로서의 사람: 서비스 종업원 관리

학습 목표

- 고객 대면 종업원들의 중요성을 이해한다.
- 서비스 종업원들이 직면하는 스트레스와 긴장을 이해하고, 이것이 종업원 행동에 어떻게 영향을 미치는가를 이해한다.
- 종업원 사이에 "서비스 분위기"를 만드는 것이 고객 만족의 중요 결정요인이라는 것을 이해한다.
- 서비스 전략에 근거하여 서비스 종업원들이 해야 할 역할을 정의한다.
- 그러한 역할 정의가 적절한 서비스팀을 채용하는 데 어떻게 사용되는가를 이해한다.
- 역할 정의가 서비스 비즈니스에 있어서 어떻게 중심에 있으며, 모든 HR 시스템의 동인이 되는가를 이해한다.
- 그러한 논리 내에서 임파워먼트의 중요성을 이해한다.
- 사내 서비스 분위기를 만드는 데 있어서 관리의 중요성을 이해한다.

> "서비스 직업은 타인을 돕거나 돌보는 직무를 포함한다. 이러한 서비스 직종의 교육과 급여 수준이 낮지만, 미국 노동 시간에서 차지하는 비율은 1980년과 2005년 사이에 30%까지 성장하였다. 이러한 성장은 생산, 건설, 수송 등과 같은 직업군에서의 고용률 감소와는 매우 대조적인 현상이다."
>
> *David Author and David Dorn*
> American Economic Reivew 2013

서비스업체는 종업원을 매우 다양한 역할로 채용한다. 어떤 종업원들은 소비자를 전혀 만나지 않지만 필수적인 인프라와 지원을 제공한다. 다른 종업원들은 매일 고객과 직면하고 소비자 경험의 필수적인 부분이 되고 있다. 이 장의 목적은 서비스 경험과 연관된 종업원 관리의 많은 문제와 그것의 중요성을 이해하도록 돕는 것이다. 서비스 비즈니스는 조직, 종업원, 그리고 고객의 욕구의 불균형을 조율할 수 있는 재능 있는 관리자를 필요로 한다.

iStockphoto.com/ATGImages

됐어! 이제 끝이야!

피츠버그에서 뉴욕의 존F.케네디 공항으로 가는 Jet Blue 1052 비행기에는 베테랑 승무원 Steven Slater가 착륙을 준비하고 있었다. 전에 Delta와 TWA에서 근무를 한 Slater에게는 익숙한 상황이었다.

그러나 비행기가 아직 활주로를 주행 중인 상태에서 한 여자 승객이 좌석 위 선반에서 짐을 꺼내려는 순간 모든 상황이 틀어졌다. Slater는 마이크로 그녀에게 자리에 다시 착석하라고 요청하였지만 그녀는 말을 듣지 않았고, 결국 그는 자리에서 일어나 직접 그녀에게 착석하라고 요청했고, 안전을 위하여 안전벨트를 매도록 요청하였다. 그러자 그 여자 승객은 반복적으로 Slater에게 욕설을 퍼부었고, 그가 중지시키려고 하자 기내용 가방을 떨어뜨려 Slater의 이마에 상처를 내었다.

비행기가 멈춘 후, Slater의 목소리는 매우 크게 들렸다. "더 이상은 못 참아! 나에게 욕설을 퍼붓는 승객! 나는 28년 동안 이 일을 했고, 이제 끝이야!" Slater는 그의 음료 카트에 있는 맥주 두 캔과 그의 가방을 들었다. 그는 문으로 걸어가 비상 출구 레버를 당겼고, 비상 낙하산을 펴고 점프하였다. 비행기에서 걸어 나와, 그는 주차장으로 돌아가 차를 타고 집으로 갔다. 한 시간 후 그는 체포되었고, 그로부터 한 시간 뒤 그는 Facebook에서 그를 응원하는 수많은 사람의 영웅이 되었으며, "I Slide.... For Slater."라고 쓰여진 티셔츠 속의 스타가 되었다.[1]

9-1 서론

서비스 기업을 대표하는 얼굴은 바로 접촉 담당 종업원이다. 일부 공장 근로자, 일부 관리자, 일부 종업원, 서비스 종업원 등은 복잡하고 어려운 일을 수행한다.[2] 그들의 업무의 중요성과 복잡성에도 불구하고, 서비스 종업원은 대부분의 기업과, 흔히 사회에서도 낮은 임금과 존중을 받는다. 예를 들면, 의료업계에서 환자 관리와 환자의 서비스 품질 지각에 영향을 가장 책임을 지는 사람들은 간호사이다. 의료업계에서 누가 가장 낮은 임금을 받고 가장 적게 존중을 받는가? 간호사이다. 교육시스템에서, 학생들과 소통하고 매일 교육에 가장 책임이 있는 사람은 누구인가? 담임 선생님이다. 이러한 사례는 너무나 많다. 서비스 산업을 생각해보면, 고객과의 소통과 서비스 품질에 대한 고객의 지각에 가장 책임감이 있는 사람은 누구인지, 그리고 회사에서 가장 낮은 임금을 받고 낮은 존경을 받는 종업원이 누구인지 보라. 말도 안되는 일이다!

기업의 관점에서 보아도 이는 말도 안 되는 일이다. Four Seasons 호텔 그룹의 창업자 Isadore Sharpe는 "당신이 종업원을 대하는 방법이 종업원들이 고객을 대하는 방법이다"라고 주장하였다. 서비스 종업원이 조직에서 가장 낮은 존경을 받는다면, 그들이 고객을 어떻게 대하겠는가? 이것은 〈도표 9.1〉의 **서비스-수익 체인**(service-profit chain)에서 보는 것처럼, 기업의 경제성에 엄청난 영향을 미친다.[3]

서비스-수익 체인의 연결고리는 종업원과 고객의 만족에 직접적으로 비례하는 것을 보여준다. 만족한 종업원은 기업에 남아 있고, 그들은 더 생산적이 된다. 따라서 종업원의 만

〈도표 9-1〉 서비스-수익 체인

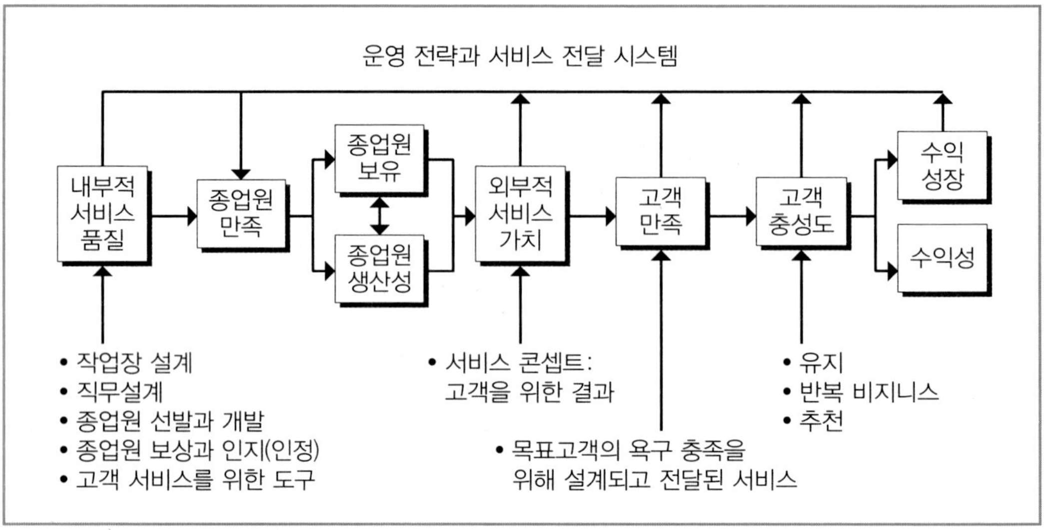

Source: James L. Heskett, Thomas O. Jones, Gary W. Loveman, W. Earl Sasser, Jr., and Leonard A. Schlesinger, "Putting the Service-Profit Chain to Work," *Harvard Business Review* (March–April 1994), 164–174. Reprinted by permission of *Harvard Business Review*. Copyright 1994 by the President and Fellows of Harvard College.

족은 기업의 전체 생산성을 증가시키고, 채용과 교육 비용을 감소시킨다. 채용과 교육 비용의 규모는 많은 서비스 기업에서 비중이 높다. 예를 들어 1년에 11만9천 개에 달하는 판매 직업의 이직률이 Sears Merchandise Group 소매 네트워크 안에서 이루어진다. 새로운 세일즈 맨을 고용하고 교육에 소요되는 비용은 9백 달러이며, 전체로는 1억1천만 달러이다. 이는 Sears의 1년 수입의 17%에 달하는 비용이다.[4]

종업원의 태도와 신념은 그들이 업무를 수행하는 방식 그리고 서비스 소비자의 만족에 차례로 영향을 미친다. 많은 연구가 소비자 만족이 서비스 기업의 인적자원에 대한 정책과 실천에 대한 소비자의 지각과 그러한 정책과 실천이 서비스 제공자에게 영향을 미치는 방법에 의해서 직접적으로 영향을 받는다는 것을 보여준다.[4]

고객 만족은 반복 구매와 긍정적인 입소문과 추천을 통해 입증된 고객 충성도와 직접적으로 관련된다. 고객 유지의 순효과는 회사의 수익과 수익성 증가이다. 예를 들어 신규 고객 확보 비용 대 기존 고객 보유 비용을 살펴 보면 미국 소비자 보호국의 자료에서 인용한 비율은 5대1이었지만 다른 연구에서는 8대1이라는 수치를 인용했다.[5]

종업원 만족과 관련된 외부의 서비스 가치, 고객 만족, 고객 충성도, 수익 증가, 그리고 수익성 증가 등의 결과는 내부적 서비스 품질을 지속적으로 증가하도록 회사의 몰입을 강화시킨다. 내부적 품질의 향상과 긍정적인 고객 반응의 수혜자로서 종업원들은 자신의 노력에 대한 결실을 직접적으로 경험하게 된다. 종업원 만족은 그 후에 강화되며, 서비스-수익 체인으로 완전하게 유지된다.

전략적으로, 서비스 종업원들은 제품 차별화의 중요한 원천이다. 서비스 조직은 제공하는 혜택의 묶음 또는 배송 시스템에서 다른 유사한 조직과 차별화를 하는 데 종종 어려움에 직면한다. 예를 들면, 한 극단적 견해는 많은 항공사가 유사한 혜택을 제공하고 같은 공항에서 같은 목적지로 같은 종류의 비행기를 띄운다는 것이다. 그러므로 경쟁우위를 확보하는 유일한 희망은 서비스 수준에서 나온다. 이러한 차별화의 일부는 종업원들을 지원하도록 고안된 물리적 시스템 또는 종업원 수준에서 발생될 수 있다. 그러나 흔히, 한 항공사가 다른 항공사와 차별화시키는 또 하나의 결정적 요인은 서비스 제공자의 태도이다.[6] 예를 들면, Singapore 항공은 아름다움, 우아함, 그리고 승무원의 서비스 지향성으로 좋은 평판을 얻고 있다. 서비스 담당자를 기반으로 하여 경쟁자에 비하여 차별적 우위를 획득한 다른 기업에는 Ritz Carlton, IBM, Disney 등이 있다.[7]

이 장의 전반부에서는 종업원과 관련된 서비스-수익 체인에 중점을 둔다. 우리는 서비스 제공자의 역할에 내재되어있는 스트레스와 긴장, 그리고 일이 잘못된다면, 왜 그것에 주의 깊은 관리가 필요한지를 살펴볼 것이다. 그리고 좋은 서비스를 제공하기 위한 종업원의 본질적 열망을 강화하는 서비스 분위기(service climate)를 어떻게 조성할 것인지에 초점을 맞춘다. 이를 위해, 인적자원관리(human resources management) 도구들은 서비스 기업이 선택한 특정 서비스 공급자 역할에 대한 명확한 정의를 중심으로 통합되어야 한다.

9-2 서비스 제공자의 역할

프론트 라인 서비스 제공자를 직업으로 선택하는 종업원은 의도적으로 나쁜 서비스를 제공하려 하지 않는다. 자유롭게 선택할 수 있을 때, 사람들은 동기를 부여시킬 수 있는 직업으로 옮겨간다고 주장하는 많은 증거가 있다. 사람들은 나쁜 서비스를 제공하려는 동기가 없는데, 새로운 서비스 제공자의 좋은 의도가 어떻게 잘못될 수 있을까?

업무의 본질상 고객 접촉 서비스 제공자가 되는 것이 쉽지 않음을 이해하는 것이 중요하다. 그들은 **경계 관리자**(boundary-spanners)로 불린다.[8] 그들은 기업의 외부 환경들, 특히 고객들, 그리고 내부 조직과 구조와 상호작용을 하는 조직의 경계에 있다. 그들은 조직을 대표하며, 고객들로부터 서비스 제공에 필요한 정보를 수집한다. 그들은 생산 프로세스 중 일부분이다. 그러나 또한 조직에게는 고객을 대신해준다.

경계를 관리하는 역할을 하는 개인은 **종속적 서비스 역할**(subordinate service roles)에서 전문적 서비스 역할(professional service roles)로 이어지는 범위의 연속성과 함께 구분될 수 있다.[9] 종속적 서비스의 역할은 보통 소비자 고객 모두에서 발생된다. 그들은 조직계층의 하위 내에서도 가장 낮은 위치에 있다. 또한 그들은 고객에게 종속되어 있는 사람으로서 취급당하고, 종종 "고객은 항상 옳다(손님이 왕이다)"[10]라고 표현된 문구가 이들의 역할을 대

AP Images/Dima Gavrysh

서비스 작업에서 갈등의 주요 원인 중 하나는 개인/역할 갈등이다. 모든 사람이 일을 잘 할 수 있는 것은 아니며, 모든 사람이 그 일을 하기를 원하지 않는다! 결론은 올바른 일을 수행하는 데 적합한 사람을 찾는 것이다.

Richard Hutchings/PhotoEdit

종업원 만족은 고객 만족에 있어 매우 중요한 역할을 한다. 업무에 불만을 가진 종업원보다 고객을 더 빨리 몰아낼 수 있는 방법은 없다.

변해준다. 대부분의 서비스 제공자가 이러한 종속적 서비스 역할을 하고 있다.

이러한 경계 관리자의 역할은 개인에게 상이한 종류의 스트레스와 긴장을 유발시킬 수 있다. 그들이 수행하도록 요구되는 역할은 개인의 자아 지각(self-perception)과 갈등이 될 수 있으며, 이를 **개인/역할 갈등**(person/role conflict)이라고 한다. 예를 들면, 경계 관리 담당자들은 종종 자신의 개인적인 감정을 억누르고, 비참하고 공격적인 기분이 들 때도 웃고 기꺼이 고객들을 도울 것을 요구받는다. 이것을 감정 노동(emotional labor)이라고 하는데, 사람에게 확실히 스트레스를 줄 수 있다.[11] 재미있는 예로, 서비스 제공자의 니코틴 부족이 고객 서비스를 어떻게 파괴하는가를 보여주는 방법을 Youtube의 Nicoderm 광고를 보면 알 수 있다.

더 문제가 되는 것은 **조직/고객 갈등**(organization/client conflicts)이다. 고객은 추가의 롤빵을 요구하나, 회사 정책이 고객당 롤빵 하나로 책정되어 있을 때, 이러한 갈등이 발생된다. 이것은 종종 공통의 상식("손님이 없으니 빵은 쓸모가 없어진다!")을 적용함으로써 더 악화된다. 이것은 종종 조직 효율성과 접촉 담당자의 고객 만족 사이의 싸움이 된다. 롤빵의 예는 문제를 간단히 보여준 것이나, 만약 버스 승객이 버스 기사에게 정해진 노선을 떠나 자신의 집에다가 내려달라고 요청하면 어쩔 것인가? 그 승객이 버스의 마지막 승객이라면?[12]

McDonald's의 드라이브스루 고객인 Melodi Dushane은 McDonald's가 아침에 치킨 맥너겟을 판매하지 않는다는 정보를 얻었을 때, 극단적인 행동을 취했다. 그녀는 물리적으로 종업원을 공격하고, 창문을 부수어 드라이브스루 부스로 올라가려고 하였다.[13]

이러한 종류의 갈등에 대한 종업원의 반응은 조직 내에서 역할이 얼마나 종속적인지와 관련이 있다. 하위 수준의 종속적 서비스 역할과 규칙 작성 이유에 대한 이해 부족으로 인해 종종 담당자가 고객과 함께 조직을 상대로 조치를 취할 수 있다. 대조적으로, 높은 지위와 특정 규칙의 목적에 대한 명확한 이해를 가진 전문적 서비스 인력은 어떤 일이 발생하는지를 더 잘 통제할 수 있다.

고객 간 갈등(inter-client conflicts)은 많은 서비스 배달 시스템이 다른 경험에 영향을 끼칠 수 있는 다양한 고객을 가지고 있기 때문에 발생한다. 다양한 고객은 다양한 욕구를 가지고 있기 때문에, 고객은 저마다 완전히 다른 스크립트(대본)을 갖는 경향이 있다. 고객들은 갈등에 직면할 때, 통상 경계 관리자에게 직면한 문제를 해결하도록 요구한다.

예를 들어 일반적으로 웨이터는 손님이 식당의 비흡연 구역에서 흡연하지 말 것을 정중하게 요청한다. 모든 고객을 항상 만족시키려는 시도는 경계 관리 담당자의 갈등을 확대시키거나 전투로 이끈다. 예를 들면, 레스토랑 고객이 빠른 서비스를 요청하고, 빠른 서비스를 제공받았을 시, 이것은 다른 테이블로부터 불공정한 수준의 서비스에 대한 불평을 일으킬 수 있다.

고객 간 갈등의 해결에서의 종업원 반응과 효과성은 다시 조직 내에서의 종업원 역할과 연관이 있는 것으로 나타나게 된다. 종속적 역할의 종업원은 그들이 고객에 대하여 낮은 지위를 갖고 있기 때문에 제일 낮은 포지션에서 업무를 시작한다. 고객은 종속적 서비스 제공자가 실시한 반응을 아주 간단하게 무시할 수 있다. 전문가들 역시 같은 문제에 직면하게 될 수 있다. 예를 들면, 병원 대기실에서 특진을 원하는 환자를 생각해보자. 이러한 경우에, 그 전문가는 그 상황을 해결하기 위해 자신의 지위와 전문성을 활용할 수 있다.

9-2a 고객을 위한 대응전략과 시사점

역할 갈등과 스트레스의 결과는 담당자가 불만, 좌절, 이직 의도를 갖도록 해준다(승무원 Steven Slater는 좌절감과 이직 의도를 멋진 방식으로 보여주었다!). 종업원은 자신의 업무에서 잠재적 갈등과 스트레스에 직면했을 때, 스스로를 보호하기 위해 다양한 전략을 시도한다. 이러한 종업원의 전략들은 최근의 「At America's Service」[14]라는 책에서 고객을 가장 짜증나게 하는 서비스 종업원의 행동으로 기술되었으며, 다른 산업과 조직에서도 비슷하게 나타난다. 이런 불미스러운 행동은 총 7개의 범주로 분류되어 있다.

1. 무관심(apathy): DILLIGADS에 대해서 George Carlin이 언급한 얘기 — "나는 충분히 해줬다고 생각하는데?(내가 그것에 관심 가지는 것처럼 보여요?)"라는 식의 태도
2. 거절(brush-off): 고객을 완전히 무시함으로써 고객을 제거하려는 태도. "저리 가" 증후군
3. 냉담(coldness): 고객이 정말 원하는 것에 신경을 쓰지 않는 무관심한 서비스 제공자
4. 생색(condescension): "당신은 고객/환자, 그래서 당신은 무지해"라는 접근 방식
5. 로봇주의(robotism): 고객이 처리되어야 하는 시스템의 투입 요소로 간주하는 태도
6. 규칙서(rulebook): 조직 내의 규칙이 중요한 영향을 주지 않음에도 불구하고, 조직의

규칙에 따라 행동하는 서비스 제공자

7. 핑계(runaround): 고객을 다른 제공자에게 넘기고 계속해서 또 다른 서비스 제공자에게 넘기는 것

이러한 행동은 "통제를 위한 싸움(fight for control)"으로 이해될 수 있다. 8장에서 말했듯이, 사람들은 상황을 통제하고자 하는 뿌리 깊은 욕구가 있다. 이것은 소비자에게서처럼 서비스 제공자에게서도 사실이다. 일이 잘못되면, 그들은 누가 통제하고 있는가를 위한 싸움으로 악화될 수 있다. 갈등을 피하는 가장 간단한 방법은 고객을 피하는 것이다. 주문을 원하는 고객에게 주의를 기울이지 않는 종업원이 예가 될 수 있다. 이것은 종업원에게 서비스 인카운터에 대한 개인적 통제감을 증가시키는 것을 허용하도록 해준다. 이것은 무관심, 거절, 냉담 심지어 "DILLIGAD(Do I look like I give a damn?, 내가 그것에 관심 있는 것처럼 보여요?)"으로 지각된다. 이에 대한 대안적 접근 방법은 고객이 개인이 아니고 처리되어야 하는 무생명체로 취급받게 되는 인간-프로세싱 방식(people-processing model)[15]으로 이동하는 것이다. 이것을 "로봇주의" 혹은 "규칙서"라고 한다. 그러나 이것은 어떤 사람과 공감하거나 어울리기 위하여 경계 관리자의 요구를 감소시킴으로써 충돌이 일어나도록 한다.

경계 관리자는 서비스 인카운터에 대한 통제감을 유지하기 위하여 다른 전략들을 사용한다. 물리적 상징과 가구들은 종종 종업원들의 지위, 즉 통제감을 상승시키는 데 이용된다.[16] 책상 밑에 숨는 것도 갈등에 대처하는 한 가지 방법이기도 하다.

승무원들이 기내 안전방송을 선택하는 것은 지루함에 대항하고 역할 내 갈등을 위한 또 다른 전략을 보여줄 수 있다. Southwest 항공은 승무원들에게 개성(personality)을 고객과 상호작용에 활용하도록 격려하였다. 한 승무원이 승객에게 "오늘 저는 다섯 번의 비행을 했고, 또 다른 정기방송은 나를 잠에 빠뜨립니다."라고 하였다. 그리고 나서 그는 승객과 함께 랩핑(raps)을 하였다.[17]

역할 갈등과 모호성의 극단적인 예는 서비스 제공자가 **서비스 사보타지**(service sabotage)[18]를 일으키는 것이다. 이러한 행동은 서비스 제공자에게 통제가 되돌아가게 하거나 통제감을 갖도록 해준다. 몇 가지 사례에서 이러한 사보타지 — 까다로운 고객에게 소량이나 상한 맥주를 제공하는 것 — 는 비밀로 유지되었다.

다른 경우에는 서비스 제공자 팀 전체가 고객과 고객을 통해 게임과 트릭을 직접하는 방식으로 공개적으로 하는 경우도 있다. 이것은 서비스의 마비(breakdown)를 의미하지만, 우리가 생각하는 것보다 훨씬 더 일반적이다. 182명의 일선 서비스 담당자에 대한 설문 조사에 따르면, 응답자의 90%가 서비스를 줄이거나 망치기 위한 악의적인 의도를 갖고 있는 것으로 나타났다. 한 사건에서 조종사가 자신과 동료들이 조종실과 기내에 총기를 가지고 있다고 설명하는 것이 테러범을 저지하려고 한 것인지, 아니면 서비스 사보타지에 참여한

것인지의 여부는 확실하게 밝히기 힘들다.

종업원이 조직/고객 갈등을 줄이기 위해 사용하는 대안 전략은 고객과 완전히 관련된다. 그들이 동의하지 않는 규칙을 준수하도록 강요당하면, 경계 관리 담당자는 고객이 동의하지 않는 조직에 대한 다른 모든 사항을 나열한다. 이런 식으로 종업원들은 고객으로부터 동정을 구함으로써 스트레스를 줄이려고 노력한다.

9-2b 마케팅은 어떻게 일을 더 좋게 또는 더 나쁘게 할 수 있을까

마케팅은 역할 스트레스를 일으킬 수도 있고, 감소시킬 수도 있다. 마케팅은 주요한 전략적 변화를 주지 않고도 서비스 종업원의 스트레스 수준을 줄이는 데 도움이 될 수 있고, 그렇게 하는 것이 마케팅의 최고 이익이다. 명확하게 불행하고, 좌절하고, 동의하지 않는 고객 접촉 담당자는 고객들에게 눈에 띄고, 궁극적으로 서비스 질에 대한 소비자 지각에 영향을 준다. 고객은 웨이터에게 무시당하는 것이나 무생명체로 취급받는 것을 분명히 좋아하지 않을 것이다. 만약 고객 접촉 종업원이 서비스 인카운터에 대하여 그들의 통제감을 극대화하고자 한다면, 그것은 고객에 의하여 느껴진 통제의 양을 희생시킬 가능성이 높다. 게다가 비록 고객은 조직이 훌륭한 서비스를 제공하는 것을 멈추도록 하는 서비스 제공자의 설명에 동정할 수 있다 할지라도 고객은 여전히 조직에 대한 부정적 지각을 갖게 될 것이다.

개인/역할 갈등 감소 마케팅은 개인과 할당된 과업 간의 갈등을 단순히 그러한 이슈에 민감하게 하거나, 종업원으로부터 투입 요소(inputs)를 적극적으로 찾는 것으로 감소시킬 수 있다. 본사에 꿈꾸는 프로모션 전략은 브로셔에서 멋지게 보일 수 있다. 예를 들면, 중세풍 테마의 호텔에서 하루를 보내는 것은 거의 확실하게 훌륭한 PR(public relations) 가치를 갖고 있으나, 어색하고 이상한 옷(불편한 것은 말할 필요도 없다)을 입는 것에 대한 요구를 받았을 때, 종업원은 어떻게 느낄 것인가? 서비스를 대면하는 동안의 고객과 종업원의 관계에 영향을 미치는 이런 의상들을 어떻게 할 것인가?

마케팅은 서비스의 질을 향상시키기 위해 운영 프로세스 내에서의 변화를 추천할 수도 있을 것이다. 그러나 서비스 제공자가 새로운 스크립트(script)로 훈련이 잘 되어 있는 것을 확인하는 것이 중요하다. 그렇지 않다면 서비스 제공자는 고객의 존재에 매우 쉽게 당황할 수 있다. 이 상황은 만약 고객이 종업원보다 새로운 스크립트를 더 알고 있는 상황에서 광고가 된다면 더 악화될 수 있다.

조직/고객 갈등 감소 비슷하게, 마케팅은 조직과 고객 간의 갈등을 줄이는 데 도움을 줄 수 있다. 예를 들어 고객의 기대가 서비스 시스템의 역량과 일치하는 것은 중요하다. 고객은 서비스 시스템이 제공할 수 없는 서비스를 요구하지 말아야 한다. 광고는 그 영향을 극대화하기 위한 유혹을 만드는 과장된 기대를 만드는 주요 원인 중의 하나이다. 예를 들어 비행하는 동안 승무원이 어린아이에게 이야기를 읽어주는 것을 묘사한 광고를 생각해보자. 그것을 믿기 때문인지, 유혹에 저항할 수 없었기 때문인지, 많은 승객은 광고 그대로를 받아들였고, 자신의 아이에게 이야기를 읽어줄 승무원을 불렀다. 결국 항공사는 광고가 보여주고자 했던 돌봄 이미지와는 멀어졌고, 결과적으로 승무원들에게는 갈등의 요소가 될 수 있다.

고객 간의 갈등 감소 고객 간의 갈등은 만약 고객들의 기대가 상대적으로 동질적이라면 피할 수 있다. 서비스의 비분리성 때문에, 고객들은 종종 다른 고객들과 그들의 서비스 경험을 공유한다. 그러므로 성공적인 서비스 회사는 2개 혹은 그 이상의 다양한 집단이 동시에 만나서 공유하는 기회를 최소화하는 효과적 세분화의 중요성을 인지하고 있다. 모든 고객이 같은 스크립트를 공유하고 동일한 서비스 표준을 기대하는 만큼, 고객 간 갈등의 기회는 많이 감소한다. 호텔 점심식사에서 레저 관광객을 컨퍼런스 고객들과 같이 있도록 하는 것은 상이한 세분시장들의 상이한 시간압박으로 인하여 갈등을 크게 유발시킬 수 있다.

9-3 적정한 분위기로 서비스 실시

하위 서비스 제공자는 업무적 특성상 내재된 갈등이 발생될 수 있으나, 실제 일선 서비스 제공자들이 나쁜 서비스를 제공하려는 의도를 갖고 있는 것은 아니기 때문에 그러한 갈등은 해소될 수 있다.

그러나 서비스 제공자는 서비스 관행, 절차 및 보상을 받는 행동의 종류에 대한 공유된 지각에 의해서 영향을 받을 것이다. 그러한 공유된 지각을 **서비스 분위기**(climate for service)라고 한다. 중요한 것은 좋은 서비스를 제공하는 것을 지원하는 서비스 분위기를 만드는 것이다. 그러나 일선 고객 접촉 직무는 거의 간단하고 범위가 좁아서 누구나 할 수 있도록 설계되어 있는 “바보 증명(idiot-proof)” 직무이다. 고용주는 서비스 종업원에 대해 많은 요구를 하지 않으며, 채용 기준은 최소이고, 임금이 낮다.

결과적으로 고객은 지식이 거의 없거나 부족한 서비스 담당자에 의해 낮은 품질의 서비스를 받거나 제대로 도움을 받지 못하게 된다. 고객은 종업원에게 참지 못하고 불만의 감정을 털어놓음으로써 제공하는 서비스가 좋지 않다는 것을 알고 있는 종업원들, 특히 성실한 종업원들의 동기를 떨어뜨린다. 최고의 종업원은 떠나고 훈련을 잘 받지 못한 신입사원으로 바뀌고, 서비스의 악순환이 계속된다.

비교해보면, 서비스 몰입(service commitment)이 높을 때 서비스 기업은 서비스 제공과 직접 관련이 있는 일을 하는 것에 대한 열정을 보여준다. 예를 들어 2000년 Fortune지에서 선정한 일하기 좋은 직장(Best Place to Work)에서 1등으로 선정된 The Container Store의 종업원 의견을 고려해보자.[19]

- "난 우리 회사를 좋아해요. 왜냐하면 고객 서비스가 최고거든요!!!! 모든 고객이 언제든지 우리의 전화를 쓸 수 있어요"
- "우리들은 가족적 가치(family value)"로 성장해왔는데, 동일한 가치, 철학, 그리고 설립 원칙을 갖고 있는 회사를 찾기가 쉽지 않아요. 우리 회사에서 일하는 것은 마치 새로운 가족들과 매일 만나는 것과 같아요."
- "이 회사를 위해서 일한다는 것은 저를 더 좋은 사람으로 만들어주고 있고, 확실히 이 세상을 더 좋게, 더 좋은 장소로 만들고 있어요."
- "나는 휴가가 있을 때 항상 모두를 그리워해요."
- "난 절대 떠나지 않을 겁니다."

종업원들은 고객 의견에 대한 기업의 관심 및 대응뿐 아니라 고객에게 제공된 서비스 전달 프로세스와 제품에 대하여 종종 그리고 우호적으로 말한다.

9-3a 서비스 분위기 조성

서비스 분위기를 조성하기 위한 세 가지 핵심 동인은 직무 스트레스와 모호함을 최소화해야 하는 **작업 용이성**(work faciliation), **부서 간 지원**(interdepartmenal support), 그리고 인적자원 관행이 있다.[20] 처음 두 가지는 서비스 조직의 장소에 있어야 하는 기본적 서비스의 토대이다. 서비스 담당자는 그들이 원해서 하는 좋은 서비스를 전달하기 위한 능력을 갖추어야 한다. 장비, 프로세스, 그리고 증가하는 정보기술들이 직무를 수행하는 데 갖추어져야 한다(작업 용이성). 항공사의 탑승수속 에이전트는 탑승 시스템과 일이 이루어지기 위한 탑승 카드 판독기를 필요로 한다. 만약 그것들이 준비되어 있지 않는다면, 서비스는 힘들어지고, 2차적 효과로 서비스 제공자가 불평을 받게 되고, 동기부여가 되지 않으며, 서비스 분위기가 안 좋게 된다. 분리된 서비스 종업원은 없다. 그들은 모두 서비스 조직의 나머지 부분에 의존한다. 탑승수속팀은 비행기가 이용 가능하고, 서비스되고, 연료가 공급되고, 승무원이 있을 때에만 서비스를 제공할 수 있다. 다른 부서의 비행 승무원, 유지 보수 및 기내 승무원은 탑승수속 팀이 제공하는 서비스에 중요하다(부서 간 지원).

종업원이 자신의 일을 성공적으로 수행할 수 있기 위한 토대를 만들면, 서비스 분위기는 서비스 전략에 맞게 설계된 서비스 지향적 HR 정책들과 관행의 형태로 구축될 수 있다. 만약 사람이 보상을 받는 것이 매니저가 그들을 칭찬하는 것과 일치하지 않는다면 모호성과 스트레스가 있을 것이다. 만약 공언된 전략이 "우월한 품질(superior quality)"이지만 모든 내부적 성과 측정치가 비용관리를 기본으로 한다면, 그때는 적정한 분위기 조성이 확실하

〈도표 9-2〉 서비스 HR 수레바퀴

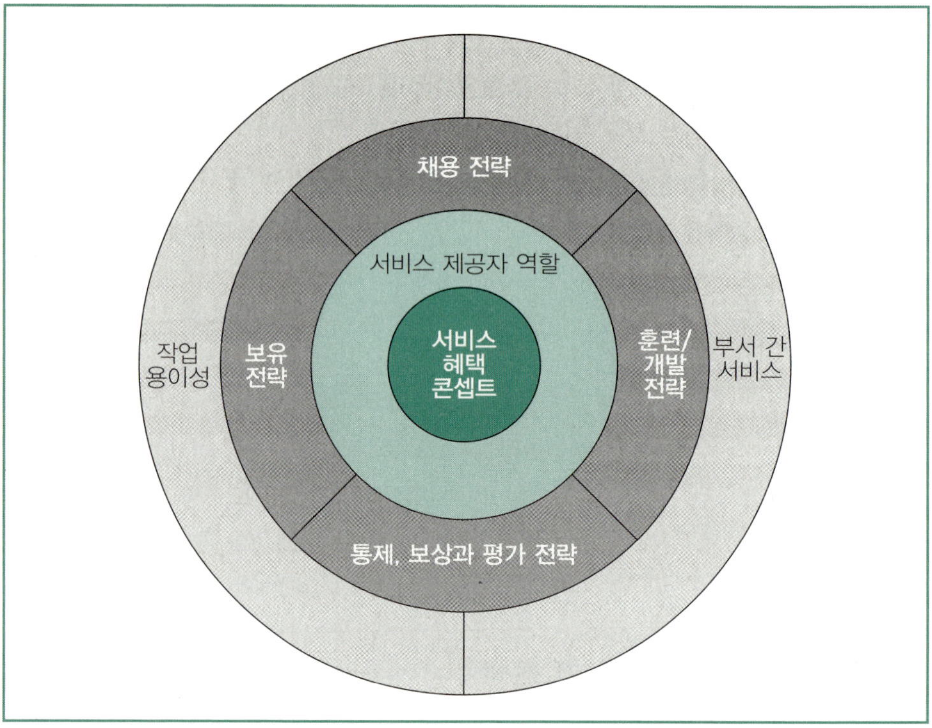

지 않을 것이다. 인적자원 정책과 절차들은 각각 그리고 서비스 전략과 일치해야 한다. 서비스 인적자원관리 관행들은 〈도표 9-2〉 **서비스 HR 수레바퀴**(Service HR Wheel)에서 보는 것처럼 광의의 범주로 구분될 수 있다.

서비스 제공자 역할 정의 수레바퀴의 중심에는 서비스 제공자의 역할을 정의할 수 있는 기업이 제공하려고 하는 서비스 혜택 콘셉트가 있다. 뉴욕, 펜실베이니아, 뉴저지, 매사추세츠, 메릴랜드, 버지니아에서 거의 100개 점포에서 4만 명 이상의 종업원을 고용하고 있는 슈퍼마케팅 체인인 Wegmans의 예를 생각해보자. 2009년의 추정 수익은 4억6천만 달러였다. 새로운 Wegmans의 매장들은 전형적인 슈퍼마켓 사이즈보다 3배나 더 큰 13만 평방피트를 자랑한다. 2005년에 Wegmans의 운영 마진은 미국의 "빅4"(Albertson's, Kroger, Safeway, and Ahold USA) 수익의 2배로 보고되었으며, 평방피트당 판매량은 산업 평균보다 50% 높았다.

Wegmans 성공의 숨겨진 중요 요인 중 하나는 미래의 식료품점이 슈퍼마켓 이상으로 될 것이라는 예측과 오로지 가격으로만 경쟁할 것이 아니라는 것이었다. 오늘날 슈퍼마켓의 가장 큰 도전과제는 점포에서 그 누구도 강제적으로 쇼핑을 할 이유가 없다는 것이다. 식료품은 필수품으로 간주된다. 고객의 84%는 전통 식료품점이 거의 동일하다고 생각한다. 그 결과, 클럽 스토어(Sam's)와 할인점(Wal-Mart와 K-Mart)과 같은 전통적이지 않은 점포들이 시장에서 자리를 잡아가고 있다.

Wegmans는 거대한 세계적 판매점과 효과적인 경쟁을 하기 위해서 식료품 쇼핑이 강제적인 경험이 되어야 한다는 것을 알게 되었다. 종업원의 코멘트는 이러한 개념을 반영한다. "우리는 고객이 전에 가보지 않았던 곳으로 안내한다." "그곳에 가는 것은 단지 쇼핑이 아니라 하나의 이벤트이다." Wegmans의 경험은 상품과 서비스의 날카로운 결합을 일으켜 냈고 탁월한 남당사를 고용하고 유지하도록 하였다. 각각의 Wegmans 매장은 거대한 음식 상품 진열을 자랑하였고, 아름다운 장식을 개발하여 신선하게 구운 제품과 500개가 넘는 치즈 등을 포함한 제품들의 놀라운 구색을 갖추었다. Wegmans는 아이들의 놀이 공간, 드라이클리너, 포토존, 화원, 와인 매장, 약국, 그리고 서점도 갖추었다.[21] 이 모든 것만으로는 충분하지 않다. 그것은 매력적인 경험을 창출하는 서비스 환경과 결합되어야 한다.

그러나 같은 산업 내에서 서비스 제공자의 역할을 정의하기 위해 두 가지 대안적 접근을 고려해보자. FedEx와 UPS. FedEx는 Malcolm Baldrige Quality Award를 수상한 최초의 서비스 조직이다. 파란색, 하얀색, 그리고 빨간색 비행기와 유니폼 이면에는 변화하는 욕구를 가진 고객들에게 유연하고, 창조적 서비스를 제공하는 것과 관련된 자가관리 작업팀, 잘 꾸며진 계획, 그리고 권한이 부여된 종업원들이 있다. 대조적으로 UPS에서는 유행에 민감한 사람들과 수익을 발견할 수 있지만 동일한 수준의 권한 부여를 찾을 수 없다. 대신 통제, 규율, 상세한 협회 계약, 그리고 신중하게 연구된 작업 방법들이 있었다. UPS는 종업원들이 개별 고객의 욕구를 충족시키기 위해 비상한 노력을 할 것이라는 전제를 만들지 않는다. 그러나 우리가 발견할 수 있는 것은 고객에게 믿을만하고 저비용의 서비스를 보장하는 것을 돕는 엄격한 운영지침이다.[22] 그러나 두 조직에는 고객을 위해 일하는 것에 최선을 다하고 고객에 의해 지각되고, 칭찬받는 "서비스 분위기"를 조성하는 동기화된 종업원들이 있다.

인적자원관리를 위한 목표들을 설정하기 위해 우리는 보여줘야 하는 행동의 관점에서 서비스 제공자들의 역할을 정의해야 한다. 역할 정의는 서비스 선택과 함께 시작된다. 모든 것은 마케팅 전략과 조직이 경쟁적 우위로 선택한 혜택 개념으로 시작한다. 이것은 그 콘셉트를 지지하기 위해서 생성된 시스템과 기술을 결정한다. 기술 그리고 혜택 콘셉트는 제공자의 역할을 정의해준다.

여러 지역에서 제품과 서비스의 일관성을 보장하는 브랜드화된 서비스 조직은 시스템과 구조를 일치하게 구축할 것이다. McDonald's 레스토랑의 프로세스와 시스템들은 서비스 전달을 표준화하도록 설계되었다. 그들의 가격결정과 경제성은 서비스 전달자의 유형과 비용을 결정한다. 그러한 역할에 의해 요구되는 행동이 발생되며 엄격하게 제한된다. 전반적으로 고객에게 친절하게 말하는 종업원들과 고객화된 주문들은 일관성과 약속된 스피드와 양립할 수 없다. 서비스 제공자의 역할은 엄격하게 설계된 형식의 부분이다.

UPS와 FedEx가 보여주는 것처럼, 동일한 산업 내에서조차도, 다른 전략이 다른 해결책을 이끌 수 있다. 다른 예로 호텔 산업과 서비스 제공자의 잠재적인 역할 정의들에 대해 생각해보자. 호텔산업은 호텔등급시스템(star rating system)에 따라 세분화된다. 고객은 3성급 호텔과 1성 또는 5성급 호텔 별로 다른 서비스 수준을 기대할 수 있다. 마찬가지로 고객은 가격이 이에 따라 달라질 것으로 예상한다. 5성급 호텔의 서비스 제공자 역할은 하위 수준의 호텔과 매우 다르게 정의된다.

서비스 HR 수레바퀴의 중심에는 서비스 제공자가 해야 할 역할이 위치한다. 이것은 제공자가 필수적인 기술들로 뒷받침하여 보여주어야 하는 일련의 행동들이다. 만약 정의가 올바르다면, 기대되는 것에 대하여 종업원들의 모호성은 없어야 한다. 그들의 관리자들과 상위 관리자는 자신의 역할이 동의된 전략(agreed-upon strategy)을 기반으로 하기 때문에 그들 모두는 그들의 역할과 일치되어야 한다. 일단 역할이 정의되면, 이는 수레바퀴의 다음 층, 즉 적합한 사람의 채용 전략, 능력 있는 서비스 종업원의 개발 전략, 서비스 종업원에 대한 통제·보상·평가 전략, 그리고 서비스 종업원의 유지·보유 전략을 움직이게 한다.

적합한 사람을 채용하기 모든 사람이 경계 관리 역할의 스트레스와 긴장에 적합한 것은 아니다. 그러나 몇몇 사람은 매일의 고객 접촉과 이것이 가져오는 즉각적인 피드백을 잘 해낸다. 따라서 채용 전략은 정의된 역할에 적합한 사람을 찾도록 설계되어야 한다.

Neiman Marcus Retail Group의 사례를 생각해보자. 그들은 이미 점포에서의 많은 역할에 적합한 후보자들을 심사하고 평가하기 위해 심리평가(psychometric assessment)를 이용하였다. 그러나 새로운 인적자원 정보 시스템(HRIS)을 시작하면서 그들은 기업 내의 테스트를 표준화하고, 원격 웹 기반 검사로 이동하였고, 그 결과를 HRIS로 통합하기를 원했다. 이러한 평가 접근법은 전 세계의 블루칩 서비스 사업자에 의해 사용된다. 검사는 오로지 직무에 요구되는 역량이나 행동만을 근거로 개인을 차별화하도록 주의를 기울여야 한다. 이것은 고용의 질을 향상시킬 뿐만 아니라 소수자에 의한 차별 주장으로부터 채용담당자를 보호하는 역할을 한다.

종업원 표준 테스트를 만들기 위해 SHL 그룹은 최고의 영업 성과 및 우수한 재직 기간 기준을 충족시키는 기존 종업원을 검토하여 주요 역량, 태도 및 행동을 정의하였다. 일련의 스크리닝 테스트가 도입된 후, 새로운 시스템을 출시하기 전후에 매장을 비교하여 결과를 평가하였다. 종업원 이직률은 오래된 접근법과 비교해 새로운 프로세스를 사용하면서 18% 감소되었고, 시간당 판매는 15.4% 증가되었다. 노동 시장에서 새로운 프로세스는 또한 24시간 면접-고용-주기를 제공한다.[23] (이러한 종류의 테스트를 경험하고 싶다면, 연습 사이트인 CEB.SHL.com을 이용할 수 있다.)

e-서비스 활동 사례

경제침체기가 구인 게시판을 만났을 때

Jeff Taylor는 1994년에 처음으로 Monster.com이라는 웹사이트에 등록을 하였다. 이것은 첫 번째 구직 게시판이었지만, 이후 수천 개의 비슷한 사이트가 개설되었다. 전 세계의 구직 게시판은 대부분의 국가에서 구직 후보자를 찾는 원천에 지대한 영향을 미쳐, 대부분의 국가에서 신문에서 구직을 하기 위해 지출하는 비용을 넘어섰다.

구직 게시판은 또한 각 직업에 대한 지원자의 수를 혁신적으로 늘렸다. Wall Street Journal에 게재된 최근 미국의 대규모 채용 담당자를 대상으로 한 설문조사에 의하면, 지원의 용이성과 채용 모집 지역(catchment area)이 확대됨에 따라 미국에서 직무당 평균 지원자 수가 100명을 넘었으며 이들 지원자 중 35%만이 게시된 내용에 대한 기본 교육 및 기술적인 업무 요구 사항을 충족시키는 것으로 나타났다. 이것은 구직자 중 질이 낮은 "연속 지원자"(한 번에 여러 포지션에 온라인으로 신청하는 구직자)가 많았던 이유로 설문조사에 응답한 채용 담당자들은 이력서를 검토하는 데만 일자리당 평균 9.5시간이 걸렸다고 답했다.

영국 내 일자리 신청자는 미국과 같은 수준에 이르지 못했지만 2014년 4/4 분기에는 영국 최고의 구인 게시판에서 일자리당 평균 지원자가 20명이 넘는다. 그러나 다음의 지원자/직무 연계 테이블을 보면, 서비스 접촉 담당자 직무에서는 큰 편차가 있다.

비서직	42명 지원/직무
고객 서비스	31명 지원/직무
소매업	24명 지원/직무
케이터링과 호스피탈리티	22명 지원/직무
여행과 레저	19명 지원/직무

영국의 콜센터 업계에서 구직 게시판과 웹사이트 지원자는 경기 침체 이전에 지원자 대 직무의 비율을 16대1로 증가시켰다. 나중에는 그 비율이 26대1로 증가되었다. 따라서 콜센터 산업에서 채용 부서는 46만 개의 직무에서 각 직무당 약 26명의 지원자를 매년 심사하거나, 1년에 약 1,200만 건의 이력서를 필요로 한다.

Source: Totaljobs Barometer (**www.totaljobs.com**).

Neiman Marcus는 선발(selection)이 채용 과정의 핵심 부분이라는 고객에 대해 적합한 성향을 갖고 있으며, 올바른 행동 또는 능력을 보여주는 성향을 가진 사람을 찾도록 해준다는 것을 인지하였다. 숫자 감각을 갖고 있는 은행원처럼, 역할이 특정한 능력을 요구하는 곳에서, 개성 테스트(personality tests)는 능력 테스트(ability tests)에 의해서 보완될 수 있다. 역할에 적합한 사람을 선발하는 것이 다양한 혜택을 준다는 것을 깨닫는 것은 중요하다. 조직을 위해, 잘된 선발은 역할에서의 개인의 성과를 향상시키고 생산성과 서비스를 향상시킨다. 적합한 역할에 맞는 사람을 보유하는 것은 또한 직무에 적합하지 않은 서비스 제공자들이 겪는 역할 스트레스를 감소시켜준다. 이것은 그들의 행복을 증대하고 고객을 위한 역할 스트레스가 야기하는 병을 줄여준다.

채용 전략의 부분으로서 적합한 "**고용주 브랜드**(employer brand)"도 생성되어야 한다. 회사는 고객을 위해서뿐만 아니라 재능 있는 사람을 위해서도 경쟁한다. 전망 있는 종업원을 위한 가치 제안은 적합한 능력을 가진 충분한 종업원들을 발견할 수 있을 만큼 충분한 후보자 풀(pool)을 생성할 수 있도록 충분히 매력적이어야 한다. 이는 고용시장에 마케팅을 적용하는 것뿐이다. 커뮤니케이션, 브랜딩, 그리고 명제의 개발 기술은 동일하다.

역량 있는 서비스 종업원의 개발 훈련은 만족한 종업원들과 고객들을 생성시키는 핵심 요소이다. 훈련은 축적되고 비용이 많이 소요되므로 이러한 전략은 종업원 보유(employee retention)에 강한 초점을 맞추어 결합되어야 한다. 개발 전략(development strategy)은 새로운 종업원의 교육과 고용에서부터 어떻게 기반 시설과 기술을 이용하는지에 대한 기술 훈련, 어떻게 고객을 다루는지에 대한 대인관계 훈련, 그들의 다음의 역할을 위해 종업원들을 준비시키는 개발 훈련(developmental training)에 이르기까지 모든 것을 포괄한다.

"생산" 역할에서 활동할 새로운 종업원을 준비하고, 기존 종업원들의 기술을 유지하며 향상시키는 것이 **기술 훈련**(technical training)이며, 모든 것의 토대가 된다.[24] 종업원들은 콜센터의 정교한 고객관계관리 시스템이든, 패스트푸드 레스토랑의 복잡한 계산대이건, 또는 주문을 할 수 있는 종이 패드건 상관없이 제공되는 "기술"을 어떻게 사용할지 알아야 한다. 그들은 생산 공정에서 어디에 적합하고, 그 공정의 효율적인 운영을 보장하기 위해 필요한 것이 무엇인지를 알아야 한다. 과장된 비유를 사용하면, 서비스 제공자들은 생산을 위한 연출과 스크립트에서의 역할을 아는 것이 필요하다. 그들은 또한 소비자가 생산에서 수행해야 하는 역할을 이해해야 한다.

잘 개발된 스크립트로 신입 종업원을 훈련시키는 것은 널리 실행되는 절차이다. 예를 들면, 다음과 같은 내용을 포함한 구체적 스크립트로 신입 종업원을 훈련시키는 McDonald's의 방법을 보자.

- 고객 환영
- 주문에 대한 질문 (추가적인 아이템을 제안하는 것과 함께)
- 주문 확인 (시원한 음료 먼저, 뜨거운 음료 다음 등)
- 접시 위에 다양한 아이템을 놓기
- 고객이 닿을 수 있는 곳에 접시 놓기
- 돈 받고 거스름돈 지불
- "감사합니다" 그리고 "또 오세요"라고 말하기

대부분의 경우에, 말단인 하위 종업원들을 위한 스크립트에는 고객에게 무엇을 말할지에 대한 교육이 포함되기 때문에 직무의 기술적 측면 뿐 아니라 대인관계 훈련의 많은 부분이 포함된다.

기술 훈련에 부적절한 투자는 실패의 순환을 생산한다. 종업원은 긴장하고 준비가 안 된다. 그들은 일을 잘못하고 고객이 그것을 볼 수 있다. 고객이 종업원에게 불평하고 상황

iStockphoto.com/Matejmm

서비스 인카운터의 비분리성으로 인하여, 효과적 서비스 훈련은 기술 훈련과 대인 간 훈련을 포함한다.

을 더 악화시킨다. 종업원은 불만족하고 훈련에 대한 모든 투자를 쓸모없게 하면서 떠난다. 높은 이직 비용은 경영진이 수익성을 유지하기 위한 노력으로의 훈련을 줄이도록 한다.

더욱 어려운 훈련은 고객을 다루기 위한 기술과 능력의 개발을 포함한다. **대인 간 훈련**(interpersonal training)은 기술적 지식의 강력한 토대 위에 이루어져야 한다.[25] 종업원들은 본능적으로 고객을 다루는 에너지를 비축하면서 공장(회사)를 운영할 수 있어야 한다. 관리자들을 위해 개발되었던 많은 방법이 하위 서비스 종업원들의 대인관계 훈련을 위해 사용된다. 이러한 방법은 민감성 훈련(sensitivity training), 역할 훈련(role-playing), 그리고 행동 모델링을 포함한다.

민감성 훈련의 예로는 새로운 버스 운전기사들이 버스 대신에 안내 데스크에서 첫 주를 보내는 것을 들 수 있다. 여기서 그들은 승객의 "실재(實在)"를 만나기 전에 그들을 민감하게 하는 승객의 문제와 불평 등을 이해할 수 있다. 점포와 호텔의 오프닝은 역할 훈련의 전형적 예이다. 대중에게 가게를 오픈하기 며칠 전, 다른 종업원들이 고객들의 역할을 한다. 이는 모든 우려에 대한 대인관계 훈련으로서 행해진다.

행동 모델링(behavioral modeling)은 개인이 다른 사람들을 범주화할 수 있는 전형적 예(stereotypes)와 상이한 범주를 다루는 방법에 대한 단서(clue)를 제공한다. 까다로운 고객을 어떻게 다루는지에 대한 〈도표 9-3〉의 예를 생각해보자. 고객은 항상 너그러운 사람만은 아니며, 방해하는 행동은 다른 고객들에게 영향을 미칠 뿐 아니라, 서비스 종업원에게도 영향을 준다.[26] 개발된 전형적인 최악의 고객 프로파일은 5개로 구분된다. 실제로, 모든 고객 중 최악의 고객은 5개 유형 중 하나이다. 서비스 제공자들은 각 유형을 다루는 데 상이한 방법을 제공한다.

"지옥에서 온 고객(customers from hell)"을 다루는 경우, 종업원들이 이러한 유형의 고객에 개인적으로 맞서지 않는다는 것은 어려운 일이다. 소비자 프로필은 종업원들이 다양한 유형의 어려운 고객에 대비하고, 실제로 발생하는 갈등의 양을 최소화할 수 있는 전략을 제공해야 한다. "오, 그냥 Edgar야."처럼, 고객을 별개의 프로필 유형으로 보는 것은 종업원의 상황을 비개인화하는 데 도움이 된다. 이것은 각 고객을 개인으로 취급해서는 안 된다는 것이 아니며, 고객 불만과 불평 행동이 지나치게 개인적으로 처리되서는 안 된다는 것이다. 많은 조직은 공짜로 얻어먹는 Freda 또는 이기적인 Edgar 외에도 다른 프로필을 가지고 있지만, 어려운 고객을 다루기 위해 종업원을 교육할 때 회사별 프로필을 사용하는 경

<도표 9-3> 전형적인 "지옥에서 온 고객들"과 그들을 다루는 전략

이기적인 Edgar

이기적인(egocentric) Edgar는 Carly Simon이 「You're So Vain」이라는 노래를 쓸 때 마음속에 두었던 남자이다. Edgar는 그가 어떠한 이유로든 일렬로 서야 한다고 믿지 않는다. 그는 즉각적 관심을 필요로 하지 않는 다양한 것에 대한 서비스를 앞장서 요구할 것이다. 만약 회사의 신념이 "우리는 봉사를 위해 여기에 있다."라고 한다면, Edgar는 그 메시지를 "당신의 회사는 나의 욕구를 위해, 그리고 바로 지금 당장 나의 욕구 해결을 위한 서비스 제공을 위해 존재한다."로 해석한다.

Edgar의 또 다른 못된 특성은 그가 "책임자"에게 다가가기 위해 일선 종업원을 함부로 대한다는 것이다. Edgar는 일선 종업원을 단지 많은 고려 사항을 받을 만한 해진 속도 범프처럼 대할 것이다. 일단 그가 최고경영자에게 다가가면, Edgar는 상위 경영진을 비하하기 위한 기회를 이용하고 그가 어떻게 일이 되어야 하는지 아는 것을 입증한다.

Edgar를 다루는 것은 특히 일을 새로 맡거나 자신의 능력에 대한 확신이 없고, 타인에게 쉽게 내둘리는 성격의 서비스 제공자에게는 골칫거리이다. Edgar를 다루는 핵심은 그의 자아에 호소하는 것과 동시에 그의 자아가 서비스 종업원의 자아를 파괴하지 않도록 해야 한다. Edgar는 서비스 종업원이 어떤 기능도 수행할 수 없을 것이라 믿고 있으므로, 그의 문제를 해결할 수 있는 능력을 보여주는 행동을 취해야 한다. 이는 Edgar를 놀라게 할 것이다. 게다가 절대 Edgar에게 서비스 정책에 대해 이야기하지 말라. Edgar는 그가 특별하다고 생각하므로 다른 사람들에게 적용되는 규칙은 그에게 적용하지 말아야 한다. 정책이 여전히 Edgar에게 적용되도록 해야 하지만 당신이 정책을 다시 언급하고 있다는 것을 그가 알게 하지 않도록 해야 한다. "Edgar님을 위해, 나는 다음과 같이 할 수 있습니다(For you Edgar, I can do the following). …"이라는 구절—여기서 "다음은(the following)"은 단순하게 정책—은 여전히 그를 조직의 정책들 내에서 관리하면서 Edgar의 자아에 호소해야 할 것이다.

비방을 즐기는 Betty

비방(bad-mouth)을 즐기는 Betty는 그녀가 당신에 대해 어떻게 생각하는지와 당신의 조직에 대해 어떻게 생각하는지, 그리고 그 둘의 가치에 대해서 서비스 종업원이 확실하게 알기를 원한다. 만약 옳지 않다고 생각되면, 그녀는 크게 소리치고 욕하거나 민감해하지 않을 것이다. 그녀는 서비스 종업원에게뿐 아니라 그녀의 불쾌한 경험을 공유하는 다른 고객들에게까지도 매우 무례하다.

Betty를 다루는 방법은 적어도 네 가지 옵션을 구성한다. 먼저, Betty가 그녀의 막돼먹은 언사는 서비스 환경을 오염시키기 때문에 다른 고객들의 서비스 환경을 더 이상 오염시키지 않기 위해서 그녀를 "다른 방(offstage)"으로 이동시켜야 한다. 일단 격리시키면, 한 가지 옵션은 그녀의 좋지 않은 언사를 무시하고, 문제의 핵심을 결정하는 것을 듣고, 그리고 적절한 조치를 취하는 것이다. 이는 특히 만약 그녀의 언어가 지나치게 모욕적이거나 개인적이라면 행하기 어려운 옵션이다. 두 번째 옵션은 당신이 그녀의 말을 듣고 있고 그녀의 편에서 있다는 것을 Betty에게 보여주는 시도에서 선별적 동의(selective agreement)를 이용하는 것이다. 선별적 동의는 "당신이 옳아요. 당신의 에그 맥머핀(Egg McMuffin)이 오래 걸리기 때문에 10분만 기다리세요."와 같은 별로 중요하지 않은 이슈에 대해 Betty에 동의하는 것을 포함한다. 그러나 당신의 상사가 정말 "SOB(son of bitch: 욕)"라는 Betty의 말에 동의하는 것은 바람직하지 않다. 왜냐하면 Betty는 차후에 그녀의 이점을 위해 이를 쉽게 사용할 것이기 때문이다. 모든 좋은 서비스 기업이 신중하게 고려해야 하는 마지막 옵션은 "이슈를 강요하는 것"이다. 다른 말로 하면, Betty가 당신이 그녀의 문제를 해결하기 위해 그녀를 기꺼이 돕고 싶어 하지만 당신이 그녀의 모욕적인 언사를 들어야 할 필요는 없다는 것을 알도록 하라는 말이다. 만약 Betty가 계속해서 거칠게 말하고, 전화를 끊고, 가버리고, 또는 그녀가 알도록 하는 데 필요한 어떤 일이든 한다면, 그녀가 혼자 해야 한다는 것을 알도록 해야 한다. 대부분의 경우에, 그녀는 전화를 다시 하거나, 걸어와서 사과하거나 당신에게 당신의 일을 하게 하도록 허락할 것이다.

히스테릭한 Harold

히스테릭한(Hysterical) Harold는 날카롭게 외치는 사람이다. 만약 그가 자신의 해결 방식을 얻지 못하면, 얼굴색은 변할 것이고 정맥은 말 그대로 그의 목으로부터 튀어나올 것이다. "Harold는 우리 모두의 내면에 있는 아이

<도표 9-3> 전형적인 "지옥에서 온 고객들"과 그들을 다루는 전략 <계속>

의 어두운 면을 입증한다. … 그는 전형적으로 끔찍한 두 살의 어른 형상인 성질을 부리는 사람이다. 오로지 더 크게 매우 크게."

Harold를 다루는 것은 여러 방면에서 Betty를 다루는 것과 같다. 이 두 가지는 서벅션 모델의 "다른 고객들"에 관련되어 다른 고객들의 서비스 경험에 부정적인 영향을 준다. 결과적으로, Harold를 격리하고 다른 고객들에게 서비스 접점에서의 나머지를 즐길 수 있는 기회를 주어야 한다. Harold는 문제가 생기면 자신의 감정을 발산해야 한다. 격리할 때, 그가 감정을 발산하도록 허락하고 화가 그의 가슴 밖으로 나가도록 하여야 한다. 이것이 결과적으로 당신이 문제의 중심에 도달할 수 있게 하고 조치를 취할 수 있는 순간이다. 결과적으로, 문제의 책임을 져라. 동료 종업원들, 상사 또는 궁극적으로 책임이 있을 수 있는 다른 사람들에게 문제를 비난하지 말고 발생된 것에 대해 사과하고 더욱 정중하게 Harold의 문제에 대한 해결책을 제공하라.

독재적인 Dick

독재적인(Dictatorial) Dick은 자기중심적 Edgar의 사악한 쌍둥이라고 할 수 있다. Dick은 그가 그 전부터 모든 것을 해왔기 때문에 다른 사람들에게 정확하게 어떻게 그들의 일을 하기로 했는지 이야기하는 것을 좋아한다. 단지 당신이 혼동되지 않는다면, Dick은 당신에게 그의 지침이 쓰인 복사본을 제공할 것이다. 그 지침은 당신의 상사에게도 상사의 상사에게도 그의 변호사에게도 제공된다. Dick은 매우 쉽게 당신이 그 복사본에 서명하도록 할 것이다.

만약 그의 놀라운 지침들이 바라는 결과를 생산하지 못한다면, 이는 당신 회사의 잘못이고, 또는 더욱이 당신이 Dick의 훌륭함을 완전하게 이해하지 못할 정도로 무능력하기 때문에 당신의 잘못이다. 또는 아마 Dick의 편십증이 작용할 것이고, 이것이 그에게 당신이 고의적으로 그를 나쁘게 만들기 위해 그의 계획을 파괴하는 것이라 믿을 것이다. 당신은 아마 그렇게 되지 않을 것이다.

Dick을 다루는 것은 모든 이의 인내심을 테스트하는 것일지도 모른다. 핵심은 그가 당신을 함부로 대하지 않도록 하는 것이다. 종업원은 자신의 게임 플랜을 고수해야 하고, 모든 걱정에 대해 당신이 아는 적절하고 정교한 방법으로 서비스를 제공해야 한다. 다른 고객들이 존재하기 때문에 종업원은 개별 고객을 다루는 방법에 일관성이 있어야 한다. Dick이 항상 불평하는 "끼익 소리 나는 바퀴(squeaky wheel)"로 대우받지 않도록 해야 한다. Dick을 다루는 최고의 전략은 그를 위해 당신이 할 수 있는 것이 무엇인지 정확하게 간단한 방식으로 이야기하는 것이다. 만약 이것이 합리적이라면, 그의 요구를 충실히 이행하는 것은 Dick의 게임 플랜을 깨고, 충돌을 해결할 것이다.

공짜로 얻어먹는 Freda

공짜로 얻어먹는(Freeloading) Freda는 모든 것이 무료이길 원한다. 조금씩 해주면 해줄수록 그녀는 접시, 은식기류, 그리고 그 밖의 모든 것을 달라고 할 것이다. Freda는 당신의 정책을 한계점까지 밀어붙일 것이다. 만약 그녀 아이의 신발이 1~2년 안에 닳기 시작했다면, 그녀는 그것을 새것으로 바꿔달라고 할 것이다. 칵테일 드레스가 필요하면, Freda는 목요일에 하나를 살 것이고, 얼룩을 구멍 뚫은 상태로 월요일 아침 일찍부터 펀치 얼룩이 묻은 모든 것을 가져와서 교환 또는 환불을 할 것이다. 그녀의 신뢰성을 문제 삼아라. 그러면 Freda는 주위의 모든 사람에게 새로운 매체와 소비자거래개선협회(Better Business Bureau)를 포함하면서 … 피투성이인 살인자를 보는 것처럼 소리 지를 것이다.

많은 경우에, Freda를 다루는 것은 당신의 혀를 깨물고 참으면서 그녀에게 원하는 것을 주는 것을 포함한다. 일반 대중의 신념에도 불구하고, 세계의 Freda들은 아마도 당신의 고객 중 1~2% 정도를 차지할 것이다. 대부분의 고객은 정직하며 자신이 소비한 상품과 서비스에 대한 넷가를 지불해야 한다고 믿고 있다. 다른 가능성은 Freda의 행동을 추적하고, 그녀가 다른 곳에서 비즈니스를 할 수 있도록 그녀를 설득하기 위한 가능한 한 합법적 조치를 제안한다. 경쟁기업의 관리자도 그들의 지나친 남용을 피하기 위해 세계의 Freda들에 관한 정보를 공유한다. 결과적으로 Freda가 예외적이고 평범한 고객이 아니라는 것을 인정한다. 꽤 자주 Freda의 그녀의 동료를 물리치는 게 유일한 목적인 새로운 정책이 개발된다. 이 같은 새로운 정책들은 조직의 관료화가 더해지고 규칙을 따르는 고객을 처벌하기까지 한다. 상품을 반품하거나 서비스 보장을 청구하는 긴 양식을 제출하도록 하는 것은 대부분의 고객을 가치 있는 고객이 아닌 의심되는 범죄자로 취급하여 벌칙을 주는 일반적인 예이다.

향이 있다. 마지막으로 경고의 한 마디. 어려운 고객을 다루는 기술을 진정으로 습득한 종업원은 고객이 좋아하는 제공자가 되어 보상을 받는다. 좋지 못한 행위가 처벌받지 않는 경우는 없다!

9-3b 서비스 제공자 통제, 보상, 그리고 평가하기

종업원은 많은 이유에 근거하여 행동한다. 그중 가장 강력한 이유는 지시를 받는 것, 비교되어 평가되는 것, 무언가에 의해 보상받는 것이다. 불행하게도 서비스의 핵심적인 본질은 서비스 환경을 달성하는 데 너무 중요한 일관된 메시지를 보내는 것을 어렵게 만든다는 것이다. 서비스의 무형적인 본질은 상사가 성과를 직접 통제하기가 어렵다는 것을 의미한다. 종종 종업원들은 그들 스스로 실적의 통제 및 관리를 신뢰해야 한다. 소비자들이 능동적으로 서비스 생산 과정 안에 포함되어있다는 사실은 서비스 제공자들이 고객들의 욕구에 세심함을 보여야 하고, 그들의 행동을 안내하는 가이드로 그러한 단서들을 사용해야 한다는 것을 의미한다. 이러한 서비스 직업들의 특성들 때문에 서비스 조직들은 제조사들에 비해 실적 평가 과정 속에 고객들의 조언을 더 포함해야 한다.

동시에 일어나는 생산과 소비는 또한 품질 통제(quality control)가 전형적인 제조사의 "점검하고 수정하는" 방법으로 달성될 수 없다는 것을 의미한다. 이 대신에, 품질 통제는 전달의 시점에 일어나야 하며, 이것은 조직이 사용할 수 있는 성과 유형, 통제, 그리고 보상 시스템을 변화시킨다.

보상(rewards)이 **외재적**(extrinsic)(예: 급여)인 것인지 아니면 직업 그 자체를 즐기거나 동료와 감독관에게 인정을 받는 것, 또는 스스로의 도전과 의미 있는 목표의 달성과 같은 **내재적**(intrinsic)인 것인지를 기억하는 것은 중요하다. 많은 서비스 조직처럼 패스트푸드 체인은 별점 방식(star ranking system)을 기반으로 하는 프론트 라인 직무에 대해 "이달의 종업원(employee of the month)"이나 "승진" 같은 내적인 보상을 사용한다. 이들은 대부분 인정(recognition) 시스템이지만, 종종 조그마한 금전적 보상이 함께 제공된다. 이 모든 것은 역할 정의에 분명히 명시된 바람직한 행동을 강화하도록 설계된 것이다.

iStockphoto.com/JackF

종업원을 제대로 대우하지 않고 고객을 "왕(Kings)"처럼 대우하라고 요청하는 것은 결코 효과적인 인적자원 전략이 아니다.

일반적으로, 내적 보상이든 외적 보상이든 간에 효과적 보상 시스템(effective reward system)은 다음의 7개 조건을 충족시켜야 한다. 흥미롭게도, 많은 사례에서, 급여 한 요인만으로는 이러한 효과성 시험을 통과하지 않는다.

- **이용 가능성**(availability): 보상은 이용 가능하며, 실질적이어야 한다(역할에 비례하여). 충분한 보상을 받지 않는 것은 종업원들을 격려하기보다 바람직한 행동을 억제한다. 포상에 실망한 "이달의 종업원"보다 좋지 않은 것은 없다.
- **융통성**(flexibility): 보상은 누구에게나 언제든지 주어질 수 있도록 충분히 유연하고 탄력적이어야 한다. 보상이 즉시 주어질 수 있다면, 행동이 더 강화되는 것을 보여주는 많은 증거가 있다. "좋은 것을 보면 보상해주자." 영화 「Harry Poter」에서의 점수(House Points) 제도만을 생각해보자. 그것은 고전적인 내적 보상 제도이다.
- **가역성**(reversibility): 만약에 잘못된 이유로 잘못된 사람에게 보상이 주어지게 된다면, 그들은 길게 가지 못할 것이다. 보너스는 일생의 연금이 될 급여 인상보다 낫다.
- **유관성**(contingent): 보상은 바람직한 성과, 즉 바람직한 행동 기준과 직접적으로 관련되어야 한다. 오직 이 방법만이 조직의 나머지가 따르는 서비스 전략과 일치하는 보상이다.
- **가시성**(visibility): 보상은 반드시 눈에 보여야 하고, 보상에 대한 가치는 모든 종업원이 이해할 수 있어야 한다. 예를 들면, 경우에 따라 금전적인 보상은 공개적으로 인정받기 어려울 수 있으나, 가시적으로 잘 디자인된 보상에 대한 스키마는 일하는 이유로 작용할 수 있다.
- **적시성**(timeliness): 보상은 바람직한 행동에 따라 즉시 주어져야 한다. 만약 누군가 보상을 받아야 한다면 월말까지 기다리게 할 필요가 없다. 만약 그렇지 않으면 보상은 무의미해지거나 그 가치가 약해질 수 있다. 보너스는 오래 걸리는 급여 시스템을 통해 지급되기보다 현금이나 수표로 지급되는 것이 바람직하다.
- **지속성**(durability): 보상의 동기부여의 효과는 아주 오래 갈 것이다. 명판이나 큰 메달의 동기부여의 효과는 돈으로 주는 짧은 효과보다 더 오래 갈 것이다.

9-3c 권한 부여

이러한 HR 시스템의 설계는 앞에서 정의된 필수 역할을 기반으로 한다. 패스트푸드 모델부터 시작하자. 종업원들은 교육 과정에서 엄격하게 정의된 대본을 받는다. 우리가 보았듯이 대본은 대인 관계 상호작용의 많은 부분을 프로그램화한다. HR 시스템은 이 모델을 중심으로 구축된다. 예를 들어 평가에는 고객으로써 매장을 방문하는 미스터리 쇼퍼(mystery shoppers)가 포함된다. 그들은 같은 대본에 대한 품질을 측정한다. 요즘은 종종 스마트폰을 통해 비디오를 사용하고 매장의 적합성에 대해 점수를 매긴다. 이 점수는 성과 평가 시스템(performance evaluation system)과 관리자의 보상에 반영된다. 서비스 종업원에 대한 성과 검토는 대본을 기반으로 한다.

패스트푸드 모델의 제약에서조차도, 내적 보상의 다른 종류가 보상을 강화하기 위하여 서비스 제공자의 역할을 재설계함으로써 제공될 수 있다. 강화(enrichment)는 종업원의 권한 부여 및 참정권 부여로 발생된다. 권한 부여란 고객 접촉 종업원에게 재량을 주거나 "프론트 라인 종업원을 자유롭게 해주는 것"을 의미한다. **권한 부여**(empowerment)는 "교과서대로 일을 하는 것"과 상반된다. **참정권 부여**(enfranchisement)는 먼저 사람들에게 권한을 부여하고 그 성과를 인정하는 보상 시스템이 결합하여 논리가 수행된다. 두 경우 모두 책임과 자율성을 추가함으로써 역할이 향상되어 종업원의 책임 의식이 강화된다.

권한 부여는 확실하게 혜택을 가져온다. 권한이 부여된 종업원들은 더 고객 중심적이고 고객의 요구에 더 빠르게 반응한다. 그들은 실시간으로 상품을 고객화하거나 혼합할 것이다.[27] 권한이 부여된 종업원들은 서비스 실패에 더 긍정적인 방식으로 반응할 것이고 효과적인 서비스 회복 전략에 관여할 것이다.

권한을 부여받은 종업원은 자신과 직업에 대하여 더 좋게 느끼는 경향이 있다. 이것은 자동적으로 그들이 고객들과 소통하는 데 반영된다. 그들은 진정으로 따뜻하고 친절해질 것이다. 그러므로, 권한 부여는 불필요한 서비스 회복 비용을 절감할 뿐 아니라, 제품의 질도 향상시킬 수 있다.

일선에 가까울수록 권한을 부여받은 종업원은 지속적으로 서비스 전달 시스템의 좋고 나쁜 영향에 노출되는 위치에 있다. 이 종업원은 새로운 서비스 아이디어의 중요 요소이고 종종 고객을 대상으로 직접 조사하는 것보다 저렴한 시장조사의 원천이 된다.

권한 부여의 수준 UPS와 FedEX의 예로 증명되었다시피, 높은 수준의 권한 부여는 모든 회사를 위한 것이 아니다. 회사들은 사실 완전히 권한이 부여되는 종업원들에 의해 성공적일 수 있다. 하지만 권한 부여 접근 방식은 그 정도에 따라 다양하고 제안 관여와 직무 관여, 그리고 높은 관여를 포함한다. 이 각 세 가지의 관여의 권한 부여의 수준은 통제 지향적인 접근 방식부터 관여 지향적인 접근 방식의 범위를 연속적으로 보여준다(도표 9-4).[28]

〈도표 9-4〉 권한 부여의 연속체

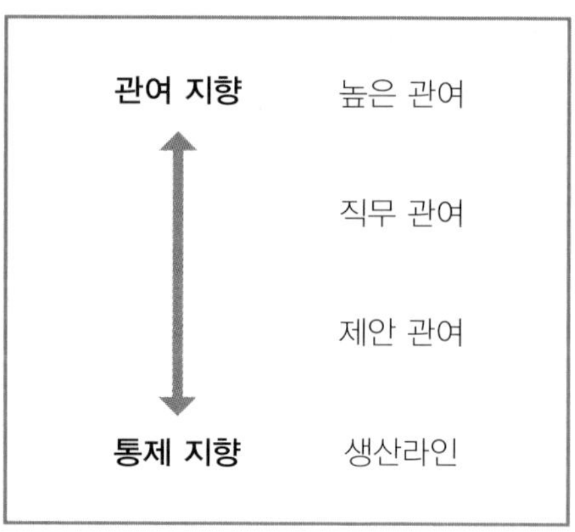

Source: Adapted from David E. Bowen and Edward E. Lawler III, "The Empowerment of Service Workers: What, Why, How, and When," *Sloan Management Review*, (Spring 1992), pp. 31–39.

제안 관여(suggestion involvement)는 임파워먼트와 연속체의 통제 지향적 부분에 떨어진다. 제안 관여는 종업원들에게 회사의 운영을 향상시키기 위해 의견을 추천하도록 권한을 부여한다. 종업원들은 그들 스스로 제안을 실행하도록 권한을 부여받지는 않지만, 그들은 공식적인 검토를 위한 개선들을 제안하기 위해 격려된다. 제안 참여 업체는 일반적으로 제안하는 프로그램을 만들어서 적극적으로 종업원의 제안을 요청했다. 종종 회사의 다양한 부서에 있는 종업원들의 작은 그룹을 포함하는 **품질관리 분임조**(quality circles)는 추가적인 의견들을 만들어내기 위한 브레인 스토밍 세션으로서 활용된다. 전형적인 의견 관여 시스템의 성공 이야기는 "빅맥", "에그맥머핀", 그리고 "맥DLT"와 같은 상품의 개발을 추천한 종업원들을 가진 McDonald's를 포함한다. 패스트푸드 산업 안의 작게 정의된 역할일지라도, 이 수준의 권한 부여는 가능하다.

직무 관여(job involvement)는 전형적으로 통제지향과 관여지향 방식의 중간인 권한 부여 연속체의 중간에 속한다. 직무 관여는 근로자들에게 자신의 직무를 고찰하게 만들며 또한 조직에서 자신의 역할을 명백히 한다. 직무 관여에 착수한 회사들은 택배 시스템의 개선을 위해 근로자들로 구성된 팀을 쓴다. 의견 관여와는 대조적으로, 직무 관여에 종사하는 근로자들은 많은 기술을 사용하고, 상당한 자유를 갖고 있으며, 그리고 종업원들과 고객들과 경영진으로부터 많은 피드백을 얻는다. 그러나 중요한 결정과 보상 배당은 여전히 고위 경영진의 몫으로 남아있다.

높은 관여(high involvement)는 권한 부여 연속체의 관여 지향의 끝에 위치한다. 필수적으로, 높은 관여는 종업원들 스스로가 관리할 수 있도록 트레이닝 하는 것을 목표로 한다. 광범위한 트레이닝은 팀워크, 문세 해결, 그리고 회사 운영에 사용되는 기술로 사용되었다. 더 나아가서, 종업원들은 회사의 이익을 공유하고 종업원 소유권을 통해 보상금의 할당을 보상받았다. 요컨대, 사실상 높은 관여를 하는 회사의 모든 영향은 통제 지향적인 회사의 그것들과의 차이점이다.

언제 권한과 참정권을 부여해야 하는가 불행하게도, 권한 부여와 참정권 부여는 비용을 동반한다. 권한 부여는 조직의 비용을 상승시킨다. 걸맞은 사람에게 권한이 부여되었는지 확신하기 위해 더 커다란 투자가 채용과 보상에 필요로 된다. 비싸지 않은 그리고/또는 시간제 노동력의 낮은 비용의 모형은 권한 부여에 대처할 수 없으므로 조직의 기본적인 노동 비용이 높을 것이다.

권한 부여 프로그램들은 만약 서비스 제공자들이 권한이 부여된 일을 하기 위해 적절한 협력 촉진과 다른 부서 간의 지원이 주어지지 않는다면, 빠르게 재앙으로 변할 수 있다. 권한 부여는 반드시 권한이 주어져야 한다. 기술은 훌륭한 권한 부여의 조력자이나, 비용을 동반한다. 하위직 은행 종업원은 대출을 해주도록 권한이 부여되지만, 오직 세심한 신용평가 시스템에 의해 지지될 경우에만이다. 이러한 시스템은 은행의 기반 시설, 그리고 실시간과 항시 가능성과 통합되어야 한다.

마케팅 시사점 또한 나타난다. 정의에 의하면, 권한이 부여된 종업원은 상품을 더 훌륭하거나 적은 규모로 고객화한다. 이 말은 제공받은 서비스는 종업원들에 의하여 매번 다양화된다는 의미이다. 전달 또한 늦어진다. 왜냐하면 서비스가 고객화되기 때문이다. 더

지속가능성 관련 서비스 활동 사례

Amazon의 Mechanical Turk

산업혁명의 도중에 헝가리 작가이자 발명가인 Wolfgang von Kempelen은 환상적인 기술 혁신, 즉 체스를 인간과 맞설 수 있을 뿐만 아니라 세계 최고의 선수 중 일부를 이길 수 있다고 생각하는 기계를 발명했다. Mechanical Turk는 결국 나폴레옹을 이길 수 있을 만큼 유럽을 여행했다. Von Konpelen이 사실은 내부는 자석을 사용하여 조각을 움직이는 인간의 체스 전문가가 있는 사기극을 만들었다는 것을 알기까지는 수년이 걸렸다.

2005년, 다양한 제품에 대한 수백만 개의 웹페이지를 구축한 Amazon은 처음에는 간단하게 보였던 문제에 직면했다. 컴퓨터가 할 수 있는 일은 거의 불가능하지만, 인간이 몇 초 안에 쉽게 할 수 있는 것으로 증명된 것은 흥미로운 일이었다. Amazon 설립자인 Jeff Bezos는 똑똑한 해결책을 가지고 있었다. 컴퓨터가 작업을 수행할 수 없는 경우, 인간을 고용하여 왜 작업을 수행하지 않는가? 그는 우아하게 "인공적인 인공지능"—인간처럼 행동하는 기계처럼 행동하는 인간—으로 묘사했다. Mechanical Turk와 마찬가지로 인간도 내부에 숨어 있었기 때문에 Amazon의 Mechanical Turk이라는 이름을 사용했다.

Amazon의 Mechanical Turk는 결국 다른 계약자에게 개방되어 새로운 산업 크라우드 소싱(crowd sourcing)의 일부가 되었다. Turk의 전문 용어인 "요청자(Requesters)"(Human Intelligence Tasks 또는 "HIT"라고 함)는 직무를 포스트한다. 회사는 외국 우편 번호를 찾고, Podcast를 기록하고, 웹사이트를 관련 검색어와 일치시키고, 주제를 기반으로 이미지를 분류하고, 웹사이트에서 불쾌한 콘텐츠를 신고하기 위해 Turk를 사용한다. 각 HIT에 대해 지불 및 기간을 지정한다. 뉴욕 대학의 경영학 교수인 Panos Ipeirotis의 연구에 따르면 Turk의 임무 중 약 40%가 실제로 스팸의 생성 및 보급과 관련이 있으며, HIT를 사용하여 웹사이트, Facebook 페이지 또는 블로그를 방문하여 평점을 높이도록 하는 경우가 많다.

노동자, 또는 그들이 알고 있는 대로, "Turkers"는 과제를 수락한 후, 완료하기 위한 시간을 전적으로 온라인으로 정하고 일단 완료하면 검토를 위해 요청자에게 간다. 승인되면 돈은 제공업체의 은행이나 Amazon.com 계정에 보관된다. 대부분의 작업은 시간과 난이도에 따라 1센트에서 2달러를 지불한다. Amazon은 1센트보다 큰 거래마다 10%를 떼고 페니를 지불하는 사람들에게는 50%를 가져간다. Ipeirotis의 2010년 조사에 따르면, Turk의 노동인구의 46.8%가 미국에 살고, 34%는 인도에, 19.2%는 다른 지역에 살고 있다. 초기 연구에서 Ipeirotis는 American Turkers의 평균 연간 소득이 2만5천 달러에서 4만 달러이고 인도에서는 1만 달러 미만인 것으로 나타났다. 그는 또한 설문 조사에 응한 Turkers 중 49%가 "소득 목적"으로 그렇게 하고 있음을 발견했다.

계약 조건에 따라 신청자는 이유를 밝히지 않고 'Turkers'의 일을 거부할 수 있으며, 이는 차례로 시스템 내 등급에 영향을 미칠 수 있다. Turkers가 시간당 최저 임금(시간당 1~1.5달러의 범위)을 받지 못하고 종업원 권리가 없는 사실과 더불어 윤리적 및 사회적 책임 문제를 제기하기 시작했다. 이에 자신의 경험을 대조하고 "거절 조항"을 악용하거나 불쾌한 조직을 대표하는 요청자를 확인하는 데 사용하기 위한 사이트인 Turkopticon을 만들었다.

법적으로 문제될 것은 거의 없다. 이러한 문제를 다루는 최초의 법률학자인 Alek Felstiner는 "고용 관계를 지배하는 법률은 여기에 적용되지 않는다."라고 최근 인터뷰에서 말한 바 있다. 또한 "고용법은 작성된 대로 익명의 근로자에 대한 규칙을 만들 필요가 없다. 최근까지는 원격으로 일할 수 없었기 때문이다. 마이크로 계약의 지불 규정도 만들 필요가 없다. 마이크로 계약이 없었기 때문이다. 법은 또한 즉시 생성되고 해체될 수 있는 노사 관계를 위한 여지를 두지 않는다. 기존 프레임워크는 사실상 완전히 유용한 것은 아니다."라고 말했다.

동시에 아무도 그들이 하는 일과 그들이 버는 임금에 대해 불평하지 않는다. 업계는 임금이 훨씬 낮고 존재하지 않는 소득을 가져올 수 있는 세계 곳곳으로 노동을 수출한다.

Source: Wikipedia, Utn.com, Mechanical Turk.com.

나아가, 고객들이 다르게 대우를 받기 때문에, 다른 고객들은 아마 일부 고객이 특혜를 받는다고 인식할 것이다. 그러므로 권한 부여는 서비스 이익 개념과 일관성이 있어야 한다.

권한이 부여된 종업원은 고객을 만족시키려고 가끔 너무 많이 거저 주거나 좋지 않은 결정을 만들어내기도 한다. 예를 들어 사업가가 서류가방을 프론트 데스크에 잊어버린 것을 알게 된 벨맨은 그 서류가방을 돌려주기 위해 모든 노력을 해야 한다. 그러나 주인에게 돌려주기 위해 그 사업가의 다음 목적지까지 가는 것은 자신의 본분을 뛰어 넘는 것이다. 권한 부여는 확실히 정의된 경계가 있어야 한다.

숨겨진 비용(hidden cost)은 새로운 방식의 경영이 필요로 된다는 것을 보여준다. 권한이 부여된 종업원에게는 다른 종류의 리더십이 필요하다. 통제하고 조종하기보다는 가르치고 도와주는 이론상의 Y 관리자들은 높은 성장성을 갖고 있는 종업원과 일하기 위해서는 높은 수준의 사람을 다루는 솜씨가 필요로 된다. 이와는 대조적으로, 이론상의 X 관리자들에 의해 운영되는 기업은 종업원들이 기본적으로 급여를 위해 일한다고 생각한다. 이론상의 X 관리자들은 낮은 성장 필요, 낮은 사회적 필요, 그리고 약한 의사소통 기술과 함께 일을 하는 것이 최고이다. 이론상의 X 관리자들은 통제 지향적 조직들과 잘 맞는다.

그러므로 권한 부여와 참정권 부여의 균형은 조직의 혜택 개념과 서비스 종업원의 결과적인 역할 정의에서 찾을 수 있다. 상품과 서비스의 일관성을 보장하는 서비스 유명 상표의 조직은 결과적으로 나타날 일관성이 없는 것의 두려움 때문에 완전히 권한을 주지 않는다. 저가 기준 가치를 기준으로 하여 경쟁하는 조직은 권한 부여에 따라 비용이 포함되므로 권한을 부여할 여유가 없다. 마찬가지로, 비정기적이며 복잡한 기술을 사용하는 높은 비용의 서비스 조직은 상업적으로 접근하는 방식이 심각하게 제한되므로 거의 확실하게 권한을 부여해야 한다. 서비스 인사 전략의 마지막과도 같은 권한 부여와 참정권 부여의 정도에 결정은 폭 넓은 서비스 전략과 혜택 개념, 기술, 서비스 환경, 그리고 과정에 의존한다.

서비스 제공자 유지하기 서비스 회사들이 마주한 중대한 문제 중 하나는 낮은 수준의 하위 서비스 역할에 종사하고 있는 종업원이 일 년에 20%에서 70%까지 이직을 한다는 것이다. 채용과 새로운 종업원 한 명의 훈련비용은 연간 매출의 17%를 차지한다는 Sears Merchandise의 예는 이와 같은 이직의 직접비용을 강조한다.[29] 그러나 Cornell University의 연구센터에 따르면 2005년(업무의 복잡성을 기준으로 함) 환대 산업의 평균 매출액은 1인당 5,693달러에서 9,932달러 사이였다. 이러한 수치는 Sears 종업원에게 제시된 비용보다 훨씬 높다. 이 둘의 차이는 계산할 때 종종 고정비용으로 산주되는 관리 시간을 포함하기 때문이다.

이직률을 조금만 낮추어도 고용당 5,700달러를 필요로 하는 새로운 고용을 현저하게 줄일 수 있다. 2008년에 시작된 경기 침체기에 구인 게시판과 일자리 부족이 일자리당 취업 후보자의 수를 증가시켰으며, 고용 부서에 취업 원서가 쇄도함에 따라 웹(web)이 채용 절차에 미치는 영향은 명백해졌다.

이 시점에서 우리가 인용한 것보다 더 큰 간접비용이 존재한다는 것(그러나 측정하는 것은 더 어렵다)은 분명하다. 종업원이 떠난 자리에 새로 온 종업원이 더 낮은 수준의 기술 및 대인 관계 능력을 갖고 있다면, 그 종업원은 바로 떠난 종업원의 자리에 대체되기 어렵다. 이는 그 서비스 제공자들은 전체적인 서비스 환경을 위협하는 증가된 압박감에 놓여 있다는 것을 의미한다.

종업원 유지는 직접 또는 간접적으로 관리될 수 있다. 직접적인 행동은 대체하기 어려운 이익을 제공하거나, 남는 것(떠나지 않는 것)에 대한 장려금을 주는 것 등을 포함한다. 종업원을 고려한 서비스 환경을 만들어내기 위해 설계된 이러한 조치들은 어떤 방식으로든지 종업원 유지에 간접적이고 긍정적인 영향을 준다. 확실하게 정의된 역할은 역할 갈등과 모호성을 줄여준다. 역할과 관련이 있는 좋은 채용과 선택은 명백히 (종업원) 유지를 증가시킨다. 적절한 내적인 균형과 외적 보상들을 가진 직업은 유지를 증가시킬 것이다.

Wegmans는 종업원의 유지를 증가시키고 동시에 서비스 환경도 개선할 수 있는 다양한 전략을 사용한다. 그들은 체계적으로 여러 직무를 수행하면서 다른 직무에 종사하는 종업원들과 교차적으로 훈련한다. 이러한 교차 훈련은 종업원이 다른 직무도 다룰 수 있기 때문에, 영업적 융통성을 증가시킨다. 이것은 종업원의 역할을 강화하고 다양함을 제공한다. 교차 교육훈련은 또한 종업원들을 그들의 역할 안에서 상호 존속관계를 더 잘 이해하게 해준다. 서비스 제공자는 그들이 다른 직무를 수행하기 위해 훈련받고 그 직무의 어려움을 이해할 때, 그 다른 부서를 실망시키는 불평을 하지 않게 된다.

Wegmans는 종업원이 스스로의 일을 "장래성이 없는 일"이라고 생각하는 것을 그들이 일을 진정한 직업으로 느낄 수 있도록 일련의 계획을 통해 이를 보완한다. 그들은 사람들이 최대한 성장할 수있는 기회를 제공한다. 지난 20년 동안 Wegmans는 17,500명 이상의 풀 타임 및 파트 타임 종업원에게 대학 장학금으로 5,400만 달러를 투자했다.

Wegmans는 내부에서 종업원들을 승진시킨다. 기초적인 교육이 필요한 새로운 관리자를 만나는 것보다 고객 접점 종업원의 의욕을 꺾는 것은 없기 때문이다. 내부에서 승진을 시키는 것이 낫다. 물론 주의 사항이 하나 있다. 승진은 종종 누군가를 고객과의 접촉에서 멀어지게 한다. 이것은 아마 그들을 동기부여시키지 않을 것이고, 그들은 더 크고 특정한 역할을 위해 지금까지 선택된 것이다. 많은 회사가 이 새로운 역할을 비교 평가하기 위하여 테스트와 시뮬레이션들을 이용하는 공식적인 선발 과정을 재도입한다. 신규 매장은 기존 종업원 중 가장 우수한 종업원으로 채워진다.

이러한 모든 행동의 결과로, Wegmans는 Fortune지의 연례 여론 조사에서 2015년까지 8년 연속 일하기 좋은 직장 TOP 10에 선정되었다.

9-4 경영의 역할

이 장의 초점은 일선 서비스 종업원에게 맞추어져 있다. 그들은 어떤 방법으로든 모든 경영의 수준에서 지원되어야 한다. 상위 관리자로부터의 시작이 기초를 확실히 하도록 해준다. 그들은 일선상의 팀이 그들의 일을 하게끔 해주는 핵심 기술에 투자해야 한다. 가장 중요한 것은, 상위관리층이 상이한 기능과 부서들이 서비스 혜택 개념하에서 일치되도록 하고, 고객 초점을 잃지 않도록 해주는 것이다. 그들은 또한 서비스 환경에 "말한 것을 실행"함으로써 직접적인 영향을 줄 수 있다. 그들은 반드시 고객들에게 초점을 맞추어야 한다. 많은 회사는 경영진이 고객과의 경험을 다시 하는 일선상의 역할로 돌아옴으로써 이것을 공식화한다.

서비스의 본질적 특성상 매일 위기가 있다. 생산과 소비 환경이 동시에 발생하고, 대인적 측면이 강한 서비스 특성상, 실패를 피하는 것은 불가능하다. 그러나 중간 관리자는 반드시 일선 종업원들이 고객들에게 초점을 맞추고 산만해지지 않는 것을 확인해야 한다. 위기를 관리하는 것과 좋은 서비스를 위한 장애물을 없애는 것이 그들의 역할이다. 일선상의 업무를 해봄으로써 부담을 덜어주는 것도 그들의 역할이다. 바쁠 때에는 식당의 관리자들이 식탁을 닦는 것을 볼 수 있다.

9-5 정보 기술과 서비스 제공자

정보기술의 진보는 일선 종업원들에게 훌륭한 조력자가 될 수 있으며, 권한 부여와 고객에게 집중할 수 있는 시간을 가능하게 한다. 그러나 어떤 기술적인 혁신은 덜 호의적으로 보여진다. 콜센터의 첫 공개를 겸한 **고객관계관리**(customer relationship management: CRM) 시스템의 출현은 서비스 영역의 큰 부분에서 서비스 제공자들의 역할을 변형시켰다. 이러한 변화는 좋건 나쁘건 간에, 사람들을 관리할 때 새로운 환경 안에 똑같은 문제들을 제기한다. 정보를 제공하는 것을 담당하며, 판매까지 도와주는 직무들은 결코 다시는 같아지지 않을 것이다. 이 기술은 많은 서비스 분야의 산업화를 가능케 해왔다. 자동화 전화 상담은 고객이 적절히 녹음된 메시지에 도달하도록 새로운 대본을 배우는 것을 요구한다. 이메일과 실시간 문의는 전 세계 모든 곳에서 응답된다. 그러나 재설계의 가시적인 상징이 된 것은, 정교한 전화 관리 시스템과 함께 하는 콜센터이다.

현재 미국의 전체 노동인구의 4%가 콜센터에 채용이 되어있다고 추산된다. 이는 인도를 제외한 전 세계에서 급성장하고 있는 아웃소싱 콜센터의 고용을 고려하지 않은 수치이다. 매년 경제지 Fortune지가 게재하는 미국 및 해외 기업의 매출 규모 상위 500개 기업은 모두 적어도 한 개의 콜센터를 갖고 있고, 평균적으로 각각 4,500명의 고객 서비스 상담원을 갖고 있다. 미국에서는 매년 3천억 달러가 넘는 돈이 콜센터에 사용된다.

글로벌 서비스 활동 사례

Open 4 Sale

2012년 1월 호주에서 개최된 투자자 컨퍼런스에서 Open 4 Sale이 시작되었다. CEO 겸 창업자인 Simon La Barrie는 온라인 쇼핑의 아킬레스건은 항상 구매자와 제품 사이의 "일방적인" 상호작용이었음을 강조했다. Open 4 Sale은 구매자와 판매자를 실시간으로 모으는 독점적인 "양방향" 개인 대 개인 플랫폼을 개발하는 데 3년을 보냈다.

소매 영업 담당자가 점포에서 고객에게 확장된 상품 범위를 보여줄 수 있는 태블릿을 점점 더 많이 갖추고 있다. 그러나 이제는 Open 4 Sale을 사용하여 비디오 링크를 통해 고객에게 연락하고, 말 그대로 매장 주변을 걸어 다니는 고객에게 접촉하며 새로운 상품을 보여줄 수 있다. 이 실시간 비디오는 매장 방문에서 차선책이며, 종업원이 구매 제안을 할 수 있게 한다.

이 기술을 통해 매장은 소매 종업원에게 여유 시간을 활용하고 매장 및 디스플레이를 만드는 투자를 활용할 수 있다. 고객이 편리하게 쇼핑할 수있는 기회를 제공한다.

Source: YouTube: Open4 Sale Testimonials and www.Open4Sale.com.

이제 자주 묻는 질문(FAQ)과 같은 반복적인 문의는 웹으로 이동되는 추세이다. 콜센터 종업원이 완전히 대본을 숙지한 경우, 즉 모든 질문에 대한 답변을 준비한 경우, 종업원의 역할은 무엇인가? 점점 더 많은 문의가 셀프헬프(self-help) 페이지 또는 이메일로 전달되고 있다. 이로 인해 콜센터는 보다 복잡하고 즉흥적인 문의에 응답한다. 이 추세는 인도에서 콜센터가 다시 생겨나는 것을 보면 알 수 있다.

"서비스 제공 프로세스" 장에서 설명된 논리는 콜센터에서 잘 설명된다. 문의 처리과정의 청사진를 통해 "접점"을 식별하고, 서로 다른 접점을 직접, 전화, 이메일 또는 FAQ를 통해 다르게 처리할 수 있고, 처리해야 한다는 사실을 깨닫는 것이 가능하다. 이는 정교한 CRM 시스템의 등장과 함께 서비스 제공 및 서비스 제공업체 역할에 혁명을 가져왔다.

9-5a 고객관계관리

CRM의 성장은 웹 사용의 증가에 의해 주도되었다. 웹을 통해 기업은 고객의 구매 및 개별 행동을 추적하기 위해 거대한 데이터베이스를 조합할 수 있었다. 영국 최대의 슈퍼마켓 소매업체인 Tesco를 고려해보자. 로열티 카드인 "Clubcard"를 통해 Tesco는 영국인 쇼핑객 2,000만 명에 대한 주간 슈퍼마켓 쇼핑 습관을 추적한다. 비식품 웹 소매로의 확장으로 이제는 대량의 웹 구매도 포함된다. 분명히 Amazon 내에서의 구매 행동은 자동으로 추적되지만 점점 선호도 및 평가 데이터를 보완하도록 요구된다.

소매거래, 웹 행동 또는 금융 서비스 부문 등 데이터가 무엇이든 상관없이, 핵심은 권장 사항을 사용하여 서비스 품질을 향상시키는 것에 이것을 사용하는 것이다. 예를 들어 Tesco는 데이터베이스를 사용하여 고객별로 타깃팅된 쿠폰 소책자를 개발한다.

이 고객 지식을 수익성 정보와 결합하면 회사는 현재 또는 잠재적인 수익성에 따라 다양한 수준의 서비스를 타깃팅할 수 있다. 이로 인해 고객 접촉 역할이 분리된다.

CRM과 고객 접촉 역할 새로운 고객 접촉 시스템을 설계하는 첫 단계는 비즈니스가 얼마나 수익성이 있는지를 기준으로 고객을 평가하는 것이다. 이를 통해 고객 접촉의 정도와 수준을 적절하게 설정할 수 있다. 가장 낮은 수준은 웹사이트를 통한 FAQ이다. 다음으로 원격 접촉 시스템을 통해 질문 및 답변을 제공하는 웹 접촉 서비스로 이는 주로 해외업무 위탁에 기반을 둔다. 고객이 콜센터를 통과하더라도 콜센터 안에서 전화가 세 번 울리고 고객상담원들(CSRs)이 전화를 받기 이전에 콜센터로 걸려온 전화 번호를 인식하고 고객을 검색하고 고객 서비스 종업원에게 고객 정보 및 코딩 정보를 제공할 수 있다. 고객상담원은 고객의 범주 코드를 기반으로 하여 고객을 다르게 처리하도록 교육받는다.

- Charles Schwab 회사의 최고 순위에 올라있는, 10만 달러의 자산을 유지하거나 일년에 적어도 12번 이상 거래하는 고객들로 이루어진 "서명" 고객은, 고객 서비스 상담원에 의하여 개인적으로 대답을 듣게 될 그들의 전화 문의를 절대 15초를 초과하여 기다리지 않을 것이다.
- 이 특정한 전화 유틸리티 회사에 전화를 하고, 당신의 지위에 따라서, 당신은 아마 전화상에서 잠시 대기하여야 할 것이다. 최상위 350명의 사업 고객은 여섯 사람에 의해 접대받을 것이다. 700명의 가장 이득이 되는 고객으로 이루어진 다음 단계는 12명으로 처리될 것이다. 다음 3만 명의 고객은 2명의 고객 서비스 상담원에 의하여 접대받을 것이다. 30만 명의 고객으로 이루어진 마지막 그룹은 자동화 전화 시스템으로 연결될 것이다.
- United 항공의 한 승객은 티켓팅 담당자한테 "오, 누군가 당신을 싫어하는군요."라는 말을 듣고 충격을 받았다. 그 승객은 몇 달 전에 다른 United 종업원과 말다툼을 했다. 그 말다툼으로 인해 United를 이용할 때마다 어디를 가든지 따라다니는 승객 기록의 일부가 되어 영원히 남게 된 것이었다. 항공사의 프리미어급 계정 보유자인 그 승객은 항공사가 이 사건 이후 덜 친절하다는 것을 느꼈다.
- Continental 항공사는 회사의 역사와 각 고객의 가치에 접근할 수 있는 자사 4만3천 개의 모든 탑승구와 예약, 그리고 서비스 종업원이 어디에 있는지에 대한 고객 정보 시스템을 소개하였다. 이 시스템은 또한 특정한 서비스 복구 처리 방안과 지연과 지도 업그레이드 등을 위한 쿠폰과 같은 비금전적 혜택을 제안한다. 이 시스템은 더 일관적인 종업원 태도와 서비스 배달을 제공하도록 제시된다.

고객의 관점에서 CRM 실례에는 한계가 있다. 다른 수준의 서비스가 여럿 존재하고, 자신이 이 중 최고 수준의 서비스를 받지 않는다는 것을 발견하는 것은 고객의 마음을 상하게 할 일이다. 어떤 고객들은 이 서비스 모델을 받쳐주는 데이터베이스들과 관련된 사생활 문제들에 대해서 걱정한다. 운영 중에, 잠재적 구매 기준이 점점 더 코딩으로 짜이고 있음에도 불구하고, CRM 데이터베이스들은 오직 과거기록에 남는 구매들만을 측정한다. 서비스 차별은 또한 몇몇의 흥미로운 윤리적 문제를 야기한다. 오직 부유한 사람들만이 양질의 서비스를 받아야 하는 것일까?

그러나 여기서 우리는 잠재적인 인적자원 문제들에 초점을 맞추어야 한다. 콜센터는 19세기의 노동력 착취의 현장과 과도한 산업혁명과 비교되어왔다. 고객 서비스 종업원의 역할에 대한 많은 내재된 갈등은 고객 서비스 종업원이 받는 전화가 자동화되고, 전화에 응답하기 전에 화면에서 대화를 스크립팅하게 되면서 제거되었다. 물론 따분함과 지루함이라는 대가가 따른다. 그러나 고객문의를 웹으로 다시 옮겨가는 것은 다양한 수준의 역할을 만들어내고 일부 문제를 해결한다.

이 장의 다른 부분에서 설명한 성공 접근 방식은 다른 서비스 환경과 마찬가지로 콜센터에 적용 가능하다. 깨달음을 얻은 회사들은 다양성을 제공함으로써 콜센터를 협동 작업과 직무의 질을 높이는 쪽으로 옮기도록 하고 있다. 시간당 통화 수의 엄격한 적용은 고객만족의 측정으로 조절되고 있다. 교차 교육훈련은 평범하며, 상사의 역할을 통한 경력관리는 더 평범한 것이 되고 있다. 선발 기준은 엄격해졌고, 인성검사는 콜센터 환경을 더 즐길 수 있을 것 같은 사람을 선택할 수 있도록 확인했다. 승진 기회는 역할 분화에 의해서 더 확장되었다. 담당자는 일상적 역할에서 중요한 고객 또는 복잡한 문제와 관련된 고객들에게 이동할 수 있게 되었다.

요약

성공적인 서비스 회사는 서비스 혜택 개념을 토대로 마케팅, 운영, 그리고 인적자원 사이의 끊임없는 관계를 개발한다. 이 장은 마케팅 서비스를 할 때 고려되어야 할 인적자원 이슈에 초점을 맞추었다. 여러 서비스 회사를 위해 종업원이 회사 상품의 대부분을 구성한다는 인적자원의 중요성에 대해서도 기술했다. 따라서 조직 내의 종업원의 위치를 이해하는 것은 매우 중요하다. 조직행동의 개념, 특히, 경계선상에 있는 역할, 권한, 참정권, 그리고 보상과 인정의 개념을 그려보는 것에 의해 이 장은 종업원을 통해서 혜택의 개념에서의 마케팅의 함축적 의미를 실행하는 견고한 구조를 제공해왔다.

경계선상의 제공자로서 서비스 종업원은 회사의 외부적 환경과 회사의 내부적 조직과 구조 모두와 상호작용하는 두 가지 기능을 수행한다. 경계선상의 역할을 차지하는 종업원들은 당연히 충돌과 스트레스를 일으키는 상황에 놓여있다. 마케팅은 그러한 스트레스를 줄이는 데 도움이 될 수도 있고 증가시킬 수도 있다.

좋지 않은 서비스를 바라는 사람은 없다. 그러므로 서비스 제공자들을 자유롭게 하기 위하여 서비스 제공을 위한 적절한 환경의 조성을 통해 그러한 스트레스와 충돌을 완화시키는 것이 필요하다. 어떤 환경을 조성해야 하는지 이해하기 위해서, 먼저 서비스 제공자의 역할을 정의내리는 것은 반드시 선행되어야 한다. 연출 역할과 같이, 서비스 제공자의 역할은 행동과 역할이 각본대로 발생해야 한다는 것을 정의해야만 한다. 그 역할은 서비스 혜택 개념을 구체화한 마케팅 전략을 토대로 한다.

일단 역할이 정의되면, 이는 회사가 적합한 사람들을 채용하고, 서비스 종업원의 능력을 개발하고, 서비스 종업원을 적절하게 통제, 보상, 그리고 평가하며 그리고 적합한 종업원을 보유하는 것을 보장하는 데 사용될 수 있다. 또한 기업의 이런 모든 조치는 서비스를 위해 적절한 환경을 조성하는 바람직한 회사임을 보장하게 한다.

복습문제

1. 도입사례에서 Steven Slater 승무원의 역할은 얼마나 많은가? 그들은 종속적 서비스 역할을 하고 있는가? 복합적 역할은 Steven에게 역할 갈등과 모호성을 만들고 있는가? 상이한 역할들은 고객에게 어떻게 영향을 미치고 있는가?
2. 서비스 상황 내에서 최근의 고객 간 갈등 경험과 서비스 제공자의 역할을 기술하시오. 조직이 정책과 절차를 만들거나 서비스 제공업체 교육을 제공할 수 있는 상황인가?
3. 항공기 조종사들은 승객 서비스의 일부분인가? 그들의 전문적 지위가 승무원들을 어떻게 지원할 수 있는가?
4. 서비스 경험에서 지키지 못할 약속을 광고 문안을 수집해보시오. 그러한 비즈니스에서 서비스 제공자로서 여러분은 그들에게 어떻게 대응할 것인가?
5. 패스트푸드와 같은 곳에서 서비스 혜택 프로포지션이 권한 부여와 참정권 부여를 배제하는 정도는 어떠한가? 어떤 유형의 직무강화 프로그램이 사용될 수 있는가?
6. 서비스 사업의 "이탈 비용(cost of churn)"을 계산할 때 포함해야 하는 비용은 무엇인가?
7. 소매 체인은 글로벌 서비스 활동 사례에서 기술된 Open 4 Sale 서비스에 가입하고 모든 고객에게 부가 가치 서비스를 소개하려고 하고 있다. 시작하기 전에 해결해야 할 서비스 제공자 문제에 대해 토론하시오.
8. 지속가능성 관련 서비스 활동 사례에 명시된 Amazon Mechanical Turk는 저개발국이나 사회의 일부분에서 사람들을 착취하고 있는가?
9. Job Board의 e-서비스 활동 사례를 기능을 검토하시오. 구인 구직 게시판이 기업이 서비스 제공자를 모집하는 데 도움이 되었는가?

사례 9. Sharm el Sheik 포시즌스 호텔과 아랍의 봄

이집트 시나이 사막의 남쪽 끝에 위치한 포시즌스(The Four Seasons)는 세계적인 리조트 중 하나이다. 6개의 레스토랑, 3개의 바, 스파 및 세련된 다이브 센터를 운영하며, 고객에게 완벽한 목적지를 제공한다. 내부분의 고객은 숙박 기간 동안 호텔을 떠나지 않는다. 이 리조트는 아랍어에서 이탈리아어, 스시에서 스테이크에 이르기까지 다양한 레스토랑이 있어 고객은 음식에 지루해지지 않는다고 말한다. 136개 이상의 객실과 61개의 주기 스위트와 3 개의 주거용 빌라로 이 지역은 자체 담수 플랜트가 있는 자체 완비된 "도시"이다.

2002년에 개장된 이 호텔은 한 해 동안 80% 이상의 객실 점유율을 유지했으며, 온도가 40°C를 넘었을 때, 한 여름 최고의 다이빙을 위해 돌아온 단골 다이버들도 있다. 이 호텔은 고객의 40~50%가 재방문하는 고객으로, 고객 충성도가 높다.

같은 기간 동안 경영진은 친절하고 우호적인 방식으로 복잡한 일련의 서비스를 제공할 수 있는 강력한 간부 종업원을 확보할 수 있었다. 이집트 전역에서 많은 종업원이 Sharm el Sheik로 모였다.

2008년 경기 침체로 호텔이 크게 타격을 입었다. 고급 시장 고객이 경기 침체를 느끼고 휴가를 줄임에 따라 점유율이 떨어졌다. 호텔은 이에 대응하여, 종업원을 줄이고 종업원 대 고객 비율을 1대1로 유지할 수 있었다.

"아랍의 봄(Arab Spring)"은 튀니지에서 2010년에 시작되어 중동과 북아프리카 전역으로 퍼졌다. 2010년 말과 2011년 1월, 전 세계 뉴스는 카이로 타흐리르 광장(Tahrir Square)의 시위 사진으로 가득 찼다. 2011년 1월 결과는 무바라크 대통령의 몰락이었다.

2011년이 다가오면서 경영진은 이제 피할 수 없는 선택에 직면했다. 그들은 성장하기 위해 열심히 일한 종업원을 유지할 수 있지만, 이로 인해 이익이 현저히 줄어들 것이다. 종업원들은 그들에게 의존했고, 그 지역에서 다른 일자리를 얻지 못할 것이다. 더욱이, 호텔을 찾는 고객 중 많은 수가 충성고객이며, 그들은 매우 높은 수준의 서비스를 기대했다. 동시에 이집트에서의 문제가 얼마나 지속될 것인지 그리고 고객 신뢰가 얼마나 빨리 이루어질지 아무도 알지 못했다.

토의문제

1. 책임 관리자가 종업원을 얼마나 많이 그리고 얼마나 빨리 뽑을지 결정하려면 어떻게 해야 하는가?
2. 그는 어떻게 자신의 상사에게 기존 종업원 풀(pool)의 가치를 설명할 수 있는가? 각각의 종업원은 어느 정도의 가치가 있는가?
3. 종업원을 해고하기로 결정했을 때, 이는 고객 경험에 어떤 영향을 미칠 수 있는가?

각주

1. Sources: YouTube https://www.youtube.com/watch?v=NBMWhMEGsNw accessed 30 March 2015 and Business Insights Article link: "Emergency Exit for Angry Air Steward Who Turned the Air Blue." London Evening Standard [London, England] 10 Aug. 2010: 3. Business Insights: Essentials. Web. 3 Apr. 2015; http://bi.galegroup.com/essentials/article/GALEjA234078499/dccb0cd8bab41ed66cfac6ed08918fff?u=tlearn trl.
2. The first section of this chapter is based on Chapters 4 and 6 of John E. G. Bateson, *Managing of Services Marketing*, 3rd ed. (Fort Worth, TX: The Dryden Press, 1995).
3. James L. Heskett, Thomas O. Jones, Gary W. Loveman, W. Earl Sasser, Jr., and Leonard A. Schlesinger, "Putting the Service-Profit Chain to Work," *Harvard Business Review* (March-April 1994), pp. 164–174.
4. Dave Ulrich et al., "Employee and Customer Attachment: Synergies for Competitive Advantage," *Human Resource Planning*, 14, 3 (1991), p. 89.
5. Benjamin Schneider, Susan S. White, and Michelle C. Paul, "Linking Service Climate and Customer Perceptions of Service Quality: Test of a Causal Model" *Journal of Applied Psychology*, 83, 2, (1998), pp. 150–163. See also Benjamin Schneider, "The Service Organization: Climate Is Crucial," *Organizational Dynamics* (Autumn 1980), pp. 52–65; and Benjamin Schneider and David E. Bowen, "The Service Organization: Human Resource Management Is Crucial," *Organizational Dynamics* (Spring 1993), pp. 39–52.
6. Cited in R. Rust and A. Zahorik, "Customer Staisfaction, Customer Retention and Market Share," *Journal of Retailing*, 69, (1993), pp. 192–215 and M. Christopher, A. Payne, and D. Ballantyne, *Relationship Marketing: Bringing Quality, Customer Service and Marketing Together* (London: Butterworth-Heinemann, 1991).
7. Leonard A. Schlesinger and James L Heskett, "The Service-Driven Service Company," *Harvard Business Review* (September-October, 1991), pp. 71–81.
8. This idea was originally suggested in a slightly different form in W. Earl Sasser, P. Olsen, and D.

Daryl Wycoff, *Management of Service Operations: Text, Cases, and Readings* (Boston: Allyn and Bacon, 1978).

9. Philip Kotler, *Marketing Management*, 8th ed. (Englewood Cliffs, NJ: Prentice-Hall, 1994), p. 303.

10. Ron Zemke and Kristen Anderson, "Customers from Hell," *Training* (February 1990), pp. 25–29.

11. See Arlie Hochshild, *The Managed Heart* (Berkeley, CA: University of California Press, 1983).

12. Boas Shamir, "Between Service and Servility: Role Conflict in Subordinate Service Roles," *Human Relations*, 33, 10, (1980), pp. 741–756.

13. Source: YouTube: https://www.youtube.com/watch?v=sWLvmArS8Cs accessed 31 March 2015.

14. Karl Albrect, *At America's Service* (New York: Hachette Books, 1992).

15. For example, see Jody D. Nyquist, Mary Jo Bitner, and Bernard Booms, "Identifying Difficulties in the Service Encounter: A Critical Incident Approach," in *The Service Encounter*, ed. John Czepiel, Michael R. Solomon, and Carol F. Suprenant (Lexington, MA: Heath, 1985), pp. 195–212. See also Peter Klaus, "The Quality Epiphenomenon," in Czepiel et al.,*The Service Encounter*, p. 15.

16. Charles T. Goodsell, "Bureaucratic Manipulation of Physical Symbols: An Empirical Investigation," *American Journal of Political Science* XXI (February 1977), pp. 79–91.

17. Source: YouTube: https://www.youtube.com/watch?v=x o xn-q5Zk

18. Lloyd C Harris and Emmanuel Ogbourne, "Exploring Service Sabotage: The Anticedents, Types and Consequences of Front-Line, Deviant, Antiservice Behaviors," *Journal of Service Research*, 4, 3, (2002), pp. 163–183.

19. Daniel Roth, "My Job at the Container Store," *Fortune* (January 10, 2000), pp. 74–78.

20. Adapted from Benjamin Schneider and David E. Bowen, *Winning the Service Game*, (Boston, MA: Harvard Business School Press, 1995).

21. Mathew Boyle, "The Wegmans Way" *Fortune* (January 24, 2005), pp. 62–68.

22. David E. Bowen and Edward E. Lawler, III, "The Empowerment of Service Workers: What, Why, How, and When," *Sloan Management Review* (Spring 1992), pp. 31–39.

23. See case histories on SHL.com web site.

24. David Tansik, "Human Resource Issues for High Contact Service Personnel" in David E. Bowen, Richard B. Chase, and Thomas Cumming and Associates, *Service Management Effectiveness* (San Francisco: Jossey-Bass, 1990), pp. 152–174.

25. ibid

26. Zemke and Anderson, "Customers from Hell."

27. Martin L. Bell, "Tactical Services Marketing and the Process of Remixing," in *Marketing of Services*, ed. W. R. George and J. M. Donnelly (Chicago: American Marketing Association, 1986), pp. 162–165.

28. Bowen and Lawler, "The Empowerment of Service Workers."

29. Bruce J. Tracey and Timothy R. Hinkin, *The Cost of Employee Turnover: Where the Devil Is in the Detail* (New York: School of Hotel Administration Center for Hospitality Research at Cornell University, 2006).

10장

전략으로서의 사람: 서비스 고객 관리

학습 목표

- 서비스 생산에 있어 소비자의 중요성과 소비자의 업무 성과가 비즈니스의 운영 효율성과 고객 만족에 미치는 영향을 이해한다.
- "초보자"와 "전문가" 소비자가 생산 역할을 수행할 수 있고, 서비스 회사는 이 두 가지를 동시에 처리해야 한다는 것을 이해한다.
- 소비자의 관점에서 성과를 설명하기 위한 모델로 역할 및 스크립트를 통한 연극 공연의 비유의 힘을 이해한다.
- 소비보다는 서비스 고객의 성과를 관리하기 위해서 경영자가 취해야 할 단계를 이해한다.
- 소비자가 소비하는 동안 받는 환경을 조작함으로써 서비스에 대한 소비자의 인식에 영향을 미치는 것이 가능하다는 것을 이해한다.
- 소비자의 비분리성이 마케팅, 운영, 그리고 HR 관리자의 역할을 어떻게 변화시킬 수 있는가를 이해한다.

"'셀프 계산대에서의 스캔되지 않은 품목'은 T셔츠 슬로건이 되었던 21세기 식료품 쇼핑 경험과 매우 유사하다."

Denise Winterman

"The problem with self-service checkouts"
BBC News

이 장에서는 소비자가 서비스에서 갖고 있는 소비자의 서비스 비분리성의 영향에 대해 초점을 둔다.[1]

관리자에게는 두 가지 중요한 시사점이 있다. 첫 번째는 소비자가 자신의 서비스를 제공함으로써 "부분 종업원"이 되는 고유한 역할이다.

둘째는 소비가 서비스 비즈니스 내에서 발생된다는 것이다. 서비스는 주로 경험이기 때문에 소비자의 지각된 서비스와 만족을 극대화하기 위해 "소비 프로세스"를 관리하는 것이 가능하다. 이것은 제품의 사용 방식과 소비 결과로 인한 만족에 거의 영향을 미치지 않는 제품을 판매하는 상품 회사와 비교된다.

B.O'Kane/Alamy

셀프 체크아웃 서비스

처음부터 순조롭지 않았다. 나는 신용카드를 삽입하고 깜박거리는 핸드 스캐너를 찾으라는 지시를 받았다. 결국 나는 잘난 체하면서 작동하는 방법을 나에게 보여준 "셀프 스캐너

엘리트(self-scanner elite)" 중 한 명에게 도움을 받아야 했다. 쇼핑 후에 내가 스캔해야 한다는 것을 기억했을 때는 최악이 되었다. 카트를 풀고 다시 시작해야 했다. 나는 CCTV 카메라를 보았고 내가 도난의 혐의에 있는 건지 아니면 그냥 웃어야 하는지가 궁금해졌다.

내가 더 나은 거래를 위한 변경을 위해 땅콩버터의 병을 풀어내는 법을 배우려고 할 때, 누구든지 지켜보았을 것이다. 나는 지금 셀프 체크아웃 계산대에 합류할 필요를 느끼고, 인내심을 갖고 병 푸는 과정을 보여준 그 엘리트에 의해 다시 도움을 받았다.

이제 체크아웃이라는 마지막 테스트에 직면했다. 불안과 죄책감이 몰려온다. 나는 그 모든 것을 잊고, 선반에 스캐너를 어딘가에 두고, 정규 계산대 행렬에 합류하기를 원했다. 나는 나를 기다리고 있는 보안을 기대하고 있다. 뭔가 스캔하는 걸 잊었나? 첫 번째 통로의 실패 후 모든 것을 스캔했나?

나는 체크아웃 계산대에서 당황하여 이리저리 움직이면서, 도움을 줄 사람이 없다는 것에 대해 공포를 느꼈다. 나 혼자야! 기계가 위협적으로 깜박였으며, 나는 다음에 무엇을 해야 하는지에 대한 단서를 얻으려고 다른 고객들을 힐끔거렸다. 내가 지시대로 바코드를 스캔하자, 기적적으로 내 쇼핑 결과가 화면에 나타났다. 그 후에는 쉬웠으며, 항상 그렇듯이 신용카드로 돈을 지불하자, 나의 인생이 훨씬 더 쉬어졌다.

내가 나갈 때, 경비원이 나에게 미소 짓자, 나는 셀프아웃 여단의 일원으로 졸업했으며, 주차장에 가면서 웃을 수밖에 없었다.

10-1 서론

이 장에서는 우선, 고객에 의해 수행되는 독특한 역할, 즉 자신을 위한 서비스 배달에서 일정 역할을 하는 고객의 행동을 살펴볼 것이다. 서비스 고객은 단지 서비스 "작업장" 내에 존재하는 것을 넘어서 "서비스 작업자"로서의 일정 역할을 수행한다. 고객이 서비스 종업원으로써 숙달될수록 그들은 더 나은 서비스를 제공받게 된다. 우리는 "초보자" 서비스 소비자가 가질 수 있는 영향을 살펴봐야 한다. 예를 들면, 외국인 통관 절차에 대해서 전혀 알지 못하는 관광객이 있다고 가정해보자. 그들의 무경험은 다른 모든 고객의 서비스에 영향을 미친다.

고객은 각기 다른 정도로 관여될 수 있고, 정도가 다르게 참여할 수도 있다. 예를 들면, 세금 환급을 제공하는 회사에 정보를 제공하는 일에 있어, 고객의 역할은 전체 서비스의 성공 여부에 있어 핵심적인 사항이다. 다른 경우 그들의 출석과, 규정에 대한 준수가 절차를 위해 요구되는 모든 것일 수도 있다. 영화를 보는 것은 약간의 참여를 요구하고, 그렇지 않을 경우(돌아다니거나 떠들거나 등) 다른 모든 사람의 경험을 망치게 된다.

이러한 아이디어를 적용해본다면, 우리는 소비자가 아직도 서비스 회사에 의해 관리되는 환경에 있기 때문에 발생하는 매니지먼트 기회를 고려해볼 수 있다. 공장 근로자로써, 고객에게 영향을 미칠 수 있는 만큼, 그들이 제공받는 서비스에 대한 인식에 영향을 미치는 것도 가능하다. 두 명의 고객에 대해서 생각해보자. 이들은 클럽이나 운동경기 관람처럼 붐비는 환경을 겪고 있으며, 정확히 동일한 정도의 사람의 물리적 밀도를 경험하고 있다. 한 사람은 주변 사람들에 대해서 경험의 중요한 일부로 생각하며, 다른 이들의 존재가 재미를 더한다고 생각한다. 반면 다른 한 사람은 그 반대로 생각한다. 무엇이 이러한 다름을 설명할 수 있겠는가? 이것은 중요한 것은 고객의 인식이며, 객관적인 하나의 현실을 놓고도 이러한 인식은 판이하게 다를 수 있음을 보여주는 극단적인 예를 보여주고 있다.

10-2 생산 과정의 일부로서 전문가 고객과 초보자 고객

본질적으로 서비스란 고객이 때때로 그 과정에 물리적으로 존재하기도 하고 능동적으로 참여하기도 하는 일종의 성과(performance)이다. 고객은 서비스 조직으로부터 특정한 업무를 할당받고, 그러한 업무는 고객 스스로 달성해야 한다. 레스토랑에서, 요청받은 경우에는 줄지어 기다려야 할 수도 있다. 그리고 주문을 해야 하며, 어떤 경우에는 스스로 테이블을 치워야 할 때도 있다. 의사가 수술을 하고자 할 때, 환자는 의사가 수술 전에 알아야 할 정보를 제공해야 한다. **고객 수행**(consumer performance)(고객의 생산 과정에의 참여)은 서비스 회사의 성공을 위해서 반드시 관리되어야 하는 필요 조건이다.[2]

Rob Melnychuk/Photodisc/Getty Images

노동력을 소비자로 이동시키거나 소비자 수행의 범위를 넓히는 일은 IT와 웹에 의해 주도되고 있다. 전 세계에서 가장 분주한 공항의 셀프 서비스 체크인이 전형적인 예이다.

수행 능력에 있어 모든 고객이 동일하게 숙달되어 있는 것은 아니다. 서비스 회사는 "**초보자**(novice)"와 "**전문가**(expert)"에 맞서야 한다. 초보자는 무엇을 해야 할지 혹은 어떻게 해야 할지를 모른다. 반대로 전문가는 생산 프로세스의 일부가 어떻게 될지를 알고, 역할이 무엇인지를 안다. Custommerssuck.com의 사례와 비교해보자. 사례의 고객은 초보자인가?

서버: 안녕하십니까? ***에 오신 걸 환영합니다. 무엇을 도와 드릴까요?
고객: 나는 배가 고파.
서버: 음, 오늘 어떤 걸 드시고 싶은가요?
고객: 나는 배가 고파! 나에게 먹을 것을 갖고 와!!
서버: 부인, 당신이 무엇을 원하는지 말씀하지 않으면 도와드릴 수가 없어요.
고객: 너는 쓸모 없군! 나는 배가 고프다고 말했어! 나는 그냥 먹을 것을 원해!
서버: 부인, 저는 당신이 어떤 음식을 먹고 싶은지 여쭙고 있습니다.

고객: 당신은 어째서 나에게 그런 멍청한 질문을 하는 거지? 나는 당신이 필요로 하는 모든 정보를 주었어!

전문가 고객이 소비자에게 미치는 영향은 크다. 예를 들어 재무 계획에서 플래너들은 첫 방문 고객의 경우, 재방문 고객과 마찬가지로 약 5배의 시간을 로그한다. 이 중 일부는 레코드 및 프로필을 만드는 데 시간이 필요하기 때문이다. 나머지는 플래너와 회사와의 커뮤니케이션을 배우는 고객이 수행한다. 클라이언트와 플래너 간의 이러한 협업 학습은 엄청난 생산성 이점을 창출할 수 있다.

자동차 서비스 비즈니스에서 전문 고객은 약속을 위해 사전에 전화하는 경향이 있고, 스케줄도 융통성이 있으며, 문제를 잘 설명하므로 서비스 비용이 더 저렴하다. 신규 고객은 베이(수리 공간)가 가장 붐비는 점심 식사 시간에 방문하며, 자동차 문제에 대한 모호한 설명을 제공한다.

전문가 고객의 부수적인 이점은 접촉 담당자의 동기부여에 미치는 영향이다. 그들은 전문가이기 때문에 좋은 서비스를 인식하고 종업원을 칭찬할 수 있다. 마찬가지로 전문가이기 때문에 시스템의 복잡성을 이해하고 실패에 대해 더 관대할 수 있나.

전문가 고객의 성과는 구매 과정에 대하여 전문성을 가지고 있는 능숙한 고객과 혼돈되어서는 안 된다. **전문가 고객**(expert customers)은 구매를 어떻게 잘 해야 할지를 알고 있으나, 서비스 생산하는 과정에 참여할 때는 초보자가 될 수도 있다.

10-3 연극 비유

고객 수행을 관리하는 주요한 것은 서비스 경험 동안에 고객의 행동을 이해하는 것이다. 이러한 이해는 전문가를 만드는 방법과 초보자 및 전문가에 대처할 수 있는 시스템을 만드는 방법에 대한 통찰력을 제공한다.

서비스 만남에 대한 유용한 은유는 연극 드라마이다.[3] 장면은 공연이 시작되는 물리적 세팅의 생성에 의해 설정된다. 그곳에는 종업원과 소비자라는 두 명의 배우가 있다[4]

배우들은 "생산"에서의 해야 할 역할이 주어진다. 종업원이 해야 할 역할은 전 장에서 논의되었으나, 동일한 로직이 소비자에게도 그대로 적용될 수 있다. 공연은 각 배우가 지시(또는 대화)하는 대로 대본화되며, 모든 배우가 "자신의 역할을 아는" 정도만큼 실시된다.

흥미롭게도 심리학자들은 모든 종류의 친숙하고 빈번한 상황에 대한 지식이 발생할 것으로 예상되는 사건의 일관된 묘사인 스크립트(대본)로 우리 마음속에 저장되어 있다고 오랫동안 주장해왔다. 예를 들어 은행 스크립트는 출납원이나 출납원, 지점, 카운터, 양식 및 기타 고객이 있다고 가정한다.

스크립트는 매우 유용하다. 우리는 지속적으로 처리해야 할 사건들에 포격당하고 있다.

스크립트는 우리가 그 사건들을 인식하고 분류하고, 다음에 해야 할 일을 알 수 있게 해준다.[5] 사람들은 통제와 예측 가능성에 대한 깊은 욕구를 가지고 있다.[6] 스크립트는 우리가 새로운 이벤트에 직면하고 예측 가능성을 효율적으로 달성할 수 있게 해준다.

연극 스크립트처럼, 심리학자들은 스크립트가 하위세트 또는 장면으로 나누어질 수 있다고 한다. 따라서 인터넷 소매 스크립트는 로그인, 브라우징, 체크아웃 및 지불과 관련된 장면들로 구성될 수 있다. 스크립트에는 스크립트와 관련된 일련의 작업이 포함된다. 연구자들은 응답자가 공통적으로 발생하는 사건을 설명하도록 요청받았을 때, 많은 행동이 대다수의 사람에 의해서 반복적으로 언급되었다는 것을 보여주었다.[7] 흥미롭게도 스크립트는 너무 강해서 사람들이 "부족한 부분을 채울" 수 있다. 실험 결과 비디오에서 흔히 볼 수 있는 이벤트가 나타나면 그것을 설명하라고 요구받을 때, 응답자들은 종종 제시되지 않은 동작을 보았던 것을 기억하게 된다.[8] 실험은 또한 응답자가 일반적으로 발견할 수 있는 것과 일치하도록 임의의 순서로 제시된 이벤트를 재정렬한다는 것으로 보여주었다.

10-3a 스크립트 아이디어를 이용한 초보자와 전문가의 정의

모든 종류의 세팅에 대한 스크립트를 연구하는 심리학자들은 서비스에서 초보자와 전문가를 구분하는 데 도움을 준다.[9]

JHP Attractions/Alamy

디즈니는 고객의 서비스 경험 관리를 위해 "공원의 지하(below park)"에 운영통제센타를 두어 고객 접촉이 많은 서비스 영역과 서비스의 후방 지원 영역을 완전히 분리하여 운영한다.

초보자는 매우 특이한 방식으로 다른 상황을 처리하기 위해 보다 일반적인 스크립트를 사용한다. 고급 레스토랑과 패밀리 레스토랑에서의 식사 경험을 모두 다루는 "식사" 스크립트 사용을 예로 들어보자. 그 스크립트는 상대적으로 단순한 경향이 있고, "만약~ 그러면(if~ then)"으로 나누어지는 상황이 매우 적게 포함되어 있다. 결과적으로, 초보자는 특정한 상황에서 실수할 가능성이 더 많고 복잡한 상황에 대처할 가능성이 더 낮다.

반면에, 전문가는 특정 서비스에 대해 풍부하고 복잡한 스크립트를 가질 것이다. 그들은 서비스를 여러 번 경험했기 때문에, 예상치 못한 변화에 대처할 수 있고, 그들의 대본에 "만약~ 그러면" 상황이 많다. 그들은 훌륭한 식사 대본을 가지고 있고, 다른 서비스 종업원들이 소개하는 다양한 메뉴나 변경 사항에 쉽게 대처할 수 있다.

10-4 고객 성과와 서비스 운영의 효율성

서비스 산업에서 운영상의 책임을 지고 있는 사람에게, 고객은 많은 문제의 원인이 될 수 있다. "이러한 고객을 제거하지 않으면, 우리는 괜찮은 서비스를 운영할 수 없다."는 출처가 분명치 않은 이야기는 버스 회사나 호텔과 같은 서비스 비즈니스의 운영자에 기인한다. 고객 수행은 서비스 운영의 일부이기 때문에, 고객의 다양성과 예측 불가능성은 불확실성의 주요한 원인이다. 초보 고객은 과정을 준수하지 않음으로써 부분적으로 서비스를 망칠 수 있다.[10]

5장에서 논의된 것처럼, 소비자가 프로세스의 부분이 되는 정도는 서비스 시스템의 효율성의 주요한 긴장 요인으로 간주된다.[11] 그러므로 논리적으로 생각해봤을 때 서비스에서 소비자 성과의 정도를 제한함으로써 능률을 올릴 수 있다.

핵심 기술 버퍼링(buffering the technical core) 접근은 핵심 기술의 지체, 환경이나 고객의 방해로부터 생산의 분리를 주장한다(5장 참조). 원료의 재고는 지속적인 흐름을 보장하기 위해 만들어진다. 완성품의 재고는 생산을 수요의 유동성으로부터 분리하기 위해 이용된다. 그렇게 함으로써 공장은 고립되고 최적화된다. 이러한 모델은 린제조(lean-manufacturing)의 도입 이전까지, 현대 생산 이론의 근간이 되어 왔다.[12] 서비스에 적용해보면, 이러한 버퍼링 접근은 고객 수행에 의존하는 것을 최소화하고, 운영 부분의 "생산계열화(production-lining)"가 분리될 수 있다는 것을 주장하는 것이다.[13] 이러한 **저접촉 시스템**(low-contact systems)은 보다 전통적인 제조 "생산라인" 접근법의 사용을 가능하게 한다.

모든 서비스가 이런 저접촉 접근에 취약한 것은 아니다. 헤어드레서와 같은 경우에 고객은 과정의 일부가 되어야만 한다. 다른 경우에는 회사가 더 많은 개인적 서비스, 즉 고접촉 서비스를 제공함으로써 경쟁자들과 차별화를 시도한다. **고접촉 시스템**(high-contact systems)은 조직의 생산성을 높이고, 고객에게 더 나은 경험을 제공할 때 적절한 시스템이다. 이러한 접근법은 고객이 행동(고객 수행)하는 방법을 관리에 대한 효율성(efficiency)에 달려있다.

고객은 적이며, 불확실성의 원천이라는 견해가 있다. 반면에, 서비스 운영에 있어서 고객 존재가 고객 수행의 정도를 증가시키기 위해서 고객을 자원으로 활용할 수 있는 기회라는 견해도 있다. 여기에는 현재 서비스 생산의 일부를 소비자에게 이전하는 서비스에 대한 재고(rethinking)가 포함된다.[14] 고객 수행 부분이 커질수록 서비스 회사가 제공해야 할 노동력이 적어진다. 노동력을 소비자에게 전가시키는 고전적인 예는 셀프 서비스 주유소 또는 항공기로 수하물을 운반하는 것을 들 수 있다. 이 장의 도입에서 소개한 것처럼, 슈퍼마켓에서 셀프스캔은 Piggly Wiggly(1916년 멤피스)에서 시작된 노동을 소비자에게 옮기는 것의 논리적 연장이다.

항공사 여행을 끝까지 이용하는 과정의 완전한 변화를 생각해보자. 이전 모델은 소매 서비스 경험, 즉 여행사, 항공사 사무실 또는 비행기 표 카운터로 여행을 시작했다. 서비스 제공업체와의 상호작용에서, 항공편은 독점 컴퓨터 시스템과 특수 프린터로 인쇄된 다중 항공권(multi-part ticket)으로 예약되었다. 에이전트가 티켓의 일부를 제거하여 항공사에 다시 보냈다. 공항에서, 대기행렬에 포함되어 체크인 한 후, 체크인은 티켓 전체 또는 일부를 수집하고 탑승권과 수하물 체크인과 같은 새로운 문서를 인쇄하는 작업을 포함하였다.

요즘의 모델을 생각해보자. 고객은 인터넷을 사용하여 적합한 티켓을 찾는다. 그들은 최상의 거래를 확인하기 위해 웹 서비스를 사용하고 예약을 하기 위해 중개자를 사용할 수 있다. 그들은 항공사 사이트에 직접 갈 수도 있다. 그런 다음 e-티켓(전자 항공권)을 발급받는다. e-티켓은 종이 버전과 동일한 정보를 담고 있으며, 이는 정보가 항공사의 데이터베이스에 저장되어있는 것이다. 기록에는 여행 날짜, 시간, 출발지 및 목적지, 여행 클래스가 포함된다.

Southwest 항공사는 1994년에 최초의 e-티켓을 발행하였다. 2008년 말 규제기관인 IATA는 마지막 종이 티켓을 폐기했다. 따라서 Southwest 항공사의 e-티켓으로의 전환은 매우 빠른 것이었다. 2001년 9월의 비극 이후의 제한을 고려하면 그것은 더 빨리 완료되었을 것이다.

최근에는 서비스 과정의 초점이 나머지 부분에 맞춰지고 있다. 항공사는 여전히 공항에서 체크인 에이전트를 이용하여 e-티켓을 처리하고 신분 확인 및 탑승권을 발행한다. 그러나 모든 체크인의 절반 이상이 공항에서 셀프 서비스 키오스크에서 수행된다. 셀프 서비스 키오스크는 여권을 읽을 수 있는 기계로 신용카드, 또는 상용고객 우대카드로 신분을 확인하고 탑승권도 인쇄하여 발행한다.

요즘에는 키오스크조차도 대체되고 있다. 승객은 집에서 탑승권을 인쇄하거나 보안 검색을 게이트에 두고, 스마트폰으로 다운로드할 수 있다. 실제로, 공항에서 체크인하는 승객은 가장 좋은 좌석이 이미 없어졌음을 알 수 있다.

정보 기술의 진보가 없었다면 이러한 변화는 불가능했을 것이다. 항공 데이터베이스는 중앙으로 집중화되어야 하며, 전 세계 어디에서든 원격으로 사용할 수 있어야 한다. 인터넷 예약 시스템은 항공사 시스템과 실시간으로 통합되어야 했다. e-티켓 데이터베이스는 전 세계 수백 개의 체크인 지점에서 사용할 수 있어야 하며, 탑승 카드 시스템과 완벽하게 통합되어야 한다. 예전에는 체크인 담당 종업원이 탑승권 시스템에 티켓의 데이터를 다시 입력했다.

Morris/John/CartoonStock

"If you hate being on hold and want to get on with your work, press 1 - if you want to be on hold for a long time so you can do the crossword, press 2."

서비스 운영을 강화하기 위한 정보기술의 도입은 찬반의 혼합된 결과를 만들었다.

고객에게 주는 혜택은 항공사와 마찬가지로 엄청나다. 자동화는 티켓 에이전트 및 체크인 데스크에서 줄서야 할 필요성을 없애준다. e-티켓은 분실될 수 없기 때문에 도난의 위험도 없다. 여정과 같은 모든 서류는 필요한 경우 다시 인쇄될 수 있다. e-티켓은 날씨 지연 등으로 인한 이유가 발생할 경우, 여행 경로를 쉽게 변경하도록 해준다. 최신 시스템에서 기록은 전자식이며, 휴대전화와 연결되어 있기 때문에 지연이 발생하면 승객에게 문자 메시지가 발송될 수 있다.

IATA는 e-티켓으로의 전환만으로 연간 5만 그루의 다 자란 나무 또는 연간 3평방마일의 울창한 산림을 보존했다고 추정한다.

항공사 입장에서도 엄청난 생산성의 이득이 있는데, 대행사를 통해 이루어지던 티켓 발매나 체크인 업무 등이 고객에게 전가된 것이다. 예를 들면, 최근의 Forrester Research 보고서에 따르면, 공항에서의 셀프 서비스 체크인 양이 그 잠재적 이익의 규모를 보여준다. Forrester Research는 셀프 서비스 체크인은 항공사에게 1인당 16센트의 비용을 발생시키는데, 대행사를 이용할 경우 1인당 3.68달러의 비용이 발생된다는 것을 보고하였다. 탑승객 수로 최대 규모인 미국 항공사인 American 항공사가 2014년에 1억7백만 명의 승객을 태웠다는 것을 감안할 때, 해당 항공사의 절감액은 6억9천3백만 달러이다. 그러나 이러한 방식으로 소비자 성과를 높이는 것은 소비자 만족도에 영향을 미치는 소비자 프로세스를 완전히 바꿔 놓았다.

소비자는 몇 년에 한 번씩 완전히 새로운 스크립트를 배워야 했다. 소비자가 항공사를 위해 더 많은 일을 하고 있지만, 대부분의 항공사에 체크인 기술을 제공하는 항공국제통신학회(Society for International Telecommunications for Aeronautics: SITA)가 최근 실시한 연구에서 볼 수 있듯이, 고객 만족도는 증가하고 있으며, 고객들이 더 많은 것을 원한다. 이것은 셀프 서비스 체크인에 대한 만족도가 높아지고 있으며, 소비자들이 더 강력하게 바란다는 것을 보여주는 것이다.

e-서비스 활동 사례에서 보여주는 것처럼, 다음 단계는 중개자를 모두 단계적으로 중단하는 것일 수 있다. Depop 세계에서는 소매점이나 온라인 사이트도 필요가 없다. Facebook을 떠나지 않고 P2P(peer-to-peer) 거래가 생성될 수 있다.

10-5 고객 만족과 고객 성과

만약 고객 성과가 변화되거나 감소되거나 증가된다면, 서비스와 관련해서 고객 만족에 영향을 주는 것은 무엇일까? 생산 과정의 일부로써 고객을 어떻게 관리할 수 있을까?

11장에서는 몇 가지 세부 사항에 대한 소비자 만족을 주제로 다룬다. 그러나 간단한 논리를 적용하면 소비자 성과는 다양한 방법으로 만족에 영향을 준다. 단순 만족 모델은

e-서비스 활동 사례

Depop

Depop사는 2011년 11월 이탈리아에서 밀라노의 기업가인 Simon Beckeman에 의해 설립되었지만, 현재 런던의 Tech City인 Shoredich에 본사를 두고 있다. Beckman의 목표는 시장을 만들어서 친구들끼리 직접 휴대전화에서 물건을 팔 수 있고, 친구가 팔고 있는 것을 발견하는 간단한 것이었다.

그는 컴퓨터가 없어도 주머니에서 작동하는 앱을 개발했다. 판매하려는 물품의 사진을 찍어 친구가 Facebook 또는 Twitter에서 실시간으로 볼 수 있게 했다. 친구가 쓴 글을 "좋아하고", 댓글을 달거나, 즐겨 찾는 항목을 검색하거나, 판매자와 즉시 채팅하여 자세한 정보를 얻거나 비공개 제안을 할 수 있다. "인기 있는" 영역은 친구뿐 아니라 Depop 커뮤니티의 어느 곳에서나 볼 수 있는 가장 멋진 것으로 지속적으로 업데이트된다. 다운로드 및 가입은 무료이며, 무언가가 판매될 때만 비용이 지불된다.

Source: **Depop.com**.

소비자는 자신이 기대한 것을 서비스 경험에서 받았다는 것을 지각할 때 만족할 것이다. 연극 비유를 사용하면, 그 소비자는 **기대된 스크립트**(expected script)를 갖고 있다. 만일 경험이 기대와 일치하거나 초과하면 소비자는 만족할 것이다. 또한 소비자는 종종 서비스 경험을 성공적으로 탐색하는 데 있어 성취감을 느끼게 된다. 성취도는 만족의 또 다른 결정요인으로 알려져 있다. (이 장의 처음에 소개된 슈퍼마켓에서의 셀프스캐닝 사례 참조). 성공적인 수행은 또한 소비자에게 상황을 통제할 수 있는 감각을 줄 것이며, 이는 동기부여로 나타난다.[15]

초기 연구들은 셀프 서비스 경험에서 소비자는 통제력에 가치를 둔다는 것을 발표하였다. 소비자들은 또한 통제 감각을 높이지만 별개로 간주되는 예측 가능성을 중시한다.

다수의 연구는 소비자 성과의 전문성 부족이 불만을 일으킬 수 있다는 것을 보여주고 있다. 셀프 서비스의 기술과 소비자 만족에 대한 연구에서 연구자들은 소비자의 1/3 이상이 "형편없는 디자인"에 대해 만족하지 않는다는 것을 발견하였다. 그러나 응답자가 "형편없는 디자인"의 탓으로 돌리는 것은 실제로 그들이 초보자라는 것을 의미하고 아직 서비스에 참여하는 방법을 배우지 않았음을 보여준다.[16]

마찬가지로 스크립트 아이디어를 토대로 하면, 전문가들은 많은 서비스 인카운터에 따라 보다 복잡하고 정교한 스크립트를 사용한다. 이것은 전문가들이 표준에서 벗어나는 동안 제어할 수 있도록 해준다.

성과(performance)는 또한 **귀인**(attribution)을 통해 만족에 영향을 미칠 수 있다. 사람들은 결과가 다른 사람들과 생산되는 상황에서 성공에 대해서는 책임감을 더 많이, 실패에 대해서는 더 적은 책임을 요구하는 경향이 있다.[17] 이러한 "이기적인 편견(self-servicing bias)"은 서비스의 공동 생산의 상황에 적용 가능한 것으로 나타났다. 셀프 서비스 연구에서 소비자

는 문제가 있을 때 기술을 비난하지만, 경험이 만족으로 나타날 때 신용을 가지는 경향을 보였다.[18]

10-6 소비자 성과 스크립트 관리

연극 비유, 특히 스크립트를 제공하는 아이디어는 운영의 효율성과 소비자 만족을 함께 묶는 방법을 제공한다. 서비스 성과는 서비스 제공자와 소비자 양자가 그 스크립트를 따르는 정도까지 효율적일 것이다. 전문가 소비자들은 서비스 제공자의 스크립트를 더 수용할 수 있으며, 운영 효율성을 극대화시킬 수 있다.

기대가 충족되거나 초과될 때 만족도가 발생하면서 서비스 경험이 기대된 스크립트를 따르는 경우 소비자는 만족하게 된다. 만일 성과가 예기치 않게 기대치를 초과하면, 고객은 감동받을 것이다.[19] 그러므로 소비자의 스크립트를 서비스 운영과 일치시키는 것은 효율성과 소비자 만족을 함께 향상키는 일석이조의 효과를 누릴 수 있다.

〈도표 10-1〉 소비자 성과 관리의 네 가지 과업

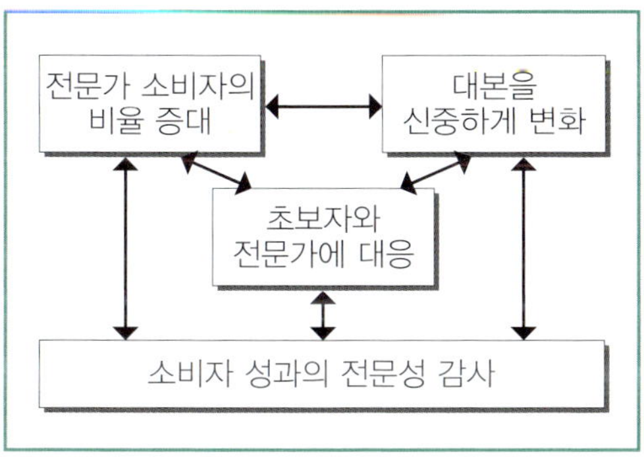

성과 논리(performance logic)를 적용하는 것은 전문가 소비자의 비율 증대, 대본을 신중하게 변화, 초보자와 전문가에 대응, 소비자 성과의 전문성 감사, 이 네 가지 관리 과업을 통해서 이루어진다(도표 10-1).

10-6a 소비자 성과 전문성 감사

전문가 소비자의 비율을 확인하는 것은 매우 중요하다. 시장조사를 통해서 개인의 스크립트 품질을 측정하는 것이 가능하다. 이것을 **소비자 성과 전문성 감사**(auditing consumer performance expertise)라고 부른다. 가장 단순한 접근법은 사람들에게 관련 서비스 경험을 단순히 스크립트의 형태로 기술하도록 하면 된다.[20] 이러한 접근법은 서비스 분야에서 사용되는 것으로, 예를 들어 고급 레스토랑과 패스트푸드 레스토랑의 스크립트와 같이 동일한 일반 카테고리의 스크립트를 구별할 수 있을 만큼 민감한 것으로 증명되었다.[21] 그런 다음 회사 스크립트와 추출된 스크립트를 비교하여 점수가 계산된다.

또 다른 접근법은 스크립트 내에서 이벤트 순서를 바꾸는 것이다. 응납자에게 일반적인 이벤트를 뒤죽박죽으로 제시하고, 올바른 순서로 배치하도록 부탁한다. 그런 다음 제주문을 올바른 순서와 비교하고 점수를 계산하여 과목의 전문지식이 평가될 수 있다.[22]

10-6b 전문가 소비자의 비율 증대

서비스 조직이 더 많은 비율의 전문가를 가질 수 있을까?

기업은 소비자가 전문가가 되도록 유인하고, 소비자들의 전문성을 높이도록 해주며, 그리고 기업의 보유한 전문가를 유지하기 위해 충성도를 구축하는 등의 많은 전략을 함께 또는 분리해서 사용할 수 있다.

전문가가 될 소비자 유인 명백하게 신규고객이 초보자이지만, 전문가 고객이 될 가능성이 높은 개인을 유인하는 것이 가능할까? 마케팅 캠페인은 잠재적으로 전문가의 주소가 있는 프로필이 존재하는 경우에만 대상으로 할 수 있으며, 바람직하게는 연령 또는 사회 경제적 집단으로 정의된다. e-비즈니스의 맥락에서 소비자 성과를 직접 측정하는 것이 가능하다. 웹사이트에서 소비자 행동을 추적함으로써 소비자들은 전문가로서 객관적으로 범주화할 수 있다. 2만 명의 웹 서비스 사용자에 대한 한 연구에서 "사용 속도"를 이용해서 전문가가 정의되었다. 분석 결과, 전문가들은 연령, 소득, 인종, 가족 상태 및 지역에 따라 다양하게 나타났다. 흥미로운 것은 6개월 이상 동일한 사용자를 대상으로 조사한 결과, 전문가 고객일수록 충성도가 더 높은 것으로 나타났다.[23]

항공사의 서비스 성과는 개인별로 다르지 않다는 것을 기억하는 것이 중요하다. Star Alliance의 충성 탑승객이 British 항공사를 탑승할 때의 스크립트는 거의 비슷하다. 이와 같이 경쟁자의 전문 고객을 유인하는 것은 자기 기업의 전문 고객을 증대시키는 유용한 방법이다.

전문가 고객의 양성 가속화 고객에게 스크립트를 가르침으로써 전문가를 만드는 것이 가능한가? 이를 위해서는 네 가지 접근 방법이 함께 사용될 수 있다.

유사 서비스에 대한 단서 제공 심리학자들은 스크립트란 어린 시절부터의 경험에 대한 일반화로부터 이루어진다고 한다. 우리는 성장함에 따라 타인의 행동을 보거나, 부모의 행동에 대해 생각하며 배운다. Walmart를 이용하기 위해 특정한 행동양식으로부터 출발할 수도 있으나, 곧 이러한 행동양식이 쇼핑이라 부르는 더 일반적인 경험의 일부일 뿐이라는 사실을 알게 된다.

새로운 서비스 경험과 마주 했을 때, 우리는 수많은 전략을 적용한다. 그중 첫 번째가 유사 경험(analogous experience)을 이용하는 것이다. 고객 성과에 관한 한 연구에서, 인터넷 뱅킹 시스템에 대한 연구가 실시되었다. 연구 대상으로써의 고객은 인터넷 뱅킹 시스템에 대한 경험이 없는 집단들로 의도적으로 선택되었다. 고객은 추가적인 설명 없이 계좌 이체를 하고, 잔고를 확인하도록 요청받았다.

전자 시스템이므로 걸리는 시간이나 키 입력의 오류 등을 통해 고객 성과가 즉각적으

글로벌 서비스 활동 사례

Adidas NEO 윈도우 쇼핑

독일의 뉘른베르크에 있는 Adidas NEO는 상호작용 디지털 윈도우 콘셉트의 새로운 윈도우 쇼핑을 실시하고 있다. Adidas는 영업 외 시간에 윈도우를 활용하여 실물 크기의 제품과 윈도우 자체에 내장된 직관적 터치 스크린을 갖춘 완벽한 기능의 가상상점을 만들었다.

쇼핑객은 NEO의 패션 범위를 보여주는 실물 크기의 디지털 모델을 가지고 작동할 수 있다. 윈도우에서 핫스팟을 만져서 쇼핑객은 마네킹에 제품 세부 정보를 표시하거나 제품과 상호작용하여 재미있는 행동과 움직임을 만들 수 있다.

고객은 윈도우를 가로지르는 손으로 가볍게 쳐서 옷을 샅샅이 뒤져서 멋지게 찍은 모든 항목을 자세하게 열어볼 수 있다. 그들은 신발과 액세서리 랙을 둘러볼 수 있다.

스마트폰의 URL에 로그인하여 쇼핑객은 윈도우에 직접 접속할 수 있다. 그런 다음 화면에 자신의 쇼핑 바구니에 항목을 넣고 스마트폰에 자동으로 등록하게 할 수 있다. 쇼핑객은 휴대전화에서 장바구니를 편집하거나 즉시 구입할 제품을 저장하거나 Facebook 또는 Twitter에서 친구와 공유할 수 있다. 쇼핑 바구니는 NEO 온라인 상점 내에 있으며, 지불을 마치면 물품은 다음날 배송을 위해 출하된다.

Source: YouTube Adidas NEO Window Shopping, **https://www.youtube.com.**

로 측정될 수 있다. 또한 고객은 관련된 서비스 경험에 관한 설문을 완성할 것을 요청받았다. 그 결과는 고객 성과에 대한 최고의 예측은 그들의 이전 경험(은행 이용, 컴퓨터, 전화의 자동응답기)이었다.[24] 확실히 고객은 적절합 스크립트를 만들기 위해 이전 경험을 활용한다. 따라서 새로운 서비스를 만들 때, 소비자의 스크립트를 신속하게 만들 수 있는 유사 경험에 대한 단서를 제공하는 것이 중요하다.

글로벌 서비스 활동 사례에 따르면 Adidas의 상호작용 윈도우를 사용하는 고객은 온라인 및 오프라인 쇼핑에서 스크립트를 "함께 묶는" 혁신적인 제품용 스크립트를 신속하게 만들 수 있었다.

고객을 위한 모델로써 유사 서비스의 힘은, 매장 내에 있는 ATM 기계에 관련하여 고객이 갖게 되는 문제에 대해 서비스 제공자가 언급한 것에서 잘 나타난다.

> 다수의 고객이, 우리 가게가 카드의 마그네틱을 오른쪽으로 놓고 사용해야 한다는 것을 알 수 있는 유일한 곳이라고 한다. 하지만 그 때문에 기계에 주황색 네온 사인으로 "카드 마그네틱을 오른쪽으로 놓으시오"라고 쓰여있는 것이다. 이것보다 더 간단할 수 있는가?
>
> 일반적으로 "xx원이 맞습니까?"에 대한 답으로 "예" 또는 "아니요"가 쓰인 조그마한 회색 버튼을 눌러야 하는 걸 이해는 한다. 근데 이건 주황색 네온 사인이잖아! 또, "4부의 1만큼만 넣으세요"라고 쓰여있는데, 이게 무슨 기계 구석에 처박혀 있는 애매모호한 버튼이 아니라 그중에 제일 크고 밝은 녹색의 버튼이다.
>
> 이렇게 큰 2개의 사인이 기계에 붙어있음에도 불구하고, 고객 중 95%는 카드를 뒤집

어서 또는 반대 방향으로 긁는다. 그걸 해결하기 위해 "카드를 반대 방향으로 돌리"라고 하면 그들은 미친 듯이 빠르게 내가 말한 방향을 제외한 나머지 방향으로만 돌린다. 난 "그래요, 그 방향, 아니 아니 다른 방향, 그래요 맞아요 바로 그겁니다." 이러고 있다. 드디어 카드를 맞게 긁고 나면, 난 "Enter" 버튼을 제외한 다른 버튼을 누르고 있는 그들을 볼 수 있다. 하루는 한 여성에게 "녹색 버튼을 누르라"고 했더니 그녀는 손가락을 움찔움찔거리며 "음 … 녹색, 녹색, 녹색 버튼이 …"라며 "녹색"을 식별하지도 못했다.

"녹색 버튼이라고", 고객은 짜증난다 July 9, 2007

종업원은 고객이 어리석다고 비난한다. 그러나 고객은 왜 이 업체가 "비표준화된" 기계를 고집하는지 타당하게 물어볼 수 있다. 이 기계의 스크립트는 "ATM"에 대해 소비자가 기억한 스크립트와 일치하지 않는다. 이때 고객은 자신의 불만족을 분명히 점포 탓으로 돌릴 것이다.

지속가능성 관련 서비스 활동 사례의 Europcar의 예는 의도적으로 고객에게 새로운 스크립트를 가르치는 조직을 보여준다. 그러나 이 경우 효율성이나 만족도를 높이기보다는 소비자가 탄소 발자국을 줄일 수 있는 방법으로 지속가능성을 개선하는 것이 목적이다.

지속가능성 관련 서비스 활동 사례

Europcar와 셀프 서비스 에코-워리어

인도 뉴델리에서 개최된 2012 세계여행시상식에서 유럽의 자동차 렌탈 회사인 Europcar는 "유럽의 책임 있는 관광상(Europe's Responsible Tourism Award)"을 처음으로 수상했으며, "세계 최고의 그린 수송 솔루션(World's Leading Green Transport Solution)"을 네 번째 수상했다. 세계여행상은 213,000명의 업계 종사자가 투표하는 "여행업계의 오스카"로 간주된다.

Europcar는 유럽의 렌터카 서비스 분야의 선두주자이다. 현재 140개국에 지점을 두고 있는 이 회사는 세계 최대의 자동차 렌트 네트워크에 대한 액세스를 제공한다.

Europcar는 지난 5년간 자사의 Eco-Charter를 자사의 웹사이트에 게시하여 수년 동안 환경에 중점을 둔 운전에 주력해왔다. Europcar의 서비스망은 매우 현대적이며, 회사의 모든 서비스과정에서 녹색배출(green emissions)에 초점을 맞추고 있다. 차량은 6개월이 넘지 않도록 정기적으로 정비되므로 항상 최적의 효율로 작동된다. 회사는 또한 차량의 타이어가 적절하게 팽창되도록 하여 엔진이 무리하게 작동되지 않도록 한다.

Europcar는 현재 물 분리 및 탄화수소 재활용을 포함한 물 절약 및 폐기물 및 유체 재활용에 중점을 두고 있다. 서비스망에는 고성능 Tesla 전기 스포츠카를 포함한 광범위한 전기 및 하이브리드 자동차가 포함되어 있다.

내부 프로세스는 글로벌 환경 기준을 충족하며, 회사는 내부 및 고객 중심 활동에서 종이 사용을 최소화했다. 모든 바우처(voucher)의 1/3은 전자 시스템이며, 현재 프랑스, 포르투갈, 영국 및 벨기에 사무소는 전자 송장으로 작업하고 있다. Europcar는 72개의 주요 유럽 공항에서 전자서명 및 간소한 렌탈 계약을 가능하게 하는 기술을 도입했다.

셀프 서비스 고객

Europcar 프로그램의 가장 신기한 것은 그 프로그램에 고객이 포함되어 있다는 것이다. Europcar 웹사이트를 인용하면 다음과 같다.

지속가능성 관련 서비스 활동 사례 〈계속〉

우리는 고객의 환경에 대한 인식을 높이기 위해 노력하고 있습니다. 우리의 현재 이니셔티브는 다음과 같습니다. **교육** — 고객과 종업원에게 녹색 문제와 CO_2 배출량에 대한 정보가 제공됩니다. **금연 차량** — Europcar는 프랑스 전역에서 최초의 비흡연 차량을 구현했습니다. 영국과 벨기에가 이를 따라했으며, 많은 다른 국가도 이것을 채택했습니다.

Europcar는 현재 고객에게 탄소상쇄(carbon offsetting) 프로그램을 제공하고 있다. 그들은 Climate Care와 파트너십을 맺었으며, ClimateCare는 고객이 배출가스를 상쇄할 수 있도록 탄소 감축 프로젝트를 운영한다. 그들은 또한 모든 고객이 친환경 운전을 할 수 있도록 하기 위해 조금씩 노력하고 있다. 고객 개인에게는 다음의 정보가 제공된다.

"당신이 친환경 드라이브에 대해 관심이 있다면, 몇 가지 간단한 방법으로 변화를 일으킬 수 있음에 더 즐거운 드라이빙이 될 것입니다."

일정한 속도로 운전하십시오. 급가속 및 급제동은 드라이브의 효율을 약 33%까지 떨어뜨립니다. 갑작스런 멈춤과 출발은 더 많은 에너지를 필요로 하기 때문이지요. 연료를 최대한 활용하기 위해 일정한 속도를 유지하기 바랍니다

적은 회전수에서 기어를 변속하십시오. 지나치게 회전수를 높이는 것은 연료를 낭비하게 합니다. 좀 더 일찍 기어를 변속시키면 회전수를 줄일 수 있습니다. 디젤 차를 운전하는 경우라면 2000rpm에 기어를 바꾸는 것이 좋고 가솔린 자동차의 경우라면 2500rpm에서 변속하는 것이 바람직합니다.

엔진을 공회전시키지 마십시오. 엔진을 작동 상태로 두면 연료가 낭비됩니다.

더 빠른 속도를 위해 에어컨을 끄세요. 시속 50마일(약 80Km) 이하에서는 자동차를 차갑게 유지하기 위해 창문을 여는 것이 훨씬 효율적입니다. 그러나 이 속도를 넘어서 창문을 연다면 항력이 증가하므로, 그때는 창문을 닫고 에어컨을 켜세요.

교통 체증 시에는 서행하세요. 이것은 일정한 운전 속도 유지에 관한 것으로 교통 체증이 심할 때는 시동을 걸어 둔 채 멈춰 있는 것보다 서행하는 것이 더 좋습니다.

크루즈 컨트롤을 사용하십시오. 평지에서 크루즈 컨트롤을 사용하면 일정 속도를 유지하는 데 도움이 되어 평균 7%의 연료를 절약할 수 있습니다. 그러나 엔진 속도가 빨라지고 속도가 느려질 수 있으므로 오르막길에서는 피하십시오.

미리 계획을 세우십시오. 행선지를 미리 확인하여 운전 중 경로를 파악하기 위한 시간을 소모하지 않는다면 드라이브의 효율을 더욱 높일 수 있습니다. Europcar로 가야 할 방향을 예약할 때 GPS 내비게이션 시스템에 물어보는 건 어떨까요?

고속도로 제한속도를 유지하십시오. 고속도로에서 시속 60마일(약 96Km)로 여행하면 연비가 7~23%까지 좋아질 수 있습니다. 더 빨리 기면 연료를 더 많이 소비하게 됩니다.

높은 기어를 선택하십시오. 낮은 기어는 차의 동력을 증가시켜주지만 그만큼 더 많은 연료를 소모시킵니다. 고속도로 위에 있을 때는 오버 드라이브 하는 걸 시도해보세요. 그러면 엔진이 느려지고 배기가스가 줄어들 겁니다.

서비스 경험 내에서의 단서 활용 소비자의 두 번째 행동은 스크립트에 대한 단서를 찾기 위해 서비스 경험 자체를 사용하는 것이다. 이러한 단서는 물리적 환경, 서비스 제공자, 또는 다른 고객 등 다양한 원천으로부터 얻을 수 있다. 항공기의 화장실과 같이 평범한 것을 예로 들어 보자. 고객 만족은 승객이 자신의 자리를 떠나기 전에 상황을 확인할 수 있도록 사용 신호가 켜져있거나 꺼져있는가에 따라 달라진다. 그러므로 승객에게는 화장실 문을 잠글 수 있음으로써 사용 신호가 켜지도록 하는 것이 중요하다. 항공사들은 어떻게 이것이 일어나는 것을 확인하고 있을까? 그들은 전등 스위치에 자물쇠를 연결한다. 몇몇의 단서는 덜 분명하다. 고객이 테이블을 알아서 치우게 유도할 수 있도록 만든 트레이 반환 스탠드의 전략적 설치가 그것이다. 일부 전기 제품의 서비스 조직은 서비스 보고서를 작성하기 전에 고객 점검표를 모든 고객에게 보낸다.

일부 서비스 사업자들은 고객이 "**부분 종업원**(partial employees)"이라는 아이디어를 신중하게 사용한다.[25] 신규 종업원을 조직으로 사회화시키는 것과 같은 논리로 부분 종업원 또는 고객은 동일한 방법으로 사회화되어야 한다.[26] 이것이 성공하기 위해서 신규 종업원은 자신의 역할(역할 명료성), 능력, 그리고 동기부여를 명확하게 이해해야 한다. 분명한 것은 스크립트 아이디어는 고객이 해야 할 역할의 명료성과 많이 관련되어 있다. 그러나 고객이 수행할 스크립트는 고객의 능력 내에 있어야 한다는 것이다. 만약 인터넷 뱅킹 시스템의 이용 시 너무 많은 정보의 입력이 요구된다면 고객은 분명히 시스템의 이용을 꺼리게 될 것이다.[27]

만일 사회화가 이루어질 수 있다면, 소비자는 스크립트가 아닌 조직의 정책과 가치를 이해할 것이다. **고객 사회화**(consumer socialization)는 고객 만족, 동기부여, 그리고 지각된 품질 등을 포함하는 긍정적 결과와 관련되어 있다.[28]

호텔은 손님에게 호텔 사용 방법에 관한 서비스 디렉토리를 제공한다. 건강농장(health farms) 또는 Club Med도 휴가를 보내려고 하는 고객에게 숙박 초에 공식적인 오리엔테이션 프로그램을 실시한다. 모든 프로그램은 소비자 성과의 전문성 수준을 높일 수 있도록 설계되어 있다. 기타 오리엔테이션 프로그램들은 다소 덜 공식적이지만 유용하다. 서비스 종업원에게 초보 소비자를 인식하는 법과 그들에게 설명하는 방법을 교육시킨다. 벨보이는 고객에게 시설을 처음 이용하는지를 물어보고, 그렇다면, 호텔 객실과 다양한 레스토랑을 이용하는 방법에 대해 설명을 해준다. 항공사들은 초보자에게 스크립트를 제공하고, 교육시키기 위해서 에이전트들을 셀프 서비스 키오스크로 대체할 것이다.

앞서 말한 인터넷 뱅킹 연구는 또 다른 소비자의 예를 보여주는데, 인터넷 뱅킹은 서면이나 스크린을 기반으로 하는 지침서나 세션을 제공하여 전문가 고객을 양성한다. 초보자 그룹에 비해 스크립트 개선은 직접 측정할 수 있다. 초보자와 전문가 그룹 모두에게 인터넷 뱅킹 프로세스를 설명하는 무질서한 스크립트를 제시하고, 정확한 순서대로 배치하도록 요청하였다. 그 결과, 전문가 그룹은 높은 점수를 받았다. 그 후 본격적으로 시스템의 사용법에서 물었을 때, 그들의 실수는 더 적었고, 경험에 훨씬 더 만족했다.

유방암 조영술 검사의 또 다른 연구에서는 응답자의 절반이 어떻게 될지에 대한 자세한 미리보기 및 전체 진행 과정을 설명하는 짧은 비디오를 받았다. 샘플의 나머지 절반은 그런 미리보기를 받지 않았다. 그런 후에, 응답자들은 자신의 감각 제어, 불안의 수준, 그리고 그들의 기대의 정확성에 대한 질문에 대답했다. 그 결과, 미리보기를 통해서 "스크립트 교육을 받은" 여성들은 더 자세한 기대, 매우 감소된 불안감, 그리고 높은 지각된 통제를 보였다. 그리고 나서 모든 여성에게 세 가지 실제 유방 조영술 경험에 대한 설명이 제공되었다. 하나는 미리보기를 정확히 따라 갔고, 하나는 제공자에 의해 실수가 있었고, 세 번째는 향상된 서비스가 설명되었다. 세 가지 시나리오 모두에서 미리보기를 한 응답자들이 설명된 시나리오에 더 만족했다.[29]

다른 소비자들을 지켜보도록 하기 스크립트의 최종 원천은 다른 소비자들의 행동을 연구하는 것이다. 우리는 어릴 때부터 타인, 전문가, 소비자들을 관찰하고 그들의 행동을 모방했다. 슈퍼마켓 주인들은 다른 슈퍼마켓 주인들의 하는 행동을 보고 재빨리 단서를 찾는다. 관광객들도 종종 그러한 전략을 채택한다. 예를 들어 Swiss 은행의 복잡한 보안문을 사용하는 방법을 은행 밖을 배회하면서 볼 수 있다. 출처가 불분명하지만, McDonald's가 영국에 진출했을 때, 테이블을 고객 스스로 치우는 것을 소비자에게 가르치는 데 큰 문제를 겪었다고 한다. 전해진 바에 의하면 McDonald's의 해결책은 전문적으로 햄버거 먹는 사람을 고용하여 쟁반을 쓰레기통에 비우고 용기 위에 놓는 것이었다.

고객 충성도 구축 전문가가 스크립트를 배우도록 하기 위해서는 서비스 경험에 대한 다중 노출을 필요로 한다. 전문가가 만들어지면, 그 개인의 충성도를 유지하는 것이 회사를 위해 중요하다. 전문가 고객은 매우 중요하므로 항공사의 상용고객 우대 프로그램, 또는 인정 등과 같은 충성도 인센티브 프로그램을 통해 보호해야 한다.

10-6c 스크립트의 신중한 변경

운영 효율성 또는 제품 차별화의 관점에서 서비스 기업은 서비스가 제공되는 방식에서 혁신적이어야 한다. 이것은 스크립트의 변화를 포함하며, 신중하게 관리되어야 한다. 너무 큰 변화는 전문가 소비자가 전문 지식을 갱신해야 함을 의미한다. 전문가 소비자는 기존의 스크립트 기반의 기대를 갖고 있으므로 새로운 서비스를 실패로 볼 수 있고 불만족할 수도 있다.

도입사례에서, 주인공은 새로운 쇼핑 방식을 위한 대본을 필사적으로 모으고 있었다. 일상적인 경험은 극도로 스트레스를 많이 받고, 불안과 실패에 대한 두려움으로 가득 차게 된다. 일부 소비자들은 실패하고 그 실패를 슈퍼마켓 탓으로 돌릴 것이다.

모든 항공사의 경험에서 혁명은 전술한 바와 같이, 드라마 속에서 완수해야 할 매우 다른 역할을 고객이 직면하도록 한다. 고객은 인터넷을 해야 하며, e-티켓을 구입할 수 있도록 기대된다. 그들은 자신의 여정과 탑승권을 인쇄할 것으로 예상된다. 공항에서 그들은 키오스크를 사용하거나 이미 탑승권을 가지고 있다는 것을 아는 것이 가능해야 한다. 스크립트는 매우 다르며, 고객 성과도 다르며, 역할을 위해 필요한 역량도 매우 다르다.

소비자로서 우리는 예측 가능성과 통제를 소중히 하고 있다. 따라서 대부분의 경우 우리는 스크립트를 알고 서비스 경험을 향해 이동한다. 우리는 서비스 비즈니스에서 무대가 설정되는 방식에 관한 소품 및 신호를 찾고 이것이 친숙한 스크립트인지 여부를 판단할 것이다. 이것은 Citibank가 뉴욕 지점에 ATM를 도입한 몇 년 전 직면한 문제였다. 일반 고객은 빈 ATM를 지나서 일반 창구 종업원과 통화할 수 있다. 결국 은행은 고객을 안내할 접수원을 고용하여 ATM을 사용하도록 당부했다.[30]

예측 가능성을 원하는 우리의 바람에 대한 유일한 예외는 우리가 의도적으로 뭔가 새로운 것을 찾을 때일 것이다. 외국 관광은 새로운 상황에 스스로를 던져, 다시 초보자가 되고 신기한 경험을 하게 한다. 우리는 은행에서 돈을 인출하는 일 등과 같은 가장 쉬운 일을 하지 못하는 자신의 무능력에 화가 날 수 있다. 그러나 익숙한 레스토랑 체인을 찾거나, 브랜드가 있는 다국적 호텔에 숙박하여 익숙한 스크립트로 돌아갈 수도 있다. 우리는 그것을 필요로 하는 경우, 이 같은 브랜드 호텔 체인은 우리에게 익숙한 스크립트의 예측 가능성을 제공한다. Holiday Inn은 애틀랜타에 있든, 런던에 있든, 콸라룸푸르에 있든 관계없이 그곳을 Holiday Inn처럼 느끼게 한다.

Fritel Patrick/Getty Images

외국 관광은 우리를 새로운 상황에 던진다. 우리는 다시 초보가 되어 신기한 경험을 즐긴다.

10-6d 초보자와 전문가에 대처하기

회사는 영업기간에 관계없이, 여전히 기존 고객과 신규 고객을 모두 보유한다. 회사는 초보 고객이 될 새로운 고객들을 유입함으로써 성장하기 때문에 전문가 고객만을 가질 수는 없다. 그러므로 서비스 회사는 동시에 두 가지 세분시장인 초보자와 전문가 고객 관리를 배울 필요가 있다. 이는 운영 관리적 측면에서 회사 시스템이 두 가지 다른 수준의 고객 성과에 대처해야 한다는 것을 의미한다.[31]

불행히도 초보자든 전문가든 소비자의 성과 능력의 수준을 확인할 수 있는 표식을 갖고 오지는 않는다. 이런 상황이 발생하지 않는 몇 안 되는 장소 중 하나가 온라인 소매업이다. 정규 고객은 로그인할 때 확인되며 서비스의 경험은 그들에게 맞게 설정된다. 그들은 적은 설명을 받고 시스템의 바로 가기를 사용하는 플래그가 설정된다. 대조적으로 초보자 고객은 도움말(help boxes)과 지도를 받는다.

고객에 대한 성과 전문성 여부를 알 수 없는 경우에는 서비스 기업이 할 수 있는 것은 사용자가 스스로 선택하도록 허용하는 것이다. 여행 산업에서 여행이 빈번한 여행자와 일반 사용자들을 위한 프로그램이 좋은 예이다. Hilton Honors의 체크인 데스크는 충성 고객들을 위한 프로세스를 제공한다. 이러한 프로세스는 충성 고객이 자신의 전문성을 사용하여 가능한 한 효율적으로 체크인할 수 있도록 돕는다. 충성 고객은 데스크의 종업원보다 체크인 스크립트에서 더 능숙하며 다음 질문을 예상하거나 서비스 종업원을 유도하기도 한다. 비행기 체크인을 자주하는 승객에게도 똑같은 효과가 나타나는데, 전문가 승객들은 질문을 받기도 전에 보안 질문에 답할 것이다.

이것은 전문가와 초보자 고객에 대한 대응은 회사가 각각의 상호작용을 고려하여 관리해야 한다는 것을 의미한다. 불완전 스크립트를 가진 초보자가 전문가과 충돌할 수 있고, 각각의 스크립트들 시이에 직접적 갈등이 발생할 수도 있다. 330개의 중요 서비스 문제에 대한 연구에서, 타인의 존재가 서비스 경험에 어떻게 긍정적 또는 부정적으로 영향을 주는지를 발견하였다. 거의 절반의 사건이 만족 또는 불만족으로 나타났다. 많은 불만족 사건은 다른 고객들이 줄을 서서 기다리라는 스크립트를 지키지 않은 서비스 대기에 관련된 것이다.[32]

"EPCOT에서 우리 앞에서 줄을 자르려고 하는 한 쌍이 있었다 … "

서비스 스크립트에 대한 동의가 공평하게 적용되었을 때, 고객들은 만족해했다.

"다른 사람들을 밀거나, 앞에서 줄을 서려는 사람들이 없었다."

동일한 환경에 전문가와 초보자 고객을 동시에 두면 가장 훌륭한 배우조차도 찾기 힘든 두 개의 서비스 스크립트를 동시에 수행할 수 있는 위치에 서비스 제공자를 배치할 수 있다.

호텔이 제공하는 서비스가 그러한 문제의 전형적인 예이다. 특정한 날에 호텔에 머물고 있는 개인 및 커플, 호텔에 머무르는 그룹, 대규모 회의, 작은 회의실에서의 이사회 회의 등과 같이 다양한 세분집단으로 인하여 어려움을 겪을 수 있다. 레스토랑의 종업원들은 단품 식사부터 고정 메뉴 그룹, 1시간 30분 점심 식사 시간의 회의 뷔페에 이르기까지 매우 다른 서비스 스크립트로 손님을 맞이한다. 이 설정의 모든 고객은 일반적으로 이러한 상황에 직면하지 않으므로 초보자용 스크립트를 갖게 된다. 안타깝게도 다른 손님들이 매우 다른 스크립트를 가진 사람들과 식사를 한다. 이렇게 여러 개의 자주 충돌하는 부분을 관리하는 것을 **호환성 관리**(compatibility management)라고 부른다.[33] 그러한 상황에서 서비스 조직은 다양한 고객을 분리하거나, 동질화시키려고 노력할 것이다. 서비스 조직은 이것을 위해서 층이나 룸을 분리할 수 있으며, 또한 간단한 사인(또는 표지)을 이용할 수 있다.

호환성 관리는 또한 소비자가 스크립트 또는 행동강령(codes of conduct)(예: … 전에 다이닝룸을 이용하지 마시오, 뷔페 서비스만을 이용하시오)을 포함해야 한다. 마지막으로, 서비스 담당자는 세분집단 간의 충돌이나 갈등을 감시하고 관리하기 위해 교육을 받고 민첩하게 반응해야 한다.

10-7 서비스 경험 동안 고객 서비스 지각 관리

소비자는 현실이 아닌 자신의 지각으로 서비스를 평가한다. 우리는 좋은 식품을 위해 나쁜 서비스를 종용하거나 그 반대로 행동한다. 우리의 지각은 종종 서비스 조직이 영향을 미치지 않는 기분 등 무언가에 의해서 영향을 받는다. 우리의 과거 경험과 문화적 배경이 가장 간단한 서비스 경험에 대한 우리의 지각에 영향을 미칠 수 있다. 레스토랑 또는 백화점에 가는 간단한 경험을 들어보자. 유럽의 식사 경험은 일본의 식사 경험과 크게 다르다. 유럽에서 식사는 느린 속도의 대화를 의미한다. 코스도 다양하며 계산서를 원하면 달라고 말해야 한다. 웨이터가 요청하지 않은 계산서를 가져다 줄 경우는 떠나라는 뜻일 수 있다. 일본 여행관리국(Japan Travel Bureau)의 수석 관리자 Misako Kamamoto는 일본에서는 그렇지 않다고 한다. 그는 "처음 일본인 관광객을 유럽의 레스토랑으로 데려다 줄 때 나는 그들에게 조언할 점을 지적했다. 유럽 식당에서 식사를 하는 데는 상당한 시간이 걸린다는 사실을 감수해야 한다."고 하였다. Kamamoto의 충고에도 불구하고, 관광객들을 아직까지도 불평을 한다. "왜 유럽 레스토랑은 서비스가 그렇게 느린가? 서비스를 더 빠르게 해달라고 얘기해달라. 나는 디저트나 커피를 기다리기를 원하지 않는다. 이렇게 서비스를 못하는 식당은 참을 수가 없다."

프랑스를 찾은 일본인 관광객은 일본에서 "신"처럼 대우 받았던 것처럼, 파리의 소매상들이 자신을 대하지 않는 불쾌한 대접을 받는다고 느낀다. 일본인 관광객은 고객에게 종속되는 것이 아니라 "고객에게 구매를 허용하도록" 한다는 프랑스의 태도에 어리둥절해한다. 많은 일본인 고객은 프랑스 소매상이 가게에서 상품을 구매할 수 있도록 허락한다면 프랑스인들이 고객에게 호의를 베푸는 것처럼 느낀다.[34]

그러나 문화적 차이와 우리의 기분을 제쳐 두고, 소비는 회사에 의해 통제되는 환경 내에서 발생하기 때문에, 서비스 기업이 우리의 지각에 영향을 미칠 수 있는 것은 많다. 줄서기와 대기 시간에 대한 예를 들어보자. 생산과 소비가 동시에 발생하고 있기 때문에 일부 고객은 종종 일반적인 서비스 경험을 공유한다. 그 결과 수요가 종종 공급을 초과하며, 효과적으로 고객의 불만을 최소화하기 위해 관리되어야 하는 라인이 개발된다. 많은 서비스 운영에서 내재되어 있는 소비자 수요의 예측 불가능성 때문에, 이용 가능한 서비스의 공급과 소비자 수요가 정확히 균형을 이룬다는 것은 우연일 수밖에 없다. 그 결과 서비스의 소비자들은 종종 서비스를 위해 줄서서 기다리는 자신을 발견한다.

효과적으로 소비자의 대기를 관리하는 것은 서비스 경험에 대한 소비자의 지각에 대한 첫인상의 중요성 때문에 특히 중요하다. 첫인상은 서비스 후에 그 서비스가 좋았는지에 관계없이 종종 장기적이고 전체 서비스의 고객의 평가에 영향을 미칠 수 있다. 오후 2시에 시작하는 진료를 위해 오후 4시까지 기다리는 치과 환자는 진료 예약이 시작될 때쯤 종업원과 치과 의사가 얼마나 친절한지에 대해 거의 신경을 쓰지 않을 것이다.

실제 대기 시간과 소비자가 지각하는 대기 시간 사이에는 상당한 차이가 있다. 오랫동안 시행착오를 거쳐서 소비자의 대기기산을 효과적으로 관리하는 여덟 가지 원칙이 개발되었다.[35] 이 모든 것은 소비자 행동에 대한 깊은 이해로 서비스 경험이 전개되는 동안 서비스 경험에 대한 지각 관리가 가능하다는 사실을 강조한다.

여덟 가지 원칙 중 다섯 가지는 소비자가 서비스 경험에 대한 통제력을 느낄 필요가 있다는 점에서 이해될 수 있다.

10-7a 원칙 1: 불확실한 대기는 명시된 대기보다 더 길게 느껴진다

병원에서 대기할 경우, 정해진 약속 시간 전의 시간은 빨리 가고, 약속 시간 후의 시간은 느리게 간다. 많은 레스토랑이 이것을 어렵게 배웠다. 얼마 전까지만 해도, 레스토랑들은 고객이 경쟁업체에서 식사하기 위해 레스토랑을 나서지 않도록 하기 위해 일부러 그들의 대기 시간을 과소평가했던 것으로 보인다. 이러한 전략은 고객을 고의적으로 잘못 인도되고 속았다고 느끼게 하여 그들을 화나고 좌절하게 했다. 그들이 자리를 잡았을 때는 음식의 품질에 관계없이 너무나 화가 나서 음식, 서비스, 분위기는 아무 의미가 없었다. 몇몇의 손님들은 다시는 오지 않겠다고 맹세하기도 했다. 요즈음 레스토랑들은 소비자에게 기대를 촉진시킬 수 있는 현실적인 시간대를 제공하기 위해 그들의 기다림을 과대평가하는 듯하다. 일부 레스토랑은 예약을 하고 유지하므로 고객의 대기 시간을 모두 없애준다. 디즈니와 같은 서비스업체들은 줄을 따라 특정 지점마다 전략적으로 배치된 간판에 일정한 대기 시간(예: 이 지점에서 10분)을 명시한다.

10-7b 원칙 2: 설명되지 않은 대기는 설명된 대기보다 더 길게 느껴진다

설명을 원하는 것이 사람들의 특성이다. 이것은 사람들에게 일이 어떻게 진행되는지를 알게 해주고, 그 일이 자신의 통제하에 있다고 느끼도록 만든다. 고속도로의 교통 정체 시 느린 속도가 설명 없이 정상 속도로 회복되면 사람들의 얼굴에 실망감을 느낄 수 있다. 고객은 기다려야 하는 이유를 알기 원하므로, 정보가 빨리 제공될수록, 고객은 더 이해를 하게 되며, 대기 시간이 짧다고 느낀다.

서비스의 불가분성으로 인해 고객은 공장의 모든 서비스 제공업자가 고객에게 서비스를 제공하지 못하는 이유를 이해하기 어려운 경우가 있다. 은행이 그 예이다. 은행 창구 담당자들은 때때로 고객에게 서비스를 제공하지 못하게 하는 금전등록기(cash drawer)에서 돈이 맞는지 안 맞는지를 확인하는 등의 운영 업무를 수행해야 한다. 그러나 은행에서 모든 은행원은 고객에게 노출되어 있어 고객은 고객이 기다리고 있음에도 왜 모든 은행원이 고객에게 서비스를 하지 않는가에 대해 의문을 제기한다.

효과적 관리는 두 가지 중 한 가지 방법으로 이 문제를 최소화할 수 있다. 첫째, 은행은 고객과 상호작용하는 수준을 넘어서 은행원들의 실체에 대하여 고객에게 교육을 시킬 수 있다. 둘째, 은행은 고객과 관련이 없는 업무를 할 때 출납계가 없다는 것을 보여주는 표지를 해놓을 수 있다. 이러한 유형의 문제는 은행산업을 넘어서 확대되고 있다. 고객들에게 종업원들의 가시성을 보이는 항공사, 식료품점, 기타 종업원들에게 휴식을 제공하는 업체들이 유사한 어려움에 직면해있다.

10-7c 원칙 3: 불안감은 대기를 더욱 길게 느껴지게 한다

바쁠 때 신호등 대기가 더 길게 느껴진 적이 있는가? 이것은 불안이 소비자의 대기 시간에 대한 지각을 늘리기 때문이다. 효과적인 서비스 기업은 서비스 점점에서 불안감을 만드는 요소를 확인하고 제거함으로써 고객의 불안 수준을 조절하려 한다. 많은 소비자 두려움은 비이성적이며, 서비스 제공 프로세스를 완전히 이해하는 제공자에 의해 간과될 수 있기 때문에 불안감 유발 요인을 효과적으로 식별하는 데 특히 도움이 되는 초점집단(focus group)을 이용하는 것이 좋다. 종종 정보가 소비자의 불안 완화에 가장 효과적인 도구 중 하나가 된다. 예를 들어 지연된 항공사 승객에게 연결 항공편을 알려주고, 대기 중인 영화 관람자에게 좌석이 있음을 알리고, 등록 중인 신입생들이 올바른 줄을 찾는 것을 도와주는 것들은 이러한 소비자 집단이 느낀 많은 불안을 제거시켜준다.

10-7d 원칙 4: 서비스 구매 이전의 대기는 서비스가 진행 중일 때보다 길게 느껴진다 — 서비스 종료 후의 대기가 가장 지루하다

서비스 시작 전의 대기 시간은 고객이 서비스 프로세스 중 동안에 대기하는 것보다 더 오래 가는 것으로 느끼게 만든다. 예를 들어 의사들은 서비스가 시작되고 있다는 의미를 전달하기 위해 대기실에 있는 환자를 검사실로 이동시킨다. 실제, 의사는 그저 대기 위치를 변경했을 뿐이다. 프로세스 전 대기를 관리하기 위한 효과적인 기법은 단순히 고객에게 서비스가 시작된다는 것을 알리는 것이다. 예를 들어 서비스제공자들은 종종 고객이 착석하자마자 고객에게 서비스를 제공하기에 너무 바쁘다. "나는 최대한 빨리 당신과 함께 것입니다"라는 표현은 고객의 존재를 인지하고 서비스가 시작되고 있다는 메시지를 전하는 것이다. "주문이 처리되고 있습니다"와 같은 문장도 또한 주문 상태를 알려 고객을 유지하는 데 효과적이다.

프로세스 후 대기는 모든 대기 중 가장 길게 느껴지게 한다. 많은 경우에서, 서비스가 전달되고 나면 고객은 계산서나 청구서를 기다린다. 고객이 제공된 서비스에 대하여 단순히 계산하려고 할 때, 지연의 대상이 되는 것은 고객을 당황스럽게 만든다. 프로세스 후 대기에 대한 고객 조급함의 또 다른 예는 비행기 착륙 시점에 경험할 수 있다. 비행기에서 비행기가 완전히 멈출 때(또는 이전)에 자신의 안전벨트를 푸는 소리를 들을 수 있다. 비행기 문이 열리지 않았고, 아무도 비행기를 떠나지 않았음에도 사람들은 말 그대로 최대한 빨리 비행기에서 자기가 먼저 내리기 위한 포지션을 위해 싸우고 있다. 프로세스 전 단계에서, 고객들은 서비스 기업에 대한 상황 통제를 무시하고, 줄을 선다. 그러나 서비스가 종료되면 고객들은 서비스 기업이 다시 공정하게 통제해주기를 바란다.

10-7e 원칙 5: 불공정한 대기는 공정한 대기보다 길게 느껴진다

효과적인 소비자 관리는 모든 소비자에게 공정한 수준을 제공되도록 해야 한다. 대다수의 소비자는 불합리하지 않다. 대부분의 레스토랑 소비자는 큰 파티가 작은 파티에서 보다 오랫동안 기다리며, 예약 당사자가 불시에 도착하는 사람보다 빨리 자리에 앉게 되는 것을 이해한다. 그러나 소비자는 동일한 상황에서 늦게 도착한 사람이 다른 사람보다 일찍 서비스를 경험하게 되면, 심각한 갈등을 점화하게 된다. 그럼에도 불구하고, 극소수의 식당들이 "예약" 라인을 제공하고, 대신 손님들이 그 라인의 맨 앞으로 나가도록 예약을 한다.

McDonald's에서 보이는 라인은 소비자가 가지는 불만 이유의 전형적인 예이다. 각 경우 고객은 가장 빠르게 이동할 것으로 생각되는 라인을 선택해야 한다. 필연적으로, 다른 노선들은 더 빨리 이동하게 되고, 나중에 그 선에 들어간 고객들은 순서가 잘못된 채로 먼저 서비스를 받게 된다. 공정성 관점에서 Wendy's, Burger King, 그리고 많은 은행에서 사용되는 한줄서기가 선호된다. 고객은 서비스 프로세스를 입력한 순서대로 서비스를 제공받는다.

불공정한 서비스의 또 다른 전형적인 예는 줄을 서 있는 고객보다 전화 통화가 우선시되는 것이다. 일반적으로 전화보다 사람이 우선이다. 이것은 줄에 서서 오랫동안 기다린 사람들보다 먼저 앞 줄로 가는 사람들과 비슷한 것이다. 경영자는 종업원이 보다 적절한 시간에 전화를 받는 데 드는 비용과 기존 고객을 소외시키며 종업원을 어색하고 종종 신뢰할 수없는 위치에 배치하는 비용을 고려해야 한다. 이러한 모든 불공정 시스템은 소비자의 예측 가능성과 통제력을 공격하는 것이다. 기대된 스크립트가 불이행되면 소비자는 자신이 통제력을 상실한 것으로 느끼게 된다.

마지막 세 가지 원칙은 지각된 시간에 관한 문헌들을 기초로 한다. 연구자들은 시간에 대한 우리의 지각은 시간이 지나가는 맥락에 의해 직접 영향을 받는다는 것을 보여주고 있다. 연구 결과는 운영 면에서 비어있는 대기 시간과 혼자 대기하는 시간이 길어질 것이라는 것을 제시하고 있다. 또한 프로세스 전 대기 시간은 거의 비어 있기 때문에 너무 길게 보이는 이유가 될 수 있다는 것을 보여주고 있다.

10-7f 원칙 6: 아무것도 안 하고 있는 대기는 더 길게 느껴진다

아무것도 안 하면서 대기하는 것은 매 분이 길게 느껴지도록 만든다. 성공한 서비스 기업은 소비자의 시간을 점유하여 관리하는 방법을 알고 있다. 많은 레스토랑은 수익 창출의 기회를 늘리기 위해 소비자들이 라운지에서 음료를 주문하면서 기다리도록 하는 소비자 대기 관리를 실시한다. 마찬가지로, 골프장은 드라이빙 코스를 제공하고, 병원은 읽을거리를 제공한다. 소비자의 점유 관리 전술은 이후의 서비스에 관련되는 것이 이상적이다. 전화 통화 도중에 보류 상태에 있을 때, 고객이 Muzak(상점·식당 또는 전화 대기 중에 배경 음악처럼 내보내는 녹음된 음악)을 듣도록 강요하는 등의 서비스 대기를 소홀히 하는 사소한 무신경은 때로는 고객의 저항과 좌절로 이어질 수 있다.

10-7g 원칙 7: 혼자 기다리는 것은 집단 대기보다 더 지루하게 느껴진다

식료품점에서 일반적으로 나타나는 고객 상호작용의 양을 고려하는 것은 흥미롭다. 우리가 서로 조금씩 양보해가고 있지만, 일반적으로 전혀 그런 것은 없다. 그러나 어떤 품목에 대한 가격 확인이나 계산을 하는 데 너무 오래 걸리는 고객과 같이 지연이 발생할 경우 어떤 일이 발생하는지 주목해보라. 오래된 친구들처럼 남아 있는 나머지 라인은 뭉친다! 그룹은 고객 시간을 점유하고 지각된 대기 시간을 줄이는 기능을 수행한다. 따라서 서비스 대기를 관리할 때, 고객들 간의 상호작용을 적극적으로 장려할 수 있다.

10-7h 원칙 8: 서비스의 가치가 적을수록 대기는 더 길게 느껴진다

병원에서 왜 두 시간이나 기다리는가? 환자라는 단어가 인내라는 단어의 한 형태인 것이 이상하지 않은가? 고객의 대기하는 시간은 종종 상황에 영향을 받는다. 서비스가 가치 있고 대안이 적을 경우, 고객들은 그 반대인 경우보다 더 오래 기다릴 것이다.

서비스의 지각된 가치는 종종 서비스 제공자의 직함이나 지위와 함께 증대된다. 학생들은 조교수보다 수업시간에 늦는 정교수 수업에 더 기다릴 수 있고, 학장이나 총장의 경우에는 더 오래 기다린다. 유사하게, 고객들은 패스트푸드 레스토랑에서보다 고급 레스토랑에서 더 오래 기다리려고 한다. 고객대기를 관리할 때, 서비스 기업은 고객이 서비스에 부여하는 가치와 합리적으로 기다릴 수 있는 시간을 이해해야 한다. 그 이유은 그러한 것이 영역별, 그리고 영역 내에서 변하기 때문이다.

스크립트 비유는 특정 상황에 대한 스크립트가 더 긴 시간을 가지고 있다는 것을 보여준다. 경쟁 대안이 부족한 상황에서, 의사의 경우처럼, 우리는 서비스 제공자가 제공한 스크립트만 갖게 된다. 그러나 의사를 기다리는 시간이 짧은 새로운 서비스가 제공되면 전체 산업의 스크립트가 다시 설정될 수 있다.

운영 측면에서 이해해야 할 가장 중요한 사실은 이러한 원칙을 적용하면 실제 시간을 변경하지 않고 대기 시간에 대한 소비자의 지각을 변경한다는 것이다. 조직은 실제 대기 시간을 줄이기 위해 많은 돈과 자원을 소비할 수 있다. 분명히 소비자의 대기와 자원의 배분 간에는 상쇄효과(trade-off)가 있다. 은행 창구에서의 대기는 더 많은 창구를 열어서 감소될 수 있다. 그러나 이것은 비용이 소요되고, 창구 이용률을 낮춘다. 따라서 대신 소비자의 대기 지각을 관리하는 것이 더 많은 수익을 올릴 수 있다.

비록 여기서 소비자의 대기 시간 지각 관리에 초점을 두고 있지만, 이 아이디어는 서비스 경험의 모든 다른 분야를 관리하는 데도 사용될 수 있다. 소비자 심리를 이해함으로써 소비자가 서비스스케이프에 있는 동안 소비자 지각에 영향을 미치는 것이 가능하다(8장 참조). 슈퍼마켓은 소량의 신선한 빵을 굽혀 냄새가 전체 상점에 스며들도록 한다. 이것은 가정 요리와 신선함을 상기시킨다. 배경 음악의 템포는 고객이 테이블에 머무는 시간에 영향을 미치기 때문에 레스토랑에 손님이 적은 경우엔 배경 음악의 속도를 늦추고 손님이 많은 경우엔 배경 음악의 속도를 높임으로써 테이블의 회전율을 관리할 수 있다. 서비스스케이프의 모든 내용은 서비스를 이용하는 동안 소비자의 지각을 관리하는 데 사용될 수 있다.

10-8 소비자 성과와 마케팅과 운영의 역할

이 절에서는 상이한 부서의 관리자들이 소비자 성과 때문에 그들의 사고를 변경해야 방법을 다룬다.

전략적으로, 소비자가 자신의 서비스 생산에 참여하는 정도가 클수록, 소비자 성과를 관리해야 할 필요성이 커진다는 것은 중요하다. 이것이 고접촉 서비스의 생산성을 향상시킬 수 있는 유일한 방법이다. 전문가와 초보자 고객들은 서비스 사업의 부분 종업원 이상이다.[36] 그들은 소비자인 동시에 종업원이다.

마케팅 관리자는 그들의 사고의 범위를 확상시켜야 한다. 전통적으로, 마케팅은 소비자가 어떻게 선택하며, 그들을 만족시키는 게 무엇인가에 초점을 맞춘다. 선택 프로세스를 이해하는 것은 기업이 소비자 선택에 대한 점유율을 증가시킬 수 있는 단서를 제공해준다. 만족한 고객은 유지가 될 수 있다.

서비스의 성과를 생각할 때, 마케팅 툴킷(tool kit)을 적용하여 전문가 고객을 만들어 회사의 운영 효율성을 향상시킬 수 있는 것은 분명하다. 전문가 고객은 만들어질 수 있으며, 스크립트는 교육이 가능하며, 이는 고객의 혜택으로 나타나게 된다. 우리는 모든 환경 제어를 위한 우리의 욕구에 의해 학습하려는 동기부여가 되어 있다. 소비자 성과의 양을 늘리면 일부 자신을 위해, 예측 가능성과 통제의 감각을 높일 수 있다. 많은 사람은 일단 대본을 배우면 자신의 가방을 항공사로 운반하는데, 이것은 매력적 제안이다. 우리가 두려워하는 것은 자리 위의 사물함이 그들에게 할당된 것이라고 주장하는 초보자 고객이다.

마케팅은 또한 실제 서비스가 아닌 소비자 지각 관리에 적용될 수 있다. 이 경우에는 마케팅의 전문적 지식은 서비스스케이프의 디자인 및 서비스 공급자의 역할을 통해 적용되어야 한다. 그러나 소비자 심리의 깊은 이해는 가치를 추가하고, 운영비용이 절약되도록 해준다.

운영 관리자들은 그들의 계획에 소비자를 포함할 필요가 있다. 보다 규범적인 관점에서 시작하여, 서비스 운영의 특성을 감안할 때 적절한 소비자 스크립트를 정의할 수 있어야 한다.[37] 이것은 기술을 통해 전달되는 스크립트와 사람들을 통해 전달되는 스크립트의 문제에 다시 부딪친다.

날로 발전하는 기술은 소비자에게 더욱 까다로운 스크립트를 적용한다. 서비스 제공자는 9장의 서비스 종업원의 관리에서 설명된 것처럼 권한을 부여받을 수 있다. 이러한 권한 부여는 특정 소비자에 맞게 스크립트의 변화를 가능하게 한다. 불행히도, 기계에게는 그런 권한이 부여되지 않는다. 그들은 소비자를 분류하고 적절한 스크립트를 제공하기 위해 "만일~ 그러면(if~ then)"을 프로그래밍 될 수 있지만, 그러한 프로그램들은 고객이 지루하고 재미없는 것으로 간주하기 쉽기 때문에 종종 사라지게 된다.

운영 관리자들은 또한 소비자의 지각과 관심사를 기업의 운영적 통계를 위해서만 이해하면 안된다. 실제 대기 시간을 25% 감소시키는 것은 엄청난 성취를 한 것이나, 전술한 바와 같이, 대기는 길게 지각된다는 것이다. 만일 대기를 줄이기 위한 운영상의 변화에 대해 소비자가 불공정하다고 느끼거나 불편함 또는 불안함을 느낀다면, 소비자의 관점에서 창출되지 않은 고객 가치는 의미를 잃을 수 있다.

스크립트의 개념은 서비스 제공자에게 쉽게 적용될 수 있다.[38] 그들은 자주 발생하는 스크립트에 대처해야 한다. 그들은 자주 스크립트를 실행하기 때문에 최고의 전문가일지도 모른다. 서비스 제공자와 소비자의 스크립트가 어떻게 상호 교류하는지, 전문가 제공자와 초보자 소비자가 만나면 어떻게 될지, 또 그 반대는 어떨 지가 고객의 만족스러운 서비스 경험을 결정하는 핵심 사항이다.

인적자본관리(human capital management) 시스템은 서비스 제공자가 올바른 스크립트를 알고 실행하도록 구축되어야 한다. 또한 이 스크립트는 소비자가 서비스를 지각하는 방법에 영향을 줄 수 있다.[39] 프로세스와 시스템은 서비스 제공자, 고객과 기업의 욕구를 균형 있게 다루도록 만들어져야 한다. 서비스 제공자는 스크립트를 가지고 전문가가 되어야 하며, 상이한 고객 성과 수준에 대응할 수 있어야 한다. 그러나 너무 많은 전문성은 로봇 같은 서비스를 만들 수 있다.

연극의 비유를 사용하면, 스크립트는 모든 배우를 하나의 연극에 묶는 것이다. 다른 스크립트를 사용하는 배우는 성공적인 성과를 낼 수 없다. 서비스 스크립트는 서비스 경험에 참여는 모든 중요 배우가 배워야 한다. 서비스 회사의 다양한 기능인 운영, 마케팅, 인적자원관리는 집중되어야 한다. 그러나 모든 기능은 동일한 스크립트를 따라야 하며 소비자 역시 마찬가지이다. 소비자의 스크립트에 대한 지각과 경험은 기업의 성공을 결정할 것이다.

요약

서비스는 소비자가 적극적으로 참여하는 경험으로 간주될 수 있다. 이 비분리성은 관리자에게 2개의 결과를 가져다준다. 서비스에 유일하게 소비자는 서비스 회사의 "부분 종업원"으로서 많게 또는 적게 행동한다. 이 장에서는 이러한 소비자 성과 역할을 이해하는 가장 좋은 방법으로 배우, 역할 및 스크립트를 사용한 연극 비유를 통한 방법을 제안하고 있다. 소비자는 그들이 대본을 알고 있는 범위까지 다양하며, 따라서 전문가나 초보자 고객의 범위까지 다양하다. 이 장은 초보자와 전문가 개념을 이용하여 성과를 관리하기 위한 일곱 가지 단계를 제안했다.

서비스 경험에 대한 소비자의 지각은 서비스 시스템의 일부인 한 영향을 받을 수 있다. 대기 시간과 같은 객관적인 것도 환경에 영향을 받을 수 있다. 지각된 서비스는 조직에 중요하다.

여전히 서비스 시스템의 일부이기 때문에 이러한 서비스 경험에 대한 소비자 지각은 여전히 영향을 받을 수 있다. 일부 종업원과 그들을 훨씬 더 상호 의존 전형적인 제품 회사에 비해 제작, 운영, 마케팅, 인사 관리자의 역할 변경 승인을 관리할 필요성이 있다.

복습문제

1. 초보자 고객의 존재로 인해 참여한 서비스 경험이 최악의 경우의 예를 들어보시오. 초보자가 그 사람을 초보자로 식별한 것은 무엇입니까? 연극 비유의 관점에서 전문가 고객의 결과를 설명하시오.
2. 물리적 디자인, 간판 또는 레이아웃을 통해 스크립트를 쉽게 이해할 수 있는 서비스 환경을 설명하시오. 소비자의 역할과 대본을 이해하는 것을 매우 어렵게 만드는 환경을 설명하시오.
3. 고객을 위해 "스크립트를 변경한" 서비스 비즈니스에 대한 경험의 예를 선택하시오. 왜 서비스 기업이 변화를 했고, 어떤 문제가 그렇게 만들었는지를 설명하시오.
4. Depop 모델에서 누가 서비스 제공자인가? 소비자가 얼마나 많은 작업을 하고 있는가?
5. NEO 윈도우 쇼핑 스크립트는 전통적 쇼핑 스크립트와 얼마나 차이가 있는가? 얼마나 많은 다른 "비유 스크립트"를 사용하여 윈도우 사용

에 대한 전문 지식을 쌓아야 하는가? 소비자는 어떻게 그 스크립트를 배울 수 있는가? 동영상을 보려면 "Adidas Interactive Window"라는 용어로 Youtube를 검색하시오.

사례 10. 셀프 체크아웃 서비스의 표준을 능가하는 미국의 슈퍼마켓

일부 슈퍼마켓은 고객 서비스를 구축하기 위해 시간을 거꾸로 가고 있는 반면에, 다른 슈퍼마켓들은 기술이 판매 증가와 고객 경험 향상을 위한 길이라고 기대하고 있다.

Albertsons LLC는 미국 남부와 서부에 약 200개의 Albertsons 매장을 운영하고 있으며, 100개의 매장에서 셀프 체크아웃 시스템을 단계적으로 폐지하고, 8월까지 기존의 계산원 운영으로 복귀한다. Idaho 기반의 체인인 Boise는 고객들이 계산원들과의 1대1 상호 작용을 그리워한다고 하였다.

그러나 전국 최대 식품 유통업체 중 하나인 Kroger사는 새로운 첨단 셀프체크아웃 기술을 시험하고 있는데, 이 기술이 고객 경험을 향상시켜 주고, 분실이나 오용으로 인한 손실을 막을 것으로 생각하고 있다.

"전에는 점포가 고객을 가능한 한 오래 점포에 머물게 하도록 설계되었지만, 최근 몇 년 동안, 고객들이 쉽고, 빠르고, 편리하도록 하고 있다."고 Standard and Poor의 식품/약품 소매분석가인 Joseph Agnese가 말하였다.

그는 모든 기업이 차별화 요소를 원하고 있고, 현재와 같은 시대에는 전통적 레인으로 돌아가는 것만이 도움이 될 수 있다고 덧붙였다.

사모투자펀드인 Cerberus Capital Management LP가 소유하고 있는 Albertsons는 기계를 사람들로 교체하는 휴먼 터치로 되돌려 놓으면 고객을 획득할 수 있을 것으로 기대하고 있다. 회사는 이동을 위해 반드시 모든 매장에 종업원을 추가하지는 않겠지만, 근무시간을 늘릴 것이라고 말했다. 약 450개의 Albertsons 매장을 소유하고 있는 SuperValu Inc.(SVU)는 셀프 체크아웃 레인으로 변경하지 않을 계획이라고 하였다.

Kroger는 3월에 Advantage Checkout 시스템을 테스트하기 시작했다. 이 시스템은 항공기 고객이 기내 휴대 수화물을 만날 때와 비슷한 스캔-터널 시스템이다. 고객은 컨베이어 벨트에 물품을 놓고, 터널은 모든 방향에서 스캔하여 방향에 관계없이 바코드를 캡처한다.

그 회사는 고객들이 스캔 터널을 수용했고, 그것은 고향인 신시내티를 포함해 중서부 지역의 몇몇 곳에서 시험하고 있다고 말했다. 이 시스템은 도난 가능성을 줄일 뿐만 아니라 종업원들이 짐을 싸고, 기계를 조작하게 함으로써 종업원 상호작용을 계속 제공할 것이다. Kroger는 매장의 필요에 따라 다양한 출납원뿐만 아니라 다양한 시장에서 다양한 셀프 체크아웃 시스템을 지속적으로 제공할 것이라고 밝혔다.

시스템 제공업체들은 셀프 체크아웃 시스템 10년 전에 처음 소개된 이래로 셀프 체크아웃 시스템을 개선하기 위해 노력해왔다. 오늘날 쇼핑객들은 셀프 체크아웃 옵션은 물론 출입증 스캔 시스템과 스마트폰을 통한 지불 및 업계에서 심사 중인 다른 옵션을 선택할 수 있다. 지난 10년 간 셀프 체크아웃 추세는 식료품점을 넘어서서 증가되었으며, 셀프 서비스 키오스크는 공항, 영화관 및 도서관에서도 증가했다.

토의문제

1. 고객은, 전통적인 체크아웃 모델에서 계산원이 제공하는 서비스를 소중하게 생각할까? Albertsons이 옳은 일을 한다고 믿는가?
2. Kroger 스캔-터널 시스템은 서비스 경험 동안 소비자가 수행 한 작업을 향상시키기 위한 시도인가? 스크립트가 얼마나 많이 변경되었는가?

각주

1. J. M. Rathmell, "What Is Meant by Service?" *Journal of Marketing*, 30, 2966, (October 1966) pp. 32–36.

2. John E. G. Bateson, "Do We Need Service Marketing?" in *Marketing Customer Services: New Insights*, ed. Pierre Eiglier et al., (Cambridge MA: Marketing Services Institute, 1977), pp.1–30.

3. John E. G. Bateson, "Consumer Performance and *Quality in Services*," Managing Service Quality, 12, 4, (2002) pp. 1–7.

4. These concepts were first applied to service provider scripts in Ronald Humphrey and Blake Ashforth, "Cognitive Scripts and Prototypes in Service Encounters," in *Advances in Services Marketing and Management*, ed. Teresa A. Swartz, David Bowen, and Stephen W Brown, (JAI Press, 1994), pp. 175–199.

5. R. P. Abelson, "Script Processing in Attitude Formation and Decision Making," in *Cognition and Social Behaviour*, ed. J. S. Carroll and J. W. Payne (Hillsdale, NJ: Erlbaum, 1976), pp. 33–45.

6. J. E. G. Bateson, "Perceived Control and the Service Encounter," in *The Service Encounter*, ed. J. A. Czepiel and M. R. Solomon (Boston: Lexington Books, 1985), p. 67.

7. G. H. Bower, J. B. Black, and T. J. Turner, "Scripts in Memory for Text," *Cognitive Psychology*, 11, (1979) pp. 177–220.

8. A. C. Graesser, S. B. Woll, D. J. Kowalski, and D. A. Smith, "Memory for Typical and Atypical Actions in Scripted Activities, *Journal of Experimental Psychology: Human Learning and Memory*, 6, (1980) pp. 503–515.

9. S. M. Leong, P. S. Busch, and D. R. John, "Knowledge Bases and Salesperson Effectiveness: A Script Theoretic Analysis," *Journal of Marketing Research*, 26 (May 1989), pp. 164–178; D. R. John and J. C. Witney, Jr. "The Development of Consumer Knowledge in Children: A Cognitive Structure Approach," *Journal of Consumer Research*, 12, (March 1986) pp. 406–417.

10. R. B. Chase, "Where Does the Customer Fit in a Service Operation?" *Harvard Business Review*, 56, (November/ December, 1978), pp. 137–142.

11. Ibid.; Richard B. Chase, "The Customer Contact Approach to Services: Theoretical Base and Practical Extensions," *Operations Research*, 29, 4, (July-August, 1981) pp. 698–706.

12. J. F. Krafcik, "Triumph of the Lean Production System," *Sloan Management Review*, 30, 1, (1988), pp. 41–52; J. P. Womack and D. T. Jones, *Lean Thinking: Banish Waste and Create Wealth in Your Corporation* (New York: Simon and Schuster, 1996).

13. Chase, "Where Does the Customer Fit?"; R. B. Chase and David Tanzik, "The Customer Contact Model for Organizational Design," *Management Science*, 29, 9, (1983), pp. 1037–1105; R. B. Chase, G. B. Northcraft, and G. Wolf, "Designing High Contact Service Systems: Applications to Branches of a Savings and Loan," *Decision Sciences*, 15, (1984) pp. 542–556.

14. C. H. Lovelock and R. F. Young, "Look to Consumers to Increase Productivity," *Harvard Business Review*, 57, 3, (1979), pp. 168–178.

15. Bateson, "Perceived Control and the Service Encounter"; John E. G. Bateson, "Perceived Control and the Service Experience," in *Handbook of Services Marketing and Management*, ed. T. A. Swartz and D. Iacobucci (Thousand Oaks, CA: Sage Publications, 2000) pp. 127–146.

16. Mathew L. Meuter, Amy L. Ostrom, Robert I. Rowntree, and Mary Jo Bitner, "Self Service Technologies; Understanding Customer Satisfaction with Technology-Based Service Encounters," *Journal of Marketing*, 64, (2000), pp. 50–64.

17. Neeli Bendepudi and Robert P. Leone, "Psychological Implications of Customer Participation in Co-Production," *Journal of Marketing*, 67, 1, (January 2003), pp. 14–28.

18. Meuter et al., "Self Service Technologies."

19. Ruth A. Smith and M. Houston, "Script-Based Evaluation of Satisfaction with Services," in *Emerging Perspectives on Services Marketing*, ed. L. Berry, G. L. Shostack, and G. D. Upah (Chicago: American Marketing Association, 1982), pp. 59–62. For a discussion of customer delight, see Richard L. Oliver, Roland T. Rust, and Sajeev Varki, "Customer Delight: Foundations, Findings and Managerial Insight," *Journal of Retailing*, 73, 3, (1997) pp. 311–336

20. G. H. Bower, J. B. Black, and T. J. Turner, "Scripts in Memory for Text," *Cognitive Psychology*, 11, (1979) pp. 177–220

21. G. John and J. C. Whitney, "An Empirical Investigation of the Social Structure of Script," in *An Assessment of Marketing Thought and Practice*, ed. B. J. Walker et al. (Chicago: AMA, 1982), pp. 75–79.

22. R. A. Smith and M. Houston, "A Psychometric Assessment of Measures of Scripts in Consumer

Memory," *Journal of Consumer Research*, 12, (1985), pp. 214–224.

23. Mei Xue and Patrick T. Harker, "Customer Efficiency: Concept and Its Impact on E-Business Management," *Journal of Service Research*, 4, 4, (May 2002), pp. 253–267.

24. Gan Huat Tatt, "Cognitive Scripts in Computer Based Service Settings," doctoral thesis, London Business School, 1991; John E. G. Bateson, "Are Your Customers Good Enough for Your Service Business?" *Academy of Management Executive*, 16, 4, (2002), pp. 110–114.

25. D. Bowen, "Managing Customers as Human Resources in Service Organizations," *Human Resource Management*, 75, (1986), pp. 371–383; Peter K. Mills, "The Socialization of Clients as Partial Employees of Service Organizations," Working Paper: University of Santa Clara (1983).

26. Peter K. Mills and James H. Morris, "Clients as "Partial" Employees of Service Organizations—Role Developments in Client Participation," *Academy of Management Review*, 11, 4, (1986), pp. 726–735; Cynthia A. Lengnick-Hall, "Customer Contributions to Quality: A Different View of the Customer-Orientated Firm," *Academy of Management Review*, 21, 3, (1996), pp. 791–824.

27. Benjamin Schneider and David E. Bowen, *Winning the Service Game* (Boston: HBS Press 1995), pp. 84–106.

28. Scott W. Kelley, Steven J. Skinner, and James H. Donnelly, "Organizational Socialization of Service Customers," *Journal of Business Research*, 25, (1992) pp. 197–214.

29. Mary Jo Bitner, William T. Faranda, Amy R. Hubbert, and Valerie A. Zeithaml, "Customer Contributions and Roles in Service Delivery," *International Journal of Service Industry Management*, 8, 3, (1997), pp. 193–205; Cathy Goodwin, "I Can Do It Myself: Training the Service Consumer to Contribute to Service Productivity," *Journal of Services Marketing*, 2, 4, (Fall 1988), pp. 71–78.

30. Eric Langeard, John E. G. Bateson, Christopher H. Lovelock, and Pierre Eiglier, *Service Marketing: New Insights from Consumers and Managers* (Cambridge MA: Marketing Science Institute, 1981).

31. Stephen J. Grove and Raymond P. Fisk, "The Impact of Other Customers on Service Experiences: A Critical Incident Examination of 'Getting Along,'" *Journal of Retailing*, 73, 1, (1997), pp. 63–85.

32. Ibid.

33. Ibid.

34. Jean-Claude Usunier and Julie Anne Lee, *Marketing Across Cultures*, 4th ed. (Harlow, England: Prentice Hall, 2005), p. 259.

35. D. H. Maister, "The Psychology of Waiting in Lines," (Boston: Harvard Business School Note 9-684-064, Rev. May 1984), pp. 2–3.

36. John E. G. Bateson, "The Self Service Consumer—Empirical Findings," in *Emerging Perspectives on Services Marketing*, ed. L. Berry, G. L. Shostack, and G. D. Upah (Chicago: American Marketing Association, 1983), pp. 50–53.

37. L. Argote, "Input Uncertainty and Organizational Co-Ordination in Hospital Emergency Units," *Administrative Science Quarterly*, 27, (1982), pp. 420–434; Rikard Larsson and David E. Bowen, "Organization and Customer: Managing Design and Co-ordination of Services," *Academy of Management Review*, 14, 2, (1989), pp. 213–233.

38. Humphrey and Ashforth, "Cognitive Scripts and Prototypes in Service Encounters."

39. E. J. Langer and L. G. Imber, "Why Practice Makes Imperfect: Debilitating Effects of Over Learning," *Journal of Personality and Social Psychology*, 37, 11, (1979), pp. 2014–2024.

3부
성공적인 서비스 전략 평가 및 구현

Rawpixel/Shutterstock.com

모든 성공적인 서비스에는 약간의 마법 같은 비즈니스 전략이 있다.

3부에서 다루는 성공적인 서비스 전략 평가 및 구현은 고객 만족도 및 서비스 품질 평가, 서비스 불만 복구 및 향후 서비스 실패의 최소화, 고객 충성도 및 고객 유지력의 구축을 통한 세계적 수준의 서비스 문화 개발에 중점을 둔다. 이상적인 서비스 제공 시스템의 평가와 개선은 고객에게 중단, 혼란 또는 번거로움 없이 제공되는 "끊김 없는" 서비스로 이어질 수 있다.

11 장

고객 만족의 정의와 측정

학습 목표

- 고객 만족에 대한 정의를 확립하고 고객 만족과 혜택을 연상하여 이해한다.
- 고객 만족도를 측정할 수 있는 다양한 방법과 고객 만족 측정법의 한계에 대해 논의한다.
- 고객 만족도를 향상시키기 위해 고려해야 할 요인에 대해 논의한다.
- 고객 기대에 영향을 미치는 요인을 이해한다.

"당신이 그것을 측정할 수 없다면, 그것은 진부화되며 관리할 수 없게 된다. 사실, 당신이 그것을 측정할 수 없다면, 관리자는 그것에 주의를 기울일 수 없게 될 것이다."

Fortune Magazine

이 장의 주요한 목적은 고객 만족의 혜택과 중요성, 그리고 고객 만족도를 측정할 때 고려해야 하는 중요한 요인에 대해서 설명하는 것이다.

AVAVA/Shutterstock.com

RATEMYPROFESSOR.COM: 학생들이 자신의 만족(또는 부족)을 표현할 수 있는 기회

Ratemyprofessor.com에서는 학생과 교수의 관계가 역전될 수 있는 기회를 제공한다. 교수와 학생 사이에서 평가 주체는 대개 교수이며, 따라서 교수가 학생의 성적을 평가하는 것이 일반적이지만, 이 사이트에서는 반대로 학생들이 주체가 되어 교수에 대한 만족도를 평가한다. Ratemyprofessor.com에는 현재 6천 개 대학의 백만 명 이상의 강사에 대한 천만 개 이상의 평가가 등록되어 있으며, 또한 하루에 3,000~4,000개가 넘는 새로운 평가가 게시되고 있다. Ratemyprofessor.com은 이러한 방식을 통해 강의와 강사를 선택할 때, 학생들이 이전 수강생들의 경험에서 나온 정보를 활용할 수 있도록 하였다.

Ratemyprofessor.com은 평가 서비스 이외에도 사용자를 위한 여러 서비스를 함께 제공하고 있다. 메인 메뉴에 게시된 서비스들 중 사이트 디자이너들이 '흥미로운 순위'라 부르는 세션이다. 교수에 대해 불만족한 경험에 대해 창의적으로 평가한 학생의 표현에 순위를 매긴 것이다. 그중 상위 10개의 재미있는 표현을 살펴보자.

- "당신이 무엇을 하든지 간에 그녀의 모든 것에 동의하고 그녀를 칭송하며, 그녀가 가장 대단하다고 말해주고 그녀에게 무릎 꿇고 숭배하면, 아마 B는 받을 수 있을 것이다."

- "그녀는 악마다."
- "수업에 가는 도중 나는 나를 여기로 인도한 신을 미워하기 시작한다."
- "그녀에게는 은퇴와 신경안정제가 필요하다."
- "네, 그는 좀 거만합니다(그는 하버드를 나왔습니다. 그럴 만하죠)."
- "그에 대한 가장 안 좋은 기억은 내가 질문을 하기 위해 업무 시간 외에 그의 연구실에 들렀을 때, 그가 사각 팬티와 흰색 런닝 셔츠만 입고 있었던 것이다."
- "나는 예일대에 가기 위해 엉덩이가 닳도록 앉아서 공부했었고, 이 사이트를 이용해서 가장 높은 클래스에 들어갔다."
- "교수님은 섬 주민들과 야한 춤을 추고, 인도 요리사들과 함께 사우나를 하는데, 왜 정작 그런 열정적 모습을 수업에서 볼 수 없을까?
- "이 남자가 갱이었으면, 나는 그와 전쟁을 했을 텐데."
- "한 번 또는 두 번, 그의 이론적 설명은 흥미롭다. 그러나 그의 허리에 매는 작은 가방이 거슬린다."[1]

11-1 서론

고객 만족은 마케팅에서 많이 연구되는 분야 중 하나이다.[2] 역사적으로 고객 만족 분야의 대부분의 연구는 소비주의가 증가하기 시작한 1970년대부터 시작되었다. 소비자운동의 증가는 여러 원인에 의해 발생한, 소비자가 느끼는 서비스의 감소와 직접적으로 관련이 있다. 그 원인 중 하나로, 1970년대 인플레이션의 급속한 증가로 인해 많은 기업이 낮은 가격을 유지하고자 서비스를 대폭 줄였던 점을 들 수 있다. 몇몇 산업에서, 규제 완화는 이전까지 경쟁을 전혀 경험하지 못했던 기업들을 아주 혹독한 경쟁 체제로 이끌었다. 경쟁 방법에 대한 경험 지식이 없었던 기업들은, 가격 경쟁을 차별화의 주된 방법으로 사용하기 시작하였고, 이는 곧 가격 전쟁을 가속화하였다. 회사는 여기에서 다시 한번 운영 비용을 삭감하기 위해 고객 서비스와 관련된 비용을 낮추었고, 그것이 1970년대 소비자가 느낀 서비스 감소의 한 원인이 된 것이다.

서비스 감소의 또 다른 원인으로는 노동력 부족 문제가 지적된다. 일반적 서비스 종사자들은 낮은 임금, 경력관리의 부재, 자긍심의 부재 등으로 인해 작업에 대한 동기부여가 제대로 이루어지지 않았고, 어느 누구도 그러한 그들을 비난할 수는 없었다. 이와 더불어 고객과의 관계에 대한 교육이 전혀 없었던 점도 서비스 저하 문제로 이어졌다.

자동화 또한 문제를 야기했다. 기계가 사람을 대체(예: 셀프 서비스 주유, ATM, 마트의 셀프 계산대 등)하게 되면서 실질적으로 많은 운영 시스템의 효율성은 증가했으나, 고객과의 거리감이 생기게 되었다. 결국 몇 년이 지난 후에는 소비자를 만족시키기가 더욱 힘들어졌다. 소비자들은 이전보다 더 많은 정보를 가졌고, 기대심리가 더 높아졌으며, 소비 대상을 정하는 일도 더욱 까다로워졌다.

고객 서비스는 여느 때와 같이 뜨거운 이슈로 떠오르고 있다. 경제 불황과 낮은 고용 기회, 줄어든 현금, 교육을 받은 노동자의 증가는 새로운 수준의 고객 서비스를 기대하게 만들었다. 고객은 경제 불황 속에서 힘겹게 벌어들인 돈을 소비하면서, 서비스 회사가 고객 사업에 감사해 하며 자신들과의 약속을 지킬 것이라고 믿는다. 하지만 불행하게도 오늘날의 서비스 회사는 40년 전의 전임자가 고객 만족을 제공했던 것만큼의 고객 만족만을 제공하기 위해 고심하고 있는 것이 현실이다.

11-2 고객 만족의 중요성

고객 만족의 중요성은 아무리 강조해도 지나치지 않다. 고객이 없다면 서비스 기업이 존재할 이유가 없다. 모든 서비스 산업은 고객 만족에 대해 주도적으로 정의하고 측정하는 것이 필요하다. 서비스 배송 시스템의 문제를 알아내기 위해 불평을 하는 고객들을 기다리는 것 또는 불평 횟수를 기초로 고객 만족을 위한 회사의 발전을 추정하는 것은 단순한 일이다. 미국의 TARP(Technical Assistance Research Program, 기술지원연구 프로그램) 조사에 의해 조사된 다음의 수치를 참조하라.[3]

- 보통의 회사는 고객 불평 중 96%에는 귀를 기울이지 않는다.
- 모든 불평 중 26명의 고객은 실제로 같은 문제로 항의한다.
- 불만을 가진 사람은 일반적으로 9명에서 10명의 사람에게 자신의 불만 사항을 이야기한다. 13%의 사람은 20명 이상의 사람에게 말하기도 한다.
- 불만이 만족스럽게 해결된 고객은 자신이 받은 조치에 대해 평균 5명의 사람에게 이야기한다.
- 불평을 한 사람은 불평을 하지 않은 사람보다 당신과 다시 거래할 가능성이 더 높다. 불만 사항을 모두 해결한 경우에는 54~70%, 대처가 빨랐던 경우에는 96%.

TARP의 조사에 따르면, 고객은 서비스 회사에 그들 스스로 적극적으로 불만 사항을 이야기하지는 않는다고 한다. 대신에 경쟁사로 옮겨가든지, 기존의 고객과 잠재 고객에게 정확히 어떤 식으로 잘못된 서비스를 받았는지 이야기하는 것으로 불만족을 표현한다. TARP의 조사에 기초해본다면 주당 100명의 고객이 방문하고 그중 90%의 고객이 서비스에 만족한다고 자랑하는 업체는 연말에 가서는 수많은 부정적인 이야기(악성루머)의 대상이 될 것이다. 예컨대, 만약 한 주당 10명의 불만족한 고객이 10명의 친구에게 업체의 낮은 서비스 품질에 대해 이야기한다면, 연말(52주)에는 결국 5,200명의 부정적인 구전 효과(word-of-mouth communications)가 발생할 것이다.

하지만 TARP의 조사가 전부 부정적인 것만은 아니다. 고객의 불만에 대해 적극적인 해결의 자세를 보였던 회사들은 오히려 긍정적인 구전 효과를 볼 수 있었다. 비록 긍정적인 뉴스는 부정적인 뉴스에 비해 전달 속도가 절반가량 느리지만, 긍정적인 이야기(구전)는 궁극적으로 고객 충성도와 새로운 고객의 창출로 이어진다. 기업은 TARP 조사에서 "불만자는 회사의 좋은 친구"라고 한 점을 배워야 한다. 불만자를 마켓 인포메이션(시장 정보)을 무료로 전달해주는 대상으로 받아들이고, 불평의 내용도 적절히 수용한다면 회사의 배송 시스템을 향상시킬 수 있는 기회로 만들 수 있을 것이다.[4] 예를 들어 5성급 호텔의 총지배인의 경우, 호텔 고객들이 TripAdvisor.com(호텔 예약&리뷰 전문 사이트)에 로그인해 모든 사람들이 볼 수 있는 게시판에 불평을 올리는 일을 매우 꺼려할 것이라 생각할 수도 있다. 그러나 놀랍게도 총지배인은 고객이 불평을 하는 것을 좋아하고 오히려 종업원들과 함께 고객에게 직접 연락하여 고객의 문제를 해결해준다. 이러한 종류의 응대는 흔히 고객 유지, 고객 충성도, 그리고 긍정적 구전 효과로 전환된다.

11-2a 고객 만족/불만족은 무엇인가

비록 많은 대안적인 개념이 있다고 해도, 가장 대표적인 고객 만족/불만족의 정의는 실제 서비스 접점에 대한 지각과 고객 기대의 비교에 의해서 이루어진다. 고객의 지각과 기대 비교는 **기대 불일치 모델**(expectancy disconfirmation model)을 기초로 한다. 간단히 말해, 고객의 지각과 기대 수준이 **일치**(confirmed expectations)할 경우 고객은 만족한다. 지각과 기대가 일치하지 않을 때 기대 수준은 **불일치**(disconfirmed expectations)라고 한다.

여기서 '불일치'라는 용어가 부정적인 경험을 나타내는 것처럼 보이지만, 실제 반드시 그런 것만은 아니다. 여기에는 두 가지 유형의 불일치가 있다. 실제 지각이 기대보다 더 낮은 경우, 그 결과를 **부정적 불일치**(negative disconfirmation)라고 하는데, 이러한 결과는 고객 불만족, 고객 이탈 및 부정적인 구전 효과를 불러 일으킬 수 있다. 반대로 **긍정적 불일치**(positive disconfirmation)는 지각이 기대를 앞질렀을 때 일어나며, 고객 만족의 결과를 보이고, 긍정적인 구전 효과와 고객 유지를 기대할 수 있다.

James R Clarke/Alamy

기대에 못 미치는 서비스에 대한 지각은 불행한 고객을 만들어 결국 고객을 잃게 만든다.

소비자는 매일 자신이 가진 지각과 기대에 대한 비교를 통해서 불일치 패러다임을 활용한다. 서부 플로리다 해안에서 멋진 저녁식사를 하고 있는 동안, 웨이터는 우리가 요청한 모든 것뿐 아니라 우리의 기대도 채워준다. 일례로 3살짜리 조카가 매우 열심히 놀다가 지쳐서, 우리 테이블 바로 뒤에 있는 빈 부스 안에서 잠이 들었다. 웨이터는 우리 테이블에서 아이가 없어진 걸 알고 자진해서 담요 대신 테이블보를 덮어 주었다. 저녁 시간에 일어난 이 특별한 일(사건)은 우리의 기대를 긍정적인 불일치로 만들었다. 우리 주위에는 질 낮

글로벌 서비스 활동 사례

Cabbages and Condoms: 미션이 있는 레스토랑

레스토랑의 이름이 보통 잘 어울리지 않는 두 단어로 이루어져 있으나, Cabbages and Condoms (C&C)(양배추와 콘돔)는 고객에게 눈부신 타이 요리를 제공한다. (Mr. Condom과 태국의 보건부 전 장관으로 알려져 있는) Mechai Viravaidya에 의해 설립된 레스토랑은 태국 인구·지역개발협회(Thailand's Population and Community Development Association)(미국 가족계획기구에 비유할 수 있는 기구)에 기금을 지원하고 있다.

기금 지원과 더불어, 이 레스토랑의 주된 목표는 콘돔과 안전한 성관계 문제를 금기시하는 태도를 극복하는 것에 있다. 레스토랑의 서비스스케이프는 전등갓, 벽장식, 그리고 심지어 크리스마스 트리 장식까지 그야말로 콘돔으로 뒤덮여 있다. 레스토랑 안에는 성병 예방약으로 만들어진 드레스를 입고 피임약으로 장식된 마네킹이 있으며, 레스토랑을 나설 때는 박하사탕 대신 콘돔으로 채워진 바구니를 볼 수 있다. 더욱 분위기를 띄우자면, 두 개의 바구니 중 하나에는 민주당 지지자 사이즈, 다른 하나에는 공화당 지지자 사이즈라고 표시해 놓았다.

평균 가족 규모가 커지고 태국 전역에 에이즈의 확산이 일어난 1970년대 후반, Mechai의 목표는 가족계획과 안전한 성이라는 주제를 주요 담론으로 가져오는 것이었다. 그러나 그가 가장 먼저 넘어야 할 장애물은 바로 대부분의 태국인이 성에 관해 공개적으로 이야기하는 것을 싫어하고 성적 행동에 주도적이지 않다는 점이었다. C&C는 콘셉트를 만든 것뿐만 아니라, Mechai는 보건부 장관으로서 학생들이 콘돔 불기 콘테스트를 개최하고 택시기사들이 고객에게 콘돔을 나눠주게 하였다. Mechai가 이러한 운동을 펼친 이래로, 태국 평균 가족당 출생률이 7명에서 1.5명으로 낮아졌으며 에이즈의 확산도 줄어들었다.

현재 Mechai Viravaidya는 600명의 종업원과 12,000명의 자원봉사자를 보유한 태국에서 가장 큰 NGO인 태국 인구·지역개발협회(PDA) 회장을 역임하고 있다. PDA는 빌&멜린다 게이츠 재단에서 백만 달러의 상금을 받아 가족계획과 에이즈 예방에 앞장서고 있다.

http://www.atlasobscura.com.
http://en.wikipedia.org/wiki/Mechai Viravaidya.
http://www.gonomad.com.

은 서비스가 많으나, 그날 저녁의 좋은 서비스는 '서비스가 좋을 때 고객은 진정으로 그것을 의식하게 된다'는 생각을 한층 더 강화시켰다.

11-2b 고객 만족의 혜택

고객이 때로는 비합리적이라는 주장에도 불구하고, 고객을 만족시키는 것은 불가능한 일은 아니다.[5] 실상 고객의 기대를 충족시키는 것은 기업이 여러 가지 혜택을 거두어 들이는 것과 마찬가지이다. 긍정적인 구전은 기존 고객으로부터 새로운 고객을 창출한다. 예를 들어 〈도표 11-1〉에 제시된 '2009년 고객 서비스 명예의 전당(The 2009 Customer Service Hall of Fame)'에 오른 기업들의 긍정적인 홍보 효과를 생각해보라. 이와 반대로 '2009년 고객 서비스 수치의 전당(The 2009 Customer Service Hall of Shame)'에 오른 기업에서 일하고 싶어 하는 종업원이 있겠는가(도표 11-2). 만족스러운 고객을 많이 가진 기업은 더 현재 고객이 해당 기

<도표 11-1> 고객 서비스 명예의 전당

훌륭한 서비스 제공하는 회사는 고객의 행복 유지를 당연하게 생각한다. 다음은 고객 관리에 있어서 전설적으로 고객 서비스를 제공하는 회사들이다.

고객 서비스 명예의 전당	회사의 서비스를 "우수하다" 라고 평가 한 응답자의 비율
1. Amazon(온라인 소매업체)	57.5%
2. Hilton Worldwide(호텔)	41.4%
3. Marriott International(호텔)	39.9%
4. Chick-fil-A(식품 소매업체)	38.6%
5. American Express(뱅킹)	37.7%
6. Trader Joe's(식품 소매업체)	37.2%
7. UPS(물류)	36.7%
8. Sony(전자제품 소매업체)	36.5%
9. Hewlett-Packard(전자제품 소매업체)	36.2%
10. Apple(전자제품 소매업체)	35.7%

Source: Adapted from **http://247wallst.com**.

<도표 11-2> 고객 서비스 수치의 전당

일부 회사는 높은 수준의 고객 만족도를 지속적으로 제공하지만 다른 회사에서는 제대로 된 결과를 얻지 못하는 경우도 있다. 다음의 도표에서 보듯이 빈약한 서비스를 제공하는 다음의 10개 기업 중 10개 모두가 제품이 아닌 서비스 지배적인 회사라는 것에 주목해야 한다.

고객 서비스 수치의 전당	회사의 서비스를 '불만족스럽다'라고 평가한 응답자의 비율
1. Bank of America(금융 서비스)	24.8%
2. Comcast(케이블 통신 제공업체)	24.7%
3. Sprint Nextel(이동통신업체)	20.7%
4. Dish Network(케이블통신 제공업체)	20.4%
5. DirecTV(케이블 통신 제공업체)	20.4%
6. Time Warner Cable(케이블 통신 제공업체)	19.9%
7. AOL(인터넷 서비스 제공업체)	18.1%
8. AT&T(이동통신업체)	17.5%
9. Wells Fargo(금융 서비스)	16.2%
10. Citigroup(금융 서비스)	15.3%

Source: Adapted from **http://247wallst.com**.

고객 만족은 고객과 종업원 모두에게 혜택을 주는 쌍방향 거리이다.

업의 제품을 더 자주 구매하게 되고, 경쟁업체에 뺏길 가능성이 적다.

높은 고객 만족도를 유지하는 회사는 경쟁의 압력에서 자유로우며, 특히 가격 경쟁에서 그렇다. 실제로 고객은 낮은 가격(수준)의 서비스로 옮겨가면서 발생하는 리스크를 택하기보다 자신의 욕구(needs)를 만족시켜줄 수 있는 회사와 더 많이, 더 오래 소비하려 한다. 결과적으로 고객 만족을 위한 노력을 자랑스러워하는 회사들은 종업원들에게도 편안한 업무 환경을 제공한다. 이러한 긍정적 작업 환경에서 종업원들이 노력에 대한 보상을 받고 도전할 수 있는 조직문화가 발전되는 것이다. 〈도표 11-3〉은 명성 있는 기업을 확립하는 주요한 속성과 특별한 핵심 속성을 가진 기업들을 나타내고 있다.

11-2c 고객 만족 조사의 혜택

고객 만족 조사는 다양한 가치 있는 혜택을 준다. 이러한 조사들은 고객에게 피드백을 얻을 수 있는 공식적인 방법을 회사에 제공하며, 기업이 가진 기존의 문제들과 또 앞으로 발생할 문제들까지 알아볼 수 있게 해준다. 소비자 만족 조사는 기업이 고객의 웰빙에 신경을 쓰고 있으며, 기업의 운영을 고려해주는 고객의 조언을 소중하게 생각한다는 메시지를 고객에게 전달한다.[6] 그러나 Delta 항공사의 경우에는 이러한 소비자 만족 조사를 기내

〈도표 11-3〉 평판의 아홉 가지 핵심 속성

핵심 속성	높이 평가 받는 업체
1. 혁신성	Apple, Google
2. 경영의 질	Google, Southwest Airlines
3. 인적자원관리	Disney, Coca-Cola
4. 재무 건전성	Berkshire Hathaway, Starbucks
5. 법인 자산의 사용	Berkshire Hathaway, American Express
6. 장기 투자 가치	Apple, Google
7. 사회적 책임	Walt Disney, Starbucks
8. 제품/서비스 품질	Apple, Amazon.com
9. 글로벌 경쟁력	General Electric, Coca-Cola

Source: http://fortune.com.

잡지의 뒤편에 설문 양식을 넣는 방식으로 진행하였는데, 이처럼 피드백 양식을 단순히 배치해놓는 일은, 기업이 진정으로 피드백을 원하는지 의아하게 만들 뿐이다.

고객 만족 조사의 또 다른 혜택은, 고객 만족 설문의 결과에서 직접적으로 파생된다. 소비자 만족 결과들은 보상 검토와 세일즈 프로그램의 개발과 같은 세일즈 매니지먼트 목적으로 종업원 평가에 이용된다. 설문 결과는 또한 경쟁사와 어떻게 경쟁해나아갈 것인지를 결정하는 비교 목적으로도 이용된다. 설문 결과가 긍정적으로 나왔을 때, 많은 회사는 이 결과를 회사 홍보에 이용하기도 한다.[7]

11-3 고객 만족 측정

고객 만족의 측정법은 간접적 측정과 직접적 측정과 같이 두 가지 유형으로 나누어진다. 고객 만족의 **간접적 측정**(indirect measures)은 판매 기록, 수익, 그리고 컴플레인 추적과 모니터링의 방식을 활용한다. 이러한 간접적인 측정에만 의존하는 회사들은 고객 지각이 고객의 기대에 미칠 것인지 아니면 능가할 것인가를 결정하는 데 매우 수동적으로 접근한다. 게다가 일반적인 회사들이 96%에 달하는 불만족한 고객의 소리는 듣지 않은 채, 나머지 4%의 고객이 자신의 마음을 이야기하는 것을 기다리고만 있다면, 그 동안 아주 많은 고객을 잃게 될 것이다. 혹여 기업에 대한 고객 불만이 줄어들었을지라도, 이는 고객이 컴플레인을 포기한 것일지도 모르며 전반적 만족도는 사상 최저일 수도 있다.

고객 만족의 **직접적 측정**(direct measures)은 고객 만족 조사를 통해 이루어진다. 그러나 현재 고객 만족 조사는 회사들 사이에서 표준화되어 있지 않은 실정이다. 예를 들면, 척도는 데이터 차이(예: 5점에서 100점 척도), 응답의 차이를 요구한 문항(예: 일반적인 질문에서부터 특정한 질문), 그리고 데이터 수집 방법 차이(개인적 인터뷰에서 자기 설문 방식까지)를 수집하기 위해 사용된다. 다음 절에서는 다양한 척도의 사용을 중점적으로 다룬다.

Fran/CartoonStock.com

고객 만족도를 평가할 때 고객이 설문 조사를 완료하는 데 걸리는 시간을 신중하게 고려해야 한다.

11-3a 100점 척도 접근 방식

몇몇 기업은 고객에게 회사를 100점 척도로 평가하게 한다. 기업은 본질적으로 고객에게 기업에 대한 점수를 줄 것을 요청하는데, 이러한 접근 방식의 문제점들은 매우 명백하다.

Chris Wildt/CartoonStock.com

고객 만족도를 측정한다는 것은 처음에 생각했던 것보다 어려울 수도 있다.

1에서 100까지 중, 오늘 당신이 받은 서비스에 대해 얼마나 만족하십니까?
점수: ____________________

만약 회사의 평균 점수가 83점이라고 해보자. 83은 어떤 의미를 내포하고 있는가? 회사가 B-를 받았다는 것인가? 83점의 점수는 모든 고객에게 같은 의미인가? 그렇지 않다. 더욱 중요한 것은 회사들이 고객 만족도를 향상시키기 위해 무엇을 해야 하는지의 문제이다. 83점이란 점수는 일반적인 정보를 제공할 뿐이며, 고객 만족도를 높이기 위한 특별한 제안을 제공하지는 않는다.

11-3b "매우 불만족/매우 만족" 접근 방식

100점 척도 접근 방식의 문제점을 개선한 새로운 방식은, "매우 불만족/매우 만족" 접근법을 사용한 것이다. 이 접근법은 다음과 같은 형식을 활용하여 일반적으로 분류한 5점 리커트 척도로 고객에게 제시된다.

오늘 당신이 받은 서비스에 대해 얼마나 만족하십니까?				
매우 불만족	약간 불만족	보통	어느 정도 만족	매우 만족
1	2	3	4	5

회사들은 이 포맷을 활용해서 일반적으로 "어느 정도 만족"과 "매우 만족"의 비율을 합산하여 고객 만족에 도달한 결과로 간주한다. 이와 유사하게 "매우 불만족" 그리고 "매우 만족"의 앵커 포인트 10점 척도를 사용하는 회사들은 고객 평점 6점 이상을 고객 만족으로 정의하고 있다. 100점 척도법에 비해, 이러한 접근이 만족 평점 자체로서 더 많은 의미를 제공한다고 하더라도, 이 접근법은 특정 부분의 개선점을 진단하기에 여전히 부족하다. 다시 말해, 회사들이 100점, 10점, 5점 척도 중 어떤 척도를 사용하는지와 상관없이, 정보에 대한 해석적 가치는 그것의 본질적인 양적 가치에 의해 제한된다.

양적 점수뿐만 아니라 고객 만족을 향상시키고자 하는 기업은 특정 영역의 개선을 강조하기 위한 질적 정보를 수집해야 한다. 이것은 FedEX가 최초로 고객 만족 측정 프로그램을 고안했던 바로 그 시점에 직면했던 문제다. 처음에는 고객 만족을 100점 척도로 측정하였고, 수하물이 실제 다음날까지 도착했는지 여부와 상관 없이 거래성공으로 정의했다. 그러나 그 뒤 보다 엄밀한 질적 검증 단계를 거쳐, FedEX는 〈도표 11-4〉와 같이 거래 성공

〈도표 11-4〉 FedEX의 공포 단계

1. 잘못된 배달 일자 (소포가 약속된 날보다 하루 늦게 배달되었다)
2. 약속된 날의 늦은 배달 (약속된 날에 도착했지만, 약속된 시간보다 늦었다)
3. 픽업이 이루어지지 않음 (요청한 날에 픽업이 되지 않았다)
4. 소포 분실
5. 잘못된 정보 제공 (요금, 일정에 대한 잘못되었거나 부정확한 정보)
6. 청구 및 서류 실수 (송장 오류, 과잉 청구, 배달 문서의 증거 생략)
7. 종업원 업무 실패 (정중함, 대응성 등)
8. 손상된 소포

Source: AMA Management Briefing, *Blueprints for Service Quality: The Federal Express Approach* (New York: AMA Membership Publications Division, 1991).

항목을 좀 더 광범위한 콘셉트로 정의했다. 최근의 기업들은 "공포 단계(hierarchy of horrors)"라 일컫는 고객에 기초한 활동을 통해 지속적인 문제 개선으로 고객 만족도를 주도적으로 향상시킨다.

11-3c 통합적 접근 방식

통합적 접근법은 "매우 불만족/매우 만족" 접근에 의한 양적 점수를 활용하면서, "매우 만족"보다 적은 점수를 준 응답자들에 의한 피드백의 질적 분석을 추가하는 방식이다. "매우 만족"보다 낮은 점수를 준 고객은 회사의 제공 시스템 수준이 기대보다 낮았다는 것을 알려준다. 회사는 고객들이 피드백을 통해 더 나은 경영 방법을 제안할 수 있도록 유도함으로써 지속적인 개선이 필요한 문제점들의 우선 순위를 정할 수 있다.

오늘 당신이 받은 서비스에 대해 얼마나 만족하십니까?				
매우 불만족	약간 불만족	보통	어느 정도 만족	매우 만족
1	2	3	4	5
만약 매우 만족스럽지 않다면, 무엇을 개선해야 한다고 생각하십니까?				

통합적 접근법은 두 종류의 유용한 정보를 제공한다. 먼저 정량적인 만족도는 향후 고객 만족도를 비교하는 데 기준점을 제공해주며, 경쟁 회사와의 작업수행능력을 비교할 수 있는 수단이 되기도 한다. 한편 질적 데이터는 정량적 평가 방식을 보완하면서, 회사의 문제 개선을 위한 특정 분야를 정확히 찾아내는 진단적 정보도 제공한다. 이와 같은 질적, 양적 데이터의 결합은 이를 단독으로 사용할 때보다 더 나은 결과를 나타낸다.

11-4 고객 만족도의 이해

컨설턴트가 지역 설비회사의 고객 만족도 평가 작업을 수행한 후, 회사의 고위경영진에게 고객 만족도가 85%로 분석되었다는 결과를 보고하였다. 고위경영진은 이 85%의 고객 만족도가 의미하는 바가 '긍정'인지 아닌지 파악하기 어려웠다. 고객 만족 평가 결과가 무엇을 의미하는지를 효과적으로 해석하고 활용하기 위해서는 단순한 수치 분석이 아닌, 고객 응답에 영향을 미치는 요인들에 대한 이해가 선행되어야 한다.

만족도 조사에 활용되는 데이터 수집 과정과 측정 방식이 아직 표준화되어 있지 않음에도 불구하고, 대개의 만족도 조사에서 발견되는 하나의 공통된 특성이 있다. 그 공통점은 모든 고객 만족도 보고서가 '만족했다'는 응답이 대다수인 분포를 보인다는 것인데, 사실 이 분포는 부정적으로 왜곡된 것이다[8](도표 11-5). 만족도 조사에서 고객 만족도가 높게 나타나는 것은 꽤 일반적인 현상인데, 이러한 조사 결과를 반복해서 확인하다 보면 몇몇 조사자들은 "고객들이 평균 이상의 만족도를 느끼고 있다."라고 결론짓게 된다. 그러나 고객 만족도 결과가 80~90% 범위에 있는 건 특별한 일이 아니다.

11-4a 고객 만족도에 영향을 주는 요인

만족도는 데이터 수집 과정에서 발생하는 다양한 요인에 의해 영향을 받을 수 있다. 다음의 내용은 왜곡된 결과에 대한 설명과 고객 만족도의 정확한 측정은 간단한 작업이 아니라는 것을 나타낸다.

고객의 진심 어린 만족 고객 만족 평가에서 높은 점수에 주는 첫 번째 이유는 순수하게 고객이 자신이 구매한 상품과 서비스에 만족했기 때문이다. 이것은 고객이 구매 의사결정 시 특정 기업의 상품을 우선시하여 구매하는 이유이다! 예를 들면, Amazon.com과 같이 온라인 고객 서비스 향상을 위해 노력하는 인터넷 회사는 고객을 진정으로 만족시켰을 것이라고 예상할 수 있다. 직감적으로 이는 당연한 이치이다. 만약 대다수의 고객이 중

<도표 11-5> 만족도 측정 분포

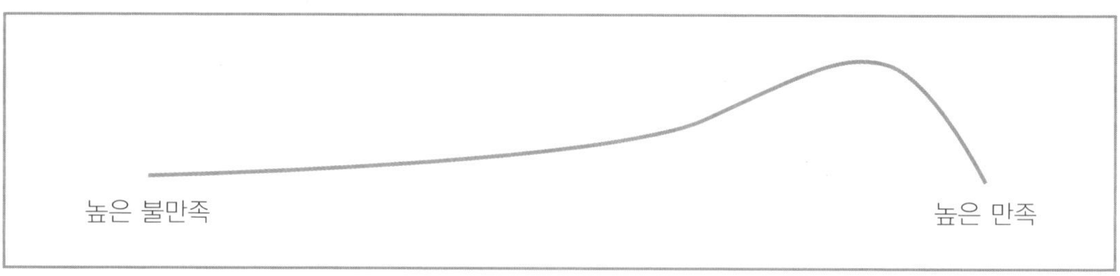

Source: Robert A. Peterson and William R. Wilson, "Measuring Customer Satisfaction: Fact and Artifact," *Journal of the Academy of Marketing Science* 20, 1, (1992), p. 61.

Tim Pannell/Corbis/Jupiter Images

고객 만족도 데이터 수집의 개인적 접근 방법은 비개인 데이터 수집 방법과 비교할 때 고객 만족도가 높게 나타날 수 있다.

립적이었거나 혹은 불만족스러웠다면, 그들은 경쟁사의 상품과 서비스를 구매했을 것이다. 당연히 이러한 가정은 경쟁사가 제공하는 상품과 서비스가 기존 기업보다 우수하다는 것을 전제로 한다.

응답 편향 만족도 점수가 높게 나타나는데, 영향을 주는 두 번째 요인은 **응답 편향**(response bias) 때문이라 볼 수 있다. 일부 전문가들은 고객 만족도 조사의 측정값이 높은 이유가, 기업이 자사 서비스에 만족한 고객들만을 대상으로 만족도를 조사하기 때문이라고 주장한다. 불만족한 고객들은 기업 설문이 그들에게 아무런 도움이 되지 않을 것이라 생각하며, 설문 조사에 시간을 들일 가치 또한 없다고 생각한다. 그러므로 설문은 버려진다.

한편 다른 전문가들은 이와 반대로, 매우 불만족한 고객이 매우 만족한 고객에 비해 보다 더 적극적으로 의견을 피력한다고 주장한다. 이 주장은 불만족이라는 개념이 만족보다 더 행동 지향적이며, 감정적으로도 강렬하다는 이전의 조사 결과에 의해 뒷받침된다.[9] 또 다른 전문가들은 매우 불만족 혹은 매우 만족한 고객은 중립적인 고객에 비해 보다 적극적으로 응답한다고 보고 있다. 이러한 몇 가지 주장은 흥미롭기는 하지만, 〈도표 11-5〉와 같이 기존의 부정적으로 왜곡된 응답 분포를 설명하기에는 무리가 있다.

데이터 수집 방법 과장된 만족도에 영향을 주는 세 번째 요인은 데이터 수집 방법에 있다. 기존의 연구에서는 우편 설문과 자기 설문 방식의 인터뷰 결과에 비해 직접 인터뷰와 전화 설문에서 보다 높은 만족도가 나타난다는 사실을 지적한 바 있다. 실제로 구두 설문과 자기 기입식 설문 간의 만족도는 10%가량 차이를 보이는 것으로 나타났다. 이러한 이유는 직접 인터뷰나 전화 설문과 같이 익명으로 자기 기입식 설문을 하는 사람들에 비해 대면의 구두 설문의 경우에는 상대방에게 부정적인 응답을 하는 것을 난처하게 느끼기 때문이다.

만족도에 영향을 미치는 데이터 수집 방법에 대한 연구는 몇 가지 흥미로운 결과를 보여주고 있다. 데이터 수집 방법은 실제로 만족도에 영향을 미치는 것으로 나타났으니, 부정적으로 편향된 만족도 문제는 데이터 수집 방법과 무관하게 여전히 남아 있었다.

설문의 구성 **설문의 구성**(question form) 역시 과장된 만족도에 영향을 주는 요인이 될 수 있다. "얼마나 불만족했습니까?"와 같은 부정적인 문항보다는 "얼마나 만족했습니까?"와 같

e-서비스 활동 사례

온라인 고객 만족도 향상

엄밀히 말하면 e-서비스는 Net에 제공되는, 고객의 전반적 경험을 향상시킬 수 있는 고객 서비스 지원과 관계가 있다. e-서비스는 기본적인 기능적 경험에서 더욱 개인 맞춤화된 경험으로 발전시키는 고객의 온라인 경험 변화에 중요한 역할을 한다. 궁극적으로, e-서비스는 온라인 기업의 운영 비용을 감소시킴과 동시에 다양한 고객 서비스 활동을 제공함으로써 Net의 인간화를 시도한다. 따라서, 이 모든 것이 계획에 따라 작동할 때에 비로소 기업과 고객 모두 윈윈 하게 된다. e-서비스에 대한 예는 다음과 같다.

- **전자 주문 확인서.** 고객 만족을 높이는 가장 쉽고 가장 효율적인 방법으로 알려져 있는 전자 주문 확인서는 고객에게 구매한 물건, 수량, 상품 가격, 배송비 그리고 배송 가능 여부와 같은 세부 사항을 몇 초 안에 받아볼 수 있게 한다.
- **배송 조회 서비스.** 주문이 확인되면 효과적인 온라인 소매업자(e-tailers)는 고객에게 배송 시작 시점과 예상 도착일을 알려준다. 또한, 최고의 기업은 고객에게 송장번호도 제공하여 고객이 배송 사이트에서 그들이 구매한 상품의 이동 경로를 추적할 수 있도록 한다.
- **전자지갑.** 한 연구에 따르면, 모든 장바구니의 2/3는 체크아웃 카운터에 남아 있다. 온라인 체크아웃은 고객이 신용카드 번호, 전화번호, 청구서 발송지, 배송지 등 여러 정보를 입력해야 하므로 긴 과정이 될 수 있다. 전자지갑은 반복구매 고객을 위해 고안된 것으로, 고객의 신용카드와 배송 정보 등을 회사 서버에 저장하여 고객이 주문을 하면 자동으로 나타나게 하는 것이다.
- **협동 브라우징.** 온라인 쇼핑에 사회적인 측면을 실행하기 위해서 온라인 소매업자들은 사용자들이 두 개의 다른 장소에서도 같은 웹사이트에 동시에 접속할 수 있도록 co-browsing을 제공한다. 실시간 문자 박스는 사용자가 구매 결정을 하는 동안 온라인 채팅을 할 수 있도록 한다.
- **실시간 문자 고객상담과 VoIP(인터넷 전화).** 고객 대 고객 대화를 가능하게 함과 동시에, 실시간 문자 채팅과 VoIP(Voice over Internet Protocol)는 고객과 온라인 소매업자 간의 대화도 가능하게 한다. Liveperson.com과 같은 혁신적인 아웃소싱 기업들은 주요 온라인 소매업자들의 수많은 실시간 문자 대화와 60초 이내에 온라인 고객의 요청사항을 처리하는 일에 종업원을 제공한다.
- **반품 서비스.** 온라인에서 구매한 상품의 25%는 반품되며 의류와 같은 산업에서는 반품률이 더욱 높다. 오늘날 많은 온라인 소매업자는 반품 과정을 위한 반품허가서를 상품에 동봉한다. 다른 온라인 소매업자들은 고객이 온라인 소매업자들의 웹사이트에서 반품 라벨을 출력하여 반품할 물건에 붙이고 우체국에 가져다 주면 되는 미국 우체국 온라인 반품 서비스(United States Postal Service's E-Merchandise Return Service)에 반품 업무를 맡긴다.
- **협업 필터링.** 이 소프트웨어 프로그램은 관심이 유사한 온라인 고객의 구매 행동을 모니터링함으로써 구매 제안을 할 수 있게 하고, 실시간으로 비슷한 카테고리 안에서 다른 고객들이 무엇을 구매했는지에 대한 정보를 준다.
- **웹 2.0 기술 응용.** 이 기술은 블로그, 팟캐스팅, 그리고 비디오 공유와 같은 더 많은 커뮤니케이션 도구를 활용할 수 있도록 한다.
- **온라인 자주 묻는 질문과 문제 해결 웹페이지.** 자주 묻는 질문 페이지와 문제 해결 페이지 제공은, 고객은 빠르게 답변을 얻을 수 있고 기업은 인건비를 줄일 수 있는 방법이다.

Sources: **http://carolinanewswire.com**. Rafi A. Mohammed, Robert J. Fisher, Bernard J. Jaworski, and Aileen Cahill, Internet Marketing: Building Advantage in a Networked Economy (New York: McGraw-Hill Irwin, 2002); Ron Zemke and Tom Connellan, E-Service: 24 Ways to Keep Your Customers—When the Competition is Just a Click Away (New York: AMACOM, 2000).

〈도표 11-6〉 설문 형태별 반응

반응 범주	만족	불만족
매우 만족	57.4%	53.4%
어느 정도 만족	33.6%	28.7%
어느 정도 불만족	5.0%	8.5%
매우 불만족	4.0%	9.4%

Source: Robert A. Peterson and William R. Wilson, "Measuring Customer Satisfaction: Fact and Artifact," *Journal of the Academy of Marketing Science* 20, 1, (1992), p. 65.

은 긍정적인 질문을 하는 것이 만족도에 더 많은 영향을 미친다. 실제로도 긍정문의 형태의 질문이 부정문 형태의 질문보다 만족도가 높게 나타났다.

〈도표 11-6〉은 동일한 질문을 두 가지 형태로 기술한 결과에 대한 연구 결과를 나타낸다. 한 버전에서 응답자에게 응답자에게 "얼마나 만족스러운지"물었고, 다른 버전에서는 "얼마나 만족하지 못했는지" 묻는 질문이 있었다. 결과는 응답자의 91%가 질문이 긍정적 형태로 언급되었을 때, "매우" 또는 "어느 정도 만족"하다고 느꼈지만, 부정적인 형태로 언급되었을 때는 82%로 나타났다. 마찬가지로, 응답자의 9%는 긍정적 형태로 질문할 때, "어느 정도 만족"하거나 "매우 불만족"하다고 표현했으며, 부정적인 형태로 질문하면, 거의 18%를 나타냈다.

설문 맥락 **설문 맥락**(question context)이 고객 만족 평가에 영향을 줄 수 있다. 질문 맥락 효과는 질문의 순서와 설문지의 앞부분에서 질문한 문항이 후속 질문에 대한 대답에 영향을 주는지 여부와 관련이 있다. 예를 들어 차량 만족도에 관한 연구에서 특정 차량 만족도 질문(예: 도요타에 대한 만족도는 어느 정도입니까?) 이전에 일반적 차량 만족도 질문(예: 일반적으로 귀 댁의 있는 제품에 얼마나 만족하십니까?)은 특정 질문에 대해 "매우 만족"한 반응을 보이도록 하는 경향이 있다.

설문 타이밍 만족 평가는 또한 구매 일지와 관련된 **설문 타이밍**(question timing)에 의해서 영향을 받는다. 고객 만족은 구매 직후에는 높다가, 시간이 지남에 따라 점차 떨어지게 된다. 자동차 구매의 경우를 다시 보면, 연구자들은 구매일로부터 60일이 지난 시점에 고객들의 만족도가 20% 하락했음을 알 수 있었다. 최초의 만족도가 인지 부조화로 인해 과대평가되었는지 아니면 이후의 만족도가 과소평가된 것인지는 분명하지 않지만, 분명한 것은 조사 시점에 따라 만족도가 다르게 나타났다는 점이다.

고객이 구매 이후 구매 결정에 대해 반성하게 되면서 시간이 지날수록 만족도가 떨어지는 것일 수도 있다. 이전의 연구에서는 긍정적인 사건보다 부정적인 사건이 더 기억에 남으며, 이러한 부정적인 기억들이 시간이 흐른 뒤 만족도 평가에 더 중요한 의미를 가지게 되는 것으로 간주한 바 있다. 따라서, 구매 후 오랜 시간이 지난 뒤 배포되는 만족도 조사는, 부정적인 사건을 회상하게 된 응답자들에게 오히려 응징할 수 있는 기회를 제공하게 될 수도 있다.

사회적 선망 편향 **사회적 선망 편향**(social desirability bias)은 응답자들이 사회적으로 적절하다고 믿는 것들에 대한 정보를 제공하려는 응답자들의 경향을 의미한다. 예를 들면, 어떤 문화에서 아이들은 부모들에게 "멋진 말이 생각나지 않으면, 아무 말도 하지 마라."는 일반적인 경험에 의한 가르침을 받는다. 따라서 일부 연구자들은 응답자들이 만족도 조사 시 대체로 비판을 피하고자 하는 경향이 있고, 자신의 의견이 사회적으로 부적절할 수도 있다는 생각에, 만족도가 높은 것처럼 응답할 수 있다고 주장한다. 이 주장은 일반적인 고객 만족도 조사 결과가 높은 만족도 수치를 나타낸다는 사실과 응답의 분포 결과를 모두 설명할 수 있지만, 실증적 뒷받침은 아직 부족한 상태이다.

분위기 고객 만족도에 영향을 미치는 마지막 요인은 고객 만족도 설문 조사 시의 분위기이다. 다수의 연구에서 좋은 분위기는 친사회적 행동을 유도하는 것으로 간주하고 있다.[10] 더 구체적으로, 기존의 연구들은 긍정적 분위기에서 이루어지는 설문은 보다 긍정적인 판단을 내리고 상품을 더욱 호의적으로 평가하게 하며, 장점만을 보려고 하고 결점도 호의적으로 평가할 가능성이 높다는 것을 보여주었다. 따라서 좋은 분위기에 있는 소비자들은 중립적 혹은 부정적인 분위기의 소비자들에 비해 서비스를 제공하는 기업 혹은 개인을 높이 평가할 것이다. 서비스스케이프의 창조와 친밀한 대인 관계를 통해 기업은 고객의 분위기에 긍정적으로 영향을 미칠 수 있으며, 이는 높은 고객 만족도의 관점에서 유리할 수 있다.

11-4b 고객 만족도 조사는 가치가 있는가

"진정한" 고객 만족도를 왜곡시킬 수 있는 많은 요인을 보면, 과연 기업들이 만족도 측정을 위해 시간과 비용을 투자할 필요가 있는지에 대한 의문이 발생한다. 고객 만족도는 호손 효과(Hawthorne effect)의 범주에 속하는데, 이것은 상품이나 서비스에 대한 평가와 상관없이 만족도 조사가 그 자체로 고객 만족도를 향상시킬 수 있음을 의미한다. 또한 이미 대부분의 기업에 이미 존재하고 있는 높은 수준의 고객 만족도의 존재 때문에 전반적으로 만족도를 높이려고 시도하는 것이 타당하지 않을 수 있다. 그러나 이와 관련하여 특별히 우리의 주목을 끄는 만족과 관련된 두 가지 영역이 있다. (1) 기업은 부정적 영향을 최소화하고, 계속하여 만족도 지속을 위해 노력하고(만족은 시간이 지날수록 감소하는 경향이 있다), (2) 만족도 분포에서 적은 부분을 차지하는 불만족한 고객의 만족도에 집중한다. 만족도는 그 자체로는 큰 의미를 지니지 못한다. 그렇기 때문에 과거에 측정된 만족도와 **벤치마킹**(benchmarking)을 통해 기업에게 보다 의미 있는 피드백으로 작용할 수 있도록 해야 한다.

결국 기업이 만족도 조사 시, 이 장의 후반에서 제시한 여러 측정법을 일반 조사 방법과 함께 활용한다면 만족도 조사 결과가 가진 여러 왜곡의 가능성에도 불구하고 좋은 정보로 활용될 수 있을 것이다.

11-5 고객 만족: 얼마나 만족하면 충분한가

얼마나 만족해야 충분한 것일까? 98%의 기업이 주당 천 건의 거래를 발생시키는 동시에 그 거래 과정에서 주당 20명의 고객을 화나게 하는데, 그 고객들은 또한 9~10명의 주변인에게 이러한 사실에 대해서 구전한다. 이 이야기대로라면, 결론은 이러한 일들이 주당 200건, 연간 1만4백 건에 이른다는 것이다. 비록 기업은 이러한 상황을 통해 고객 만족도를 향상시킬 수 있겠지만, 1%의 만족도 향상을 위해 상당한 비용이 지출된다는 것을 주지할 필요가 있다.

예를 들어 95%의 고객 만족도를 자랑하는 기업이 고객 만족도를 98%까지 높이기 위해서 10만 달러를 투자하는 것이 과연 가치가 있는 일인가?[11] 이것은 상황에 따라 달라질 수 있다. HP 샌디에이고 지부의 품질 매니저 Pete Babich는 실제로 이와 같은 문제에 직면한 적이 있다. HP는 고객 만족도를 '자사의 상품을 구매한 고객이 HP의 상품을 주변인에게 기꺼이 추천하는 것'이라 정의한다. HP는 전체 구매의 70%가 상품에 대해 만족했던 과거의 경험이나, 다른 사람들의 추천에 의해 이루어진다는 것을 찾아냈다.

Pete Babich는 기존 고객을 유지하는 것이 신규 고객을 유치하는 것보다 더 효율적이라는 것을 알고 있었지만, 그것만으로는 궁극적인 해결책을 구할 수 없었다. 이 경우 만족도를 98%까지 향상시키기 위해 10만 달러를 투자할 만한 가치가 있을 것인가? 결과적으로 Pete Babich는 고객 만족도과 관련된, 시간의 흐름에 따른 시장 점유율의 변화를 예측하는 고객 만족 모델의 개발을 진행하였다.

이 모델은 다양한 가정을 기반으로, 스프레드시트로의 변환이 용이한 알고리즘으로 구성되어 있다. 예를 들어 〈도표 11-7〉에 제시된 바와 같이, 이 모델은 먼저 0분기에 33.3%의 동일한 시장 점유율을 가진 세 기업을 가정한다. 세 기업은 가격과 품질이 비슷한 상품을 기반으로 경쟁하고 있다. 이 모델의 다음 단계는, 만족한 고객은 같은 회사의 상품 구매를 지속할 것이고, 불만족한 고객은 다른 기업으로 옮겨간다고 가정하는 것이다. 예를 들어 A기업에 대해 불만족한 고객은 다음 분기에는 B 또는 C기업의 제품을 구매하게 될 것이다. 여기서 시간의 주기는 상품에 따라 달라질 수 있다(예: 시력검사 대 잔디관리).

〈도표 11-7〉 고객 만족 모델: 세 가지 시나리오

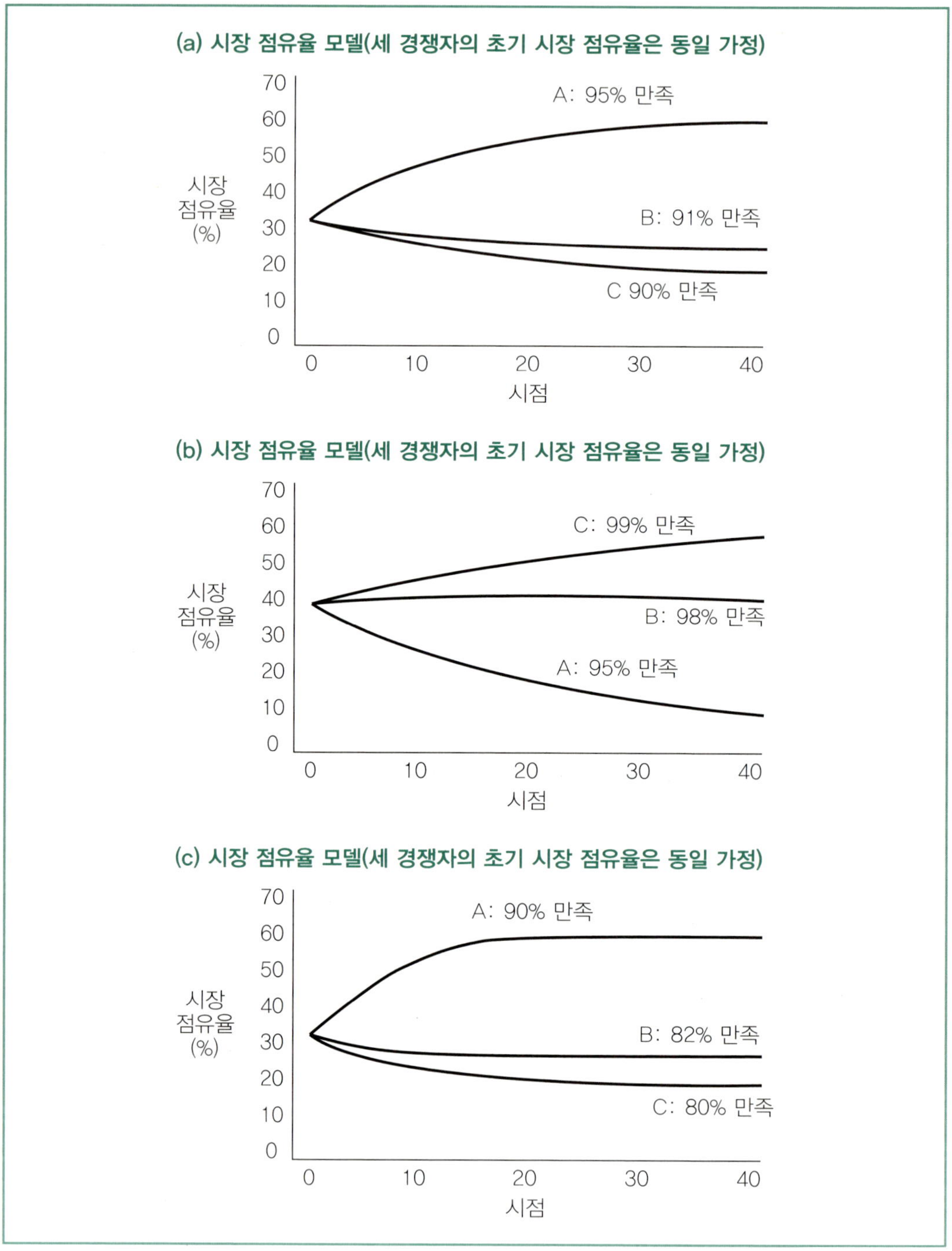

Source: Adapted from Peter Babich, "Customer Satisfaction: How Good Is Good Enough?" *Quality Progress* (December 1992), pp. 65–67.

고객의 이탈 경로는 기업의 시장 점유를 기반으로 한다. 다시 말해, 만약 C기업의 시장 점유율이 B기업보다 높으면, C기업은 다음 분기에는 A기업에 불만족한 고객만큼 시장 점유율이 증가할 것이다. 이러한 논리 구조는 한 번 불만족을 느낀 고객은 다음 선택 시에는 더 까다로워지며, 다른 이들로부터 더 적극적으로 정보를 조사한다는 것에 전제를 두고 있다. 이 경우 C기업은 높은 시장 점유율로 인해, 더욱 긍정적인 구전 효과의 수혜자가 될 수 있을 것이다.

주어진 세 가지의 다른 시나리오하에, 고객 만족 모델로부터 알아낸 결과는 〈도표 11-7〉에 제시되어 있다. (a) 고객 만족도 95%의 기업이 어떻게 90%와 91%의 기업과 대적하여 목표를 달성할 것인가를 설명한다. 만족도 95% 기업은 명백하게 12시간이 지난 후부터 시장을 점유하고 있다. (b)는 기존 기업(95%)이 98%와 99%의 기업과 어떻게 경쟁할 것인지를 보여준다. 이 경우 95% 기업은 24시간이 지나면, 시장 점유율이 10% 이하로 되며, 이 시나리오는 만족도 경쟁의 효과를 극명하게 나타난다.

마지막으로, (c)는 낮은 고객 만족도를 보이는 시장에서의 고객 만족의 영향에 대하여 설명하고 있다. 여기서 A와 B 그리고 C기업은 각각 90%, 82%, 80%의 고객 만족도를 보인다. 이때 핵심은 다른 두 기업의 불만족도 상승에 따라 (a)의 경우와 같이 A기업이 다시 한 번 더 빠른 속도로 시장 점유율을 확보한다는 것이다.

지금까지 살펴본 Pete Babich의 고객 만족 모델이 우리에게 시사하는 바는 무엇인가? 첫째는 높은 고객 만족도를 보이는 기업은 시장 점유율을 개선하기 위해 경쟁사에 더 효과적으로 대응할 수 있다는 점이다. 둘째는 만약 기업이 1%의 시장 점유율 개선이 가져오는 손익에 대해 파악할 수 있다면, 고객 만족도 향상을 위해 필요한 1% 시장 점유율의 증가를 비교하는 것은 기업의 의사결정에 필수적인 정보를 제공한다는 것이다. 마지막으로는 자사의 고객 만족도뿐만 아니라, 경쟁사의 고객 만족도도 파악해야 할 필요가 있음을 알려준다.

그렇다면 다시, 기업은 고객 만족도를 95%에서 98%까지 향상시키기 위해 10만 달러를 투자해야 하는가? 이에 대한 답은 결국 다음의 몇 가지 요소에 의해 결정될 것이다.

- 경쟁사의 고객 만족도
- 기업의 시장 점유율 상승의 효과와 관련한 고객 만족도 향상을 위한 현금 투자
- 투자금 회수에 필요한 시간
- 10만 달러에 대한 기회비용

11-6 고객 만족이 고객 유지로 전환되는가

높은 만족 지수가 고객을 영원토록 유지하게 할 수는 없다.[12] 실제로 한 컨설턴트 그

룹에 의하면, 경쟁자의 결점을 말하는 고객 중 65~85%는 평균적으로 이전 공급자에 대해 "만족" 또는 "매우 만족"이라고 이야기한다고 한다. 왜 이런 현상이 나타나는가? 고객 만족 연구에 대한 다섯 가지 비판은 고객 유지와 관련하여 고객 만족 지수가 높은 기업이 잠재적으로 고객을 잃을지도 모르는 이유에 대한 시사점을 제공한다.

첫째, 고객 만족 연구는 고객의 현재 욕구를 충족시키고 있는가에 초점이 맞춰져 있기에 고객의 미래 욕구까지는 살피지 않는다. 고객의 욕구는 계속해서 변화하기 때문에 기업들은 고객의 새로운 욕구를 충족시키기 위해 최선을 다해야 한다. 즉, 혁신적인 서비스 기업이라면 고객의 미래 욕구를 먼저 고려해야 할 것이다. .

고객 만족 연구에 대한 두 번째 비판은 기업이 현재 접수된 불평에만 집중하는 경향이 있다는 것이다. TARP의 이전 연구에 따르면, 많은 이탈 고객은 자신의 불만을 종업원 또는 기업 경영진에게 절대로 전하지 않는다고 한다. 그 결과 오직 접수된 불평만 평가하는

지속가능성 관련 서비스 활동 사례

TerraPass: 사회적 양심과 함께 만족도 향상

은행, 병원, 레스토랑 그리고 호텔과 같은 많은 서비스 제공자는 보다 더 환경친화적인 서비스를 제공하기 위해, 배출된 이산화탄소의 양만큼 온실가스 감축 활동을 하거나 환경기금에 투자함으로써 제품과 서비스에 대한 고객 만족도를 높이는 혁신적인 서비스를 개발하고 있다. TerraPass는 영리를 추구하는 기업이지만 풍력발전 단지 지원과 메탄가스 정화와 같은 온실가스 감축 프로젝트를 통해 "최소한의 양심"을 제공한다.

TerraPass가 어떻게 일하는지 살펴보자. 당신이 만약 친환경적인 소형차를 최신 고성능 스포츠카로 바꾸며, 친환경적인 면을 고려해야 한다는 압박감을 느낀다고 가정해보자. 그럴 때 간단히 www.Terrapass.com 사이트에 들어가면, 당신의 현재 탄소발자국(온실 효과를 유발하는 이산화탄소의 배출량)을 계산해볼 수 있다. 예를 들면, 1년에 1만2천 마일을 주행한 2015년식 Ford Mustang은 매년 12,340lbs의 이산화탄소를 발생시키는데, TerraPass는 당신의 자동차에서 배출되는 배기가스를 상쇄시키기 위한 다양한 친환경 프로젝트에 당신의 돈을 투자할 것이다. 게다가 TerraPass는 친환경적인 사람, 사실상 양심을 가진 사람들에게 당신이 자랑스럽게 보여줄 수 있도록 새 자동차의 범퍼에 붙일 스티커를 보낼 것이다. TerraPass는 또한 비행기 배출가스를 상쇄시키는 Flight TerraPass도 판매하고, 가정에너지 사용량을 상쇄하는 Home TerraPass 그리고 다양한 기타 이벤트와, 결혼식을 위한 Wedding TerraPass도 판매한다.

TerraPass는 고객과의 약속을 지키고, 고객의 투자가 실제로 고객이 원하는 효과를 만들어 내고 있는지 보여주기 위해 정기적으로 감사를 받는다. TerraPass는 이산화탄소 감축을 가져올 수 있는 프로젝트에 특히 더 집중한다. 이러한 맥락에서 이 회사는 미래 몇 년 동안의 성과 산출을 약속하는 투자 또는 몇 년 전에 일어난 손해에 대해 지불하는 종류의 투자는 피한다. Greenopia는 이러한 TerraPass를 세계 최고의 탄소 상쇄 소매업자라고 칭하며, GOOD Magazine은 TerraPass가 투명성과 사용자 경험의 기준을 세웠다고 말한다. 이 기업은 또한 첨단기기, 충전기, 물 절약 샤워헤드, 장난감, 게임과 같은 친환경 상품을 한정 판매하고 다양한 선물 상품도 제공한다.

Source: http://www.autoblog.com.

고객 만족 연구는 상당한 정보들을 간과하게 되는 것이다. 또한 접수된 불평으로 제한된 연구는 고객 이탈률을 낮추기 위해 개선될 필요가 있는 많은 문제를 간과하게 만든다.

세 번째 비판은 고객 만족 연구가 포괄적인 속성에만 초점을 맞추어, 운영적 요소들은 무시하는 경향이 있다는 것이다. 예컨대, 기업은 고객 만족 설문지의 질문에 흔히 "우리 회사는 좋은 서비스를 제공한다" 그리고 "우리 회사는 좋은 종업원을 가지고 있다"과 같은 광범위하고 포괄적인 표현을 사용한다. 이러한 포괄적인 표현은 좋은 서비스를 구성하는 운영적 요소를 간과하게 만든다. 종업원의 업무 수행 능력을 측정하는 운영적 요소의 예는 눈맞춤(eye contact), 제품 지식, 정중한 행동, 그리고 신뢰성 등을 포함한다. 좋은 서비스와 관련된 운영적 요소는 호텔에서의 체크인/체크아웃 시 처리 시간, 시설의 청결도, 그리고 영업시간 등이 포함될 수 있다. 설문 조사 시에 운영적 요소 대신 포괄적 속성을 이용하는 것은 효과적인 문제 해결에 필요한 정보를 기업에 제공하는 데 실패한다. 예시로, 〈도표 11-8〉에 제시된 J.D. Power and Associates에 의해 실시된 the Sheraton Hotels and Resorts Guest Satisfaction Survey의 운영상의 유용성을 자세히 보라.

고객 만족 연구에 대한 네 번째 비판은 설문 조사 과정에서 종업원을 대개 제외한다는 것이다. 종업원 만족은 고객 충성도를 이끈다. 서비스 전달 시스템에 대한 종업원의 인식은 고객의 인식과 비교될 필요가 있다. 이러한 과정을 통해 종업원들에게 기업 운영에 대한 피드백을 제공할 수 있으며, 종업원과 고객이 서로 같은 입장이라는 것을 확실히 할 수 있다. 내부 고객으로서 종업원들은 종종 기업운영의 발전을 위한 가치 있는 제안으로 기업에 공헌하기도 한다.

마지막 다섯 번째 비판은, 몇몇 기업이 고객 스스로 원하는 것이 무엇인지 알지 못할 것이라 판단하여, 신제품 혁신에 관하여 때때로 고객을 무시하는 것이 최고의 전략이라고 확신하는 것이다.[13] 일부 사람들은 기업이 고객의 소리에 열광하여 인구통계 자료, 시장 조사, 그리고 포커스 그룹의 노예가 된다고 믿는다. 그리고 실제로도 고객의 소리를 듣는 일이 획기적인 상품 개발을 좌절시키는 경우도 많다. 그 증거로 우리가 신제품이라 부르는 제품의 90%가 기존 제품의 단순한 라인확장이라는 사실을 들 수 있다.

고객의 소리를 듣고 반영하는 일은 이와 같은 결점을 가진다. 고객은 흔히 현재의 욕구에 초점을 맞추고 있어서 그들의 욕구를 미래로 미루는 일을 어려워한다. 게다가 고객 만족 조사 시 소비자들은 때때로 질문하는 사람의 의도를 파악하여 인터뷰 진행자의 의도에 맞춰주는 쪽으로 질문에 답하려 한다. 고객의 소리를 듣는 일이 가진 또 다른 문제점으로는, 인터뷰를 서둘러 끝내려 하는 것, 조사 질문을 완벽히 이해하지 못한 채 답변하는 것, 무례한 답변이 되기를 원치 않는 것, 어떤 질문이든 기꺼이 동의하는 것, 가장 중요한 것은 현금을 사용하는 결정은 하지 않는 것 등이 있다.

처음에는 소비자에게 거절당했지만 추후 크게 성공했던 제품 리스트는 매우 인상적이

<도표 11-8> 호텔 & 리조트 고객 만족 조사

HOTELS & RESORTS GUEST SATISFACTION SURVEY

MAKE YOU ANSWERS COUNT! *Correct Mark* ☒ ☑

1. How likely are you to...

	Very Likely	Somewhat Likely	Somewhat Unlikely	Very Unlikely
Return to this hotel if you are in the same area again?	☐	☐	☐	☐
Recommend this hotel to a frient or colleague planning to visit the area?	☐	☐	☐	☐
Stay at a hotel again?	☐	☐	☐	☐

2. How satisfied were you with... **Outstanding** ←→ **Unacceptable**

Your overall experience as a guest in this hotel
The value for the price paid
Cleanliness and maintenanace of hotel
Responsiveness of staff to you needs
Knowledge of staff

Check-in
Accuracy of reservation
Speed/efficiency of check-in
Staff friendliness at check-in

Guest Room
Size of room
Comfort of bed
Room décor/furnishings
Ability to work in guest room
Cleanliness of guest room
Maintenanace of guest room
Cleanliness of bathroom
Bath/shower water pressure

Hotel Services (If Used)
Helpfulness of bell staff ☐ N/A
Hotel safety/security ☐ N/A

Food and Dining (If Used)
Food quality ☐ N/A
Speed/efficiency of service ☐ N/A
Room service speed/efficiency ☐ N/A

Check-Out
Speed/efficiency of check-out process
Accuracy of billing

3. Please rate...
Delivery of promise "I'll take care of you"
This experience compared to other hotels

4. Please mark any problem you experienced during your stay. (MARK ALL THAT APPLY)

☐ Airconditioned/heater	☐ Hotel maintenance	☐ Reservation date	☐ Room maintenance
☐ Bathroom cleanliness	☐ Noise	☐ Reservation rate	☐ Room readiness
☐ Check-in	☐ No reservation	☐ Responsiveness of staff	☐ Sink/tub/toilet
☐ Guest room cleanlines	☐ Number of towels	☐ Room assignment	☐ Other

5. Did you contact anyone in the hotel to resolve the problem? ☐ Yes ☐ No

6. Was the problem resolved to your satisfaction? ☐ Yes ☐ No

7. Which of the following best describes the reason for you stay? ☐ Business ☐ Both Business/Leisure ☐ Leisure ☐ Meeting/Conference

8. Your gender: ☐ Female ☐ Male

Please write in your e-mail address: ____________________

Additional comments: ____________________

Source: J.D. Power and Associates, Agoura Hills, CA 91301.

다. Chrysler의 미니밴, 팩스, VCRs, FedEx, CNN, Compaq PC servers, 핸드폰, PDAs, 전자레인지, 그리고 심지어 Birdseye의 냉동식품, 이 모두가 초기 설문 조사 시에는 고객에게 거절당했던 제품이다. 반면에 크게 성공할 것이라고 조사된 McDonald's의 McLean, KFC의 껍질 없는 치킨, Pizza Hut의 저칼로리 피자, 그리고 New Coke 등은 모두 별다른 성공을 거두지 못했다.[14]

문제의 본질은 위의 기업들이 고객이 하는 말에 너무 귀를 기울였다는 점에 있는 것이 아니라, 강력한 고객지지를 기반으로 수립된 전략적 행동을 실행하지 않았다는 것에 있다. 물론 고객을 완전히 무시해서는 안 된다. 그러나 몇몇 마케터들은 최고의 고객 정보는 전통적인 설문 조사 기법이 아닌 객관적 관찰로부터 얻어진다고 주장한다. "고객이 무슨 말은 하는지는 무시하라, 그들이 무엇을 하는지에 주목하라."[15]

11-7 고객 만족: 좀 더 자세히 보기

지금까지 이 장에서는 고객 만족에 대한 개괄적인 부분만을 살펴 보았다. 다음 단락에서는 고객 기대, 그리고 그것이 고객 만족과 서비스 품질 평가와 어떠한 관련이 있는지 좀 더 자세히 다룰 것이다. 이 절에서는 고객 만족의 여러 측면에 대해 좀 더 구체적으로 살펴보고, 다음 장에서 서비스 품질 문제에 초점을 맞추어 집중적으로 논의할 것이다.

11-7a 고객 기대의 유형

언뜻 보기에는, 고객 만족도 평가의 개발 시 지각과 기대를 비교하는 것은 꽤 간단해보인다. 기대는 현재와 미래의 서비스 접촉을 비교하는 기준점 역할을 한다. 그러나 이 비교적 간단한 시나리오는 고객 기대에 적어도 세 가지 종류가 있다는 것을 알게 되면 조금 복잡해진다.[16]

예상 서비스(predicted service)는 고객이 제공받을 것이라 믿는 서비스 수준을 나타낸 확률적 기대이다. 예를 들어 은행 고객은 가능하면 은행 업무를 한 곳에서 처리하고자 한다. 고객은 같은 은행 종업원과 거래하는 데 점차 익숙해지면서, 시간이 지남에 따라 그들에게 어떠한 성과 수준을 기대하기 시작한다. 고객 만족도 평가는 예상 서비스와, 이미 제공받아서 지각된 서비스를 비교함으로써 개발된다는 것에 일반적으로 동의한다(도표 11-9).

반대로 **희망 서비스**(desired service)는 고객에게 제공된 예상 서비스와 비교하여, 고객이 실제로 원하는 것을 나타낸 이상적 기대이다. 이러한 이유로 대부분의 사례에서 희망 서비스는 예상 서비스보다 더 높은 기대 수준을 반영한다. 예를 들어 은행 고객의 희망 서비스는 예상 서비스를 제공받는 것은 물론이고, 더 나아가 은행 방문 시 자신의 이름을 불러주고 환대해주는 것까지도 포함한다. 희망 서비스의 기대 수준과 이미 받아서 지각된

<도표 11-9> 서비스 품질과 고객 만족 평가 차이

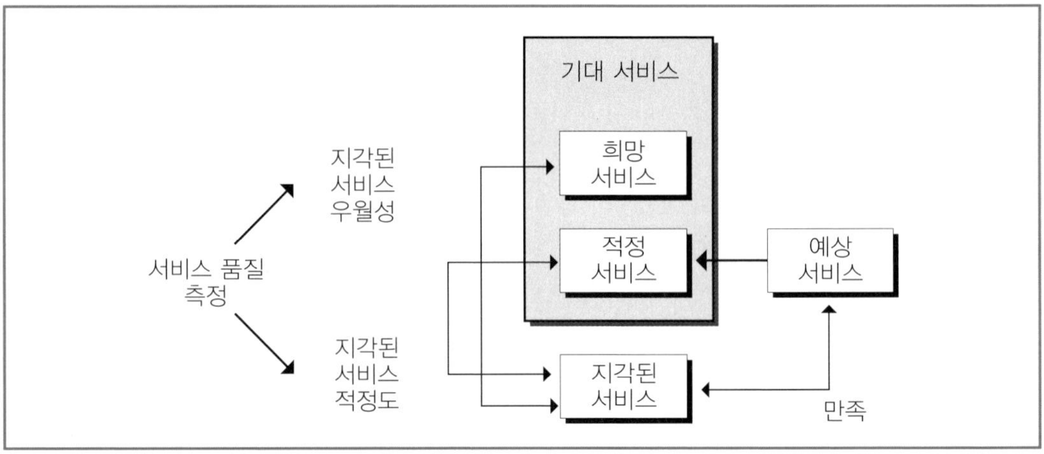

Source: Adapted from Valerie A. Zeithaml, Leonard L. Berry, and A. Parasuraman, "The Nature and Determinants of Customer Expectations of Service," *Journal of the Academy of Marketing Science*, 21, 1, (1993), pp. 1–12. Reprinted with kind permission from Springer Science and Business Media.

서비스와의 비교를 통해 **지각된 서비스 우수성**(perceived service superiority)을 측정할 수 있다(도표 11-9).

마지막으로, **적정 서비스**(adequate service)는 최소 허용 기대치이며, 고객이 기꺼이 수용할 만한 서비스 수준을 나타낸다. 적정 서비스는 시간이 흐르며 만들어지는 표준과 경험에 근거한다. 예를 들어 대부분의 성인 소비자는 평생 동안 수천 가지의 식음료를 먹어봤을 것이다. 이러한 경험을 통해, 소비자가 발생할 것이라 예상하는 서비스 표준이 개발된다. 이에 따르면 적정 서비스에 영향을 주는 한 요소가 예상 서비스가 되는 셈이다. 예상하는 표준 이하인 서비스 접점은 적정 서비스 기대 수준의 이하이다. 적정 서비스와 지각된 서비스와의 비교를 통해 **지각된 서비스 적정도**(perceived service adequacy)를 측정할 수 있다(도표 11-9).

11-7b 허용범위

제공되는 서비스의 이질성 때문에, 고객은 한 곳부터 다른 곳까지 서비스 전달에서의 다양성을 기대하며 심지어 동일한 공급자에게도 오늘과 내일 다른 서비스를 기대한다. 이러한 다양성을 수용하는 소비자는 일종의 서비스 **허용범위**(zone of tolerance)를 구축하는데, 여기에는 희망 서비스와 적정 서비스 간의 차이가 반영된다(도표 11-10). 허용범위는 제공되는 서비스 상태와 서비스에 따라, 같은 고객 안에서 그리고 고객들 사이에서 증가 또는 감소된다. 서비스 이외의 다른 요인들 중, 예를 들어 '가격'은 허용범위에 영향을 미칠지도 모른다. 일반적으로 가격이 상승하면 고객의 허용범위는 감소하고, 희망 서비스 수요가 높

<도표 11-10> 허용범위

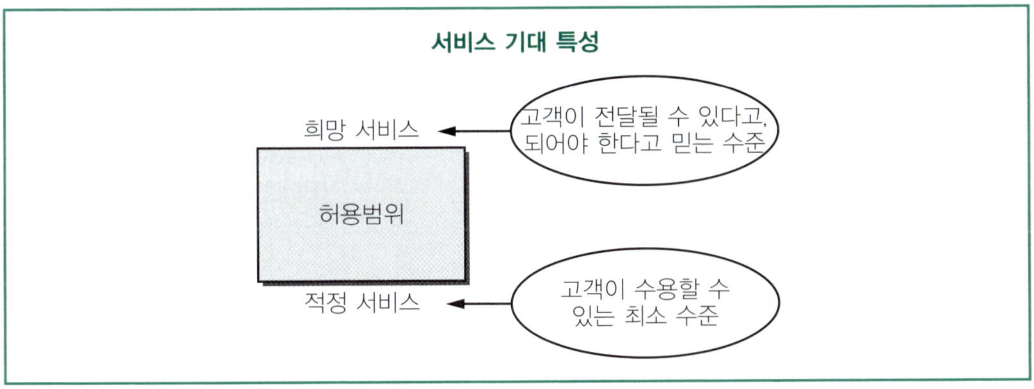

Source: Valerie A. Zeithaml, Leonard L. Berry, and A. Parasuraman, "The Nature and Determinants of Customer Expectations of Service," *Journal of the Academy of Marketing Science* 21, 1, (1993), pp. 1–12. Reprinted with kind permission from Springer Science and Business Media.

아지기 시작하면서 엉성한 서비스에 대한 용서는 줄어들게 된다.

허용범위의 또 다른 흥미로운 특성은 희망 서비스는 적정 서비스보다 변화를 적게 받는다는 점이다. 허용범위는 칠판 위에 위치한 프로젝트 스크린과의 비교를 통해 구체적으로 묘사해볼 수 있는데, 여기서 스크린이 있는 벽에 고정된 금속 캐니스터는 희망 서비스 수준에 해당된다. 희망 서비스 수준은 이상적인 서비스 기업이라면 고객에게 제공해야 한다고 믿는 서비스 정도를 나타낸다. 위의 예에서 스크린은 벽에 고정되어 있기 때문에, 금속 캐니스터는 스크린의 나머지 부분보다 위치가 덜 변경된다. 스크린은 그 자체로 허용범위에 해당되고, 스크린의 아랫부분 금속 조각의 손잡이가 적정 서비스 수준에 해당된다. 적정 서비스는 서비스 전달 과정을 둘러싼 주위 환경에 기초하여 변동을 거듭하며, 따라서 허용범위의 크기를 변화시킨다.

11-7c 서비스 기대에 영향을 주는 요인: 희망 서비스

희망 서비스 기대는 각기 다른 6개의 요인에 의해 만들어진다(도표 11-11). 첫 번째 요인인 **지속적 서비스 강화**(enduring service intensifiers)는, 시간의 경과에 따라 안정적인 최고의 서비스가 제공되길 바라는, 고객 민감성을 증가시키는 개인적 요인이다. 지속적 서비스 강화의 두 가지 하위 유형은 고객의 파생 서비스 기대와 개인적 서비스 철학으로 나누어진다.

서비스에 대한 **파생 기대**(derived expectations)는 다른 이들의 경험으로부터 만들어진다. 예를 들어 만약 당신의 상사가 당신에게 사무실 건물의 고압 물청소를 담당할 사람을 구해오도록 요청했다고 가정해보자. 이때 물청소를 담당할 사람에 대한 당신의 기대는, 당신 스스로의 계획하에 작업자를 고용해야 할 때보다 더 높을 것이다. 이는 당신이 아닌 상사의 기대를 만족시키기 위한 것이므로, 서비스 품질에 대한 당신의 민감성은 상당히 증가하

〈도표 11-11〉 기대 서비스에 미치는 영향 요인

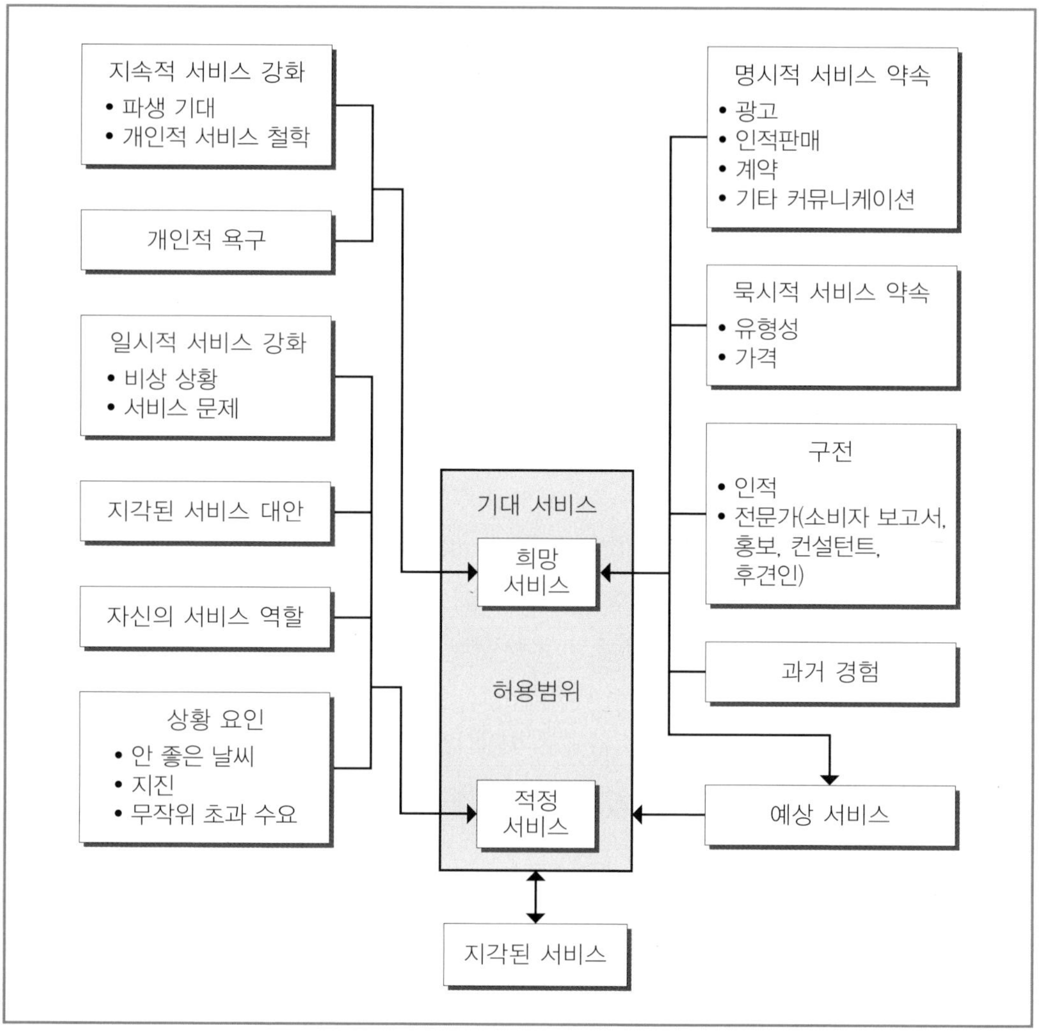

Source: Valerie A. Zeithaml, Leonard L. Berry, and A. Parasuraman, "The Nature and Determinants of Customer Expectations of Service," *Journal of the Academy of Marketing Science* 21, 1, (1993), pp. 1–12. Reprinted with kind permission from Springer Science and Business Media.

게 된다.

비슷하게, 고객의 **개인의 서비스 철학**(personal service philosophies) 또는 서비스를 평가하는 개인적인 시각, 그리고 서비스 제공자가 수행해야 할 방식 또한 고객의 민감성을 높일 것이다. 서비스 분야에 종사하는 고객은 제공되는 서비스의 품질에 대해 특히 민감하다. 이러한 고객은 구체적으로 서비스가 어떻게 제공되어야 하는지에 대해 자신의 관점을 가지고 있고, 자신이 고객을 대하듯이 대접받기를 원한다.

희망 서비스 기대에 영향을 주는 두 번째 요인은 **개인적 욕구**(personal needs)이며, 이는

육체적, 사회적, 정신적인 욕구를 포함한다. 간단히 말해 어떤 고객은 더 많은 욕구를 가지고 있고, 그래서 다른 이들보다 더 세심한 관리가 필요하다. 어떤 고객은 식당 안에서 어디 앉을지에 매우 민감한 반면, 다른 사람들은 어느 자리에 앉든지 만족해한다. 또 호텔에서 대부분의 사람은 간단하게 '깨끗한 객실'을 찾는 반면, 어떤 고객들은 편의시설, 예를 들어 풀, 사우나, 식당, 그리고 다른 형태의 이용 가능한 엔터테인먼트에 매우 많은 관심을 갖기도 한다. 이것이 서비스 기업을 관리하는 일이 특히 도전적인 이유 중 하나이다. 고객은 굉장히 다양한 욕구를 가지고 있고, 모든 것이 유사한 두 고객은 없다.

11-7d 서비스 기대에 영향을 주는 요인: 희망 서비스와 기대 서비스

희망 서비스 기대 수준에 영향을 주는 네 가지 요인은 예상 서비스 기대 수준에도 영향을 준다. 그 네 가지 요인은 (1) 명시적 서비스 약속, (2) 묵시적 서비스 약속, (3) 구전 커뮤니케이션, 그리고 (4) 과거 경험이다(도표 11-11).

명시적 서비스 약속(explicit service promises)은 회사의 광고, 개인적 판매, 계약 그리고 다른 형태의 커뮤니케이션을 포함한다. 서비스는 유형의 상품이 적기 때문에, 서비스 소비자들은 가능한 한 모든 형태의 다양한 정보를 기초로 서비스를 평가한다. 서비스가 모호할수록, 기대를 형성할 때 고객은 기업 광고에 더 의존한다. 만약 호텔이 현대적이고 깔끔한 객실을 강조한다면 고객은 광고 속에서 묘사된 것과 똑같은 객실을 기대할 것이다. 이와 유사하게 만약 건축자가 12월에 집이 완공된다고 이야기했다면, 고객은 이를 건축자의 약속으로 인지하고, 이를 바탕으로 고객이 차후 평가의 기초로 삼을 표준을 만들게 된다.

묵시적 서비스 약속(implicit service promises) 또한 희망 서비스와 예상 서비스에 영향을 미친다. 서비스를 둘러싼 유형성과 서비스의 가격은 묵시적 서비스 약속의 일반적 형태이다. 가격이 상승하면 고객들은 기업이 좀 더 고품질의 서비스를 제공할 것이라 기대한다. 유형적인 상품이 없는 경우, 가격은 대부분의 고객에게 품질을 평가할 수 있는 척도이다. 예를 들어 고객들은 저렴한 "Cheap Charley's Barber Shop"보다 가격이 높은 헤어살롱의 서비스에 대해 아마도 더 높은 기대를 가지게 될 것이다. 이와 유사하게 서비스와 관련된 유형 세품들이 비싸다면, 고객들은 이러한 유형 세품을 품질의 표시로 이해한다. 일반적으로 서비스 시설의 가구들이 좀 더 좋을수록, 고객 기대는 더 높아지게 된다.

구전 커뮤니케이션(word-of-mouth communications) 또한 고객 기대 형성에 있어 중요한 역할을 한다. 4장에서 소비자 행동에 관하여 살펴보았듯이, 고객은 서비스 대안들을 선택할 때 비개인적인 것보다는 개인적인 정보 원천에 더 의존하는 경향이 있다. 서비스는 구매하기 이전에는 완벽하게 평가할 수 없기 때문에 고객들은 '구전 정보'를, 서비스를 경험한 누군가가 제공한 편파적이지 않은 정보로 바라본다. 구전 커뮤니케이션은 친구나 가족뿐만 아니라 소비자 보고서와 같은 리뷰 간행물까지 모두 포괄하는 개념이다.

마지막으로, **과거 경험**(past experience) 또한 희망 서비스와 예상 서비스의 고객 기대에 기여한다. 서비스 평가는 현재 서비스 접점 종업원과 동일한 제공자 내의 다른 서비스 접점 종업원, 동일한 산업 내의 다른 제공자, 다른 산업에서의 다른 제공자와의 비교에 기초한다. 교육 시스템에 있어 교육자에 대한 학생들의 희망과 예상 서비스 기대는 동일한 교육자의 다른 수업, 그리고 다른 교육자의 다른 수업에서의 과거 경험에 바탕을 두는 예가 많다.

11-7e 서비스 기대에 영향을 주는 요인: 적정 서비스

적정 서비스는 고객이 기꺼이 수용할 수 있는 서비스의 수준을 나타내며, (1) 일시적 서비스 강화, (2) 지각된 서비스 대안, (3) 자신의 서비스 역할, (4) 상황 요인, 그리고 (5) 예상 서비스, 이 다섯 가지 요인에 의해 영향을 받는다(도표 11-11).

지속적 서비스 강화와는 대조적으로 **일시적 서비스 강화**(transitory service intensifiers)는 서비스에 대한 고객의 민감성을 높이는 개인적이고, 단기적인 요인이다. 예를 들어 과거에 특정 유형의 서비스 제공자로부터 서비스 문제를 겪었던 고객은, 차후의 고객 접점에서 서비스 전달 품질에 좀 더 민감하게 반응하게 될 것이다. 한편 개인적인 비상 상황하에서 요구되는 서비스 수준도 예로 들 수 있다. 고객은 일반적으로 내과의사에게 진찰을 받을 때는 그들의 순서를 기꺼이 기다린다. 하지만 개인적 응급 상황인 경우에는 고객은 참을성이 없어지고 더 짧은 시간에 더 높은 수준의 서비스를 기대하게 된다. 때문에 적정 서비스의 수준이 높아질수록, 허용범위는 점점 좁아지게 된다.

적정 서비스의 수준은 또한 고객의 **지각된 서비스 대안**(perceived service alternatives)에 의해 영향을 받는다. 지각된 서비스 대안의 수가 많아질수록, 적정 서비스 기대 수준은 더 높아지고, 허용범위는 점점 좁아지게 된다. 어디서든 비교 가능한 서비스를 받을 수 있고 혹은 그들 스스로 서비스를 생산할 수 있다고 믿는 고객들은, 다른 제공자에게는 더 나은 서비스를 받을 수 없다고 믿는 고객들보다 더 높은 적정 서비스 기대 수준을 갖는다.

무수히 많은 경우의 논의에서, 서비스 고객은 자주 제품의 생산 과정에 포함되며, 서비스 전달 체계의 결과에 직접적인 영향을 주기도 한다. 고객 **자신의 서비스 역할**(self-perceived service role)이 강한 경우, 즉 고객이 스스로 서비스 역할을 수행하고 있다고 믿을 때, 그들의 적정 서비스 기대 수준은 올라간다. 그러나 만약 고객이 우수한 서비스 결과를 위해 필요한 정보를 제공하는 것을 실패했다고 기꺼이 인정한다면, 적정 서비스 기대 수준이 내려가며 허용범위는 증가한다.

그룹일 때, 고객은 이성적이다. 고객은 가끔 서비스의 품질을 저하시키는, 서비스 제공자의 통제를 넘어서는 **상황 요인**(situational factors)을 이해한다. 저녁 시간 무렵 도시의 한 부분이 정전되었다면, 도시 다른 쪽의 식당들은 배고픈 고객으로 가득 찰 것이다. 결과적으로 서비스 전달 시스템이 백업됨에 따라 긴 대기 시간이 발생한다. 허리케인이나 토네이도,

기타 다른 자연 재해가 발생했을 때, 보험 회사는 일반적인 상황에서 부담했던 것만큼의 책임은 지지 않으려 할지도 모른다. 제공자의 통제를 넘어서는 상황이 발생하고 고객이 이러한 상황에 대한 지식을 가지고 있을 때 적정 서비스 기대 수준은 낮아지며 허용범위는 넓어진다.

적정 서비스 기대에 영향을 미치는 다섯 번째이자 마지막 요소는 소비자가 믿을만한 서비스 수준이다. 예상 서비스는 기업의 명시적이고 묵시적인 서비스 약속, 구전 커뮤니케이션, 그리고 고객 스스로의 과거 경험을 토대로 형성된다. 이러한 요소들을 고려하면서 고객들은 예상 서비스와 관련된 판단을 하고 동시에 적정 서비스 기대를 만든다.

11-7f 기대, 고객 만족, 그리고 서비스 품질 사이의 관계

지금까지 예상, 최저, 희망 서비스의 개념에 대해 알아보았는데, 이에 대해 왜 그렇게 열심히 설명했는지 의아해할 수도 있다. 사실 핵심은 간단하다. 서비스 경험을 평가할 때, 소비자는 세 가지 유형의 기대(예상 서비스, 적정 서비스, 희망 서비스)를, 제공받은 지각된 서비스와 비교한다. 고객 만족은 예상 서비스와 지각된 서비스 간의 비교를 통해 측정할 수 있다. 적정 서비스와 지각된 서비스의 비교에 의한 지각된 서비스 적정도, 그리고 희망 서비스와 지각된 서비스의 비교에 의한 지각된 서비스 우수성으로, 서비스 품질을 측정할 수 있다(도표 11-9). 서비스 품질 측정과 관련된 이슈들뿐만 아니라 서비스 품질과 고객 만족 사이의 다른 주요 차이점은 12장에서 더 자세히 논의된다.

요약

고객 만족 연구는 오늘날 시장 연구에서 빠르게 성장하는 부문 중 하나이다. 고객 만족은 예상 서비스와 지각된 서비스 간의 비교로 정의된다. 고객 만족은 재판매, 더 빈번한 판매, 거래 건수당 판매의 증가, 긍정적 구전 커뮤니케이션, 가격경쟁과의 분리, 종업원들의 쾌적한 업무 환경과 같은 혜택과 관련되어 왔다. 고객 만족 설문은 기업이 고객에게 보내는 일종의 신호로서, 기업이 고객을 관리하고 있다는 것과 고객의 조언을 원하고 있다는 메시지를 전달한다. 설문을 통해서 수집한 자료는 종업원 교육 프로그램의 개발을 용이하게 하고, 기업의 서비스 전달 과정에서의 강점과 약점을 알 수 있게 하며, 종업원의 성과 검토와 보상 결정에 사용되는 정보를 제공한다.

기업은 고객 만족을 추적하기 위해 다양한 방법을 사용한다. 게다가 많은 요소는 회사의 만족 지수를 극적으로 줄이기도/늘리기도 한다. 이번에 배운 주요한 내용은 (1) 질적·양적 데이터를 모두 수집하는 고객 만족 조사가, 둘 중 한 가지 데이터를 조사하는 것보다 효과적이다. (2) 사용된 방법들과 상관없이, 질문의 시기 적절성, 질문의 정황, 자료 수집 방법이 중요하며, 여타의 연구 주제들처럼 서비스 기업은 조사 결과가, 시간이 지난 후에도 의미 있는 비교 자료로 사용할 수 있도록, 이러한 접근을 지속해야 한다. 대체로 고객 만족 지수는 부정적으로 왜곡되는 경향이 있고, 수행능력이 평균 이상으로 나타나는 현상은 일반적인 경향이다.

이러한 문제점에도 불구하고, 고객 만족 평가는 의미 있는 경영 활동으로 간주된다. 그러나 기업은 다음의 요소를 고려하지 않은 채 만족도를 높이고자 해서는 안 된다. (1) 경쟁사의 만족도, (2) 기업의 손익과 관련된 시장 점유율 증가에 대한 투자 비용, (3) 투자 회수에 소요되는 기간, 그리고 (4) 회사 자금의 이용과 관련된 기회 비용. 마지막으로, 고객 만족의 핵심 원동력 중에는 고객 기대가 있다. 고객 기대에는 세 가지 유형이 있으며, 각 유형에 영향을 미치는 개별 요소도 존재한다. 기대의 세 가지 유형이 12장에서 다룰 고객 만족과 서비스 품질 평가 두 가지의 기초를 형성한다.

복습문제

1. 일치, 긍정적 불일치, 그리고 부정적 불일치 간의 차이를 논하시오.
2. 대부분의 만족 점수가 부정적으로 왜곡되는가의 이유에 대한 의미는 무엇인가? 왜 그와 같은 점수 분포가 이루어지는가?
3. 질문의 형태가 만족 점수에 어떻게 영향을 미치는가에 대하여 논하시오.
4. 회사는 항상 100%의 만족 점수를 획득하려고 노력해야 하는가? 이에 대하여 설명하시오.
5. 고객 만족과 고객 유지 간의 관계를 논하시오.
6. 고객 청취와 고객 만족 평가의 결점은 무엇인가?
7. 허용범위를 정의하고, 적절성을 설명하시오.
8. 적정 서비스를 위한 고객 기대에 영향을 미치는 주요 요인들은 무엇인가?
9. 희망 서비스를 위한 고객 기대에 영향을 미치는 주요 요인들은 무엇인가?
10. http://www.theacsi.org/를 방문해서 "ACSI Scores & Commentary."를 클릭하시오. 다음에, "ACSI Quarterly Scores."를 클릭하시오. 이용 가능한 4/4분기 정보를 바탕으로 고객 만족도가 가장 높은 회사에 대해 "상위 10위" 목록을 작성하시오. 또한 고객 만족도가 가장 낮은 기업에 대해 "하위 10위" 목록을 작성하시오. 두 목록을 비교하고 "상위 10위"와 "하위 10위" 목록에 있는 회사 간의 주요 차이점을 비교하시오. 이러한 차이가 나는 이유에 대해 토의하시오.

사례 11. The Crestwood Inn

매사추세츠주 보스턴에서 온 Christy Kelley는 켄터키주의 렉싱턴에 위치한 The Crestwood Inn의 총지배인이 되었다. 이전에 그녀는 보스턴 시내의 큰 체인형 호텔의 부지배인이었다. Christy는 북동부의 추운 겨울과 바쁜 환경에 지쳤기 때문에 따듯한 기후와 좀 더 편안한 분위기로의 변화를 원했다. Christy는 몇 년 동안 대형 호텔에서 일하면서 경영 수업을 시작하였고 마침내 부지배인에서 총지배인으로 승진하였다. The Crestwood Inn은 지역에서 오래된 Inn 중의 하나이지만 몇 년간 개·보수를 진행 중인 상태였다. The Crestwood Inn은 독립적 투자자들이 소유하고 있으며, 기본적인 시설을 갖춘 116개의 방을 보유하고 있다. 레스토랑이나 수영장은 없지만 가까운 지역에 몇 개의 레스토랑이 있다. Inn의 객실요금은 주로 고급 숙박업소들로 구성되어 있는 시장 안에서는 최저 수준이다. The Crestwood Inn은 지역 경마장과 가까운 입지 조건, 저렴한 가격이라는 중요한 전략적 우위를 가지고 있다.

그녀는 경영자가 된 뒤, 큰 체인에서 일하는 것과 작은 독립형 모텔에서 일하는 것에 차이점이 많다는 것을 깨달았다. 대형 체인 호텔은 예약, 판매,

취사, 재무관리 등의 면에서 정교한 컴퓨터 시스템을 활용한다. 게다가 고객 정보는 설문 조사와 코멘트 카드를 통해서 체계적으로 수집된다. 설문 조사와 코멘트 카드는 숙박료, 서비스 등을 결정할 때, 매니저들에게 가치 있는 정보로 제공된다. 그러나 대형 호텔 체인과는 달리, The Crestwood Inn은 예약 시스템이 단순했고, 과거의 요금과 객실점유율에 대한 약간의 정보만 있을 뿐, 그 외에는 어떠한 부가적 정보도 없었다. Christy가 경영자가 되었을 때 평균 객실 요금은 100달러였고 객실 점유율은 약 70% 정도였다.

Christy는 고객 정보 수집의 중요성을 알고 있었기 때문에 모든 방에 자신이 만든 코멘트 카드를 비치하였다. 고객들이 코멘트 카드를 작성하여 방에 두고 가면, 하우스키핑을 담당하는 사람이 카드를 수집하도록 하였다. 코멘트 카드의 목적은 고객들이 Inn에 투숙하는 동안 시설과 서비스에 대하여 어떻게 느꼈는지를 조사하는 것이다. Christy는 모든 고객들이 만족하기를 원했다. 첫 해의 연말에, Christy는 169개의 작성된 코멘트 카드를 확보하게 되었다.

코멘트 카드의 정보를 모은 후에, Christy는 고객 만족도에 대한 고객의 응답을 살펴보았다.

다음 중 The Crestwood Inn에서의 당신의 경험을 가장 잘 묘사한 것은 무엇입니까?

기대 이상의 만족	18.7%
기대 만큼의 만족	56.8%
기대에 비해 불만족	24.5%

이를 통해 75% 정도의 고객이 The Crestwood Inn에 대해 기대한 만큼, 혹은 그 이상으로 만족한다는 것을 알게 되었다. Christy는 올해의 결과가 미래의 판단 기준이 될 것이라는 사실에 기뻤지만, 총 응답자의 4분의 1에 해당하는 고객이 호텔 서비스에 불만족스러워했다는 점은 염려되었다. 다음은 Christy가 시설과 서비스에 관한 만족도를 5점 척도로 조사한 것이다(1=매우 불만족, 2=불만족, 3=보통, 4=만족, 5=매우 만족).

호텔 서비스	평균 점수
예약	4.46
프론트 데스크/ 체크 인	4.52
프론트 데스크/ 체크아웃	4.34
프론트 데스크/ 고객 서비스	4.50
객실	
안락함	4.46
침실 조명	3.90
청결함	4.31
가구, 물품	4.10
비품	4.21
냉·난방	3.89
전체적인 수준	4.15
요금	4.12

토의문제

1. Christy의 코멘트 카드 개발 장단점에 대해 논하시오.
2. 코멘트 카드를 수집 할 때 관리 담당자와 관련된 잠재적 문제를 설명하시오.
3. 고객의 경험과 기대에 관한 세 가지 질문과 관련하여 다음 질문에 답하시오.
   (1) Christy는 이 세 가지 질문을 통해 어떤 정보를 얻을 수 있는가?
   (2) 호텔에서 제공하는 서비스 수준을 향상시키는 데 도움이 되는 추가 정보는 무엇입니까?
   (3) 이 추가 정보를 어떻게 수집할 수 있는가?
4. Christy가 수집한 호텔의 서비스 및 객실에 대한 정보와 관련하여 다음 질문에 답하시오.
   (1) Christy는 이 질문들로부터 어떤 정보를 얻을 수 있는가?
   (2) 호텔에서 제공하는 서비스 수준을 향상시키는 데 도움이 되는 추가 정보는 무엇인가?
   (3) 이 추가 정보를 어떻게 수집할 수 있는가?

각주

1. www.ratemyprofessors.com, accessed 17 March 2015. http://www.bachelorsdegreeonline.com/blog/2011/50-funniest-remarks-ever-written-onratemyprofessors-com/, accessed 17 March 2015.
2. Robert A. Peterson and William R. Wilson, "Measuring Customer Satisfaction: Fact and Artifact," *Journal of the Academy of Marketing Science* 20, 1, (1992), p. 61.
3. Karl Albrecht and Ron Zemke, *Service America! Doing Business in the New Economy* (Homewood, IL: Business One Irwin, 1985), p. 6.
4. Janelle Barlow and Claus Moller, *A Complaint Is a Gift* (San Francisco: Berrett-Koehler Publishers, 2008).
5. Leonard L. Berry, A. Parasuraman, and Valerie A. Zeithaml, "Improving Service Quality in America: Lessons Learned," *Academy of Management Executive* 8, 2, (1994), p. 36.
6. Peterson and Wilson, "Measuring Customer Satisfaction," p. 61.
7. Peterson and Wilson, "Measuring Customer Satisfaction," p. 61.
8. Peterson and Wilson, "Measuring Customer Satisfaction," p. 62.
9. Marsha L. Richins, "Negative Word-of-Mouth by Dissatisfied Consumers: A Pilot Study," *Journal of Marketing*, 47, (Winter 1983), pp. 68–78.
10. K. Douglas Hoffman, "A Conceptual Framework of the Influence of Positive Mood States on Service Exchange Relationships," in *Marketing Theory and Applications*, ed. Chris T. Allen, et al. (San Antonio, TX: American Marketing Association Winter Educator's Conference), p. 147.
11. Adapted from Peter Babich, "Customer Satisfaction: How Good Is Good Enough?" *Quality Progress*, (December 1992), pp. 65–67.
12. Adapted from Michael W. Lowenstein, "The Voice of the Customer," *Small Business Reports*, (December 1993), pp. 57–61.
13. Justin Martin, "Ignore Your Customer," *Fortune*, (May 1, 1995), pp. 121–126.
14. Ibid.
15. Ibid, p. 126.
16. This section adapted from Valerie A. Zeithaml, Leonard L. Berry, and A. Parasuraman, "The Nature and Determinants of Customer Expectations of Service," *Journal of the Academy of Marketing Science*, 21, 1, (1993), pp. 1–12.

12장

서비스 품질의 정의와 측정

학습 목표

- 서비스 품질과 고객 만족과의 유사성과 차이점에 대해서 토의한다.
- 서비스 품질에 대한 소비자의 지각에 영향을 미치는 서비스 격차에 대해 알아보고, 각 서비스 품질의 격차의 크기에 영향을 미치는 요인에 대해 논의한다.
- SERVQUAL 측정 척도와 gap scores를 계산하는 방법에 대한 기본 개념을 이해한다.
- 서비스 회사가 서비스 품질 정보 시스템 구축에 활용할 수 있는 고객 조사와 비고객 조사 방법의 다양성에 대해 설명할 수 있다.

"전문가적 명성을 얻는다는 것은 보통 사람들이 그만두려고 한 후의 일에 다만 작은 손길을 더하는 것이다."

Orison Swett Marden
Success magazine 창립자

이 장의 목표는 서비스 품질에 대한 개념, 서비스 품질 측정, 그리고 서비스 품질 정보 시스템에 대해 소개하는 것이다.

Otto Stadler/ImageBROKER/Glow Images

PIMALAI RESORT AND SPA: 사회적, 환경적 책임

모든 것에서 벗어나 그저 편안히 쉴 수 있는 해변의 5성급 리조트를 찾고 있는가? Pimalai Resort and Spa는 당신을 위한 곳이다! 태국 남부지방 Andaman 해변의 KohLanta섬에 위치한 Pimalai Resort and Spa는 이 장에서 소개할 서비스 품질의 다섯 가지 차원(유형성, 신뢰성, 내응성, 확신성, 공감성)을 살 보여주고 있다. 이 리조트는 서비스 품질 수준을 상승시킬 수 있는 사회적, 환경적 원칙을 기반으로 운영되고 있다.

Pimalai는 환경상을 많이 받은 곳으로 환경보호에 앞장 서고, 관광객에게 진정한 지역 체험 기회를 제공하고, 수익을 지역사회로 환원하는 것에 노력하며, 여러 문화적 노력을 기울이는 것으로 잘 알려져 있다. 환경보호에 관해서는, 날도마뱀, 원숭이, 왕도마뱀 등의 야생동물들이 100에이커 넓이의 이 리조트에서 함께 어울려 살고 있다. 리조트 묘목장에서는 잘게 자른 나뭇잎, 작은 나뭇가지들, 그리고 주방에서 배출된 유기농 홈메이드 비료로 묘목을 기른다. 또한 물 절약 노력의 일환으로 빗물과 산에서 내려오는 물을 저장하는 몇 개의 저수시설을 갖추고 있고 객실 고객에게 수건과 침대시트를 재사용하기를 권하기도 한다. 이렇게 아껴진 물은 지역 식물의 생존을 위해 쓰인다. 또 태국에서 최초로 해양생물에게 부정적인 영향을 미칠 수 있는 영구적인 부두 대신 떠 있는 부잔교(floating pier)를 설치하기도 하였으며 보트세일링, 윈드서핑, 카누, 그리고 스노클링과 같은 엔진이 없는 해양 스포츠를 하도록 홍보하기도 하였다. 마지막으로, 이 리조트는 큰 비닐봉지의 소비를 일 년에 2,500kg까지 줄이고, 지역 쓰레기 매립지로 가는 쓰레기를 80% 수준으로 줄여오고 있다.

이 리조트의 환경적인 노력을 넘어, Pilamai Resort는 많은 문화적, 지역 프로젝트도 관여하고 있다. 이 리조트는 매년 3월과 11월에 열리는 Laata Lanta와 Loy Krathong 축제의 후원자이자 적극적인 멤버로 활약하고 있다. 이뿐만 아니라 투석기계가 있는 지역병원을 돕고 시설확장 공사에 기금을 내기도 한다. 섬 지역의 학교에는 가구, 스포츠 장비, 컴퓨터, 그리고 책을 제공한다. 훌륭하게도, 이 리조트는 지역사회 내에서 고용을 추구한다. 330명의 리조트 종업원 가운데 50%는 KohLanta섬의 주민이다. 이 리조트에 고용된 종업원과 그 가족들까지 고려한다면 결과적으로 약 2,000명의 사람에게 영향을 미치고 있는 것이다. 대부분의 섬사람이 12세에서 14세쯤에 학교를 그만두고 고무나무나 야자나무농장에서 일하는 것에 비하면 놀라운 일이 아닐 수 없다. 이처럼 Pimalai Resort and Spa는 서비스 품질의 다섯 가지 차원을 모두 가지고 있고, 이는 사회적, 환경적 의식에서 비롯된 것이다.

Sources: http://www.greenpearls.com; https://www.youtube.com.

12-1 서론

서비스 품질은 그 정의와 측정이 쉽지 않은 개념이다. 예를 들어 국내총생산(GDP)처럼 전통적인 생산력의 측정 방법들은 서비스 품질 부분을 포괄하지 못한다.[1] 저품질의 물건들도 국가의 GDP 상승에 기여할 수 있기 때문이다.[2] 만약 통신 판매제도를 사용하는 회사가 당신에게 잘못된 물건을 보냈다면, 실수를 바로잡기 위해 반송우편을 보내고 전화를 하는데 쓰는 비용 또한 실질적으로는 국가의 GDP의 증가에 기여한다.

노동통계청(BLS)과 같은 다른 정부기구들도 소비자 소비 지수를 조정하여 품질의 향상에 대해 설명하고자 노력한다. 예를 들어 자동차 생산 비용에 에어백, 좋은 연비, 배기가스 정화기 등의 품질 향상의 요소들을 포함시켜 해당 연도의 GDP를 작년보다 증가시키면, BLS는 소비자 소비 지수를 계산하기에 앞서 추정 소매 값의 증가량을 차감한다. 그러나 BLS는 품질 향상에 대한 진정한 평가자인 고객의 의견은 반영하지 않은 채, 아주 소수의 산업군에만 이런 방식을 적용한다.

효율성 측정 또한 서비스 품질 측정에 전혀 도움이 되지 않는다. 다량의 물품 재고를 가지고 있는 작은 소매점은 회사의 효율등급이 내려가는 동안 더 많은 손님을 기쁘게 하고 더 많은 돈을 벌 수 있을 것이다.

서비스 품질 향상의 측정과 관련된 복잡성을 입증해주는 또 하나의 증거로, 교육과 정부 서비스의 생산성을 측정하는 것이 어렵다는 점을 들 수 있다. 대중과 매일 상호작용을 통하여 교육의 질을 향상시키고 정부 종업원을 더욱 즐겁게 일하도록 하기 위해 교육시키는 것과 같은 서비스 품질의 향상은 생산성 측정에서는 나타나지 않는다. 더욱이, 대학은 시설과 교육의 질을 향상시킬 수 있으나, 결국 졸업생의 수가 대학의 성과를 흔히 나타내는 척도가 된다. 이러한 배타성에도 불구하고, 품질 향상이 기업 또는 산업의 생존에 극적인 영향을 미칠 수 있다는 것은 너무나 분명하다. 이를 뒷받침하는 증거로, 일본은 낮은 가격만으로 미국 시장에 쉽게 진출하지 않았다. 낮은 가격과 더불어 우수한 품질의 제품을 제공함으로써 고객을 설득할 수 있었던 것이다.

12-2 서비스 품질이란 무엇인가

서비스 품질에 대한 논의를 시작하는 가장 좋은 방법은 먼저 **서비스 품질**(service quality)과 고객 만족의 구분을 시도하는 것이다. 대부분의 전문가는 고객 만족은 단기적이며, 특정한 거래의 특성을 측정하는 것이지만 서비스 품질은 장기적으로 형성된 태도이고 성과에 대한 전반적인 평가라는 것에 동의한다.

고객 만족과 서비스 품질이라는 두 가지 개념이 매우 밀접한 관련이 있다는 것에는 의심할 여지가 없다. 그러나 두 개념 사이의 관계는 불분명하다. 몇몇은 고객 만족이 지각된 서비스 품질로 연결된다고 믿는 데 반해, 다른 몇몇은 서비스의 품질이 고객 만족으로 이어진다고 믿는다. 게다가, 고객 만족과 서비스의 품질 사이의 관계와 구매행동과 관련된 이 두 개념은 아직도 명확히 설명되지 않고 있다.[3]

고객 만족이 소비자의 서비스 품질 지각을 바로잡는 데 기여한다는 하나의 그럴 듯한 설명이 있다.[4] 이 입장에 대한 논리는 다음과 같이 구성된다.

1. 과거의 구매 경험이 없는 기업의 서비스 품질에 대한 소비자의 지각은 소비자의 기대치를 기반으로 한다.
2. 소비자의 기대와 지각이 불일치 과정에 이르게 되면 소비자와 기업과의 접점에서 서비스 품질 지각이 변경된다.
3. 소비자와 회사의 각각의 추가적인 접점은 서비스 품질 지각을 추가적으로 수정하거나 강화한다. 다시 말해서 만약 우리가 시간이 흐름에 따른 한 회사의 소비자 만족을 합산하였다면, 이것은 소비자의 서비스 품질 지각과 동일할 것이다. (예를 들어 만족$_1$ + 만족$_2$ + 만족$_3$ + 만족$_4$ + 만족$_5$ = 서비스 품질)
4. 즉 수정된 서비스 품질 지각은 기업에 대한 소비자의 미래 구매 의도를 수정한다.

기업 전체 조직은 고품질 평가를 통해 생성될 수 있는 만족스러운 경험을 일관되게 전하는 것에 집중해야 한다. 고객의 욕구는 반드시 자세하게 이해되어야 하며 제약 요소들은 서비스 회사들의 통제하에 있어야 한다. 서비스 제공자는 반드시 품질에 집중해야 하고, 시스템은 정확하게 관리되고 전달되는 서비스에 의해 기업의 미션을 수행할 수 있도록 제작되어야 한다.

12-2a 품질 관점에서 상품과 서비스의 차이

서비스 품질은 서비스 경쟁에서 성공할 수 있는 방법을 제공한다.[5] 특히, 거의 동일한 서비스를 제공하는 적은 수의 회사들은 적은 업종(예: 세탁소, 지역 은행, 레스토랑, 보험 대리점) 내에서 경쟁한다. 사실, 서비스 품질 확립이 기업을 차별화하는 유일한 방법일 수도 있다. 예를 들면, "going green(친환경)"을 실천하는 레스토랑은 서비스 품질로 평판을 높인다. 서비스 품질의 차별화는 시장 점유율 증가로 이어지고 궁극적으로 이는 재정적 성공과 실패의 차이를 의미한다.

높은 수준의 서비스 품질을 제공하는 것이 고객 유치뿐만 아니라 재구매도 발생시킨다는 증거는 많다. 기존 고객 유지의 가치는 14장에서 더욱 자세히 알아볼 수 있다. 간단히 말해, 기존 고객은 서비스 조직에 많은 혜택을 양보한다. 기존 고객에 대한 마케팅 비용은 신규 고객에 대한 마케팅 비용에 비해 낮다. 고객이 단골손님이 되면, 기업과의 이전의 상호작용으로부터 적절한 행동 스크립트를 알기 때문에 기존의 서비스 시스템의 효율적인 이용자가 된다(예: ATM을 30번 이용한 고객). 고객이 조직에 대해 신뢰를 느끼면, 고객에게 지각된 위험의 수준은 줄어들고, 기업과 그들의 사업을 통합할 가능성이 높아진다. 예를 들면, 보험 고객은 그들의 욕구가 경제적이든지 감정적이든지 간에, 욕구를 가장 잘 충족시킨다고 느끼는 보험설계사로부터 기존의 보험을 옮기고 새로운 보험을 구매하는 경향이 있다.

상품 제조업자들은 지난 수십 년 동안에 걸쳐 이미 이러한 교훈을 배웠고, 고품질의 상품을 생산하는 것을 우선순위로 여겨왔다. 상품의 품질 향상은 고객이 더 좋은 품질을 지속적으로 요구하는 분위기 속에서 효율적이고 순조로운 운영과 함께 소비자 시장 점유율 증가를 위한 중요한 전략이 되고 있다. 상품 품질 향상의 측정은 제품 그 자체의 품질에 크게 초점을 맞추고, 특히 제품 불량을 없애는 것을 중요시 한다. 초기에는, 고객에게 상품이 출시되기 전에 완제품을 엄격히 검사함으로써 이러한 측정이 이루어졌다. 최근에는, 품질 관리는 제조과정 동안 "getting it right the first time(처음에 똑바로 만들자)"는 품질 보증의 원칙에 주력하고, 생산라인의 불량률을 '0'으로 줄이는 것에 집중하고 있다. 마지막으로 상품 생산에서의 품질은 적시에 고객에게 좋은 제품을 전달하는 것으로 정의되고 있고, 따라서 제품 그 자체를 넘어 품질의 개념 확장으로도 설명할 수도 있으며, 이는 전반적인 품질을 측정하기 위해 내부적인 측정치뿐 아니라, 외부적인 측정치를 사용할 수 있다

지속가능성 관련 서비스 활동 사례

'친환경' 인증: 서비스 품질에 대한 지각의 강화

대부분의 레스토랑은 친환경(Green) 인증 레스토랑이 되는 것이 전체적인 서비스 품질에 대한 고객의 지각을 강화시키고 경쟁업체들과 차별화를 꾀할 수 있는 방안이라는 것을 지각하고 있다. '친환경' 이니셔티브를 수용하기 위한 재정적 동기부여도 확실하다. 전국레스토랑협회가 시행한 조사에 따르면 62%의 응답자가 레스토랑의 환경친화적인 성향이 레스토랑 선택의 지표로써 영향을 끼친다고 대답하였다.

레스토랑 업계의 '친환경'에 대한 발전의 여지가 무궁무진하다는 것은 명백하다. 보스턴 소재의 GRA(Green Restaurant Association, 친환경레스토랑협회)가 제공한 수치에 따르면 미국 내의 모든 소매업체가 쓰는 에너지의 3분의 1은 레스토랑 산업이 차지하고 있다. GRA의 추가적 보고에 의하면 레스토랑 산업은 다른 소매업에 비해 500%의 에너지를 더 사용하고 있다고 한다(여기엔 임시숙소의 에너지 사용량도 포함된다). 놀랍겠지만 모든 레스토랑에서 제공되는 식사는 평균 1.5파운드의 쓰레기를 생산하고 있다. 미국인이 평균 1주에 4.2번 외식을 하는 것을 생각하고 대략 3억1천만 명의 미국 인구를 곱해본다면 그 양은 믿기 힘든 수치이다.

'친환경' 레스토랑의 실행 예는 다음과 같다.

- 재생나무를 활용한 책상과 다이닝룸을 구비한다.
- 무독성, 무오염 세제를 사용한다.
- 매립지와는 다르게 상업적 퇴비 용지에서 30일에서 60일 사이에 자연적으로 분해되는 옥수수로 만들어진 포장용 컵을 사용하고, 감자녹말로 만든 수저를 손님에게 제공한다.
- 많은 양의 화석연료를 사용하는 운송수단의 사용을 줄이기 위해 지역 공급자에게서 원료를 구입한다.
- 천연재료로 요리한다.
- 콩잉크와 재활용 용지를 사용하여 메뉴판을 만든다.
- 음식물 쓰레기를 퇴비로 활용한다.
- 에너지 효율성이 좋은 전구를 구매한다.
- 꽃의 신선함을 유지하기 위해서 농약을 사용하지 않는다.

'친환경'이 되기 위해서는 높은 비용이 발생한다. 한 레스토랑의 주인에 따르면, 유기농 재료의 사용은 20%의 원가 상승뿐만 아니라 경쟁업체에 비해 20% 정도의 인건비 상승을 가져온다고 한다. "누군가는 퇴비를 날라야 한다. 다 쌓아라." 그러나 효용은 비용을 상쇄시킨다. '친환경' 레스토랑이 되고 나서 수익이 그 전보다 더 좋아졌다. 점점 더 많은 사람이 건강한 먹거리와 환경에 대해 관심을 갖고 있기 때문이다. 친환경적으로 삶을 살아가는 사람들은 현재 환경친화적인 행동과 관련된 공동의 목표를 공유하기 위하여 레스토랑을 찾는다.

Source: Walter Nichols, "A Tall Order of Green," washingtonpost.com, (Wednesday, January 16,2008), p. 4.

는 것을 내포한다. 그러나 서비스 품질은 같은 방법으로 이해될 수 없다. 서비스 기업은 생산 과정에서 참여자인 고객에게 의존하지만, 보통의 품질 관리 측정은 고객이 발견하기 전에 제품의 결함을 제거하는 것이다. 따라서 서비스 품질은 성취하거나 끝내야 할 특정한 목표나 프로그램이 아니라, 계속되는 경영 부분이어야 하고 매일 지속되는 서비스 생산이어야 한다. 결국, 서비스 품질은 과학 못지 않은 예술이다.

12-3 서비스 품질에서의 실패 격차 진단

서비스 품질을 실행하고 평가하는 것은 매우 어려운 일이다. 첫 번째로, 특정한 서비스 품질의 지각은 고객 기대의 반복적인 비교에 의존하는 경향이 있다. 어떤 서비스가 얼마나 좋든 상관없이, 고객의 기대를 계속적으로 실망시키면, 고객은 그 서비스를 매우 낮은 품질로 지각하게 될 것이다. 두 번째로, 상품만 가지고 마지막에 평가하는 상품 마케팅과는 달리, 서비스에서는 고객은 서비스의 결과뿐만 아니라 그 과정까지도 함께 평가한다. 예를 들어 의사를 방문한 고객은 환자의 긍정적인 결과(예를 들어 더 나아진 기분이 든다.)뿐만 아니라 의사의 친절도, 능숙도, 보살핌 등을 고려하여 전체적인 서비스의 질을 평가할 것이다.

회사가 전반적인 서비스 품질을 어떻게 향상시키는지에 대해서 더 잘 이해하기 위해서 서비스 품질 과정을 자세히 살펴볼 필요가 있다. 서비스 품질 과정은 경영, 고용주, 그리고 소비자의 파트에 대한 각각의 기대와 지각에 대한 다섯 가지 격차의 측면에서 검토될 수 있다(도표 12-1).[6] 이 중 가장 중요한 격차는 **서비스 격차**(service gap)이다(우리는 이를 '격차 5'라는 이름으로 배우게 될 것이다). 이것은 소비자가 기대한 서비스와 실제로 지각한 서비

<도표 12-1> 서비스 품질의 개념 모델

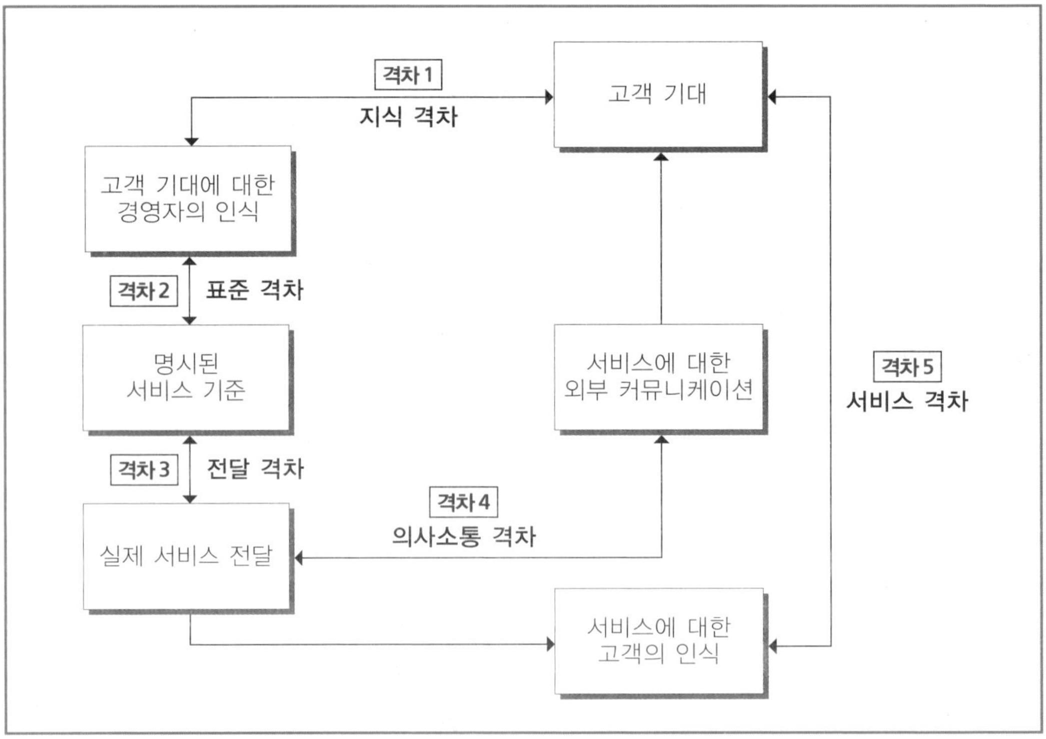

Source: Adapted from A. Parasuraman, Valerie Zeithaml, and Leonard Berry, "A Conceptual Model of Service Quality and Its Implications for Service Quality Research," *Journal of Marketing*, 49, (Fall 1985), pp. 41–50.

스 간의 격차를 설명한다. 궁극적으로, 서비스 회사들의 목표는 이 격차를 없애거나 가능한 한 최소한 격차로 만드는 것이다. 결과적으로 서비스 품질 격차에 대한 검토는 11장에서 다룬 기대 불일치 이론과 유사하다. 그러나 서비스 품질은 고객이 수많은 서비스를 경험하면서 축적된 만족도에 의해 결정된다. 기업들은 서비스 격차를 없애기 전에 반드시 다른 네 가지 격차를 없애거나 줄이려는 시도를 해야 한다.

1. **지식 격차**(knowledge gap): 고객의 서비스에 대한 기대와 관리자가 고객의 기대라고 지각한 것 사이의 격차
2. **표준 격차**(standards gap): 관리자가 고객의 기대라고 지각한 것과 서비스 전달을 위한 품질 기준 사이의 격차
3. **전달 격차**(delivery gap): 서비스 전달을 위한 품질 기준과 실제 전달된 서비스의 품질 간의 격차. 예를 들면, 고용인들은 그들이 교육받은 대로 서비스를 수행하는가?
4. **의사소통 격차**(communication gap): 전달된 서비스의 실제 품질과 기업의 외부 의사소통을 통해 명시한 서비스와의 격차(예: 광고, 구매시점 마케팅 자료, 그리고 면대면 판매 노력 등).

결론적으로 서비스 격차는 지식, 기준, 전달, 그리고 의사소통에 있어서 격차를 뜻한다. 즉 '격차 5 = f(격차 1 + 격차 2 + 격차 3 + 격차 4)'이다. 이러한 각각의 격차가 늘어나고 줄어듦에 따라 서비스 격차는 비슷한 방식으로 반응한다.

12-3a 지식의 격차(격차 1)

가장 즉각적이고 명백한 격차는 보통 고객이 원한 것과 관리자가 고객이 원한다고 생각하는 것의 격차다. 간단히 말해, 관리자는 자신이 고객이 원하는 것을 알고 있을 것이라고 생각하지만, 사실은 그렇지 않을 때도 있다. 예를 들면, 항공사들은 세계를 여행하는 비행기에 대하여 고객들이 모두 같은 기대와 지각을 가질 것이라고 잘못 믿고 있다. 다른 예로, 은행의 고객은 높은 이자율보다 안전성을 선호할 수 있다. 몇몇 식당의 고객은 매력적인 테이블 배치와 창문에서 보이는 좋은 시야보다 음식의 맛과 품질을 선호할 수 있다. 호텔은 고객이 편안한 방을 선호한다고 생각할 수 있으나, 사실 고객 중 대부분은 그들의 방에서 적은 시간을 보내고, 운동시설, 수영장, 그리고 스파와 같은 편의시설에 더 큰 관심을 두고 있다. 지식 격차가 발생했을 때에는 다양한 다른 실수가 뒤따르게 된다. 잘못된 시설들이 제공될 수 있고, 잘못된 종업원을 채용할 수 있으며, 잘못된 훈련을 하게 될 수 있다. 고객들이 원하는 서비스는 제공되지 않는 반면, 그들에게 필요하지 않은 서비스가 제공될 수 있다. 이 격차를 줄이기 위해서는 고객이 원하는 것에 대한 상세하고 구체적인 지식과, 서비스 운영 및 대응 시스템의 구축이 필요하다.

지식 격차에 영향을 미치는 요소 지식 격차의 크기에 영향을 미치는 요소는 크게 세 가지가 있다. 첫 번째로, 고객 연구 수행에 대한 태도를 반영한 기업의 **연구 지향성**(research orientation)이다. 연구 지향성은 지식 격차의 크기에 매우 큰 영향을 미친다. 고객 연구로부터 얻어진 정보들은 고객의 기대를 명백히 보여준다. 기업의 연구 지향성이 증가하고 고객의 욕구와 필요에 대해 지각하면, 지식 격차는 줄어든다. 지식 격차의 크기에 영향을 미치는 두 번째 요소는 **상향적 의사소통**(upward communication)의 양이다. 상향적 의사소통은 최전선의 사람으로부터 조직의 상부 계층까지의 정보의 흐름을 뜻한다. 다시 말해, 고위 경영진은 최전선에 있는 종업원들로부터 제공된 피드백에 가치를 두고 귀 기울이는가? 최전선의 종업원들은 자주 고객과 상호작용을 하고, 그래서 그들은 흔히 최상급 관리자보다 고객의 욕구에 가까이 닿을 수 있다. 그 결과로 조직에서 상향식 의사소통이 증가할수록 지식 격차가 줄어들게 된다. 마지막으로, **조직 내의 계층 구조**(levels of management) 또한 지식의 격차에 영향을 미친다. 조직 계층이 더 복잡해지고 관리 계층이 늘어날수록, 상위 계층은 고객과 조직에서의 일상적인 활동에서부터 멀어지게 된다. 그 결과로, 관리 계층의 수가 증가하면 지식 격차의 크기도 증가하는 경향이 있다.

12-3b 표준의 격차(격차 2)

만약 고객의 기대가 정확하게 경청되었더라도, 표준 격차는 고객의 기대에 대한 관리자의 지각과 서비스 전달에서의 실제적인 표준 사이에서 발생할 수 있다. 이는 건축가와 주택 구입자 간의 아이디어 교환으로 간단하게 비유할 수 있다. 주택 구입자는 건축가에게 그들의 꿈꾸는 집의 건축에 대하여 말한다. 건축가가 주택 구입자가 원하는 집에 대하여 명확하게 이해하였다고 가정해보자. 이 경우에는, 지식 격차가 발생하지 않는다. 건축가가 주택 구입자가 원하는 바를 이해하면, 집을 짓는 사람이 따를 수 있는 정확한 설명서인 계획도가 만들어진다. 그러나 건축가가 주택 구입자가 원하는 바를 설명서로 변환할 수 없다면, 표준 격차가 발생한다.

표준을 개발할 때에, 기업은 고객과의 모든 접점을 알아보는 운영상의 플로우차트를 사용해야 한다. 자세한 표준은 다음과 같이 명시될 수 있다. (1) 시스템이 운영되는 방법, (2) 시스템의 접점에 접촉하는 종업원의 행동. 예를 들면 레스토랑 종업원들의 고객 맞이, 물컵 제공, 물 외에 원하는 다른 음료를 원하는 손님들의 주문 받기, 음료 서빙, 식사 주문 받기, 정해진 시간 내에 모든 식사 서빙 등에 대한 설명서가 쓰일 수 있다. 기본적으로 설명서는 고객의 기대를 충족시키기나 넘어서는 목표를 따르기 위하여 종업원들에게 안내서를 제공해준다.

표준 격차에 영향을 미치는 요소 대부분의 관리자는 서비스를 위해 고객 욕구를 충족시켜야 한다는 것을 믿지 않는다. 예를 들면, 당일 소포 배달은 Fred Smith와 FedEx가 시행하기 이전에는 터무니없다고 여겨졌다. 표준 격차의 크기에 영향을 미치는 또 다른 요소는 서비스 품질 전달에 대한 경영자의 몰입이다. 경영자의 리더십은 좋은 서비스로 이끄는 표준을 설정하는 것과 충돌되는 다른 것들에 우선권을 두고는 한다. 예를 들어 단기간의 수익을 최대화하는 비용절감 전략방침을 지향하는 기업은 흔히 양질의 서비스를 전달하는 방안을 발전시켜야 한다는 점을 간과한다. 고객 서비스 담당자의 수를 줄이기 위해 도입된 자동화 서비스인 핫라인이 바로 그 전형적인 예이다. 몇몇 사례에서는, 서비스를 필요로 하는 고객이 "진짜 사람"과 통화를 하기 위해 몇 시간이나 전화기를 들고 기다려야만 하기도 했다. 핫라인은 원래 고객이 생산자와 빠른 속도로 이야기할 수 있다는 것에서 이름이 붙은 것이다. 그러나 지금의 '핫라인'이라는 이름은 실제로 도움을 줄 수 있는 누군가와 통화를 할 때까지 기다려야 하는 고객의 '화'를 적절하게 반영한 것이다.

표준 격차의 크기에 영향을 미치는 다른 요인에는 다음과 같은 것이 포함된다. (1) 때때로 단순히 서비스 품질의 문화가 없고, 경영진이 진정으로 이와 관련된 문제를 이해할 수 없다. (2) 경영진은 고객의 요구와 만나길 원하지만, 품질 측정 방법의 불충분함과 이러한 측정 결과를 표준으로 변환하는 것으로 인해 곤란을 느낀다. (3) 특정한 종업원의 행동들에 대한 설명서 작성을 시도하는 것이 어렵기 때문에 일부 관리자들은 품질 측정은 노력할 가치가 없는 것이라고 느낀다.

12-3c 전달 격차(격차 3)

전달 격차는 서비스의 실제적인 수행과 경영진에 의해 설정된 표준 사이에서 발생한다. 전달 격차는 세부 사항에 따른 서비스를 제공하려는 종업원의 능력과 의지에 의해 유발된다. 주택 구매자를 다시 생각해보자. 만약 집을 짓는 사람이 건축가의 조감도에 따라 집을 짓지 않았다면 전달 격차가 발생하게 된다. 이와 비슷하게 만약 레스토랑의 종업원이 그들의 트레이닝 매뉴얼에 적힌 기준을 지키지 않았다면 전달 격차가 생성되는 것이다.

전달 격차에 영향을 미치는 요소 전달 격차의 크기에 영향을 미치는 요소 중 하나는 종업원의 서비스 **수행 의지**(willingness to perform)이다. 종업원에 따라 서비스를 제공하고자 하는 의지가 다르며 심지어 같은 종업원이라 하더라도 시간에 따라 다르다는 것은 명백한 사실이다. 큰 잠재력을 갖고 일을 시작한 많은 종업원이 시간이 지나면서 조직에 대한 절망과 불만족으로 인해 의욕이 떨어지게 된다. 게다가 종업원의 실제 성취 능력과 일을 계속하기 위해 해야만 하는 최소치 사이에는 많은 차이가 있다. 대부분의 서비스 관리자는 종업원들이 항상 최고의 의지를 갖고 일하게끔 유지하는 것에 많은 어려움을 겪고 있다.

의지가 얼마나 있느냐에 상관없이, 단순히 다른 고용인들은 세부 사항에 따라 일하는 것이 불가능할 수도 있다. 그러므로 전달 격차에 영향을 미치는 두 번째 요소는 **종업원-직무 적합**(employee-job fit)이라 할 수 있다. 종업원들은 직업 수행에 대한 능력을 검증받지 않았거나, 성격적으로 맞지 않거나, 그들에게 기대된 역할을 수행하기 위한 충분한 훈련이 제공되지 않았을 수 있다. 일반적으로, 할당된 역할을 수행할 능력이 없는 종업원들은 계속해서 노력하고자 하는 의지가 적다.

전달 격차의 크기에 영향을 미치는 또 다른 공통적인 요소는 **역할 갈등**(role conflict)이다. 지식의 격차가 줄어드는 것과 상관없이, 서비스 제공자는 아마도 여전히 서비스 관리자가 종업원이 제공할 것이라 기대하는 것과 고객이 실제로 원하는 서비스의 불일치를 겪을 것이다. 메뉴의 다양한 항목의 매출을 촉진시켜야 하는 종업원은 자신의 메뉴 선택에 방해받지 않고 선택하길 원하는 고객을 레스토랑과 멀어지게 만들 것이다. 보다 일상적인 예를 들면, 집요한 웨이터에게는 팁을 주지 않음으로써 앙갚음하는 손님을 볼 수 있을 것이다. 또 다른 예를 들어보자. 고용인은 서비스 종업원이 바쁜 사무실에서 전화를 받으면서 동시에 고객과 대면하여 문제를 처리하는 일과 같이, 많은 일을 수행하기를 기대한다. 이런 갈등이 반복적으로 발생하면, 종업원은 좌절하고 그가 할 수 있는 한 최고의 서비스를 제공하겠다는 헌신적인 마음가짐을 점차적으로 잃게 되거나, 단순하게는 일을 그만둬버린다.

전달 격차에 영향을 미치는 다른 요소는 바로 **역할 모호성**(role ambiguity)이다. 역할 모호성은 종업원의 낮은 업무 적합성 또는 부적절한 훈련, 직업에 대한 이해, 혹은 직업이 성취하고자 하는 의도를 이해하지 못했을 경우 발생한다. 때때로 종업원들은 회사와 회사의 목표에 대해서 전혀 모를 수도 있다. 결과적으로 역할 모호성은 전달 격차를 증가시킨다.

임직원에 대한 더 큰 문제는 통제의 확산이다. **통제 확산**(dispersion of control)은 제공된 서비스의 본질에 대한 통제가 종업원들에 의해 제거되는 상황을 말한다. 종업원들이 우선적으로 매니저와의 협의 없이 독립적 결정을 내리는 것이 허락되지 않은 경우, 기업으로부터 소외감을 느끼고 일에 점점 전념하지 않게 된다. 더욱이, 개별 은행 지점에서 제거되는 신용 거래에 대한 통제와 같이, 서비스의 특정한 차원에 대한 통제가 다른 장소로 함께 옮겨가게 되는 경우에 종업원들의 소외감은 증가한다. 결국, 종업원들은 **학습된 무기력**(learned helplessness)과 고객의 도움 요청에 응답할 수 없는 기분을 느낀다. 이로 인해 통제의 확산이 증가할수록 전달 격차가 더 커지는 것이다.

마지막으로, 전달 격차는 개인 훈련이나 기술 훈련을 제공하지 않고 가능한 최선의 방법으로 업무를 수행하기 위해 필요한 다른 자원들을 제공하지 않는 것과 같은 **부적절한 지원**(inadequate support)으로 인해 발생한다. 뛰어난 종업원들도 오래되거나 결함이 있는 장비로 일하기를 강요받는다면 의욕을 상실할 수 있다. 특히, 경쟁사의 종업원들이 더 우수한 자원을 가지고 있고 훨씬 더 적은 노력으로 동일한 수준, 혹은 최상의 서비스를 제공할 수 있다면 더욱 그러하다. 종업원들에 대한 적절한 지원의 실패는 많은 무의미한 노력, 낮은 생산성, 불만족한 고객, 그리고 전달 격차의 증가로 이어진다.

12-3d 의사소통 격차(격차 4)

의사소통 격차는 기업이 대외적인 의사소통을 통하여 제공을 약속하는 서비스와 고객에게 실제로 전달되는 서비스 간의 격차이다. 광고나 세일즈 프로모션에서 어떤 서비스를 약속하였으나 고객이 다른 종류의 서비스를 받는다면, 의사소통 격차는 증가한다. 기업들은 모든 대외적 의사소통은 기업이 고객에게 한 약속이라는 것을 이해해야 하고, 그 약속을 이행해야만 고객의 기대가 증가한다. 의사소통 격차가 커지면, 기업은 약속을 파기하고 미래 고객의 불신을 가져온다. 고객이 메뉴를 보고 와인 한 병을 시켰는데 그 와인이 품절이라면 아마 그 고객은 메뉴가 잘 지켜지지 않는다고 느낄 것이다. 3일 안에 배송을 약속받았으나 2주를 기다린 고객은 기대했던 것보다 훨씬 낮은 서비스 품질을 지각할 것이다.

의사소통 격차에 영향을 미치는 요소 의사소통 격차는 주로 두 가지 요소에서 영향을 받는다. 첫 번째는 기업의 **과대약속**(overpromise) 경향이다. 과대약속은 다른 경쟁 기업들을 이기기 위해 기업이 제공할 수 없는 서비스를 약속하는 것으로, 매우 경쟁적인 영업 환경에서 발생한다.

두 번째 요소는 기업 내에서의 **수평적 의사소통**(horizontal communication)의 흐름이다. 즉 '오른손이 하는 일을 왼손이 알게 할 것인가?'와 관련된 요소이다. 예를 들어 본사에서 진행되는 서비스 프로그램을 지방의 서비스 기업들은 알지 못하는 경우가 많다. 즉 지역 서비스 기업들이 새로운 서비스 프로그램을 알기 이전에 본사가 대중에게 먼저 알리게 되면 수평적 의사소통의 부재가 발생하고, 이는 곧 고객이 기업에게 약속된 서비스 제공을 요청했을 때 서비스 제공자인 지역 기업들은 고객이 무슨 말을 하는 것인지 전혀 모르는, 곤란한 상황에 놓이게 할 수 있다.

12-4 서비스 품질 측정: SERVQUAL 측정 척도

고객 만족과 서비스 품질의 측정이 기대와 지각을 비교함으로써 얻어진다고 하더라도, 조작적 정의에 있어서는 두 개념 사이에 차이가 존재한다. 고객 만족이 소비자 지각과 고객들이 흔히 기대하는 것을 비교하는 반면에, 서비스 품질은 소비자 지각과 고품질의 서비스를 제공하는 회사로부터 소비자가 기대해야만 하는 것을 비교한다. 이러한 정의에 있어서 서비스 품질은 서비스 전달의 더욱 높은 기준의 측정으로 나타난다.

빈번하게 사용되지만 논란이 많은 서비스의 품질 측정 도구는 SERVQUAL 척도이다.[7] 개발자에 따르면, **SERVQUAL**은 서비스 품질의 영역에 있어서 회사의 전반적인 약점과

Wildt,chris/CartoonStock.com

"Sure, we can spend all day nitpicking specifics but aren't sweeping generalities so much more satisfying?"

"물론, 하루종일 세세한 것에 매달릴 수 있지만, 일반적인 내용을 살피는 것이 더 만족스럽지 않을까요?"

다섯 가지 SERVQUAL 차원을 통해 기업은 고객 만족과 불만을 이끄는 요인에 대해 심층적인 시각을 가질 수 있다.

강점을 드러내는 진단 도구이다. SERVQUAL 측정 척도는 소비자와의 대규모 포커스 그룹 인터뷰를 통하여 형성된 다섯 가지의 서비스 품질 차원에 기반을 둔다. 다섯 가지 차원은 유형성, 신뢰성, 대응성, 확신성, 공감성을 포함한다. 그리고 이 다섯 가지 차원은 서비스품질을 강조하는 기본 "뼈대"를 제공한다.

SERVQUAL 측정 척도는 두 가지 질문의 구분으로 이루어진다. 첫 번째 부문은 스물두 가지의 질문으로 이루어지는데, 이는 응답자들에게 특정한 서비스 산업에서 우수한 회사에 대한 응답자의 기대를 기록하도록 요구한다. 질문의 두 번째 영역은 서비스 산업에서 특정한 회사에 대한 소비자의 지각을 평가하는 22개의 질문으로 구성되어 있다. 예를 들면, SERVQUAL의 유형성 차원은 기대에 대한 네 가지의 질문의 평균과 지각에 대한 네 가지 질문의 평균을 비교함으로써 이루어진다. 지각에 대한 질문의 평균에서 기대에 대한 질문의 평균을 빼면(예: P-E) "격차 점수"가 된다. 격차 점수가 크지 않은 것은 지각이 기대를 넘어서는 상황을 반영하는 것이고, 이는 곧 고객이 만족한다는 것이다. 지각이 기대보다 적은, 즉 큰 격차 점수는 불만족스러운 상황과 고객의 불행함을 반영한다. 격차 점수가 '0'이면, 고객의 지각이 기대를 충족시키고 있고, 이는 곧 고객이 만족스럽다는 것을 나타낸다. SERVQUAL 측정 척도의 목적은 지각의 평균과 기대의 평균을 비교함으로써 각 다섯 가지 차원의 "격차 점수"에 도달하는 것이다.

고객 기대는 "필수적이지 않은"과 "절대적으로 필수적인"을 기준으로 삼아 7점 척도로 측정된다.[8] 이와 유사하게, 고객 지각은 "강력히 동의"와 "절대 동의하지 않음"을 기준으로 삼아 7점 척도로 측정된다. 따라서, SERVQUAL은 다섯 가지 서비스 품질 차원에 대한 고객 기대와 지각을 측정하는 44항목 척도이다. 이 장의 나머지 부분은 SERVQUAL 측정 도구 그 자체와 각각의 다섯 가지 SERVQUAL 차원을 논의한다.

12-4a 유형성 차원

물리적 제품의 부재로 인해, 소비자들은 서비스 품질을 평가할 때 종종 유형적인 증거에 의존한다. SERVQUAL의 **유형성 차원**(tangibles dimension)은 유형자원을 관리하는 기업의 능력에 관한 고객 기대와 고객 지각을 비교한다. 기업의 유형성은 구조물, 디자인, 레이아웃, 카펫, 책상, 조명, 벽 색상, 브로셔, 정기 통신문, 종업원의 외모 등으로 이루어진다. 결과적으로, SERVQUAL에서 유형성의 요소는 두 가지 차원이 있다. 하나는 장비나 시설 차원이고, 다른 하나는 사람과 의사소통 차원이다.

SERVQUAL의 유형성 차원은 네 가지의 기대 질문(E1-E4)과 네 가지의 지각(P1-P4) 질문으로 평가된다. 기대 질문은 특정한 산업 내에서 우수한 회사에 적용하는 것이다. 반면, 지각 질문은 조사 중인 특정한 회사에 적용하는 것이다. 지각 점수와 기대 점수의 비교는 유형성의 차이를 나타내는 수치상의 차이를 제공한다. 수치상의 차이가 적어질수록 격차는 줄어들고, 고객 지각이 그들의 기대에 가까워진다. 유형성 차원에 대한 질문들은 다음과 같다.[9]

유형성 기대:

e1. 우수한 회사는 현대화된 장비를 가지고 있을 것이다.

e2. 우수한 회사의 물리적인 시설은 시각적으로 매력적일 것이다.

e3. 우수한 회사의 종업원은 단정한 용모를 갖추고 있을 것이다.

e4. 우수한 회사에서는 서비스에 관련된 자료들(팜플렛이나 문구들)이 시각적으로 매력적일 것이다.

유형성 지각:

p1. xyz는 현대화된 장비를 가지고 있다.

p2. xyz의 물리적인 시설은 시각적으로 매력적이다.

p3. xyz의 종업원은 단정한 용모를 지닌다.

p4. xyz의 서비스에 관련된 자료들(팜플렛이나 문구들)은 시각적으로 매력적이다.

12-4b 신뢰성 차원

일반적으로, **신뢰성 차원**(reliability dimension)은 회사 성과의 일관성과 신뢰성을 반영한다. 기업은 매번 같은 수준의 서비스를 제공할 수 있는가? 혹은 가접점에서 서비스 품질이 극히 다른가? 회사는 약속을 지키는가? 정확하게 요금을 청구하는가? 정확한 기록을 유지하는가? 처음부터 정확하게 서비스 업무를 수행하는가? 신뢰할 수 없는 서비스 제공자들보다 고객에게 더 실망감을 주는 것은 없다.

Image Source/Getty images

서비스가 신뢰할 수 없는 경우, 다른 것들은 고려할 필요도 없다.

약속을 지키는 데 실패하는 수많은 업체는 불안감을 준다. 서비스 제공자가 약속대로 거래를 수행하고 보여주기만 한다면 소비자는 돈을 지불할 준비가 되어 있다. 신뢰성의 차이에 대한 경험은 주변에서 쉽게 찾아볼 수 있다. 예를 들어 만약 어떤 학생이 새로운 아파트에 케이블을 설치하려고 지역 케이블 회사에 문의한다면 케이블 회사는 설치기사들이 네 시간 이내에 아파트에 도착할 것이라고 말할 것이다. 그러나 대부분의 설치기사는 제시간에 도착하지 않을 것이고 이로 인해 그 학생은 설치기사가 도착하기를 기다리다가 수업이나 일을 빠질 것이다. 그러나 케이블 회사들은 사과도 하지 않고 "우리의 설치기사들이 너무 바쁩니다."라는 핑계만 댈 것이다.

SERVQUAL을 사용한 많은 연구 결과를 토대로, 소비자는 신뢰성 차원을 다섯 가지 SERVQUAL 차원 중 가장 중요한 것으로 평가한다. 궁극적으로, 서비스가 신뢰할 수 없는 것이라면, 그 밖의 요소들은 굳이 고려할 필요가 없다고 할 수 있는 것이다. 신뢰성 격차를 평가하는 데 주로 사용되었던 질문은 다음과 같다.

신뢰성 기대:

e5. 우수한 회사는 서비스 약속 시간을 지킬 것이다.
e6. 고객이 문제를 제기할 때, 우수한 회사는 문제 해결을 위해 진실한 관심을 보여줄 것이다.
e7. 우수한 회사는 처음부터 올바른 서비스를 제공할 것이다.
e8. 우수한 회사는 약속한 시간에 서비스를 제공할 것이다.
e9. 우수한 회사는 실수가 없는 완벽함을 고집할 것이다.

신뢰성 인지도:

p5. xyz는 서비스 약속 시간을 지킨다.
p6. 고객이 문제를 제시할 때, xyz는 문제 해결을 위해 진실한 관심을 보여준다.
p7. xyz는 처음부터 올바른 서비스를 제공한다.
p8. xyz는 약속한 시간에 서비스를 제공한다.
p9. xyz는 실수가 없는 완벽함을 고집한다.

12-4c 대응성 차원

대응성은 적시에 서비스를 제공하려는 서비스 기업의 신념을 반영한다. SERVQUAL의 **대응성 차원**(responsiveness dimension)은 서비스를 제공하는 종업원들의 의지 및 준비성과 관련이 있다. 종업원들이 고객의 욕구는 무시하고 사람과의 잡담에 집중하는 상황은 분명히 무대응성의 예이다.

대응성은 또한 서비스 제공을 위한 회사의 준비성을 반영한다. 대부분의 새로운 레스토랑은 서비스 전달 시스템이 알맞게 조정되고 많은 손님을 받을 준비를 위해 "밤에 엽니다."라고 광고하지 않는다. 그렇게 함으로써 서비스 실패와 잇따르는 고객 불만을 최소화하는 것이다. 대응성 격차를 나타내는 SERVQUAL 기대와 지각 항목은 다음과 같다.

대응성 기대:

e10. 우수한 회사의 종업원은 서비스 제공 시간을 고객에게 정확히 이야기할 것이다.

e11. 우수한 회사의 종업원은 고객에게 신속한 서비스를 제공할 것이다.

e12. 우수한 회사는 항상 기꺼이 고객을 도울 준비가 되어 있을 것이다.

e13. 우수한 회사는 바쁨을 핑계로 고객의 요청에 무응답하지는 않을 것이다.

대응성 인지도:

p10. xyz의 종업원은 서비스 제공 시간을 고객에게 정확히 이야기한다.

p11. xyz는 고객에게 신속한 서비스를 제공한다.

p12. xyz는 항상 기꺼이 고객을 돕는다.

p13. xyz는 바쁨을 핑계로 고객의 요청에 무응답하지는 않는다.

12-4d 확신성 차원

SERVQUAL의 **확신성 차원**(assurance dimension)은 회사의 경쟁력, 공손함, 그리고 서비스의 운영상 안전성을 역설한다. 경쟁력은 서비스를 수행하는 데 있어서 기업의 지식과 기술에 관련있다. 서비스 회사는 전문성을 토대로 서비스를 충족하는 데 필요한 기술을 가지고 있는가?

공손함은 회사의 종업원들이 고객과 고객들의 소유물과 어떻게 상호작용하는지를 말한다. 그 자체로, 공손함은 단정함, 친근함, 고객들의 소유물에 대한 신중함(예: 정비공이 자동차 카펫을 더럽히지 않기 위하여 종이 매트를 깔고 작업하는 것)을 반영한다.

안전성은 또한 확신성 차원에서 중요한 요소이다. 안전성은 고객이 위험, 의심, 손실을 느끼지 않는 감정을 반영한다. 최근의 ATM 강도는 서비스 지역에서 일어날 수 있는 위험의 증거가 된다. 신체적 위험뿐만 아니라, 확신성 차원의 안전성 요소는 또한 재정적 위험 문제(예: 은행이 도산한다면?)를 반영하고 기밀 문제(학교건강센터에서의 진료기록이 비밀유지가 될 것인가?) 확신성 격차를 알아내기 위해 활용되는 SERVQUAL 항목들은 다음과 같다.

확신성 기대:

e14. 우수한 회사의 종업원은 고객의 비밀을 유지할 것이다.

e15. 우수한 회사의 고객은 거래 시 안전함을 느낄 것이다.

e16. 우수한 회사의 종업원은 고객에게 일관성 있게 공손할 것이다.

e17. 우수한 회사의 종업원은 고객의 질문에 답할 수 있는 지식을 지녔을 것이다.

확신성 인지도:

p14. xyz의 종업원은 고객의 비밀을 유지한다.

p15. xyz와의 거래를 안전하다고 느낀다.

p16. xyz의 종업원은 일관성 있게 공손하다.

p17. xyz의 종업원은 질문에 답할 지식을 지녔다.

12-4e 공감성 차원

공감성은 누군가의 감정을 자신의 감정으로 경험하는 능력이다. 공감하는 회사는 고객이 된다는 것이 어떤 것인지 기억하고 있다. 이를 통해 공감적인 회사는 고객의 필요성을 이해하고, 서비스가 고객에게 잘 전달되게 할 수 있다. 반면에 고객의 요청에 개별적인 관심을 두지 않고, 고객이 아닌 회사를 중심으로 운영 시간을 제공하는 기업은 공감적인 행동을 보여줄 수 없다. 공감성 격차를 다루는 SERVQUAL **공감성 차원**(empathy dimension)은 다음과 같다.

공감성 기대:

e18. 우수한 회사는 고객에게 개별적인 관심을 줄 것이다.

e19. 우수한 회사는 고객 모두에게 편안한 운영시간을 제공할 것이다.

e20. 우수한 회사는 고객에게 개인적인 관심을 주는 종업원이 있을 것이다.

e21. 우수한 회사는 고객을 진정으로 돕고 싶어 할 것이다.

e22. 우수한 회사의 종업원은 고객의 특정한 욕구를 이해할 것이다.

공감성 인지도:

p18. xyz는 개별적인 관심을 준다.

p19. xyz는 고객 모두에게 편안한 운영시간을 제공한다.

p20. xyz에는 고객에게 개인적인 관심을 주는 종업원이 있다.

p21. xyz는 고객을 진정으로 돕고 싶어한다.

p22. xyz의 종업원은 고객의 특정한 욕구를 이해한다.

12-4f 다섯 차원의 중요성 결정

서비스 품질 격차를 평가하는 SERVQUAL을 활용하는 서비스 회사의 관리자는 각 서비스 품질 차원에서 고객의 중요성을 이해해야 한다. 이 정보는 서비스 품질 향상 문제에 직면했을 때, 회사가 자원 배분의 우선순위를 정하는 데 중요하게 활용된다. 예를 들면, 관리자가 유형성과 공감성에 대한 격차 점수를 계산한다면, 어떤 차원이 회사의 즉각적인 관심을 가장 먼저 받아야만 하는가?

각 차원의 중요성에 대한 고객의 지각을 확인하는 손쉬운 방법은 SERVQUAL의 응답자들에게 다섯 개의 차원 각각에 100점을 할당해보도록 요구하는 것이다. 예를 들면 100점의 일반적인 할당은 다음과 같다.

신뢰성	30
대응성	20
유형성	10
확신성	20
공감성	20
	100

이러한 작업을 통해 각각의 측면에 대한 중요성 평가의 평균이 결정되고, 경영진에게는 고객의 정확한 욕구가 무엇인지, 또 이런 바람들이 어떻게 자원 할당 결정에 영향을 주는지에 대한 정보가 제공된다. 신뢰성은 이전에 보고된 바와 같이 다섯 차원 중 가장 중요한 것으로 여겨지는 차원이며, 반대로 유형성 차원은 가장 덜 중요한 것으로 간주된다. 하지만 이 결과가 유형성이 중요하지 않다는 것을 의미하는 것은 아니다. 고객이 다른 차원이 더욱 긴급히 필요하다고 믿는 것일 뿐이다. 만약 새로운 시설 건설에 많은 양의 자원을 투자하기로 준비한 서비스 회사가 있다면, 다른 서비스 품질 차원에 대해 먼저 살펴보는 것이 적절할 것이다. 좋은 시설을 갖추고 있다 하여도 신뢰성이 없는 서비스를 제공하고 있다면, 그 좋은 시설은 곧 다른 벤처 사업의 좋은 새 시설이 되고 말 것이기 때문이다.

12-4g SERVQUAL의 비판

SERVQUAL 측정 도구의 발전과 함께, SERVQUAL은 지속적인 비판을 받기도 했다.[10] 주요 비평은 다섯 가지 서비스 품질 차원의 타당성과 설문지의 길이에 관한 것이다. 다음은 SERVQUAL 비평의 여러 쟁점과, SERVQUAL 결과 해석의 중요성에 관한 내용이다.

설문지의 길이 SERVQUAL의 기대와 지각 항목은 총 44개의 항목조사 도구를 통해 측정된다. SERVQUAL 측정 도구의 반대론자들은 이 44개의 항목이 매우 반복적이고 불필요하게 질문의 길이를 늘이고 있다고 주장한다. 또한 반대론자들은 그 도구의 기대 측정 부분은 현실적인 가치가 없고, 지각(실제 성과) 측정 부분은 서비스 품질 격차가 아닌, 서비스 품질을 평가하는 데에 활용되어야 한다고 주장한다.[11]

이에 대하여, SERVQUAL의 개발자들은 기대 부분을 포함하는 것은 각 차원을 위해 개발된 격차 점수를 확인하기 위한 진단 도구이며, 이를 통해 척도의 관리적인 유용성이 강화된다고 주장한다. 지각 점수는 단순히 응답자들의 질문에 대한 동의 여부를 평가하

글로벌 서비스 활동 사례

다크 다이닝: 당신의 다른 감각을 위한 식사

서비스의 유형성이 서비스 품질 평가와 관련된 고객의 시각적 단서를 형성하는 데 큰 역할을 함에도 불구하고, 고객의 시각적 단서를 모두 제거한 채 서비스를 제공하는 독특한 레스토랑 개념이 확산되고 있다. "다크 다이닝(Dark Dining)"으로 알려져 있는 이 레스토랑은, 고객이 어둠 속에서 식사를 한다.

런던, 뉴욕, 파리, 취리히와 같은 유럽과 북미 지역에서 시작된 새로운 콘셉트의 레스토랑은 홍콩의 "Senses", 서울의 "Blind Art Restaurant", 베이징의 "Trojan Fairy", 인도네시아의 "Bandung's Blind Cafe and Restaurant", 방콕의 "Dine in the Dark" 등과 같이 전 세계로 퍼져나가고 있다.

대부분의 다크 다이닝은 일반적인 스크립트를 따라 서비스를 제공한다. 고객은 먼저 여러 옵션(지역, 채식 여부 등)을 포함한 식사 선택을 도와주는 여주인에게 환영을 받는다. 다음에는 시각 장애인 웨이터가 손님을 맞이하고 칠흑같이 어두운 식당으로 안내한다. 이곳에서 고객은 시각이 없이 다른 감각에만 의지해야 한다. 용기를 가지고 음식을 입에 넣기 전에 그것을 만져 보고 냄새를 맡는 것을 상상해보라! 고객들은 시각이 없을 때, 음식의 맛과 냄새가 훨씬 더 강렬하게 느껴진다고 말한다. 고객은 종종 자신이 맛 본 음식이 그들이 생각했던 음식이 아니라는 사실을 알고서 깜짝 놀란다. 예를 들어 복숭아의 맛은 바나나의 맛과 쉽게 혼동될 수 있다.

다크 다이닝은 시각 없이 세계를 감상해보는 독특한 식사 경험을 제공하는 것 외에도, 시각 장애인들에게 일자리를 제공한다는 점에서도 의미를 가진다. 맹인을 위한 고용 지원은 대다수의 세계에서 일반적으로 부족한 편이다. 또한 다크 다이닝들은 시각 장애인을 돕는 프로그램을 지원하기 위해 수익금의 일부를 기부한다. 따라서 다크 다이닝는 고객, 종업원 및 사회를 위해 일하는 비즈니스 기회를 나타낸다.

는 것이다. 예를 들면, 〈도표 12-2〉는 가상의 한 회사에 대한 지각 점수와 SERVQUAL의 점수를 제공한다. 이 정보를 진단 목적으로 사용하면, 지각 점수만으로도 신뢰성과 공감성 차원을 향상시키는 것에 강조를 두는 것이 필요하다는 것을 알 수 있다. 기대 부분을 SERVQUAL 점수에 합하는 것은 신뢰성 차원을 향상시키는 일이 기업이 가장 우선순위로 생각해야 하는 일임을 나타낸다. 서비스 품질 향상을 위해 회사가 재정적인 투자를 해야 하는 상황이라면, 기대 부분을 유지하는 것은 더욱 가치 있는 일일 것이다.

〈도표 12-2〉 SERVQUAL 점수의 진단적 이점

관점	지각 점수	SERVQUAL 점수
유형성	5.3	0
신뢰성	4.8	−1.7
대응성	5.1	−1
확신성	5.4	−1.5
공감성	4.8	−1.1

이런 비판을 일부 반영하여, 설문 문항을 22개로 줄이면서 동시에 기대 요소를 유지하는 등의 창의적 제안이 만들어져 왔다. 그중 세 가지 접근이 다음과 같이 제안되었다. (1) 단일척도로 응답자들이 어느 회사를 고품질의 회사로 평가하는지와, 검토 중인 회사로 평가하는지를 질문하라. (2) 고품질 회사의 기대 서비스의 수준으로, 척도의 중간점을 이용하라. 그리고 중간점(기대치 이상 혹은

이하)에서 특정 회사를 평가하라. (3) 고품질 회사의 기대 수준으로, 마지막 점수(예: 7점 척도에서 7)를 활용하고, 같은 척도로 고품질 회사와 관련된 특정 회사를 평가하라. 위의 세 가지의 접근은 고객 지각과 기대의 평가를 위한 대안을 제공하면서 질문의 길이도 줄인다는 점에서 의의를 가진다.

다섯 가지 차원의 타당성 SERVQUAL 측정 도구에 대한 또 다른 비평은 서비스 품질의 다섯 가지 제안된 차원 — 신뢰성, 대응성, 확신성, 공감성, 유형성 — 이 통계적인 검토하에서는 지지될 수 없다는 것이다. 결과적으로, SERVQUAL의 반대론자들은 측정 도구의 특정한 차원들의 타당성 자체에 대한 의문을 가진다.

SERVQUAL의 개발자들은 다섯 가지 차원이 서비스 품질 측면에서 개념적으로는 구별되지만 이들 사이에 상호 관련된 특성들이 있다고 주장한다. 이로 인해 약간의 중복성이 특정한 차원을 측정하는 항목들 사이에서 존재할지도 모른다(상관관계에 의해 측정됨에 따라). 특히 대응성, 확신성, 신뢰성 차원 간의 차이는 통계적인 검토하에서 적어지는 경향이 있다. 그러나 응답자들에게 각 차원의 중요성의 비중을 물어보았을 때, 결과는 〈도표 12-3〉과 같이, 소비자가 실제 상황에서는 다섯 가지 차원을 구분한다는 것을 확인할 수 있었다. SERVQUAL 개발자들에 따르면, 이 랭킹은 차원 구분에 대한 추가적인 증명을 제공한다. 통계 열광자들을 위해 이 외의 추가적 증거와, 다섯 가지 차원의 타당성을 합리적으로 뒷받침하는 다양한 연구를 이 장의 마지막 부분에 위치한 '각주' 부분에서 제시하였다.[12]

〈도표 12-3〉 고객에 의해서 보고된 SERVQUAL 차원의 상대적 중요성

SERVQUAL 관점	중요성(%)*
신뢰성	32
대응성	22
확신성	19
공감성	16
유형성	11

*다섯 가지 차원에 대한 총합은 100점이며, 소비자는 각 차원에 대한 중요도(%)를 할당하면 된다.

Source: Leonard L. Berry, A. Parasuraman, and Valerie A. Zeithaml, "Improving Service Quality in America: Lessons Learned," *Academy of Management Executive*, 8, 2, (1994), pp. 32–52.

12-4h SERVQUAL: 일부 최종적인 생각

접점 종업원의 중요성 SERVQUAL은 서비스 품질 조사 시 서비스제공자가 고려해야 하는 몇 가지 요소를 강조한다. 첫째, 서비스의 고객 지각은 접점 종업원의 업무 수행과 태도에 크게 의존한다. 다섯 가지 차원 중에서 대응성, 공감성, 확신성은 고객과 종업원 사이의 상호작용을 직접적으로 반영한다. 심지어 유형성 차원의 평가는 서비스 종업원의 옷차림, 위생, 외모에 부분적으로 의존한다.

과정은 결과만큼 중요하다 고객이 서비스를 판단할 때 서비스 결과만큼이나 서비스 과정도 중요한 요소로 간주한다. 서비스가 어떻게 전달되는가의 문제는 서비스의 본질과

빈도만큼 중요하다. 따라서 고객 만족은 소비뿐만 아니라 서비스의 생산에도 관여한다.

서비스 품질 기준을 확립할 때 서비스를 하나의 '과정'으로 여기는 일은, 관리상 여러 가지 어려움을 발생시킨다. 서비스 품질 기준이 소비자의 관점과 운영 시스템의 관점에서 모두 그 기준이 적합한지 평가되어야 하기 때문이다. 일례로, 조직의 대응성에 대한 소비자의 평가를 기반으로 서비스 세부 사항이 만들어진다. 그러나 불행하게도 이것이 양적인 측정 방식임에도 불구하고, 운영 관리자와 접점 종업원의 직접적인 행동 지침이 되지는 못한다.

소비자 지각은 예측할 수 없다 서비스 품질 차원의 평가는, 관리자는 분명히 알 수 없는, 조직의 통제에서 벗어난 요인들에 의해 영향을 받을지도 모른다. 예를 들어 소비자 분위기와 태도는 평가에 영향을 줄 가능성이 있다. 최근의 연구는 서비스 기업이 소비자에게 부정적인 서비스를 제공했다고 하더라도, 그것이 반드시 낮은 고객 만족 수준으로 연결되지는 않는다는 점을 지적한다. 고객들도 서비스 제공 과정의 일부분이 되었기 때문에, 실패의 원인이 고객 자신이나, 회사의 통제로부터 벗어난 요인에 있다고 인식할지도 모른다. 이러한 귀인은 서비스 기업의 물리적 특성을 기반으로 하는 것이다. 예를 들어 깔끔한 사무실 환경 안에서는 고객이 질 낮은 서비스를 제공받았다 하더라도, 이에 대한 원인이 기업의 통제를 넘어선 다른 요인들에 있다고 생각한다는 것이다. 반면 지저분한 사무실 환경에서는 고객은 진정한 서비스 실패의 원인의 규명과는 관계없이, 실패의 귀인을 기업에게 돌린다.[13]

SERVQUAL의 비평에 대한 평가 여러 반대론자의 비판에도 불구하고, SERVQUAL은 서비스 품질 측정의 도구로 흔히 활용되고 있으며, 최근에는 e-비즈니스에서 서비스 품질 이슈를 다루기 위해 변경되고 있다. 처음부터 개발자들은 SERVQUAL이 서비스 품질 측정을 위한 유용한 출발점은 될 수 있지만, "최종적인 대답"은 될 수 없다고 주장해왔다. 개발자들은 SERVQUAL이 여타의 양적·질적 측정 형태들과 함께 사용될 때, 회사의 서비스 품질 성과를 평가하는 귀중한 진단도구가 될 수 있다고 말한다. 만족 측정 분야에서 흔히 있는 일이지만, SERVQUAL은 회사의 자체의 과거 서비스 품질 트렌드와 경쟁적인 서비스 품질 성과의 측정이 함께 비교될 때 가장 가치가 있다.

12-5 서비스 품질 정보 시스템

서비스 품질 향상 문제를 중요시하는 회사는 고객 지각과 기대를 이해할 수 있는 서비스 품질 정보 시스템을 만들기 위해 수많은 접근의 결합을 활용한다. **서비스 품질 정보 시스템**(service quality information system)은 의사결정을 위해 데이터를 이용하는 관리자에게 시의적절하게 관련 자료를 제공하기 위한 끊임없는 과정이다.[14] 더욱 구체적으로, 서비스 품질

e-서비스 활동 사례

E-QUAL의 일곱 가지 차원

전통적인 비즈니스 환경에서 고객 만족도와 충성도를 향상시킬 수 있는 서비스 품질의 중요성은 SERVQUAL을 통하여 만들어져 왔다. 소비자가 E-QUAL을 사용하여 온라인 비즈니스를 평가하는 방법에 대한 권장 사항은 다음과 같다.

접근성: 사이트를 쉽게 찾을 수 있는가? 그 사이트에 등록되어 있고 관련 사이트에 연결되어 있는 검색엔진과 디렉토리의 수

내비게이션: 그 사이트로 이동하는 것이 얼마나 쉬운가? 어림잡아 말하면, 고객은 정보를 3번 이내의 클릭으로 찾는 것을 바란다.

디자인과 프레젠테이션: 사이드 이미지는 어떠한가? 디자인 요소는 색깔, 진열, 명료함, 독창성을 포함한다.

내용과 목적: 사이트의 내용과 풍부함, 흐름과 정확성은 내용 차원의 중요한 측면이다. 전략적 목적은 인터넷 (정보적인 목적)과 온라인상점(이윤 생산 목적)에 대한 사이트의 개발을 포함한다.

응답성: 이메일 메시지에 응답하는 회사의 성향, 방문객 정보의 모음(즉 쿠키, 게스트 북, 콘텐츠, 채팅방, 스토리북, 자동 이메일, 고객 서비스 담당자와의 대화 옵션)과 이 정보를 활용한 활동

상호작용, 고객화, 개인화: 제공된 서비스의 높은 수준, 상호작용, 고객화, 개인화는 서비스품질의 공감성 차원에 관련되어 있음. 예를 들면, AMAZON.COM은 전통적인 소매 사업들과 경쟁하는 상호작용과 개인화의 품질을 제공한다.

명성과 안전성: 서비스 품질의 확신성 차원과 관련하여, 명성과 안전성은 고객보안 문제와 관련이 있다. 고객비밀은 입증된 암호화 기술을 통하여 만들어진다.

Source: Shohreh A. Kaynama, "A Conceptual Model to Measure Service Quality of Online Companies: E-Qual, in Developments in Marketing Science," ed. Harlan E. Spotts and H. Lee Meadow, *Proceedings of the Academy of Marketing Science*, 22, (2000), pp. 46–51.

정보 시스템은 회사의 전반적 성과를 평가하기 위해 다양한 관점에서 만들어진 측정 도구들과 함께 서비스 품질과 고객 만족도를 측정하는 데 이용된다. 서비스 품질 정보 시스템의 구성 요소는 다음과 같다.

1. 고객 불평에 대한 호소의 보고서
2. 판매 후의 설문 조사
3. 고객 포커스 그룹 인터뷰
4. 미스터리 쇼핑 결과
5. 종업원 설문 조사
6. 전체 시장 서비스 품질 설문 조사

일반적으로 서비스 품질 정보 시스템은 고객 조사와 비고객 조사와 같은 두 가지 종류로 나누어진다. **고객 조사**(customer research)는 회사의 강점과 약점에 대한 고객의 관점 조사와, 서비스 품질 조사, 포커스 그룹 인터뷰, 고객 불평, 판매 후의 설문 조사와 같은 측정을

포함한다. 반면에 **비고객 조사**(noncustomer research)는 회사의 약점과 강점 그리고 종업원 업무능력에 대한 종업원의 관점에 집중한다(예: 종업원 설문 조사, 미스터리 쇼핑). 또한 비고객 조사는 경쟁자가 서비스를 어떻게 수행하는지를 조사하고(전체 시장 서비스 품질 조사를 통해), 비교의 기반을 제공한다.

12-5a 고객 불만의 호소

고객 불만 호소의 주된 목적은 두 가지이다. 첫째, 고객 불만은 불만족스러운 고객을 알아낼 수 있게 해준다. 고객 불만을 통해 불만 고객들의 목소리에 귀 기울이고 노력한다면, 고객들의 이탈을 미리 막을 수 있을 것이다. 두 번째 목적은 서비스 전달 체계에서의 약점을 알아내고, 미래에 같은 문제의 발생을 최소화하기에 필수적인 정확한 조치를 취하는 것이다. 고객 불만은 지속적으로 호소되어야 한다.

지속적인 고객 피드백의 가치는 평가절하될 수 없다. 불행하게도, 많은 회사는 불만을 따로따로 다루고, 고객 불만의 내용을 합하여 분석하는 데 실패한다. Chicago Marriott는 다리미와 다리미판에 대한 요청과 관련한 고객 서비스라인에 들어온 66%의 요청을 이해하는 데 15년이란 시간이 걸렸다.[15] 이러한 사실을 깨달은 뒤, 그 호텔은 객실 욕실에 컬러 텔레비전을 비치하기 위해 배정해둔 2만 달러를 다리미와 다리미판 구입에 재배정했다.

12-5b 판매 후의 설문 조사

서비스 품질 정보 시스템의 일부분인 판매 후의 조사는 지속적으로 이루어져야 한다. **판매 후 조사**(after-sales surveys)는 별개의 거래와 관련을 맺기 때문에 만족도 조사의 유형에 속하게 되며, 그 자체로서 11장에서 논의된 고객 만족도 조사의 이점과 단점의 대상이 된다. 예를 들면, 서비스 접점이 고객의 마음속에서 여전히 생생하게 기억되고 있는 동안에, 판매 후 서비스 조사는 고객 만족도를 조사한다. 결과적으로 그 정보는 회사의 최근 성과를 반영하지만, 인지부조화를 최소화하기 위한 고객의 부적절한 시도에 의해 편향될지도 모른다.

판매 후 조사는, 서비스 개선 영역을 직접 확인할 수 있는 '고객 불만 호소'보다도 고객 만족을 더욱 주도적으로 평가할 수 있는 접근 방식이다. 많은 회사는 고객의 불평을 기다리고, 그 이후에 불만에 대한 조치를 기다린다. 하지만 일반적으로 고객들은 불평하는 것을 꺼리기 때문에, 고객 불만을 기다리기만 해서는 회사 업무 성과의 진실을 파악하기가 어려울 것이다. 고객이 구매 결정에 대해 만족하지 않았다면, 판매 후 조사는 모든 고객과의 접촉을 시도하고 올바른 조치를 취한다.

12-5c 고객 포커스 그룹 인터뷰

서비스 품질 정보 시스템의 다른 중요한 요소는 고객 포커스 그룹 인터뷰이다.[16] **포커스 그룹 인터뷰**(focus group interviews)는 보통 훈련된 사회자의 주도하에 8명에서 12명의 고객들이 비공식적인 토론을 하는 것을 말한다. 그룹의 참여자들은 자신의 견해를 자유롭게 표현하고, 그룹 내의 다른 참여자들의 제안에 대하여 자신의 의견을 이야기한다. 그룹 상호작용 덕분에 고객들은 좀 더 편안함을 느끼고, 자신의 의견을 더욱 개방적이고 솔직하게 말할 수 있는 동기가 부여된다. 따라서 조사자들은 개인의 의견을 각각 반영한 데이터보다 포커스 그룹 인터뷰들을 통해서 얻게 되는 정보가 더 풍부하다고 느낀다. 포커스 그룹 인터뷰는 아마도 가장 널리 쓰이는 시장 조사의 방법일 것이다. 그러나 포커스 그룹 인터뷰를 시행하는 주된 목적은, 후속 연구 조사에 필요한 정보 수집 분야가 무엇인지 파악하는 것이다. 포커스 그룹을 통해 얻은 정보가 매우 가치 있다 하더라도, 다른 형태의 연구들을 통해, 그룹의 생각이 더 광범위한 고객층의 감정을 일반적으로 반영하는지 확인하는 것은 반드시 필요하다. 서비스 품질 정보 시스템 옹호자들은 고객 포커스 그룹 인터뷰는 매달 간격으로 시행되어야 한다고 믿는다.

Manchan/Photographer's Choice/Getty Images

서비스 품질을 평가하기 위해 포커스 그룹을 이용하는 주요 이점 중 하나는 그룹 내 외부 사람들의 생각에서 이전에는 결코 고려되지 않았던 새로운 아이디어가 도출된다는 것이다.

12-5d 미스터리 쇼핑

미스터리 쇼핑(mystery shopping)은 개개의 종업원 서비스 행동을 측정하는 비고객 조사의 형태이다. 이름처럼 미스터리 쇼퍼는 일반적으로 고객 행세를 하며, 예고 없이 매장에서 쇼핑을 하도록 훈련된 사람이다. 이들은 실제 서비스 접점에서 개별 종업원들을 평가한다. 미스터리 쇼퍼는 종업원이 고객이 방문한 것을 인지하는 데 걸리는 시간, 시선의 마주침, 용모, 그리고 다수의 특정 고객 서비스와 회사에서 촉진하는 판매 테크닉과 같은 많은 종업원들의 특성을 평가한다.

미스터리 쇼핑은 분기별로 시행되기를 권하는 관찰 조사의 형태이다. 미스터리 쇼퍼로부터 얻은 조사 결과는 건설적인 종업원 피드백으로 사용된다. 따라서 미스터리 쇼핑은 코칭, 훈련, 그리고 공식적으로 회사의 종업원들을 인정함에 있어 회사에 도움을 준다. 예를 들면, 미국에서 인기 있는 레스토랑인 Texas Roadhouse의 종업원들은 미스터리 쇼퍼로부터 완벽한 평가를 받을 때마다 100달러의 보너스로 보상을 받는다. 그 보너스는 종업원을 보상하는 것뿐만 아니라 경영자가 원하는 긍정적 서비스 행동을 강화시킨다.

12-5e 종업원 설문 조사

서비스 품질 정보 시스템의 다른 중요한 요소는 종업원 조사이다. 회사가 업무 수행자들의 의견을 듣는 것은 필수적이다. 회사의 입장에서는 마치 종업원들이 고객 만족을 위해 노력해야 한다는 사실을 자주 잊어버리는 것처럼 보일 것이다. 그러나 종업원이 회사에 대해 가지고 있는 만족감이, 곧 고객 만족으로 이어진다는 점에 주목해야 한다. 서비스 기업이 고객의 욕구에 적절하게 응답하고 싶다면, 종업원들의 욕구에 먼저 귀 기울일 필요가 있다.

연 4회 실시되는 **종업원 조사**(employee surveys)는 종업원의 근로 의욕과 근무 태도 및 질 좋은 서비스를 준비하는 데 있어 방해가 되는 장애물들과 관련된 서비스 품질의 내부적 측정법을 제공한다. 종업원들은 질 높은 서비스를 제공하고 싶어 하나, 자신의 손이 내부 규정과 정책에 묶여 있다고 느낄 때가 있다. 종업원 조사는 그들의 장애물들을 알아내는 방법을 제시하고, 이를 통해 적절한 때에 장애물을 제거할 수 있도록 한다. 게다가 종업원들은 내부 서비스와 내부적인 서비스 품질을 평가하는 고객들이다. 그들은 서비스 전달 제공에 직접적으로 관련 있기 때문에, 종업원의 불만들은 조기 경보 시스템의 역할을 한다. 즉 종업원들은 흔히 고객들보다 고장난 시스템을 먼저 알아낸다.

12-5f 전체 시장 서비스 품질 조사

전체 시장 서비스 품질 조사(total market service quality surveys)는 조사를 후원하고 있는 회사의 서비스 품질을 측정할 뿐만 아니라 경쟁사들의 지각된 서비스 품질 또한 평가한다. SERVQUAL과 같은 서비스 품질 측정법이 다른 측정법들과 함께 사용될 때, 회사는 그들의 성과를 그들의 과거 성과 또는 경쟁자들과 비교하여 평가할 수 있다. 서비스 품질 조사는 서비스 전달 시스템에서 개선이 필요한 부분을 찾아 그 정보를 회사에 제공하고, 더불어 기업이 진행하고 있는 개선 작업의 진행 상황을 점검한다.

서비스 품질 정보 시스템의 옹호론자들은 전체 시장 서비스 품질 조사는 한 해에 3번 실시되어야 한다고 권고한다. 그러나 서비스 품질 정보 시스템의 모든 구성 요소를 가지고 있는 경우라면, 적절한 빈도수는 고객 베이스(데이터 베이스)의 크기에 달려 있다. 같은 고객들에게 너무 자주 실행하는 것은 고객들을 성가시게 할 수 있다. 반면에 조사를 너무 드문드문 실시하게 되면 사업 실패로 이어질 수도 있다.

전체적으로, 서비스 품질 정보 시스템은 회사 성과에 대한 광범위한 관찰을 제공하고, 분리되어 사용되는 개개의 측정법의 결점의 대부분을 극복한다. 정보 시스템의 진가는 여러 측정법으로 관리자들과 접점의 종업원들이 의사결정을 하는 데 있어 도움을 준다는 것이다. 그러나 이러한 측정법들은 의사결정을 하는 데 지원 시스템으로서의 역할을 담당할 뿐, 의사결정 과정의 유일한 입력(inputs) 요소가 되어서는 안 된다. 경영 전문 지식과 직관력은 모든 비즈니스 의사결정의 중대한 구성 요소이다. 마지막으로 모든 서비스 품질 시스템에 포함될 필요가 있는 중요한 요소들은 다음과 같다.[17]

- **듣기**(listening): 품질은 고객에 의해 정의된다. 회사의 세부 사항들을 일치시키는 것이 아닌, 고객에 대한 세부 사항들을 일치시키는 것이 품질이다. 서비스를 향상시킬 수 있는 현명한 지출은 고객의 기대와 지각에 대한 지속적인 학습(배움)으로부터 온다(도표 12-4).
- **신뢰성**(reliability): 신뢰성은 서비스 품질의 핵심이다. 서비스를 신뢰할 수 없다면, 다른 것은 고객에게 중요하지 않다.
- **기본적인 서비스**(basic service): 만약 기본적인 서비스를 전달하지 못한다면 다른 화려한 서비스들은 잊어라. 미국의 서비스 고객은 기본적인 것을 원한다. 그들은 화려한 것이 아닌 기본적인 것과 빈 약속이 아닌 성과를 기대한다.
- **서비스 디자인**(service design): 고객이 기대하는 기본적인 서비스의 믿을 수 있는 전달은 서비스 시스템 안에 다양한 요소가 얼마나 잘 기능하는가에 달려 있다. 서비스 시스템의 특정 부분에서의 디자인 결함은 품질의 지각을 떨어뜨릴 수 있다.
- **회복**(recovery): 조사는 회사들이 문제가 만족스럽게 해결되지 못한 고객들로부터 가장 호의적이지 않은 서비스 품질 점수를 계속적으로 받는 것을 보여준다. 사실상, 효과적으로 고객 불만에 대응하지 않는 회사들은 서비스 실패와 더불어 그것으로 인하여 두 번 실패하게 된다.
- **고객을 놀라게 하기**(surprising customers): 고객의 기대를 넘어서기 위해서는 놀라움의 요소들이 필요하다. 서비스 조직이 제공하는 결과물을 신뢰할 수 있을 뿐만 아니라, 서비스가 제공되는 방법을 통해 고객을 놀라게 할 수 있다면 그들은 매우 훌륭한 서비스를 제공한 것이다.
- **공정한 대우**(fair play): 고객은 서비스 기업들이 그들을 공정하게 대우하길 기대하고 그들이 다르게 대우 받았다고 인식하면 분개하고 기업을 신뢰하지 않게 된다.
- **팀워크**(teamwork): '팀메이트(같은 팀의 사람)'의 존재는 서비스를 제공하는 서버에게 동기부여를 계속적으로 해주는 중요한 동력이다. 서비스팀의 육성을 운에 맡겨서는 안 된다.
- **종업원 연구**(employee research): 종업원 연구는 고객 연구만큼 서비스를 개선하는 데 있어서 중요하다.
- **서번트 리더십**(servant leadership): 우수한 서비스를 제공하는 것은 리더십의 특별한 형태를 필요로 한다. 리더십은 종업원들을 코칭, 격려하고 그들이 목적을 달성할 수 있도록 하는 것이다.

〈도표 12-4〉 품질 향상에는 비용뿐 아니라 집중도 필요하다

비록 충분한 자원 서포트가 서비스 전달 시스템의 성공적 수행에 직접적인 관련이 있을지라도, 방향 없는 서포트는 자원의 큰 낭비가 된다. 예를 들면, 미국은 1인당 보건의료 지출에 비용은 세계 최상위권이지만, 시민에게 제공되는 의료의 품질은 37위에 그친다. 1인당 3,724달러의 평균 지출을 위해 미국은 10~14%의 국민소득을 건강관리에 쏟는다. 한편, 잉글랜드와 같은 나라들은 6%를 소비하고, 세계 18위에 랭크되어 있다.

호주, 캐나다, 독일, 네덜란드, 뉴질랜드, 영국, 그리고 미국을 비교한 다른 연구에서 미국의 보건의료 시스템은 품질, 접근성, 효율성, 형평성, 건강한 삶의 차원에서 최하위 또는 최하위 바로 앞 순위으로 랭크된다. 또한, 다른 산업화 국가들과 비교하여 미국은 건강보험이 없는 인구가 상당 부분을 차지하고 있는 최하위 3개 국가 중 하나로 랭크된다. 다른 2개의 국가는 터키와 멕시코이다.

가장 많은 것이 최고는 아니다

세계 보건 시스템에 대한 연구에 따르면 미국은 1인당 가장 많은 의료비를 지출하는 나라이지만 서비스 품질 면에서는 37위를 차지했다. 다음은 보건의료의 전반적인 성과와 지출의 순위를 제시한 것이다.
*는 G7 국가, 세계적으로 부유한 상위 7개국을 나타낸다.

전체 성과	1인당 총지출	
1. 프랑스*	1. 미국*	$3,724
2. 이탈리아*	2. 스위스	$2,644
3. 산마리노	3. 독일*	$2,365
4. 안도라	4. 프랑스*	$2,125
5. 말타	5. 룩셈부르크	$1,985
6. 싱가포르	6. 오스트리아	$1,960
7. 스페인	7. 스웨덴	$1,943
8. 오만	8. 덴마크	$1,940
9. 오스트리아	9. 네덜란드	$1,911
10. 일본*	10. 캐나다*	$1,836
18. 영국*	11. 이탈리아*	$1,824
25. 독일*	13. 일본*	$1,759
30. 캐나다*	26. 영국*	$1,193
37. 미국*		

Source: World Health Report 2000 AP

Source: Robert Cooke, "U.S. Leads in Health-Care Spending, but Not Quality," *Fort Collins Coloradoan*, (Wednesday, June 21, 2000), p. B1; http://www.politifact.com.

요약

이번 장에서는 서비스 품질을 정의하고 측정하는 것을 주로 다루었다. 서비스 품질과 고객 만족의 개념은 서로 연관되어 있다. 일반적으로, 고객 만족은 단기적이고 특정한 거래의 특성을 측정하는 것이라고 정의할 수 있다. 반면 서비스 품질은 장기적이고 전반적인 측정을 하는 것으로 정의할 수 있다. 또 다른 차이점으로는 고객 만족은 '지각된 서비스'를 고객들이 일반적으로 기대하는 것과 비교한다는 것이다. 이에 비하여, 서비스 품질은 '지각된 서비스'를 고객들이 질 좋은 회사로부터 기대해야 하는 것과 비교한다. 고객 만족과 서비스 품질 평가들은 서로 보완관계를 이루고 있다. 각각의 서비스 거래 후에 이루어지는 만족도 평가들은 고객의 전반적인 서비스 품질 평가를 개선하는 데 도움을 준다.

서비스 품질이 뛰어난 회사는 잠재적인 품질의 격차를 줄임으로써 만족도 평가를 통해 서비스 품질 평가를 개선하려고 한다. 이번 장에서 논의하는 서비스 품질의 격차는 지식, 기준, 전달, 의사소통을 포함한다. 많은 관리적, 마케팅적, 그리고 운영상의 많은 요소는 이러한 격차의 크기에 영향을 미친다. 결국 모든 회사의 목표는 고객의 지각과 기대 사이의 서비스 격차를 최소화하는 것이다. 이 서비스 격차는 지식, 기준, 전달 그리고 의사소통 격차들의 함수이고, 네 가지의 격차의 결합에 따라 반응한다.

서비스 품질을 평가하는 가장 인기 있는 방법 중 하나는 SERVQUAL 측정 척도이다. 기존의 SERVQUAL 조사도구는 다섯 가지의 서비스 품질 차원(유형성, 대응성, 신뢰성, 확신성, 공감성)에 따른 소비자의 기대와 지각을 비교하는 44개의 질문으로 구성되어 있다. 각각의 다섯 가지 차원의 격차 점수는 소비자의 기대와 지각의 평균을 비교함으로써 계산된다. SERVQUAL의 격차는 개선이 필요한 특정 분야를 나타내고, 지속적인 개선을 위한 노력이 필요한 회사들에게 도움이 된다.

SERVQUAL은 기업의 서비스 품질을 평가하는 유일한 방법이다. 서비스 품질 정보 시스템은 기업의 전반적인 성과를 평가하는 여러 가지 지속적인 측정을 활용한다. 이러한 시스템의 주요한 구성 요소들은 고객과 비고객에 대한 정보를 수집한다. 고객 연구 방법은 고객의 불만 분석, 판매 후 조사, 포커스 그룹 인터뷰, 그리고 서비스 품질 조사를 포함한다. 비고객 연구 방법은 종업원 설문 조사와 미스터리 쇼핑을 포함한다.

마지막으로, 서비스 품질은 유사한 제품을 제공하는 경쟁 기업 사이에서 성공을 달성하는 수단을 제공한다. 또한 서비스 품질과 연관된 잠재적인 혜택은 시장 점유율, 반복구매 그리고 수익성 향상을 포함한다. 궁극적으로, 서비스 품질 제공의 핵심은 소비자 욕구, 품질 제공에 집중하는 서비스 제공자들, 그리고 회사의 전반적인 품질 목표를 지원하도록 설계된 서비스 전달 시스템에 대한 세부적인 이해이다.

복습문제

1. 고객 만족과 서비스 품질의 기본적인 차이는 무엇인가?
2. 관리자가 회사의 품질을 향상시키기 위해 서비스 품질의 개념적인 모델을 어떻게 활용하여야 하는지 설명하시오.
3. 지식 격차에 대해서 설명하고 지식 격차에 영향을 미치는 요소들을 설명하시오.
4. 레스토랑의 웨이터를 인터뷰하시오. 고객을 맞이하고 대접하는 것과 관련하여 경영진이 종업원들에게 요구하는 다섯 가지 기준을 제시하시오.
5. e-비즈니스 분야에서의 성공과 의사소통 격차

는 어떠한 관련이 있는가?

6. 다섯 가지 차원의 서비스 품질로 어떻게 '격차 점수'가 계산되는지에 관하여 SERVQUAL 측정 도구의 기본을 논의하시오.
7. 관리자는 왜 소비자가 다섯 개의 서비스 품질 차원에 두는 중요성을 알고 싶어하는가?
8. 다섯 개의 서비스 품질 차원 중에 가장 중요한 것과 가장 덜 중요한 것이 무엇인지 논의하시오. 왜 당신은 대부분의 고객이 이 두 가지 서비스 품질 차원을 특정한 순서를 둔다고 생각하는가?
9. SERVQUAL의 비평은 무엇인가? 단지 22개의 지각 질문을 사용하는 것의 한계는 무엇인가?
10. 당신은 어떤 회사에 서비스 품질 정보 시스템을 개발하기 위해 고용되었다. 이 시스템의 구성 요소는 무엇인가?

사례 12. Remington 호텔의 서비스 품질

첫째 날

Madeline Lewis는 두 개의 Chilean 호텔에서 5년 동안 근무한 경력과, 그 호텔들의 서비스 품질을 향상시키는 데 성공했었던 경력이 있었기 때문에, 최근 Remington 호텔로부터 서비스 품질을 향상시켜 달라는 부탁을 받았다. Madeline는 이직을 결심하기는 했지만 Remington 호텔의 서비스 품질을 향상시키는 것이 쉽지 않을 것임을 알고 있었다. Remington 호텔을 찾는 고객의 60%는 공항과 가깝다는 이유로 짧은 기간만을 머무르는 개인 고객들이었고, 나머지 40%가 단체 고객들이었기 때문이다. 또한 단체 고객들 중에서 약 1/3은 장거리 버스 투어그룹이었다.

Madeline은 첫 출근에서 다소 이상한 광경을 보았다. 대형버스 두 대에서 내린 손님들이 체크인을 하기 위해 호텔 로비에 도착했을 때에는 이미 20명 정도의 손님이 체크인을 하기 위해 줄을 서 있었다. 그러나 프론트 데스크 종업원은 두 명뿐이었고, 결국 모든 사람이 체크인을 하는 데 40분이나 소요되었다. 이 모습을 바라보고 있는 Madeline에게 총지배인이 다가와 "만나서 반갑습니다. 내일 점심에 우리 호텔의 시스템에 대해 이야기할 수 있을까요?"라고 말했다. Madeline은 내일 총지배인에게 보일 새로운 시스템에 대한 아이디어를 적기 시작했다. 그때 한 손님이 그녀의 책상으로 다가왔다.

"안녕하세요, 저는 Britt Spencer입니다. 제가 어젯밤 이 호텔에서 가족과 함께 머무르면서 느낀 것은 이 호텔의 서비스가 좋지 못하다는 것입니다. 다른 사람들이 저와 같은 불편을 겪지 않도록 당신에게 말하고 싶습니다." Spencer는 Madeline에게 그가 겪었던 불편에 대해 말하기 시작했다. "나는 부인과 네 살짜리 아들과 함께 여행을 하고 있었습니다. 그런데 인터넷 연결이 지연되면서 최종 목적지에 도착해야 할 시간인 10시까지 도착하지 못했습니다. 공항에서 우연히 Remington 호텔의 체크인 시설 광고를 보게 되었고, 수화물을 기다리는 동안 공항에 있는 호텔 종업원을 찾아 갔습니다. 그런데 그 종업원은 체크인 서비스를 이용할 수 없다고 하더군요. 공항 내에서 체크인을 할 수 있어서 다행이라고 생각했었는데, 하지 못하게 되어 당황스러웠습니다."

"11시 전에 호텔에 도착해 체크인을 하려는데, 11시가 되자마자 한 종업원이 퇴근을 하더군요. 프론트 데스크에는 한 명의 종업원밖에 없었어요. 결국 그 종업원 혼자 10명에서 12명 정도의 고객들의 체크인을 했고, 이 때문에 저희는 20~30분을 기다릴 수밖에 없었습니다. 짐도 있고, 아들이 잠들어 있어서 짐을 옮기는 것을 호텔 측에 부탁했습니다. 그런데 시간이 늦어 도와 줄 수 있는 인력이 하나도 없다고 하더군요. 우리 방은 호텔 로비에서 두 개의 건물을 지나야만 있는, 먼 곳이었는데도 말이죠. 결국 우리는 자고 있는 아들을 안고 짐을 옮겨야만 했고, 11시 30분이 되어서야 방문 앞에 도착할 수 있었습니다. 그런데 문이 열리지 않았어요. 몇 번이나 시도했는데도요. 잠시 후 방 안에서 다른 여자의 목소리가 나더군요. 방이 중복 예약된 것입니다. 프론트 데스크에 항의하니 매니저가 사과를 한 후, 종업원에게 다른 방의 열쇠를 보내겠다고 했습니다. 그러나 10분 정도 후에 나타난 하우스키퍼는 그 상황에 대해 모르더군요. 다시 프론트 데스크 매니저에게 항의하니, 그녀는 하우스키퍼를 자신이 보낸 것처럼 설명했지만, 결국 방키를 가진 다른 사람을 보내야만 했습니다. 그녀는 마지막으로 한번 사과하고, 무슨 문제가 있으면 프론트 데스크로 연락을 달라고 말했습니다."

Madeline는 늦은 밤에 집에 갔고 Remington이 현재 직면하고 있는 모든 문제에 대해서 생각하기 시작하였다.

둘째 날

다음 날 총지배인은 Madeline에게 연초에 모아 둔 서비스 품질 관련 데이터를 주었다. 그 데이터는 호텔에 머물렀던 손님들을 대상으로 설문 조사를 실시한 것으로, 손님들은 호텔의 서비스 품질에 관한 다섯 가지 항목에 1(전혀 동의하지 않음)에서 7(매우 동의)까지의 점수를 매기는 '리커트 척도'로 평가하도록 요청받았다. 일반적으로 손님들이 기록한 점수가 높으면 높을수록, 각각의 차원에서 호텔 서비스 품질에 대한 지각이 더 호의적이라고 볼 수 있다. 손님들은 호텔의 유형성(객실, 식사 시설, 라운지 등), 대응성, 신뢰성, 공감성, 확신성에 대한 그들의 지각을 평가했고, 그 결과는 다음과 같다.

	고객의 인식
유형성	6.2
신뢰성	5.8
대응성	6.1
공감성	5.3
확신성	5.0

토의문제

1. Madeline이 첫째 날 프론트 데스크에서 본 것과 Spencer와의 대화를 토대로, Remington 호텔의 서비스 품질에 나타난 격차의 예를 들어 보시오.
2. 둘째 날에서 총지배인이 제공했던 손님들의 지각에 관한 정보를 보고, Madeline이 가장 먼저 개선해야 하는 서비스 항목은 무엇인지 설명하시오.
3. Madeline은 자료를 심층적으로 재검토한 후, 고객의 기대 수치 데이터 또한 수집되었다고 판단하였다. 당신이 위의 문제 2에서 한 답변에 이것은 어떠한 영향을 미치겠는가?

	고객의 인식
유형성	6.4
신뢰성	6.5
대응성	6.8
공감성	5.5
확신성	5.0

4. Remington의 서비스 품질을 향상시키기 위해 필요한 다른 정보들은 무엇인가?

각주

1. J. Joseph Cronin, Jr., and Steven A. Taylor, "Measuring Service Quality: A Reexamination and Extension," *Journal of Marketing*, 56, (July 1992), p. 55.
2. Thomas A. Stewart, "After All You've Done for Your Customers, Why Are They Still Not Happy?" *Fortune* (December 11, 1995), pp. 178–182.
3. Cronin, Jr., and Taylor, "Measuring Service Quality," pp. 60–63.
4. Ibid.
5. This section was adapted from John E. G. Bateson, *Managing Services Marketing*, 3rd ed. (Fort Worth, TX: The Dryden Press, 1995) pp. 558–565.

6. A. Parasuraman, Valerie A. Zeithaml, and Leonard L. Berry, "A Conceptual Model of Service Quality and Its Implications for Future Research," *Journal of Marketing*, 49, (Fall 1985), pp. 41–50.

7. A. Parasuraman, Leonard L. Berry, and Valerie A. Zeithaml, "SERVQUAL: A Multiple-Item Scale for Measuring Customer Perceptions of Service Quality," *Journal of Retailing*, 64, 1, (1988), pp. 12–40.

8. Parasuraman et al., "A Conceptual Model."

9. Scale items from A. Parasuraman, Leonard L. Berry, and Valerie A. Zeithaml, "Refinement and Reassessment of the SERVQUAL Scale," *Journal of Retailing*, 67, (Winter 1991), pp. 420–450.

10. Cronin, Jr., and Taylor, "Measuring Service Quality," pp. 60–63.

11. A. Parasuraman, Valerie A. Zeithaml, and Leonard L. Berry, "Reassessment of Expectations as a Comparison Standard in Measuring Service Quality: Implications for Future Research," *Journal of Marketing*, 58, (January 1994), pp. 111–124.

12. See Parasuraman et al., "Refinement and Reassessment of the SERVQUAL Scale"; A. Parasuraman, Leonard L. Berry, and Valerie A. Zeithaml, "More on Improving Service Quality Measurement," *Journal of Retailing*, 69, 1, (Spring 1993), p. 1401; and Parasuraman et al., "Reassessment of Expectations."

13. Mary Jo Bitner, "Evaluating Service Encounters: The Effects of Physical Surroundings and Employee Responses," *Journal of Marketing*, 54, (April 1990), pp. 42–50.

14. Leonard L. Berry, A. Parasuraman, and Valerie A. Zeithaml, "Improving Service Quality in America: Lessons Learned," *Academy of Management Executive*, 8, 2, (1994), pp. 32–52.

15. Ibid., p. 33.

16. http://managementhelp.org/evaluatn/focusgrp.htm, accessed 4 September 2009.

17. Berry et al., "Improving Service Quality."

13 장

불평과 서비스 회복 관리

학습 목표

- 고객 불만과 불만 고객의 유형을 포함하는 불만의 심리에 대한 논의한다.
- 고객이 불만을 제기하거나 제기하지 않는 이유와 관련된 고객 불만 행동에 대해 설명하고, 고객 불만의 결과에 대해 설명한다.
- 서비스 회복 관리 프로그램 개발에 관한 유기적, 기계적인 단계를 설명한다.
- 종업원 회복 노력과 서비스 실패를 모니터링하고 추적하는 것의 가치를 이해한다.
- 서비스 회복의 기본적인 경험 법칙을 논의한다.

"불평하는 고객이
당신을 몰아낼 수는 있지만
궁극적으로 그들은 당신을 미래로
이끌고 있는 것이다."

Fred Wiersema, Coauthor #1 Bestseller:
The Discipline of Market Leaders

이 장의 주된 목적은 고객 불만과 서비스 회복 관리에 대한 개념을 소개하는 것이다.

Stockbyte/Jupiterimages/Getty Images

고객이 한을 품으면 오뉴월에도 서리가 내린다!

서비스 기업의 서비스 품질 개선에도 불구하고, 기업의 서비스에 불만족하는 고객은 늘 존재할 수밖에 없다. 이것이 서비스업의 본질이다. 간단히 말하면, 인간이 대부분의 서비스를 제공하고 있고 인간은 항상 완벽하지 않으며, 서비스를 제공받는 고객도 완벽하지 않다. 이에 "무결점"을 목표로 삼고 있는 전통적인 제조업체들과 달리, 서비스 기업은 고객들의 불만을 적절하게 처리하여 "무이탈(성공적으로 실수를 회복하고 고객을 유지함)"의 결과를 낳는 것을 목표로 삼는다. 그럼에도 불구하고 고객이 질 낮은 서비스를 제공받는 상황과, 이러한 실패 상황을 더욱 악화시키는 기업의 부적절한 대응 사례는 무수히 많다. 최근에는 고객이 법률을 거치지 않고 자기 스스로 문제 상황을 처리하고 소비자 운동가가 되는 경우도 볼 수 있다. 이러한 상황하에 Business Week는 최근 "미국 내 기업에 대한 메모: 고객이 한을 품으면 오뉴월에도 서리가 내린다."라는 태그라인과 함께 소비자 자경단(consumer vigilantes)의 커버 스토리에 기사를 싣기도 하였다.

AARP 비서와 간호사를 은퇴한 미국 버지니아 매너서스 출신의 76세 Mona Shaw의 경우를 생각해보자. Mona는 지역 케이블 회사인 Comcast에 케이블 서비스 설치를 요청하였다. Mona는 케이블 설치를 위해 지역 Comcast 사무실을 방문했다. Mona는 케이블 회사 복도의 벤치에서 관리자를 만나기 위해 두 시간을 기다렸다. 그러나 두 시간 후에도 관리자는 나타나지 않았고, Mona는 사무실을 떠나 집으로 돌아왔다가 해머를 가지고 다시 사무실로 향했다. 그리고 프론트 오피스에 있는 종업원에게 물었다. "제 말 좀 들어주실래요?"라고 말하며 Mona는 컴퓨터 키보드와 전화기를 계속 내리쳤다. 그 뒤 Mona는 바로 연행되어 345달러의 벌금을 냈다. 하지만 이 사건이 알려진 뒤 Mona는 대중에게 오히려 큰 인기를 끌게 되었고, Comcast는 악당으로 묘사되었다. 명백하게 대중은 케이블 회사를 박살낸 Mona의 욕구에 공감한 것이었다. Comcast는 "우리는 Mona가 경험했던 모든 고객 서비스 문제에 대해 사과한다."라고 답했다.

비슷한 사례로 Macbook의 수리 문제로 Apple과 갈등을 겪었던 Michael Whitford의 경우도 살펴볼 수 있다. Michael은 Apple에 아직 보증기간이 남은 Macbook의 수리를 맡겼지만, Apple은 Michael의 Macbook이 고장난 것은 액체를 쏟아서 생긴 문제라 주장하며 Macbook의 수리를 거절하였다. Macbook에 액체를 쏟은 적이 없었던 Michael은 보증기간이 남아 있는 한 Apple에서 Macbook을 수리해주어야 한다고 항의하였으나 이는 받아들여지지 않았다. 이러한 Apple의 조치에 격분한 Michael는 큰 해머로 고장난 Macbook을 박살내 산산조각으로 만드는 동영상을 촬영한 뒤, YouTube에 "Macbook 파괴"라는 제목과 함께 동영상을 업로드했다. Michael이 Apple의 슈퍼바이저에게 이 상황을 설명하자, 슈퍼바이저는 Michael에게 다른 회사의 새 컴퓨터를 구매할 것을 제안하였다. 그러나 이미 거의 5,000천만 명의 사람들이 그 동영상을 시청하였고, Apple은 이에 항복하고 Michael에게 새 랩탑을 제공하였다. "나는 지금 행복하고, Apple은 나의 충성도를 다시 얻었다."라고 Michael이 말했다. 그럼에도 불구하고, 그 비디오는 Youtube에 아직까지 남아 있다.

문제가 처음 제기되었을 때 바로 개선하지 않고, 고객 불만을 부적절하게 처리한 회사들이 부정적인 여론을 마주하게 되는 수많은 사례 중 두 가지 예를 살펴보았다. Business Week의 기사는 다른 몇몇의 기사들과 함께 미국 경제에 분명한 메시지를 전달하였다. 고객들은 서비스 문제에 이미 질려 있고, 서비스 실패에 대한 수준 이하의 해결책을 가만히 앉아서 받아들이지 않을 것이다. 따라서 서비스 기업들은 고객 불만에 귀를 기울이고 실패 상황을 해결하여, 효과적인 서비스 회복 경영 시스템의 이행과 개발로 미래의 서비스 실패 상황을 최소화할 필요가 있다.

Source: http://www.bloomberg.com.

13-1 서론

서비스 회사의 노력에도 불구하고, 불만족한 고객은 불가피하게 발생한다. 비행기는 때때로 늦을 수 있고, 레스토랑 음식이 항상 완벽하게 요리되지는 않으며, 호텔 종업원도 때로는 부주의할 때가 있다. 반대로 고객 중에서도 일부 비이성적이고 서비스에 고마워할 줄 모르는 고객이 존재하기도 한다. 포기하지 마라! 이는 당연한 일상이며, 무관심한 태도 또는 불만족 고객의 발생은 죽음의 입맞춤(겉으로는 좋아 보이지만 분명히 안 좋은 일을 가져올 사건)이 될 수 있다. 고객은 자신에게 진심으로 관심을 주는 회사에는 빠르게 충성하여 보답하고, 고객에게 무반응한 회사에는 그에 상응하는 벌을 준다. 고객은 Youtube나 다른 온라인 커뮤니케이션을 통해, 자신의 불만이 다른 불만족한 고객에게 빠르게 눈덩이처럼 불어 전파되도록 하기도 하고, 그들을 불쾌하게 만든 회사에 대한 불만을 공개적으로 이야기하기도 한다. 예를 들어 United 항공사에 불만족한 고객은 이 항공사에 대한 불만을 알리고자 자신이 직접 untied.com이라는 홈페이지를 만들었다. United 항공사에게는 불행하게도, united.com은 꽤 잘 알려진 웹사이트이다. 궁극적으로 불만족한 고객을 다루는 비법은 서비스 실패 발생을 줄이는 사전적인 대책을 강구하는 것이고, 종업원들에게 **서비스 실패**(service failures)가 생겼을 때 서비스 경험을 고쳐줄 수 있는 효과적인 **서비스 회복**(service recovery) 방법을 가르쳐주는 것이다.

서비스 실패가 발생하는 이유는 3장에서 배운, '상품'과 구별되는 '서비스'만의 독특한 특성과 직접적으로 관련되어 있다. 먼저 서비스가 가지고 있는 '무형성'으로 인해, 고객의 지각과 기대를 비교하는 것은 매우 주관적인 평가가 된다. 모든 고객이 그들 주변 세상의 개인적 기대와 지각에 대해 만족하는 것은 아니기 때문이다. 또한 '이질성'으로 인해, 서비스 전달 과정에서 변동성이 발생할 것이고, 모든 서비스 접점이 마지막까지 동일하지는 않을 것이다. 이에 대해 고객은 기업에 대한 그들의 지난 경험이 현재의 경험과 왜 동일하지 않는가에 대해서 드러내 놓고 궁금해 할 것이다. '소멸성'이라는 서비스 특징 역시 잠재적 문제의 또 다른 원인을 제공한다. 소멸성으로 인하여, 고객이 서비스를 받기 위해 기다려야 하는 수요와 공급 문제는 흔히 발생한다. 기다림이 지나친 경우 위의 Mona shaw의 예와 같이, 고객의 불만이 커진다. 마지막으로 '비분리성'이라는 서비스만의 독특한 특징 때문에 종종 서비스 제공자는 고객과 대면으로 만난다. 그리고 그것은 서비스 실패 가능성의 판도라의 상자를 제공하는 단초가 되기도 한다. 사실 서비스 제공자의 면대면 고객 접촉은 고객과의 상호교류로 인해 발생 가능한 손실이나 수익의 중요성을 강조하는 "결정적 사건" 또는 "진실의 순간"으로 불린다. 이탈 고객의 2/3는 회사 종업원과의 잘못된 상호교류로 인하여 서비스 회사를 옮겼다고 하는 조사 결과가 있다.[1] Michael whitford에게 다른 회사의 새 컴퓨터 구매를 권한 Apple의 슈퍼바이저는 Michael이 자신이 아끼던 Apple의 랩탑을 큰 해머로 내려치는 데에 아마도 추가적인 동기부여를 제공했을 것이다.

13-2 고객 불만 행동의 심리

서비스 실패의 영향이 무엇인지 확인하기 위해 소비자들에게 다음과 같은 질문을 하였다. "'나는 절대 그 상점을 가지 않거나 그 브랜드의 제품을 사지 않겠다.'라고 말할 만큼 기업이나 종업원에게 화난 적이 있는가?" 인터뷰를 진행하며 연구원들은 인터뷰 시간을 합리적으로 사용하기 위해서는 응답자에게 세 가지 사건만 이야기하도록 제한해야 한다는 것을 알게 되었다. 응답자들의 이야기 중 가장 오래된 사건은 25년도 더 이전에 일어난 것이었고, 86%는 5년도 더 된 사건이었다. 이처럼 기업의 서비스가 고객 서비스 실패로 다가왔을 때, 고객은 이를 "용서하고 잊기"가 쉽지 않다.

서비스 실패의 결과는 극적일 수 있다. 조사에서 응답자의 대부분(87%)은 여전히 다소 또는 매우 감정적으로 화가 나 있었으며, 상점이나 제품 자체보다는 종업원에게 받았던 대우 때문에 더 화가 난다고 하였다. 응답자의 3/4 이상은 사건(46%는 "많은 사람"에게 말하였다고 주장하였다)에 대한 부정적 구전에 관련이 되어 있었다. 마지막으로 오늘날의 전형적인 고객 불만 행동은 100%의 고객 이탈로 이어지지만, 그중 단지 53% 정도만이 그들의 불만을 기업에 표출할 뿐이다.[2]

일부 회사들은 사업을 하는 데 있어 불평을 필요악으로 보기도 하지만, 대부분의 회사는 불평하는 고객을 당혹스러워 한다. 그러나 모든 회사는 고객이 불평을 표현할 수 있도록 독려해야 한다. 불만 고객은 불평을 통해, 개선할 필요가 있는 회사의 운영상 또는 경영상의 문제점을 지적해준다. 이러한 점에서 고객의 불평은 고객이 회사에 주는 일종의 무료 선물이 될 수도 있는 것이다. 그 선물은 바로 수수료 없이 회사의 문제점을 진단하고 컨설팅해주는 것을 의미한다.[3] 더 나아가 불만 고객들은 회사에 고객 만족의 개념을 다시 확립할 수 있는 기회를 제공하기도 한다. 가장 중요한 사실은 불만 고객들이 불평하지 않는 고객보다 회사와 다시 거래를 할 가능성이 크다는 것이다. 성공적인 기업들은 불만 고객의 존재를, 불행한 고객을 만족시키고 결점을 예방할 수 있는 하나의 기회로 본다.[4]

기업이 걱정해야 할 것은 불만 고객이 아니라 불평하지 않는 고객이다! 서비스 기업에 불만을 표출하지 않는 고객들은 이미 떠났거나 언제든 경쟁사로 떠날 준비가 되어 있는 상태이다. 실제로 불만을 표출하지 않고 1~5달러의 물건이나 서비스를 구매해왔던 불만 고객 중 63%는 경쟁사로 이탈할 것이다. 구매 금액이 100달러를 넘는 경우에는 이탈률이 91%에 근접한다.[5] 고객 불만 처리와 관련된 셀 수 없는 책과 기사 중에서 가장 중요한 주제는 고객의 적극적인 불평에 대한 것이다. 많은 고객이 친구, 가족, 다른 지인들에게 기업에 대한 불편 사항을 이야기하지만, 기업에 직접적으로 불평하는 사례는 생각보다 적다. 다시 말해서 다음의 **글로벌 서비스 활동 사례**에서 말하는 "lian"과 "mianzi"의 상태를 유지하면서 "junzi"를 추구하는 중국 소비자들의 경우처럼 고객 불평 행동과 회복 기대는 고객의 문화에 따라 다르게 나타난다.

13-2a 불평의 유형

일반적으로 불평은 "불만의 표현, 불만족, 항의, 분노, 또는 후회"로 정의된다.[6] 불평은 비평과는 다르다. 불평은 불만 고객이 불만족을 표현하는 것인 반면, 비평은 사람 또는 사물에 대한 객관적이고 냉정한 평가이다. 소비자 심리학 연구에 의하면, 모든 상황에서 불

글로벌 서비스 활동 사례

서비스 실패와 회복 전략: 중국인의 관점

서비스 실패와 효과적인 회복 관리 실천은 문화적 맥락과도 관련이 있다. 이러한 점은 호텔과 같이, 다양한 문화적 배경을 가진 종업원과 고객들이 만나고, 그들 간의 높은 상호작용이 발생하는 서비스 산업에서 더욱 분명하게 나타난다. 궁극적으로 효과적인 서비스 회복은 고객 기대와 지각 사이에서 균형을 회복하는 것과 관련이 있다. 따라서 지각과 기대에 대한 문화적 배경의 영향을 이해하는 것은 필수적이다. 이전의 연구는 서비스 품질 평가, 불만 행동, 그리고 서비스 실패와 서비스 회복 효율성의 지각에서 나타나는 문화적 차이를 보고했다.

중국인들의 사례는 문화적 차이가 서비스 실패와 회복 전략에 대한 기대와 지각에 어떻게 영향을 끼치는지를 보여주는 주요 예이다. 예를 들면, 많은 동방 문화권(중국을 포함하여)의 사람들은 서비스 실패 상황에서 서비스 제공자를 직접적으로 비난하기보다는 그 원인이 행운 또는 운명과 같은 외부적 요소에 있다고 생각한다. 이러한 생각은 갈등을 피하고 조화로운 인간관계를 유지시켜 준다. 더욱 구체적으로 중국인들은 서비스 회복 전략의 효율성 평가 시, 다섯 가지 주요 가치에 의존한다.

1. **체면 보호:** 자신 또는 다른 사람의 명성을 보호. 체면 보호는 lian(개인의 도덕적 명성)과 mianzi(성취와 성공에 대한 개개인의 업적)를 합한 것이다. 체면 보호는 중국인 고객에 대한 상호작용 공정성의 중요성을 강조한다. 서비스 기업은 매우 세심한 방법으로 부정적 상황을 다룰 필요가 있다.
2. **공정성:** 평등하게 대우받기를 원하는 것. 서양 문화와 비슷하게, 중국인들은 제공받은 서비스와 관련된 비용을 비교한다. 만약 서비스와 비용이 불균형을 이룬다면, 고객들은 그 손실에 대한 보상을 기대한다. 공정성은 분배 정의의 중요성을 나타낸다.
3. **소중한 고객:** 서비스 교환 관계에서 소중한 고객으로서 존중 받는 것. 소중한 고객은 인종과 경제적 배경에 상관없이 받아들여진다. 서비스 실패 발생 시, 소중한 고객은 사과를 받고, 서비스 제공자는 공손하고 예의 바르게 서비스 회복을 위해 노력한다. 고객들은 종업원들의 진정한 관심과 종업원의 정직함을 바탕으로 대우받고 그 권리가 존중된다.
4. **Junzi(君子, 군자) 정신:** 동정심, 친절함, 그리고 다른 자애로운 가치와 함께 살아가도록 노력하는 것. 예를 들면, junzi 행동을 하는 고객은 "존중은 다른 사람들에게 공격적이지 않을 때 얻어진다"고 믿는다. 다시 말해 서비스 실패 상황에서, 중국인 고객들은 junzi 이미지를 유지하기 위해 대치하지 않는 방법으로 행동할 것이다.
5. **사회적 조화:** 분쟁 발생 시 조화로운 방법으로 해결하려는 바람. 조화는 호의, 사교성, 인내심, 이해심, 그리고 관용을 보여줌으로써 얻을 수 있는 것이다.

위의 다섯 가지 가치 중 네 가지 가치는 중국 문화에서 상호작용 공정성의 중요성을 보여준다. 따라서 중국인 고객을 상대하는 서비스 기업은 서비스 실패 발생 시, 서비스 회복의 상호작용요소를 강조해야 한다.

Source: **http://jht.sagepub.com.**

만 고객이 똑같은 반응을 보이지 않는다는 것이 분명해지고 있다. 즉, 고객의 불평은 도구적 불평과 비도구적 불평으로 구분할 수 있다.[7] **도구적 불평**(instrumental complaints)은 어떤 일의 바람직스럽지 못한 상태를 바꾸기 위해 표현되는 불평이다. 예를 들어 웨이터에게 잘

요리되지 못한 스테이크에 대해서 하는 불평은 도구적 불평에 속한다. 이 경우에 불만 고객은 웨이터가 그 상황을 해결해줄 것이라고 기대한다. 관련 연구에 의하면 흥미로운 것은 도구적 불평은 매일 제기되는 수백만에 이르는 불평 가운데 극히 일부분만 차지하고 있다는 점이다.

반대로 **비도구적 불평**(instrumental complaints)은 그 탐탁지 못한 상태가 바뀔 것이라는 기대를 하지 않은 채 불평을 하는 것이다. 이런 종류의 불평들은 도구적 불평보다 훨씬 더 많다. 예를 들어 "너무 더워!"와 같은 날씨에 대한 불평은 그 상황이 바뀔 것이라는 기대 없이 그저 불평하는 것이다. 비도구적 불평의 또 다른 유형은 불만을 가지고 있는 서비스의 자체가 아닌, 다른 제2의 장소에서 나오는 도구적 불평이다. 예를 들어 호텔 방의 좋지 않은 상태에 대해 다른 친구에게 불평하는 것은 비도구적 불평이다. 친구는 방의 상태를 고치려고 하지 않을 가능성이 크고, 불평을 한 사람도 친구가 그렇게 할 것이라고 기대하지는 않는다.

불평의 유형은 불만 고객이 문제의 원인이라고 믿고 있는 것이 무엇인지에 따라 다시 두 유형으로 나누어진다. 불평은 또한 지시적인 것과 재귀적인 것으로도 분류될 수 있다. **지시적 불평**(ostensive complaints)은 불평자의 범위 밖에 있는 특정 사람이나 대상을 향해서 불평을 제기하는 것을 말한다. "요리사가 스테이크를 너무 익혔어!" 다시 말해 지시적 불평은 문제의 원천이 불평자가 아닌 다른 누군가에 의한 것으로 지각된다. 반대로 **재귀적 불평**(reflexive complaints)은 불평자 내부에 있는 무언가를 향하여 불평을 제기하는 것을 말한다. "내가 스테이크를 어떻게 준비해 달라고 명확하게 이야기하지 않았어." 지시적 불평과는 대조적으로 재귀적 불평은 문제의 주된 원천으로 불평자 자신을 탓한다. 관련 연구에 따르면, 이러한 현상은 두 가지 원인에 인해 발생한다. 첫째, 일반적으로 사람들은 자신에 대한 부정적인 자아존중감의 강화를 막기 위하여 자신과 관련된 부정적인 언급을 피하는 경향이 있다. 둘째, 사람들은 다른 사람들에게 자신의 부정적인 속성을 내보이는 것을 원하지 않는다. Stew Leonard's Diary의 Stew Leonard는 이 전설적인 가게를 처음 시작할 때부터 이러한 교훈을 얻었다. 이 가게는 Ripley's Believe It or Not에서 세계에서 가장 큰 유제품 가게로 선정되었으며, Fortune 지에서 발표한 "일하기 좋은 100대 기업(100 Businesses to Work For)"으로 선정되었다. 고객은 두 가지 간단한 규칙이 새겨져 있는 가게 밖의 3톤짜리 큰 돌을 보고 가게로 들어간다. 규칙 1 — 고객은 항상 옳다. 규칙 2 — 만약 고객이 틀렸다면, 규칙 1을 다시 읽어라. 즉, 고객이 불

Image Source/Jupiter Images

종업원에게 불만을 표명하는 소비자는 대부분 지시적이고 도구적인 불만을 제기하는 경향이 있다.

만족한 경우에 고객의 실수에 의해 문제가 발생하였다고 할지라도, 실제로 중요한 것은 고객이 인지하는 사람이 결국 문제의 원인이 된다는 것이다. 결론적으로 대부분의 불만 고객은 노골적으로 드러내는 세상에 살고자 하기 때문에, 서비스 제공자들은 고객의 도구적 불평을 들을 때 감사해야 한다는 것이다.

13-2b 불만 고객 유형

고객이 "왜 불평하는가" 그리고 "왜 불평하지 않는가"에 대한 논의 이전에, 불만 고객들의 유형에 대한 이해가 필요하다. 이 주제에 대한 가장 최근의 연구에 따르면, 불만 고객은 적어도 다섯 가지 유형으로 나누어진다.[8]

- **온순한 고객**(the meek customer): 절대 불평하지 않는 고객. 온순한 고객에 대한 주요 대응 전략은 고객의 의견을 적극적으로 간청하고, 불만 사항을 해결하기 위하여 적절한 조치를 취하는 것이다. 고객은 어떤 부정적인 말도 하지 않을 것이지만, 숙련된 서비스 제공자들은 무엇이 잘못되었을 때, 일반적으로 불만족의 비언어적 신호를 인식할 수 있다.
- **공격적 고객**(the aggressive customer): 온순한 고객의 또 다른 자아. 이 고객은 정기적으로 불평하고, 흔히 다른 사람들이 들을 수 있도록 큰 소리로 길게 불평한다. 이러한 고객에 대한 대응 전략으로는 고객이 말하는 모든 것을 완벽하게 듣고, 정말 문제가 있다면 인정하고, 변명을 하지 않고, 문제 해결을 위해 어떤 조치가 취해질 것인지, 문제가 언제 해결될 것인지에 대해 말하고, "다른 문제는 없습니까?"라고 질문하는 것을 추천할 수 있다. 이러한 행동들은 기업이 고객 만족을 위하여 더욱 노력할 준비가 되어 있음을 나타낸다. 공격적인 고객이 큰 목소리로 불평을 이야기하며 다른 고객에게 부정적인 영향을 끼칠 때에는, 불만 고객을 "off stage(무대 뒤, 사람들이 없는 곳)"로 부르는 것도 고려해볼 수 있다.
- **돈을 많이 쓰는 고객**(the high-roller customer): 최고를 기대하고 기꺼이 돈을 쓰는 고객. 이러한 고객은 금전적인 이유로 공격적인 불평을 하는 경우가 아니라면, 일반적으로 합당한 이유로 불평하는 고객이다. 돈을 많이 쓰는 고객에 대한 적절한 대응은 공격적인 고객에 대한 대응과 흡사하다. 주의 깊게 듣고, 변명하지 않고, 문제의 진짜 원인을 밝히기 위해 질문하고, 적절한 대답을 하는 것. 이 경우의 고객은 합당한 이유로 불평하기 때문에 다른 고객들과 분리할 필요가 없다.
- **바가지 고객**(the rip-off customer): 받을 수 있는 것보다 더 많이 원하는 고객. 이 고객은 서비스 기업이 문제를 해결하기 위해 일반적으로 제공하는 모든 해결책에 대해 계속해서 "충분하지 않다"라는 반복적인 대답을 하는 고객이다. 이러한 고객에 대한

적절한 대응은 불만족으로부터 멀어지게 하는 것과, 고객에게 적절한 서비스 회복 노력을 지시하도록 하는 것이다. "실수를 바로 잡기 위해 우리는 무엇을 해야 할까요?"라고 고객에게 물음으로써 서비스 회복 해결책에 대한 고객의 의견을 존중한다.

- **만성적 불만 고객**(the chronic customer): 절대 만족하지 않는 고객. 이러한 고객은 모든 서비스 제공자의 인내심을 시험할 것이지만, 그들을 무시해서는 안 된다. 만성적인 불만 고객은 상황을 바로잡기 위한 기업의 어떠한 노력에도 감사할 것이며, 기업의 사과를 받아들일 것이다. 이러한 유형의 고객은 자신의 말을 듣고 이해해주길 원하며 문제가 해결되면 긍정적인 구전을 퍼뜨릴 것이다.

위와 같은 불만 고객의 유형은 다양한 서비스 분야에서 매우 일반적으로 나타난다. 그러나 어떤 산업에서는 그 산업만의 "불만 고객 유형" 목록을 만들어낸다. 예를 들면, 호텔 산업에는 "깨진 환상을 가진 고객", "체면유지 고객", "공짜를 좋아하는 고객", "상이 전사", "수동적-공격적인 순교자", "로열 고객", 그리고 "정말로 아픈 고객"과 같이 불만 고객의 일곱 가지 유형이 있다.[9] 고객은 비용에 상관 없이 언제나 만족하는 것은 아니라는 것을 주의해야 한다. 서비스 분야에 따라 어떤 고객은 다른 고객들보다 더 중요할 수 있으며, 서비스 기업은 어떤 고객을 유지하고 어떤 고객을 잃을 것인지 결정할 필요가 있다. 이에 대한 가이드라인은 14장에서 다룬다.

13-2c 고객은 왜 불평을 하는가

고객 불만의 이유는 불만의 유형과 직접적으로 관련이 있다. 수단적 불평의 경우에, 고객 불평의 원인은 꽤 분명하다. 불만 고객은 탐탁지 못한 상황이 바로 잡히길 원한다. 예를 들어 Delta 항공사에 대한 TreeHugger의 불평에 대해 생각해보자(**지속가능성 관련 서비스 활동 사례**). Delta 항공사의 입장에서는 TreeHugger의 감시를 긍정적으로 받아들일 가능성이 없다. 그러나 TreeHugger의 의견은 Delta 항공사에 피드백을 제공함으로써 Delta가 같은 실수를 반복하지 않게 하고, 미래의 서비스 향상으로 이어질 수 있게 한다.

반면에 비도구적 불평에 관한 고객 불만의 원인은 도구적 불평만큼 명백하지 않다. 심리학 전문가들은 비도구적 불평은 다음과 같은 몇 가지 원인에 의해 발생한다고 주장한다. 첫째, 불평은 압력밸브를 여는 것 같은 기능을 수행하여, 불만 고객들이 욕구 불만에서 벗어날 수 있는 정서적인 해방감을 제공해주어 결과적으로 사람들의 기분을 풀어주는 메커니즘을 제공한다.

비수단적 불평에 관한 두 번째 원인은 통제와 관련지어 볼 수 있다. 불평은 어느 정도의 통제를 회복하기 위한 불만 고객들의 욕구에 대한 메커니즘이기도 하다. 불평자가 불평의 원인에 대한 다른 사람들의 평가에 영향을 미칠 수 있다면, 통제는 회복될 수 있다. 예

지속가능성 관련 서비스 활동 사례

TreeHugger와 Delta 항공사와의 문제: 환경적 이슈

최근 몇 년간, Delta 항공사는 미국에서 최초로 기내 재활용을 시작하는 등 환경친화적 이슈의 실천에 있어서 항공 산업을 선도하고 있다. Delta는 또한 비영리단체인 The Conservation Fund와 협력하여 항공 여행으로 발생하는 탄소 배출을 상쇄시킨다. 또한 Delta의 Sky Magazine은 Sustainable Forestry Initiative에 의해 인증을 받았는데, 이 인증은 항공사가 잘 관리된 숲에서 나온 종이 제품을 구입 사용한다는 것을 나타낸다.

환경친화적 항공사로 자리매김한 Delta는 이러한 성공에도 불구하고 몇몇 문제점을 지적받아 왔다. 지속성을 목적으로 한 선두적인 매스컴 TreeHugger는 2008년 3월호 기내 잡지 출간을 기념하며, '환경'을 주제로 진행된 Delta 항공사의 기념행사를 겨냥하였다. 기념행사는 맨해튼에 위치한 항공사의 Sky 360도 라운지에서 개최되었으며, 게스트에게는 세계 최고의 에코 럭셔리 보드카 브랜드로 알려진 Vodka 360이 제공되었다. TreeHugger는 누구도 보드카에 대하여 불평하지 않았다는 것은 인정하였으나, 그 외에 항공사의 에코마인드적인 부분은 거의 없었다고 지적한다. TreeHugger의 종업원들은 초대된 게스트에게 나눠주는 "goodie bags"의 내용물들이 환경친화적이지 않았다는 사실에 특히 혼란스러워했다. TreeHugger에 의하면, "goodie bag"은 재활용 가능한 중국산 폴리프로필렌으로 만들어졌으며, 다음과 같은 내용물을 포함한다.

1. (친환경이 아닌) 종래의 일반 면으로 만든 라지 사이즈 Sky 360도 티셔츠
2. Delta 어메니티 가방(모든 내용물은 중국산)
3. 종래의 일반 면으로 만든 Heineken 얼굴 타올
4. Greenopia의 샌프란시스코와 뉴욕시 안내 무료 배포용 쿠폰북
5. SkyMall 열쇠고리와 SkyMall 10% 할인 바우처
6. 휴대용 형광전구
7. Vodka 360 마티니 잔
8. Stirring's Simple Apple Martini 칵테일(미니사이즈, 비(非)유기농)

다시 말해, Delta의 "goodie bag"은 그들의 환경친화적 게스트들의 눈에는 매우 큰 실패였다. Delta의 한 종업원은 TreeHugger의 블로그에, Delta가 단 하나의 친환경적인 유기농 선물도 담지 않았다는 사실에 몹시 당혹스러웠다며 맞장구를 쳤고, 항공사가 환경보호운동에 동참하기 전에 미션을 끝마쳐야 한다고 주장했다. 엎친 데 덮친 격으로, 이벤트에 초대받은 프리랜서 작가인 한 블로거는 무례하고 불쾌한 종업원 때문에 입구에서 돌아나와야 했다. 작가는 이 전체 이벤트가 Delta의 친환경적 생각과 개념을 나타내기 위한 것이 아닌, 항공사와 그 항공사의 잡지 프로모션을 위한 것이라는 느낌을 받았다고 한다.

Source: **http://www.treehugger.com.**

를 들어 불만족스러운 기업에 대한 복수의 목적으로 이루어지는 불평자에 의한 부정적 구전은, 간접적인 응징을 통해 불평자에게 어느 정도의 통제를 제공한다.

사람들이 나른 사람에세 비도구적 불평을 하는 또 다른 이유는 자신의 불만을 이해해 주길 호소하고 불평에 대한 동의를 확인하기 위해서이다. 그렇게 함으로써, 고객이 처음 불평을 하게 만든 사건에 대해 본인이 내린 주관적인 평가를 검증하고자 한다. 다시 말해, 불평자는 비슷한 상황에서 다른 사람들 역시 자신과 같이 느끼는지 아닌지를 알기 원한다. 그들도 그렇게 느낀다면, 불평자는 불평의 소리를 내는 것을 정당하다고 느끼게 된다.

"Contrary to popular opinion, most people's opinons aren't so popular."

회사는 불행한 고객의 말을 결코 듣지 못할 수도 있고, 어리석게도 모든 것이 좋다고 믿을 수는 있지만 상당수의 고객이 실제로 불행할 수 있다.

Richard Levine/Alamy

비도구적 불평에 관한 마지막 원인은 불평자가 느낌을 만들어내는 것으로 간단하게 불평하는 데서 기인한다.[10] 이상하게 보일지 모르나, 불평자들은 불평하지 않는 사람들보다 더 똑똑하고 통찰력 있는 것으로 간주된다. 이것이 주는 시사점은 불평자의 기준과 기대가 비불평자보다 더 높다는 것이다. 예를 들면 대부분의 사람은 주변에 불평이 많은 친구를 두고 있을 것이다. 우리는 때로 그들의 지속적인 불평 행동에 염증을 느끼기도 하지만, 이러한 만성적인 불평자가 서비스 제공자나 서비스 기업에 만족의 목소리를 내고 있을 때에는 그에게 주목하게 된다. 만성적인 불평자의 추천은 평균적인 사람의 추천보다 더 비중 있는 듯한 경향이 있다. 서비스 기업들은 구전의 가치를 고려하여, 만성적인 불평자들의 불평을 적극적으로 간청할 것이다.

13-2d 고객은 왜 불평을 하지 않는가

우리는 많은 고객이 자신을 불쾌하게 만드는 기업에 절대 불평하지 않는다는 사실을 알고 있다. 왜 그럴까? 게다가 고객은 그것이 상품보다 서비스와 관련된 문제일 때 불평을 표현하지 않을 가능성이 많다. 상품에 대한 문제와 비교해볼 때 서비스 문제의 대부분의 경우, 잠재적인 불평자들은 자신이 무엇을 해야 하는지 알지 못하고, 혹은 불평을 한다 해도 이득이 없을 것이라 생각하기 때문에 불평의 목소리를 내지 않는다.[11] 이 상황은 서비스 제공에 있어서의 무형성과 비분리성에 직접적인 원인이 있다. 무형성으로 인하여, 서비스 전달 과정의 평가는 주관적이 될 수밖에 없다. 결과적으로 고객은 흔히 객관적 관찰의 안정성이 부족하다고 느끼며, 그들 스스로 내린 주관적인 평가를 의심할 수도 있다. 예를 들면 홈 리모델링 서비스의 고객은 흔히 페인터, 전기기술자, 목재바닥 시공자와 같은 서비스 제공자의 작업의 질과 능숙도를 평가하기 힘들다.

또한 비분리성으로 인하여, 고객은 종종 서비스 과정에 개입하여 자신의 의견을 이야기하기도 한다. 이 때문에, 탐탁치 못한 결과물이 나왔을 때, 고객은 자신이 기대했던 서비스 유형과 수준에 대해 서비스 제공자에게 제대로 전달하지 못한 탓이라 생각하고 스스로를 비난한다. 게다가 비분리성은 고객과 종업원이 직접적으로 대면한다는 것을 포함하고 있어, 서비스 제공자의 물리적 존재로 인해 고객이 불평하는 것에 대해 불편하게 느낄 수도 있다. 전형적인 예는 고객과 헤어 스타일리스트 간의 상호작용과 관련된 것이다. 고객은 새로운 헤어 스타일리스트에게 자신이 원하는 스타일을 전달하려고 시도하였으나, 결

<도표 13-1> 왜 고객은 불평하고, 불평하지 않는가

왜 고객은 불평하는가	왜 고객은 불평하지 않는가
바람직하지 않은 상황을 바로잡기 위해	불평이 어떤 것도 바꾸지 못할 것이라 생각함
욕구 불만에 대한 감정적 분출을 위해	누구에게 불평해야 할지 알지 못함
어느 정도의 통제를 회복하기 위해	고객 자신에게도 책임 부분이 있다고 생각함
불만이 발생한 상황에 대한 이해를 호소하기 위해	고객 자신의 주관적 평가에 대한 불확신
불평에 대한 다른 사람들의 동의를 시험해보기 위해	기술적 또는 특수한 분야의 전문성 결여
더욱 지적이고 통찰력 있다는 느낌을 주기 위해	대면으로 불평하는 것에 대한 불편함

국 고객은 결과에 대해 만족하지 못한다. 고객은 자신의 욕구와 필요를 정확하게 설명하지 않은 자기 스스로를 탓하고, 헤어 스타일리스트와는 직접적으로 대면하기를 피할지도 모른다.

마지막으로, 많은 서비스는 기술적이고 전문적이다. 고객은 서비스 품질을 평가하기 위한 전문성이 부족하다는 두려움 때문에, 자신에게 불평할 만한 자격이 없다고 느낀다. 예를 들어 대부분의 고객은 의사, 회계사, 변호사, 자동차 기술자의 숙련도를 평가하는 데 기술적 전문성의 결여를 느낀다. 왜 고객이 불평을 하고, 하지 않는지에 대한 요약은 〈도표 13-1〉에 나타나 있다.

13-2e 불평의 결과

일반적으로 불평 행동은 항의, 이탈, 보복의 세 가지의 결과로 나타난다.[12] **항의**(voice)란 고객이 특정한 서비스 제공자나 서비스 제공 기업에 대한 불만족을 언어적인 형태로 나타내는 것을 말한다. 이 경우 높은 톤의 목소리는 실제 서비스 제공자보다는 조직적 계층 안의 관리자나 관리자 이상의 담당자에게 불만을 표현하는 것을 의미한다. 중간 톤의 목소리는 고객이 서비스를 제공한 사람에게 문제점에 대해서 말한다는 것을 의미하고, 낮은 톤의 목소리는 고객이 서비스 기업 자체에 불평하는 것이라기보다 매장 밖의 다른 사람들에게 문제를 전달하려는 것을 의미한다(비도구적 불평의 전형적인 예).

불평 결과의 두 번째 유형인 **이탈**(exit)은 고객이 서비스 기업의 이용을 중지하는 상황을 말한다. 강한 이탈은 고객이 제품 구매를 다시 하지 않거나, 그 회사의 상품 구매를 하지 않겠다는 의식적인 결정을 할 때 발생한다. 중간 강도의 이탈은 가능한 한 그 서비스 기업을 이용하지 않겠다는 고객의 의식적인 결심을 반영한다. 다시 말해 고객은 가능한 한 언제든지 대안적 제공자로부터 구매를 할 것이다. 약한 강도의 이탈은 고객이 구매 행동을 바꾸지 않고 계속해서 평상시처럼 그 기업의 서비스를 이용하는 것을 말한다.

불평 결과의 세 번째 유형인 **보복**(retaliation)은 고객이 기업의 운영에 물리적인 손상을 입히거나, 미래 사업을 망치기 위해 고의적으로 계획된 행동을 하는 상황을 말한다. 강한 보복은 고객이 서비스 제공자나 기업에 물질적 손상을 가하거나 그 기업에 대한 부정적인 측면을 다른 사람들에게 전하는 상황을 뜻한다. 도입사례에 나왔던 두 명의 고객은 강한 보복의 전형적인 예를 보여준다. 중간 강도의 보복은 고객이 기업에 최소한의 불편함을 입히거나 몇몇 사람들에게만 자신이 겪은 사건에 대해서 이야기하는 것을 말한다. 약한 강도의 보복은 기업이나 서비스 제공자에게는 전혀 보복하지 않고 그저 최소한의 부정적인 구전 효과만 만드는 경우이다.

흥미로운 점은 이 세 가지 불평의 결과가 서로 배타적인 것이 아니라는 점이다. 이는 동시에 발생할 수도 있는, 하나의 행동이 가진 세 가지 양상으로 간주되기도 한다. 이 세 가지 결과의 높은 단계가 동시에 발현된다면, 폭발적인 고객 행동으로 이어질 수도 있다. 고객이 점원과 매장 매니저에게 불만족에 대해 소리를 지르고, 그 매장에서 다시는 구매하지 않겠다고 다짐한 뒤, 매장을 나와 자신의 차로 출입문을 그대로 통과하여, 두 줄의 선반과 계산대를 지나 통로에 있는 모든 것을 부숴버린 예가 바로 그 단적인 경우이다.[13] 이와 대조적으로 높은 목소리에 낮은 이탈, 약한 보복 행동을 보이는 고객은, 보통 때와 같이 그 기업에서 물건을 지속적으로 구매하기는 하나, 만성적인 불만 고객의 전형적 모습을 보여준다.

Fran/CartoonStock.com

효과적 서비스 회복 관리 프로그램은 실패된 고객 만족을 재정립하는 것에 조직의 전략을 우선시한다.

13-3 서비스 회복 관리 프로그램 개발

서비스 관리자와 서비스 종업원은 집중적인 고객 서비스 압력에 직면하게 된다. 과거와 달리 고객은 더 많은 정보를 갖게 되었고, 서비스 품질에 대한 기대는 높아졌으며, 질 낮은 서비스에 대해 더 민감해졌다. 서비스 실패가 발생했을 때 서비스 제공자가 보이는 반응은, 고객과의 강한 유대관계를 강화하기도 하고, 반대로 겉보기에 사소한 실수를 주요한 사건으로 바꾸기도 한다. 결과적으로 관리자가 서비스 실패를 극복하기 위해서는 서비스 회복 관리 프로그램을 확립하는 것이 필수적이다.

서비스 회복 관리 프로그램을 만드는 것으로 회사는 서비스 실패 상황의 효율적이고 효과적인 회복을 도와주는, **기계론적**(mechanistic processes) 구성 요소와 **유기론적**(organic processes) 구성 요소로 구성된 단계적 프로세스를 발전시킬 수 있다.[14] 서비스 회복을 향한

<도표 13-2> 서비스 회복 관리 프로그램의 개발

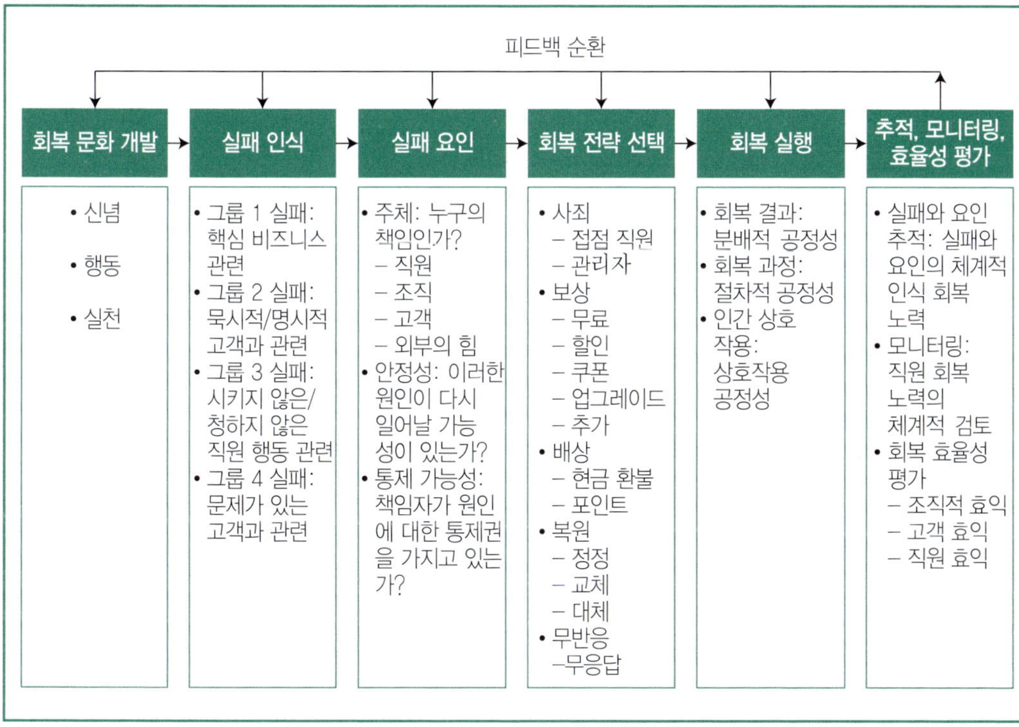

기계론적 접근은 서비스 회복을 위한 노력과 회사 실패 원인 분석을 수행하기 위해 개발된 단계별 프로세스를 만드는 것이다. 대조적으로 서비스 회복을 향한 유기론적 접근은 회사의 서비스 회복 문화를 구성하는 형식을 넘어선 믿음과 가치라고 할 수 있다.

13-3a 긍정적 내부 회복 문화 개발

효과적인 서비스 회복 관리 프로그램을 만드는 첫 번째 단계는 회사 전체에 **서비스 회복 문화**(service recovery culture)를 조성하는 것이다.[15] 서비스 회복 문화의 조성은 서비스 회복의 유기론적인 접근법으로 묘사될 수 있다. 유기론적 서비스 회복 문화는 형식화·시스템화된 것이 아니며, 고객의 불평을 어떻게 현명하게 다룰지에 대한 형식을 넘어선 믿음, 행동, 실천을 말한다.

긍정적인 기업의 회복 문화는 불평을 다루는 것에 대한 기업의 내부 환경적인 지원을 반영한다. 부정적인 회복 문화는 시작도 전에 심각한 서비스 회복을 위해 노력해야 하는 불행한 운명을 맞을 수도 있다. 일본의 Mitsubishi Motors의 예를 들자면, Mitsubishi 노동자들은 수십 년 동안 고객의 불만을 숨겨 왔다. 박스, 탈의실, 락커 뒤, 컴퓨터 비밀 파일 등에서 고객들의 편지가 발견되었는데, 은폐의 주요 이유는 기업 문화적인 것으로 나타났

다. 결국 회사의 회장은 기자회견 전에 강단 앞에서, 깊은 한숨을 쉬고, 80만 건이 넘는 자동차 결함에 따른 리콜을 고의적으로 회피하고자 했던 자신을 잘못을 뉘우치는 사죄의 절을 했다. 회사 대표 Katsuhiko Kawasoe는 "우리는 리콜을 알리는 것이 부끄러웠습니다."라고 말했다. 회사가 지불해야 하는 리콜 비용은 대략 수천만 달러로 추정되지만, 회사 평판과 브랜드 네임이 입은 손해는 이보다 훨씬 더 많았다.[16]

훌륭한 서비스 회복 문화는 회사의 지도층에서부터 시작된다. 회사의 리더십은 "말한 것을 실천"하고, 서비스 회복 노력을 숨기지 않는 것이다. 긍정적인 회복 문화는 실패란 가끔씩 발생할 수 있는 것이며, 서비스 회복이 최우선이라고 생각하는 상위 경영자의 인식으로 조성된다. 중요한 것은 종업원들에게 서비스 실패의 효과적인 회복을 위해 필요한 훈련과 수단을 제공하는 것이다. 전통적 신입사원 트레이닝 프로그램은 서비스를 처음부터 올바르게 제공하는 방법에 초점을 맞췄다. 그것은 마치 서비스 트레이너들이 "실패는 선택이 아니다"라고 믿는 것과 같다. 서비스 회사는 서비스 실패란 가끔씩 일어날 수 있는 일이며, 이 사실을 가볍게 생각하는 것이 더 큰 실패를 야기할 수 있음을 인지해야 한다. 긍정적인 내부 회복 문화를 발전시킨 회사는 서비스 실패의 가능성과, 효과적인 서비스 회복 전략에 대한 자유로운 토론의 필요성 또한 인지하고 있다.

13-3b 서비스 실패 인식

긍정적인 내부 회복 문화(유기론적 접근)를 가진 서비스 기업은 미래에 발생할 서비스 실패를 최소화하기 위해 과거의 서비스 실패로부터 배우고 분석하기 위한 체계화된 프로세스(기계론적 접근)를 가질 확률이 높다. 결과적으로 서비스 회복 관리 프로그램을 실행하기 위한 두 번째 단계는 실패 인지이다. 소비자의 지각된 서비스 실패로 수백 명의 불평 고객이 나왔을 때, 궁극적으로 이러한 불만들은 다음 네 가지 중 한 개에 속하는 종업원의 대응 때문일 것이다. (1) 핵심 서비스 전달 실패, (2) 고객의 욕구 및 요구와 관련된 실패, (3) 요청하지 않은, 소비자의 요구와는 거리가 먼 종업원의 행동으로 인한 실패, (4) 문제가 있는 고객들로 인한 실패.[17]

핵심 서비스 전달 시스템의 실패 **핵심 서비스 실패**(core service failures)는 기업의 본질적인 서비스 제공과 직접적으로 관련된 실패이다. 예를 들면 정시에 출발하지 못한 항공기, 객실을 청결하게 관리하지 못한 호텔, 그리고 고객 클레임을 적시에 처리하지 못한 보험회사의 경우는, 핵심 서비스 전달 시스템에서의 실패 사례로 분류된다. 일반적으로 핵심 서비스 전달 시스템 실패는 세 가지 실패 유형, (1) 이용 불가능한 서비스, (2) 터무니없이 늦은 서비스, (3) 다른 핵심 서비스의 실패에 대한 종업원의 반응으로 구성되어 있다. 먼저 이용 불가능한 서비스란, 서비스를 사용함에 있어 부족함이나 결함이 있을 때를 말하

〈도표 13-3〉 서비스 실패의 네 가지 유형

주요 서비스 실패 유형	서비스 실패 발생의 구체적인 내용
서비스 제공 시스템 실패	• 이용 불가능한 서비스 • 터무니없이 느린 서비스 • 다른 핵심 서비스 실패
고객의 요구 및 요청	• "특별 요구" 고객 • 고객 호불호의 문제 • 고객이 인정한 고객의 실수 • 서비스에 지장을 주는 다른 사람들
요청하지 않은/불필요한 종업원 행동	• 관심 수준 • 비일상적 행동 • 문화적 규범 • 게스탈트
문제가 있는 고객	• 만취 고객 • 언어 및 신체적 폭력 행사 고객 • 회사 정책 위반 고객 • 비협조적인 고객

Sources: Adapted from Mary Jo Bitner, Bernard H. Booms, and Mary Stanfield Tetreault, "The Service Encounter: Diagnosing Favorable and Unfavorable Incidents," *Journal of Marketing*, (January 1990), pp. 71–84; Mary Jo Bitner, BernardH. Booms and Lois A. Mohr, "Critical Service Encounters: The Employee's Viewpoint," *Journal of Marketing*, 58, (October 1994) pp. 95–106.

는 것이다. 터무니없이 늦은 서비스란 말 그대로, 고객이 종업원의 직무 수행이 매우 늦다는 것을 지각하게 만든 서비스, 혹은 종업원을 뜻한다. 마지막으로 다른 핵심 서비스 실패란, 다른 모든 핵심 서비스의 실패를 포함한다. 이 카테고리는 회계 서비스, 건강관리, 보험, 여행 관련 서비스, 소매업 등과 같이 각각 다른 산업에 의해서 제공되는 다양한 핵심 서비스를 폭넓게 반영하는데, 이들 각 산업 분야별 독특한 핵심 서비스 이슈를 가지고 있다. 예를 들면 레스토랑 등 외식 산업과 관련된 "기타" 산업 분야에서의 핵심 서비스 실패는 음식의 문제, 시설 문제, 불명확한 회사 정책 및 품절이나 매진으로 인한 주문 불가 등을 포함한다.

고객의 욕구와 요청 관련 실패(failures relating to customer needs and requests) 서비스 실패의 두 번째 유형은 고객 개개인의 욕구와 특별한 요청에 대해 종업원이 적절히 대응해주길 바라는 고객의 욕구와 관련되어 있다. 고객의 욕구는 명시적이거나 함축적일 수 있다. 함축적 요청은 당연하게 제공되어야 하기 때문에 고객이 따로 요구하지 않는 요청을 의미한다. 예를 들어 휠체어에 앉아 있어야 하는 장애를 가진 고객들은 따로 요청을 하지 않아도 레스토랑의 높은 자리로 안내되지 않는다. 반대로 명시적 요청이란 고객이 공공연하게 요구해야 하는 요청을 말한다. 스테이크를 '미디엄-레어'로 요리해 달라고 요구하거나 메뉴에 적혀 있는 구운 감자 대신에 으깬 감자로 바꾸고 싶은 고객은 명시적 요청을 하는 것이다.

일반적으로 고객의 요구와 요청은 발생할 수 있는 실패의 네 가지 타입 — (1) 특정한 요구, (2) 고객의 호불호, (3) 고객의 실수, (4) 서비스에 지장을 다른 사람들 — 에 대한 종업원의 반응으로 구성된다. 먼저 특정한 요구에 대한 종업원의 대응은 고객의 특정한 의학, 식이요법, 심리학, 언어 혹은 사회적 어려움들을 기초로 한 요청을 따르는 것과 관련 있다. 채식주의자들을 위한 음식을 준비하는 것은 특정한 요청을 수행하는 것이다. 고객 선호에 대한 종업원의 대응은 고객이 선호하는 요구를 충족시킬 수 있게 서비스 전달 시스템의 수정을 요한다. 레스토랑에서 고객이 메뉴를 자기 취향에 맞게 조절하는 것을 그 예로 들 수 있을 것이다. 종업원은 고객의 실수에도 반응해야 하는데 이는 '모든 서비스 실패가 티켓이나 호텔 키의 분실, 자기 요구를 웨이트리스에게 말하는 것을 잊어버리는 등의 명백한 고객의 잘못으로부터 시작된다.'는 시나리오를 전제하고 있다. 마지막으로 종업원은 고객의 욕구를 붕괴시키는 다른 사람들에게도 반응해야 한다. 이는 극장 안에서 떠드는 사람이 단골고객이라 하더라도 다른 고객을 위해 조용히 해줄 것을 요구한다거나, 레스토랑에서 흡연 고객에게 금연구역에서는 담배를 피우지 말도록 하는 것과 같이, 종업원에게 고객들 사이의 논쟁 속으로 들어갈 것을 요구하고 있다.

요청하지 않은/불필요한 종업원의 행동(failures relating to unprompted/unsolicited employee action) 서비스 실패의 세 번째 유형인 고객이 요청하지 않은 행동이나 불필요한 행동은, 고객이 전혀 예측하지 못한 사건이나 종업원의 행동이 나타나는 것을 말한다. 이런 행동들은 고객의 요청에 의해 시작된 것이 아니며, 핵심 서비스 전달 시스템의 한 부분도 아니다. 이 유형의 하위 카테고리로는 (1) 관심 수준, (2) 비일상적 행동, (3) 문화적 규범, (4) 게스탈트, (5) 악조건이 있다.

그중 '관심 수준'의 하위 카테고리에는 나쁜 태도를 가진 종업원, 고객을 무시하는 종업원, 지속적으로 무관심한 태도를 보이는 종업원의 행동이 포함된다. 관심 수준의 실패는 종업원이 고객에게 너무 많은 관심을 가져 고객이 불편함을 느낄 때 발생할 수도 있다. 너무 많은 관심의 예로는 종업원이 고객에게 추파를 던지거나, 스토킹하고, 고객을 도둑으로 오인하는 것을 포함한다.

비일상적 행동은 긍정적인 사건이 될 수도, 부정적인 사건이 될 수도 있다. 예를 들어 어느 날 Domino의 종업원들이 피자를 배달하러 가는 동안 한 가족이 불에 타버린 집을 뒤지고 있는 모습을 보았다. 이를 본 종업원은 매니저에게 그 사건을 보고했고 종업원과 매니저는 신속하게 준비를 한 뒤, 그 가족을 위해 무료로 피자를 배달해주었다. 그 가족들은 Domino 종업원들의 행동에 어리벙벙해졌지만 그들이 어려웠을 때에 종업원들이 베푼 친절함은 시간이 지난 뒤에도 결코 잊지 못했다. 그러나 비일상적 행동이 때로는 부정적인 이벤트로 여겨질 수도 있다. 무례함이나 학대 그리고 부적절한 신체적 접촉 또한 비일상적인 행동으로 간주되기 때문이다.

문화적 규범은 동등, 평등, 정직과 같은 문화적 규범을 강화하는 긍정적 양상과, 사회의 문화적 규범을 위반하는 행동과 같은 부정적 양상을 모두 아우르는 개념이다. 여기서 규범을 위반한다는 것에는, 차별 행동이나 거짓말, 엿보기, 도둑질과 같은 정직하지 못한 행동, 그리고 고객들이 공정하지 않다고 생각하는 다른 행동들이 모두 포함된다. 문화적 규범의 결과로, 고객의 개인적인 공간을 침해하는 것 또한 문화적 규범의 범위에 포함된다고 할 수 있다.

게스탈트는 고객에 의해서 만들어진 전반적인 평가를 말한다. 고객은 서비스 접점의 순간을 개별적 사건으로 묘사하지 않고 "모든 경험은 끔찍했다"와 같은 일반적인 문구를 사용해서 표현한다. "당신 비행기의 승무원에게서 우리가 받은 서비스가 얼마나 끔찍했는지 믿을 수가 없을 정도에요. 이것은 부정적인 서비스의 거의 완벽한 사례라고요!"와 같은 불평은 게스탈트 실패의 전형적인 예이다.

마지막으로, 악조건은 스트레스가 가득한 환경에서의 긍정적인, 혹은 부정적인 종업원들의 행동을 말한다. 만약에 한 종업원이 주변의 모든 사람이 흥분한 상태에서 그 상황을 효과적으로 통제했다면, 고객들은 이러한 악조건에서도 종업원이 적절한 행동을 했다는 사실에 감명받게 될 것이다. 반대로 지금 막 가라앉고 있는 배에서 선장과 선원들이 승객들보다 먼저 구명보트를 탄다면, 이것은 악조건에서 나타난 부정적인 행동으로 분명하게 기억될 것이다.

문제 고객 서비스 실패의 마지막 유형은, 종업원이나 서비스 기업이 아닌 고객 자신의 잘못된 행동으로 인해 서비스 실패가 발생하는 상황을 말한다. 서비스 실패는 (1) 술주정뱅이, (2) 언어나 신체적인 폭력, (3) 기업 정책의 위반, (4) 비협조적인 고객과 같은 **문제 고객과 관련된 실패**(failures relating to problematic customers)이 있다. 술주정뱅이와 관련한 문제 있는 고객 행동은, 술에 취한 고객들의 행동이 다른 고객이나 서비스 종업원들 혹은 서비스 환경 전반에 악영향을 미치는 경우에 발생한다. 한 항공사는 비행기에 탑승한 승객들 중, 한 회사의 세일즈 그룹에 속하는 모든 멤버가 술에 취하게 되는 상황에 처하였다. 승무원들은 재빨리 비행기 안에서의 주류 판매를 금했지만, 그룹 멤버들은 그들이 비행기를 타기 전 면세점에서 구입한 술까지 꺼내며 계속해서 술을 마셨다. 그 모습이 다른 고객들에게 그대로 노출되어 항공사 서비스에 악영향을 준 이와 같은 사례가 술주정뱅이 관련 서비스 실패의 경우이다.[18] 언어나 신체적인 폭력이란 종업원뿐 아니라 다른 고객들에게 향하는 언어적 또는 신체적으로 폭력을 쓸 때 발생한다. 레스토랑의 한가운데에서 연인이 소리를 지르며, 말다툼을 하다가 결국 상대방을 때리기 시작했다면 이 상황이 언어적, 신체적인 폭력 상황이다. 기업 정책을 위반하는 고객은 종업원이 집행하는 기업의 정책을 따르는 것을 거절한다. 예를 들어 고객에 의해 무시된 줄서기에 대한 정책이나 대안이 없는 정책은 문제상황을 야기시킨다. 마지막으로 비협조적인 고객들은 일반적으로 서비스 종업원이 고객들을 만족시키기 위해 얼마나 노력하는지에 상관없이 무례하고 비협조적이며 터무니없는 요구만 하여 종업원의 노력을 헛되게 한다. 이러한 고객은 기업의 서비스에 당연히 만족하지 않을 것이다.

13-3c 서비스 실패 귀인: 근본 원인에 대한 인식

서비스 회복 관리 프로그램 개발의 세 번째 단계는 실패 귀인이다. 실패 유형 분석을 통해 더 많은 것을 배우기 위해서, 서비스 기업들은 서비스 회복 노력에 집중하고 있으며, 또한 실패의 원인 또는 귀인을 체계적으로 밝혀내기 위해 노력한다. 따라서 실패 귀인은 서비스 회복에 대한 두 번째 기계론적 접근으로 볼 수 있다. 실패의 원인을 이해하는 것은 기업이 실패의 지각된 원천을 추적하는 데 도움을 주며, 그 뒤 고객에게 무엇을 어떻게 제공할 것인지의 문제를 다루는 서비스 회복 관리 프로그램에서 다음 단계를 수행한다. 실패 상황의 원인은 일반적으로 실패 주체, 안정성, 통제 가능성 평가로 나누어진다.

- 실패 주체: 실패의 책임은 누구에게 있는가? 서비스 제공자, 서비스 기업, 고객 또는 다른 외부적 요인이 실패의 원인인가?
- 안정성: 실패의 원인이 반복될 가능성이 있는가? 일회성 사건(불안정적인)인가, 또는 실패의 원인이 다시 일어날(안정적인) 가능성이 있는가?
- 통제 가능성: 책임이 있는 집단이 실패의 원인을 통제하였는가?

실패 주체(locus)는 실패의 원천과 직접적으로 관련이 있다. 예를 들면, 서비스 실패의 전형적인 원인은 서비스 제공자(예: 무례한, 무관심한, 무능한), 서비스 기업(예: 비우호적 정책, 부정적인 내부 서비스 회복 문화), 고객(예: 예약에 실패한, 지시 사항을 따르는 것을 위반한) 또는 외부적 요소(궂은 날씨와 같은 자연적 요인 또는 불황과 같은 경제적 요인)를 포함한다. 서비스 기업의 실패 주체와 관련된 실패 상황은 고객의 지각된 실패 주체 문제와는 꽤 다르다. 서비스 기업의 자체적인 문제 진단은 미래의 문제 발생 가능성을 최소화시킨다. 궁극적으로 책임 소재가 누구에게 있는지에 관한 고객의 지각은, 실패에 대한 반응에 영향을 주고 서비스 회복 기대를 만든다. 예를 들면 온라인 고객들은 문제의 원천이 자신에게 있다고 생각할 가능성이 높은 반면, 소매점의 고객들은 서비스 문제들이 점포나 종업원들에게 있다고 생각하기 쉽다. 연구에 따르면, 접점 종업원들이 문제의 원천이라고 지각하는 고객들은 기업에 대한 불만을 자주 제기하고, 다른 사람들에게 부정적인 구전을 하며, 낮은 고객 만족도를 가지고, 높은 회복 기대를 유지한다고 한다.[19]

e-서비스 활동 사례

누가 하였는가? 온라인 서비스 실패에 대한 고객 속성

DIY 온라인 서비스(예: 항공과 호텔 예약)가 점차 발전하면서, 서비스 기업은 고객이 웹사이트 안에서 고객의 요구 사항을 해결할 수 있도록 안내하고 있다. 이러한 과정에서 많은 고객이 종업원의 역할을 일부 담당하게 되었고, 서비스 제공자는 온라인 서비스의 실패 상황 발생 시 어떻게 적절하게 대처해야 하는지 아는 것이 필요하다. 주지하다시피 온라인 이용 시에 모든 고객에게 동등한 서비스가 제공되지는 않으며, 종종 실수가 발생하기도 한다. 온라인 서비스 기업 중에 좀 더 고객 친화적인 온라인 환경을 가진 경우도 있지만 그렇지 못한 경우도 있기에, 온라인 서비스 실패는 불가피하게 발생한다. 이와 관련된 주요 화두는 다음과 같다. (1) 온라인에서 서비스 실패 발생 시, 고객이 오프라인과는 다른 속성들을 나타내는가? (2) 고객은 온라인 실패에 대해 오프라인 실패와는 다른 회복 기대를 가지고 있는가?

항공사와 은행을 대상으로 오프라인 및 온라인 고객들을 조사한 한 연구에 따르면, 온라인 고객들은 오프라인 고객들보다 서비스 실패를 자신의 탓으로 돌리는 경향이 있다고 한다. 자신에게 책임이 있다고 생각하는 온라인 고객은 서비스 회복 솔루션에 대한 기대치가 낮으며, 상황을 해결하기 위한 추가적인 비용을 기꺼이 지불하고자 한다. 또한 온라인 고객들은 기회가 주어지면 자신의 힘으로 상황을 해결하려고 할 것이다. 이와 대조적으로 오프라인 고객은 서비스 실패에 대하여 서비스 기업을 비난할 가능성이 높고 서비스 회복에 대한 높은 기대치를 가진다.

이 연구는 두 가지 측면의 관리적 시사점을 가진다. 첫째, 온라인 고객은 낮은 서비스 회복 기대를 가지고 있기 때문에, 온라인 실패에 대한 서비스 회복 비용이 오프라인 실패에 비해 낮아야 한다. 사실상 온라인 고객의 서비스 회복 비용은 셀프 서비스 회복 옵션을 수행하여 더욱 최소화할 수도 있다. 한편 이처럼 서비스 기업이 셀프 서비스 회복 옵션을 수행할 때, 낮은 서비스 회복 기대를 가진 온라인 고객의 기대에 부응하고 만족시키는 것은 더욱 쉬워져야 한다. 둘째, 고객 접점에 있는 종업원은 서비스 실패의 상황에서 기업을 비난하는 경향이 있는 오프라인 고객을 다루기 위해 훈련되어야 한다. 서비스 실패를 기업의 탓으로 돌리는 고객은 높은 수준의 서비스 회복을 기대한다. 결과적으로, 서비스 종업원은 서비스 실패 상황에 대한 온라인과 오프라인 고객의 소리에 귀를 기울이고, 이에 적절히 대응할 수 있게 훈련되어야 한다. 서비스 기업이 서비스를 회복하는 비용과 방법은 고객이 실패의 책임을 누구에게 돌리는지에 따라 좌우된다.

Source: http://www.emeraldinsight.com.

안정성(stability)은 서비스 실패가 다시 일어날 것이라는 가능성에 관한 속성이다. 기업의 관점에서 서비스 실패가 드문 사건으로 진단되면, 기업은 문제의 원천을 바로잡기 위하여 시간과 자원을 투자하지 않을 것이다. 반면에 흔히 재발생하는 서비스 실패는 즉각적인 관심을 받아야 한다. 고객의 입장에서 서비스 실패 상황의 지각된 안정성은 고객의 서비스 회복 기대에 영향을 미친다. 고객이 문제의 원인이 재발생할 가능성이 있다고 믿는 경우에는, 고객은 상품을 교환하는 것보다는 환불을 선호한다. 교환이 또 다른 실패를 가져올 수 있다고 생각하기 때문이다. 고객들이 실패가 랜덤으로 발생하는 일회성 사건이라고 믿는 경우, 실패 상황에 대한 솔루션으로 쉽게 교환을 받아들인다.[20]

통제 가능성(controllability)은 기업의 실패 상황에 대한 통제 여부와 관련되어 있다. 안정성 평가와 비슷하게 실패의 원천을 바로잡는 데 기업이 시간과 노력을 투자하는 것은 기업이 미래에 일어날 일들을 통제할 수 있다고 믿는지를 기반으로 한다. 예를 들어 한 레스토랑에서 바쁜 저녁 시간에 날씨로 인해 정전이 일어나 서비스 실패가 발생했다면, 아마도 레스토랑은 이런 상황이 또 다시 발생하지 않을 것이라 확신할 수는 없을 것이다. 한편 통제 가능성 문제에 대한 고객의 지각은 기업의 평가와는 다를 수 있다. 통제가 가능하다고 믿는 서비스 실패를 경험한 고객은 화를 내는 경향이 있고, 재구매 의도가 낮으며, 불만족을 적극적으로 나타낸다.[21] 이 장의 첫 부분에 나온 Youtube에 있는 Michael Whitford의 동영상에 따르면, 고객은 Apple이 그의 랩탑 수리 문제를 통제한다고 느끼는 것이 명백하다. 실패 상황은 고객들의 서비스 회복 기대 문제에 크게 영향을 미친다. 서비스 회복 훈련은 실패 주체, 안정성, 통제 가능성의 세 가지 차원과, 서비스 회복 전략 선택 및 수행과의 관련성에 따라 고객 이해의 중요성을 강조해야 한다.

13-3d 회복 전략 선택: 실패를 상쇄하기 위하여 고객은 무엇을 받아야 하는가

서비스 회복 관리 프로그램 개발을 위한 네 번째 단계는 회복 전략을 선택하는 것이다.[22] 서비스 실패의 원인을 체계적으로 추적하는 서비스 기업들은 조직에서 적용할 수 있는 서비스 회복 전략 종류를 구분할 것이다. 그 결과 회복 전략의 선택은, 기업 실패 인지 및 회복 실패 원인과 함께 기업의 서비스 회복 노력에 대한 또 다른 기계론적 접근 방법으로 볼 수 있다. 회복 전략이란 회복 서비스 제공자가 서비스 실패에 대처하는 행동을 말한다. 예를 들어 만약 고객이 주문한 요리가 잘못 조리되었다면, 음식점은 빠르게 고객에게 음식을 바꿔줘야 할 것이다. 또한 은행에서 만약 고객이 잘못된 정보로 인해 ATM 출금에 대한 수수료를 내게 되었다면, 은행은 그 수수료를 되돌려줘야 한다. 회복 전략은 대개 보상, 회복, 사죄, 교환, 그리고 무반응이라는 다섯 가지 하위 유형으로 나누어진다.

위의 각각의 전략은 미묘한 차이점을 가지고 있으며, 전략의 효율성에 대한 고객의 평가는 매우 다양할 것이다. 예를 들어 보상과 회복 전략은, 고객이 애초에 제품에 대해 가졌던 욕구를 해결해주지만, 사죄와 변제 및 무반응 전략은 고객의 제품에 대한 욕구는 해결하지 못한다. 회복 전략은 단독으로 사용할 수도 있고, 결합하여 사용할 수도 있다. 회복 전략의 항목과 설명은 다음과 같다.

보상 전략(compensatory strategies)은 고객에게 서비스 실패의 비용을 상쇄할 수 있도록 보상한다(예: 감정, 돈, 시간 손실). 일반적으로 고객은 상품이나 서비스를 제공받고 보상을 통해 추가적인 가치를 제공받는다.

Stephen Finn/ShutterStock.com

항공사 고객에게 일반석에서 비즈니스석으로 업그레이드 해 주는 것은 서비스 실패를 회복하기 위한 환영받는 보상이다.

- 무료(예: 고객은 공짜 서비스나 상품을 제공받는다)
- 할인(예: 고객은 즉시 할인을 받는다)
- 쿠폰(예: 쿠폰은 추후에 교환 또는 재구매 시 사용할 수 있다)
- 무료 업그레이드(예: 경차에서 고급 자동차로 업그레이드를 해주는 것은 실패에 대한 보상의 방법이다)
- 무료 보조 제품(예: 호텔 객실의 문제를 보상하기 위한 무료 저녁)

복원 전략(restoration strategies)은 새로운 제품 또는 대체 상품을 고객에게 제공하거나, 기존의 제품을 수리하여 제공함으로써 현재의 실패 상황을 상쇄시킨다.

- 전체 보상(예: 결함 제품이 새 제품으로 교체된다)
- 수리(예: 결함 제품이 수리되어서 고객에게 다시 보낸다)
- 대체품(예: 결함 제품을 원하지 않거나 이용 불가능할 때, 대체품이 제공된다)

사과 전략(apologetic strategies)은 회사가 서비스 실패에 대해 고객에게 진심으로 사과를 하는 것을 말한다. 사과는 접점에 있는 종업원이나 관리자에 의해 수행된다. 고객 접점 종업원 사과는 실패 상황에 대한 빠른 반응의 전형이다. 그러나 고객은 이보다는 관리자의 대응을 더 가치 있게 느낀다. 관리자가 사과할 때 고객은 자신의 불평이 받아들여졌고 정당화되었다고 느낀다.

- 고객 접점 종업원의 사과(예: 서비스 제공자가 고객에게 사과한다)
- 상위 관리자의 사과(예: 상위관리자가 고객에게 사과한다)

배상 전략(reimbursement strategies)은 배상 고객이 일반적으로 제공된 상품을 반환하고 환불이나 가게 크레딧 형태로 환불을 받는다는 점에서 보상 전략과는 차이를 보인다. 그러나 배상 완료 이후에도 고객의 본래 욕구는 충족되지 않은 채로 남는다. 이에 고객은 반드시 다른 제공자를 다시 찾기 시작한다.

- 환불(예: 고객은 제품 가격만큼을 환불받는다)
- 가게 크레딧(예: 고객은 제품의 구입 가격만큼 가게 크레딧으로 환불받는다)

무반응 전략(unresponsive strategy)은 서비스 제공 회사가 서비스 실패에 대한 고객 불평에 반응하지 않는 전략을 말한다. 이러한 회사는 내부 서비스 회복 문화가 없거나, 불평 고객의 손실을 새 고객 유치를 통해 복구하기로 결정한 경우이다.

- 무반응(예: 고객 불평에 어떤 반응도 하지 않는다)

회복 전략 선택에 대한 공식적인 훈련은 위의 다섯 가지 전략의 크고 작은 차이점을 인지하는 것에서 시작된다. 회복의 추가적인 훈련은 서비스 회사와 고객, 양측 모두 수용할 수 있는 회복 전략을 위한 서비스 기업의 선호도를 포함하여야 한다. 또한 고객 및 실패 상황의 유형에 따라 가장 적합한 회복 전략을 찾기 위한 논의가 필요하다. 회사가 상품과 서비스를 항상 무료로 제공하는 것은 아니다. 많은 고객의 회복 기대를 충족시키면서 동시에 기업의 이익을 유지하게 하는 실행 가능한 대안이 다수 존재한다.[23]

13-3e 회복 전략 실행: 고객에게 회복 전략이 어떻게 제시되어야 하는가

적절한 회복 전략을 선택한 이후의 효과적인 서비스 회복 경영 프로그램을 위한 다섯 번째 단계는, 고객에게 체계적인 서비스 회복 전략을 전달하는 것을 포함한다. 이용 가능한 서비스 회복 전략을 공식적으로 인정한 회사들은 고객에게 서비스 회복 전략을 보여주는 방법에 대해서도 고심한다. 궁극적으로 고객 만족의 회복은 고객의 투입과 산출 사이의 균형을 확립하고, 고객이 정당한 방식의 대우를 받았다고 느끼게 하는 것이다.[24] 실패 상황에서 고객의 '투입'에는 돈뿐만 아니라 시간과 에너지 같은 비용들까지 포함된다. 고객이 받는 결과는 회복 전략 그 자체에 내재된 고객 가치, 서비스 회복을 받기 위해 고객이 경험하는 과정, 그리고 서비스 회복 교환에서 드러나는 대인관계의 본질을 포함한다. 이에 따라 **지각된 공정성**(perceived justice)은 분배 공정성, 절차 공정성, 상호작용 공정성의 세 가지로 구성된다.

분배 공정성(distributive justice)은 공정성 회사의 회복 노력에 대한 실제 결과에 초점을 둔다. 고객을 불쾌하게 만든 회사가 고객에게 서비스 실패 회복을 위해 구체적으로 무엇을 제공했는지, 그리고 그 결과 서비스 실패 비용이 상쇄되었는지가 중요한 문제이다. 분배적 공정성은 다섯 개의 회복 전략으로 구성된다. 이는 각각 보상전략, 회복전략, 사과전략, 대체전략, 무반응 전략이다.

절차 공정성(procedural justice)은 서비스 실패 이후 최종 결과에 도달하기까지의 절차의 공정성을 조사한다. 고객이 회사가 제공한 회복 전략의 "유형"에는 만족했을지라도, 회복 결과를 얻기 위해 기다린 과정이 공정하지 않았다면, 이로 인해 전체 회복 평가는 부정적으로 나타날 것이다. 한 연구에 따르면 똑같은 회복 전략을 수행한 경우라도, 이를 "즉시" 수행하는 것이 "연기된" 이후 수행하는 것에 비해 높은 회복 효율성 평가와 보유율을 보일 가능성이 높다고 한다.

상호작용 공정성(interactional justice)은 서비스 회복 절차가 수행되는 동안의 대인관계 방식과, 회복 결과를 '나타내는' 방식을 말한다. 상호작용 공정성에는 구체적으로 종업원들로부터 드러나는 공손함과 정중함, 공감, 상황을 해결하려는 노력이 포함된다. 서비스 실패로 인해서 고객은 좌절한다. 결과적으로, 대인관계의 본질은 회사의 서비스 회복 노력의 수용 문제에 큰 영향을 준다.

세 가지의 구성 요소, 즉 분배적 공정성, 절차적 공정성, 상호작용 공정성은 효과적인 서비스 회복 전략들을 만들 때 반드시 고려되어야 한다. 절차적 공정성과 상호작용 공정성이 없이 분배적 공정성만 고려한 회복 노력은 여전한 고객 이탈의 결과를 낳을 수도 있다. 회복 절차와 고객 유지에 진심으로 전념하는 서비스 기업은, 서비스 회복 관리 프로그램에 대한 공정성 차원의 세 가지 측면을 모두 다루어야 한다.

13-3f 종업원에 대한 피드백 제공

대부분의 서비스 제공자는 서비스 회복의 모든 경우에 완벽한 준비가 되어 있는 것은 아니기 때문에 서비스 실패 상황을 겪을 때, 많은 종업원은 서비스에 대한 고객의 기대와 기업의 비용 절감 목표 사이에서 덫에 걸린 기분을 느낀다. 효과적인 회복 전략은 때때로 서비스 종업원이 사칙 — 많은 기업이 종업원에게 금지하는 행동 유형 — 을 위반하는 결정을 요구한다. 종업원들의 행동을 제한하는 기업의 규칙과 규제는, 고객의 욕구를 효과적으로 해결하는 데 방해가 되기도 하며, 이로 인해 종업원들이 **역할 갈등**(role conflict)을 겪게 만들기도 한다. 게다가 많은 경우, 대부분의 종업원이 회복 노력에 대한 훈련이 부족한 까닭에, 서비스 실패의 회복 방법을 알지 못하는 **역할 모호성**(role ambiguity)을 겪는다. 주어진 시나리오에서 그나마 나은 결과를 낳는 것은, 고객의 불평에 빈약한 대답을 하거나 침묵하는 것뿐이다.

발생 가능한 서비스 실패와 원인의 유형에 관하여 종업원에게 체계화된 피드백을 제공하는 것은 실제로 일이 일어나기 전에 종업원들이 실패 상황을 준비할 수 있도록 한다. 피드백 유형을 미리 접하는 일은, 종업원을 기민하게 만들어 불만족한 고객과 직면한 경우에도 방심하지 않도록 한다. 더불어 종업원들에게 회복 전략의 유형에 관한 이용 가능한 피드백을 제공하는 것은, 종업원이 처하게 되는 모호한 상황과 스트레스를 줄여줄 것이다. 종업원들에게 피드백을 제공하는 것은 매우 가치 있는 일이다. 최근의 연구는 고객 불평에 대한 기업의 응답 중 절반가량이, 오히려 기업에 대한 고객의 부정적인 인식을 강화했다고 밝혔다.[25] 마지막으로, 종업원에게 피드백을 제공하는 것은 기업의 긍정적인 서비스 회복 문화를 강화하는 일이다. 건설적인 피드백 제공을 통해, 기업의 리더십은 종업원에게 서비스 회복은 가치 있으며, 기업의 전체적인 문화의 중요한 차원이라는 상징적 신호를 보낸다.

13-4 서비스 회복의 예술: 기본 원칙

몇몇 회사들은 서비스 실패가 발생하기 전까지만 서비스 제공에 집중하는 반면, 여타의 기업들은 서비스 실패가 발생한 이후에도 이를 회복하여 고객에게 감동을 주기 위해 노력한다. 서비스 기업의 고객들은 다소간의 서비스 실패는 대체로 허용하는 편이다.[26] 그렇기 때문에 서비스 실패 발생 시, 이를 고객에 의해 제공된 사업의 변화 기회로 받아들여야 하는데, 불행하게도 많은 기업은 여전히 실수로 일을 그르치고 회복할 기회도 놓쳐 고객과의 관계를 더욱 악화시킨다.

서비스 전달 시스템이 실패했을 때, 불만에 대응하는 것은 고객 서비스 담당종업원의 의무이다. 서비스 담당종업원의 응답 형식과 내용은, 서비스 접점에서 고객의 지각된 만족 또는 불만족 여부를 결정한다.[27] 역설적으로 만약 서비스 담당종업원이 긍정적인 방식으로 서비스 실패에 반응하면, 고객은 서비스 접점을 호의적으로 기억할 것이다. 비록 서비스 접점에서 서비스 실패를 경험했더라도, 고객은 긍정적인 사건으로 접점을 회상한다. 오히려 서비스가 한 번에 제대로 고객에게 전달된 경우보다, 실패가 발생하고 종업원이 실패를 성공적으로 회복시킨 경우에 고객은 서비스 성과를 더 높이 생각할 것이다. 이 현상을 **서비스 회복 역설**(service recovery paradox)이라고 한다. 회사가 그들의 서비스 회복 노력을 향상시키기 위해서는, 다음과 같은 법칙들을 고려해야 한다.

13-4a 비용의 측정

새로운 고객을 유치하는 것과 기존 고객을 유지하는 데 발생하는 비용의 차이는 상당하다. 새로운 고객을 유치하는 데에는 기존 고객을 유지하는 것보다 3~5배 더 많은 비용이 든다. 기존 고객은 회사 마케팅 노력에 조금 더 수용적이며, 기업에 있어서 중요한 수익의 원천이다. 게다가 기존 고객은 기업에 무엇인가를 요구하는 일이 거의 없고, 회사의 절차나 종업원에게 더욱 친밀감을 가지고 있으며, 서비스를 위해 기꺼이 더 많은 돈을 지불한다.

13-4b 불평의 적극적 장려

전문가들은 고객이 적극적으로 불만을 표출하게 하는 것이 침묵을 깨는 좋은 방법이라고 주장한다. 그러나 현실에서는 문제에 대해 불만을 표출하는 사람이 오히려 예외적이라는 것을 기억하라! 대부분의 고객은 불만의 소리를 내지 않는다. 게다가 일반적인 회사는 고객이 불만을 표현하는 소리의 96%를 듣지 못한다는 조사 결과가 있다.[28] 이것은 고객이 불만이 없다는 것을 뜻하지 않는다. 그들은 회사보다는 가족과 친구들에게 불만을 표시한다. 서비스에 불만족을 느낀 일반적인 고객은 11명의 지인에게 회사에 대한 불만을 말한다. 만약 이러한 11명의 지인이 또 다른 5사람에게 말하면, 그 회사는 잠재적으로 67

명의 손님을 잃는 것이다.[29] 고객에게 불만 표출을 장려하는 전략으로는, 접점을 통해 고객 만족을 보장하기 위한 고객 설문, 포커스 그룹 그리고 적극적인 서비스 전달 프로세스 모니터링 등이 있다.

13-4c 회복 요구에 대한 기대

모든 서비스 접점은 고객과 회사가 상호 교류하는 시스템에서의 시점, 일련의 중요한 사건으로 구성되어 있다. 효과적인 서비스 회복을 제공하는 기업은, 그들의 서비스 전달 프로세스에서 실패가 발생하기 쉬운 부분을 사전에 예측한다. 물론 이런 회사들은 실패의 가능성을 최소화하기 위해 할 수 있는 모든 일을 다하겠지만, 그럼에도 불구하고 서비스 전달이 잘못되면 서비스 회복을 위한 준비를 시작한다. 전문가들은 기업이 종업원 이직률이 높은 업무 분야에 특별히 집중해야 한다고 주장한다. 높은 이직률을 보이는 직위는 낮은 급여를 받는 고객 접점 직위들이 대부분이다. 이들은 동기부여가 결여되거나 효과적인 회복 기술을 경험하지 못하는 상황에 처하기도 한다.

13-4e 종업원 훈련

처음부터 서비스 회복을 타고난 종업원을 기대하는 것은 비현실적인 일이다. 대부분의 종업원은 실패가 일어났을 때 무엇을 해야 할지 알지 못하며, 상황에 즉시 대처하는 것(on the spot decision)이 어려운 일이라고 생각한다. 서비스 회복과 관련된 종업원 교육의 수준은 두 가지로 나누어진다. 첫째, 기업은 종업원에게 고객의 관심사를 인식하도록 해야 한다. 종업원을 고객의 입장에 두는 일은, 고객의 존재 의미를 종업원들에게 다시금 일깨워주는 것이다. 병원의 경우를 예로 들면, 병원은 병원 프로세스를 경험하도록 하기 위해, 인턴과 종업원들에게 병원 가운을 입힌 뒤 직접 들것에 실려가 보게 한다. 고객의 욕구를 이해하는 수준을 넘기 위한 두 번째 종업원 교육 수준은 회복 노력을 향한 관리 기대를 알아보는 것이다. 관리적 관점에서 수용할 수 있는 회복 전략은 무엇일까? 효과적인 회복은 종업원들이 스스로 그 실패에 대한 위험을 부담할 수 있도록, 고객과 접점에 있는 종업원에게 권한을 이행하는 것이다.

13-4d 접점 종업원에 대한 권한 부여

역설적이게도 효과적인 회복은 흔히 종업원이 사내 규율을 어기는 것을 의미한다. 종업원들이 사칙을 어기지 않도록 훈련되는 활동의 유형, 효과적인 회복 노력을 위해 회복, 특히 고객에게 즉각적인 반응을 해야 하는 경우에, 사내 규율은 종종 종업원들의 활동을 제한한다. 많은 경우 고객에게 보상을 약속하기 전에, 회사는 관리자의 승인을 요구한다. 그러나 관리자의 업무는 다양하기 때문에 승인 요구에 대한 종업원의 응답이 늦어질 수 있고, 이는 고객과 종업원 모두를 더욱 화나게 한다. 이러한 상황을 방지하고자 Ritz Carlton은 종업원들에게 필요 시 2,000달러를 서비스 회복을 위한 노력에 쓸 수 있도록 개별적인 권한을 부여하였다.

13-4f 신속한 응답

서비스 실패가 발생했을 때 회사가 신속하게 반응한다면, 아마도 회복 노력의 성공적인 결과를 가져올 것이다. 실제로 과거의 연구 결과, 고객의 불평이 신속하게 처리되도록 속도에 초점을 맞춘 경우라면 회사는 불평 고객의 95%를 고객으로 유지할 수 있을 것이라 밝힌 바 있다. 대조적으로 불평이 모두 해소되면, 기업은 불만족한 고객의 64%만 유지한다.[30] 시간이 핵심이다. 회사가 문제에 빨리 응답할수록, 회사가 중요하게 여기는 가치에 대해 고객에게 보내는 메시지는 고객들을 더욱 즐겁게 할 것이다. 왜 고객들은 그들이 원하는 것과, 그것을 언제 원하는지에 대해 말하지 않는가? 종업원들이 적극적으로 언쟁을 벌이는 것이 기업에게 정말로 가치가 있는가?

워싱톤주 스포캔에는 비싼 교훈을 얻은 한 은행이 있다. 은행의 수표, 투자 그리고 신탁계정에 수백만 달러를 소유한 한 고객은 예금을 하지 않고, "오직" 수표를 현금으로 바꾸기만 했다는 이유로 무료 주차를 거부당했다. 고객이 방문했던 은행 지점은 그의 주거래 지점이 아니었다. 그에게 그다지 친절하지 않았던 창구 종업원에게 이러한 상황을 설명한 후, 지점 관리자에게 그의 의견을 더욱 강하게 말하였고, 그 뒤 주거래 지점으로 찾아가서 오늘이 지나기 전까지 은행의 고위 경영진으로부터 응답을 받지 못한다면 그의 은행 계좌를 닫겠다고 말했다. 하지만 놀랍게도 은행으로부터 연락은 오지 않았고, 그 고객은 다음날 아침에 바로 백만 달러를 인출하였다. 고객의 이러한 행동은 뒤늦게 은행의 관심을 받았고, 은행은 지금까지 서비스 실패의 회복을 위해 노력하고 있다.[31]

13-4g 피드백 루프 종료

마지막으로 서비스 회복에서 가장 중요한 활동 중 하나는 고객의 불만이 어떤 차이를 만드는지에 관한 피드백을 고객에게 제공하는 것이다. 견고한 회복 전략을 가진 고객 지향 기업은 고객의 문제를 해결할 뿐이다. 그러나 회복에 능숙한 기업들은 한층 더 노력하며, 고객의 불평이 어떠한 차이를 만드는지 알려주기 위한 목적으로 고객과 다시 접촉한다. 고객 불만에 근거하여 미래의 실패 발생을 최소화하기 위한 새로운 절차를 만드는 동안 고객 불만을 통합하는 일은, 고객과의 커뮤니케이션을 강화하고 고객을 평생 고객으로 만들 수 있게 한다.

요약

오늘날 많은 서비스 회사는 서비스 전달 시스템이 순조롭게 운영되는 한 우수하다. 그러나 시스템이 뒤틀리기 시작하면, 많은 회사는 문제에 대한 해결책을 요구하는 불만 고객에게 제대로 대처하지 못한다. 그 증거로 고객 불만에 대한 대응의 절반 정도가 회사에 대한 부정적 인식만 강화시킨 사례를 들 수 있다. 결과적으로 뛰어난 고객 서비스를 제공하는 회사는 서비스 실패가 발생하여 고객이 불만을 표출했을 때, 서비스 접점을 바로잡을 수 있는 회복 수단을 갖춘 종업원이 준비된 회사이다.

고객 불만 사항은 서비스 제공 시스템을 개선하고 서비스가 종료되기 전에 고객이 만족하는지 확인할 수 있는 기회로 여겨져야 한다. 이 장에서는 불만 고객의 다섯 가지 유형과 불평의 네 가지 유형(도구적, 비도구적, 지시적, 재귀적)에 관하여 논하였다. 고객 불만은 다양한 원인을 포함하고 있다. 그 원인들은 문제를 해결하기 위해서, 불만을 표출하기 위해서, 문제의 원천 평가에 다른 사람이 영향을 미침으로써 어느 정도의 통제를 회복하기 위해서, 동정을 얻기 위해서 또는 불만에 대한 다른 사람들의 동의를 확인하기 위해서, 또는 똑똑하다는 인상을 주기 위해서이다.

그러나 서비스 회사가 걱정해야 하는 사람은 불만 고객이 아니다. 아무런 말없이 떠나는 사람, 다시 돌아오지 않을 사람, 다른 사람에게 부정적 구전으로 정보를 퍼뜨리는 사람들이다. 많은 고객이 불만을 표시하지 않는 이유는 다양하다. 서비스 고객들은 때로 누구에게 불만을 말해야 하는지 알지 못하고, 불만 표출이 좋은 결과를 낳을 것이라고 생각하지 않는다. 그 외에도 고객이 불만을 표시하지 않는 이유가 있다. (1) 고객의 서비스 평가는 매우 주관적이다. (2) 고객은 자신의 정확한 욕구를 서비스 제공자에게 구체적으로 알려주지 못한 자신을 비난을 하는 경우가 있다. (3) 많은 서비스는 기술적이고 전문적이다. 그래서 많은 고객은 자신이 불평할 자격이 없다고 생각한다. (4) 서비스의 비분리성 때문에, 고객은 불평이 대립을 일삼는 일이라고 생각하기 때문이다. 고객이 공개적으로 불만을 표현하는지 여부와 상관없이, 결과는 불만 표출, 이탈, 그리고 보복을 포함한 좋지 못한 고객 경험과 관련되어 있다.

뛰어난 서비스 회복을 갖춘 기업은 종종 긍정적 내부 서비스 회복 문화, 즉 '실패 인식, 실패 요인 분석, 회복 전략 선택, 회복 전략 실행, 종업원 피드백 제공'으로 구성된 체계화된 서비스 회복 관리 프로그램을 가지고 있다. 서비스 회복 관리 프로그램은 유기적이고 기계론적인 요소로 구성된다. 체계적·단계적 접근에 관한 서비스 회복의 기계론적 접근법은 기업의 실패 분석과 서비스 회복 노력이 가능하게 하도록 개발된다. 대조적으로, 서비스 회복에 대한 유기론적 접근법은 기업의 서비스 회복 문화를 구성하는 비공식적인 가치와 믿음으로 이루어져 있다.

마지막으로 현실적 측면에서, 서비스 회복이 뛰어난 기업은 비용을 추정하고, 고객이 불평하는 것을 적극적으로 장려하고, 서비스 회복에 관한 욕구를 예측하고, 종업원을 훈련시키고, 접점종업원에게 권한을 부여하고, 빠르게 반응하고, 커뮤니케이션을 강화한다. 이러한 성공적인 서비스 회복 노력은 고객 충성도와 고객 유지에 중요한 역할을 한다. 다음 장에서 이 주제가 다루어질 것이다.

복습문제

1. 도구적, 비도구적, 지시적, 재귀적 불평의 유형에 대해 논의하시오. 어떤 유형의 불평이 가장 많이 제기되는가?

2. 이전의 연구는 불만족한 고객의 96%는 불평하

지 않는다는 것을 발견했다. 이유는 무엇인가?

3. 어떤 유형의 회사가 불만 고객의 의견을 들으려고 하는가? 제품을 판매하는 기업인가 아니면 서비스를 제공하는 기업인가? 설명하시오.
4. 실패 유형에 대한 결과(항의, 이탈, 보복)를 논의하시오.
5. 서비스 회복에 관한 구조상의 접근법과 기계론적인 접근법 사이의 근본적인 차이점을 설명하시오.
6. 전국적으로 유명한 레스토랑 체인점에서 고객들의 불만을 분류하기 위해 당신을 고용하였다. 네 가지 주요 실패 인식 유형들 사이에서 기본적인 차이점을 토론하고, 레스토랑과 관련된 각각의 예를 들어 설명하시오.
7. 묵시적/명시적 요구 실패 유형과 관련된 실패의 하위 유형에 대하여 정의하고 논의하시오.
8. 서비스 회복의 역설은 무엇인가? 관리자는 서비스 회복 역설로부터 무엇을 배워야 하는가?
9. 지각된 공정성을 정의하라. 지각된 공정성이 회사의 회복 전략을 평가하는 데 어떻게 사용되는가?
10. 고객이 종업원이나 관리자에게 불평을 한 후의 "루프 종료(close the loop)" 단계는 무엇을 뜻하는가? 왜 이 특정 단계가 고객 불만을 다루는 데 있어서 중요한 것인가?

사례 13. 1부: 이러한 방법으로 항공사를 운영할 수 있는가?

다음 편지는 수많은 서비스 실패와 그에 대한 회사의 대응 사례를 포함한, 실제 서비스 접점에 대한 설명을 담고 있다. 먼저 고객이 항공사로 보낸 편지인 1부를 읽고, 1부의 마지막 부분에 있는 질문에 답을 하라. 다음으로 항공사의 대응이 제시된 2부를 읽고, 2부의 마지막 부분의 질문에 대하여 답하라.

2015년 7월 23일

고객 서비스 매니저에게

Carolina Motor Club을 통해, 아내와 저는 아래와 같이 World Airlines의 1등석과 클리퍼석(clipper class) 왕복 항공권을 예약했습니다.

7월 1일 World airline 3072 Charlotte to Kennedy

7월 1일 World airline 86 Kennedy to Munich

7월 21일 World airline 87 Munich to Kennedy

7월 21일 World airline 3073 Kennedy to Charlotte

우리는 추가적으로 Wilmington에서 Charlotte로 가는 Trans Air의 263편(7월 1일)과 2208편(7월 21일)을 예약했습니다.

World Airline이 우리의 86편 비행기 좌석을 클리퍼석에서 1등석으로 업그레이드해주었기 때문에, 3072편과 86편은 매우 좋았습니다. 그러나 86편을 타고 가는 도중에 우리는 3072편에서 우리가 먹은 음식이 상한 음식이었다는 것을 알게 되었습니다. 일등석에 제공되었던 해산물 샐러드가 원인인 것 같습니다(샐러드가 차갑지 않고 따뜻해보여서 먹기를 주저했었는데, 식중독에 걸렸습니다). 아내는 화장실에서 구토를 한 뒤 의식을 잃었고 머리도 부딪혔으며, 며칠 후 우리는 그녀의 허리에도 무리가 간 것을 알게 되었습니다. 승무원들은 우리를 매우 걱정해주었고 또 즉시 돕기 위해 노력했습니다. 그러나 그들은 아내를 닦아주고 식판을 치워주는 것 외에는 해줄 수 있는 것이 없었습니다. 게다가 아내는 계속 메스꺼워하며 설사도 했습니다. 그녀는 머리가 뻣뻣해지는 느낌이 든다고 했고, 며칠 동안 두통에 시달렸습니다. 그녀의 등 아랫부분은 지금까지 계속적으로 통증이 있습니다. 저 역시도 며칠간 아팠습니다. 휴가의 시작은 좋았으나! 끝은 최악이었습니다!

Kennedy행 비행기를 타기 전 오래 기다리는 동

Source: Richard A. Engdahl and K. Douglas Hoffman, "World Airlines: A Customer Service Air Disaster," in Carol A. Anderson, ed., *Retailing: Concepts, Strategy, and Information* (Minneapolis/St. Paul: West, 1993) pp. 215–218.

안, 큰 폭풍우가 있었고 우리의 수하물은 비행기 밖으로 빠져버렸습니다. 우리는 첫날 밤 숙소에 도착했을 때, 모든 옷이 흠뻑 젖었다는 사실을 발견했고, 우리의 짐이 물에 빠졌었다는 것도 알게 되었습니다. 게다가 친구를 위해 가져온 4개의 그림도 다 망가졌습니다.

돌아오는 비행기는 상한 음식을 안 먹었다는 점에서만 좀 더 나았습니다. 대신에 우리는 아무것도 먹지 못했습니다! Munich를 떠나는 87편 비행기는 일손이 부족했고, 좌석의 위치 때문에 할 일이 2배 이상이던 승무원들은 우리의 서비스를 계속 마지막에 두었습니다. 우리는 마실 것을 요구했습니다. 우리를 위한 따뜻한 타월도 없었고, 음식은 부족했으며 음식 선택권이 없었기 때문에 우리는 토마토 소스로 만든, 너무 바싹 익힌 고기를 먹어야 했습니다. 맛을 보았으나 맛이 너무 이상했고, 3072편의 경험이 떠올라 우리는 그것을 먹기가 두려웠습니다.

87편 비행기는 비행기 청소(방송에 따르면)가 늦어지고, 승무원이 늦게 도착하여 탑승도 늦어졌습니다. 게다가 비행기가 폭풍우 때문에 이륙을 위해 후진을 하여 출발은 더 지연되었습니다. 만약 정시에 탑승이 이루어졌더라면, 이륙 우선권을 빼앗기지 않았을 것이고, 그랬다면 2시간 빨리 이륙할 수 있었을 것입니다. 그리고 그랬다면 우리는 예정대로 Charlotte에서 환승할 수 있었을 것입니다. 비행기는 내가 지금까지 타본 비행기 중 가장 더럽고 가장 많이 파손된 비행기였습니다. 벽 커버는 벗겨져 있었고, 바닥에 여기저기 쓰레기가 널려 있고, 머리 위 짐을 넣는 선반은 강력 접착제로 봉해져 있었습니다. 일등석 손님으로서 나는 나머지 승객들의 탑승을 기다리는 동안 차가운 맥주를 요구했습니다. 그러나 맥주는 미지근했습니다. 12시간 동안 음식을 별로 먹지 못해서 우리는 상당히 배가 고팠고, 그래서 땅콩을 요청했습니다. 하나도 없었습니다. 비행기에 재고가 없었습니다. 저는 아내를 위해 베개와 담요를 요구했습니다. 역시 없었습니다. 얼마나 멋진 1등석입니까! 전체 비행기에 3명의 승무원만 있었습니다. 비행기 뒤쪽과 일등석의 두 부분을 담당하는 임산부 종업원이 상당히 안타까웠습니다. 그녀가 안 좋은 환경에서 일하고 있다는 점에서 연민도 느껴졌습니다. 당신 종업원들이 이렇게 대우받는 모습을 보면서, 저는 당신 회사가 어떻게 종업원 고용을 유지할 수 있는지 이해가 되지 않았습니다.

Kennedy에서의 과도한 지연 때문에, 87편 비행기는 매우 늦게 도착했고 우리는 Charlotte에서 Wilmington까지의 환승편에 탈 수 없었습니다. 그러나 나중에 밝혀진 것처럼, 비행기가 정시에 도착하였더라도 환승 비행기를 탈 수는 없었을 것입니다. World Airlines가 비행기 편명을 바꿨을 뿐만 아니라 Kennedy-Charlotte 구간의 시간도 바꿨기 때문입니다. 그리고 이 사실은 공항에 도착하기 전까지 통보를 받지 못하였습니다! 저는 우리와 Wilmington에서 만나기로 한 사람들에게 밤까지 도착하지 못한다는 사실을 알리기 위해 Raleigh에서 내렸습니다. 그러나 너무 늦은 시간이었고, 그들은 이미 벌써 공항으로 떠난 뒤였습니다. Raleigh에 있는 게이트 종업원은 World airline이 Charlotte에서 우리에게 숙박을 제공할 것이라고 하였고, 그 말을 들은 저는 다시 비행기로 돌아갔습니다. 그러나 우리가 Charlotte에 도착했을 때, World airline 종업원은 우리가 Wilmington-Charlotte을 다른 항공사를 통해 예약하였기 때문에, "우리의 문제가 아니다"라며 우리를 책임질 것을 거부했습니다. 게다가 그는 이 문제가 우리의 비행 사이의 시간으로 인한 불법적 항공편 연결이라며 우리의 일에서 손을 떼려고 하였고, 숙소와 식사도 제공하지 않았습니다. 예약 시 항공편 연결은 불법적이지 않았고, World Airlines는 비행 시간과 비행기 편을 통보 없이 바꿨다는 점과, 이 문제에 할말이 더욱 많이 있다는 점을 최소한 세 번 지적한 다음에야 그는 결국 항복했고 우리에게 쿠폰을 주었습니다.

엉망인 서비스와 안 좋은 음식을 제공받고, 편의시설이 없었던 24시간 동안의 여행이 끝나고 난 후, Charlotte에서 그 종업원처럼 따지기 좋아하는 SOB(son of bitch)를 만나게 돼서 매우 기쁩니다. 그는 해고되어야 합니다!!! 일등석 탑승객인데도 우리는 짐승 같은 대우를 받았습니다. 그러나 여기서 끝이 아닙니다.

다음날 Wilmington에 도착했을 때는 우리의 4개의 가방 중 2개만 도착해 있었습니다. 우리는 가방을 찾기 시작했습니다. 잃어버린 가방은 결국 7월 23일 3시쯤이 되어서야 집으로 배송되었는데, 가방은 비가 오는 Kennedy에서 다시 비행기 밖으로 빠졌었고, 덕분에 가방에 들어 있던 모든 것이 다 젖었습니다. 저는 헤어드라이어로 짐을 말렸습니다. 지도, 가이드북, 사진, 기념품 브로슈어 등 모든 종이 제품이 망가졌습니다. 저는 아직도 헤어드라이어, 라디오, 전동 칫솔, 변압기 등이 작동되는지 안 되는지도 모릅니다. 이 글을 쓰는 지금 말리고 있습니다. 게다가 새 가방은 밑부분에 구멍이 났습니다(가방에 물이 많이 차 있는 상태로 끌고 와서 그런 것 같습니다).

우리는 컬러프린트 롤과 100달러 상당의 여행 가이드북, 많은 기념품 브로슈어 등과 100달러짜리의 아트 프린트, 수화물 파손(50불), 작동 안 되는 전자제품, 그리고 질병과 부상(엑스레이 비용: 영수증 동봉)의 피해를 입었습니다. 그리고 이로 인한 불행 및 고통 속에서 당신의 항공사로부터 용납할 수 없는 대우까지 받아 인내와 유머를 잃어버렸습니다.

만약 우리가 겪은 것에 대한 보상이 있다면, 금전적인 보상뿐일 것입니다. 잃어버린 시간과 방학의 즐거움은 되돌릴 수 없습니다. 예술 작품, 책(사진을 제외하고), 기타 다른 것들은 대체될 수 있습니다. 우리가 다시 여행을 떠난다는 가정하에 …. 그러나 만약 우리가 다시 여행을 간다면, 우리는 절대 당신네 World airline을 선택하지 않을 것입니다.

끝내면서, 저는 매우 화가 나 있고 단호합니다. 우리는 World Airlines를 제외한 모든 곳에서 받을 수 있는 고급스러운 일등석 대접을 받고, 특별한 방학을 보내길 원했기 때문에 특히 더 화가 나 있습니다. 당신네들이 얼마나 형편없이 우리를 대접했는지 믿을 수가 없고, 이것은 고객 서비스에서 완벽한 부정적인 연구 사례입니다. 나는 당신들이 얼마나 나쁜 서비스를 제공했는지를 알게 하기 위해서, 제가 기억하는 모든 사소한 것까지 다 말할 수 있도록 노력하였습니다.

혐오를 담아

J. Q. Customer

1부 토의문제

1. 일반적으로 위의 불만 사항은 도구적인가, 아니면 비도구적인가? 지시적인가, 재귀적인가? 이에 대하여 설명하고 답하시오.
2. 발생된 서비스 실패를 확인하고, 각각의 서비스 실패를 네 가지 범주에 따라 분류하시오.
3. 위에서 인지된 서비스 실패의 세 가지를 고르고, 통제 주체, 안정성, 통제성의 측면에서 가능성 있는 속성에 대해 논의하시오.
4. 고객 불만을 상쇄시킬만한 회복 전략에 관하여서 토론하시오.

사례 13. 2부: World Airline의 반응

다음은 고객의 편지에 대한 World Airline의 실제 대답이다. 첫 번째 편지는 고객센터 담당자가 작성한 것이며, 두 번째는 고객관계 관리자가 작성한 것이다.

9월 25일 2015년

친애하는 고객님

이 편지는 전화 상담 중 합의에 관한 내용을 확실하게 하기 위해 보냅니다.

따라서 2,000달러에 대한 전대계약서를 동봉합니다. 고객님과 아내 분은 공증을 위해 서류에 서명을 한 뒤, 원본은 사무실로 보내고 복사본은 가지고 계십시오. 곧 공증 결과를 받는 대로 2,000달러 수표를 보낼 것입니다.

다시 한번 고객님께 사죄드립니다. 만약에 당신이 구할 수 있는 모든 여행 서류의 사본을 제공해준다면, 우리 고객센터 종업원에게 큰 도움이 될 것입니다.

고객 불만 관리자

10월 12일 2015년

친애하는 고객님

응답이 늦은 점과 고객님이 편지에서 설명하신 모든 불운한 사건에 대해 용서를 바랍니다. 저희는 여행을 가능한 한 즐겁게 만들기 위해 노력을 해왔지만, 이번 경우에는 분명히 실패한 듯합니다.

저희 상담 관리자가 고객 관리자인 저에게 식중독과 관련된 잠재적인 합의가 진행 중이라는 소식을 전해주었습니다. 고객님이 식중독 때문에 다른 비행기에서도 음식 서비스를 즐길 수 없었던 점을 매우 죄송하게 생각합니다. 저는 고객님께 이런 사건은 매우 드물게 발생하는 사건이라는 점을 말씀 드리고 싶습니다. 저는 저희의 케이터링이 최고의 품질이라는 것을 보장하기 위해 많은 시간과 노력을 투자합니다.

잘못된 수하물 처리보다 더 짜증나는 일은 없다는 것을 잘 알고 있습니다. 다시는 수하물이 훼손되는 일이 없을 것이라 말하고 싶지만 이는 이상적인 일이기에, 저희 회사는 현실적으로 수하물 훼손 발생 시 고객이 입는 피해를 최소화할 수 있도록 노력하고 있습니다.

날씨 상황 때문에 일어나는 여행 중단 문제는 특히 불만스러울 수 있습니다. 기술의 발전에도 불구하고 정확한 날씨의 예상은 우리가 원하는 만큼 신속하게 이루어지지 않고 있습니다. 여행 중단은, 물론 항공사의 통제 범위를 넘는 일입니다. 이러한 상황에서 가장 중요한 것은 안전이지만, 저희는 고객님께 이런 불편을 끼친 것에 정말 유감입니다.

저희는 스케줄 변동 문제로 불편을 겪는 승객을 위해 상당히 많은 노력을 해왔습니다. 저희의 행동 지침은, 고객에게 시간이 허락하는 대로 이러한 변동 상황을 알려주는 것입니다. 저희는 또한 기존의 항공편을 대체할 수 있는 예약을 할 수 있도록 노력하고 있습니다. 저희는 모든 관계자와 스케줄 변동 요청을 확인하고, 유사한 문제가 또다시 일어나지 않게 하기 위해 필수적인 정확한 조치를 취하고 있습니다.

고객님의 편지에서 저희 비행기 내부 모습이 매력적이지 않았었다는 점을 확인했습니다. 저희는 비행기 외형이 우리의 프로페셔널리즘을 반영한다는 것을 알고 있습니다. 저희는 객실 유지와 청결 문제를 대단히 중요하게 여기기에, 저희의 비행기가 고객님의 기준에 부합하지 못한 점은 매우 유감입니다. 경영 책임자에 의해서 이 특별한 문제가 조사되고 있으며, 그에 따르는 적합한 조치가 취해질 것입니다.

고객님의 불쾌한 여행에 대한 저희의 마음을 보여드리고자, 어디든 갈 수 있는 World Airlines의 1등석 티켓으로 교환할 수 있는 여행 바우처를 동봉했습니다. 재차 변변찮은 사과를 받아주실 것을 부탁 드립니다. 저희는 고객님께 완벽하게 편안한 여행을 제공함으로써, 저희에 대한 신념이 회복되길 바랍니다.

진심을 담아

고객 관리자

2부 토의문제

1. 고객의 불만을 상쇄하기 위해 이 기업이 수행한 회복 선택을 설명하시오. 또 이 장에 나온 회복 전략 유형을 바탕으로 회복 전략을 분류하시오.
2. 분배, 절차, 상호작용 공정성 측면에서 고객에게 취한 회복 전략들의 타당성을 논의하시오.
3. 이 기업과 종업원들이 불만 편지로부터 얻을 수 있는 교훈은 무엇이 있는지 설명하시오.

각주

1. Christopher W. L. Hart, James L. Heskett, and W. Earl Sasser, "The Profitable Art of Service Recovery," *Harvard Business Review*, (July–August 1990), pp. 148–156.
2. H. Keith Hunt, "Consumer Satisfaction, Dissatisfaction, and Complaining Behavior," *Journal of Social Issues*, 47, 1, (1991), p. 116.
3. Janelle Barlow and Claus Moller, *A Complaint Is a Gift* (San Francisco: Berrett-Koehler Publishers, Inc., 2008).
4. Mary C. Gilly, William B. Stevenson, and Laura J. Yale, "Dynamics of Complaint Management in the Service Organization," *The Journal of Consumer Affairs*, 25, 2, (1991), p. 296.
5. Oren Harari, "Thank Heaven for Complainers," *Management Review* (January 1992), p. 60.
6. http://www.merriam-webster.com/cgi-bin/mwwod.pl, accessed 29 August 2009.
7. Mark D. Alicke, et al., "Complaining Behavior in Social Interaction," *Personality and Social Psychology Bulletin* (June 1992), p. 286.
8. http://www.sutherlinoptical.com/index.php?option=com fireboard&Itemid=703&func=rules, accessed 5 March 2009.
9. http://edis.ifas.ufl.edu/HR005, accessed 5 March 2009.
10. T. M. Amabile, "Brilliant but Cruel: Perceptions of Negative Evaluators," *Journal of Experimental Social Psychology*, 19, (1983), pp. 146–156.
11. Gilly, Stevenson, and Yale, "Dynamics of Complaint Management," p. 297.
12. Hunt, "Consumer Satisfaction," p. 114.
13. Hunt, "Consumer Satisfaction," p. 115.
14. C. Homburg and A. Fürst, "How Organizational Complaint Handling Drives Customer Loyalty: An Analysis of the Mechanistic and Organic Approach," *Journal of Marketing*, 69, (July 2005), pp. 95–114.
15. G. R. Gonzalez, K. D. Hoffman, and T. N. Ingram, "Improving Relationship Selling through Failure Analysis and Recovery Efforts: A Framework and Call to Action," *Journal of Personal Selling and Sales Management*, 25, 1, (2005), pp. 57–65.
16. Mark Magnier and John O'Dell, "Mitsubishi Admits to Complaint Cover-up," *Coloradoan*, (August 23, 2000), pp. A1–A2.
17. Mary Jo Bitner, Bernard H. Booms, and Mary Stanfield Tetreault, "The Service Encounter: Diagnosing Favorable and Unfavorable Incidents," *Journal of Marketing* (January 1990), pp. 71–84; Mary Jo Bitner, Bernard H. Booms, and Lois A. Mohr, "Critical Service Encounters: The Employee's Viewpoint," *Journal of Marketing*, 58, (October 1994), pp. 95–106.
18. Asra Q. Nomani, "In the Skies Today, A Weird New Worry: Sexual Misconduct," *Wall Street Journal* (June 10, 1998), p. A1; Frances Fiorino, "Passengers Who Carry, Surly Bonds of Earth' Aloft," *Aviation Week and Space Technology*, 149, 5, (December 28, 1998), p. 123.
19. S. R. Swanson and Kelley, S. W., "Service Recovery Attributions and Word-of-Mouth Intentions," *European Journal of Marketing*, 35, 1/2, (2001), pp. 194–211.
20. Ibid.
21. Valerie S. Folkes, "Consumer Reactions to Product Failure: An Attributional Approach," *Journal of Consumer Research*, 10, (March 1984), pp. 398–409.
22. Scott W. Kelley, K. Douglas Hoffman, and Mark A. Davis, "A Typology of Retail Failures and Recoveries," *Journal of Retailing* (Winter 1993), pp. 429–445.
23. Adapted from K. Douglas Hoffman, Scott W. Kelley, and Holly M. Rotalsky, "Tracking Service Failures and Employee Recovery Efforts," *Journal of Services Marketing*, 9, 2, (1995), pp. 49–61.
24. This section adapted from K. Douglas Hoffman and Scott W. Kelley, "Perceived Justice Needs and Recovery Evaluation: A Contingency Approach," *European Journal of Marketing*, 34, 3/4, (2000), pp. 418–432.
25. Adapted from Christopher W. L. Hart, James L. Heskett, and W. Earl Sasser, "The Profitable Art of Service Recovery," *Harvard Business Review*, (July–August 1990), pp. 148–156.
26. James L. Heskett, et al., "Putting the Service-Profit Chain to Work," *Harvard Business Review*, (March–April 1994), p. 172.
27. Bitner, Booms, and Tetreault, "The Service Encounter," p. 321.
28. Karl Albrecht and Ron Zemke, *Services America* (Homewood, IL: Dow-Jones Irwin, 1985) p. 6.
29. Donna Partow, "Turn Gripes into Gold," *Home Office Computing* (September 1993), p. 24.
30. Albrecht and Zemke, *Services America*, p. 6.
31. Hart, Heskett, and Sasser, "The Profitable Art," p. 150.

14장
고객 충성도과 고객 유지

학습 목표

- 고객 충성도와 고객 유지의 서비스 마케팅 개념의 차이점과 관계를 이해한다.
- 고객 유지의 개념이 점차적으로 중시되는 이유에 대해 논의한다.
- 기존 고객의 유지를 위한 성공적 전략을 마스터한다.
- 최근 고객 유지 프로그램에 대해 설명한다.
- 결함 관리에 대해 설명한다.

> "충성도는 청사진으로 처리될 수 없다.
> 그것은 조립라인에서 생산될 수 없다.
> 실제로, 충성도의 원천 – 인간 존중과
> 인간 존엄의 중시 – 은 인간 본연의 마음이기 때문에
> 생산되는 것이 결코 아니다. 그것은 상황이 딱 맞을 때만
> 존재하는 힘이며, 배신에 매우 민감하다."
>
> *Maurice R. Franks*

이 장의 주요 목적은 고객 유지의 개념을 소개하는 것이다.

AP Images/Isaac Brekken

Harrah's의 새로운 로열티 프로그램

고객 충성도 및 고객 유지는 많은 산업의 중요한 서비스 목표이다. 그러나 어느 회사도 Harrah's entertainment의 고객 충성도와 고객 유지에 대해 심각하게 받아들이진 않았다. Harrah's entertainment는 Harrah's, Paris, Bally's, Caesars palace, Horseshoe, The flamingo와 World series of poker와 같은 브랜드로 4개 대륙에 80여 곳의 카지노 리조트를 가진, 세계에서 가장 큰 카지노 엔터테인먼트이다. Harrah's는 고객의 재방문을 위해 웹사이트에 다음과 같은 문구를 게재하였다. "Harrah's entertainment는 훌륭한 서비스, 우수한 제품, 최고의 유통, 운영의 우수성과 기술 리더십의 조화를 통해 고객 충성도와 가치의 구축에 초점을 맞추고 있습니다."

Harrah's는 가장 충성스러운 고객을 파악하고, 이러한 고객에게 보상을 하기 위한 충성도 프로그램, 즉 Total Rewards를 사용한 초기 겜블링 회사 중 하나이다. 고객은 Total Rewards 프로그램에 등록한 후, 슬롯머신을 하거나 게임장을 방문할 때마다 그들의 Total Rewards 카드를 간단히 긁거나 삽입한다. 레귤러 포인트는 베팅의 양에 따라 보상 카드에 적립된다. 일정량의 레귤러 포인트가 적립

된 후, Gold, Platinum, Diamond club 멤버십의 자격을 주는 보너스 포인트는 고객 카드에 적립된다. 클럽 멤버십과 리워드 포인트는 빠른 체크인, 무료 객실, 무료 음식, 스파 트리트먼트, 그리고 쇼 관람티켓과 같은 혜택으로 교환될 수 있다. 즉 Total Rewards 프로그램은 고객들에게 카지노에서 돈을 따는 것뿐 아니라, Harrah's entertainment에서 제공하는 다른 혜택을 이용할 수 있도록 하는 프로그램인 것이다.

Total Rewards 프로그램은 Harrah's에서 큰 성공을 거두었다. 이 프로그램에 4,000만 명 이상의 멤버가 가입했고, 작년에는 600만 명 이상의 고객이 활발하게 활동했다. Harrah's는 게임 매출의 75% 이상이 카드를 통해 나오는 것이라 예상했다. 로열티 프로그램은 또한 고객들이 사는 곳 이외의 다른 지역에서도 겜블링 매출을 발생시킨다. 예를 들어 라스베이거스에 있는 Harrah's에서 도박을 하는 고객은 애틀랜틱시티에 있는 Harrah's 또한 방문할 것이다. 고객은 어디서든지 게임을 할 때마다 포인트가 계속 적립되는 한, Harrah's를 계속 이용할 것이다. 로열티 프로그램 도입 이후, Platinum과 Diamond 클럽 멤버십이 두 자리 수로 증가함에 따라, Harrah's는 도박에서 돈을 많이 쓰는 사람들을 대상으로 한 비즈니스에서도 큰 성장을 보였다. 또한 로열티 카드에 의한 데이터는 돈을 적게 쓰는 고객이 Harrah's 매출의 40% 가까이를 차지하고 있음을 알 수 있게 하였다. 많은 다른 카지노 프로그램들은 돈을 적게 쓰는 고객들을 중요하게 생각하지 않는다. Harrah's는 슬롯 전체 매출 이익 중 12% 순이익이 증가한 디노미네이션 슬롯머신과 비디오 포커 게임의 디자인을 개선하였다.

최근 Harrah's는 로열티 프로그램을 확대하여 엔터테인먼트, 레스토랑, 그리고 다른 서비스에 돈을 쓰는, 즉 도박을 하지 않는 사람들에게도 보상 포인트를 제공한다. Harrah's가 자신들 수익의 약 20%는 도박이 아닌 분야에서 발생한다는 사실과, 미국의 경제 불황과 겜블링 매출 감소에 따라 도박을 하지 않는 사람들이 많아지고 있다는 점에 대해 진지하게 생각한 결과이다. 이에 비해 MSM Mirage는 도박이 아닌 다른 분야에서 총 수익의 약 58%가 발생하지만, 겜블링을 하지 않는 사람들을 위한 특별 프로그램은 제공하지 않는다. 결과적으로 경쟁자에 비해 Harrah's 로열티 프로그램이 성공할 수 있었던 것은, 다양한 고객들의 다양한 욕구에 대한 기업의 정확한 인식 덕분이라 할 수 있다. 명백히 겜블러들과 겜블링을 하지 않는 사람들은 게임 산업에 대해 서로 다른 기대를 가진다. 그러나 Total Rewards 프로그램은 Harrah's가 그들 모두에게 진정으로 가치를 두고 있다는 점을 보여주었고, 이를 통해 겜블러들뿐만 아니라 겜블링을 하지 않는 사람들 또한 Harrah's에 충성하게 만들 수 있었다.

Sources: http://www.cioinsight.com; http://www.eweek.com; http://www.harrahs.com.

14-1 서론

'고객 충성도'와 '고객 유지'라는 두 개념은 '고객 만족'보다 더 미래적인 관점을 반영하는 최첨단 서비스 기업의 핵심 전략이다. 11장에서 보았듯이, 고객의 현재 상태를 평가하고 측정하는 '고객 만족'은 점점 다양해지는 고객의 욕구를 충족시키기에는 부족했다. 결과적으로 서비스 회사에 대한 고객의 몰입, 고객 기대의 진화, 미래 구매의 가능성, 그리고 경쟁 기업들과 비즈니스를 수행하는 고객의 의지를 평가할 수 있는 추가적인 측정은, 회사의 고객 충성도 및 고객 유지 노력을 평가하기 위해 반드시 필요하다.

14-2 고객 충성도란

많은 비즈니스에서 충성도와 고객 유지라는 용어가 유사한 의미로 사용되고 있지만, **고객 충성도**(customer loyalty)는 회사에 대한 거래적인 애착뿐만 아니라 감정적인 애착을 반영한다. 하버드의 한 서비스 전문가는 "고객이 만족하기에 아직 충분하지 않다. 당신은 충성도의 격차를 줄이기 위해 고객의 마음과 정신이 필요하다."고 말하기도 하였다.[1] 내 아버지는 오하이오주 북동쪽에 골프장을 짓고 거의 40년 동안 관리했다. 그리고 많은 고객이 수십 년 동안 충성 고객이었다. 우리는 그들의 가족을 알았고, 그들도 우리 가족을 알았으며, 새 시즌에 골프코스가 개장하면 매년 봄 가족 모임을 가졌다. 돌이켜 보면, 그들은 고객 유지의 차원과는 반대로 충성 고객이라도 말할 수 있다. 이 분야에는 많은 경쟁이 있었기 때문이다. 서비스 회사가 경쟁자가 없을 때, 고객은 갈 곳이 없기 때문에 충성은 문제가 되지 않는다. 그러나 경쟁자가 시장에 들어오면, 고객 충성도를 형성하고 유지하는 것은 고객을 경쟁자에게 빼앗기지 않기 위한 필수적인 일이 된다.

궁극적으로, 고객 충성도는 고객 유지보다 더 깊은 신념이다. 직관적으로는 고객 만족에서 고객 충성도로 이어지고, 그것이 다시 고객 유지로 이어지는 것으로 보인다. 하지만 고객 충성도의 단계 없이 고객 만족이 고객 유지로 이어질 수도 있으며, 현재 보유하고 있는 고객이 충성 고객이 아닐 수도 있다. 핵심은 서비스 회사가 보유한 고객이 충성 고객이 될지 장담할 수 없다는 것이다. 결과적으로 자신의 사업을 구축하고 강력한 고객관계를 양성하고자 하는 서비스 회사는 고객의 유지를 넘어선 고객 충성도의 부가 전략적 가치를 이해할 필요가 있다.

"My family? Hell no, those are my clients!"
"가족이냐고? 어림없지, 내 고객들이라네!"

Eaves,Stan/CartoonStock.com

많은 비즈니스에서 충성도와 고객 유지라는 용어가 유사한 의미로 사용되고 있지만, 고객 충성도는 회사에 대한 거래적인 애착뿐만 아니라 감정적인 애착을 반영한다.

14-2a 잘했지만, 이미 끝났어!

직관적으로 높은 수준의 고객 만족은 높은 수준의 고객 유지로 이어지는 것이라 예상되지만, 이러한 관계가 항상 필연적인 것은 아니다.[2] 회사를 위해 연금과 건강보험 상품을 구매한 767개 회사에 대한 조사에 의하면, 고객 만족은 고객 유지의 "성배"라고는 할 수 없다. 비록 75%의 경영자가 현재 재무 서비스에 만족한다고 주장해도, 66%는 그들의 재무 서비스의 수요에 대한 다른 대안을 계획 중이라고 말하기 때문이다. 산업 전문가들은 회사와 고객을 묶는 인간관계가 부족해보인다고 말한다. 이들의 관계 해체가 임박할 수 있음을 나타내는 또 다른 단서는 단지 구매자의 49%만이 공급업체가 매우 윤리적이라고 생각하고, 28%의 공급자만이 고객을 잘 대우한다고 믿는다는 것이다. 심지어 회원들조차도 금융 서비스 회사의 50% 미만이 서비스 제공업체에게 충성도가 있다고 주장했다. 고객 만족과 고객 유지 사이에서 흔들리는 관계는 B2C 시장에서도 존재한다. 다음 사례들을 생각해보자. (1) 고객이 만족하지 않았지만 고객 유지가 되었다. (2) 고객은 만족하지 않았고 경쟁사로 이탈하였다.

낮은 만족/높은 고객 유지

- 규제된 독점 또는 대체제가 거의 없는 경우(예: 병원, 항공사)
- 지배적인 브랜드 자산을 갖고 있는 경우(예: 마이크로소프트)
- 전환 비용이 높은 경우(예: 의사, 금융기관)
- 고유 기술을 갖고 있는 경우(예: 마이크로소프트)

높은 만족/낮은 고객 유지

- 필수품 또는 적은 차별성 (예: 렌터카)
- 고객의 무관심(낮은 관여도)(예: 세차, 드라이클리너)
- 많은 대체재(예: 잔디 관리 서비스)
- 낮은 전환 비용(예: 쓰레기 수집 서비스)

14-2b 고객 충성도 구축 전략

"전문가적 명성을 얻는다는 것은 보통 사람들이 그만두려고 한 후의 일에 다만 작은 손길을 더하는 것이다(It's just the little touches after the average man would quit, that makes the master's fame)."이라는 말이 있다. 고객 충성도를 향상시키고, 고객과 종업원 모두와 함께 구축될 수 있는 관계적 측면을 반영하기에 좋은 말이다. 서비스 마케팅 문헌은 고객 충성도를 구축하기 위한 제안으로 가득하고, 다음과 같은 공통의 주제를 포함한다.

- **고객과 적절한 관점 개발**: 서비스 기업의 관리자와 종업원들은 기업이 고객의 욕구와 필요를 충족시키기 위해 존재한다는 것을 기억할 필요가 있다. 공장 안의 상품 원료를 취급하듯이 고객을 대우하는 것과 같이 무례한 태도를 보이는 것은 근시안적인 행동이다. US 항공사는 "The U in USAir starts with you, the passenger(USAir의 U는 당신, 승객과 함께 시작한다)."라는 슬로건을 사용한다. Credos는 고객 기대에 영향을 미치는, 기업의 우선순위를 정확히 어디에 두는지를 종업원들에게 교육한다. 대중과의 커뮤니케이션은 쉬운 일이 아니다. 그리고 불행하게도, 종업원들은 적

절한 관점을 유지하는 것에 가끔 실패한다. 고객은 같은 질문을 반복해서 물어볼 것이고, 모든 고객이 공손하지는 않다. 적절한 관점을 유지하는 것은 고객 지향적 마인드와 서비스 태도를 포함한다. 종업원들은 모든 고객이 자신만의 개인적 욕구를 가지고 있다는 것을 기억할 필요가 있고, 종업원의 기대가 아닌 고객 기대가 업무 수행을 결정한다는 사실을 인식해야 한다.

- **고객과의 지속적인 접촉**: 고객과 서비스 접점 종업원이 연락을 주고받는 일은 서비스 기업이 고객과의 관계를 구축하는 데 유용한 접근 방식이다. 관계 구축에서의 핵심은 고객이 진심으로, 또 개인적으로 기업과 접촉하게끔 만드는 것이다. 전형적인 접근으로는 생일, 쾌유, 그리고 기념일 카드를 보내는 것과 개인적 성공을 축하하는 사적인 편지를 쓰는 것, 그리고 과거에 제공된 서비스 이행과 관련하여 고객들과 연락을 유지하고 필요 시 도움을 제공하는 것을 포함한다. 이 전략의 목적은 고객의 행복을 위해 진정 어린 관심을 가지고 있는 기업과, 고객 간의 커뮤니케이션이다.
- **재량껏 제공되는 서비스의 능력**: 자유재량적 노력은 의무를 넘어선 행동이다. 새로 오픈한 식료품점의 개점 행사에서 자진해서 식료품들을 봉지에 담아준 P&G의 영업사원, 고객이 두고 간 물건을 무료로 가정으로 보내주는 호텔, 그리고 사원새해와 같은 힘든 시간 동안 고객의 특정한 욕구를 인식하여 그 욕구를 충족시켜 준 석유회사의 경우는, 재유재량적 노력의 면모를 보여주는 예이다(도표 14-1). 자유재량적 노력은 셀 수 없는 인간적 교감 — 별도의 사업 거래와 지속적인 관계를 구별하는 작은 것들 — 을 포함한다.
- **하향식 충성을 통한 리드**: 고객에게 충성하는 고위 경영진의 모습은 종업원 개개인이 고객에게 충성하는 전시적인 서비스 문화를 만든다. 이러한 종업원들의 충성도는 고객 충성도를 만들어낸다.
- **종업원 훈련과 권한 부여**: 종업원에게 우수한 서비스 전달에 대한 기대를 전달하고, 우수한 서비스 전달을 위한 도구들, 교육 훈련, 그리고 필요한 재량권을 제공한다.
- **인센티브의 제공**: 당신이 이미 고객에 대한 진실한 마인드를 가졌을지라도, 당신이 고객을 사랑할 때, 고객도 당신을 사랑한다. 인센티브는 충성도를 유지하고 구축하기 위한 우수한 부가가치적 특성이다.
- **고객의 구매 이력 기억**: 고객의 과거 구매 내용에 대해 종업원이 기억하고 있다는 것은, 고객이 중요한 사람이라는 점을 나타내는 신호이다. 과거 구매를 기억하는 일은 충성도를 형성할 뿐만 아니라 기존 구매에 덧붙여 상품과 서비스의 판매를 돕는다.
- **신뢰를 통한 믿음의 형성**: '신뢰'는 정직, 통합, 그리고 다른 사람의 믿음직함에 대한 기업의 믿음으로 정의된다. 서비스 산업에서는 신뢰의 세 가지 주된 요소, 즉 (1) 서비스 제공자의 전문성, (2) 서비스 제공자의 신뢰성, (3) 고객에 대한 서비스 제공자

<도표 14-1> 신규 고객과 기존 고객의 비용 비교: 새는 양동이

여기 물이 새는 두 개의 양동이는 두 기업을 묘사한 것이다. 각 기업은 매년 10% 이상의 새로운 고객을 유치하도록 노력하고 있는데 그것은 아마도 새로운 서비스를 개발하거나 새로운 시장세분화를 통해 타깃을 바꾸는 것을 통해서일 것이다. 그러나 "양동이 구멍"이 있기 때문에 모든 고객이 기업에 남는 것은 아니다. 즉 고객 유지율이 100%가 아닌 것이다. 기업 A는 "구멍"이 작아서 매년 고객 손실률이 5%밖에 되지 않는다. 결국 14년 후에 기업 A는 현재보다 두 배 많은 고객을 확보하게 될 것이다. 그러나 기업 B는 큰 문제를 가지고 있다. 바로 고객 유지율이 90%이고, "양동이 구멍"은 10%이기 때문에 기업 B는 14년 후에도 지금과 똑같은 수의 고객만을 확보할 것이다.

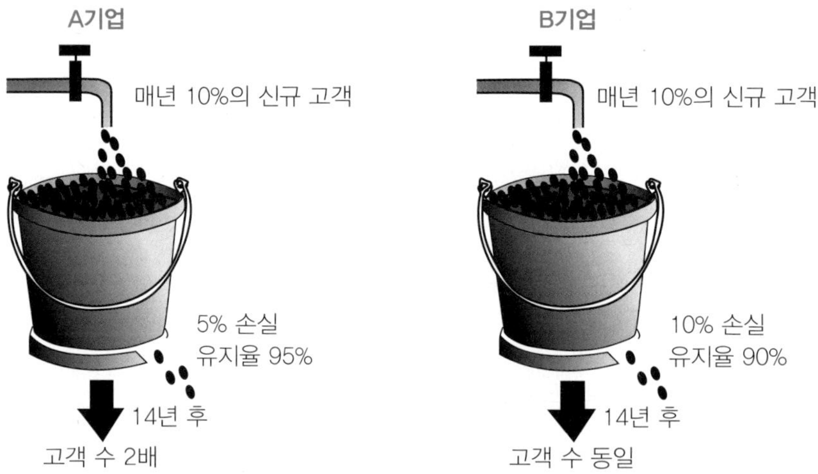

Note: Adapted from Frederick F. Reichheld and W. Earl Sasser, Jr., "Zero Defections: Quality Comes to Services," *Harvard Business Review* (September–October 1990), pp. 106–107.

Source: John E. G. Bateson and K. Douglas Hoffman, *Managing Services Marketing*, 4th ed. (Fort Worth, TX: Dryden Publishers, 1999).

의 관심 등이 있다. 일반적으로 말해서 신뢰 형성의 기본적인 전략은 다음과 같다.

- 고객 개인 정보의 보호
- 손해가 발생하더라도 고객에게 진실을 말함
- 고객에게 모든 정보(장점과 단점)를 제공
- 믿을 수 있고, 공손하고, 사려 깊은 태도

- **유연성**: 회사 정책보다 더 서비스를 몰개성화하는 것은 없다. "그것이 우리의 정책이다"와 같은 핑계는 가게에 불을 지르는 것보다 더 많은 고객을 잃게 할 것이다."[3]
- **기술을 인간으로 바꿈**: 사람을 대신해서, "당신의 전화는 우리에게 중요합니다!"라고 말하는 전화 자동 안내 시스템은 고객 충성도를 발전시키는 데 거의 도움이 되지

e-서비스 활동 사례

나는 Zappos를 아낀다

온라인 신발 소매점의 웹사이트는 "당신이 최고의 서비스와, 신발, 의류, 그리고 핸드백에서 최고의 상품을 찾는다면 Zappos.com에서 쇼핑하십시오."라고 자랑스럽게 내세운다. 여기에 수천 명의 고객은 동의할 것이고, 그 뒤에 이 인기 있는 e소매점에 충성을 다할 것이다. Zappos 성공의 대부분은 블로그에 게시되거나 A Complaint is Gift와 같은 인기 있는 책의 저자에 의해 뽑힌 고객 소개에 의한 것이다.

위독한 어머니를 위해 Zappos에서 일곱 켤레의 신발을 구매한 한 여자가 있다. 주문 시, 그녀는 정확한 사이즈의 신발을 주문하기 위해 같은 신발을 여러 개의 다른 사이즈로 주문하였다. 신발이 도착한 지 얼마 지나지 않아 어머니는 돌아가셨고, 딸은 Zappos의 15일 무료 반품 제도를 놓쳐버렸다. 사려 깊은 Zappos의 고객 서비스 종업원은 신발 사이즈를 모르는 딸의 주문을 기억하고 있었고, 혹시 반품하고 싶은지를 물어보려고 그녀에게 연락했다. 어머니의 죽음을 알게 된 종업원은 신발을 반품할 수 있도록 여자의 집으로 무료로 UPS를 배정하였다. 게다가 Zappos는 다음 날 큰 꽃바구니를 그녀에게 보냈다. 회사의 친절함에 감격한 딸은 "감동스러워 눈물이 울컥 나네요. 배려와 친절에 감사드립니다. 온라인에서 신발을 구매하려면 Zappos에서 구매세요. 여러분은 Zappos가 좋은 회사임을 알게 될 것입니다."라는 메시지를 온라인에 즉시 게재하였다.

온라인 또는 오프라인에서, 진심을 다하는 기업들은 고객 충성도로 보상받는다. 딸이 작성한 글은 수천 개의 다른 웹사이트에 링크되었으며, Zappos의 진심에 대해 언급한 사람들에 의한 수천 개의 블로그에서 회자되었다. 이것은 위대한 이야기이며, 온라인 서비스 제공자들이 간단한 행동을 통해 친절함을 제공하는 일이, 어떻게 고객과 연결될 수 있는지를 알려주는 전형적인 예이다.

Source: Jane Barlow and Claus Moller, *A Complaint Is a Gift* (San Francisco, CA: Berrett Koehler Publishers, Inc., 2008) pp. 33–34.

않는다. 기술은 기업이 고객으로부터 멀어지기 위해 사용하는 또 다른 전략처럼 보일 때가 있다.

- **고객의 이름과 함께하기**: 고객의 이름을 부르는 것보다 더 관계를 사적으로 만드는 것은 없다. 싱가포르의 The Fullerton과 같은 우수한 서비스의 호텔은 고객이 전에 방문한 적이 없을지라도, 고객의 이름을 부르며 맞이하는 것에 능수능란하다. 종업원들은 매일 누가 체크인을 하는지 알고 고객이 도착하기 전에 종업원 정보와 사진을 웹에 제공한다. 한층 더 노력하고 좋은 첫인상을 주기 위해서!
- **가장 필요할 때 이용 가능한 서비스**: 고객이 문제를 제기할 때, 당황스러운 마음에 상황을 회피해서는 안 된다. 모든 서비스 기업은 자사가 판매하는 것에 책임을 져야 하고 모든 거래가 고객 만족을 시킬 수 있도록 보장해야 한다. 대부분의 고객은 현실적이고 이해심이 있다. 고객은 문제에 대해 해결책과 조언을 찾는 것이지 비난할 누군가를 찾고 있는 것은 아니다. 고객의 상황에 대한 진정한 관심을 표현하는 것은 기업의 고객 유지 노력을 강화한다.

궁극적으로, 고객 충성도는 고객 유지와 관련된 혜택으로 이어진다. 고객 유지의 지속적인 중요성과 혜택, 고객 유지 프로그램의 등장, 그리고 고객 이탈 관리 프로그램 개발의 가이드라인에 대해서는 이후에 다루도록 한다.

14-3 고객 유지

간단히 말해 **고객 유지**(customer retention)는 기존 고객 기반을 유지하는 쪽으로 회사의 마케팅 활동의 초점을 맞추는 것을 말한다. 좀 더 구체적으로 말한다면, 새로운 고객을 찾는 것과는 달리 고객 유지의 노력을 하는 기업은 사업 발전을 목적으로 현재 모든 고객과의 장기적 관계를 발전시키고 기존 고객을 만족시키기 위해 일한다(도표 14-1).

성공적으로 고객을 유지한 많은 기업은, 기존 사업을 재정립하는 것으로부터 준비를 시작하였다. 이러한 기업들은 더 좋은 제품과 서비스를 고객에게 제공하기 위해 기존 사업을 되돌아보고, 수정·보완해온 것이다. 고객이 사용하는 제품과 서비스, 그리고 고객의 제품 구매 단계를 이해하는 것은 경쟁사와는 다른 차별적인 전략을 세울 수 있는 아이디어로 연결될 수 있다. 고객에게 부가가치 서비스를 제공하는 것은 전통적이지만, 공급자-고객의 대립적 관계를 파트너십으로 바꿀 수 있다.

자사의 비즈니스에 대해 다시 고려한 British 항공사는 더 이상은 전적으로 교통운송의 공급자라는 것에만 초점을 맞춰서는 안 된다고 생각했다.[4] 그 결과, 항공사는 비행 중이나 지상에서나 향상된 서비스를 제공하기 위하여 대서양을 횡단하는 일등석 고객에 대한 서비스 전략을 수정하였다. 고객의 대부분은 나쁜 영화, 무한 제공되는 술, 너무 많은 디저트가 나오는 부담스러운 저녁식사보다는 밤에 잠을 편안하게 잘 수 있는 환경을 선호한다는 것을 깨달은 British 항공사는, 현재 일등석 고객에게 일등석 라운지에서 미리 저녁을 먹을 수 있도록 하는 옵션을 제공한다. 비행 중에는 승객에게 British 항공사의 파자마와 진짜 베개, 그리고 이불이 제공된다.

일단 비행기가 이륙한 뒤 기내에서 수면을 취한 후에, 승객은 샤워 공간과 드레스룸뿐만 아니라 지상에서의 아침식사도 제공받기 때문에 하루를 산뜻하게 시작할 수 있다. 승객들이 아침식사를 즐기고 있는 사이에 종업원들은 승객의 옷을 다려주기도 한다. 이러한 부가가치 서비스를 제공함으로써 British 항공사의 이익이 꾸준히 증가하는 것은 놀라운 일이 아니다.

14-3a 고객 유지의 트렌드

오늘날의 시장은 글로벌 마케터들이 과거에 했던 경험과는 완전히 다르다. 경쟁은 치열하고 경쟁사들 간의 차이는 작다.[5] 현실적으로 보험 회사, 또는 은행 등에서 제공하는 서비스 간의 차이가 크지 않다. 브랜드 사이에서의 상대적인 유사성으로 인해, 선호 브랜드를 바꾸는 데에 있어서 고객이 직면하게 되는 위험도 대폭 축소된다. 예를 들어 소비자들은 자동차 보험에 있어서는 비슷비슷한 서비스를 제공하고 있기 때문에, 자동차 보험에 대해서는 회사 자체에 대한 관심이 적을 수 있다. 결과적으로, 많은 소비자는 브랜드 충성도를 포기하고 최고의 가격으로 최고의 제품을 주는, 즉 최고의 가치를 제공하는 제품을 선택한다.

불행하게도, 오늘날 마케터들의 대다수는 지속적으로 새로운 고객들을 추구함으로써 "브랜드 유사도"와 "무브랜드 충성도(non brand loyalty)"의 새로운 환경에 반응한다. 끊임없이 새로운 고객을 추구하는 기업의 마케팅을 **정복 마케팅**(conquest marketing)이라고 한다. 전형적인 정복 마케팅 기법은 '할인'을 제공하고 새로운 비즈니스를 장려하는 프로모션을 개발하는 것을 포함한다. 정복 마케팅은 고객의 브랜드 충성도 부족으로 인하여 단기적으로는 성공적이라 할 수 있다. 정복 마케팅을 하는 회사는 고객에게 두 번 이상의 반복 구매도 유도할 수 있다. 그러나 다른 경쟁 기업이 또 다른 '할인'을 제공하면 기업은 기존 고객을 빼앗길 수 있다.

지금까지 많은 기업은 기존 고객을 유지하는 대신에 새로운 고객을 유치하기 위한 마케팅에 노력을 기울여 왔다. 이 사실을 믿기 힘들다면 신용카드와 관련된 금융기관으로부터 얼마나 많은 프로모션 편지를 받았는지를 생각해보라. 누구로부터 더 많이 받는가? 기존 은행인가, 아니면 당신과 거래하기를 원하는 새로운 은행인가? 당신이 일반적인 사람이라면, 새로운 은행은 프로모션 편지로 당신의 우체통을 지속적으로 채워왔을 것이다. 그러나 정복 마케팅 기법에만 의존하는 기업의 장기적 수익성은 매우 의문스럽다. 고객을 유치하기 위한 세일즈 프로모션 비용을 고려하면, 새로운 비즈니스에서 고객을 유혹하기 위해 투입되는 재정적 규모에 따라 이윤은 최소화되기도 한다.

"We have to develop a new way to build our customer base. Antispam software has put a dent in our marketing strategy."

"우리는 고객 기반을 구축할 수 있는 새로운 방법을 개발해야 합니다. 스팸방지 소프트웨어가 우리의 마케팅 전략을 어렵게 만들고 있습니다."

정복 마케팅 기술이 더 비싸고 배포가 복잡해짐에 따라 고객 유지를 목표로 하는 마케팅 활동이 점차 중요해지고 있다.

심지어 정복 마케팅 기법들이 성공적인 결과를 가져올지라도, 때로는 이로 인해 회사가 몰락할 수도 있다. 많은 서비스 기업은 매출 증가를 위해 가능한 한 빠르게 성장하도록 유도되지만, 서비스 기업들의 광범위한 성장은 '서비스의 비분리성'으로 인해, 제공되는 서비스 품질의 하락으로 이어지는 경향이 있다. 미국 커피 체인인 Starbucks가 수년간 놀랄만한 성장을 거둔 뒤에 처한 곤경을 생각해보라. 결국 이 거대 커피업체는 다시 기본으로 돌아가 그들의 기존 고객의 충성도를 되찾기 위해 작전으로 축소되었다.

이에 고객은 불만족스러운 서비스에 대해 불만

을 가질 수 있으며, 대안을 찾기 시작하기도 한다. 비용 및 이익과 관련된 가격 할인의 지속적인 사이클을 피할 유일한 방법은, 현재 고객에 대한 생애 지출(life time spending)을 증가시키는 것이다. 따라서, 오늘날의 마케팅 환경에서, 기존 고객 유지가 새로운 고객 유치보다 중요하다. 기존 고객에게 코드를 맞추는 것이 훨씬 중요하다.

14-3b 고객 유지의 중요성

마케팅 환경의 여러 가지 변화로 인해 고객 유지가 점점 더 중요해지고 있다. 전 세계에 걸쳐 많은 소비자 시장이 침체기를 겪고 있기 때문이다. 활기찬 세계 경제의 핵이 흔들리고 있는 것이다. 전 세계에 걸쳐 상황이 변화하고 있음에도 불구하고, 많은 곳에서 인구성장은 더디게 나타났다. 그 결과 과거와 달리 새로운 고객의 수가 적어졌고, 기존의 고객들도 더 적게 소비하는 환경으로 변화하게 되었다. 오늘날의 마케터들에게 고객 유지가 중요해지고 있는 또 다른 이유는 경쟁의 증가 때문이다. 경쟁의 증가에 기여하는 요인들은 상대적 유사성, 상품과 서비스의 차별화된 혜택의 부족, 고객들에 대해 경쟁을 해야만 하는, 자유시장에서의 규제가 해제된 산업, 온라인 대안의 성장, 많은 기업이 이용할 수 있는, 접근성이 뛰어난 시장 정보와 같은 것들이다. 이로 인해 경쟁 기업들은 정보적 혜택을 최소화한다. 경쟁의 증가와 정복 마케팅 전략을 자주 사용하게 되면서 기업들은 기존 고객을 유지하는 것이 그 어떤 때보다 더욱 어려워졌다.

또한 마케팅 비용의 증가로 인해 고객 유지가 점점 더 중요해지고 있다. 특히 매스마케팅 광고 비용과 정복 마케터의 주된 도구는 상당히 증가하고 있다. 예를 들어 1965년에 30초가량의 TV광고비는 19,700달러였으나, 오늘날의 30초 광고 제작의 평균 비용은 약 35만4천 달러이다.[6] 광고 비용의 증가는 광고 회사의 매체점유율의 손실을 가져온다. 짧은 기간에 할당된 개별 광고(광고의 평균 길이는 60초에서, 30초, 15초로 감소했음)로 인하여, 광고의 수는 지난 10년간 약 25%가량 증가했다. 따라서 기업들은 지속적으로 커져가는 매체의 집중을 위해 경쟁한다. 게다가 케이블과 위성 제공사업자들은 수백 개의 새로운 채널을 지원하고 있고, DVR과 같은 기술적 진보는 고객들이 쉽게 광고를 보지 않고 뛰어넘을 수 있게 한다. 또한 Facebook, YouTube, Twitter, Instagram, 그리고 Snapchat에서 온라인 광고의 진화는 계속된다. 그 결과 소비자 시장은 점점 더 분열되고, 광고주의 메시지가 타깃 고객에게 도달할 수 있는 기회는 줄어든다.

흥미롭게도 최근 다이렉트 메일 마케팅의 성장은, 매스마케팅의 높은 비용과 차후 고객 유지 노력의 중요성을 바탕으로 이루어졌다. 마케터들은 그들의 광고 비용이 어디에 어떻게 쓰이는지에 대하여 더욱 까다로워졌다. 결과적으로 다이렉트 마케팅의 데이터베이스 구축은, 기존 고객들을 확인하고 그들의 구매를 추적하기 위한 평균을 제공해주었다. 그 후 기존 고객에 대한 광고는 기업의 타깃 고객에게 도달하기 위한 매스마케팅보다 더욱 효율적으로 되었다.

오늘날 시장에서 활용된 유통 채널의 변화도 고객의 유지에 영향을 미치고 있다. 대부분의 경우, 생산자와 소비자 사이의 물리적인 거리는 증가하고 있다. 인터넷, 다이렉트 우편 카탈로그와 같은 무점포 소매업의 지속적인 성장은 제품의 공급자와 변화하는 고객 사이의 물리적인 거리가 얼마나 되는지를 알 수 있는 대표적인 예이다. 거래는 전화, 우편 주문, 또는 인터넷을 통하여 할 수 있기에, 공급자와 고객 사이의 신체적 접촉의 기회는 제한된다. 고객 유지 노력을 하는 기업들은 '눈에서 멀어지면 마음에서도 멀어진다.'와 같은 속담을 인식하고, 고객으로부터의 분리는 고객들에 대한 기업들의 의무를 감소시킨다는 것을 깨닫는다.

유통 채널의 또 다른 변화 양상은 공급자와 고객 사이의 거래를 돕는 시장 중개인, 또는 제3자의 사용 증가로 나타난다. 이 시나리오에서는 제품을 생산하는 서비스 기업을 위해 마케팅 중개인이 대리 제공자가 된다. 이 경우 제3자나 다른 시장 중개인을 활용함으로써 회사의 시장 범위를 증가시킬 수는 있지만 고객의 유지 측면에는 악영향을 미칠 수 있다. 예를 들어 항공 서비스를 판매하는 여행사는 항공사를 잘못 전달하여(예: 비행 시간, 좌석 배정 등) 고객과 항공사 간의 관계를 손상시킬 수 있다. 따라서 고객 유지 노력을 하는 기업들은 고객과의 물리적 거리가 그들의 책임을 최소화하지 않는다는 것을 인식해야만 한다.

오늘날의 고객의 잦은 변화는 고객 유지가 점점 중요해지는 이유이기도 하다. 과거 세대에 비해 일반 소비자는 구매 결정에 대해 더욱 잘 알고, 더 많은 자유재량적 수입을 사용하며, 비즈니스에 대한 일반 기업들의 걱정에 대해 점점 회의적이다. 결과적으로 고객 유지를 실천하는 기업들은 오늘날의 소비자들에 의해 주목받고, 고객의 반복 구매를 통해 그들의 노력을 보상받는다.

14-4 고객 유지의 혜택

일부 전문가들은 고객 유지가 시장 점유율, 경제 규모 및 경쟁우위와 관련된 다른 변수들보다 수익에 더욱 강력한 영향을 미친다고 믿는다. 관련 연구에 따르면 수익의 95%는 장기 고객들로부터 판매, 그들의 추천, 그리고 (신규 고객 유치 비용 등) 운영상 비용의 절감 등을 통해 나온다(도표 14-2).[7]

14-4a 영업으로 인해 얻을 수 있는 이익

고객 유지를 통해 얻을 수 있는 주요한 이익 중 하나는 반복 구매이다(도표 14-3). 판매에서 얻는 기본 수익 외에, 구매 빈도의 증가와 후불 거래의 미지급액에 대한 고이자율로

<도표 14-2> 시간이 지남에 따라 고객이 더 많은 수익을 제공하는 이유

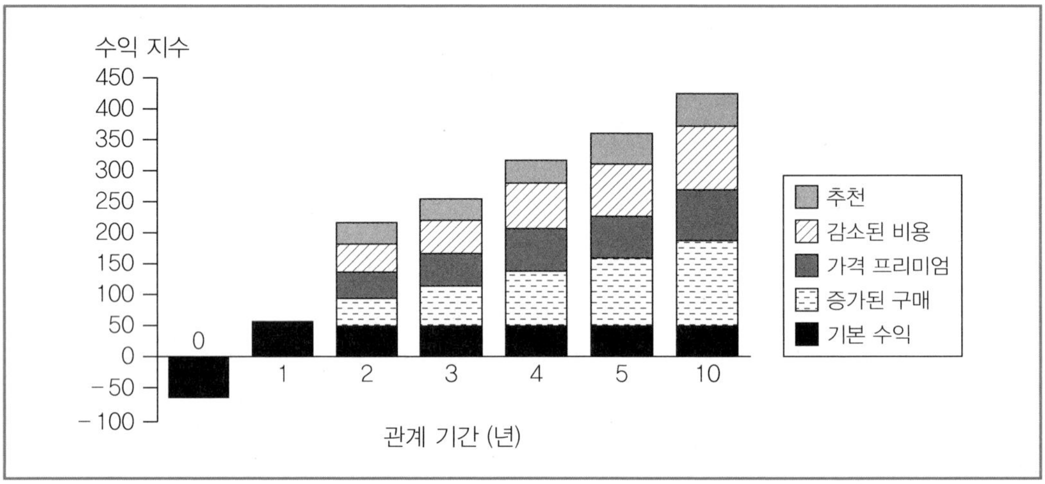

Source: Adapted from Frederick F. Reichheld and W. Earl Sasser, Jr., "Zero Defections: Quality Comes to Services," *Harvard Business Review*, (September-October 1990), p. 108.

<도표 14-3> e-쇼핑객이 돌아오는 이유

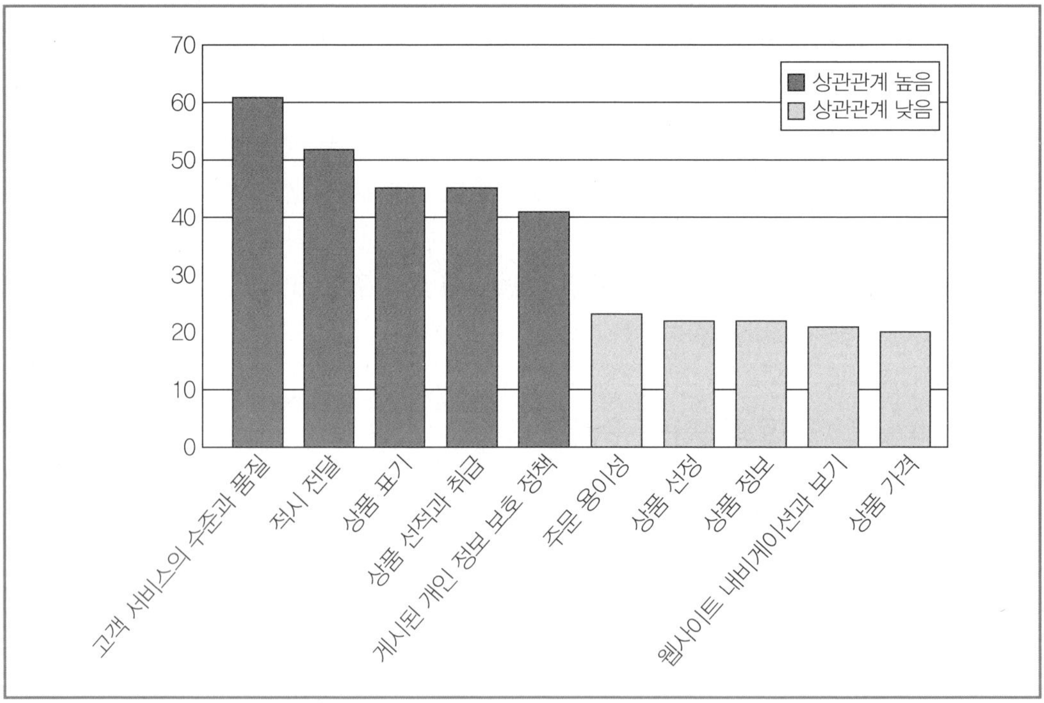

Source: Adapted from Frederick F. Reichheld and W. Earl Sasser, Jr., "Zero Defections: Quality Comes to Services," *Harvard Business Review*, (September-October 1990), p. 108.

인해 수익이 생기기도 한다(신용 서비스를 제공하는 기업에게). 기존 고객의 유지로 인해 추가로 얻어지는 보너스가 있다면, 고객이 회사의 제공 서비스에 더 많은 지출을 하는 경향을 보인다는 것이다. 이는 고객이 회사와 종업원, 그리고 그들이 서비스를 제공하는 방식에 익숙해졌기 때문에 나타나는 현상이다. 따라서 이로 인해 얻어지는 회사와의 관계는 고객의 위험 부담을 낮출 수 있다. 단골손님들은 결과의 불확실성이 적어지거나 사라졌을 때 더 많이, 더 자주 구입을 하려고 한다. 예를 들어 신용카드 회사는 고객이 온라인 쇼핑에서 카드를 사용하도록 장려하고 카드 사용 과정에서 사기로부터 고객을 보호한다.

고객 유지율을 높이는 것은 회사 수익에 큰 영향을 미칠 수 있다. 예를 들어 선행 연구를 살펴보면, 고객 유지율의 5% 증가는 은행 지점에 85%의 더 높은 수익을 가져다줄 수 있고, 보험 회사의 브로커들은 50% 더 높은 수익을 얻을 수 있고, 자동차 서비스 체인에서는 30% 더 높은 수익을 얻을 수 있다고 한다.[8]

14-4b 생산운영비 감소에 따른 수익

과거의 연구에서는 새로운 고객을 유치하는 것보다 기존 고객을 유지하는 것이 3~5배 정도로 비용이 적게 소요되는 것으로 나타났다.[9] 회사와 고객 간의 신뢰 관계는 기존 고객들이 기업의 마케팅 노력을 더 이해할 수 있도록 하고, 이로 인해 새로운 서비스를 더 쉽게 판매할 수 있게 하는 것이다. 이것은 결국 회사의 마케팅 노력의 비용을 절감한다.

전반적으로 장기 고객의 유지비용은 낮은 경향이 있다. 기존 고객은 회사, 종업원 그리고 회사의 절차에 익숙해진다. 그러므로 그들은 의문사항이 거의 없고 문제도 거의 없으며, 낮은 주의를 요한다. 수년 간의 항공 가격 전쟁은 항공사에 의도치 않은 결과를 가져다 주었다. 항공 가격 전쟁으로 항공사에 비행기 티켓의 판매가 늘어났다. 그러나 이러한 많은 판매가 비행기를 타본 적이 없거나 자주 타지 않고, 티켓팅, 체크인 프로세스, 수하물 제한과 취급, 그리고 일반적인 비행 행동에 익숙하지 않은 승객들에 의해 이루어졌다는 것이 문제였다. 무료 음료 서비스와 같은 흔한 서비스를 할 때조차도 "무료(complimentary)"라는 용어에 익숙하지 않는 고객들에게 이것이 무료라는 것을 설명해가며 진행해야 했다. 하나의 예로 승객이 비행기 창문을 어떻게 열 수 있는지 물어보기도 했다. 이러한 새로운 고객 유치의 결과로 승무원들은 과로한 업무에 스트레스를 받아야 했고 기존의 고객에게는 낮은 질의 서비스가 제공되는 역효과가 발생했다.

14-4c 추천에 의한 수익

고객 유지의 다른 이득은 만족한 고객이 퍼트리는 긍정적인 입소문이다. 기존 고객은 회사가 새로운 사업을 유치하고 명성을 발전시키기기 위해서 반드시 필요하다. 만족한 고객은 자신의 결정을 강화하기 위해 친구들이나 가족에게 자신의 결정을 말하게 된다. 4장을 보면, 사람을 통한 정보의 획득은 특히 고객들에게 서비스하는 데 굉장히 중요한 영향을 미친다. 무형성과 서비스 구매와 관련된 위험성 증가의 지각 때문이다. 고객의 추천에 의한 새로운 비즈니스의 영향은 지대하다. 예를 들어 미국의 선두적인 주택 건설업자의 경우, 전체 사업 수익의 60%가 자신이 집을 지어준 고객의 추천을 통해 얻어졌다는 사실을 발견했다.[10]

14-4d 고객 유지의 혜택 설명

기업의 최고의 고객은 가장 충성을 다하는 고객들처럼 보이나, 그들이 과연 최고의 고객들일까?[11] 최근의 연구에서 고객 유지와 수익성 사이의 관계는 대부분이 생각하는 것보다 훨씬 더 약하다는 것을 밝혀졌다. 네 개 기업의 고객 데이터베이스에 대한 연구에서, 정기적으로 구매하는 고객들은 돈을 더 적게 쓰고, 가격에 민감하지 않으며, 다른 고객들보다 더 기업의 서비스를 소개한다는 증거가 나타나지 않았다. 어떤 경우에는 그 반대이기도 하다. 예를 들면, 하이테크 산업에서 많은 고객은 판매 회사에 대한 가치를 이해하고 추가 서비스을 요구하고 가격을 낮추려는 경향이 있다.

고객의 가치는 RFM(Rrecency, frequency, monetary value: 최근성, 구매 빈도, 구매 금액 가치)과 같은 기법을 통해 전통적으로 측정해오고 있다. 최근성은 최근 3개월 이내, 지난 3~6개월, 또는 6개월~1년 전과 같은 마지막 구매 시점 이후의 기간을 나타낸다. 가장 최근에 구매한 고객은 높은 점수를 받는다. 구매 빈도는 고객이 각 기간 내에 구매한 횟수를 측정한다(예: 한 번, 두 번, 네 번 구매 등). 구매 빈도가 높을수록, 고객의 점수도 높아진다. 최근성과 구매 빈도 측정에서 얻은 점수를 합산하여 구매 금액 가치를 고려한다. 이러한 연구는 기업들이 고객 유지 비율만을 고려하는 것을 넘어 고객들이 진정 최고라는 것을 밝히기 위해 고객 유지와 수익성을 관련시켜야 한다.

14-4e 고객 생애 가치 측정

고객 유지의 진정한 가치를 측정하기 위한 다른 유용한 방법은 **고객 생애 가치**(lifetime value of a customer: LTV)를 측정하는 것이다. 이것은 고객의 한 번의 구매보다 고객이 훨씬 더 가치 있음을 나타낸다.[12] 기업의 고객이 구매를 반복함에 따라 고객 생애 가치는 증가한다. 따라서 고객의 진정한 가치는 고객의 미래의 구매 가능성의 가치와 이미 구매한 가치를 합한 것이 된다. 고객 생애 가치 계산을 원하는 서비스 기업은 평균 판매와 고객이 구매를 다시 시작하는 평균적인 횟수를 곱하여 계산할 수 있다.

따라서 평균 고객의 생애 가치 예측은 다음과 같이 나타낼 수 있다.

평균 생애 가치 = (평균 판매) × (예측 고객 재주문 횟수)

고객을 유지하기 위한 비용을 얼마나 들일 것인가를 알아내기를 바라는 기업은 **고객 생애 수익**(lifetime profit of a customer: LTP)을 계산함으로써 이를 측정할 수 있다. LTP 측정은 판매당 평균 수익과 예측된 고객 재주문 횟수를 곱하여 계산한다. 궁극적으로, LTP는 기업이 각 고객으로부터 받을 것이라고 예상하는 평균 수익량을 제공한다.

평균 생애 수익 = (판매당 평균 수익) × (예측된 고객 재주문 횟수)

기업의 LTP가 측정되면, 기업이 고객 유치를 위한 비용을 얼마만큼 들여야 하는지, 그리고 장기적으로 수익을 창출할 수 있는지를 알아내는 데 사용된다. 이 계산은 LTP 계산에 평균 고객 유치 비용을 더하여 간단하게 알아낼 수 있다.

고객 유치 손익분기 비용 = (평균 생애 수익) × (평균 고객 유치 비용)

마지막 결과는 기업이 신규 고객 유치를 위해 얼마의 비용을 사용할 수 있는가와 손익분기에 관한 것이다. 신규 고객 유치의 양보다 비용을 더 적게 사용하는 기업들은 이윤을 창출할 것이다. 여기에서 배울 수 있는 것은 기업들은 신규 고객 유치를 위하여 LTP보다 더 많은 비용을 지출하고, 이윤을 남기기 위해 LTP와 평균 **고객 유치 비용**(customer acquisition cost)을 합한 것보다 더 적은 비용을 들여야 한다는 것이다. LTV와 LTP의 더욱 상세한 설명은, 특히 할인 현재 가치에 관하여, 인터넷에서 많은 예를 찾을 수 있다.[13]

14-4f 고객을 유지하는 것은 언제나 가치 있는 것인가

모든 고객을 유지하는 것이 언제나 가치 있는 일인가? 이 질문은 아직 논쟁의 여지가 있는 주제이나, 몇몇 전문가들은 항상 모든 고객을 유지할 가치가 있는 것을 아니라고 믿는다. 사실상, 몇몇 사례를 통해 "해고(fire)" 고객을 쉽게 찾아낼 수 있다. 고객과의 관계 단절에 대한 가이드라인은 다음과 같은 조건을 포함한다.[14]

- 거래가 더 이상 이익이 되지 않을 때
- 판매 계약에 명시된 조건이 더 이상 충족되지 않을 때
- 종업원들의 사기를 떨어뜨릴 정도로 고객이 폭력적일 때
- 고객의 요구가 합당하지 않고, 그와 같은 요구를 들어주는 것이 남아있는 고객에게 질 낮은 서비스를 제공하게 할 때
- 고객과의 관계를 맺는 것이 오히려 판매기업의 이미지나 평판을 더럽힐 수 있는 나쁜 평판을 가진 고객일 때

다른 전문가들은 위와 같은 기준이 타당하다고 믿을지라도, 우리는 더 적절한 전략은 후퇴하더라도 의사소통의 기회를 열어 놓는 것이라고 믿는다. 고객 유지 노력은 가장 이익

이 되는 고객을 보유하는 데 집중해야 한다. 무결점은 추구할 가치가 있는 훌륭한 목표이지만, 고객 유지와 서비스 회복 프로그램에 대한 투자가 모든 상황에서 경제적으로 정당화될 수는 없다. 게다가 만약 고객 유치와 발전 노력이 기업의 운영 과정에서 간과된다면 고객 유지 노력에 대한 지나친 집중은 장기적으로 기업에게 해로울 수 있다.[15]

14-5 고객 유지 프로그램

이미 수년 전부터 빈도 마케팅, 관계 마케팅, 애프터 마케팅 및 서비스 보증과 같은 고객 유지 전략에 대한 여러 가지 마케팅 프로그램이 제시되었다. 이러한 각각의 마케팅 프로그램들은 기업이 고객 유지 구축을 확장하고자 하는 노력의 예라고 할 수 있다.

14-5a 빈도 마케팅

빈도 마케팅(requency marketing)의 근본적인 목표는 현재의 고객을 더욱 생산적으로 만드는 것이다.[16] 요컨대, 같은 공급자로부터 구매 빈도가 증가함에 따라 고객은 더욱 생산적이 되는 것이다. 예를 들어 서비스 고객들이 극장에서 더 많은 공연을 보고, 기존의 보험상품을 더 좋게 변경하거나 더 많은 보험을 들고, 또는 좋아하는 레스토랑에서 더 자주 외식을 하는 것이다.

빈도 마케팅 프로그램 수행의 첫 번째 단계는 기업이 최고의 고객들에 대한 데이터를 수집하고 기업과의 관계수준을 결정하는 것이다. 관계수준은 고객이 구매하는 다양한 서비스에 관한 것이다. 예를 들면, 은행 고객들은 당좌예금계좌뿐만 아니라 저축계좌, 자동차 대출, 투자 또는 모기지론을 통해 은행과 관계를 맺는다. 다음 단계는 개인적 관점에서 고객과 의사소통하는 것이다. 의사소통은 고객이 질문할 수 있으며 기업과의 관계를 확립하고 고객의 반응을 유도하는 기업의 행동지향적 커뮤니케이션과 같은 상호작용이다. 개인적 의사소통은 기업이 단골의 중요성을 인식하고 있다는 것을 고객에게 보여준다. 신속한 고객이 일정한 시간 내에 행동하도록 보상 프로그램이 발전되었을 때, 의사소통은 행동 지향적이 된다. 아마 가장 성공적인 빈도 마케팅은 상용고객 프로그램(frequent-flyer program)일 것이다. 전 세계의 항공사들은 동일한 빈도 마케팅 프로그램을 공유하는 항공사 네트워크를 만들거나 또는 하나의 항공사와 거래하는 고객에게 보답하기 위해 상용고객 프로그램을 개발하였다. 예를 들어 United, Thai, Lufthansa와 약 20여 개의 항공사가 공유하는

Peter Titmuss/Alamy

항공사의 상용 고객 우대 프로그램은 효과적인 빈도 마케팅 전략의 전형적인 예이다.

Star Alliance 네트워크는 Business Traveler Awards에서 Best Airline Alliance로 뽑혔다.[17] 고객 충성도는 요금 할인, 무료 항공권, 좌석 업그레이드 및 여러 가지 상품과 서비스로 교환할 수 있는 "마일"이라는 크레딧으로 보상되었다.

일반 여행객에게 어필하는 것과 더불어, 상용고객 프로그램은 일 년에 10~12번 이상 여행하는 비즈니스 여행객에 대한 경쟁력을 키우는 항공사의 가장 쉬운 방법이다. 그들의 활동적인 특성 때문에 비즈니스 여행객은 종종 시간에 촉박하여 예약을 하고 일반 여행객보다 많은 요금을 지불한다. 더 수익성이 있는 비즈니스 승객을 끌어들이기 위해 대부분의 여행사는 일 년에 25,000~30,000마일을 여행하는 고객에게 핫라인 예약, 우선 탑승, 보너스 마일리지와 업그레이드 특혜를 포함하는 프리미엄 멤버십을 부여하였다.[18]

상용고객은 너무 유명해져서 "green stamps of the 1990"이라고 언급된다. 마일은 항공사와 관련된 할인으로 바꾸는 것 외에도, 호텔 무료 숙박, 저축 채권, 레스토랑 식사, 크루즈, 다양한 소매상의 상품과 같은 것으로 교환된다. 이러한 새로운 방법으로 마일을 바꾸는 것은 또한 새로운 방법으로 마일을 얻는 것을 동반한다. 신용카드와 전화 회사와 같은 다른 사업들은 항공사와 계약하여 일반적으로 각 마일당 2센트를 항공사에 지불하는데, 이는 새로운 고객을 끌어들이는 것뿐만 아니라 고객을 유지하는 데에도 도움이 된다. 여행 전문가들은 상용고객 프로그램 멤버는 평균적으로 비행과 관계없이 마일의 40%를 얻고 10%를 무료 여행 이외의 다른 것으로 바꾼다고 보고한다.[19]

14-5b 관계 마케팅

고객 유지 노력에서 최근에 관심을 받는 다른 마케팅 방법은 관계 마케팅이다. **관계 마케팅**(relationship marketing)은 고객 서비스, 품질과 마케팅의 결합이다. 구체적으로, 관계 마케팅은 거시적 관점과 미시적 관점을 가지고 있다.[20] 거시적 수준에서, 관계 마케팅을 하는 기업의 마케팅은 고객 시장, 종업원 시장, 공급사 시장, 내부 시장, 영향사 시장(정부 시장과 금융 시장)에 영향을 주는 마케팅 활동을 포함한다. 동시에, 미시적 수준에서의 관계 마케팅은 마케팅의 초점이 하나의 거래에 대한 경쟁과 다른 정복 마케팅 활동에서 기존 고객과 장기적인 관계를 맺는 것으로 변화하는 것을 말한다.

관계 마케팅의 지지자는 기업의 상품들이 변동한다고 믿는다. 결과적으로, 실제 가치의 단위는 고객과의 장기적인 관계이다. 예를 들면, 건설과 농업 장비 제조기업인 John Deere & Co.는 그들의 상품을 사용하는 농업 가족의 세대에 관하여 성공을 측정한다. 90억 달러의 헬스케어 제품과 서비스 회사인 Baxter International 또한 관계 마케팅을 수용하였다.[21] Baxter International은 판매, 비용 절감 목표, 절약 혹은 초과 비용을 공유함으로써 사실상 고객들과 사업 리스크를 공유할 것을 제안했다.[22]

전반적으로, 관계 마케팅은 고객 유지의 중요성과 부서별 경계를 초월하는 품질에 대

지속가능성 관련 서비스 활동 사례

친환경 뱅킹 고객은 충성도를 증가시킨다

Javelin Strategy & Research report에 따르면, 은행 고객이 종이를 쓰지 않는 대안을 택했다면 매년 68만 7천 톤의 종이가 절약될 수 있었다고 한다. 이는 지구를 239바퀴나 돌 수 있는 엄청난 양이다!

친환경 은행 업무에 참여하는 기업의 목표는, 세계 자원을 절약하는 생태학적 미션을 넘어서 고객과 더욱 친밀한 유대 관계를 확립하는 것으로 확장된다. 최근의 연구에 따르면, 고객은 친환경 은행에 대해 고객 충성도로 보답한다. 친환경 은행 업무의 중요성에 대해 물어보았을 때, 고객은 환경친화적 행동과 관련한 금융 기관에 더 충성하기 쉽다는 것을 6대1의 차이로 나타내고 있다. Washing Mutual사가 종이를 사용하지 않는 계산 서류로 바꾼 백만 고객을 기념하기 위해 전국식목일협회(The National Arbor Day Foundation)에 최근에 백만 달러를 기부한 것은 놀라운 일이 아닐지도 모른다. 친환경 은행에 대한 추가적인 조사 결과는 다음과 같이 나타난다.

- 고객이 전자뱅킹으로 거래 방식을 바꾼 원인 중 34%는 환경에 대한 영향을 최소화하기 위한 것이었다.
- 고객의 43%는 친환경에 대하여 지각하고 있는 기업과의 비즈니스를 선호한다고 말했다.
- 그린뱅킹을 사용하거나 환경친화적 사업 실천이 뱅킹 결정에 "매우 중요하다"고 인식하는 소비자의 60%는 여성이다.
- 그린행동의 실천 때문에 은행에 더욱 전념하는 것이 "매우 가능성이 적다"고 나타내는 소비자의 64%는 남성이다.

그러나 대부분의 고객이 그린뱅킹의 적용에 관심을 나타낼지라도, 소비자의 3/4은 종이 서류를 계속 받고 있다는 점에 더욱 유의해야 한다. 그렇지만 은행들이 그린옵션을 보다 더 적용하기 쉬운 방식으로 제공한다면 미래는 밝아질 것이다.

Source: http://www.environmentalleader.com.

한 관심을 강조한다. 관계 마케팅은 소비자에서부터 시장에 상품과 서비스를 가져오는 필수적인 요소들인 모든 그룹(예: 공급자, 종업원, 영향력 행사자 시장)으로 고객의 의미를 확장했다. 이러한 모든 유형의 고객들과 관계를 유지하려는 노력은 관계 마케팅 개념의 핵심이다.

14-5c 애프터 마케팅

고객 유지 노력을 수용하는 세 번째 마케팅 프로그램은 애프터 마케팅이다.[23] **애프터 마케팅**(aftermarketing)은 최초의 판매가 이루어진 이후의 마케팅 노력의 중요성을 강조한다. 애프터 마케팅의 한 예로 환자의 첫 방문 후, 며칠 뒤에 환자의 진행 상황을 확인하기 위해 환자에게 연락하는 의사의 예를 들 수 있다. 당신은 이 간단한 노력에 의해 확립되는 충성도 및 고객 유지를 상상할 수 있는가? 애프터 마케팅 기법들은 다음과 같다.

- 고객을 확인하고 고객 데이터베이스를 만들어서 구매 후 고객에게 쉽게 연락할 수 있게 한다.

- 고객 만족을 측정하고 고객 피드백을 통해 지속적으로 문제점을 개선한다.
- 지속적인 개선 노력을 보여주기 위해, 기업이 고객의 피드백을 활용하는 방식에 대한 정보를 제공하는 '뉴스레터' 등의 공식적인 고객 의사소통 프로그램을 확립한다.
- 최초 판매 후 고객과의 관계유지의 중요성 강화를 통해 애프터 마케팅 문화를 형성한다.

애프터 마케팅이 가장 발달한 산업 분야는 자동차 산업이다. 고객들은 자동차를 구매하거나 자동차 서비스를 받은 뒤에도 영업 서비스 종업원들과 자주 접촉한다. 일반적으로 고객은 역사적으로 빠른 판매에 주력하는 산업에서 딜러의 관심에 감동받는다.

Weyerhaeuser라는 거대한 제지회사는 몇몇 종업원에게 고객의 작업장에서 일주일 동안 일하도록 하여 애프터 마케팅을 더 심층적으로 사용했다. 애프터 마케팅 성공 스토리 중 하나는 기업이 정기적으로 고객에게 보내는 신문 인쇄 용지 롤의 바코드 배치와 관련이 있었다. 현장에 있는 Weyerhaeuser의 종업원은 고객이 빠른 속도의 작업을 할 때 바코드가 정기적으로 들러붙는다는 것을 알게 되었다. 그런데 문제는 단지 바코드를 몇 인치 움직이는 것만으로도 해결될 수 있는 것이었다. 다른 고객도 이와 같은 문제를 경험하였지만 불평하지 않았다는 사실을 나중에 알게 되었다. 이처럼 고객이 기업의 제품을 어떻게 사용하는가를 알기 위해 종업원을 현장에 배치하는 것은 기업과 고객 모두에게 이익이 된다.[24]

14-5d 서비스 보증

최근에 개발된 가장 혁신적이고 흥미로운 고객 유지 전략 중 하나는 서비스 보증(guarantee)이다.[25] 서비스 보증 그 자체로는 특별히 새로운 것은 아니지만, 서비스 보증은 서비스와 관련하여(특히 전문적인 서비스) 매우 새롭다. 서비스 보증은 세 가지 가치 있는 목표 수행에서 나타난다.

- 고객 충성도를 강화하고
- 시장 점유율을 만들고
- 전체적인 서비스 품질을 향상시키기 위해 기업이 보증을 제공하도록 동기를 부여한다.

일반적으로, 성공적인 보증은 비제한적이고 구체적이며 명료한 용어로 기술되어 있으며, 의미 있고 적용하기 번거롭지 않으며 지불이 빠르다. 반면, 보증을 만들 때 조심해야 할 것은 (1) 평범하고 일반적으로 예상되는 것을 약속하고, (2) 보증의 일부분을 과도하게 많은 상태로 명기하고, (3) 관대하게 만들어 문제가 발생되지 않아야 한다.

보증의 종류 일반적으로, 세 가지 종류의 보증이 있다. (1) 무조건 보증, (2) 구체적 결과 보증, (3) 묵시적 보증. **무조건 보증**(unconditional guarantee) 은세 가지 보증의 유형 중 가장 강력하다. 무조건적인 보증은 완벽한 고객 만족을 약속하고 적어도 전액 환불을 보증함으로써 고객에 입장에서는 비용이 들지 않는 문제 해결 방법이다.[26] 일반적으로, 무조건 보증을 제공하는 것은 기업에 있어 두 가지 이익이 있다. 첫째, 기업은 고객에게 제공된 보증에 대한 영향으로부터 혜택을 얻는다. 더욱 구체적으로, 무조건 보증과 연관된 고객의 직접적인 이익은 다음과 같다.

- 고객이 더 나은 가치를 얻고 있다고 지각한다.
- 구매와 관계된 지각된 위험을 줄여준다.
- 고객은 기업이 더 신뢰할 만하다고 지각한다.
- 경쟁기업과의 상품을 비교할 때, 보증은 고객의 결정에 도움이 된다. 결과적으로, 보증은 차별적 우위로써 제공된다.
- 보증은 고객 구매를 방해하는 요소들을 극복하도록 돕는다.
- 보증은 고객 충성도를 강화하고, 판매를 높이고 시장 점유율을 형성한다.
- 좋은 보증은 부정적 구전을 극복한다.
- 보증은 브랜드 인지와 차별화를 이끌 수 있다. 결과적으로, 높은 가격을 붙일 수 있다.

무조건 보증과 관련한 두 번째 혜택은 조직 자체와 연결된다. 기업이 무조건 보증을 제공하기 위해 필요한 조건은 우선적으로 기업 고유의 적법한 방안을 지녀야 한다는 것이다. 그렇지 않으면 무조건 보증과 연관된 지불은 결과적으로 기업을 파산으로 이끈다. 무조건 보증의 제공이 조직과 직접적으로 관련된 혜택은 다음과 같다.

- 보증은 기업이 생각하는 좋은 서비스의 정의와 반대되는 고객이 생각하는 좋은 서비스에 집중하게 한다.
- 보증은 그 자체로 종업원과 고객 간 커뮤니케이션의 명확한 성과 목표를 보여준다. 문제가 발생한 보증은 제공된 서비스의 수준이 낮았음을 측정하게 하는 방법이다.
- 보증을 제공함으로써 기업이 전체적인 서비스 전달 시스템의 실패 요소들을 검사할 수 있도록 한다.
- 보증은 자부심의 원천이 될 수 있으며 기업 내의 팀 형성 동기를 제공한다.

다른 보증의 유형과 마찬가지로, 무조건 보증과 연관된 많은 위험도 있다. 첫째, 보증은 몇몇 고객에게 부정적인 메시지를 전달하여 보증을 제공하는 기업의 이미지를 더럽힐 수 있다. 몇몇 고객들은 기업이 처음부터 보증을 제공할 필요가 있는지에 대해 의아해한다.

예를 들면, 고객은 보증을 제공하는 이유가 이전의 실패 혹은 새로운 사업에 대한 절망 때문이라고 생각할 수 있다. 무조건 보증의 다른 단점은 보증 요구가 발생되었을 때, 실제의 지불에 관한 문제이다. 고객은 너무 당황해서 보증을 제기할 수 없을지도 모른다. 결과적으로, 보증은 사실상 고객이 불평하지 않도록 동기부여할 수 있도록 해야 한다. 지불과 관련된 또 다른 잠재적인 문제는 보증을 위해 기업이 요구하는 필요한 문서의 양과 실제의 지불이 완료되기까지 걸리는 시간이다.

보증의 두 번째 유형은 **구체적 결과 보증**(specific result guarantee)이다. 구체적 결과 보증은 보증 발생 조건이 더 적으며 잘 정의되어 있고 지불이 더 잘되기 때문에 암묵적, 무조건 보증보다 포용적으로 생각된다.[27] 서비스 전달 과정의 모든 측면을 고려하는 무조건 보증과 대조적으로, 구체적 결과 보증은 명확한 단계 혹은 결과에서만 적용된다.

긍정적인 면으로는, 구체적 결과 보증은 양적 결과에 쉽게 적용된다. 예를 들면, FedEX는 당일 배달을 보증한다. 게다가 전반적 보증과는 반대로 구체적인 결과를 보증함으로써 기업은 특별한 목표를 향한 몰입을 명시할 수 있다. 부정적인 측면은, 구체적 결과 보증은 무조건 보증에 비해 약해보이고, 고객은 이것을 기업의 자신감의 결여 문제로 지각할 수 있다는 것이다.

묵시적 보증(implicit guarantee)은 본질적으로 쓰여 있지 않은 무언의 보증으로, 기업과 고객 사이의 이해를 확립한다. 비록 보증이 열거되어 있지 않더라도, 묵시적 보증을 제공하는 기업의 고객은 기업이 고객의 만족을 충족시키기 위해 헌신적이라는 것을 보증받는다. 결과적으로, 기업과 고객 간의 파트너십 정신은 상호 믿음과 존중을 바탕으로 발전한다.

묵시적 보증 전략과 관계된 거래는 호기심을 자극한다. 긍적적인 면은, 보증은 암묵적이기 때문에 어떠한 명백한 설명서에도 보증 요구가 발생했을 때 기업이 무엇을 해야 하는지가 정확하게 명시되어 있지 않다. 결과적으로, 서비스 기업은 보증 지불을 서비스 실패의 크기에 맞출 수 있다. 따라서 묵시적 보증은 모 아니면 도와 같은 배열의 결과를 초래하지 않는다. 묵시적 보증 전략과 관련된 다른 혜택은 (1) 명시적인 보증과 비교해 조잡한 형태의 마케팅 출현을 피하고, (2) 이것은 기업이 약속을 만족시키지 못할 상황이 일어날 가능성을 공표하는 것을 피한다. 요컨대 묵시적 보증은 보증 전략을 추구하는 세련된 생각이다.

그러나 묵시적 보증은 단점도 가지고 있다. 묵시적 보증은 말이나 문자로 언급되지 않고, 언급되지 않기 때문에 묵시적 보증 전략을 추구하는 기업은 시간이 많이 소요되는 '구전'과, 잠재 고객과 의사소통하는 호의의 반복된 행동으로 명성을 얻어야 한다.[28] 그러므로 묵시적 보증은 사업 도입 단계에는 다른 기업과 차별화하지 못한다. 게다가 보증이 묵시적이기 때문에 새로운 고객은 고객 만족에 대한 기업의 태도를 인식하지 못하고 문제점을 기업의 관심으로 가지고 오지 않을 수도 있다.

전문적 서비스 보증 마지막으로 보건의료, 법률 서비스 및 엔지니어링 서비스와 같은 전문 서비스와 관련된 보증은 특별한 고려가 필요하다.[29] 보증 분야의 전문가들은 다음과 같은 상황에서 전문적인 서비스 제공자에게 보증이 효과적일 것이라 생각한다.

- **가격이 높을 때**: 전문적인 서비스의 가격은 5~6가지 종류로 쉽게 접근한다. 보증은 비용이 많이 드는 서비스를 결정하는 것과 같은 위험을 완화한다.
- **부정적 결과의 비용이 높을 때**: 간단히 말해, 구매 의사결정이 더욱 중요하고 부정적인 결과를 초래할 위험이 높을수록 보증은 더욱 강력한 힘을 발휘한다.
- **서비스가 맞춤화되어 있을 때**: 결과가 아주 확실한 표준화된 서비스와는 달리, 맞춤화된 서비스는 불확실성을 동반한다. 보증은 불확실성과 관련된 위험을 줄여준다.
- **브랜드 인지의 차별화가 어려울 때**: 전문적 서비스는 성공적인 차별화가 어렵다. 예를 들면, 시력 검사나 치과 의료 서비스는 공급자들 간의 차이가 크지 않다. 이와 같은 경우에는 무조건 서비스 보증이 경쟁자와 서비스를 성공적으로 차별화한다.
- **구매자의 저항이 높을 때**: 전문적 서비스의 비용과 결과의 불확실성 때문에 전문적 서비스의 구매자는 매우 신중하다. 무조건 보증이 고객의 의구심을 극복하고 판매를 도와준다.

14-6 고객 이탈 관리: 무결점 문화 개발

고객 유지율을 높이는 또 다른 방법은 고객 이탈을 줄이는 것이다. 이탈 관리의 개념은 TQM(total quality management)에 근본을 두고 있다. **이탈 관리**(defection management)는 체계적인 과정으로 고객이 이탈하기 전에 고객을 유지하려는 적극적인 시도이다. 이탈 관리는 고객 이탈의 이유를 추적하고 이 정보를 서비스 전달 시스템에 지속적으로 활용하는 것을 포함한다. 효과적인 이탈 관리 프로그램을 구축하는 동기는 명확하다. 고객 이탈을 반으로 줄이는 것은 기업의 평균 성장률을 두 배로 늘린다. 게다가, 고객 이탈률을 5%라도 줄이는 것은 산업에 따라 25~85%의 이익을 높인다(도표 14-4).[30]

14-6a 무결점 vs 무이탈

제조업 부문에 TQM을 도입한 이후로 **무결점 모델**(zero defects model)이 하나의 지침서가 되었다. 그러나 무결점 모델은 설명서가 있는 제조업 부문에는 적절하나, 서비스 부문에서는 적합하지 않다.[31]

서비스를 이용하는 고객은 마음속에 각자의 설명서가 있고 이는 고객의 욕망과 비슷하다. 예를 들면, 고객들은 원하는 헤어스타일 사진을 미용사에게 보여주고 그것과 비슷한 스타일을 요구한다. 사진은 고객이 원하는 바람직한 결과의 근사치이며, 이것은 구체적인

〈도표 14-4〉 결함 제거 5%, 이익 25%에서 85%로 증가

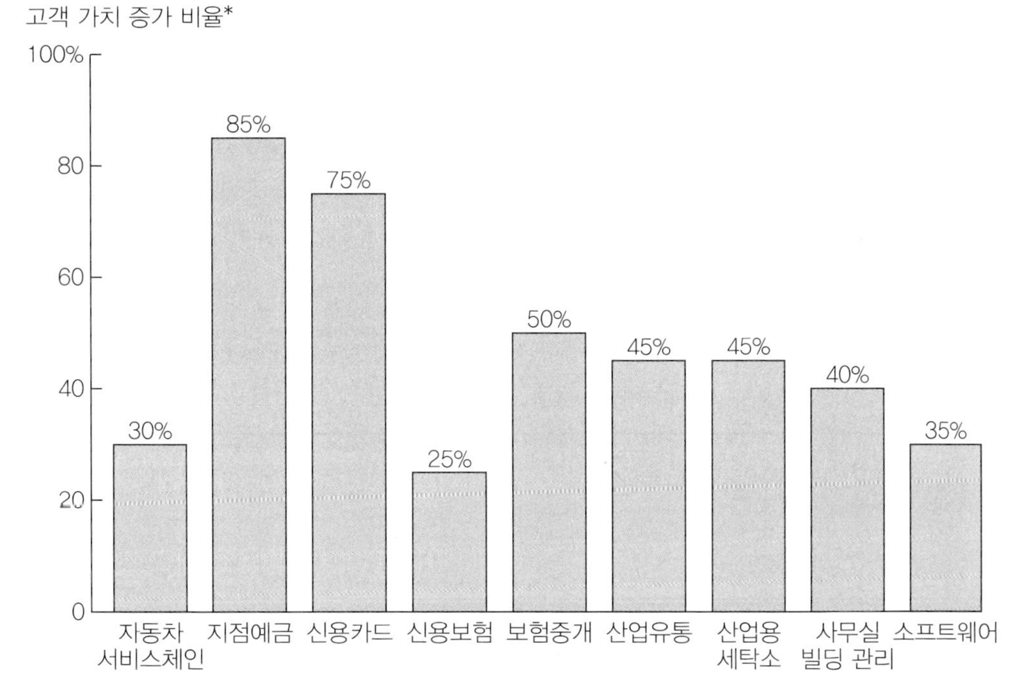

* 현재의 무결점 비율에서의 평균 고객의 수명의 순현재가치를 평균 5%의 이탈 비율에서 평균 고객 수명의 순현재가치와 비교하여 계산된다.

Source: Frederick F. Reichheld and W. Earl Sasser, Jr., "Zero Defections: Quality Comes to Services," *Harvard Business Review* (September-October 1990), p. 110.

길이나 컬이 구불거리는 정도를 명시하지 않는다.

서비스 부문에 무결점 모델을 적용하는 것에 있어 또 다른 장애물은 소비자들이 각각의 기대와 이에 부합하는 각각의 설명서를 가지고 있다는 것이다. 어느 헤어스타일리스트는 "그들(빛빛 소비자들)은 두 숟가락밖에 안 되는 머리를 가지고 머리가 길고 풍성한 연예인처럼 해달라고 한다."고 말하기도 한다. 따라서 서비스 부문에서 사용 가능한 설명서는 흔히 모든 고객에게 표준이 될 수 없다. 이에 각각의 순간마다 그에 적합한 기대 기준을 채택하는 것이 중요해진다. 서비스 전달 시스템의 독특한 속성, 이른바 이질성이라는 독특한 서비스 특성 때문에 제조 부문에서 사용되는 무결점 모델은 서비스 부문의 현실과는 동떨어져 있다. 오히려 서비스 회사에게 더욱 적절한 철학은 **무이탈**(zero defections)일 것이다. 제조업 부문에서 팔 수 없는 상품의 "결점 더미"와는 대조적으로, 서비스 부문에서는 다시는 돌아오지 않을 고객으로 구성되는 "이탈 더미"가 있다.

14-6b 이탈 관리의 중요성

기업은 보통 매년 15~20%의 고객을 잃는다.[32] 몇몇 산업에서는 이 비율이 더 높게 나타난다. 예를 들면, 케이블 TV산업은 연간 50% 이상의 고객을 잃고,[33] 휴대폰 산업은 연간 30~45% 정도의 이탈이 나타나고,[34] 무선호출기 산업에서의 고객 이탈은 40~70% 정도이다.[35] 고객 이탈를 줄이는 것은 즉각적인 결과로 나타난다. 예를 들면, 신용카드 산업에서 탈퇴가 2% 줄어드는 것은 비용이 2% 줄어드는 것과 같은 효과를 가져온다(도표 14-5).[36]

고객 이탈 감시가 중요한 또 다른 이유는 고객 이탈 비율이 고객 만족 비율과 직접적으로 관계가 없다는 충격적인 연구 결과로부터 비롯되었다.[37] 기업들은 서비스에 만족한 고객이 계속 남아있을 것이라고 생각할 수도 있다. 이러한 생각은 직관적으로 볼 때는 맞는 것 같지만, 기존 고객의 높은 만족이 고객 충성도로 옮겨가는 것은 아니다. 평균적으로, 65~85%의 이탈 고객은 이전 서비스 제공자에 대하여 만족, 혹은 매우 만족했다고 말한다.[38] 그렇다면 고객은 왜 이탈하는 것일까?

〈도표 14-5〉 신용카드 회사의 결점 곡선

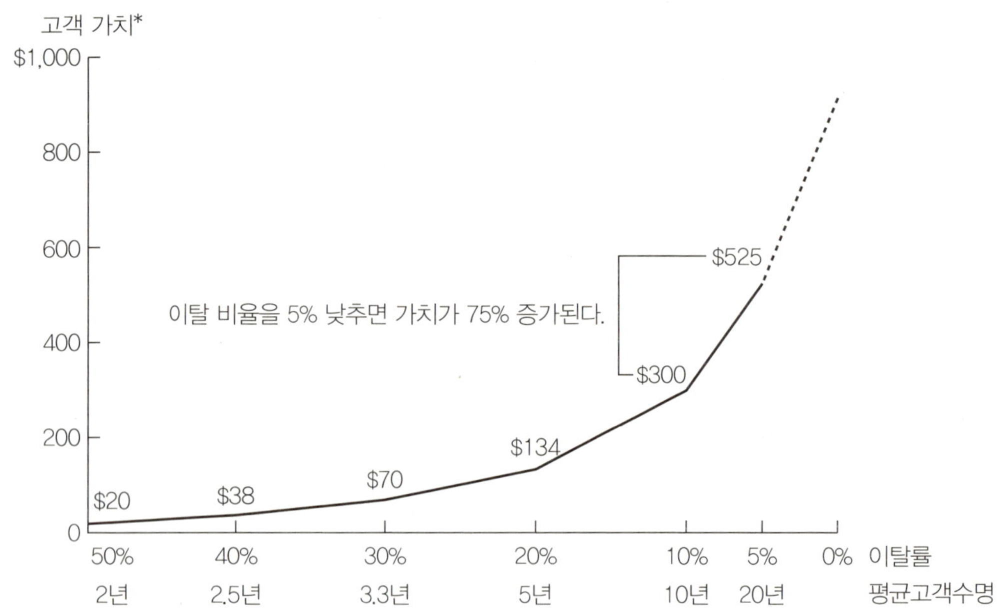

* 평균고객수명 동안 고객이 창출하는 이익 흐름의 순현재가치. 예를 들어, 0%의 이탈률에서 평균고객수명은 10년이다(따라서 이탈률로 나누면 10이다). 고객 가치는 10년 간의 수익 흐름의 순현재가치이다.

Source: Frederick F. Reichheld and W. Earl Sasser, Jr., "Zero Defections: Quality Comes to Services," *Harvard Business Review* (September-October 1990), p. 109.

14-6c 이탈자의 종류

고객은 다양한 이유로 변절한다.[39] **가격 이탈자**(price defectors)는 낮은 가격의 제품과 서비스를 제공하는 경쟁업체로 이동하고 다른 어떤 형태의 고객보다 충성도가 낮다. 고객유지를 추구하는 많은 기업은 제품과 서비스의 가격의 지속적인 할인을 피하기 위해 가격 이탈자들을 기꺼이 감수한다. 특히 신뢰성, 대응성, 확신성, 공감성 그리고 유형성을 기초로 다른 기업과 차별화하는 기업은 제품의 가격을 낮추지 않아도 고객을 유지할 수 있다.

제품 이탈자(product defectors)는 우수한 제품과 서비스를 제공하는 경쟁기업으로 옮겨간다. 이러한 종류의 제품 이탈자들은 한번 떠나면 다시 돌아오게 하기 힘들다. 예를 들면, 더 우수한 제공자를 발견했을 때, 서비스 품질이 더 떨어지는 제공자에게 다시 돌아오는 것을 상상하기는 어렵다. 제품 이탈자를 줄이는 비법은 현재의 성공에 만족하지 말고, 변화하는 고객의 욕구를 무시하지 않는 것이다. 혁신과 지속적인 개선은 제품 이탈자를 방지하고자 하는 시장에서 중요한 요소이다.

서비스 이탈자(service defectors)는 형편없는 고객 서비스로 인해 발생한다. 다른 이탈자의 유형과는 달리, 서비스 이탈자가 발생하는 기업들은, 사실상 기존 고객들이 다른 곳에서 서비스를 이용할 만한 이유들을 제공한다. 불충분한 정보를 가진 종업원, 지키지 않은 약속, 받아들일 수 없는 종업원의 행동 등은 고객이 경쟁업체로 떠나는 전형적인 이유이다. 서비스의 실패 또한 종업원의 불충분한 대응과 함께 서비스 이탈자를 만들 수 있다. 다른 이탈자는 주로 외부적인 요인들로 인해 생기지만, 서비스 이탈자는 내부적인 운영 문제로 인해 생긴 결과이다.

Comstock Images/Jupiter Images

이탈한 고객의 2/3는 도움을 주지 않는 서비스 종업원 때문에 이탈한다.

시장 이탈자(market defectors)는 시장 재배치 혹은 사업 실패의 이유로 발생한다. 개인 고객을 포함하여 사업 시장에서 떠나는 고객을 일컬어 모두 시장 이탈자라고 한다. 비슷하게, 사업을 철수하고 시장에 더 이상 제품과 서비스가 없는 기업도 시장 이탈자이다.

기술 이탈자(technological defectors)는 산업 밖에 있는 상품으로 옮겨가는 것을 말한다. 오일 램프에서 전기 램프, 기차에서 비행기로 이동하는 것이 기술 이탈의 전형적 예이다. 상품 이탈과 마찬가지로, 기술 이탈은 기업이 현 상태에 안주하기 때문에 발생한다. 성공적인 기업들도 종종 잘못된 안도감을 가지고, 기술 발전에 대한 대응에 실패한다. 예를 들면, 레코드 앨범 제조기업들은 CD 앨범 시장에 대해 경계하지 않다가 많은 고객을 잃었다. 물론, 기술적 혁신은 지속되어 전통적 산업 모델이 변화하게 됨에 따라 CD는 온라인에서 음

e-서비스 활동 사례

Singapore 항공의 희귀한 고객 반발 경험

단골고객 프로그램, 상용고객 프로그램, 상용 고객 카드 및 식사 쿠폰과 같은 로열티 프로그램은 전 세계적으로 유사하다. 현재 미국 소비자의 약 75%는 적어도 하나의 로열티 프로그램에 속해 있다. 그들의 핵심 부분인 로열티 프로그램의 주요 아이디어는 고객의 쇼핑 습관을 추적하고, 가장 수익성 높은 고객을 파악하고, 스페셜 딜(deals) 및 프로모션을 통해 고객 유지를 목표로 삼는 것이었다.

로열티 프로그램은 원래 상용고객 우대 제도를 통해 1970년대에 항공사가 개발했다. 상용고객 우대 프로그램은 경쟁 항공사에서 저렴한 항공편과 보다 유리한 노선을 이용할 수 있는 경우에도 고객, 특히 상용고객 및 비즈니스 여행객을, 한 항공사에 고정시키기 위해 만든 것이었다. 고객은 무료 또는 할인된 항공편, 수하물 허용량의 증가, 그리고/또는 보다 나은 좌석 배치와 같은 상용고객 보상에 대한 대가로 약간의 추가 비용을 지불할 의사가 있다.

그 어느 때보다 고객은 현재 로열티 프로그램 멤버십으로 인한 특별한 대우를 받을 자격이 있다고 느낀다. 한 업계의 관측에 따르면 "항공사는 모든 사람에게 맞춘 고정 가격을 벗어나 미국과 세계 시장을 영원히 바꿔 놓은 일부 사람들이 더 특별하다고 생각하는 정신을 도입했다."고 한다. 따라서 한때 데이터 추적을 위한 훌륭한 아이디어로 여겨졌던 것이 지금은 비즈니스의 가격이 되었다. 또한 로열티 프로그램은 Singapore 항공과 같은 회사에, 불편할 뿐만 아니라 지속 불가능한 마켓 플레이스 심리를 만들어냈다.

최근 Singapore 항공은 최고 수준의 PPS 클럽 회원에게 제공되는 혜택을 철회하려고 하였다. PPS 클럽 회원은 일반적인 특혜뿐만 아니라, 본래 일정 수준에 도달하면 평생 회원 자격을 제공받고 있었다. 그러나 항공사는 프로그램 제공을 지속할 수 없다고 판단하여 평생회원 조항을 철회하고 충성도 프로그램의 조항의 변경을 요구할 수 있다고 주장하였다. 발표된 변경 사항에 대한 고객의 반응은 신속했다. "유명 사업가 및 전문가" 집단이 항공사에 집단으로 소송을 한 것이다. Singapore 항공은 현재 가장 강력하고 충성도가 높은 고객을 소외시키는 상황에 직면해있다.

Sources: http://www.reuters.com; http://www.cioinsight.com.

악을 다운로드 받는 것으로 대체되었다.

조직 이탈자(organizational defectors)는 기업 내부의 정치적인 고려 때문에 발생한다. 예를 들면, 상호적 구매 협정 과정에서 발생하는 조직 이탈자가 있다. 만약 어떤 엔지니어링 기업에 그들 기업의 서비스를 이용하고 있는 제지 회사가 있다면, 그 제지 회사로 제지 공급처를 바꿀 수 있다. 한편 조직의 이탈은 시민 모임, 컨트리 클럽, 다양한 사회적, 사업적 모임을 통하여 발전된 관계에 의한 결과로 발생하기도 한다.

14-6d 이탈 관리 과정

고객 이탈은 많은 기업을 좌절시키지만, 이탈률은 측정 가능하고 관리할 수 있다.[40] 이탈은 고객이 떠나는 구체적인 이유뿐만 아니라 수익이 어디로 향하는지를 보여준다. 이탈 분석을 통해 얻은 정보는 기업이 지속적으로 개선할 수 있도록 도와준다.

이탈 관리의 중요한 요소는 기업이 무이탈 문화의 기준을 만드는 것이다. 기업의 모든 종업원은 무이탈이 조직의 가장 주된 목표라는 것을 인식해야 한다. 이 근본적인 목표를 달성하기 위한 이탈 관리 과정의 첫 번째 단계는 기존 고객 보유의 중요성과 그 혜택을 종업원들에게 알리는 것이다. 이 장의 앞부분에서 고객 유지의 혜택과 중요성은 모든 종업원들에게 전달되어야 한다고 설명했다. 종업원에게 교육하는 무이탈 목표는 상부조직에서 시작하여 모든 단계에서 지지자를 확보하여야 한다. 고위 경영자가 모범을 보이고 "말한 것을 실천"하는 것이 중요하다. 종업원 미팅에서 고객 서비스의 중요성과 필요성에 대하여 말하면서 뒤에서 고객에 대한 험담을 하는 매니저들은 기업의 무이탈 문화를 성공적으로 시행할 수 없다.

무이탈 문화를 만드는 두 번째 단계는 종업원에게 무이탈 관리를 교육시키는 것이다. 무이탈 관리는 다음과 같이 분류된다.

1. 고객 정보 수집: 우리의 고객은 누구인지, 그들은 무엇을 구입하는지, 얼마나 소비하고 얼마나 자주 주문하지 등의 주문 정보 관리
2. 정보를 가지고 종업원들에게 구체적인 지침서 제공: 이름으로 고객을 알아보고, 다른 상품과 서비스를 끼워 팔고, 기업의 장기적 성공을 위해 고객의 중요성을 인식
3. 고객 정보에 어떻게 반응해야 하는지 알려줌: 모든 고객을 동일하게 대우해서는 안 되며 고객 정보에 따른 고객 특별 관리의 필요성을 인식
4. 고객 정보에 대한 종업원의 적절한 대응을 독려

이탈 관리 과정에서 세 번째 혹은 아마 가장 중요한 단계는 이탈률에 근거하여 보상하는 것일 듯하다. 간단히 말해 기업이 이탈을 줄이는 것에 진정한 가치를 둔다면, 보상 시스템은 고객 유지 노력을 강화해야 한다.[41] MBNA와 같은 기업은 고객 유지에 전념하였고, 고객 유지 노력에 일치하는 보상 시스템을 구축하였다. 그것은 MBNA의 서비스를 더 이상 이용하지 않기를 원하는 모든 고객에 대한 MBNA의 정책이다. 이 기업의 종업원은 고객 유지 노력과 관련되어 급여의 20% 정도를 보상받는다. 고객들과의 이러한 추가적인 의사소통과 보상 시스템의 결과로, MBNA는 거래를 끝내려는 고객의 50%를 유지하였다. MBNA의 고객 유지 노력은 어떻게 결과에 영향을 미쳤을까? MBNA의 전반적 고객 유지율은 95%이고, MBNA는 산업 평균보다 두 배 이상의 고객을 유지한다. 사실상, MBNA의 수익성 있는 고객 유지율은 98%이다. 또한 악성부채로 인한 MBNA의 대손예상액은 다른 기업에 비해 1/3에서 1/2 더 낮다. 게다가 MBNA의 고객들은 카드를 더 자주 사용하고 산업 평균 1,600달러보다 더 높은 잔고 2,500달러를 유지한다. 다른 예는 State Farm Insuarance의 경우를 들 수 있다.[42] 이 보험 회사는 종업원이 고객을 유지했을 경우, 신규 고객을 가입시킨 것과 같은 수수료를 주었다. State Farm은 고객 유지의 가치를 인식하고 고객 유지 노

력에 대해 종업원에게 보상했다.

마지막으로, 성공적인 이탈 관리를 하는 기업은 이탈을 막는 전환 장벽을 구축하는 것에 대해 신중하게 고려한다.[43] 은행을 바꾸는 고객은 이전에 거래하던 은행에서 계좌를 닫는, 즉 시간을 들여야 하는 일을 해야 하고, 또 새로운 은행에서 새 계좌도 열어야 하며, 때로는 새로운 수표 인쇄를 위해 비용을 지불하는 번거로운 과정을 거쳐야 한다. 치과를 바꾸는 경우는 새로운 엑스레이 비용이 들고, 내과 의사를 바꿀 경우에는 광범위한 환자 정보 서식을 작성하여 전달하고 새로운 신체적 검사를 견뎌야 한다. 성공적인 전환 장벽을 구축하는 법은 진입 장벽은 낮으며 퇴출 장벽은 높게 하는 것이다.

전체적으로, 이탈 관리의 중요한 요소는 고객 이탈을 측정하고 관리하는 것이다. 흔히 기업은 서비스를 더 이상 이용하지 않을 고객을 배제한다. 이탈 관리는 고객이 이탈하기 전에 고객을 유지하고 이탈이 발생하였다면 그 이유를 밝히는 것에 초점을 둔다. 요컨대, 이탈자들은 기업의 운영, 종업원, 미래에 관한 정보의 중요한 원천이다.

요약

시장 침체, 경쟁 심화, 마케팅 비용의 증가, 유통 경로의 변화, 그리고 소비자의 변화무쌍한 욕구로 인하여 고객 충성도와 유지의 중요성은 증대되고 있다. 고객 충성도는 서비스 기업에 대한 사업 애착뿐만 아니라 감정적 애착을 형성하는 서비스 기업에 의한 시도를 반영한다. 특정 서비스 기업을 지속적으로 이용하는 고객들은 충성 고객들이거나, 대체기업이 결여되었거나, 혹은 단순히 떠나는 것을 제약하는 높은 전환비용과 같은 다른 이유들로 인해 그 기업의 서비스를 애용하는 고객일 것이다.

충성도를 구축하기 위한 전략은 지속적인 커뮤니케이션, 좋은 고객 서비스 제공, 모범적인 리더, 종업원 교육과 권한 부여, 이전 고객 구매 기억, 신뢰에 집중, 고객 상대에서의 유연성, 인간적인 감성(high touch)를 겸비한 기술, 고객 이름을 잘 기억하기를 포함한다.

궁극적으로, 고객 유지는 기존 고객을 향한 기업의 마케팅 노력에 초점을 맞추는 것을 말한다. 고객 유지 노력을 하는 기업은 고객과 제공자의 관계를 더 발전시키기를 바라고 기존 고객을 만족시킨다. 고객 유지는 초기 판매와 재판매로부터 발생하는 수익, 운영 비용 절감에 의한 수익, 추천에 의한 수익 등 매우 다양한 혜택과 관련이 있다. 일반적으로, 기존 고객은 서비스 공급의 더욱 효율적인 사용을 가능하게 하고, 보통 서비스 구매와 관련된 위험을 줄이기 위해 한 공급자와의 장기적 거래를 선호한다.

고객 유지의 중요성에도 불구하고, 모든 고객이 유지할 가치가 있는 것은 아니다. 서비스 기업들은 더 이상의 수익성이 없고, 계약 조건을 따르지 않고, 종업원들을 함부로 대하고, 부당한 요구를 하며, 기업의 명성을 더럽히는 고객을 방출하는 것을 진지하게 고려하여야 한다.

고객 유지에 초점을 둔 기업들은 빈도 마케팅, 관계 마케팅, 애프터 마케팅, 그리고 서비스 보증과 같은 프로그램에도 흔히 관여한다.

고객 유지와 충성도 구축과 더불어, 서비스 기업들은 또한 이탈 관리 프로그램의 적극적인 개발에 의한 이익을 보기도 한다. 효과적인 이탈 관리 프로그램 구축에 대한 동기는 명확하다. 이탈을 반으로 줄이는 것은 평균적으로 기업의 성장률을 두 배로 만든다. 고객들은 많은 이유에서 경쟁사로 이탈을 하고 이들은 이탈자 유형(가격, 제품, 서비스, 시장, 기술, 그리고 조직)에 의해 설명된다. 효과적인 이탈 관리 프로그램 구축에서 중요한 점은 기업 전체에 걸쳐 무이탈 문화를 도입하는 것이다. 모범적인 리더십, 무이탈에 관한 종업원 교육, 이탈률에 따른 인센티브 지급, 그리고 고객 이탈을 줄이는 전환 장벽을 개발하는 리더십을 사용함에 의해 성취될 수 있다.

복습문제

1. 고객 충성도와 고객 유지의 관계에 대해 설명하고 개념을 정의하시오.
2. 정복 마케팅은 왜 오늘날 많은 기업에서 받아들여지고 있는가?
3. 정복 마케팅과 관련된 문제들에 대해 논의하시오.
4. 고객을 유지하는 것이 항상 가치 있는가?
5. 기업의 상용고객 프로그램과 관련이 있는 빈도 마케팅과 연관된 단계들에 대해 논의하시오.
6. 고객 유지에 영향을 미치는 서비스 유통 경로는 어떻게 변화되고 있는가?
7. 무결점과 무이탈의 차이에 대하여 논의하시오.
8. 서비스 이탈자는 다른 이탈자 유형과 어떻게 다른가?
9. 성공적인 보증의 특성에 대하여 논의하시오.
10. 묵시적 보증의 활용과 연관된 거래는 무엇인가?

사례 14. Mandalay Bay의 난제

네바다주 라스베이거스에 위치한 Mandalay Bay Resort and Casino는 타의 추종을 불허하는 고급스러움과 훌륭한 식사, 유명한 엔터테인먼트, 그리고 퍼스널 서비스를 제공하는 39층의 고급호텔로 자사를 홍보한다. 메인 호텔에는 3,300개가 넘는 객실이 있으며, 13만 5,000평방피트 크기의 카지노, 파도풀과 유수풀을 포함한 다양한 물놀이 시설, House of Blues 공연장, 24개의 레스토랑과 카페를 자랑한다. Mandalay Bay는 MGM Mirage가 운영하고 자매시설인 Excaliburand Luxor까지 무료 트램 서비스로 연결되어 있다. Taylor(아이러니하게도, 서비스 마케팅 교수)와 그의 부인은 리조트와 카시노에서 나흘 밤을 보내고, 멀리 사는 그의 여동생 부부 및 남동생 부부와도 함께 시간을 보내기(이 여행의 목정은 작은 가족 모임)를 희망하고 있었다.

Taylor 교수의 남동생, Ted는 몇 달 전에 Mandalay Bay로부터 하루 숙박당 69.99달러의 프로모션 가격(정상가 대비 30달러 할인가)을 제공한다는 광고 편지를 받았다. 그는 형제들과 연락하고 날짜를 정한 후, 곧바로 세 부부가 묵을 객실 세 개를 예약했고 작은 가족 모임은 이로써 성사되었다.

8월에 호텔을 확인하고 Ted와 그의 처남 Bill은 세 객실 모두를 재협상하였고, 765평방피트의 미니스위트, 자쿠지 욕조, 그리고 베이거스 스트립 뷰를 포함한 업그레이드된 더블룸에 묵기로 결론 내렸다. 이 모든 업그레이드 추가 비용은 1박당 25달러였고, 모두들 이 가격이 매우 좋은 조건이라는 데에 동의하였다.

Taylor 교수의 동생 부부들은 10층에 객실을 배정받았고, 하루 뒤에 Taylor 교수와 그의 부인이 호텔에 도착하였다. 입주자 제한으로 인해 교수 부부는 호텔의 펜트 하우스(60~64층)로 방을 받았다. 이 객실은 다른 부부의 방과 같은 크기였으나 펜트

하우스 층은 익스프레스 엘리베이터를 사용할 수 있고, 높은 층이기 때문에 베가스 스트립 뷰가 훨씬 좋았다.

모든 사람이 배정받은 객실을 만족해하였고 Mandalay Bay Resort and Casino 내의 시설도 모두 이용할 수 있었다. 세 부부는 쇼를 보고, 호텔 수영장도 이용하고, 스트립을 따라 걷고, 함께 저녁식사도 즐겼으며 다양한 호텔 카지노(대다수는 MGM Mirage에서 운영하는)에서 도박도 조금 즐겼다. 호텔에서의 하루는 금방 지나갔으며 매일 거의 새벽 3시쯤 방으로 돌아갈 정도였다.

상황

Mandalay Bay에서의 두 번째 밤에 교수 부부는 60201호인 그들의 방으로 돌아왔고 방에서 아침에는 나지 않았던 약간의 악취가 나는 것을 알아챘다. 이들 부부는 이 냄새가 내일 아침까지 날 것이라고는 생각하지 않았고, 그날 밤 그냥 잠자리에 들었다. 셋째 날 밤, 새벽 3시쯤 방에 돌아오니 악취가 다시 났다. 3시 30분에는 악취가 매우 심하게 났고 이 부부는 구토를 참으며 악취의 원인을 찾기 위해 보안종업원을 불렀다. 젊은 보안종업원은 60201 객실 외에 복도나 다른 곳에서는 악취가 전혀 나지 않는다고 하였다. 어떻게 해야 할지 모르는 젊은 보안종업원은 코를 막고(냄새가 매우 심했다) 그녀의 상사에게 도움을 청했다.

보안 담당 매니저는 손가락으로 코 밑을 막고 방으로 들어와 즉시 엔지니어링 종업원을 불렀다. 보안 담당 매니저는 간단히 사과하고 교수 부부에게 다른 방을 배정해 달라고 프론트 데스크에 연락하였다. 엔지니어링 종업원이 스프레이로 된 냄새 제거제를 손에 들고 방에 들어와 역한 냄새를 조금이라도 없애고자 시도하였다. 엔지니어링 종업원은 호텔 위생 시스템에서 가스 거품이 발생하여 그것이 60201호 객실로 들어온 것이라고 믿었다. 그 뒤 새로운 객실을 배정받았고 벨맨이 약 3시 45분부터 4시까지 짐을 싸는 것을 도와주었다. 다른 보안 종업원은 손으로 입과 코를 가린 채 복도에 나타나 냄새를 피하고자 했다.

교수 부부가 새로 배정받은 객실은 이전 객실보다 한 층 위였고(새로운 방도 펜트하우스였다) 꽤 좋았다. 사실 이 객실은 5개의 방이 있는 스위트룸이었다. 새로운 방은 대략 1,700~2,000평방피트 정도의 크기에 모든 것이 구비된 식당과 바, 거실, 큰 플라즈마 텔레비전과 사방에 스피커가 있는 아이팟 도킹 스테이션과 같은 수준급 오디오 시설, 네 모서리에 각각 기둥이 있는 침대, 자동 커튼, 한증실을 갖춘 두 개의 욕실이 있었다. 이 객실의 정상가는 1박당 350~500달러 정도였지만, 교수 부부는 추가비용을 내지 않고 나머지 이틀을 이 객실에서 지냈다. 이들이 새로운 객실을 배정받은 이후로 호텔 종업원 아무도 그들에게 연락을 하지 않았다.

주목할 만한 다른 고려 사항

- 좋은 라스베이거스 호텔 객실을 합리적인 가격에 이용할 수 있으나, 고객은 "라스베이거스 예산"의 대부분을 비행기 티켓, 아이와 반려동물 돌봄, 식사, 겜블링과 쇼 티켓을 포함한 오락, 자동차 렌트 또는 택시비, 그리고 쇼핑에 쓴다. 가장 큰 부분의 지출은 이 시설에서의 식사와 오락비용이다. 부부가 4박 5일 일정에서 1,500~2,000달러를 쉽게 쓸 수 있다고 가정하는 것은 지나친 것이 아니다.
- 교수 부부는 라스베이거스에 5년에 한 번 또는 두 번 가량 여행을 온다.
- 교수의 처남은 무슨 일이 일어났는지도 모르는 책임 매니저에게 다음날 아침에 가서 상황을 전달했다. 그 매니저는 고객이 보안종업원과 함께 정식 보고서를 제출하여야 한다고 말했다. 보안종업원과 연락을 하여 정식 보고서를 작성하였으나 왜 이런 것이 필요한지 혼란스러워졌다.
- 교수의 부인은 그 일이 있은 후 약 12시간 동안 지속된 악취와 두통에 불평하였다.

- 교수의 부인은 악취의 원인에 대해 물어보려고 프론트 데스크에 연락하였으나 위기관리팀에 연락하라는 답변을 받았다. 위기관리팀은 Mandalay Bay에서 앞으로 2개월간 언제든지 사용할 수 있는 2박 무료 숙박권으로 보상하였다. 이 부부가 원래 묵었던 객실(765평방피트)와 비슷한 객실시설을 제공받을 수 있냐고 물어보자, 위기관리팀은 비슷한 시설의 객실을 배정받을 수 있을지는 장담할 수 없다고 했다.
- Mandalay Bay는 교수 부부의 집으로 2박 무료 숙박권 바우처를 보냈다고 하였다. 그런데 몇 주가 지난 뒤에도 교수 부부는 Mandalay Bay로부터 아무것도 받지 못했다.

토의사항

1. Mandalay Bay Resor and Casino와 다른 베이거스의 호텔들은 고객 충성도, 고객 유지와 같은 서비스 마케팅 콘셉트를 고려해야 하는가? 당신의 의견을 설명하시오.
2. 이러한 상황을 겪은 Mandalay Bay의 고객으로서 당신은 호텔 서비스 회복 노력이 합리적인 기대에 미친다고 생각하는가?
3. 분배의 공정성, 절차의 공정성, 상호작용 공정성의 관점에서 보았을 때, Mandalay Bay의 서비스 회복 노력에 대해 평가하시오.
4. Mandalay Bay의 경영진에게 이러한 상황과 같은 차후의 상황을 어떻게 처리할 것인가에 대해 당신이 권하는 것은 무엇인가?

각주

1. http://www.cioinsight.com/c/a/Special-Reports/Trends-Loyalty-Programs, accessed 1 May 2015.
2. Pallavi Gogoi and Ira Sager, "I Love You—But I'm Leaving You," *Business Week* (July 21, 2003), p. 10; K. Douglas Hoffman and John E. G. Bateson, *Essentials of Services Marketing*, 2nd ed. (Mason, OH: South-Western Publishers, 2001).
3. Frederick F. Reichheld and W. Earl Sasser, Jr., "Zero Defections: Quality Comes to Services," *Harvard Business Review* (September-October 1990), pp. 105–111.
4. Rahul Jacob, "Why Some Customers Are More Equal than Others," *Fortune* (September 19, 1994), pp. 218, 220.
5. Terry G. Vavra, *Aftermarketing: How to Keep Customers for Life through Relationship Marketing* (Homewood, IL: Business One Irwin, 1992) pp. 2–6.
6. http://www.mediapost.com/publications/article/192213/costs-for-tv-spots-rocket-7.html?edition=accessed 1 May 2015.
7. Michael W. Lowenstein, "The Voice of the Customer," *Small Business Reports* (December 1993), pp. 57–61.
8. Reichheld and Sasser, "Zero Defections."
9. Barry Farber and Joyce Wycoff, "Customer Service: Evolution and Revolution," *Sales and Marketing Management* (May 1991), pp. 44–51.
10. Reichheld and Sasser, "Zero Defections," p. 107.
11. http://prloyaltymarketing.com/customer-loyalty/academic-observations-about-customer-loyaltyand-reward-programs/ accessed 1 May 2015.
12. http://customerlifetimevalue.co/, accessed 1 May 2015.
13. http://www.dbmarketing.com/articles/Art251a.htm, accessed 1 May 2015.
14. "Is Customer Retention Worth the Time, Effort and Expense," *Sales and Marketing Management*, 143, 15, (December 1991), pp. 21–22; and http://www.forbes.com/sites/allbusiness/2014/05/06/6-reasons-to-fire-a-client/, accessed 1 May 2015.
15. http://yourbusiness.azcentral.com/advantagesdisadvantages-customer-relationship marketing-13637.html accessed 1 May 2015.
16. http://www.info-now.com/ima/article106, accessed 1 May 2015.
17. http://www.staralliance.com/en/meta/airlines/, accessed 1 May 2015.
18. http://www.staralliance.com/en/benefits/earnand-redeem/, accessed 1 May 2015.
19. http://thepointsguy.com/2014/11/21-ways-toearn-airline-miles-that-you-might-not-knowabout/, accessed 1 May 2015.
20. http://www.forbes.com/sites/

marketshare/2013/05/09/this-is-the-most-important-word-when-itcomes-to-relationship-marketing/, accessed 1 May 2015.

21. Jacob, "Why Some Customers," p. 222.

22. Ibid., p. 215.

23. http://marketingpractice.blogspot.com/2010/04/marketing-strategy-after-marketing.html, accessed 1 May 2015.

24. Jacob, "Why Some Customers," p. 222.

25. Adapted from Christopher W. L. Hart, Leonard A. Schlesinger, and Don Maher, "Guarantees Come to Professional Service Firms," *Sloan Management Review* (Spring 1992), pp. 19–29.

26. Hart, Schlesinger, and Maher, "Guarantees Come," p. 20.

27. Ibid., p. 28.

28. Ibid., p. 29.

29. Ibid., p. 20.

30. Reichheld and Sasser, "Zero Defections," p. 110.

31. Ron Zemke, "The Emerging Art of Service Management," *Training* (January 1992), pp. 37–42.

32. Reichheld and Sasser, "Zero Defections," p. 108.

33. "How Five Companies Targeted Their Best Prospects," *Marketing News* (February 18, 1991), p. 22.

34. *The Cellular Telephone Industry: Personal Communication* (Silver Spring, MD: Herschel Shostack Assoc, 1992) p. 122.

35. The Pager Industry: ProNet Annual Report, 1989.

36. Reichheld and Sasser, "Zero Defections," p. 108.

37. Lowenstein, "The Voice," p. 57.

38. Patricia Sellers, "Keeping the Buyers," *Fortune* (Autumn/Winter 1993), pp. 56–58.

39. Glenn DeSouza, "Designing a Customer Retention Plan," *The Journal of Business Strategy* (March/April 1992), pp. 24–28; http://rainmakingoasis.com/index.php/insights/blog/entry/are-your-clientsapostles-or-terrorists, accessed 1 May 2015.

40. Reichheld and Sasser, "Zero Defections," p. 105.

41. Larry Armstrong, "Beyond May I Help You?," *Business Week/Quality* (1991), pp. 100–103.

42. Sellers, "Keeping the Buyers," p. 58.

43. DeSouza, "Designing a Customer Retention Plan," p. 27.

15장

종합하기: 세계적인 서비스 문화 구축

학습 목표

- 부서화와 기능주의에서의 서비스 연결성 개념을 비교 및 대조한다.
- 서비스 기업의 내부적 논리가 서비스 문화에 어떻게 영향을 미치는지 설명한다.
- 산업 경영 모델과 시장 중심 모델의 본질적인 차이를 이해한다.
- 조직의 현재 문화를 평가하기 위한 관측, 간접 질문 접근법을 설명한다.
- 서비스 감사의 기본 요소를 논의한다.
- 문화적 변화를 이끄는 네 가지 본질적인 전략을 논의한다.

"고객은 여러분이 얼마나 관심을 가지고 있는지 알기 전까지는 여러분이 얼마나 많이 알고 있는지 신경 쓰지 않는다."

Damon Richards

효과적인 서비스 전달 시스템을 개발하고 실행하는 중요한 요인은, 서비스 문화를 구축하고 양성하기 위함이다. 효과적인 서비스 문화 개발의 목적은 고객에게 지속적인 서비스를 전달하는 것이다.

Ruarich Stewart/ZUMAPRESS/Newscom

ZAPPOS의 서비스 문화를 만드는 핵심 가치

Zappos는 Fortune지의 "일하기 가장 좋은 100대 기업" 평가에서 지속적으로 높은 순위를 차지하는 기업이다. 온라인 신발 소매업체는 업계 전문가들이 회사의 탁월한 서비스 문화와 종업원 대우에 대해 더욱 깊이 압도록 여러 가지 이유로 광고한다. Zappos는 "Zappos의 10계명"으로 알려진, 조직의 문화를 형성하는 데 도움이 되는 열 가지 핵심 가치를 중요시 여긴다.

1. "서비스를 통해 '놀라움'을 제공하라." 탁월한 고객 서비스를 제공하는 것으로 알려진 Zappos는 회사 임원에게 보고되는 재고 및 판매 데이터에 대한 엑세스를 공급업체에도 제공한다.
2. "변화를 포용하고 추진하라." CEO는 회사가 성장해나가는 과정에서 새로운 아이디어의 대부분이 조직의 최하부에서 제안될 것이라는 생각을 가져야 한다. 모든 아이디어는 그 출처와 관계없이 중요하다.
3. "즐겁고 조금은 괴짜스러운 것을 만들어라." Zappos는 일의 결과보다는 진행 과정에서의 즐거움을 더 중요하게 여긴다. 종업원들은 자신이 좋아하는 슈퍼 히어로에 대해 이야기할 수

있으며, 회사 내 훈련은 종종 Saturday Night Live 스타일의 촌극을 통해 전달되기도 한다. 종업원들이 노래를 부르거나, 웃거나, 퍼레이드를 하거나, 파란 머리를 하거나, 코에 액세서리를 하는 경우도 드물지 않다.

4. "모험적이고 창의적이며 개방적인 자세를 가져라." Zappos는 위험을 무릅쓰고 실수를 범하기도 한다. 관리자는 사무실 외부의 팀원과 재미있는 "견학"을 통해 보다 강한 유대를 형성할 수 있으며, 콜센터 종업원은 고객을 기쁘게 하는 새로운 방법을 시도하도록 장려된다.
5. "성장과 학습을 추구하라." Zappos의 종업원, 즉 'Zapponians'는 회사에서 제공하는 무료 서적과 사내 수업을 통해 회사의 발전을 위한 성장과 학습의 기회를 제공받는다.
6. "커뮤니케이션을 통한 개방적이고 정직한 관계를 구축하라." Zappos는 모든 것이 공개된 투명한 운영 방식을 자랑한다. Zappos는 종업원이 새로운 선택이나 승진 등을 원하는 경우, 전임 생활 코치와의 진로 상담 기회를 제공한다.
7. "긍정적인 팀과 가족적 분위기를 조성하라." 종업원들은 서로를 확장된 가족 구성원으로 생각하도록 장려된다. 종업원들은 함께 일하고, 놀고, 식사를 하는 등의 경험을 통해 "일과 삶의 균형"이라는 개념을 체득할 수 있다.
8. "비용 대비 더 많은 일을 하라." 예를 들면, 과거 외부의 술집에서 3,000달러를 소비하던 사내 연수 후의 "친목 유대 자리(bonding session)"는 사내에서 아이스크림이나 스낵 파티를 통해 110달러의 비용으로 친목을 도모할 수도 있다. 두 경우 모두 친목 효과에는 차이가 없으며, 후자의 방식을 통해 회사는 경제적으로 어려운 상황에서 비용을 절약할 수도 있다.
9. "열정과 결단력을 지켜라." 종업원들은 자신의 직업에 열정을 갖고 조직 내의 다른 사람들과 열정을 공유하도록 장려된다. 채용 담당자인 Christa Foley는 "마라톤을 하는 데 열정을 갖고 회사를 참여시키고 싶다면, 그렇게 하라. 다른 누군가를 기다리지 마라."라고 이야기한다.
10. "겸손해라." 겸손은 Zappos에서 모든 행동의 기초가 된다. 회사와 CEO는 이미 많은 사람에게 인정을 받고 있지만, 항상 배우려는 자세로 더 좋은 일을 할 수 있는 다른 방법이 있음을 인정한다.

Source: **http://archive.fortune.com.**

15-1 서론

우수한 서비스를 제공하기 위해서는, 서비스 기업의 개별적 요소들이 "지속적인" 서비스 문화를 형성하는 데에 집중되어야 한다. **지속적 서비스**(seamless service)는 조직이 고객에게 방해, 혼란, 불편 없는 서비스를 제공하는 것을 의미한다.[1] 지속적 서비스업체는 신뢰할 수 있고, 대응이 즉각적이고, 능숙하면서도 공감이 가는 서비스를 동시에 제공하고, 업무를 완수하는 데 필요한 시설과 자원, 인력들을 가지고 있다. 서비스 연결성(seamlessness)은 조직 전체에 서비스 문화를 촉진하는 서비스 전달 시스템의 관련 요소들이 긴밀하게 상호 연관되어 있을 때 가장 잘 드러난다. 이와 반대로 기업이 전통적인 산업 관리 모델의 기능주의 및 부서화를 선택하는 경우에는, 세계적 수준의 서비스 문화를 형성하는 데 장애물이 될 것이다.

e-서비스 활동 사례

Google의 GOOGLE-Y 문화

기업의 이름이 사전에 동사로 등재되어 있으며, 세계에서 가장 인기 있는 웹사이트를 운영하고 "2015년 가장 일하기 좋은 곳"으로 인정받은 기업의 보기 드문 Chief Culture Officer(CCO) 직책은 어떤가! Google의 CCO인 Stacy Savides Sullivan은 Google의 핵심 가치(수평적 조직을 지속하고 협력적인 작업 환경을 가능하게 함)를 유지하기 위해 열심히 일한다. 적합한 종업원을 고용하는 Google-y는 기업 문화를 성장시키고 유지하는 데 가장 중요한 요소이다. Google-y 종업원들은 유연하고, 적응력이 있으며, 직책과 계급에 중심을 두지 않고 맡은 일을 끝낼 수 있는 능력을 가지고 있다. 따라서 잠재적 신입사원들은 기술·학력·경력 및 자격증 유무보다는 기업의 문화와 협력적인 업무 윤리에 적합한지에 따라 선발된다.

Google에서 제공하는 종업원 특전은 Google만의 기업 문화를 확립함과 동시에 경쟁사와의 차별화를 이룬다. 종업원 행복도 조사 결과는, 종업원의 행복이 급여와 스톡옵션에서 나오는 것이 아니라는 것을 보여준다. 이러한 결과를 바탕으로 기업은 종업원들의 커리어 개발과 성장에 중점을 둔 개발 프로그램 및 활동 지원에 많은 노력을 투자하고 있다. 게다가 세계 곳곳에 위치한 Google은 장소마다 시설상의 차이는 있지만, "구글플렉스(Googleplex)"로 알려진 Mountain View, California에 위치한 세계 본부에서 일하는 종업원들은 아주 많은 독특한 혜택을 즐길 수 있다.

구글플렉스 로비는 피아노, 전기램프, 그리고 전 세계에서 오는 검색 요청에 관한 실시간 정보들로 구성된다. 빌딩 전체에는 자전거와 큰 운동용 고무공들이 구비되어 있어서, 업무 스트레스를 풀고자 하는 종업원들이 언제든 이용 가능하다. 시설 전체에 걸쳐 모든 곳에 위치해 있는 게시판은 전 세계의 Google 관련 신문기사 스크랩을 전시한다. 정보의 원활한 흐름과 연료비 절감 및 서버 설치의 효율성 향상을 위해, 사무실을 3~4명의 종업원이 함께 사용할 수 있도록 하고 있으며, 사무실에는 소파도 비치되어 있다. 개는 구글플렉스의 반가운 손님이다. 구글플렉스의 레크레이션 시설에는 각종 운동 기구가 완비된 운동룸, 세탁기와 드라이기가 있는 락커룸, 마사지룸, 비디오 게임기, 푸스볼, 당구대, 그리고 소형 그랜드 피아노가 준비되어 있다.

가장 가치 있는 종업원 특전은 음식이다. 종업원들은 식사를 하기 위해 Google 캠퍼스를 떠날 필요가 없다. 제공되는 음식은 훌륭하고 종업원들은 건강한 음식을 선택할 수 있다. Google Cafe에는 "Vegheads", "Back to Albuquerque", "East Meets West", "Charlie's Grill"이 있다. 시리얼, 젤리, 초콜릿, 견과류, 요거트, 신선한 과일과 기타 많은 간식으로 가득찬 스낵룸은 모든 Google 시설에서 흔히 볼 수 있다. 탄산음료, 생과일 주스, 커피를 포함한 음료 또한 이용 가능하다.

궁극적으로, 기업의 문화는 기업의 가치와 신념에 바탕을 둔다. Google은 종업원 선택과 교육을 통해 핵심 가치를 주입할 뿐만 아니라 물리적 증거의 사용을 통해 기업의 문화를 강화시키기 위한 서비스 환경을 이용한다. 공간 배치, 사무실 구성과 위치, 게시판과 디스플레이, 그리고 카페와 스낵룸 등 모든 환경에서 수평적 조직, 서열의 부재, 그리고 협력적 환경에서 일하는 Google의 핵심 가치를 강화한다. 우수한 서비스를 제공하는 조직은 조직을 성공으로 이끈다. Google은 서비스 문화를 중요하게 받아들인 기업의 아주 좋은 예이다.

Sources: http://www.corporateculturepros.com and http://fortune.com.

고객 중심의 서비스 문화를 가진 조직은 종업원들의 서비스 지향성을 지원하고 견고하게 한다. 예를 들어 Ritz-Carlton의 Gold Standards는 고객뿐만 아니라 종업원들에 대한 Ritz-Carlton의 헌신을 명확하게 나타낸다.

종업원 약속

The Ritz-Carlton에서 종업원 여러분은 고객들에 대한 우리의 서비스 몰입에 있어서 가장 중요한 자원이다.

신뢰, 정직, 존경, 순수함과 몰입의 원칙을 적용함으로써 우리는 종업원 개인과 기업에게 혜택을 주기 위해 역량을 육성하고 극대화시킨다.

Ritz-Carlton은 다양성이 중요시되고, 삶의 질이 강화되고, 각 개인의 열망이 충족되고, 그리고 Ritz-Carlton의 신비로움이 강화되는 작업 환경을 조성시킨다.[2]

조직은 문화를 변화시키기 전에 기존 문화를 먼저 이해해야 한다. 회사의 기존 문화를 평가함으로써 조직 전체의 임직원이 직면한 과제를 파악할 수 있고, 세계적 수준의 서비스 제공을 위한 임직원들의 노력과 공헌을 인정할 수 있게 됨에 따라 지속적인 서비스 문화가 강화될 수 있다.

15-2 세계적 수준의 서비스에 대한 장애물: 부서화와 기능주의

전통적인 산업 기반 조직 모델은 서비스 연결성을 저해하는 **기능주의**(functionalism)와 **부서화**(departmentalization)를 토대로 한다. 예를 들어 같은 날 한 은행 지점의 젊은 지점장에게 보낸 다음의 세 메모를 보자.[3]

마케팅 부서로부터
우리는 곧 종업원들의 친밀함을 바탕으로 하는 새 광고 캠페인을 실시할 예정입니다. 이는 우리가 직면한 경쟁적인 시장에 대한 직접적인 대응책입니다. 부디 종업원들에게 우리가 한 약속들을 확실히 전달해주십시오.

운영 부서로부터
이미 아시다시피, 우리는 경쟁적인 시장 환경으로 인해 수익의 압력을 받게 되었습니다. 따라서 비용 통제를 위하여 낭비를 최소화하는 것이 중요합니다. 이에 오늘부터는 어떠한 신입사원 모집도 없을 것입니다.

인사 부서로부터
우리 종업원들은 점차 전투적으로 변하고 있습니다. 이렇게 된 가장 큰 원인은 우리의 새로운 경쟁자들을 대신 고용할 가능성이 있기 때문입니다. 우리는 현재 특별히 세심한 협상에 들어간 상황이니, 지역 단위에서도 혼란을 최소화해주시기 바랍니다.

서로 다른 세 부서에서 온 지시 사항은 서로 명백한 충돌을 일으키고 있다. 운영 부서의 의견에 따르면 당분간 신입사원 모집은 없을 것이므로, 고객과 직접 접촉하는 사원들의 근무량이 증가하게 된다. 작업량의 증가는 노동 협상 시 가장 중요한 문제로 부각되기 쉬우며, 이는 인사 부서에 있어서는 재앙과 같은 문제가 될 수 있다. 마지막으로 업무량 증가는 종업원들의 사기에 부정적 영향을 미칠 것이다. 서비스의 불가분성을 고려한다면 종업원들의 떨어진 근무 의욕은 고객들의 눈에도 보일 것이며, 이는 고객 만족도에도 부정적인 영향을 줄 것이다.

이 특정 지점 은행이 마케팅 지향적인 곳이라면, 젊은 지점장은 마케팅 부서의 지시 사항에 가중치를 두면서 세 지시 사항을 교대로 사용하려 할 것이다. 서비스업체는 완벽히 마케팅 지향적일 수만은 없다는 사실을 명심해야 한다. 고객들은 기업의 서비스 전달 시스템으로 인한 제한 요소 때문에 원하는 모든 것을 제공받을 수는 없다. 예를 들어 레스토랑의 경우, 좌석과 이용 가능한 서비스(종업원) 제한 요소로 인해, 모든 고객이 도착하자마자 바로 풍경이 좋은 창가 자리를 배정받고 서비스를 받을 수는 없다.

한편 만일 이 지점이 운영 지향적인 곳이라면, 운영 부서의 지시 사항에 좀 더 비중을 둘 것이다. 젊은 지점장은 마케팅 부서의 요청을 운영 부서의 부담당자에게 전달하여 확인을 요청할지도 모른다. 그러면 운영 부서의 부담당자는 마케팅 부서의 부담당자에게 날카로운 메모를 즉시 보낼 것이다. 그 메모에는 마케팅 부서가 지점에 직접 메모를 보낸 이유를 묻는 내용과 차후 마케팅 부서의 모든 요청을 운영 부서의 확인을 거쳐 보낼 것을 제안하는 내용이 담길 듯하다.

기능적이고 부분화된 사고방식을 고수하는 조직은 부서들 간에 예외적인 서비스를 제공하기 위해 함께 협조하지 않고, 자원을 놓고 서로 경쟁하는 등 내부 충돌 문제가 생기기도 한다. 마케팅, 운영, 인적자원 부서 사이에서 일어나는 충돌은 개인적인 것이 아니다.[4] 이것은 서로 다른 문화, 즉 부서별 특정 개인들뿐만 아니라, 각 부서의 목표, 기획 범위, 부서 구조 및 인간 경영 시스템의 기능적인 문제에 기인한 결과이다.

15-2a 내부 경쟁 극복: 내부적 논리에 대한 이해

지속적인 서비스 경험을 포함하는 서비스 문화 구축의 주요 과제 중 하나는 기업 내 다양한 부서를 하나의 공통된 목표(고객 우대)를 가진 집단으로 통합하는 것이다. 이를 위해서는 먼저 각각의 부서가 각기 다른 내부적 논리에 의해 운영되고 있다는 것을 이해할 필요가 있다. 이 **내부적 논리**(internal logic)란 조직적 성과를 이끌어주는 묵시적, 명시적 원칙들을 말한다.[5] 각 부서의 논리는 내부적으로 부서별 욕구에 초점을 맞추고 있어, 서비스 전달 과정에서 끊김(seam)을 발생시킨다. 이러한 부서 간 이기주의는 기능주의와 부서화의 형태에서 이기적인 목표를 추구하게 되면서 조직 내 다른 부서들과의 고립을 유발한다. 예를 들어 서비스 경험을 이끄는 운영 관리, 마케팅, 인적자원 등의 논리에 대하여 생각해보자.

운영 논리(operations logic)는 대량 생산 또는 고급 기술의 사용을 통한 비용 절감을 목표로 한다. 운영과 마케팅은 종종 서비스 전달에서 끊김을 만들어내는 서로 간의 충돌을 일으킨다. 마케팅은 고객의 욕구를 알아보고 이해하며 이들의 욕구를 충족시키는 제품과 서비스를 제공하는 것과 관련된 반면, 운영은 이러한 제품과 서비스를 어떻게 생산하고 전달할 것인가와 관련이 있다. 본질적으로 마케팅은 수요의 관리와 관련이 있으나, 운영은 공급의 관리와 연관이 있다. 마케팅은 제품의 형태, 위치, 가격, 프로모션 등에 관하여 가장 효율적인 방법으로 수요를 충족시키는 데 중점을 두는 반면, 운영은 가장 비용 효율적인 방법으로 수요를 충족시키는 것과 우선적으로 관련된다. 운영 관리의 전형적 목표와 이와 관련된 마케팅 주요 사안들은 〈도표 15-1〉에 제시되어 있다.

서비스 환경에서 운영 기능에 대한 주요 도전 과제는 생산 과정에 고객이 연루되는 문제이다. 순수 제조업의 원자재와 비교해볼 때, 고객은 예측이 불가능하며 서비스 전달상의 시스템의 효율성을 감소시킨다. 운영은 가능한 한 고객을 생산 과정에서 제외하기를 원하나, 마케팅은 생산 과정에서의 고객의 중요성을 강조한다. 따라서 운영과 마케팅은, 마케팅이 공급하고자 하는 상품의 다양성 및 깊이와, 효율적인 운영을 통한 비용 효율성 충족 사이의 균형점을 반드시 수립하여야 한다.

운영 관리가 내부적인 문제에 주목하는 것과 달리, 마케팅은 외부적으로 소비자들의 기대와 욕구를 충족시키는 일에 초점을 맞춘다. 예를 들면 호텔의 경우, 친환경적인 모습을 통해 고객의 욕구를 충족시키기 원할지도 모른다. **마케팅 논리**(marketing logic)는 소비자의 욕구를 충족시키기 위해 더 나은 서비스를 제공할 수 있는 이상적인 옵션을 고객에게 제공하는 것을 의미한다. 그러나 고객에게 다수의 이상적인 옵션을 제공하는 일은 기업의 운영에 심각한 비용 비효율성을 초래한다.

마케팅 부서는 운영 부서뿐만 아니라 인사 부서와도 갈등을 빚는다. 예를 들어 마케팅 부서는 기술적으로 유능할 뿐만 아니라, 조직과 고객 간의 효과적인 커뮤니케이션을 가능하게 하는 대인관계 기술이 발달한 사람들을 채용하는 일에 비용이 들지 않을 것이라 주장한다. 이와 반대로 인사부는 숙련되고 매력적인 종업원을 고용하고 유지하는 것은, 조직 내에서 적당히 자신의 역할을 수행하는 사람들을 고용하는 것보다 훨씬 더 많은 비용이 들어가는 일이라 주장한다. 더욱이 인사부는 특정 분야에서는 단순히 고객에게 친절하고 자신의 의무를 적절히 수행하는 종업원으로도 충분할 수 있다고 지적한다. 타당한 지적이다. 고객들이 진정으로 레스토랑 종업원과 날씨, 지역사회의 근황, 가족 문제로 긴 대화를 나누는 것을 원하는가, 아니면 친절하게 주문을 받아 재빨리 음식을 내주는 것을 원하는

<도표 15-1> 운영 문제에 있어서 운영적 관점과 마케팅적 관점

운영 문제	대표적 운영 목표	일반적 마케팅 문제
생산성 향상	• 생산 단가 비용 절감	• 전략이 서비스 품질의 저하를 가져올 수 있다
자가제조 의사결정 vs. 외부구입 결정	• 거래가 비교 우위와 비용 절감을 통제	• "제조" 방향의 의사결정은 품질 저하와 마켓 커버리지의 결핍을 초래할 수 있다 • "구입" 방향의 의사결정은 무반응의 공급자에게 통제권을 넘겨주고, 회사의 이미지에 해를 입힐 수도 있다
시설 위치	• 공급자와 고용인에게 편리한 접근성을 제공하여 비용 절감	• 위치가 고객에게 별로 매력적이지 못하거나 접근성이 좋지 못할 수 있다
표준화	• 비용은 저렴하고 품질은 일관되게 유지 • 운영 업무의 단순화 • 저임금 종업원 모집	• 소비자는 다양성을 추구하고, 세분화된 욕구에 맞는 고객화를 선호할 수도 있다
일괄 처리 vs 단위 처리	• 규모의 경제, 일관성, 능력의 효율적 사용 추구	• 고객이 기다리게 될 수도 있고, "다수 중 하나"라고 느낄 수 있으며, 다른 고객에 의해 거절될 수 있다.
시설 레이아웃과 디자인	• 비용 통제 • 운영상 관련된 업무의 근접성을 보장하여 효율성 향상 • 안전과 보안성 강화	• 고객이 혼란스러워하거나, 불필요하게 주위를 배회할 수도 있으며, 시설이 매력적이지 못하며 불편하다고 생각할 수 있다
직무 설계	• 오류, 낭비, 사기 등의 최소화 • 기술의 효율적 사용 • 표준화를 위한 업무의 단순화	• 한정적 역할을 수행하는 운영 지향적인 종업원들은 고객 욕구에 반응하지 못할 수도 있다
학습 곡선	• 시간 단축과 생산 단위당 비용 절감을 위하여 경험 적용	• 빠른 서비스가 반드시 더 나은 서비스일 필요는 없다 • 비용 절감은 낮은 가격 책정으로 해결되지 않을 수도 있다.
능력 관리	• 충분히 활용되지 않는 자원의 사용을 피하여 비용 절감 유지	• 서비스가 필요할 때 이용 불가능할 수도 있다 • 수요가 많을 때는, 품질이 따라주지 못하는 경우가 있다.
품질 관리	• 서비스 이행이 앞서 결정된 기준을 확실히 충족시키도록 함	• 품질에 대한 운영적 정의는 고객의 욕구, 선호를 반영하지 못할 수도 있다.
큐(queue)의 관리	• 평균 대기행렬에 대한 계획을 세워서 이용 가능한 능력 사용을 최적화 • 고객 질서, 규율 고수	• 고객은 기다리는 동안 지루해하고 실망할 수도 있으며 기업이 대응성이 없다고 생각할 수도 있다.

Source: 1989 by Christopher H. Lovelock. Reprinted with permission from Christopher H. Lovelock. Christopher H. Lovelock, "Managing Interactions between Operations and Marketing and Their Impact on Customers," Bowen et al., eds., *Service Management Effectiveness* (San Francisco: Jossey Bass, 1990) p. 362.

가? 게다가 우수한 종업원보다는 적절한 종업원에 의해 음식이 제공되면 인건비의 절감으로 인해 음식이 훨씬 더 저렴해질 가능성이 커진다.

마케팅 부서와 운영 부서 논리와는 대조적으로, **인적자원 논리**(human resource logic)란 종업원 모집과 기존 종업원의 성과 향상을 위한 교육 개발에 중점을 둔다. 서비스 접점(service encounter)에서 운영, 마케팅, 인적자원은 밀접하게 연결되어 있다. 물론 완벽한 서비

지속가능성 관련 서비스 활동 사례

"녹색"문화 개발: 호텔을 위한 지속 가능한 비즈니스 실행

"녹색숙박"과 관련된 이상적인 가치를 논하고 의미를 부여하는 것은 중요한 일이지만, 호텔을 유지하는 데 도움이 되는 효과적인 행동에 참여하는 것은 또 다른 의미에서 중요성을 가진다. Global Stewards는 녹색 문화 이니셔티브를 추구하고자 하는 호텔에 다음과 같은 조언과 지속 가능한 솔루션을 제공한다.

1. 타월과 시트의 재사용 프로그램을 시작하라.
2. 저수량 샤워 헤드와 수전 포말기(aerator)(수전의 방수구에 장착하여 거품을 발생시켜 물의 유출 속도를 줄이고 비말이 튀는 것을 방지하는 데 사용한다.—역자주)를 사용하라.
3. 저수량 변기를 설치하라.
4. 소형 형광 전구 및 센서/타이머를 사용하여 전기 사용을 줄여라.
5. 다시 채워 사용할 수 있는 헤어 및 스킨케어 디스펜서로 전환하라.
6. 방이 비어 있을 때 조명을 끄고 커튼을 친 다음 난방/냉방을 줄여라.
7. 창문 필름을 시공하라.
8. 객실에 재활용 바구니를 제공하라.
9. 호텔 전체에 재활용 바구니를 제공하라.
10. 재활용 재료를 포함하는 사무실 및 객실 제품을 구매하라.
11. 유기농, 공정 무역 및 동물실험을 하지 않은 객실 제품을 구입하라.
12. 재활용 종이 제품으로 전환하고 콩기름 잉크를 사용하라.
13. 독성이 없거나 독성이 적은 세제와 살충제를 사용하라.
14. "에너지 1등급" 제품으로 전환하라.
15. 태양열 온수 시스템을 설치하라.
16. 헝겊 냅킨이나 유리컵과 같은 재사용이 가능한 물건을 사용하라.
17. 플라스틱으로 컵을 감싸는 대신에 종이를 사용하여 컵을 보호하라.
18. 가능한 경우 채광창을 설치하라.
19. 식당 및 주방 지역에 대한 친환경 인증 획득을 고려하라.
20. 가뭄에 강한 식물을 조경에 사용하라. 잔디 깎은 부분을 원래의 지면으로 교체하라.
21. LED 출구 표지판으로 전환하라.
22. 정기적으로 필터, 코일 및 온도 조절 장치를 일정하게 유지하라.
23. 난방 관리/냉각 비용을 줄이기 위해 에너지 관리 시스템을 활용하라.
24. 환경친화적인 관행에 참여하고 개선하기 위한 종업원 인센티브를 제공하라.
25. 에너지 효율적인 단열재와 반사 지붕 재료로 전환하라.
26. 미국녹색건축협회(Green Building Council)에 건설 및 리모델링에 대한 아이디어를 문의하라.
27. 기존 시스템의 주요 구성 요소를 교체할 때 전체 시스템의 성능을 평가하고 녹색 대안을 검색하라.
28. 열 펌프 및 지열 기술로 전환하라.
29. 오래된 가구, 가전제품, 객실 용품을 자선 단체에 기부하라.
30. 에너지 감사를 실시하라.
31. 선물 가게에서 판매할 공정 무역 제품을 구매하라.
32. 지속 가능한 삶을 영위하는 조직에 할인된 객실료를 제공하라.

Source: **http://www.globalstewards.org/hotel.htm.**

스 종업원은 없다. “적합한 고용인”이란 특정 직업의 특성에 따라 결정되는 것이다. 일부 고용인들은 인간 중심적이어야 할 것이고, 또 다른 고용인들은 “사람” 대신 “업무”를 처리하기 위해 더욱 과업 지향적일 필요가 있을 것이다.

서비스 전달 과정을 통하여 고객과 상호작용을 할 때, 서비스 기업 담당자의 중요성은 인적자원과 마케팅 사이의 관련성을 부각시킨다. 서비스에서 인적자원은 품질 통제를 할 수 있는 몇 안 되는 원천 중 하나이다. 따라서 인사 부서가 개발한 채용, 교육, 보상 구조는 종업원들이 기업의 고객들과 어떻게 상호작용하는가에 관하여 궁극적으로 중요한 역할을 수행할 것이다.

업체의 전반적 서비스 노력에 주요한 기여를 할 수 있는 기회에도 불구하고, 인사 부서는 그들 자신의 생산 지향적인 부서 간 이기주의에 종종 빠지곤 한다. 인적자원의 생산 지향적 활동은 조직 내 업무가 매우 상이한 종업원들을 똑같은 고용인 평가 양식을 사용하여 평가하거나, 해가 바뀌어도 변하지 않는 종업원 교육 프로그램을 수행하고, 다른 기술을 요하는 다양한 직책에 하나의 총괄적인 종업원 선발 절차를 활용하는 등의 실수를 수반한다. 이와 반대로, 서비스 지향적인 인사 프로그램은 관련 매니저들과 함께 공동 기획되고 교육될 것이며, 평가 양식은 단순한 보상 결정에 사용되는 등급 평가 양식보다는 코칭 및 평가 도구로 여겨질 것이다. 전반적으로 서비스 지향적인 인적자원 부서는 고객—업체의 고용인—과 더욱 긴밀히 협력할 것이며, 업체의 최종 소비자를 응대하는 사람들에 대한 지원을 추구하여 지속적이며 상호작용하는 장기적 관계를 형성할 것이다.

서비스 접점에서, 운영, 마케팅 및 인적자원은 다음과 같이 연결된다. 〈도표 15-2〉는 마케팅, 운영 및 인적자원 간의 연결 상태를 보여준다. 세 부서 모두가 동등한 위치에 있으면 정삼각형의 형태가 되므로 원활한 서비스가 이루어진다. 그러나 한 부서가 다른 두 부서를 지배하기 시작하면 서비스 전달 시스템에 스트레스가 가중되며, 이음새가 형성되기 시작하여 후속 서비스가 불안정해지기 시작한다. 궁극적으로 회사의 **서비스 논리**(service logic)는 완벽한 서비스를 제공할 수 있도록 부서별·기능별로 함께 묶는다. 끊김이 없는 것(seamlessness)은 “끝에서 끝(tooth-to-tail)” 성과(군내에서 일반적으로 사용되는 용어)라고 할 수 있다. “병참 요원들은 조율된 공급품, 정보 자원, 인력 증원 등으로 모든 군인을 백업해야 한다.”[6] 이와 마찬가지로 서비스 문화를 개발할 때에도 서비스 회사는 고객에게(마케팅 논리), 서비스 제공 프로세스(운영 논리) 및 고객 서비스를 제공하는 인력(인적자원 논리) 문제에 두루 집중해야 한다. 그리고 그 전에 기업은 먼저 현재의 문화를 이끌어가는 비즈니스 철학을 이해할 필요가 있다.

〈도표 15-2〉 통제의 3요인

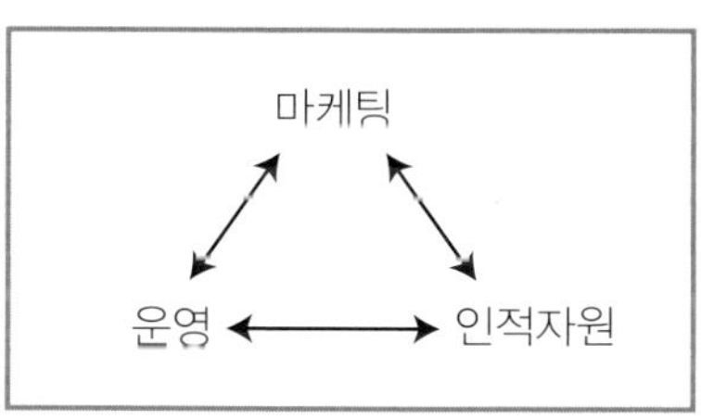

Source: John E. G. Bateson, *Managing Services Marketing: Text and Readings*, 3rd ed. (Fort Worth, TX: The Dryden Press, 1995).

15-2b 경영 철학: 시장 중심의 경영 모델과 산업 비교

우수한 서비스 문화를 창출하기 위해 회사는 먼저 조직 운영에 대한 철학적 접근 방식을 고려해야 한다. 현재는 '산업 경영 모델'과 '시장 중심 경영 모델'과 같은 두 가지 경영 모델이 서비스 회사의 운영 방식을 지배하고 있으며, 기업 문화의 발전에 직접적인 영향을 미친다. 이 중 **산업 경영 모델**(industrial management model)은 과거의 생각에 바탕을 두고 있는 전통적인 방식으로, 현재까지도 많은 서비스 조직에 적용되어 쓰이고 있다. 전통과 나쁜 습관은 깨기 어렵다. 조직이 세계적 수준의 서비스 운영을 하기 위해서는 먼저 현재의 비즈니스 철학의 뿌리와, 의도하지 않은 모든 결과를 이해해야 한다.

15-2c 산업 경영 모델

제조 부문에 뿌리를 두고 있는 산업 경영 모델은 오늘날 많은 서비스 조직에서 여전히 사용되고 있다.[7] 산업 경영 모델을 바탕으로 하는 조직들은 다음과 같은 사항을 믿는다. (1) 위치 전략, 판매 촉진 및 광고 매출 판매 수익, (2) 노동 및 기타 운영 비용은 가능한 한 낮게 유지해야 한다. 요컨대, 산업 경영 모델은 매출 및 운영 비용에 중점을 두며, 고객 만족 및 지속 가능한 수익 창출에서 종업원이 수행하는 역할은 무시(또는 잊어버림)한다. 종업원들이 서비스 접촉을 통해 수행하는 역할을 감안할 때, 오늘날의 많은 기업이 산업 경영 모델을 지속적으로 받아들이는 것은 슬프게도 아이러니한 일이다. 예를 들어 국제적으로 알려진 현지 호텔 브랜드의 총책임자는, 최근 마케팅을 전공하는 학생들에게 호텔의 성공 비법이 매우 간단하다고(일일 객실 요금을 극대화하고 일일 노동 비용을 최소화) 말했다. 이 관리자의 비즈니스 철학은 고전적인 산업 경영 모델의 접근 방식이다. 총지배인이 생각하는 성공 비법 안에는 종업원 및 고객 유지, 서비스 품질 및 서비스 복구와 관련된 목표, 고객에게 원활한 서비스를 제공하기 위한 다수의 가치 있는 목표 등으로 구체화되는 종업원 및 고객 만족도가 없었다.

일반적으로 산업 경영 모델을 따르는 사람들은 훌륭한 종업원을 찾기가 어렵다고 생각하며, "모든 것이 평등하다. 인간에게 의존하는 것보다 기술·기계 및 시스템에 의존하는 것이 낫다"는 개념을 지지한다.[8] 또한 산업 접근법을 지지하는 사람들은 대부분의 종업원이 무관심하고 업무의 숙련도가 낮아서 단순한 업무 수행 이상의 일은 할 수 없다고 생각한다. 즉 산업 모델하에서의 일자리는 종업원이 판단을 할 여지가 거의 없도록 의도적으로 좁게 정의된다. 결과적으로 종업원에게는 낮은 직무 수행 능력이 기대되며, 임금은 가능한 한 낮게 유지되고 승진의 기회는 거의 없다. 산업 모델은 고객 접점 종업원을 소중히 여기지 않는다. 서비스를 제공하는 사람들을 기본적으로 불필요한 인력으로 간주하면서, 상급 및 중급 관리자에게 더 높은 가치를 부여한다. 산업적 접근법에서는 관리자만이 문제를 해결할 수 있다고 가정한다. 따라서 고객 문제를 해결하기 위해서는 일선 종업원이 관리자를 찾아야 하므로, 이러한 추가 단계가 서비스 제공 프로세스에 포함되어 고객 문제를 신속하게 해결하는 것은 거의 불가능하다.

15-2d 산업 경영 모델의 결과

산업 모델은 서비스 실패가 서비스 제공 시스템에 직접 설계되기 때문에 당연히 실패의 사이클을 보장한다. 산업 집근법은 고객 접점 인력에 대한 지원이 부족하기 때문에, 의도하지 않더라도 고객 접점 종업원이 고객의 특수한 요청 및 문제에 무관심하도록 장려된다. 이 모델의 본질적 시스템은 종업원이 고객의 요청에 응답하거나 문제를 해결하기 위해 도움을 원할지라도, 고객 접점 종업원이 직접 조치를 취하는 것은 금지한다. 이러한 종업원의 무관심에 대한 고객의 반응은 놀라운 것이 아니다. 이전의 서비스 공급업체로부터 불만을 느낀 고객의 2/3는 제품 때문이 아니라 서비스를 제공하는 사람의 무관심함이 그 원인이라고 지적한다.[9]

운영 비용을 줄이려는 시도로, 산업 모델을 수용하는 많은 기업은 정규직 인력을 경험이 없고 덜 헌신적인 파트 타임 인력으로 교체했나. 이들은 정규직보다 적은 보수를 받으며, 회사에서 제공하는 혜택도 거의 받지 못한다. 경우에 따라서는 회사는 운영 비용을 낮추기 위해 급여의 필수 인상 및 기타 혜택이 시작되기 전에 정기적으로 근로자를 해고하기도 한다. 이와 같은 경영 관행은 미국에서 새로운 유형의 이주 노동자를 만들어냈다. 수백만 명의 종업원들이 이제 단기간의 일자리에서 또 다른 단기직으로 옮긴다. 결과적으로, 산업 경영 모델은 서비스 이익 체인의 지지자들이 옹호하는 위치에 직면하게 된다. 종업원은 가치가 없으며, 내부 서비스 품질은 우선 순위가 아니고, 종업원 유지 및 생산성은 확립된 목표가 아니다.

서비스 조직과 관련하여 산업 모델의 적용 결과는 자멸적이었다. 산업 모델은 밑바닥 수준의 고객 접점 일자리, 낮은 임금, 피상적인 훈련, 희박한 승진 기회 등으로 인하여 회사 이익에 거의 기여하지 못했다. 또한 산업적 접근 방식은 고객 불만, 매출 부진 또는 감소, 높은 이직률과 같은 부정적인 결과를 낳았고, 전반적인 서비스 생산성 증가는 거의 또는 전혀 없었다. 결론적으로 많은 사람이 조직의 산업 접근 방식 철학이 고객, 종업원, 주주 및 삶의 질 전반에 좋은 영향을 끼치지 못한다고 생각한다. 그럼에도 불구하고 산업 경영 모델이 여전히 적용되고 있는 것은, 과거의 교훈이 미래의 비즈니스 리더들에게 효과적으로 전달되지 않았기 때문으로 보인다. 이제는 전통에서 벗어나 서비스 위주의 문화를 장려하고 종업원, 고객 및 회사 운영의 요구 사항을 조율하는 비즈니스 철학을 채택할 때이다.

15-2e 시장 중심 경영 모델

산업 경영 모델과는 달리 **시장 중심 경영 모델**(market-focused management model)을 지지하는 사람들은 회사의 가장 중요한 목적은 고객에게 서비스를 제공한다는 것이라 생각한다.[10] 구체적으로는 회사의 목적은 고객을 대접하는 것이기는 하나, 고객을 대접하는 사람들을 지원하는 방식으로 기업이 내부적으로 조직되어야 한다는 것을 의미한다. 이러한 접근 방법을 따르면 서비스 제공이 시스템의 중심이 되며 경쟁 전략 측면에서 전반적인 차별 우위가 된다. 본질적으로 시장 중심의 관리 접근법은 고객, 종업원 및 조직 자체에 도움이 되는 서비스 위주의 문화를 촉진한다.

〈도표 15-3〉 서비스 트라이앵글

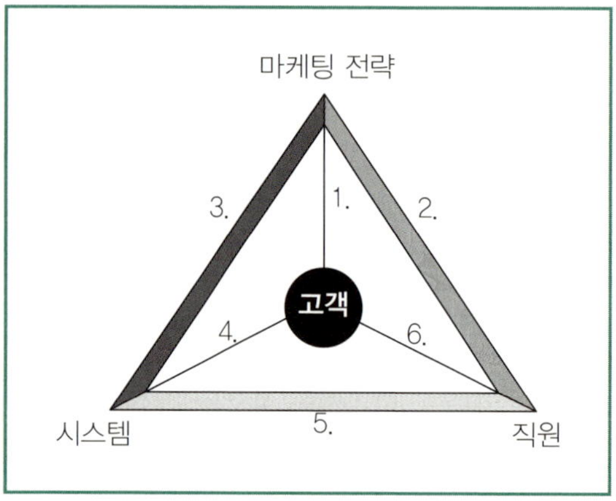

Source: Adapted from Karl Albrecht and Ron Zemke, *Service America* (Homewood, IL: Dow Jones-Irwin, 1985) pp. 31–47.

〈도표 15-3〉에 제시된 서비스 트라이앵글 프레임워크는 시장 중심의 관리 접근법을 구성하는 여섯 가지 주요 관계를 보여준다.[11] 첫째, 회사의 서비스 전략은 고객에게 전달되어야 한다. 탁월한 서비스가 회사의 핵심 전략이자 경쟁업체와 차별화되는 포인트인 경우라면, 우선 고객이 회사의 서비스 제공 약속을 인식할 수 있게 만들어야 한다. 예를 들어 Ritz-Carlton의 Credo는 서비스 우수성에 대한 회사의 공약을 다음과 같이 명시하고 있다.

> Ritz-Carlton 호텔은 고객에게 진정한 케어와 안락함을 제공하는 것을 최고의 사명으로 하는 곳이다.
>
> 우리는 항상 따뜻하고 편안하고 세련된 분위기를 즐길 수 있는 최고의 개인 서비스와 시설을 제공할 것을 약속한다.
>
> Ritz-Carlton에서의 경험은 감각을 자극하고, 웰빙을 느끼게 하며, 손님의 요구와 요구 사항을 충족시킬 것이다.[12]

그러나 고객에게 우수한 서비스를 제공하고자 하는 회사는 우수한 서비스가 가장 중요한 목표임을 세계에 알리기 전에 먼저 효과적인 서비스 제공 시스템을 갖추어야 한다.

둘째, 회사의 서비스 전략(탁월한 서비스에 대한 헌신)은 회사 종업원에게도 전달되어야 한다. 훌륭한 서비스는 가장 위에서 시작되어 경영진의 모범을 통해 이어져 내려와야 한다. 최고 경영자가 서비스 우수성을 촉진하는 프로세스에 전념하지 않으면, 회사 고객과 상호작용하는 일선 종업원들이 뛰어난 서비스를 제공한다고 해도 비효율적인 상황이 된다. 고객과 상호작용하는 접점 종업원은 회사의 리더십을 모방한다. 고객과 종업원 만족도를 중요하게 여기는 지도자는 동일한 가치를 공유하는 종업원을 양산할 수 있다. 그 반대도 마찬가지이다. 고객을 경멸하는 관리자는 종업원 및 고객 모두에게 질 낮은 서비스 문화를 창출한다.

서비스 트라이앵글 내에 묘사된 세 번째 관계는 일상적인 작업을 수행하기 위해 개발된 시스템과 서비스 전략의 일관성에 초점을 둔다. 회사의 서비스 제공 시스템은 서비스 전략에서 논리적으로 흘러 나와, 관련된 모든 사람을 위한 서비스 접점을 향상시켜야 한다. 예를 들어 온라인 뱅킹 시스템은 은행과 고객 간의 상호작용을 확대한 것이다. 은행에 서비스가 우선권이 있다고 공개적으로 밝혀지면 온라인 시스템도 그에 맞는 우수한 서비스가 제공되어야 한다. 서비스 트라이앵글 의 세 번째 관계는 간단해보이지만 실제 구현하는 데에는 다소 어려움이 있다. 고객 서비스의 중요성을 강조하는 많은 회사가 자동화된 전화 회선에 끝없이 고객을 대기시키는 경우가 바로 그 예이다. 통화 연결이 된다 하여도 언어 상벽으로 인해 고객이 회사 종업원과 효과적으로 커뮤니케이션하지 못하는 외주 콜센터로 전화를 돌리는 일도 빈번히 발생한다. 이러한 상황에서 좌절감을 더하는 일은, "고객의 전화는 우리에게 중요합니다!"라는 사랑스러운 목소리의 회사의 음성 녹음 메시지이다. 회사가 고객 전화를 처리하도록 설정한 부적절한 시스템을 감안할 때 통화가 실제로 얼마나 중요한 것인가?

서비스 트라이앵글에 표시된 네 번째 관계는 조직의 시스템이 고객의 서비스 경험에 미치는 영향을 포함한다. 회사 시스템과의 상호작용은 고객의 서비스 경험을 향상시켜야 한다. 예를 들어 회사가 서비스 전략을 주 전략으로 삼을 경우, 체크아웃 절차, 배달 시스템 및 반품 정책과 같은 시스템이 우수해야 한다. 서비스 회사는 소수의 고객이 서비스를 악용하는 것을 막기 위해 일종의 방어 시스템을 설계하기도 하는데 이는 적절하지 않은 일이다. 엄격한 반품 정책과 같은 방어 시스템은 고객을 용의자로 취급하는 듯한 느낌을 줄 수 있으며, 이러한 정책은 악의적인 고객 몇 명을 제거하기 위해 정직한 고객을 희생시켜야 한다는 문제를 가진다.

서비스 트라이앵글 내의 다섯 번째 관계는 조직 시스템 및 종업원 노력의 중요성을 정확히 나타낸다. 종업원이 훌륭한 서비스를 제공하는 데 있어 조직의 규칙과 규정이 장애물이 되어서는 안 된다. 예를 들어 덴버 국제 공항은, 장애가 있는 승객만 터미널 건물의 연석으로 이동할 수 있게 제한한다. 장애가 있는 승객은 터미널에서 50피트 떨어진 차고의 주차 공간으로 들어가는 것은 허용되지 않는다(책임상의 이유로 명백하게). 이러한 규정대로라면 장애인 승객의 수하물을 옮기는 것을 돕기 위해 가족은 터미널 내부로 들어와 인사하고, 주차장을 나와 주차 요금을 지불하고, 승객 도착 장소로 돌아와 가족 구성원을 만나야 하는 것이다. 이 과정으로 인해 실제 장애인을 차량에 태우는 데 15~20분이 추가될

Dmitriy Shironosov/Shutterstock.com

"중요한 사건" 또는 "진실의 순간"이라고 불리는 고객과 서비스 제공자 간 상호작용이, 여섯 가지 서비스 트라이앵글 중 가장 중요한 관계로 볼 수 있다.

수 있으며, 이는 조직의 규정이 서비스 제공의 장애가 되는 경우라 할 수 있다.

서비스 트라이앵글에 묘사된 여섯 번째이자 마지막 관계는 고객/서비스 공급자 상호작용의 가장 중요한 요소일 것이다. "중요 사건(critical incidents)" 또는 "진실의 순간(moment of truth)"이라고도 하는 서비스 공급자와 고객 간의 상호작용의 중요성은 과장될 수 없다.

서비스 제공업체는 유연성과 의사소통 능력을 갖추고 스트레스에 대처할 수 있어야 하며, 제조업체보다 주도권을 쥐고 있어야 한다. 서비스 제공업체는 조직의 얼굴이며, 조직에서 고객으로 또 고객에서 조직으로 향하는 양방향 의사소통을 담당하는 역할을 한다. 서비스 회사가 고객과 서비스 제공업체 간의 상호작용을 성공적으로 탐색하기 위해서는 "인적자원 함정(human resource trap)"을 피해야만 한다. 이 함정은 "진실의 순간"에 대한 모든 부담을 서비스 제공업체에 제기하는 치명적인 결함을 만든다. 물리적 시설, 청구의 정확성 및 시의 적절성, 서비스 제공업체의 업무 수행을 지원하는 모든 배후 지원 종업원과 같은 회사의 비개인적 서비스가 원활하게 제공되기 위해서는, 회사가 서비스 제공업체와 협력해야 할 필요가 있다. 궁극적으로 서비스 제공업체의 우수성은, 업체를 지원하는 회사의 서비스 제공 시스템과 서비스 문화가 뒷받침될 때 드러날 수 있다.

시장 중심의 경영 모델은 회사의 목적이 고객에게 봉사하는 것이라는 믿음을 기반으로 한다. 결과적으로 이 접근법은 고객에게 봉사하는 사람들을 돕기 위해 회사를 조직해야 한다는 입장을 견지한다. 여러 면에서 시장 중심의 관리 접근 방식은 내부 서비스 품질 및 종업원 만족에 대한 서비스 이익 체인의 강조점과 일치한다. 이러한 관점에서의 종업원이란 스스로 훌륭한 일을 해내기 원하고, 자기자신의 경력을 성장시키기 원하는 존재이다. 시장 중심의 접근법을 지지하는 사람들은 산업 경영자보다 인간 본성에 대해 낙관적인 신념을 가진다.

15-3 서비스 문화의 개발

서비스 회사의 **문화**(culture)는 종업원들이 조직의 행동 규범을 이해하는 데 도움이 되는 공식 서면이나, 실제 경험을 통해 불문화된 공통의 가치와 신념에 반영되어 나타난다(**글로벌 서비스 활동 사례** 참조). 즉 조직 문화는 종업원들의 "해야 할 일과 하지 말아야 할 일"의 기준을 설정하고 다양한 종업원 행동이 합쳐질 수 있는 기반을 제공한다.[13] 예를 들

글로벌 서비스 활동 사례

서비스 문화에 대한 국제적 고려 사항

한 국가에서 훌륭한 봉사 문화로 평가 받는 일이, 다른 국가에서는 사회적으로 받아들일 수 없는 일로 간주되는 경우가 있다. 따라서 해외에서 고객과 거래를 할 때에는 국제적인 문화적 차이를 고려해야 한다. 예를 들어 단순한 악수의 뉘앙스를 생각해 보자. 사람이 악수를 시작하기 위해 다른 사람에게 손을 뻗는 행위는 일반적으로 허용되는 일이다. 그러나 이 전형적인 인사말의 규칙은 남자가 여자를 접견하거나, 여자가 남자를 접견할 때, 또는 여자가 다른 여자를 만났을 때와 같이 경우에 따라 다르게 적용될 수 있다. 또한 악수가 일반적인 인사말로 받아들여지는 경우에도, 허용되는 악수의 세기와 시간은 문화마다 다르다. 고맙게도 Kimberley Roberts는 인사를 위한 중요한 첫 단계를 명확히 하기 위해 다음과 같은 국제 성공 팁을 제공하였다.

독일과 미국	두 나라는 일반적으로 단호한 악수를 하지만 인사말의 길이는 다양하다. 독일의 악수는 매우 간단하다. 대조적으로 미국 악수는 일반적으로 3–4초 정도 지속된다.
프랑스, 과테말라, 일본	세 나라 모두 덜 확고한 악수를 선호한다. 실제로 이 세 나라의 악수는 축 쳐지게 묘사된다. 일부 일본인은 악수 대신에 전통적인 절을 선호하기도 한다.
싱가포르	싱가포르에서 전형적인 악수는 10초 이상 지속될 수 있다.
뉴질랜드, 싱가포르, 대한민국, 대만	이들 국가의 문화에서는 여성이 악수를 제안할 때 이를 주도해야 한다.
대한민국	오른손으로 악수를 할 때 왼손을 오른쪽 팔뚝 아래에 두는 것은 추가적인 존중의 의미로 여겨진다.
중국, 홍콩, 일본	전통적 절이 선호되는 인사이다. 일본은 악수와 전통적인 절의 의미가 다를 수 있다.
인도	전통적인 인사는 "namaste"이다. 손바닥을 기도 위치에 놓고 턱 바로 아래 손가락을 대고 무릎을 꿇은 뒤 "Namaste"라고 말한다.
태국	태국의 전통적인 인사는 손을 턱 앞의 기도 위치에 놓고 손가락을 만지기 위해 머리를 숙이며 "Sawasdee"라고 말하는 것이다. 여성들은 "Sawasdee Ka"라고 말하고 남성들은 "Sawasdee Kab"이라 한다. 여기서 "Sawasdee"는 행운을 의미한다.
칠레, 코스타리카, 엘살바도르, 온두라스, 멕시코, 니카라과, 파나마	이 국가의 여성들은 오른쪽 팔뚝이나 어깨를 가볍게 치며 서로 인사한다.
힌두교, 이슬람교 신자	종교 관습에 따라 남성은 여성과 공개적으로 접촉하는 것이 금지된다. 종교 관습을 지킬지 결정하기 위해서는 호스트의 단서를 따르는 것이 가장 좋다. 서양 문화를 따라야 한다면, 힌두교와 이슬람교 여성들은 남자가 손을 먼저 내밀 때까지 기다려야 한다.

Source: http://www.international-business-center.com.

〈도표 15-4〉 Southwest 항공사의 11가지 기본 태도

"우리는 훌륭한 고객 서비스를 제공하는 항공사가 아니다. 우리는 항공사 비즈니스에 있어 훌륭한 고객 서비스 조직이다."

Colleen Barrett, Southwest 이사

1. 종업원은 No. 1이다. 종업원을 대하는 방법은 고객을 대하는 방법이다.
2. 작은 성장을 큰 것으로 생각하라.
3. 나쁜 시기를 위해 좋은 시기를 관리하라.
4. 무관함도 괜찮다.
5. 있는 그대로의 당신이 되는 것도 괜찮다.
6. 직장에서 재미있게 지내라.
7. 경쟁을 진지하게 생각해보라. 그러나 너 자신은 아니다.
8. 다른 사람의 태도를 바꾸는 것은 어려운 일이다. 태도를 취하고 종업원을 고용할 때에는 태도를 보고, 기술은 훈련시켜라.
9. 회사를 항공사 사업에 종사하는 서비스 조직으로 생각하라.
10. 무엇이든 할 수 있다.
11. 항상 골든 룰을 내부 및 외부에서 연습하라.

Source: Kevin Freiberg and Jackie Freiberg, *Nuts! Southwest Airlines' Crazy Recipe for Business and Personal Success* (Austin, TX: Bard Press, 1996).

어 〈도표 15-4〉에 묘사된 종업원 행동을 안내하는 Southwest 항공사의 11가지 기본 태도를 고려해보라.

15-3a 서비스 기업의 현재 문화 평가: 관찰 및 간접 질문 기법

조직이 문화를 바꾸기 위해서는 우선 현재의 문화에 대한 이해가 선행되어야 한다. 회사의 현재 문화를 평가하는 방법은, 관측 및 간접 질문 기법과 같은 비공식적 방식과, 정식 서비스 감사 수행과 같은 공식적 방식으로 나누어진다. 그중 관측 기법과 같은 비공식 접근법은 종종 조직의 가치와 신념에 대한 예리한 통찰력을 제공하기도 한다. 비공식 평가 방식의 구체적인 예를 제시하면 다음과 같다.[14]

1. **공정한 관찰자로서 현재의 문화를 관찰하라.** 만약 당신이 이전에 이 그룹의 종업원들과 교류한 적 없는 관찰자라면 대화와 행동에서 무엇을 배울 수 있겠는가?
2. **종업원 감정을 측정하라.** 종업원들이 열정적인 이유는 무엇인가? 조직 내부 사람들은 무엇에 흥분하고 무엇에 대해 논쟁하는가? 사람들은 그들에게 진정으로 중요한 이슈에 대해서만 흥분하고 논쟁한다.
3. **사물과 인공물,** 즉 사무실 벽에 매달려 있는 것들과 종업원들이 책상에 무엇을 전시

해 놓았는지 관찰하라. 경영진의 무능력(예: Dilbert) 또는 고객의 어리석음에 대한 만화는, 회사 종업원이 보유한 가치와 신념을 나타내는 전형적인 지표이다.

4. 빠진 부분을 관찰하라. 일부 종업원 사무실은 집처럼 보이지만 다른 사무실은 거의 장식되어 있지 않을 수 있다. 전자는 종업원이 직업을 삶의 필수적인 부분으로 간주하는 경우이고, 후자는 종업원의 일의 동기부여가 월급뿐인 경우라 할 수 있다.
5. 문화 산책. 회사 주위를 산책하고 문화의 흔적을 찾아라. 전문가는 다음 사항을 준수할 것을 권고한다
   - a. 공간 할당과 사무실 위치 – 누가 가장 많은 공간과 최상의 사무실을 확보하고 누가 누구와 분리되는가?
   - b. 게시판 및 디스플레이 – 게시되는 내용과 조직에 대한 내용 분석을 수행한다.
   - c. 공통 영역 – 공통 영역은 무엇을 위해 사용되고 누구를 위해 사용되는가?
   - d. 메모 및 이메일 – 내용은 무엇이며, 어조는 어떠하며, 사람들은 의사소통을 주로 구두로 하는가, 아니면 서면으로 하는가?
   - e. 종업원 상호작용 – 종업원 간의 상호작용이 있고 감정이 표시되는가?
6. 문화 인터뷰 및 설문 조사. 관찰 기술 외에도 다음과 같은 간접적인 질문은 현재 문화에 대한 중요한 통찰력을 제공할 수 있다.
   - a. 종업원들이 조직에서 일하는 것에 대해 친구들에게 어떻게 표현할까?
   - b. 종업원이 바꾸고 싶어하는 것은 무엇인가?
   - c. 회사 영웅은 누구인가? 왜 이 사람들인가?
   - d. 종업원이 가장 좋아하는 회사의 특성은 무엇인가?
   - e. 어떤 종류의 사람들이 이 조직에서 실패할까?
   - f. 구직자에게 가장 물어보기 좋아하는 질문은 무엇인가?

관찰 및 간접 질문 기법을 사용하여 기업의 현재 문화를 평가하는 것은 매우 계몽적이고 도전적일 수 있다. 현재의 문화를 결정함으로써 기업의 지도자는 기업을 어떻게 새로운 가치와 신념으로 이끌어갈지 더 잘 이해하게 된다.

15-3b 지속적임과 관련된 전술적 질문들: 서비스 감사의 시행[15]

현재의 기업 문화를 평가하는 또 다른 유용한 접근 방식은 서비스 감사를 실행하는 것과 관련이 있다. **서비스 감사**(service audit)는 고위 경영진과 접객 종업원에게 직접적인 질문을 하고, 회사가 경상 이익(current profit)을 이끌어내는 요인에 대해 생각하도록 요구한다. 게다가 감사를 수행하는 일선 관리자와 최고 경영진이 적극적으로 참여하는 과정을 통해, 필요한 경우 문화 변화를 촉진할 수 있다. 감사는 수익과 성장, 고객 만족도, 외부 서비스

가치, 종업원 생산성, 종업원 충성도, 종업원 만족도, 내부 서비스 품질, 리더십 및 이러한 측정 요소들 간의 관계 등 아홉 가지 구성 요소를 다루는 22가지 질문으로 구성된다.

15-3c 서비스 감사: 수익과 성장 요인

1. 회사는 고객 충성도를 어떻게 정의하는가? 고객 충성도에 대한 전통적인 측정 기준은 반복 판매, 구매 빈도, 그리고 구매된 양의 증가 정도를 포함하였다. 그러나 업체는 이와 더불어 관계의 깊이 또한 고려해야 한다. 예를 들어 은행의 경우, 고객과 은행 간의 관계의 깊이는 저축, 조회, 예금 증서, 자동차 대부, 주택 금융, 저축 채권 프로그램, 안전 예금 박스 대여 등과 같은 매매와 거래와 유형에 따라 정의될 수 있다.

2. 회사의 수익을 측정할 때 고객 추천을 포함하는가? 고객 충성도와 만족도는 고객이 업체를 친구, 가족, 직장 동료 등에게 추천할 의지가 있는지 또한 포함하여 측정되어야 한다. 고객이 경쟁 서비스들 중에서 하나를 고를 때 개인 정보 소스를 중시한다는 것을 고려한다면, 이러한 입소문을 촉진하거나 적어도 고객이 다른 이들에게 업체의 서비스에 대해 자유롭게 알리는 분위기를 조성하는 것이 유용하다.

3. 새로운 고객을 끌어들이는 것과 달리, 고객을 유지하는 데에는 얼마만큼의 기업 개발 자금이 소비되어야 하는가? 14장에서 서술한 바와 같이 기존의 고객을 유지함으로써 얻을 수 있는 이익은 자명하다. 현재의 고객들은 기업에 이익이 되는 입소문을 만들어내고 더 자주 많은 서비스를 구매하지만, 이들에게 투자되는 마케팅 비용은 저렴하다. 또한 이들은 업체의 운영 시스템에 정통하고, 그렇기 때문에 이 시스템을 훨씬 효율적으로 사용할 수 있으며, 업체가 목표로 삼은 시장에서 발전할 수 있는 방법을 알려주는 정보의 중요한 소스이다. 그러나 불행하게도 전통적인 경영 모델하에서는 대부분의 업체가 기존의 고객들을 무시한 채, 대부분의 자원을 새로운 고객 획득에 쏟아 부었다.

4. 고객이 돌아오지 않는 때는 언제이며, 우리는 그 이유를 아는가? 뛰어난 서비스 업체들은 좋은 뉴스뿐만 아니라 나쁜 소식도 얻으려 애쓴다. 전통적으로 고객 만족도 평가는 현재의 고객들로부터 얻어지는 것이다. 현재의 고객들은 더욱 긍정적인 쪽으로 업체를 평가하는 경향이 있다. 그렇기 때문에 고객이 업체를 버리는 이유를 밝혀야만 다른 고객들이 아직 발견하지 못하였거나 업체조차도 아직 알아차리지 못한 그들의 서비스 운송 시스템상의 치명적인 결함이 드러나게 된다. 더욱이 이러한 고객과 접촉하는 것은 업체가 그들의 고객에게 주의를 기울이고 있다는 긍정적인 인상을 심어줄 뿐만 아니라 실제로도 일부 손실된 고객들을 다시 오게 해준다.

15-3d 서비스 감사: 고객 만족 요인

5. 고객 만족 데이터는 시스템적 방식으로 수집되는가? 11장과 12장에서 우리는 고객 만족도와 서비스 품질을 평가하는 여러 가지 방법에 대하여 논의하였다. 성공적인 측정의 열쇠는 바로 현재의 평가를 과거의 벤치마크와 비교할 수 있도록 일관성을 유지하는 것이다. 만족도는 문제가 제기되는 경우를 제외하고는 일반적 기준으로 측정할 수 있다. 비교적 경미한 문제는 초기에 기간 고객 만족도 조사를 통해 해결할 수 있으며, 이는 서비스에서 더 큰 격차가 발생하기 전에 업체가 서비스 운송 시스템을 정비할 수 있게 해준다.

6. 고객 피드백을 얻기 위하여 어떤 방법이 사용되는가? 서비스 품질 정보 시스템에 대해 논의한 12장에서는, 여러 가지 문제에서 고객 피드백을 획득하는 많은 중요한 방법을 살펴보았다. 고객 불만 사항의 능동적 권유, 판매 후 조사, 고객 중심 그룹 인터뷰, 미스터리 쇼핑, 전체 시장 서비스 품질 평가 등은 고용인 조사와 함께 활용되어야 한다. 고용인들은 고객과 업체의 상호작용을 매일 경험하며 방대한 양의 정보에 노출되어 있음에도 불구하고, 전통적인 고객 피드백 순환에서는 벗어난다.

7. 고객 만족 데이터는 어떻게 이용되는가? 획득한 고객 만족 데이터는 모두 사용되는가, 아니면 매니저 책상의 제일 아래 서랍에 방치되어 있는가? 고객 만족 데이터는 서비스를 제공하는 고용인들과 공유되어야 한다. 일선 고용인들은 그들이 업체를 목표에 도달하게 만드는 능동적 부분이라 생각하고, 고객 만족도 점수를 향상시킨 것을 자랑스러워해야 한다. 고객 만족 데이터는 프로모션을 위해 사용될 수 있는 회사의 강점과, 교육 프로그램이나 서비스 시스템 자체의 재기획을 통해 수정할 수 있는 약점을 밝히는 데에 이용되어야 한다.

15-3e 서비스 감사: 외부 서비스 가치 요인

8. 회사는 어떻게 가치를 측정하는가? 우수한 고객 서비스를 제공하기 위한 열쇠 중 하나는 바로 고객의 관점에서 서비스 가치를 정의하는 것이다. 전통적인 접근 방식에서는 서비스 가치를 내부적으로 정의하여, 고객에게 진정 중요한 것이 무엇인지를 자주 놓치는 경우가 많았다. 구매자들에게 가치란 구매할 서비스의 인지된 이익과 지불할 총 비용에 대한 인지된 희생 사이의 교환이라는 것을 기억해야 한다.

9. 회사의 가치에 대한 고객 인식과 관련된 정보는 업체 내에서 어떻게 공유되는가? 고객 정보를 최고 경영진의 손에만 두는 것은 일선 종업원들의 서비스 노력을 향상시키는 데 거의 도움이 되지 않는다. 일선 종업원에게 고객 인식에 대한 정보를 공유할 때, 종업원은 고객에게 진정 중요한 행동이 무엇인지와, 그 행위의 결과 등에 민감하게 반응할

수 있다. 특정 영역에서의 서비스 향상은 고객 만족 점수를 올려준다. 이와 유사하게 운영, 마케팅, 인적자원 부서 종업원들과 정보를 공유하는 것도 각 영역이 전체 서비스 운송 과정에 대한 고객의 인식을 이해하는 것을 도와줄 것이다.

10. 회사가 운송된 서비스에 대한 고객 기대와 지각 사이의 차이를 능동적으로 측정하는가? 고객 인식을 얻은 후, 고객 만족도 평가 시 이를 고객 기대와 비교하는 것은 필수적인 일이다. 고객 기대만으로는 전체를 설명할 수 없다. 이 점에 관해서는 SERVQUAL 스케일에 관한 12장에서 분명하게 다루었다. 지각 점수는 고객의 진술(statement)에 대한 만족 여부만이 반영될 뿐, 고객들이 평가한 것이 그들에게 진정 중요한 것인지는 알 수 없다. 기대 척도를 포함하는 것은 정보의 경영적 유용성을 높여준다. 향상이란 재정적 투자를 포함한다고 했을 때, 기대와 인식을 비교하는 것은 업체가 자원을 적절한 분야에 할당할 수 있도록 도와준다.

11. 서비스 회복은 경영진과 고용인들 사이에서 논의되는 능동적 전략인가? 많은 업체가 서비스를 제일 먼저 전달하는 데 방대한 시간과 노력을 투자하지만, 상황이 여의치 않을 때 종업원이 취해야 할 행위의 적절한 과정을 중점적으로 논의하는 경우는 거의 없다. 따라서 종업원들은 불만족스런 고객을 응대할 때, 스스로의 판단에 따라 행동할 수밖에 없다. 또한 종업원이 서비스 회복 노력에 있어 훌륭한 일을 해내지 못한다는 사실은 분명하다. 13장에서는 서비스 실패와 서비스 회복 분석의 이점을 강조하였다. 실패와 회복을 능동적으로 추적하는 일은 시스템의 실패 요인을 확인시켜 주기도 하고, 업체가 서비스 회복 기술을 종업원들에게 교육시킴으로써 실패의 발생을 최소화할 수 있게도 해준다.

15-3f 서비스 감사: 종업원 생산성 요인

12. 업체들은 어떻게 종업원 생산성을 측정하는가? 업체가 중요 요소들의 세부적인 현황을 직접 측정하지 않는다면 종업원들도 관련 현황에 주의를 기울이지 않을 것이다. 게다가 수익성을 단순히 생산량과 결과로만 측정하고, 그 결과를 얻기 위해 이용한 행동들은 측정에서 배제한다면, 사실상 업체는 반고객 지향적인 활동을 하는 종업원에게 임금을 지불하는 격이 된다. 예를 들어 종업원이 자신이 원하는 바인 빠른 판매를 하기 위해, 고객 하나하나에게 매우 퉁명스럽게 응대할 수가 있다. 따라서 시기적절성, 정확성, 응답성 등의 서비스 생산성 척도는 종업원의 고객 지향적인 행동을 강화하기 위하여 고안될 필요가 있다.

15-3g 서비스 감사: 종업원 충성도 요인

13. 업체가 종업원 충성도를 촉진하기 위한 전략들을 추구하고 있는가? 종업원이

조직에 대해 높은 충성도를 가지고 있다면, 고객은 서비스 과정에서 이를 뚜렷이 느낄 수 있을 것이며, 이는 업체에 대한 고객의 평가에도 직접적인 영향을 미칠 것이다. 종업원이 업체에 대해 더욱 긍정적으로 생각할 때, 고객도 업체가 제공하는 서비스에 대해 더욱 긍정적으로 느끼게 된다. 그러나 기업이 업체의 가장 중요한 자산이 종업원이라 강조하면서, 감원 기간에 많은 종업원을 해고한다면, 종업원과 고객 모두 해당 업체를 위선적인 기업이라 판단하게 될 것이다.

14. 업체가 종업원 유지 목표를 세웠는가? 종업원 유지는 대체적으로 신입사원 선발과 교육 비용 면에서 업체의 자금을 절약해주는 경향이 있다. 또한 고객은 같은 종업원과 지속적으로 접촉하는 것을 선호하기 때문에 업체의 종업원 유지 문제는 경쟁자들과의 관계에서 핵심 차별적 우위에 서게 한다. 서비스 종업원이 그만둘 경우, 단골 고객들은 종종 서비스 종업원의 새 직장으로 그들을 찾아간다.

15-3h 서비스 감사: 종업원 만족 요인

15. 종업원 만족 척도는 고객 만족 척도와 연계된 것인가? 종업원 만족은 생산성 향상과 외부 서비스 가치와 연결되어 있다. 외부 서비스 가치는 고객 만족도와 고객 충성도의 부가적 이득과 연관된다. 고객 충성도의 순효과(net effect)는 업체의 총수익과 수익성 증가이다. 종업원 만족과 관련된 결과 — 외부 서비스 가치, 고객 만족도, 고객 충성도, 총수익 성장, 증가된 수익성 — 는 피드백을 제공해주며, 기업의 내부 서비스 품질과 종업원 만족도를 강화시킨다.

16. 종업원 채용 시 고객의 욕구와 조직의 욕구가 고려되는가? Southwest 항공사는 승무원을 뽑는 자리에 고객단을 초청하였다. 고객들은 이러한 기업의 취지를 잘 받아들여 선정단에 참여하기 위해 기꺼이 시간을 냈다. 제조업에서는 훌륭한 직업 기술을 가진 사람들을 고용하는 것은 매우 중요하다. 반면 서비스 업계에서는 훌륭한 직업 기술과 더불어 훌륭한 대인 기술을 지닌 사람을 고용하는 것이 중요하다고 할 수 있다.

17. 종업원 보상 프로그램은 고객 만족, 고객 충성도, 고객 업무 수행의 질적인 관계를 반영하는가? 종업원의 고객 중심 서비스 의식을 향상시키고자 하는 서비스업체들은, 반드시 종업원 활동을 모니터하고, 그들이 통제할 수 있는 직업의 측면에서 종업원을 평가하는, "행동 기반"의 보상 시스템을 도입해야 한다. 전통적인 "결과 기반"의 보상 시스템은 단기 수익성만을 추구하여 기업과 고객 간의 장기적 관계를 발전시키기 어렵게 한다.

15-3i 서비스 감사: 내부 서비스 품질 요소

18. 종업원은 내부 및 외부 고객에 대해 잘 알고 있는가? 이상적인 서비스업체는 하나의 팀으로 지속적으로 운영되어야 한다. 팀의 각 구성원들은 우수한 서비스를 외부 고객에게 제공할 때, 개인의 업무 수행이 다른 팀 구성원의 업무 수행에 어떤 영향을 미치는지 완벽히 이해해야 한다. 따라서 종업원들은 업체의 외부 고객은 그들의 노력에 의존하는 이들만이 아니라는 사실을 이해해야 한다.

19. 종업원이 업무에 필요한 지원을 받고 있는가? 업체가 단순히 우수한 서비스 제공에 대해서만 이야기하는가, 아니면 이와 더불어 올바른 업무 수행을 위해 필요한 지원을 뒷받침해주는가? 패스트푸드 프랜차이즈인 Taco Bell은 지난 몇 년에 걸쳐 상당히 진보적인 서비스 전략을 갖춘 업체로 부상하였다. 종업원들은 최신 정보 기술, 자기관리팀 교육(self-managing team training), 효과적인 식품 서비스 장비, 고용인 업무 성과를 향상시켜주는 작업 스케줄링 등을 지원받았다.

15-3j 서비스 감사: 업체의 리더십 요소

20. 업체의 리더십이 서비스 운송 과정에 도움이 되는가 혹은 장애가 되는가? 서비스 종업원들은 고객에게 훌륭한 서비스를 제공하고 싶어도, 보수적인 상위 경영진의 압력으로 활동이 제한되는 일을 자주 경험한다. 흔히 상위 경영진은 운영의 제일선에서 멀리 떨어져 있고, 매일 일어나는 서비스 상호작용과 관련된 현실에는 접촉하지 않는다. 성공적인 업체의 지도자는 조력자, 감독, 협력자로 활동하며, 고용인에게 귀 기울이는 참여 매니저로서, 종업원들이 오래된 문제들을 해결하는 데 창의적인 접근 방식을 활용할 수 있도록 장려한다.

Fran/CartoonStock.com

MANAGEMENT IS ALL ABOUT EMPATHY, BEING ABLE TO COMMUNICATE WITH AND ENTHUSE YOUR STAFF, BEING ABLE TO APPRECIATE AND HELP THEM WITH THEIR FEARS, YOU NEED TO **CARE**, AND IF YOU CAN'T GET THAT INTO YOUR THICK SKULL YOU'VE NO FUTURE HERE...

"운영관리란 종업원과 소통하고 그들의 두려움을 이해하고 도울 수 있는 감정이입입니다. 당신은 이것을 신경써야 하고, 만약 이것을 기억하지 못한다면 이곳에서의 당신의 미래는 없습니다..."

서비스 조직 내에서 효과적인 리더가 되기 위해서는 경영진은 대화로 풀어가야 하는데 이 경우는 그렇지 않다!

21. 업체의 리더십이 고객과의 상호작용 시 종업원을 도와주는 기업 문화를 조성하는가? 최고 경영진은 논조를 세우며, 고객과 상호작용하는 종업원들을 지원하기 위한 자원을 제공한다. 9장에서 논의한 서비스 이익 체인의 연결고리들은 고용인 만족과 고객 만족도가 직접적으로 연관되어 있음을 보여준다. 그러므로 최고 경영진이 해야 할 일은 고용인들이 번성할 수 있는 조직 문화를 조성하는 것이다.

15-3k 서비스 감사: 측정 관계 요인

22. 서비스 감사의 서비스 수행의 선행 척도는 업체의 전반적 수익성과 어떤 관련이 있는가? 서비스 감사의 선행 척도는 우수한 서비스 제공에 일조하는 전략적 척도를 제공한다. 이념적으로 각 척도의 기여는 업체의 순익(손실, bottom line)과 관련된다. 이들 척도를 업체의 전반적 수익성에 연관시킴으로써 회사 전체에 걸쳐 서비스와 우수한 보상의 메시지를 전달한다.

15-4 문화적 변화를 실행하는 전략

기업이 현재의 문화를 평가할 때, 기업의 리더십은 새로운 문화적 신념과 가치를 개발하기를 원할 수도 있다. 〈도표 15-5〉에서는 서비스 조직에서 문화적 변화를 실시할 때 가능한 옵션에 대한 간단한 프레임워크를 보여준다.[16] 이 그림은 문화가 구조, 시스템, 사람과 같은 세 가지 조직 구성 요소의 결과물이며, 이들 요소들이 내부적으로 연결되어 있다는 것을 보여준다. **구조**(structure)는 일종의 조직망(최고 경영진에게 보고하는 국가 매니저, 국가 매니저에게 보고하는 지역 매니저, 지역 매니저에게 보고하는 중간 매니저, 또 그들에게 보고하는 제일선 고용인과 같은 것)으로, 대개 대표되는 형식적인 보고 채널과 관련이 있다.

〈도표 15-5〉 문화적 프레임워크

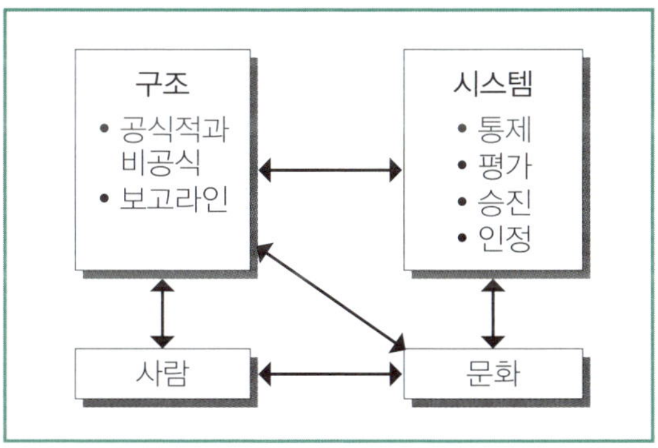

Source: John E. G. Bateson, *Managing Services Marketing: Text and Readings*, 3rd ed. (Fort Worth, TX: The Dryden Press, 1995).

이 프레임워크에서 **시스템**(systems)은 통제, 평가, 프로모션, 인식에 사용되는 인간관리 시스템(human-management system)을 말한다. 평가와 프로모션 시스템은 형식적·비형식적 구성 요소를 모두 포함한다. 예를 들어 목표에 의한 관리(management)는 형식적 구성 요소에 속한다. 반면 "눈에 띄기 위해서 나는 여기서 무얼 해야만 할까?"와 같은 생각은 이 시스템의 비형식적 부분이라고 할 것이다. 인식 시스템은 휴가와 같은 형식적 보상에서부터 상사와의 점심 식사나 "등 두드려주기"와 같은 비형식적 보상까지, 형식적·비형식적 보상 모두에 중점을 둔다.

문화 프레임워크의 다른 두 가지 주요 구성 요소는 그 조직 내에서 근무하는 사람들과 그 업체의 현재 문화이다. 더욱 고객 중심적인 조직은 이 네 가지 요소, 구조, 시스템, 사람, 문화를 각각 혹은 함께 변화시킴으로써 만들어질 수 있다.

15-4a 구조를 통한 문화 변화

조직의 문화는 그 구조의 기능이다. 그러나 구조를 통하여 문화를 바꾸는 것은 시간이 꽤 걸리는 과정이다. 조직적 변화를 구조에 성공적으로 이식하는 것은, 많은 경우 몇 년씩 걸리는 일이기 때문이다. 더욱 고객 중심적인 조직을 만들기 위한 노력의 일환으로, 구조를 통한 문화 변화에 대하여 두 가지 접근 방법이 시도되었다. 바로, (1) 마케팅 부서를 변화 촉진자(change agent)로 활용하거나, (2) 고객의 경험을 중심으로 기업 구조를 조정하는 것이다.

변화 촉진자로서의 마케팅 부서 마케팅 부서는 조직 내에 고객 옹호자(customer advocate)를 만듦으로써 현재 지향적인 기업을 미래 지향적인 기업으로 개선하기 위해 개설될 수도 있다. 미국 최대의 가정 및 자동차 보험 회사인 State Farm Insurance은 기업 문화 내에서 급진적인 변화를 시도하고 있었다. 거의 100년 동안 이 회사는 이미 개발한 보험 상품 판매를 기반으로 판매 문화를 운영해왔다. 그러던 중 회사가 창업 100주년을 맞이하자 State Farm의 경영진은 미래 성장 목표를 달성하기 위해 전략 및 마케팅 계획의 중요성을 인식했다. 이에 판매 지향적 문화에서 마케팅 지향적 문화로 전환하기 위하여, 회사는 사업 철학을 "우리가 만드는 것을 팔기"에서 "우리가 팔 수 있는 것을 만들기"로 근본적으로 바꾸어 나갔다. 마케팅 문화로의 전환은 회사의 구조 변화를 포함한 여러 가지 면에서 이루어졌다. 먼저 State Farm 내에 마케팅 부서를 만들어 회사 구조를 변경하였다. 놀랍게도 회사는 지난 99년 동안 정식 마케팅 부서를 운영하지 못했다. 마케팅 부서를 새로 설립함으로써 State Farm은 종업원과 에이전트들에게 "마케팅"과 고객 경험 강화가 State Farm 제품군 내에서 새로운 중요성을 갖게 되었다는 기업 차원의 신호를 보낼 수 있었다.

마케팅 부서를 변화의 동인으로 사용하여 얻는 이 특정 전략에 대해, 일부 전문 고객 전문가(pro-customer expert)는 경계를 나타낸다. 일부는 마케팅 부서가 개설되면, 다른 부서들이 모든 고객 만족에 대한 책임을 마케팅 부서로 전가시킬 것이라 여긴다.[17] 게다가 이러한 책임의 이전은 조직 내에서 부서 간의 분쟁을 야기한다.[18] 다시 한번 운영과 마케팅 부서의 논리를 생각해보자. 운영 부서는 부서의 특성상 비용 면에 중점을 둔다. 이들의 초점은 비용을 절감하고 절차를 간소화시키기 위한 운영 평가에 맞춰져 있다. 이러한 입장은 단기적 목표를 향하는 경향이 있다. 이와 비교하여 마케팅 부서는 경쟁적 이득을 창출하기 위하여 제품 강화를 추구한다. 이러한 이득의 창출은 단기간에 이루어낼 수 있는 것이 아니다.

마케팅과 운영 부서와 같은 부서 간 충돌의 조정은 종종 비전통적인 경영 기술의 사용을 요구하는 경우가 있다. 다른 그룹의 논리들을 맞추고 서로를 이해하기 위해서, 많은 전략들이 조직적 행동 이론에 의해 제시되었다. **상호협력 특별팀**(interfunctional task forces)은 상이한 견해를 가진 개인들이 함께 협력하고 서로의 관점을 더 잘 이해할 수 있도록 하는 전통적 방법이다. 마찬가지로 **부서 간 이동**(interfunctional transfers)은 서로를 이해하고 신뢰하는 다른 부서 종업원들의 비공식 네트워크를 형성한다. 예를 들어 마케팅 부서를 운영하기 위해 승진된 운영 매니저들은 먼저 내부적 문제점들에 직면하게 것이다. 그들이 지향하는 바는 운영이지만, 그들의 새로운 역할은 마케팅 관점을 필요로 한다. 이러한 이동이 성공적으로 이루어질 수 있다면, 그것은 대개 운영과 마케팅 사이에서 이성적이고 분명한 거래를 하는 총지배인 덕분일 것이다. 더욱이 이것은 운영 그룹과 직접 접촉한 경험을 가진, 변화하기 위하여 많은 전통적 장벽을 극복하는 마케팅 인력을 창출한다.

고객 경험을 중심으로 한 구조 조정 앞서 논의된 바와 같이, 서벅션 모델은 궁극적으로 고객의 전반적인 서비스 경험에 영향을 미치는 주요 요인을 설명하였다. 이에 대응하여 다수의 서비스 회사는 고객의 경험에 따라 조직을 명시적으로 또는 암시적으로 재구성했다.

예를 들어 한 메이저 항공사는 고객과 직접 접촉하는 모든 부서가 마케팅 부서 책임자에게 보고하는 체계를 만들었다. 마케팅 부서가 아닌 운영 부서 책임자에게 보고하는 대상은 오직 엔지니어와 항공기 승무원(파일럿)뿐이다. 이렇게 모든 고객 접점 부서를 마케팅 그룹과 결합시킴으로써 "너무 비싸다, 비효율적이다"라는 주장이 "고객이 이것을 필요로 한다. 우리는 어떻게 실현할 수 있을까?"로 바뀌었다. 다른 기업들도 고객 경험 담당 부사장이라는 핵심 지도자 자리를 마련하였으며, 이에 따라 보고 라인도 재구성했다.

15-4b 시스템을 통한 문화 변화

기업 문화는 업체의 종업원들을 통제, 평가, 촉진, 인식하는 적소에 놓인 시스템들의 기능을 통해 형성된다. 이들 시스템을 통한 문화 형성을 위해 그간 많은 접근 방식이 사용되어 왔다. 그 예로, 일부 업체들은 업체의 고객 만족 점수에 기초하여 모든 레벨의 매니저들에게 보너스를 지급하기 시작했다. 업체의 전반적 연구 노력은 지사 레벨에서 고객 만족도를 측정하기 위해 이에 맞춰질 수 있으며, 매니저들은 향상된 점수에 대한 보상을 받을 수 있다. 그러나 이 접근 방식은 고객 만족의 일부분만이 경영의 통제하에 있다는 큰 문제를 가지고 있었다. 고객의 기대는 경쟁적인 공급에 의하여 일어나며, 만족 점수는 결과적으로 떨어지게 될 것이다.

또 다른 접근 방식으로는 지점마다 도달해야 하는 총수익을 설정하는 것을 들 수 있다. New York 은행은 그간 소매 지점의 매니저 지향성을 오직 비용과 안정성에 두어 왔으나, 고객을 최우선시하는 쪽으로 바꾸고자 노력하였다. 이에 은행은 먼저 수익에 근거한 업무 수행 평가 시스템을 도입하였고, 매니저들은 자신의 수익을 올려줄 고객을 어디에서 끌어올 수 있을지 연구해야만 했다. 이러한 과정에서 대부분의 매니저는 그간 고객을 "우리 지점을 엉망으로 만드는 사람들"이라 여겼던 생각을 버리고 수익을 올리기 위해 몰두했으나, 20%의 매니저는 이것은 자신이 원하는 것이 아니라 말하며 회사를 그대로 두었다. 매니저들은 더 많은 고객을 이끌기 위해, 은행의 잠자고 있던 중앙 마케팅 부서를 일으켜 세웠다. 시스템 변화는 장기적으로 대손금/불량 채권(bad debt)의 증가뿐만 아니라 고객의 증가도 가져온다. 매니저들은 돈이 판매하기 쉬운 제품이라는 사실을 발견하였고, 은행은 자사의 신용 통제 기능을 개선할 필요를 발견하였다.

시스템의 계획은 기업의 지향성을 변화시키기 위하여 사용될 수 있다. 형식을 갖춘 제대로 구성된 마케팅 계획은 마케팅 논리를 통하여 조직을 운영하게 하고, 조직들이 고객 욕구에 대한 이해를 도모하게 한다. 예를 들어 마케팅 부서를 설립하는 것 외에도 State Farm은 새로운 마케팅 문화의 채택을 가속화할 수 있는 새로운 보상 시스템을 적용함으로써 문화적 변화를 촉진했다. State Farm은 대리인이 각 기관의 마케팅 계획을 수립할 것을 원했다. 그러나 State Farm의 대리인과의 현재 계약상에는 이 활동이 특별히 요구되지 않았다. 결과적으로 State Farm은 마케팅 계획에 참여한 에이전트에 대한 특별 지정으로 "Select Agent" 프로그램을 만들었다. Select Agent가 가지는 주된 특혜 중 하나는 State Farm의 기업 TV 광고 끝에 에이전트 이름이 표시되는 것이다. 따라서 많은 지역 요원이 특정 지역에서 이용 가능할지라도 Select Agents만 State Farm 지역 TV 광고의 마지막에 표시된다. 기존 보상 시스템을 수정함으로써 State Farm은 효과적으로 문화에서 바람직한 행동 변화를 촉진할 수 있었다.

15-4c 사람을 통한 문화 변화

기업의 지향성(orientation)을 변화시키기 위하여, 서비스업체는 다른 부서 종업원들을 점차적으로 마케팅 부서로 유입하고 있다. 기업의 하나의 전략은 마케팅 노력을 옹호하기 위해 조직 내에서 핵심 지도자 직책을 창출하는 것이다. 지금까지 우리는 State Farm이 회사의 구조를 변경하고(마케팅 부서 소개), 새로운 시스템을 구현함으로써(기존 보상 시스템을 수정한 인센티브 제공) 문화를 변화시켰음을 알게 되었다. 이러한 노력 외에도 State Farm은 조직 내에서 마케팅 부서를 이끌어나가는 데 매우 눈에 띄는 관리 직책인 마케팅 부사장을 만들었다. 이 마케팅 담당 부사장은 회사의 다른 모든 부사장과 동일한 권한과 영향력을 부여받았다. 구조와 시스템의 변화와 동시에 발생하는, 눈에 확연히 드러나는 직책을 만드는 일은, 전체 조직에서 마케팅 역할의 중요성을 다시 한번 시사해준다.

15-4d 직접적인 문화 변화

구조, 시스템 및 사람들을 통해 문화를 변화시키는 것 외에도 서비스 회사 내부의 교육 프로그램 개발을 통해 문화를 직접 변화시킴으로써 문화 변화를 촉진할 수도 있다.

State Farm은 전사 차원의 마케팅 교육 프로그램을 제공함으로써 모든 문화를 변화시키는 이니셔티브를 발전시켰다. 모든 종업원은 영업 지향과 마케팅 지향 간의 차이를 진정으로 이해했다. State Farm은 네 가지 문화 변화 이니셔티브(구조, 시스템, 사람, 프로그래밍을 통해 직접)를 모두 구현함으로써 문화 변화의 속도를 크게 높이고 성공 확률 또한 크게 높였다.

문화 변화 프로그램들은 점점 인기를 얻고 있다. 이러한 프로그램들은 회사의 전체 서비스 전달 프로세스를 고객 중심으로 재정비하기 위하여, 광범위한 교육 활동에서부터 엄청난 권한을 부여하는 인사(highly empowering personnel)까지 아울러 관리한다. 〈도표 15-6〉에는 이러한 활동들을 항목화하는 간단한 방법이 제시되어 있다. 표 안의 한 축은 사용된 그룹의 성격을 의미한다. 혼합된 그룹은 부분 혹은 부서 간 교류가 있다. 가족 그룹들은 하나의 부서일 수도 있고, 과정에 기반을 둔 자연 발생 그룹일 수도 있다. 항공사의 경우를 예로 들면, 특정 비행기에 승객을 탑승시키는 일에 관련된 모든 사람은 과정에 기반을 둔 자연 발생 그룹에 속한다. 두 번째 축은 고용인들에게 주어진 권한 부여의 정도에 대한 것이다. 권한 부여 정도가 낮다는 것은 개인들은 그들의 행동을 바꿀 수 있지만, 그룹은 조직의 과정 및 시스템을 변화시킬 권한이 없다는 것을 의미한다. 권한 부여 정도가 높다는 것은 하나 혹은 일련의 이벤트 내에서 조직을 변화시킬 수 있는 능력을 의미한다. 셀 안의 슬로건들은 하나 혹은 그 이상의 미팅에 관련된 각 변화 프로그램들의 가제목을 나타낸다.

상단 좌측은 "**고객 최우선**(putting the customer first)" 프로그램을 말한다. 이는 조직 내 혼합 그룹 안에서 발생한다. 인사들은 세션에서 함께 앉아, 고객을 최우선시하도록 만드는 강의를 듣고, 동기부여를 받게 된다. 그들은 롤플레잉(role playing)을 통하여 고객의 중요성을 인식하게 되고 그에 따라 그들의 행동을 바꾸게 된다.

이러한 유형의 프로그램들은 매우 성공적일 수 있다. 그러나 실제 성공에 도달하기 위해서는 새로운 행동들이 업무에 보강될 필요가 있다. 고객 지향적인 조직을 만들기 위하여, 경영진 및 일선 종업원들이 모두 똑같은 열정과 헌신을 공유하지 않는다면, 이 교훈의 가치는 몇 시간 내에 일소될 것이다. 변화를 위한 공동의 노력이 없다면, 습득된 새로운 행

〈도표 15-6〉 문화 변화 이니셔티브 분류

권한 부여의 정도	그룹	
	혼합된 그룹	가족 그룹
저	고객 최우선	시장성 변화
고	종업원 근무 방식 변화	조직 근무 방식 변화

Source: John E. G. Bateson, *Managing Services Marketing: Text and Readings*, 3rd ed. (Fort Worth, TX: The Dryden Press, 1995).

동들은 동료 종업원들에 의해 평범한 일로 전락될 것이며, 오래된 행동들이 재빨리 원위치로 돌아올 것이다. 이러한 상황에서는 프로그램 또한 아무 쓸모가 없게 된다.

우측 상단은 "**지향성 변화**(orientation change)"를 나타내며, 여기에서는 이러한 문제들을 업무 수행에 있어서 서로를 강화시켜줄 수 있는 사람들이 모인 가족 그룹의 처리 인사들의 힘을 빌려 처리한다. 그러나 두 칸 모두 태도와 개인의 행동 변화에 초점을 두고 있다. 조직의 처리 과정과 시스템의 변화는 이러한 프로그램의 일부가 아니다. 물리적 환경이나 현재의 운영 시스템과 같은 조직의 제한 요소로 인하여 바람직한 개인행동이 멈추었을 때, 이것은 잠재적인 역할 충돌을 발생시킨다.

좌측 하단의 "**종업원 근무 방식 변화**(change the way you work)"는 9장에서 다루었던 권한 부여 개념에서 파생된 것이다. 이것은 프로그램에 참여하는 종업원의 능동적인 권한 부여를 암시한다. 종업원은 고객에게 봉사하는 맥락에서는 규칙을 깰 수 있다. 그러나 혼합된 그룹 때문에, 이 유형의 이니셔티브는 과정 레벨의 권한 부여보다는 개인에 초점을 두고 있다.

우측 하단의 "**조직 근무 방식 변화**(change the way we work)"는 이 책의 많은 개념으로부터 나온 이니셔티브들을 말한다. 그룹은 집단에 속하며, 그들의 활동이 흐름도에 따르도록 요청받을 수 있다. 그리고 고객에게 더 나은 봉사를 하기 위해 과정을 재정비해야 한다. 그룹별 홍분의 정도는 오직 그들 상사의 걱정과 일치된다. 이 레벨에서의 권한 부여는 상사에게 감독과 촉진자의 역할을 부여하며, 이것이야말로 바로 상사가 맡아야 할 역할이다. 끊김 없는 조직을 만드는 데 있어, 조종업원들에게 훌륭한 서비스를 수행하게 하거나 이를 지시하는 것은 경영의 업무가 아니다. "경영의 업무는 실제로 양질의 서비스를 제공할 수 있도록 시스템을 종합해내는 것이다."[19]

iStockphoto.com/Diane Diederich/diane39

구조, 시스템 및 사람들을 통해 문화를 변화시키는 것 외에도 서비스 기업 내부의 종업원 트레이닝 프로그램 개발을 통해 문화를 직접 변화시킬 수 있다.

요약

훌륭한 서비스를 추구하기 위해서는, 업체의 개별 부서와 각 기능들이 반드시 끊김 없는 조직을 만들기 위한 하나의 단위로 행동해야 한다. 조직의 현 초점이 부서별·기능별 필요에 따라 나누어져 있다면 그 업체는 일관성 있게 움직이지 못할 것이다. 서비스업체의 3단 모델은 운영을 고객, 경계, 조정층으로 분화함으로써 그들의 노력에 어떻게 초점을 둬야 할 것인지에 대한 대안적 시각을 제공한다. 목표는 고객이 지속적 서비스(seamless service)를 경험할 수 있도록 조정층에서 경계층의 인사와 조화를 이루어 일하게 하는 것이다.

고객 중심의 문화를 만들고 지원하는 것은 지속적인 운영을 하는 데 있어서 중요한 일이다. 기업 문화는 고용인들의 행동을 조장하고, 업체의 서비스 전달 시스템 품질과 그 뒤에 이어지는 업체의 서비스 노력에 대한 소비자들의 평가에 직접적인 영향을 끼친다. 업체들은 업체의 구조, 인사 관리 시스템(people-management system)이나 핵심 인사를 교체함으로써 기존의 조직 문화를 바꿀 수 있다. 아니면 광범위한 교육 활동이나 업체 전반의 서비스 전달 과정을 재정비함으로써 기업 문화를 직접적으로 바꾸는 방법도 있다.

마지막으로 지속적인 서비스 문화는 서비스 감사를 통해 촉진된다. 조직 전체의 인사가 그들이 직면한 도전 과제와, 모든 관계자가 업체의 최종 서비스 전달을 위해 노력한 바를 올바로 이해하게 되기 때문이다. 서비스 감사는 이익과 성장, 고객 만족, 외부 서비스 가치, 종업원 생산성, 종업원 성실도, 종업원 만족도, 내부 서비스 품질, 리더십, 그리고 이것들이 업체의 순이익에 미치는 영향을 평가하는 척도 등의 문제를 직접적으로 다룬다.

서비스 감사는 또한 이 책 전반에서 논의된 제재들을 통합하는 틀을 제공하기도 한다. 마지막으로 우리는 이 책이 서비스 운영의 마케팅 및 관리에 관한 특별한 도전 과제들을 이해하는 데에 도움이 되었기를 바란다.

도전은 기회가 된다는 말이 있듯이, 비즈니스 공동체에도 서비스 인카운터(service encounter)가 고객과 고용인과 같은 모든 관계자에게 더욱 생산적이고 유쾌한 경험이 될 수 있도록 해주는 수많은 기회가 있다. 이제 달라질 시간이 왔다. 이 책의 개정판에 여러분이 이루어낸 성과를 실을 수 있기를 기대한다.

복습문제

1. 끝에서 끝 성과와 관련하여 지속성에 대해 토론하시오. 부서화와 기능주의가 지속성을 원활하게 하는가? 아니면 방해하는가?
2. 마케팅, 운영 및 인사 담당자 간의 통제를 위한 갈등에 대해 논하고, 이것이 서비스 회사의 문화에 미치는 영향에 대해 논하시오.
3. 산업 경영 접근과 시장 중심 경영 접근 사이의 철학적 의미에서의 주된 차이점을 설명하시오.
4. 서비스 트라이앵글의 여섯 가지 핵심 관계를 간략하게 논하시오.
5. 조직 문화란 무엇인가? 왜 조직 문화가 중요한지 논하시오.
6. 서비스 기업의 현재 문화에 대한 통찰력을 제공할 수 있는 네 가지 관찰 기법에 대해 논하시오.
7. 서비스 감사의 핵심 구성 요소는 무엇인가?
8. 기업 문화와 관련된 상호협력 특별팀과 부서 간 이동 간의 관련성을 설명하시오.
9. 문화를 직접 변화시키는 네 가지 접근법에 대해 논하시오.
10. 세계적 수준의 서비스 문화를 보여주는 서비스 기업의 10대 특성이라고 생각하는 것을 간략하게 설명하시오.

사례 15. 대학 문화 평가: 문화 산책

이것이 교재의 마지막 장이라는 것을 감안할 때, 학생들은 예외적인 서비스 경험을 제공받기 위해 필요한 것을 확실하게 이해해야 한다. 교육도 일종의 서비스 환경이며, 본문에 제시된 많은 개념과 전략들이 고등 교육에도 확실히 적용될 수 있으므로, 학생들은 새로운 지식을 활용하여 현재의 환경을 평가해볼 수 있을 것이다. 아래와 같이 실제 사례를 제시하는 것은, 학생들이 자신의 대학 내에서 문화 산책을 하거나, 캠퍼스 내 다른 대학의 문화를 평가해보기 위함이다.

조직이 문화를 바꾸기 위해서는 우선 현재의 문화를 이해해야 한다. 문화 산책 운동은 조직의 현재 문화를 평가하기 위한 하나의 전략이다. 학생들은 대학의 문화를 공정한 관찰자의 입장에서 관찰해야 한다. 즉 학생들은 마치 대학에 처음 방문한 사람처럼 대학의 문화를 관찰해야 하며, 교수진, 교직원 및 학생들과도 교류한 적이 없었던 것처럼 행동해야 한다. 문화 산책 중에 실시되는 일반적인 평가에는 다음과 같은 관찰 및 해석이 포함된다.

- 공간 할당과 사무실 위치: 누가 가장 많은 공간과 최상의 사무실을 확보하고 누가 누구와 분리되는가? 공간 배정 및 사무실 위치는 무엇을 의미하는가?
- 게시판 및 디스플레이: 게시 및 표시된 자료의 컨텐츠 분석을 수행한다. 조직에 대한 분석은 무엇이라고 말하는가?
- 공통 영역: 공통 영역은 무엇이며 누가 사용하는가?
- 메모, 이메일 및 기타 의사소통 방법: 이러한 의사소통의 내용은 무엇이며, 어조는 어떠하며, 사람들은 주로 구두로 또는 서면 통신을 통해 의사소통을 하는가?
- 교직원 상호작용: 교직원은 서로 상호작용하는가? 이러한 상호작용 동안 어떤 감정이 표시되는가?
- 학생 상호작용: 학생들은 서로 상호작용하는가? 이러한 상호작용 동안 어떤 감정이 나타나는가?
- 교직원/학생 상호작용: 교직원과 학생은 서로 상호작용하는가? 이러한 상호작용 동안 어떤 감정이 나타나는가?
- 교수진, 교직원 및 학생들과의 문화 인터뷰 및 설문 조사를 통해 대학 문화에 대한 추가 평가를 수행할 수 있다. 대학 문화에 대한 통찰력을 제공하는 생각을 자극하는 질문에는 다음이 포함될 수 있다.
  - ▸ 교수진, 교직원 및 학생들은 이 대학에서 일하는 것 또는 이 대학을 다니는 것에 대해 친구들에게 뭐라고 말할 것인가?
  - ▸ 교수진, 교직원 및 학생들이 바꾸고 싶은 것은 무엇인가?
  - ▸ 대학의 영웅은 누구입니까? 왜 그 사람인가?
  - ▸ 교수진, 교직원, 학생이 좋아하는 대학의 특성은 무엇인가?
  - ▸ 어떤 종류의 교수진, 교직원, 학생들이 이 대학에서 실패할 수 있는가?
  - ▸ 교수진, 교직원 및 학생들이 이 대학에서 일하거나 학교에 다니는 것을 고려하고 있는 사람들에게 가장 물어보기 좋아하는 질문은 무엇인가?

토의문제

1. 기업의 현재 문화를 평가하는 것은 매우 계몽적이고 도전적인 일이 될 수 있다. 대학의 지도자는 현재의 문화를 파악하는 과정에서, 원하는 경우 새로운 가치와 신념을 통해 대학을 발전시키는 방법 또한 잘 이해하게 된다. 대학의 이전의 정보들을 수집하고 평가해본 결과 학생들이 파악한, 대학의 현재 문화를 구성하는 핵심 가치와 신념은 무엇인가? 대학의 핵심 가치

와 신념을 정의하고 이러한 핵심 가치가 존재한다고 믿는 이유에 대한 정당성을 제시하시오.

2. 대학의 핵심 가치가 적절하다고 생각하는지 여부에 대하여 토론하시오.

3. 대학의 현재 문화가 어떻게 바뀌어야 하는지에 대한 권고안을 작성하시오. 대학의 문화를 바꾸기 위해 어떤 전략을 사용할 수 있는가?

각주

1. Benjamin Schneider and David E. Bowen, *Winning the Service Game* (Boston: Harvard Business School Press, 1995) pp. 1–16.

2. http://www.ritzcarlton.com/en/Corporate/Gold-Standards/Default.htm, accessed 4 May 2015.

3. This section was adapted from John E. G. Bateson, *Managing Services Marketing*, 3rd ed. (Fort Worth, TX: The Dryden Press, 1995) pp. 636–645.

4. Bateson, Managing Services Marketing, pp. 636–645.

5. Jane Kingman-Brundage, William R. George, and David E. Bowen, "Service Logic—Achieving Service System Integration," *International Journal of Service Industry Management*, (1995), pp. 20–39.

6. Schneider and Bowen, *Winning the Service Game*, p. 199.

7. Leonard A. Schlesinger and James L. Heskett, "The Service-Driven Service Company," *Harvard Business Review*, (September-October 1991), pp. 71–75.

8. Ibid, p. 74.

9. Ibid, p. 71.

10. Ibid, p. 77.

11. Karl Albrecht and Ron Zemke, *Service America* (Homewood, IL: Dow Jones-Irwin, 1985) pp. 31–47.

12. http://www.ritzcarlton.com/en/Corporate/Gold-Standards/Default.htm#credo, accessed 4 May 2015.

13. Cynthia Webster, "What Kind of Marketing Culture Exists in Your Service Firm? An Audit," *The Journal of Services Marketing*, 6, 2, (Spring 1992), pp. 54–67.

14. http://humanresources.about.com/od/organizationalculture/a/culture create.htm accessed 4 May, 2015.

15. This section was adapted from James L. Heskett, Thomas O. Jones, Gary W. Loveman, W. Earl Sasser, Jr., and Leonard A. Schlesinger, "Putting the Service-Profit Chain to Work," *Harvard Business Review*, (March-April 1994), pp. 165–174.

16. Bateson, Managing Services Marketing, pp. 636–645.

17. Gronroos, "Designing a Long-Range Marketing Strategy," p. 36.

18. C. H. Lovelock, E. Langeard, J. E. G. Bateson, and P. Eiglier, "Some Organizational Problems Facing Marketing in the Service Sector," in J. Donnelly and W. George, eds., *Marketing of Services* (Chicago: American Marketing Association, 1981) pp. 148–153.

19. Schneider and Bowen, *Winning the Service Game*, p. 8.

| 용어 정리 |

ㄱ

가격 묶음(price bundling) 두 개 이상의 제품 또는 서비스를 단일가격의 단일포장으로 마케팅하는 관행. 〈6장〉

가격 이탈자(price defectors) 더 낮은 가격의 상품과 서비스를 제공하는 경쟁사로 옮겨가는 고객. 〈14장〉

가격 차별화(price discrimination) 동일한 서비스에 대하여 고객별로 가격을 다르게 부과하는 관행. 〈6장〉

각성/비각성(arousal-nonarousal) 종업원과 고객이 흥분과 자극을 받는 정도를 반영하는 감정 상태. 〈8장〉

간접적 측정(indirect measures) 영업 기록, 이익 및 고객 불만 추적 및 모니터링을 포함하는 고객 만족도의 측정. 〈11장〉

개인적 정보 원천(personal sources of information) 소비자가 서비스에 대한 정보를 수집할 수 있는 주변의 친구, 가족 및 다른 의견 선도자들을 말한다. 〈3장〉

개인/역할 갈등(person/role conflict) 개인의 자아 지각과 조직에서 수행해야 하는 특정 역할 간의 잘못된 적합. 〈9장〉

개인의 서비스 철학(personal service philosophies) 서비스의 의미와 서비스 제공업체가 스스로 수행해야 하는 방식에 대한 고객의 내부 견해. 〈11장〉

개인적 욕구(personal needs) 고객의 물리적, 사회적 및 심리적 욕구. 〈11장〉

개인화 고객(personalized customers) 가격에 덜 민감한 소비자. 〈8장〉

경계 관리자(boundary-spanners) 기업의 외부적 환경과 내부적 조직과 상호작용하는 이중 기능을 수행하는 서비스 담당자에 의해 수행되는 다양한 "부분". 〈9장〉

경제적 고객(economic customers) 가격에 기초하여 구매 의사결정을 하는 소비자. 〈8장〉

경험 속성(experience attributes) 생산 과정 및 과정 이후에 평가할 수 있는 제품 속성. 〈4장〉

고객 간 갈등(inter-client conflicts) 서로의 경험에 영향을 미치는 고객의 수 때문에 발생하는 고객 간의 불일치; 이것들은 서비스 제공자에 의해 해결되어야 한다. 〈9장〉

고객 관리(consumer management) 개별 고객의 서비스 관리를 위해 다른 고객들의 영향을 최소화하도록 실행하는 전략(예: 레스토랑에서 흡연자와 비흡연자 구분하기). 〈3장〉

고객 사회화(consumer socialization) 인적자원관리의 관점에서, 종업원은 조직에 성공적으로 적응해야 한다. 그들은 역할, 장소와 절차, 그리고 가장 중요한 "어떻게 일을 처리하는가"를 배워야 한다. 이러한 관점에서 고객도 참여해야 할 필요가 있다. 〈10장〉

고객 생애 가치(lifetime value of a customer: LTV) 평균 판매에 고객 재주문 횟수(현재까지 계산)를 곱한 평균 달러의 양. 〈14장〉

고객 수행(consumer performance) 개입이 자신의 서비스 생산에 참여하는 것. 〈10장〉

고객 조사(customer research) 기업의 강점과 약점에 대한 고객의 관점을 연구하는 조사. 〈12장〉

고객 욕구와 요청 관련 실패(failures relating to customer needs and request) 특별한 요구 고객의 호불호, 고객 오류, 그리고 차질을 일으키는 다른 것들을 포함한 고객의 암묵적·명시적 요구 관련 서비스의 실패. 〈13장〉

고객 유지(customer retention) 기존 고객의 유지를 위해 기업의 마케팅 노력을 집중하는 것. 〈14장〉

고객 유치 비용(customer acquisition cost) 신규고객을 유치하기 위한 마케팅과 기타 활동에 사용한 금액. 〈14장〉

고객 참여(customer participation) 레스토랑에서 샐러드 바나 디저트 바를 제공하는 것처럼, 고객이 서비스의 한 부분으로 활동하도록 하여 서비스 공급을 증대하는 공급 전략. 〈3장〉

고객 충성도(customer loyalty) 서비스 기업에 대한 정서적 애착과 더불어 비즈니스 애착을 반영한다.

〈14장〉

고객관계관리(customer relationship management: CRM) 기업이 현재와 미래의 고객들과 상호작용하기 위한 관리 기법. 종종 매출, 마케팅, 고객 서비스, 그리고 기술지원(적당한 곳)을 조직하고, 자동화하고, 동시화하기 위해 기술을 사용한다. 〈9장〉

고객 최우선(putting customer first) 종업원들에게 고객을 최우선시 하도록 가르치는 문화 변화 이니셔티브 요소 중 하나. 〈15장〉

고객화(customization) 개별 고객의 정확한 사양을 충족하는 서비스를 개발함으로써 각 서비스에 내재된 우위를 취하는 것. 〈3장〉

고려 세트(consideration set) 환기세트 중 소비자의 기준에 부합하지 않아(예: 더 비싸서, 너무 멀어서 등) 제거되고 남은 대안. 〈4장〉

고용주 브랜드(employer brand) 고객 시장에서의 브랜드와 유사하게 종업원 시장에서 창출된 브랜드. 〈9장〉

고접촉 시스템(high-contact systems) 서비스 생산 프로세스는 고객이 얼마나 많이 프로세스의 부분이 되는가에 관한 스펙트럼으로 정리가 된다. 고접촉 시스템에서 소비자는 프로세스의 중심 역할을 수행한다. 〈10장〉

고정 비용(fixed costs) 생산 및 판매 수준에 관계없이 운영 기간 동안 계획되고 발생된 원가. 〈6장〉

공간/기능(space/function) 시설의 레이아웃, 장비, 그리고 장식품을 포함하는 환경적 차원. 〈8장〉

공감성 차원(empathy dimension) 고객의 입장에서 생각하는 기업의 능력 평가로써의 SERVQUAL. 〈12장〉

공장 속의 공장 (plant-within-a-plant (PWP)) 대규모, 집중화되지 않은 플랜트를 각각 버퍼링되는 소단위로 분해하여, 각 소단위가 분리되어 집중화될 수 있도록 하는 전략. 〈5장〉

과거 경험(past experience) 소비자가 서비스 제공자로부터 받은 과거 서비스 . 〈11장〉

과대약속(overpromise) 기업이 제공할 수 있는 것을 넘어선 약속. 〈12장〉

관계 가격결정(relationship pricing) 고객과의 관계를 강화하여 고객들이 서비스 제공자와의 거래를 확대하도록 하는 가격결정 전략. 〈6장〉

관계 마케팅(relationship marketing) 고객과 장기적 관계를 발전시키는 것을 기반으로 하는 마케팅 기법. 〈14장〉

교정적 통제(corrective control) 기업 윤리 강령을 시행하기 위한 보상 및 처벌의 사용. 〈2장〉

교차 가격 탄력성(cross-price elasticity) 다른 서비스에 대한 가격 변화와 관련하여 서비스 수요에 대한 반응의 측정. 〈6장〉

구전 커뮤니케이션(word-of-mouth communications) 친구, 가족 또는 컨설턴트 등 타인을 통해서 획득한 편향되지 않은 정보. 〈11장〉

구조(structure) 공식적 보고(reporting)체계로 보통 조직도(organizational chart) 로 표현된다. 〈15장〉

구체적 결과 보증(specific result guarantee) 서비스 전달 과정에서 특정한 단계 또는 결과에만 적용되는 보증. 〈14장〉

권한 부여(empowerment) 고객의 욕구에 창조적으로 대응하도록 하기 위해 일선 담당자에게 임의재량권을 주는 것. 〈9장〉

귀인(attribution) 자기 자신과 다른 사람들, 심지어 기회에 대한 책임 분배. 만족 또는 불만의 의미에서 소비자는 만족 또는 불만의 원인을 할당하고 경우에 따라서 서비스 조직을 비난한다. 〈10장〉

규모의 경제(economies of scale) 생산량이 많을수록 생산 비용이 저렴해진다 … 생산 비용이 저렴할수록 저렴하게 판매될 수 있다. … 저렴하게 판매될 수록 판매량이 많아진다. … 판매가 많이 될수록 더 많이 생산될 수 있다는 근거에 의한 개념. 〈6장〉

균일 요금 가격결정(flat-rate pricing) 고객이 고정 가격을 지불하고 공급자가 가격 상승 및 비용 초과의 위험을 감수하는 가격 전략. 〈6장〉

긍정적 불일치(positive disconfirmation) 고객 지각이 고객 기대보다 높아서 감동의 결과로 이어지는 것. 〈11장〉

기계론적 과정(mechanistic processes) 기업의 실패 분석과 서비스 회복 노력의 실행을 위한 형식화된 단계적 과정의 개발. 〈13장〉

기능주의(functionalism) 만드는 경험보다는 무언가의 기능이 그것의 디자인을 결정해야 한다는 신념. 〈15장〉

기대 불일치(disconfirmed expectations) 고객 기대가 고객 지각과 불일치되는 것. 〈11장〉

기대 불일치 모델(expectancy disconfirmation model) 고객이 기대와 지각을 비교하여 서비스를 평가한다는 이론. 〈4장〉

기대 불일치 모델(expectancy disconfirmation model) 고객 기대와 지각을 비교하여 기대가 일치/불일치 되었는가를 비교하는 모델. 〈11장〉

기대 일치(confirmed expectations) 고객 기대가 고객 지각과 일치되어 고객 만족의 결과로 이어지는 것. 〈11장〉

기대된 스크립트(expected script) 소비자가 서비스 세팅에서 수행하는 스크립트. 소비자가 기대하는 것과 벤치마킹을 통해 평가된다. 〈10장〉

기술 이탈자(technological defectors) 산업 외부의 제품으로 전환하는 고객. 〈14장〉

기술 훈련(technical training) 서비스 전달에 있어서 서비스 제공자의 운영적 역할을 가르치는데 초점을 둔 훈련. 〈9장〉

기업 윤리(business ethics) 비즈니스 세계에서 행동을 유도하는 도덕적 행동 원칙. 〈2장〉

기타 유형적인 것들(other tangibles) 기타 명함, 문구류, 청구서, 보고서, 종업원 외모, 유니폼 및 브로셔와 같은 서비스의 물리적 증거가 되는 아이템들. 〈8장〉

ㄴ

내부적 논리(internal logic) 조직적 성과를 이끌어주는 묵시적, 명시적 원칙. 〈15장〉

내부 설비(facility interior) 인테리어 디자인, 고객 서비스를 위한 장비, 간판, 레이아웃, 실내 공기의 질 및 온도를 포함하는 서비스의 물리적인 내부 시설. 〈8장〉

내부 탐색(internal search) 제품에 대한 정보를 자신의 경험을 위주로 수집하는 수동적 접근법. 〈4장〉

내재적 보상(intrinsic rewards) 업무 자체를 즐기거나, 동료 및 감독자로부터 인정을 받고, 심지어 목표를 달성하는 데 만족을 주는 것과 같은 보상으로 종종 동기부여 요인만큼 강력하다. 〈9장〉

내적 반응 조절 요인(internal response moderators) 지각된 서비스스케이프와 서비스 환경에 대한 고객과 종업원의 반응 간의 행동을 매개하는 SOR 모델의 세 가지 기본적 감정 상태. 〈8장〉

냉담형 고객(apathetic customers) 가격과 개인적인 관심보다 편리함을 추구하는 소비자. 〈8장〉

농도(intensity) 색상의 명확하고 희미한 정도. 〈8장〉

높은 관여(high involvement) 종업원의 보상 배분 결정에 대한 광범위한 교육 및 종업원 통제를 통해 결국 스스로를 관리하는 방법을 터득할 수 있는 높은 수준의 관여. 〈9장〉

ㄷ

다른 고객들(other customers) 서비스 경험을 공유하는 고객들을 설명하는 용어. 〈3장〉

대안 평가(evaluation of alternatives) 소비자가 각 대안에 대한 가치를 부여하거나 순위를 매기는 구매 전 과정의 단계. 〈4장〉

대응성 차원(responsiveness dimension) 적시에 서비스를 제공하려는 기업 몰입에 대한 SERVQUAL 평가. 〈12장〉

대인 간 서비스(interpersonal services) 고객과 공급자가 상호작용하는 서비스 환경. 〈8장〉

대인 간 훈련(interpersonal training) 서비스 제공자가 고객을 어떻게 대할 것인가에 대해 중점을 두는 훈련. 〈9장〉

대조/충돌(contrast/clash) 기쁨, 흥분, 비공식적인 업무 환경과 연관된 시각적 영향. 〈8장〉

대체재(substitutes) 제품 A의 가격 상승이 제품 B에 대한 수요를 증가시키는 교차 가격 탄력성의 효과. 〈6장〉

도구적 불평(instrumental complaints) 바람직하지 않은 문제를 변경하기 위해 제기된 불만. 〈13장〉

ㅁ

마케팅 논리(marketing logic) 소비자의 욕구를 충족시키기 위해 더 나은 서비스를 제공할 수 있는 이상적인 옵션을 고객에게 제공하는 것을 강조하는 논증. 〈15장〉

만족 본위 가격결정(satisfaction-based pricing) 구매와 관련된 지각된 위험을 감소시키기 위해 설계된 가격 전략. 〈6장〉

명도(value) 색상의 밝고 어두운 정도. 〈8장〉

명시적 서비스 약속(explicit service promises) 광고, 인적판매 및 계약 등 다른 커뮤니케이션 수단을 통해서 기업이 해야 할 의무. 〈11장〉

무결점 모델(zero defects model) 상품 제조에서 무결점을 위한 제조에 사용되는 모델. 〈14장〉

무료 서비스(complimentary services) 골프장에서의 드라이빙 레인지(driving ranges), 영화관에서의 아케이드 또는 병원에서의 책 비치와 같이 대기 시간을 최소화하기 위해 소비자를 위해 제공하는 서비스. 〈3장〉

무응답 전략(unresponsive strategy) 기업이 고객 불평에 일부러 응답하지 않기로 결정하는 것과 관련된 회복 전략. 〈13장〉

무이탈(zero defections) 서비스 제공자가 경쟁사로의 고객 이탈을 방지하기 위해 사용하는 모델. 〈14장〉

무조건 보증(unconditional guarantee) 철저한 고객 만족, 최소한, 선택 환불 또는 무료 문제 해결을 약속하는 보증. 〈14장〉

무형성(intangibility): 물리적 상품과 동일한 방법으로 만지거나 느낄 수 없는 서비스의 독특한 특성. 〈3장〉

무형성(intangibility): 물리적 실체가 부족한 상품. 〈1장〉

무형지 배적 상품(intangible dominant): 소비자가 구매 전 제품에 대해 알 수 있는 물리적 특성이 부족한 서비스. 〈1장〉

묵시적 서비스 약속(implicit service promises) 서비스 주변과 가격을 통해서 기업이 해야 할 의무. 〈11장〉

묵시적 보증(implicit guarantee) 기업과 고객 간의 이해를 확립하는 문서화되지 않은 무언의 보증. 〈14장〉

문제 고객과 관련된 실패(failures relating to problematic customer) 취객, 언어적 신체적 학대, 기업 정책 위반, 그리고 비협조적 고객을 포함한 고객의 나쁜 행동 관련 실패. 〈13장〉

문제 인식(problem awareness) 소비자가 제품에 대해 필요한지 여부를 결정하는 구매 전 과정의 두 번째 단계. 〈4장〉

문화(culture) 조직의 전반적인 서비스 철학을 이끌어 가는 공유된 가치와 신념. 〈15장〉

물리적 증거/유형의 단서(physical evidence/tangible clues) 가구의 품질, 담당사의 외모, 또는 기업의 브로셔 제작에 사용된 종이의 질과 같이 소비자들의 서비스 평가를 돕는 서비스를 둘러싼 물리적 특성. 〈3장〉

물질 우월주의(materialism snobbery) 만약 제조업이 없다면 서비스업 종사자들이 적어지고, 그 결과 많은 사람이 일을 줄이게 된다는 신념. 〈2장〉

미스터리 쇼핑(mystery shopping) 고객 행세를 통해 예고 없이 쇼핑하여 종업원들을 평가하도록 훈련된 사람들로 구성된 비고객 조사의 형태. 〈12장〉

미충족 바람(unfulfilled desire) 소비자가 현재 제품 또는 서비스에 대한 불만족으로 인하여 발생한 욕구. 〈4장〉

ㅂ

반응(결과) (responses (outcomes)) 자극에 대한 반응에 있어서 소비자들의 반응 또는 행동. 〈8장〉

배급(rationing) 환경에 의해 시스템에 대한 요구가 시스템의 처리 능력을 초과할 경우, 투입과 산출을 직접 할당하는 것. 〈5장〉

배상 전략(reimbursement strategies) 고객에게 상점 포인트 또는 환불 제공과 관련된 회복 전략. 〈13장〉

버퍼링(buffering) 환경적 영향을 완충하기 위해 테크니컬 코어를 투입 및 산출의 구성 요소로 둘러싸는 것. 〈5장〉

벤치마킹(benchmarking) 수집된 미래의 데이터를 비교할 표준의 설정. 〈11장〉

변동 비용(variable costs) 생산과 판매와 직접적으로 관계된 비용. 〈6장〉

병목점(bottlenecks) 시스템에서 고객들이 장시간 기다리는 지점. 〈5장〉

보복(retaliation) 향후 비즈니스에 해를 가하거나 물리적 운영에 손상을 가하는 행동을 고의적으로 하는 고객의 불평 결과. 〈13장〉

보상 전략(compensatory strategies) 서비스 실패 비용을 상쇄하기 위한 고객 보상과 관련한 회복 전략의 집합. 〈13장〉

보완재(complements) 제품 A의 가격 상승이 제품 B에 대한 수요를 감소시키는 교차 가격 탄력성의 효과. 〈6장〉

복수 판매 지역(multisite locations) 서비스를 받고자 소비자가 이동해야 하는 거리를 제한하기 위해 판매 지역을 다각화함으로써, 각 지역별로 각기 다른 방식으로 현지시장에 서비스를 제공하는 방법. 〈3장〉

복원 전략(restoration strategies) 동일한 상품, 본래의 상품 수정, 대체품 제공을 통한 현재 실패를 상쇄하기 위한 회복 전략. 〈13장〉

복잡성(complexity) 프로세스를 구성하는 단계와 연속성의 수와 복잡성의 측정. 〈5장〉

부분 종업원(partial employees) 소비자가 종업원(일부임에도 불구하고)으로 간주되고 종업원에게 적용되는 것과 같은 사람들의 논리가 소비자에게도 적용되는 소비자 성과에 대한 운영 관리 접근법. 〈10장〉

부서 간 이동(interfunctional transfer) 부서 간 비형식적인 네트워크를 촉진시키기 위하여, 한 조직 내에서 승진이나 인사 이동을 통하여 고용인을 한 부서에서 다른 부서로 옮기는 것. 〈15장〉

부서 간 지원(interdepartmenal support) 서비스 제공자가 그들의 직무를 할 수 있도록 서비스 조직의 타부서에 의해서 제공된 지원. 〈9장〉

부서화(departmentalization) 조직을 자신의 활동 집합에 중점을 둔 부서로 나누는 행동. 〈15장〉

부적절한 지원(inadequate support) 경영인이 종업원들에게 개인 트레이닝, 또는 기술 훈련을 제공하지 않고 가능한 최선의 방법으로 업무를 수행하기 위해 필요한 다른 자원들을 제공하지 않는 것. 〈12장〉

부정적 불일치(negative disconfirmation) 고객 지각이 고객 기대보다 낮아서 불만족의 결과로 이어지는 것. 〈11장〉

부족(shortage) 소비자가 특정한 제품 또는 서비스를 갖고 싶어 하는 욕구. 〈4장〉

분기도(divergence) 발산은 서비스를 제공할 때 서비스 요원이 허용하는 자유도로 측정. 〈5장〉

분기형 스크립트(divergent scripts) "불일치"하고 소비자 기대가 충족되지 않는 분야를 가리키는 종업원/소비자 스크립트. 〈5장〉

분리[또는 비동조화](decoupling) 서벅션 시스템에서 테크니컬 코어를 떼어놓는 것. 〈5장〉

분배 공정성(distributive justice) 서비스 회복 과정과 관련된 결과(예: 보상)를 나타내는 지각된 공정성의 요소 〈13장〉

분자 모델(molecular model) 기업 운영의 유형과 무형 요소 간의 관계를 보여주는 콘셉트 모델. 〈1장〉

비가시적 조직과 시스템(invisible organization and systems): 조직의 기본이 되는 규칙, 규제, 프로세스. 〈1장〉

비고객 조사(noncustomer research) 경쟁업체의 서비스 수행 방식과 종업원들이 회사의 강점과 약점을 확인하는 방법에 대한 조사. 〈12장〉

비도구적 불평(noninstrumental complaints) 바람직하지 않은 문제가 변경될 것이라고 기대하지 않고 표현한 불평. 〈13장〉

비묶음(unbundling) 전문화 포지셔닝 전략을 추구하기 위해 상이한 서비스의 운영을 포기하고, 하나나 몇 개의 서비스를 제공하는 것에 집중하는 것. 〈5장〉

비분리성(inseparability) 서비스 제공자와, 서비스를 받는 고객 그리고 서비스 경험을 공유하는 다른 고객 사이의 상호연계성. 〈3장〉

비수기 수요 개발(nonpeak demand development) 서비스 제공자들이 성수기 기간에 앞서 미리 서비스의 한가한 시간을 이용하거나, 상이한 수요 패턴을 보이는 시장에 판매하기 위해 사용하는 전략. 〈3장〉

비체계적 평가(nonsystematic evaluation) 소비자가 비체계적 형태나 자신의 느낌으로 대안을 선택하는 것. 〈4장〉

빈도 마케팅(frequency marketing) 동일한 제공자로부터 기존 고객이 더욱 자주 구매할 수 있도록 하는 마케팅 기법. 〈14장〉

ㅅ

사과 전략(apologetic strategies) 서비스 접점 종업원 또는 고위 경영진의 사과와 관련된 구두 회복 전략. 〈13장〉

사인, 상징, 인공물(signs, symbols, artifacts) 서비스 과정의 흐름, 시설에 대한 개인화를 하기 위한 개인적 인공물, 그리고 장식 스타일을 표시하기 위한 환경적 물리적 증거. 〈8장〉

사전 편찬식 접근법(lexicographic approach) 소비자가 대안을 제거하기 위해서 가장 중요한 속성을 기준으로 각 속성을 검토하여 의사결정하는 체계적 모델. 〈4장〉

사회적 단서(social cue) 동료 집단 또는 중요한 타인으로부터 획득된 자극을 개인에게 제공하는 사건 또는 동기. 〈4장〉

사회적 선망 편향(social desirability bias) 사회적으로 바람직하다고 믿는 것에 대한 정보를 제공하려는 응답자의 경향. 〈11장〉

사회적 위험(social risk) 특정 구매와 관련하여 개인적으로 사회적 지위가 손실될 가능성. 〈4장〉

사회화(socialization) 개인이 조직의 가치, 규범 및 필요한 행동 패턴에 적응하는 과정. 〈8장〉₩

산업 경영 모델(industrial management model) 매출 및 운영 비용에 초점을 맞추고, 고객 만족도 및 지속 가능한 수익 창출에서 종업원이 수행하는 역할을 무시하는 회사를 조직하는 접근법. 〈15장〉

상업적 단서(commercial cue) 소비자를 자극하기 위해 회사 측에서 홍보하는 이벤트 또는 동기부여 활동. 〈4장〉

상품(goods) 물건, 장치 또는 사물. 〈1장〉

상향적 의사소통(upward communication) 최전선의 사람으로부터 조직의 상부계층의 사람에게로 가는 정보의 흐름. 〈12장〉

상호작용 공정성(interactional justice) 서비스 회복 과정 중 서비스 종업원이 보여주는 인간적 내용(예: 공감, 친근함)을 나타내는 지각된 공정성의 요소 〈13장〉

상호협력 특별팀(interfunctional task force) 서로 다른 견해를 가진 개인들이 함께 협력하고, 다른 이들의 관점에 대한 이해를 발전시키는 문제 해결그룹. 〈15장〉

상황 요인(situational factors) 서비스 제공자의 통제를 넘어서 서비스 품질을 저하시키는 환경. 〈11장〉

색상(hue) 빨강, 파랑, 노랑, 초록 등의 실제 색상. 〈8장〉

색조(tints) 색상의 엷은 정도. 〈8장〉

생산라인 접근법(production-line approach) 표준화된 서비스 제품을 생산하기 위하여 서비스 운영에 하드와 소프트 기술을 적용하는 것. 〈5장〉

생산량 중심적 포지셔닝 전략(volume-oriented positioning strategy) 제품을 균일화하고 비용을 줄이기 위해 분기점을 감소시키는 포지셔닝 선택. 〈5장〉

서벅션 모델(servuction model) 소비자에게 가시적인 것과 그렇지 않은 것을 포함한 서비스 경험에 영향을 미치는 네 가지 요인을 보여주는 모델. 〈1장〉

서비스(service) 행위, 노력, 성과. 〈1장〉

서비스 경제(service economy) 9개의 슈퍼 섹터를 구성하는 경제의 "소프트" 부문을 포함하는 경제를 말함. 〈2장〉

서비스 가치(service value) 고객이 서비스에 부과한 가치. 〈6장〉

서비스 감사(service audit) 어떤 것이 이익을 가져다 주는지 회사가 생각하게 만들고 경쟁적 차별화와 장기적 수익성을 위한 전략을 제안하는 일련의 질문사항. 〈15장〉

서비스 격차(service gap) 고객이 예상하는 서비스와 실제 제공되는 지각된 서비스의 차이. 〈12장〉

서비스 근시안(service myopia) 회사가 서비스 개선을 위해 회사 내부에만 관심을 보이는 것. 〈2장〉

서비스 논리(service logic) 서비스 논리는 마케팅, 운영 및 인적 자원의 내부 논리를 균형 있게 조율하여 원활하게 하는 것을 강조하는 논증. 〈15장〉

서비스 마케팅 근시안(service marketing myopia) 유형의 제품을 생산하는 기업이 서비스 관점을 간과하여 발생되는 현상. 〈1장〉

서비스 분위기(climate for service) 서비스 관행, 절차 및 보상을 받는 행동의 종류에 대한 공유된 지각. 〈9장〉

서비스 사보타지(service sabotage) 서비스 제공자가 서비스를 망치기 위해서 하는 의도적, 악의적 행동. 〈9장〉

서비스-수익 체인(service-profit chain) 만족한 서비스 종업원과 서비스 기업의 경제적 성과의 관계를 보여주는 논리. 〈9장〉

서비스스케이프(servicescape) 서비스 환경을 설계하기 위한 물리적 증거의 사용. 〈1장〉

서비스스케이프(servicescape) 서비스 환경을 디자인하기 위한 물리적 증거의 사용을 말함. 〈8장〉

서비스 실패(service failures) 서비스 전달의 고장; 고객의 기대치를 충족시키지 못하는 서비스. 〈13장〉

서비스 이탈자(service defectors) 질 낮은 고객 서비스로 인하여 이탈하는 고객. 〈14장〉

서비스 제공자(service providers) 웨이터 또는 웨이트리스, 치과의사, 의사 또는 대학교수와 같이 핵심 서비스의 기본 제공자. 〈1장〉

서비스 지배적 논리(service-dominant logic): 마케터는 자신들의 주된 역할이 서비스를 제공하는 것이라고 믿고 있는 철학적 관점을 의미한다. 결과적으로 상품은 단순히 고객에게 서비스를 제공하는 수단일 뿐이다. 〈3장〉

서비스 품질 정보 시스템(service quality information system) 의사결정에 있어 데이터를 사용하는 관리자들에게 적시에 데이터를 제공하는 지속적인 연구 과정. 〈12장〉

서비스 품질(service quality) 회사의 수행에 대한 전반적이고 평가와 장기적으로 형성되는 하나의 태도. 〈12장〉

서비스 회복 문화(service recovery culture) 기업이 고객의 불평을 대하는 태도와 어떻게 대응할지에 대한 분위기를 조성하는 신념, 행동, 실천의 비형식적 집합. 〈13장〉

서비스 회복(service recovery) 소비자 만족과 신용으로 이어지는 기업의 불평에 대한 반응. 〈13장〉

서비스 회복의 역설(service recovery paradox): 서비스 실패의 발생시, 서비스 접점 종업원이 이를 성공적으로 회복한 경우에, 최초에 정확한 서비스가 전달되었을 때보다 고객이 기업의 성과를 더 높게 평가하는 상황. 〈13장〉

서비스 HR 수레바퀴(the Service HR Wheel) 서비스 분위기를 조성하는 것을 지원하는 HR 기능들. 〈9장〉

선매입(forward buying) 소매업자들이 장래의 일정 기간에 거래를 하기 위해 미리 충분한 제품을 구매하는 것. 〈6장〉

선형 보상 접근법(linear compensatory approach) 소비자가 각 요인 별 속성에 따라서 브랜드를 평가하여 점수를 부여, 중요도 점수를 곱하고 합산하여 총점수를 산출하는 체계적 모델. 〈4장〉

설문의 구성(question form) 문항이 표현되는 방식, 예를 들면 긍정적 문항으로 구성할지, 부정적 문항으로 구성할지의 여부. 〈11장〉

설문의 맥락(question context) 설문 시 고려되어야 할 다른 질문과 관련된 질문의 순서와 어조. 〈11장〉

설문의 타이밍(question timing) 설문 진행시 고려되어야 할 설문의 시점. 예) 구매 당일 또는 구매 이후. 〈11장〉

성과 위험(performance risk) 구매 제품 및 서비스가 제대로 성능을 발휘하지 못할 가능성. 〈4장〉

셀프 서비스(self-services) ATM, 미니어처 골프 코스, 키오스크, 그리고 셀프 세차와 같이 고객의 물리적 존재에 의해서 지배되는 서비스 환경. 〈8장〉

셀프-서비스 기술(self-service technologies) 기술적으로 고객이 스스로 서비스를 수행하도록 하는 서비스. 〈1장〉

소멸성(perishability) 서비스가 저장되지 않고 미사용된 서비스를 남겨둘 수 없으며 재고로 보관하는 것이 불가능한 서비스의 독특한 특성. 〈3장〉

소비 프로세스(consumption process) 제품의 구매, 사용, 그리고 폐기의 활동. 〈4장〉

소비자 성과 전문성 감사(auditing consumer performance expertise) 서비스 시스템이 제공하도록 설계된 스크립트를 소비자가 이해하는 현재 범위를 측정하는 것. 〈10장〉

소비자 의사결정 프로세스(consumer decision process) 소비자가 구매 결정을 내리는 데 사용하는 3단계 프로세스. 구매 전 단계, 소비 단계 및 구매 후 평가 단계가 포함된다. 〈4장〉

소프트 기술(soft technologies) 표준화 제품의 생산을 용이하게 하는 규칙, 규제 및 절차. 〈5장〉

수렴형 스크립트(convergent scripts) 종업원/고객이 상호 동의하여 고객 만족 확률을 강화하는 스크립트. 〈5장〉

수요의 비탄력성(inelastic demand) 서비스 가격의 변화가 수요량의 변화보다 클 때의 시장 수요 유형. 〈6장〉

수용력 공유(capacity sharing) 전체 서비스 공급을 증가하기 위해 다른 서비스 제공자와 협업하여 공급을 증가하는 것. 〈3장〉

수평적 의사소통(horizontal communication) 본사와 현장 서비스 제공자 간의 내부 의사소통의 흐름. 〈12장〉

수행 의지(willingness to perform) 서비스 접점에서 종업원이 능력을 충분히 발휘하려는 열망. 〈12장〉

스크립트 관점(script perspective) 주로 사회 및 문화적 변수에 의해 결정되는 규칙이 다양한 서비스 경험을 포함하여 매일 반복되는 사건에서 상호작용을 촉진하기 위해 존재한다고 주장한다. 〈4장〉

스크립트 규범(script norms) 종업원과 고객에 의해 공통적으로 언급된 이벤트를 함께 그룹화하고, 발생 순서에 따라 이벤트를 정렬하여 개발된 스크립트. 〈5장〉

스크립트 일치(script congruence) 고객과 종업원에 의해 수행된 실제 스크립트와 기대된 스크립트와의 일치. 〈4장〉

스테이션(station) 서비스 청사진 내에서 활동 장소. 〈15장〉

시각적 경로(visual pathway) 기업의 이미지가 지속적으로 전달될 수 있는 브로셔, 레터헤드, 봉투, 명함 등을 포함한 인쇄물. 〈7장〉

시간 비용(time cost) 고객이 서비스를 획득하기 위해서 소비하는 시간. 〈6장〉

시간당 최대 생산량(maximum output per hour) 한 시간 동안 각 스테이션에서 처리될 수 있는 사람들의 숫자. 〈5장〉

시스템(systems) 통제, 평가, 프로모션, 인식의 인간 관리 시스템. 〈15장〉

시장 이탈자(market defectors) 비즈니스 실패나 이전으로 인하여 시장을 떠나는 고객. 〈14장〉

시장 중심 경영 모델(market-focused management model) 회사의 서비스 제공 시스템을 용이하게 하는 회사 구성 요소에 초점을 맞춘 새로운 조직 모델. 〈15장〉

시장 침투 전략(penetration strategy) 더 많은 시장을 획득하기 위하여 현재의 서비스를 강화하거나 더 많은 서비스를 제공함으로써 복잡성을 증대시키는 포지셔닝 전략. 〈5장〉

식사당 서비스 비용(service cost per meal) 1회 식사를 기준으로 식사를 위해 제공된 것과 관련된 노동비용(총노동비용/시간당 최대산출량). 〈5장〉

신념(beliefs) 제공자의 서비스 수행 능력에 대한 소

비자의 의견. 〈8장〉

신뢰 속성(credence attributes) 제품이나 서비스의 수령 후에도 확실히 평가할 수 없는 속성. 〈4장〉

신뢰성 차원(reliability dimension) 서비스 수행에서 회사의 일관성과 신뢰성 평가로써의 SERVQUAL. 〈12장〉

신체적 단서(physical cue) 소비자를 자극하는 갈증, 배고픔, 또는 다양한 생리적 단서. 〈4장〉

신체적 위험(physical risk) 구매 제품 및 서비스가 잘못되어 구매자에게 부상을 입힐 가능성. 〈4장〉

실패 주체(locus) 서비스 제공자, 기업, 고객, 또는 외부적 힘을 포함한 실패의 가능성이 있는 원인과 관련된 서비스 실패 요인. 〈13장〉

실패 지점(fail points) 오작동 가능성이 높고 고객에게 오류가 인지되며, 중요한 시스템 지점. 〈5장〉

심리적 위험(psychological risk) 구매가 개인의 자아존중(self-esteem)에 영향을 줄 가능성. 〈4장〉

쌍방적 청사진(two-side blueprint) 일련의 이벤트가 실제로 발생되는 방법에 대해 종업원과 고객의 지각을 동시에 반영하는 청사진. 〈5장〉

ㅇ

안정성(stability) 서비스 실패의 반복실패가 반복될 가능성과 관련된 서비스 실패 요인. 〈13장〉

애프터 마케팅(aftermarketing) 첫 판매가 발생한 후 마케팅을 강조하는 마케팅 기법. 〈14장〉

에너지 비용(energy cost) 고객이 서비스를 획득하기 위해서 사용한 물리적 에너지. 〈6장〉

역할 갈등(role conflict) 고객이 실제로 원하는 서비스에 대한 서비스 제공자의 생각과, 서비스 관리자가 서비스 제공자가 제공할 것이라고 기대하는 서비스 간의, 서비스 제공자의 생각의 불일치. 〈12장〉

역할 갈등(role conflict) 기업의 경영진과 고객들의 상반된 바람 사이에서 종업원이 처한 상황. 〈13장〉

역할 모호성(role ambiguity) 종업원의 역할에 대한 불확실성과 그들의 직업적 목적에 대한 낮은 이해. 〈12장〉

역할 모호성(role ambiguity) 종업원이 어떻게 일을 수행해야 하는지 알지 못하는 상황. 〈13장〉

역할/자아 갈등(role/self conflict) 종업원이 자아개념(self-concept)과 불일치하는 새로운 역할을 수행하도록 요구받을 때 경험하는 갈등. 〈7장〉

연구 지향성(research orientation) 소비자 조사수행에 대한 회사의 태도. 〈12장〉

예약 가격(reservation price) 소비자가 혜택에 부여하는 가치를 파악하기 위해 고려하는 가격. 〈6장〉

예상 서비스(predicted service) 고객이 제공받을 것이라 믿는 서비스 수준. 〈11장〉

예약 시스템(reservation system) 수요의 변동성을 줄이는데 자주 사용되는 또 하나의 전략은 소비자가 어떤 특정한 시간대에 미리 회사의 서비스를 예약하는 시스템. 〈3장〉

예측(anticipating) 공급 및/또는 수요 계획 시 나타나는 변동의 최악의 효과를 미리 완화하는 것. 〈5장〉

완전 세계 모델(perfect-world model) 작업의 "완벽한" 효율성은 입력, 출력 및 품질이 일정한 속도로 발생하고, 모두가 알고 있으면서도 확실한 경우에만 가능하다는 J. D. Thompson의 조직에 관한 모델. 〈5장〉

외근 종업원(boundary-spanning personnel) 기업의 물리적 시설을 벗어나 서비스를 제공하는 담당자. 〈2장〉

외부 설비(facility exterior) 표지판, 주차, 조경 및 주변 환경을 포함하는 서비스 시설의 물리적인 외관. 〈8장〉

외부 탐색(external search) 자신의 경험 이외에 외부로부터 새로운 정보를 수집하는 적극적 접근법. 〈4장〉

외재적 보상(extrinsic rewards) 종업원 근무에 대한 대가로 지불하는 임금과 같은 보상. 〈9장〉

요청하지 않은/불필요한 종업원 행동 관련 실패(failures relating to unprompted/unsolicited employee action) 관심의 수준, 비일상적 종업원 행동, 문화적 규범의 위배, 게스탈트, 그리고 악조건에 대한 응답과 관련한 실패. 〈13장〉

운영 논리(operation logic) 대량 생산을 통한 비용

억제/절감을 강조하는 논증. 〈15장〉

원격 서비스(remote services) 고객이 서비스 생산 과정에 참여하는 동안, 종업원들은 고객과 떨어져 물리적으로 존재하는 서비스. 〈8장〉

유기론적 과정(organic processes) 기업의 서비스 회복 문화를 구성하는 가치와 신념의 비형식적 집합. 〈13장〉

유기체 (organism) 서비스 접점에 있는 일련의 자극 세트의 수용자로서 종업원과 고객을 포함한다. 〈8장〉

유형 지배적 상품(tangible dominant): 소비자가 구매하기 전, 제품에 대해 느끼고, 맛보며, 볼 수 있는 물리적 특성을 가진 상품. 〈1장〉

유형성 차원(tangibles dimension) 기업의 유형자원을 관리하는 능력 평가로써의 SERVQUAL. 〈12장〉

윤리 강령(code of ethics) 적절한 조직행동을 정의하는데 도움을 주는 공식적 행동 기준. 〈2장〉

윤리(ethics) 선과 악, 도덕적 의무와 의무를 다루는 철학의 한 부분. 개인이나 집단을 지배하는 도덕적 행위의 원칙. 〈2장〉

윤리적 경계(ethical vigilance) 자신의 행동이 옳은지 그른지에 대해 세심한 주의를 기울이고, 윤리적으로 잘못된 것이라면 왜 그런 식으로 행동하는지 스스로에게 묻는 것. 〈2장〉

윤리적 고객(ethical customers) 대형 또는 전국 서비스 제공자가 아닌 소규모 또는 지역 기업을 지원하는 소비자. 〈8장〉

음영(shades) 색상의 어두운 정도. 〈0장〉

의사소통 격차(communication gap) 회사가 내외적으로 제공하는 서비스 품질과 실제 소비자가 제공받는 서비스 간의 격차. 〈12장〉

이미지 가치(image value) 고객이 서비스 또는 서비스 제공자의 이미지에게 부과한 가치. 〈6장〉

이정표 품목(signpost items) 고객이 자주 구입하여 일반적인 가격을 잘 알고 있는 품목. 〈6장〉

이중 구조(dual entitlement) 비용에 근거한 가격 변동은 공정한 것으로 지각되는 반면에, 수요에 근거한 가격증가는 불공정한 것으로 간주되는 것. 〈6장〉

이질성(heterogeneity) 서비스 거래마다 일관성의 변화를 반영하는 서비스 특성. 〈3장〉

이탈 관리(defection management) 고객이 이탈하기 전에 그들을 유지하기 위해 적극적으로 시도되는 체계적 프로세스. 〈14장〉

이탈(exit) 상품 사용이나 상점 애용을 중지하는 고객의 불평 결과. 〈13장〉

이해 갈등(conflict of interest) 서비스제공자가 조직, 고객 및 / 또는 서비스 제공업체의 개인적 이해 사이에서 고민을 느끼는 상황. 〈2장〉

인적 가치(personnel value) 고객이 서비스 제공 담당자에게 부과한 가치. 〈6장〉

인적자원 논리(human resource logic) 신입사원 선발과 기존 종업원들의 업무 수행 능력을 높이기 위한 교육 개발을 강조하는 논증. 〈15장〉

인지 세트(awareness set) 소비자가 인지하는 구매대안의 세트. 〈4장〉

인지 부조화(cognitive dissonance) 구매 결정의 정확성과 관련한 소비자 마음에서의 의심. 〈4장〉

일방향 청사진(one-sided blueprint) 일련의 발생 사건에 대해 관리자의 지각을 기본으로 한 불균형 청사진. 〈5장〉

일시적 서비스 강화(transitory service intensifiers) 서비스에 대한 고객 민감성을 높이는 인적, 단기적 요인. 〈11장〉

ㅈ

자극(stimulus) 구매를 고려하도록 유도하는 생각, 행동 또는 동기부여 활동. 〈4장〉

자극 (stimulus) 기업의 물리적 증거를 이루는 다양한 요소. 〈8장〉

자극-유기체-반응 모델 (stimulus-organism response (SOR) model) 서비스 환경이 소비자의 행동에 미치는 영향을 설명하기 위해서 환경심리학자들에 의해서 개발된 모델로서 환경 자극, 감정적 상태, 그리고 감정 상태에 대한 반응을 설명한다. 〈8장〉

자신의 서비스 역할(self-perceived service role) 만족스러운 서비스 접점을 생산하기 위해서 고객이 필요하다고 생각하는 투입물. 〈11장〉

작업 용이성(work faciliation) 서비스 공급자가 원하는 서비스를 제공 할 수 있도록 기본적인 인프라와 기술을 제공하는 것. 〈9장〉

잘못 표적된 커뮤니케이션(mistargeted communication) 같은 커뮤니케이션 메시지가 두 개의 상이한 세분시장들에 소구될 때 발생한 커뮤니케이션. 〈7장〉

재귀적 불평(reflexive complaints) 불평자 자신을 대상으로 하는 불평. 〈13장〉

재무적 위험(financial risk) 구매가 잘못되거나 제대로 작동하지 않을 경우 발생되는 금전적 손실의 가능성. 〈4장〉

저접촉 시스템(low-contact systems) 서비스 생산 프로세스는 고객이 얼마나 많이 프로세스의 부분이 되는가에 관한 스펙트럼으로 정리가 된다. 저접촉 시스템에서 소비자는 매우 적은 역할을 수행한다(5장 참조). 〈10장〉

적응적 가격결정(adaptive pricing) 장기적으로 마진을 인정하지 않고 할인을 제공하는 관행. 〈6장〉

적정 서비스(adequate service) 고객이 기꺼이 수용할 만한 서비스 수준. 〈11장〉

전달 격차(delivery gap) 서비스 전달 과정에 대한 품질 세부 사항 과 실제 전달된 서비스 품질 간의 격차. 〈12장〉

전문가 고객(expert customers) 특정한 제품 또는 서비스에 대한 구매 과정에 있어서 전문성을 갖고 있는 개인. 이와 달리 전문가 성과는 서비스 생산 과정에서의 전문성을 말한다. 〈10장〉

전문화 포지셔닝 전략(specialization positioning strategy) 제공된 상이한 서비스를 묶지 않음으로써 복잡성을 감소시키는 포지셔닝 전략. 〈5장〉

전체 시장 서비스 품질 조사(total market service quality surveys) 조사를 후원하는 기업의 서비스 품질과 경쟁사의 서비스 품질을 측정하는 조사. 〈12장〉

전체적 환경(holistic environment) 물리적 환경적 차원에 기초하여 종업원과 고객에 의해서 형성된 서비스스케이프에 대한 전반적 지각. 〈8장〉

전환 비용(switching costs) 서비스 제공자를 변경할 때 발생하는 비용. 〈4장〉

절차 공정성(procedural justice) 서비스 회복 과정 중 고객이 인내하는 과정(예: 시간)을 나타내는 지각된 공정성의 요소. 〈13장〉

접근/회피 행동(approach/avoidance behaviors) 일련의 환경 자극에 대하여 고객이 장소에서 머무르려 하거나 떠나려고 함, 서비스 환경을 탐구하고 상호작용하려 하거나, 무시하려고 함, 또는 서비스 경험에 대한 만족 또는 불만족의 느낌을 갖는 것을 말함. 〈8장〉

접촉 담당자(contact personnel) 서비스의 접점에서 가장 처음 고객과 대면하는 서비스 제공자. 〈1장〉

정보 탐색(information search) 가능한 대안에 관련된 정보를 수집하는 구매 전 단계. 〈4장〉

정복 마케팅(conquest marketing) 새로운 비즈니스를 장려하는 프로모션을 개발하고, 할인을 제공함으로써 지속적으로 새로운 고객을 찾는 마케팅 전략. 〈14장〉

정신적 비용(psychic cost) 고객이 서비스를 획득하기 위해서 사용한 정신적 에너지. 〈6장〉

제3자(third parties) 서비스 기업이 고객에게 서비스하기 위하여 외부의 서비스 기업을 활용하여 비용, 인력 등을 절감할 수 있는 공급 전략. 〈3장〉

제안 관여(suggestion involvement) 기업의 운영을 개선시키기 위해서 종업원이 제안을 하도록 하는 낮은 수준의 권한 부여. 〈9장〉

제품 가치(product value) 고객이 제품에 부과한 가치. 〈6장〉

제품 이탈자(product defectors) 더 나은 상품과 서비스를 제공하는 경쟁자로의 전환 고객. 〈14장〉

제품(product) 상품이거나 서비스 . 〈1장〉

제품라인 가격결정(product-line pricing) 동일한 제품 또는 유사한 제품들에 대하여 가격을 다양하게 책정하는 방법. 〈6장〉

제품의 유형성과 무형성 구조(Scale of Market Entities): 유형성과 무형성을 기준으로 하여 제품의 범주를 보여주는 척도. 〈1장〉

조직 근무 방식 변화(change the way we work) 고객에게 더 나은 서비스를 제공하기 위하여, 활동 흐름을 파악하고 처리 과정을 재정비하도록 종업원에게 가르치는 문화 변화 이니셔티브의 한 요소. 〈15장〉

조직 내의 계층 구조(levels of management) 조직 안에서 계층의 복잡성과 최고경영층과 고객 간의 계층의 수. 〈12장〉

조직 이탈자(organizational defectors) 상호 구매협정과 같은 기업 내부의 정치적 고려로 인해 이탈하는 고객. 〈14장〉

조직/고객 갈등(organization/client conflicts) 고객이 서비스 제공자에게 조직의 규칙을 어기는 서비스를 요구할 때, 발생되는 불일치. 〈9장〉

조직관계(organizational relationships) 서비스 공급자와 고객, 공급업체, 동료, 부하 종업원, 감독자 및 기타 여러 역할 파트너와의 관계에 있어서 형성된 작업 관계. 〈2장〉

조화(harmony) 조용하고, 호화로우며, 공식적인 업무 환경과 연관된 시각적 동의. 〈8장〉

종속적 서비스 역할(subordinate service roles) 종업원이 조직 내에서 뿐 아니라 고객에게도 종속된 것처럼 느껴지는 서비스 조직 내의 낮은 지위의 일자리. 〈9장〉

종업원 근무 방식 변화(change the way you work) 종업원에게 고객에게 봉사하는 맥락에서 규칙을 깰 수 있도록 해주는 문화 변화 이니셔티브의 한 요소. 〈15장〉

종업원 사회화(employee socialization) 사람이 조직의 가치, 규범 및 요구되는 행동 패턴에 적응하고 이를 인식하게 되는 과정. 〈2상〉

종입원–직무 직힙(employee-job fit) 세부 사항에 적힌 서비스 사항을 수행할 수 있는 종업원들 개인의 능력 정도. 〈12장〉

주변 여건(ambient conditions) 공기의 질, 소음, 음악 등을 포함하는 서비스의 독특한 환경. 〈8장〉

중요 사건(critical incident) 고객과 서비스 제공자 간의 특정한 상호작용. 〈3장〉

지각된 공정성(perceived justice) 고객이 서비스 회복 평가 시 결과 대비 고객이 투입한 비용 결과를 비교하는 과정. 〈13장〉

지각된 서비스 대안(perceived service alternatives) 고객이 다른 서비스 제공자로부터 획득할 수 있거나 그들 스스로 생산할 수 있다고 믿는 비교 가능한 서비스. 〈11장〉

지각된 서비스스케이프(perceived servicescape) 서비스 기업의 물리적 시설에 대한 정신적 이미지의 총합. 〈8장〉

지각된 서비스 우수성(perceived service superiority) 희망 서비스의 기대 수준과 이미 받아서 지각된 서비스와의 비교 측정치. 〈11장〉

지각된 서비스 적정도(perceived service adequacy) 적정 서비스와 지각된 서비스를 비교하여 도출된 서비스 품질 수준. 〈11장〉

지각된 통제 관점(perceived-control perspective) 고객이 지각된 상황에 대한 얼마나 통제를 하는지에 의해 서비스를 평가한다는 모델. 〈4장〉

지배/복종(dominance-submissiveness) 서비스 환경에서 고객과 종업원이 자유롭게 행동하거나 감정을 통제할 수 있는 정도를 반영하는 감정 상태. 〈8장〉

지속가능성(sustainability): 경제, 환경, 사회적 관점에서 미래 세대의 욕구에 대응할 수 있는 능력을 저해하지 않고 현재 세대의 만족을 충족할 수 있는 능력. 〈1장〉

지속적 서비스 강화(enduring service intensifiers) 시간의 경과에 따라 안정적인 요인으로 최고의 서비스가 제공되길 바라는 고객 민감성을 증가시키는 개인적 요인. 〈11장〉

지속적 서비스(seamless service) 고객에 대한 방해, 혼란, 불편 없이 일어나는 서비스. 〈15징〉

지시적 불평(ostensive complaints) 불평자의 영역 밖에 있는 누군가 또는 무언가를 대상으로 하는 불평. 〈13장〉

지식 격차(knowledge gap) 고객이 회사와 기업으로부터 제공받기를 바라는 서비스와, 기업의 입장에서 고객이 원할 것이라고 생각하는 예상 서비스 사이의 격차. 〈12장〉

지체 효과(lagged effect) 서비스에 대한 수요가 불규칙할 때, 커뮤니케이션의 성공은 시간이 지난 후에 실현된다는 것. 〈7장〉

지향성 변화(orientation change) 업무 수행에 있어서 서로를 강화하도록 종업원들의 "집단"을 가르치는 문화 변화 이니셔티브. 〈15장〉

직무 관여(job involvement) 조직 내에서 종업원 자신의 직무 내용을 조사하고, 역할을 정의하기 위해서 종업원에게 부여하는 권한 부여. 〈9장〉

직접적 측정(direct measures) 일반적으로 고객 만족도 조사를 통해 고객으로부터 직접 얻은 만족도의 측정. 〈11장〉

종업원 조사(employee surveys) 종업원의 근로 의욕과 근무 태도, 질 좋은 서비스를 준비하는 데 있어 지각된 장애물에 관련된 서비스 품질의 내부적 측정법. 〈12장〉

직접 갈등(direct conflict) 종업원이 효율성과 효과성의 두 개의 상반된 역할을 수행하도록 요구받을 때 경험하는 갈등. 〈7장〉

집중화 공장(focused factory) 어떤 위치에서 특정 작업을 수행하는 데 집중하는 운영. 한 가지 일의 반복과 집중을 통해 경험과 효과를 증진시키는데 사용됨. 〈15장〉

ㅊ

참정권 부여(enfranchisement) 성과 보상과 방법과 결합된 권한 부여. 〈9장〉

창의적 가격결정(creative pricing) 피크타임에서 비(非)피크타임으로 수요를 이동하기 위해 "마티네(matinee)" 가격이나 "조조 특가상품(early bird specials)"을 제공하는 것과 같이 수요 변동을 원활하게 하기 위해 서비스 회사에서 종종 사용하는 가격 전략. 〈3장〉

청사진(blueprinting) 서비스 운영의 순서도. 〈5장〉

체계적 평가(systematic evaluation) 의사결정에 도달하기 위해 공식화된 단계를 사용하여 대안을 선택하는 것. 〈4장〉

초보자와 전문가 성과(novice and expert performance) 성과 능력의 스펙트럼. 모든 소비자가 효율적이지는 않다. 초보자는 무엇을 해야 할지, 어떻게 해야 할지를 모른다. 전문가는 생산 프로세스의 일부가 어떻게 진행되는지를 안다. 〈10장〉

ㅋ

카피(copy) 기업의 커뮤니케이션 메시지의 내용. 〈7장〉

커뮤니케이션 믹스(communications mix) 광고, 인적 판매, 홍보, 판매촉진, 그리고 스폰서십을 포함하여 마케터가 이용 가능한 일련의 커뮤니케이션 도구들. 〈7장〉

커뮤니케이션 전략(communications strategy) 조직 목표를 달성할 목적으로 소비자, 종업원, 주주, 공급자를 포함한 기업의 표적시장에게 기업의 포지셔닝 전략을 커뮤니케이션하는 것. 〈7장〉

쾌감/불쾌감(pleasure-displeasure) 소비자와 종업원들이 서비스 경험에 대해 만족을 느끼는 정도를 반영하는 감정적 상태. 〈8장〉

크기/형태/색(size/shape/colors) 기본적 수준에서 소비자에게 소구하는 세 가지 기본적 시각적 자극. 〈8장〉

ㅌ

타입 1 서비스 스태프(type 1 service staff) 많은 고객이 존재하는 "1회성" 상황에서 신속하면서도 효과적으로 고객들을 대하는데 필요한 서비스 스태프. 〈7장〉

타입 2 서비스(type 2 service staff) 스태프 어느 정도 긴 기간의 제한된 상호작용으로 많은, 종종 반복 이용 고객들을 대하는 서비스 스태프. 〈7장〉

타입 3 서비스 스태프(type 3 service staff) 고객과 더 확장되고, 복잡한 상호작용으로 인하여 더 고도의 개발된 커뮤니케이션 기술을 필요로 하는 서비스 스태프. 〈7장〉

탐색 속성(search attributes) 구매 전에 평가될 수 있는 제품 요소. 〈2장〉

탐색 속성(search attributes) 구매 결정에 영향을 주는 제품 속성. 〈4장〉

테크니컬 코어(technical core) 주요 운영 기능이 수행되는 조직 내의 장소. 〈5장〉

통제 가능성(controllability) 실패 원인에 대한 기업의 통제권 유무와 관련된 실패 요인. 〈13장〉

통제 확산(dispersion of control) 서비스 제공자의 통제를 넘어선 상황. 〈12장〉

트리플 보텀 라인(triple bottom line) 회사가 경영 활동을 수행하면서 회사의 경제적 번영(경제성), 환경 문제 및 발전에 대한 목표 및 목표(환경성), 사회 정의 및 평등 운동(사회성) 등의 3개 축을 함께 고려하는 접근법. 〈2장〉

틈새시장 포지셔닝 전략(niche positioning strategy) 각 고객에게 서비스 경험을 맞춤화하기 위해 작업에서 발산을 증가시키는 포지셔닝 전략. 〈5장〉

ㅍ

파생 기대(derived expectations) 타인의 기대로부터/에 근거한 기대. 〈11장〉

판매 후 조사(after-sales surveys) 서비스 접점이 고객의 마음에 여전히 생생하게 남아 있는 고객의 만족 여부를 다루는 만족도 조사의 유형. 〈12장〉

평균 생애 수익(lifetime profit of a customer: LTP) 판매당 평균 수익과 고객 재주문 횟수(현재까지 계산)를 곱한 평균 수익. 〈14장〉

평활하(smoothing) 공급 및/또는 수요의 변동을 줄이기 위한 환경 관리. 〈6장〉

포지셔닝 전략(positioning strategy) 기업이 경쟁기업과 비교하여 소비자들에 의해서 어떻게 보이는가를 말한다. 포지셔닝 전략은 기업의 차별적 우위를 알린다. 〈7장〉

포커스 그룹 인터뷰(focus group interviews) 일반적으로 훈련된 사회자의 주도하에 8명에서 12명의 고객이 비공식적인 토론을 하는 것. 〈12장〉

표적시장(target markets) 기업의 마케팅 노력이 집중되는 세분시장. 〈7장〉

표준 격차(standards gap) 경영자가 지각하는 소비자의 기대와 서비스 전달 과정의 품질 기준 간의 격차. 〈12장〉

표준화(standardization) 표준화의 목표는 한 거래에서 다음 거래까지 일관된 서비스 제품을 생산하는 것이다. 〈3장〉

품질관리 분임조(quality circles) 기업의 다양한 부서의 소그룹 종업원들이 브레인 스토밍 기법을 이용하여 추가적인 개선 제안을 만들어내는 데 포함되는 권한 부여. 〈9장〉

프로세스 시간(process time) 활동 장소에서 활동 시간을 스테이션(station)의 숫자로 나눈 값. 〈5장〉

ㅎ

하드 기술(hard technologies) 표준화 제품의 생산을 용이하게 하는 하드웨어. 〈5장〉

학습된 무기력(learned helplessness) 반복적인 통제 확산을 통하여 종업원들 스스로가 서비스를 적절하게 수행할 수 없다고 느끼는 상태. 〈12장〉

항의(voice) 상품 또는 상점에 대한 불만족을 구두로 표현하는 고객의 불평 결과. 〈13장〉

핵심 기술 버퍼링(buffering the technical core) 생산 프로세스의 핵심이 가능한 한 효율적으로 운영될 수 있도록 하는 운영 관리 개념. 제조 공장의 경우, 이는 공장 플랜트가 중단 없이 운영될 수 있도록 하기 위해 원료와 산출물의 버퍼(스톡)를 생성하여 실행된다 (자세한 내용은 5장 참조). 〈10장〉

핵심 서비스 실패(core service failures) 이용 불가능한 서비스, 터무니없이 느린 서비스, 그리고 기타 다른 핵심 서비스의 실패들을 포함한 기업의 핵심 서비스 제공에서의 실패 기업의 핵심 서비스 제공의 실패. 〈13장〉

행동 모델링(behavioral modeling) 서비스 제공자가 고객을 쉽게 처리하고, 스트레스를 제거시킬 수 있게 고객들을 분류하는 것. 〈9장〉

허용범위(zone of tolerance) 희망 서비스와 적정 서

비스 간의 차이점을 반영하는 고 수준에서 저 수준의 품질 수준. 서비스 및 제공되는 상황에 따라 고객 및 동일 고객 내에서 확장 및 수축됨. ⟨11장⟩

현지 공장(factories in the field) 복수 판매 지역의 다른 명칭. ⟨3장⟩

혜택 본위 가격결정(benefit-driven pricing) 멤버십 수수료와 반대로 실제 사용된 서비스에 대해 사용료를 부과하는 전략. ⟨6장⟩

혜택 콘셉트(benefit concept) 소비자의 마음속에 있는 제품 혜택의 묶음. ⟨1장⟩

호환성 관리(compatibility management) 동일한 서비스 상황에서 상이한 욕구를 가진 다양한 고객집단을 관리하는 것. ⟨10장⟩

혼합 묶음(mixed bundling) 소비자가 서비스 A와 서비스 B를 함께 또는 개별적으로 하나의 서비스만을 구매할 수 있도록 하는 가격 묶음 기법. ⟨6장⟩

화폐적 비용(monetary cost) 고객이 제품 구입의 대가로 지불한 화폐 가격. ⟨6장⟩

확신성 차원(assurance dimension) 기업의 경쟁력, 고객에게 공손함, 그리고 운영적 보안 및 안전. ⟨12장⟩

확장 준비(expansion preparation) 장기적으로 유형의 시설과 성장을 위해서 사전에 준비하는 계획. ⟨3장⟩

환경심리학(environmental psychology) 개인의 인식과 행동에 주는 영향을 주는 서비스 환경을 만들어 내기 위해 물리적 증거를 사용. ⟨8장⟩

환기 세트(evoked set) 소비자가 의사결정 시점에 실제로 기억하는 대안. ⟨4장⟩

활동 기준 원가 산정(activity-based costing: ABC) 조직을 일련의 활동으로 분류하여 자재, 노동 및 기술을 투입하여 결과물을 산출하는 작업으로 구분함으로써 활동 원가에 중점을 두는 방법. ⟨3장⟩

활동시간(activity time) 스테이션에서 한 활동을 수행하기 위해 필요한 시간. ⟨5장⟩

효율성 가격결정(efficiency pricing) 소비자에게 가격에서 최고의 가장 비용효과적 서비스를 전달함으로써 경제적 소비자들에게 소구하는 가격결정 전략. ⟨6장⟩

후광 효과(halo effect) 서비스 접점의 첫 단계에서 받은 전반적인 우호적 또는 비우호적 인상. ⟨7장⟩

희망 서비스(desired service) 고객에게 제공될 예상 서비스와 비교하여, 고객이 실제로 원하는 것을 나타낸 이상적 기대. ⟨11장⟩

기타

e-서비스(e-service) 인터넷을 통해서 과업을 완성하고, 문제를 해결하거나, 거래를 행하는 전자서비스. ⟨1장⟩

SERVQUAL 고객 기대와 지각을 다섯 개의 서비스 품질 차원에 관하여 측정하는 44항목 척도. ⟨12장⟩

SMART 목표를 설정할 때, 목표는 SMART, 즉 구체적이고(specific), 측정 가능하고(measurable), 달성 가능하고(achievable), 관련성이 있어야 하고(relevant), 그리고 완료 기한이 설정되어야(time-bound) 한다. ⟨7장⟩

| 찾아보기 |

이용기 yongki2@sejong.ac.kr
세종대학교 경영학과 교수

세종대학교에서 경영학 학사, 석사, 박사 학위를 받았다. 김천대학교, 국립 교통대학교에서 근무했으며, 한국마케팅과학회, 한국외식산업학회 편집위원장을 역임했으며, 현재 (사)한국프랜차이즈경영학회 회장/편집위원장, 한국외식산업학회 부회장, 한국유통과학회 부회장을 맡고 있다.

최근 관심 분야는 프랜차이즈, 서비스(호텔, 관광, 외식 포함), 인터넷, 그리고 환경 마케팅/경영 등이며, Journal of Business Research, Journal of Services Marketing, The Service Industry Journal, Behaviour & Information Technology, International Journal of contemporary Hospitality Management, International Journal of Hospitality Management, Journal of Hospitality and Tourism Research, Tourism Management, Annals of Tourism Research, Asia Pacific Journal of Tourism Research, Journal of Global Scholars of Marketing Science, Sustainable Development, 경영학연구, 마케팅연구, 상품학연구, 마케팅논집, 유통과학연구, 호텔관광연구, 관광학연구, 호텔외식경영연구, 고객만족경영연구 등에 논문을 발표하고 있다.

김호석 hskim@cku.ac.kr
가톨릭관동대학교 조리외식경영학과 교수

세종대학교에서 외식경영학 박사학위를 취득했으며, 국가공인조리기능장으로서 외식메뉴개발 및 레스토랑 마케팅 및 프랜차이즈에 관심을 가지고 다양한 학술활동을 하고 있다.

중국사천요리대학에서 수료했으며, 리츠칼튼호텔 중식당, 리베라호텔 중식당에서 근무했으며, 현재 외식산업학회 이사, 한국프랜차이즈경영학회 이사를 맡고 있다.

International Journal of Hospitality, 외식산업학회, 호텔관광연구, 호텔외식경영연구, 고객만족경영연구 등에 논문을 발표하고 있다.

설상철 scseol@dau.ac.kr
동아대학교 경영학과 교수

동아대학교에서 경영학 학사, 상학 석사, 부산대학교에서 박사 학위를 받았으며, University of Wisconsin–Madison, Marketing학과에서 객원연구를 수행하였다.

한국경영학회, 한국마케팅학회, 한국소비문화학회 이사, 한국마케팅관리학회 이사장, 회장, 부회장, 상임이사, 감사, 한국소비자학회 부회장, 대한경영학회 이사, 상임이사, 감사, 한국마케팅과학회 감사 등과 한국디자인진흥원, 부산시설관리공단 등의 공기업 사외이사 등을 역임했다.

마케팅관리연구, 대한경영학회지, 관광·레저연구, 한국스포츠산업경영학회지, 병원경영학회지, 경영경제연구, 경영과 정보연구, 미국 마케팅학회 발표논문집 등에 논문을 발표했으며, 최근의 관심 분야는 R을 이용한 마케팅 자료 분석, 대중소 도·소매 유통점 입지 타당성 분석, 포지셔닝 전략, 서비스 품질 측정, 의료서비스 품질 평가, 소비자 가치, 기업의 시장경쟁력 평가 등이다.

이새미 sm100685@naver.com

경기대학교 국제산업정보학과를 졸업하고, 미국 Northeastern University에서 leadership전공 석사, 세종대학교에서 경영학박사 학위를 받았으며, 한국관광공사 호텔업등급결정국 호텔등급평가위원으로 활동하고 있으며 세종대학교, 강동대학교, 메이필드호텔학교 등에 출강하고 있다.

Hospitality Management, Medical Tourism, Global Leadership 등에 관한 연구를 하고 있으며, International Journal of Contemporary Hospitality Management, INQUIRY, GBFR, 관광학연구 등에 논문을 발표하고 있다.

역자 소개

이재한 moobongli@hanmail.net

세종대학교에서 석사, 박사를 받았으며, 명지대학교에서 프랜차이즈 분야를 강의하면서 프랜차이즈 및 외식에 관심을 가지고 다양한 학술활동을 하고 있다. 현재 한국프랜차이즈경영학회 부회장, 한국외식산업학회 부회장 등으로 활동하고 있다.

International Journal of Hospitality Management, Information, 호텔관광연구, 관광학연구, 호텔외식경영연구, 고객만족경영연구, 프랜차이즈경영학회지 등에 논문을 발표하고 있다.

이정원 (garden008@gmail.com)

이화여자대학교에서 광고·브랜드 디자인으로 석사학위를 받고 세종대학교에서 마케팅 전공으로 경영학 박사학위를 받았다. 현재 세종대학교 경영전문대학원에서 브랜드 관련 강의를 하면서 프랜차이즈 기업의 디자인경영 분야에 관심을 가지고 다양한 학술 활동을 하고 있다. 한국프랜차이즈경영학회 간사로 활동하고 있으며, 프랜차이즈경영학회지에 논문을 발표하고 있다.

정연국 hoteltour@dit.ac.kr

동의과학대학교 호텔관광서비스과 교수

동국대학교에서 경영학 학사, 경희대학교에서 경영학 석사, 세종대학교에서 경영학 박사를 받았다.

동의과학대학교 국제관광계열 계열장, DIT 해양서비스센터장을 맡았으며, 한국관광서비스학회 편집위원장, 한국관광레저학회, 한국외식산업학회, 한국호텔리조트학회 사무국장을 역임했으며, 현재, 한국프랜차이즈경영학회 편집위원, 한국호텔리조트학회 부회장, 한국호텔관광학회 이사, 한국관광레저학회 이사, 부산광역시 크루즈 산업발전위원회 위원, 부산광역시 시의회 의정자문위원회 자문위원, 해양수산부 DIT 크루즈 전문인력 양성사업단 단장을 맡고 있다.

최근 관심 분야는 호텔관광크루즈 마케팅, 서비스, 프랜차이즈 등이며, Asia Pacific Journal of Tourism Research, 관광레저연구, 호텔리조트연구, 호텔관광연구, 지역산업연구, 고객만족경영연구 등에 논문을 발표하고 있다.

한상호 shan@chu.ac.kr

제주한라대학교 호텔외식경영학과 교수

세종대학교에서 석사, 박사를 받았으며, 제주한라대학교 호텔외식경영학과에 재직하면서 프랜차이즈, 서비스(호텔, 관광, 외식 포함), 6차 산업, 그리고 IOT에 관심을 가지고 다양한 학술활동을 하고 있다.

현재 제주한라대학교 국제호텔경영학부 계열부장, 지역혁신사업단장, 호텔외식경영학과 학과장, (사)한국프랜차이즈경영학회 이사, (사)한국외식산업학회 편집위원, (사)고객만족경영학회 편집위원 등으로 활동하고 있다.

International Journal of Hospitality Management, Information, 호텔관광연구, 관광학연구, 호텔외식경영연구, 고객만족경영연구, 프랜차이즈경영학회지 등에 논문을 발표하고 있다.

황재원 imperialjw@sejong.ac.kr

세종대학교 경영학과 연구교수

이화여자대학교에서 커뮤니케이션 학사를 받았으며, Northwestern University에서 석사학위(Integrated Marketing Communication 전공), 서울대학교에서 박사 학위(마케팅 전공)를 취득하였다.

삼성전자 해외홍보그룹에서 근무하였으며, 현재 세종대학교 경영학과 연구교수로서 재직 중이다. 최근 관심 분야는 서비스 마케팅, 소비자 행동, 마케팅 커뮤니케이션 등으로 국내외 저널에 관련 논문을 발표하며 학술활동을 하고 있다.

저자 소개

K. Douglas Hoffman은 Colorado State University에서 마케팅 교수이며, 대학의 우수 강의 학자이다. 그는 Ohio State University에서 경영학사, University of Kentucky에서 MBA(경영전문대학원 석사)와 경영학박사학위(DBA)를 받았다. 그는 Colorado State University, University of North Carolina at Wilmington, 그리고 Mississippi State University에서 정년트랙 교수로 있으면서 거의 30년가까이 학부와 대학원에서 강의 경력을 쌓고 있다. 또한, 그는 Helsinki School of Business and Economics (Helsinki, Finland), the Institute of Industrial Policy Studies (Seoul, South Korea), Thammasat University (Bangkok, Thailand), 그리고 Cornell-Nanyang Technological University (Singapore)에서 초빙교수로서 강의를 하였다.

Hoffman 교수는 서비스 마케팅 분야에서 뛰어난 학자이다. 또한, 그는 다양한 논문집에 논문을 게재하였거나, 학술발표대회에서 논문을 발표하였다. 그의 강의와 저술활동은 Cengage 출판사에 의해서 발간된 「Service Marketing: Concepts, Strategies & Cases」(5th ed.)를 포함한 3권의 교과서에서 공동 저술로 확대되었다. 그는 Colorado State University 명예 학사위원회 우수상을 비롯하여 대학, 대학교 및 전국 수준에서 수많은 교육 상을 수상했으며, 2007년 평생 대학우수교수로 선정되었다. 그는 Marketing Education Review의 전 편집위원장의 경력을 갖고 있다.

그의 현재 연구 및 컨설팅 활동은 주로 판매/서비스 상호작용, 고객 서비스/만족, 서비스 실패와 복구, 그리고 서비스 마케팅 교육 등에서 이루어지고 있다.

John E. G. Bateson은 Cass Business School에서 경영학 초빙교수이며, 독립 컨설턴터로서 회사의 회장로 있다. 그는 이전에는 직무 심리검사의 글로벌 리더인 SHL 그룹의 최고 경영자였다. SHL은 런던 증권거래소에 상장되었으며, 2006년 Bateson 박사가 취득하였다. 그는 Gemini Consulting의 수석 부사장이자, Cap Gemini Group의 그룹 이사회 위원이었다. 그는 영국의 London Business School의 마케팅 부교수이자, Stanford Business School의 초빙교수였다. 그는 강의를 시작하기 전에 Lever Brothers의 브랜드 매니저이자 필립스의 마케팅 매니저였다.

Dr. Bateson holds은 런던의 Imperial College에서 학사학위, London Business School에서 석사학위, 그리고 Harvard Business School에서 마케팅 박사학위를 취득하였다. 그는 Journal of Marketing Research, Journal of Retailing, Marketing Science, 그리고 Journal of Consumer Research를 포함하여 서비스 마케팅 문헌에 많은 논문을 발표하였다. 그는 또한 Managing Services Marketing: Text and Readings (South-Western)와 Marketing Public Transit: A Strategic Approach (Praeger)의 저자이다.

Bateson 박사는 American Marketing Association(AMA)의 서비스 부문의 설립에 적극적으로 참여하였다. 그는 AMA의 서비스위원회에서 4년 동안 봉사했으며, 서비스 마케팅 컨퍼런스의 세션 체어로서 활동했다.

서비스 마케팅

역자 이용기·김호석·설상철·이새미·이재한·이정원·정연국·한상호·황재원

발행일 2018년 8월 31일

발행처 한경사

발행인 이계남

등록사항 제10-1951호 2000년 4월 14일

주소 서울시 마포구 신수로 59-1 (3층)

전화번호 02_717_7264~5

팩스번호 02_717_7226

홈페이지 hankyungsa.co.kr

전자우편 hankyungsa@hanmail.net

ISBN 978-89-6844-179-0 93320

가격 30,000원